"第一、二届中美学术高层论坛"论文集

传统与启蒙

中西比较的视野

主编 / 高翔　　［美］迈克尔·罗斯

中国社会科学出版社

图书在版编目（CIP）数据

传统与启蒙：中西比较的视野／高翔，（美）罗斯主编 . —北京：中国社会科学
出版社，2015.4

（"第一、二届中美学术高层论坛"论文集）

ISBN 978 - 7 - 5161 - 6016 - 9

Ⅰ.①传…　Ⅱ.①高…②罗…　Ⅲ.①思想史—世界—文集　Ⅳ.①B1 - 53

中国版本图书馆 CIP 数据核字（2015）第 076584 号

出 版 人	赵剑英
责任编辑	王　茵
特约编辑	王　琪　马　明
责任校对	郝阳洋
责任印制	王　超

出　　　版	中国社会科学出版社
社　　　址	北京鼓楼西大街甲 158 号
邮　　　编	100720
网　　　址	http：//www.csspw.cn
发 行 部	010 - 84083685
门 市 部	010 - 84029450
经　　　销	新华书店及其他书店

印刷装订	北京君升印刷有限公司
版　　　次	2015 年 4 月第 1 版
印　　　次	2015 年 4 月第 1 次印刷

开　　　本	710×1000　1/16
印　　　张	40.25
插　　　页	4
字　　　数	678 千字
定　　　价	128.00 元

王伟光（左一）、迈克尔·罗斯（左三）、高翔（左四）、许嘉璐（左五）等出席
首届中美学术高层论坛开幕式（2011 年 10 月 28 日，北京）

首届中美学术高层论坛会场（2011 年 10 月 28 日，北京）

中国社会科学论坛（2011）——首届中美学术高层论坛·传统

2011年10月28日

首届中美学术高层论坛全体会议代表合影（2011年10月28日，北京）

王伟光（左三）和迈克尔·罗斯（左二）在第二届中美学术高层论坛
开幕式上互致祝贺（2013 年 5 月 10 日，维思里安大学）

高翔、王伟光、迈克尔·罗斯、伊桑·克莱恩伯格（从左至右）在第二届
中美学术高层论坛（2013 年 5 月 10 日，维思里安大学）期间合影

出席第二届中美学术高层论坛的部分中方代表（2013 年 5 月 9 日，维思里安大学）

第二届中美学术高层论坛全体代表合影（2013 年 5 月 10 日，维思里安大学）

目 录

中西传统及其当代阐释

比较视阈中的启蒙

序一　在学术对话中推动人类文明的提升

高　翔

我们这个时代是人类有史以来最复杂的时代，也是变化最快的时代。我们承载着极其厚重的历史遗产，面对着极其复杂，很多是前所未见的时代课题。要想成功地开启未来，需要的是不同文明间真诚的、富有建设性的对话和交流，而不是所谓的"文明冲突"。毫无疑问，学术对话是文明对话的最高层次，它从理性的角度，推动来自不同文明的人们，超越狭隘、平庸与偏见，在对未来的探索中，相互启迪，结伴同行。由中国社会科学杂志社和美国维思里安大学联合发起并主办的"中美学术高层论坛"，在推动中美学术对话、交流方面，做出了颇富创意和启迪的工作。您现在看到的《传统与启蒙：中西比较的视野——第一、二届中美学术高层论坛论文集》，即真实地展现了这些对话的成果。

学术对话的世界历史意义

文明的提升，离不开学术对话。极其复杂、极富变化的当今时代也是有史以来最复杂的时代。意识形态的纷争、环境问题的不断恶化、资源的稀缺匮乏、恐怖主义的猖獗肆虐、大规模杀伤性武器的致命后果，都在考验着人类的良知与智慧。

学术乃天下之公器。在相互依赖的全球化时代，每一个民族的繁荣都离不开其他民族的发展，每一个时代课题的解决都离不开各个国家的通力配合。在全球化挑战面前，人类真正形成了一个命运共同体。为了本民族的未来，同时也为了人类共同的未来，中外学术界展开真诚的对话与交流，分享各自的成功经验，共同探讨新的发展之路，显得格外的必要和迫切。

21世纪是一个世界政治经济急剧变迁、国际国内问题错综复杂、各种学术思潮相互激荡的时代，是一个中美两国置身其中并发挥重要作用的时代。金融危机的阴霾仍然笼罩在西方世界的上空，自由放任的市场经济模式备受争议，西方民主政治在民主赤字的阴影下多少显得有些功能失调，世界地缘政治竞争呈现升温趋势，人类又走到了一个新的"十字路口"。如何反思我们曾经走过的路，如何为未来开辟一个可能的想象空间，就历史性地落在了国际学术界特别是中美两国学术界的身上。对历史的反思，对未来的展望，不仅要立足自身的文化传统和发展经验，更需要借鉴其他民族的经验和智慧，以此超越自身的局限，提升人类文明的新境界。我们发起创办的"中美学术高层论坛"，其意义正在于此。

建构学术对话的整体性框架

人类历史的发展是一个社会分工逐渐细化的演进过程，单一的个人逐渐超越血缘、地缘关系而形成一个频繁互动、相互依存的整体性社会，并且伴随着科技革命的兴起和全球化进程的深入，不同的民族和国家之间又构建起了你中有我、我中有你的全球性网络。这就要求我们的学术研究，要有着对社会的整体性观照，对世界的全球性视野。

无论是过去，还是现在，任何单一问题的解决都离不开对相关问题的回答，任何单一制度的功能发挥都离不开其他制度的支撑。反映在学术研究领域，任何单一学科都无法对每一个问题做出完备的解释，交叉学科研究和跨学科研究成为学术研究的必然趋势。"唯学科化"的研究，尽管有助于我们深入理解某一个领域的运行规律，但却让我们的知识散落在不同的问题领域，遮蔽了问题领域之间的逻辑联系，阻碍我们构建起对国家、对世界的整体性叙事，作为整体的人类社会的基本历史规律，也在这种碎片化的知识中变得模糊不清。因此，不同学科跨越学科的藩篱，摒弃学术上的门户之见，以开放而包容的心态共同探讨那些具有普遍性意义、事关人类未来走向的重大基础性问题，从来没有像今天这样迫切。正是基于这样的考虑，"中美学术高层论坛"精心策划了"传统"、"启蒙"、"现代化"等世界性学术议题，邀请中美两国学术界具有不同学科背景的学者来共同研讨。这样的学术对话，其目的不在于寻求某种明确的、唯一的答案，而在于深刻理解"传统"、"启蒙"、"现代化"的复杂性和多样性。

每一个民族都有着自己独特的"传统"。"传统"历史性地规定了民族身份、文化认同和价值取向，是我们走向未来的前提和出发点。没有对"传统"的深刻理解，我们就不知道自己"从何处来"，更不会知道自己"将往何处去"。对于一个国家的发展，无论是改革创新，还是引进吸收，都必须尊重自己的历史传统，都必须与传统实现无缝对接，否则，就必然会水土不服、功能紊乱。对待"传统"，我们既不能盲目迷信，也不能一概拒绝。"传统"之所以能绵延至今，必然经历了时间的考验，凝结着古人的真知灼见和历史智慧，给本民族的未来以历史启迪，值得我们倍加珍惜，并深入挖掘有益于将来的思想资源。但是，"传统"毕竟是历史上的传统，其中必然存在着某些与时代发展不相适应的元素。在一个崇尚科学和理性的时代，如何立足于传统又不拘泥于传统，并结合新的时代精神进行创造性转化，的确是每一个国家都应该认真思索的时代命题。

今天我们仍然处在一个需要启蒙的时代，就世界范围来看，启蒙仍然是一项未竟的事业。何谓"启蒙"？"启蒙"就是不迷信，不盲从，勇敢地利用理性，使人类摆脱自身的不成熟状态。17—18世纪的欧洲启蒙运动，彻底打破了对中世纪神学体系的迷信，人类开始运用自身的理性，以科学的精神探索未知的世界，开启了现代化和现代性的历史征程。亚·沃尔夫是这样评价这个时代的：

> 十七世纪遗留给后世一大笔遗产；十八世纪则是这个天才时代当之无愧的继承者。前人在科学、技术和哲学等领域的成就都被恰当地吸收了，不仅如此，它们还被朝许多方向大大推进了。十八世纪被冠之以各种名称："理性时代"、"启蒙时代"、"批判时代"、"哲学世纪"。这些它都称得起，而且还不止于此。它最贴切的名称或许是"人文主义时代"。在这个世纪，人类获得的知识被传播到了空前广阔的范围内，而且还应用到了每一个可能的方面，以期改善人类的生活。这个时代的一切理智和道德的力量都被套到人类进步的战车之上，这是前所未有的。不幸而真实的是，实际取得的成就远不如人文主义运动领袖们所付出的努力。黑暗和压迫势力处处设防，很难驱除。人文主义的倡导者时时受到阻挠和迫害，他们的著作被当政者查

禁或销毁。但是，他们从不沉默，从不消沉。他们越来越响亮地喊出苦难人类的呼声。这呼声在广大的地域引起反响。震撼了专制的基础，耶利哥城的围墙倒坍了。①

启蒙及现代性，极大地推动了历史的进步。然而，经过数百年的发展，西方的启蒙及现代性所造就的价值理念和发展模式，却有着被定为一尊而丧失理性反思能力的危险。在现代性逐渐显露出诸多不良后果的今天，人类迫切需要进行新的启蒙，破除对既有模式和路径的依赖和迷信，大胆地利用人类理性，探索人类文明发展的无限可能性。继承启蒙、超越启蒙，应该成为时代新的强音。

现代化是传统向现代的转型。以工业化、城市化、法治化、理性化、大众化为集中体现的现代化，在经济、政治、军事、文化等人类生活的各个领域引起了广泛而深刻的变化，创造了数千年人类历史从未有过的物质成就。然而，现代化的历史进程绝不是一路坦途的线性发展，也不是一种目的论式的一元演进。世界历史越是发展到今天，我们就越能清晰地观察到世界范围内现代化道路的多样化，越能清醒地认识到现代化所遭遇到的现实难题和理论困境。工具理性的过度伸张、消费主义文化的大行其道、环境问题的日益恶化、精神信仰的普遍缺失、历史虚无主义的泛滥，都在威胁着现代化的可持续发展。如何正确处理传统与现代、理性与信仰、人与自然的关系，如何超越既有的现代化模式，探索出既立足国情又面向未来的新型现代化道路，依然是世界各国学者必须回答的重大课题。

需要特别指出的是，在人类历史上，构成近代化的一些基本因素并不神秘，也并不稀奇。将现代性说得神秘莫测，惟欧洲才有，这不过是17世纪以后一些欧洲无聊文人和学者在缺乏对人类历史及文明性质的一般常识的情况下，为了证明欧洲文化的优越性而刻意吹出的"近代"肥皂泡而已。遗憾的是，虽然这个肥皂泡不堪一击，而三百年来，不少饱学之士竟然被其神秘的光环所迷惑，亦步亦趋，坚信近代是欧洲的专利品，坚信中国（其实不单是中国，而是世界绝大多数国家和民族）陷入了停滞或静止。于是，在一些西方中心论者的精心装扮下，殖民者的枪炮，传教士

---

① ［英］亚·沃尔夫：《十八世纪科学、技术和哲学史》（上），周昌忠等译，商务印书馆2009年版，第3页。

的"福音"，竟然成为"文明"的象征，成为促使"野蛮人"走向"文明"的希望。侵略者成为"落后民族"的上帝，海盗商人成为带来现代化的功臣。殖民主义者的强盗逻辑，竟然要成为世界历史的"公理"，在这里，历史研究还有什么科学可言！

全球化时代的文明对话

学术对话，归根结底是为了推动文明对话。虽然文明交往的历史源远流长，但是，在全球化时代的今天，文明之间的互动，无论是在广度上还是深度上，都是史无前例的。全球化一方面推动了不同文明之间更为深入地交流、吸收和融合，另一方面也在彰显着不同文明的本土性价值。多样性发展，是全球化时代文明互动的基本趋势。只有在不同文明的多样性发展中，作为整体的人类文明才有进步的可能和空间。

冷战结束后的世界历史，远未终结，相反，人类文明在经历了剧烈的阵痛和挫折之后，显示出新的更多的可能性，人们面对着更加宽广的探索空间。具有讽刺意味的是，在福山高喊历史终结之后这些年，"文明冲突"在不断加剧。而所有冲突背后，无不隐藏着偏见、误解、浅薄、意识形态的狂热以及国际垄断资本对自身利益的贪婪追逐。消除冲突的办法，不是根除异己，而是真正改变国际秩序的不合理性，真正以"众生平等"的态度对待不同文明。而文明对话，有助于我们达到这一理想境界。通过文明对话，培养包容开放的胸怀，超越因一己私利而陷入的各种矛盾和纷争；通过文明对话，体认到我们每一个人、每一个民族、每一种文明对人类共同体所肩负的责任。只有在权利和责任之间寻找平衡，我们所生活的世界才能达致和平的均衡。

文明对话的前提，是要对其他文明抱以同情之理解、理解之同情。自从人类文明进入轴心时代开始，希腊文明、犹太文明、中华文明、印度文明、波斯文明，虽然历经数千年的时代变迁和历史沉浮，仍一直绵延不绝、传承至今。一部悠久的人类文明演进史，毋庸置疑地证明了各种文明的生命力。正因为如此，我们对待其他文明，既不能狂妄自大，也不能妄自菲薄，而应首先站在他者的角度，移情式地理解其他文明的真谛，这是文明对话的必要前提。

文明对话的关键,是要有一种文化自觉意识。每一种文明都有其自身的价值,同时也存在着某些时空的局限。文明对话之于文明进步的意义,就在于通过对话,不同文明得以借鉴其他文明的优长,克服自身的缺陷,从而推动自身文明乃至世界文明的提升。因此,文明对话的过程,就是不断反省自身文化传统的过程。这就要求我们增强文化自觉意识,不仅要有对自身文明的自信,更要透过其他文明来反观和反思自我的缺失。

文明对话的目的,是推动不同文明的和谐共处和差异性发展。世界文明的多样性,不是也不应该是文明进步的阻碍,而是人类文明保持生机和活力的关键。文明的融合,必须以文明的多样性发展为前提。世界历史告诉我们:文明在不断的挑战与回应中实现更新,人类也在不同文明的相互砥砺中实现进步。

知识的探索永无止境,学术的对话也永远在路上。由中国社会科学杂志社和美国维思里安大学 2011 年联合创办的"中美学术高层论坛",旨在为中美两国学术界搭建一个独抒己见、切磋砥砺、共商发展之策的平台,为中美两国的文明对话搭建高层次的学术交流之桥。我希望,这本论文集的出版,能带动两国更多的学者参与到这一学术对话中来,在坦诚、平等、深入、理性的学术对话中,深化对历史、对现实的理解,为文明的提升探索新的理性的解决方案。

(作者高翔,中国社会科学院秘书长,中国社会科学杂志社总编辑、研究员)

序　二

迈克尔·罗斯

　　本论文集丝毫不逊色于其他任何文本，很好地体现了中国社会科学杂志社和维思里安大学合办的两届论坛所具有的思想广度和深度。首届论坛在北京举行，关注的重点是传统思想及其如何注入东西方文化生活。在康州米德尔敦（Middletown）举办的第二届论坛则从具有个人和文化层面意义的思想运动这一角度出发，集中探讨启蒙思想。本论文集收录的论文涵盖多个学科的重要学者的重要研究成果，但它们只是初步体现了这两次会议所进行的学术交流的重要性。史学家、哲学家、文学批评家、社会学家（仅列论坛所代表的部分领域）富有成效地展开思想交流，既探讨了各自的专业学科领域，也探索了不同学科间交叉重叠的领域。

　　"传统"这一主题似乎是开启中美学术交流的一个极佳领域，因为它很适合人文社会科学不同学科的学者从不同的路径对其进行研究。社会学家郑杭生揭示了中国民族性中现代性与传统的紧张关系，不过他也承认两者关系密切。万俊人试图探讨道德传统在现代中国如何找到新的表达，他的论文也体现了传统与现代的那种紧张关系。哲学家安靖如（Steven Angle）探讨了另一种与此密切相关的紧张关系。他试图探寻美国的儒学如何在东西方文化融合的背景下为传统价值和当代价值之间的契合找到一席之地。

　　背景的融合对黛布拉·萨茨（Debra Satz）的论文十分重要，它直接论述了市场是通过哪些方式削弱传统的。市场和传统的这种关系是如何发展的，有哪些组成部分是必需的或视情况而定的？在不少学者看来，市场导致进步。周弘则试图探讨进步如何最终与某些形式的传统共存。传统的一个重要来源当然是儒学的基本文献。在这一点上，姜广辉考察了"六经"的作用。陈素芬（Sor-hoon Tan）认为，我们可以通过"以儒家尊古的精神对传统进行务实重建"的方式来处理这些基本文献。变革和尊古之间的角力是高翔富有说服力的文章的核心,它探讨了明朝到清朝剧烈转变中"复古与反传统的动态过程"。

在这里,我只提到了首届论坛中值得关注的一些论文。用论坛合作组织者之一伊桑·克莱恩伯格(Ethan Kleinberg)的话说,首届论坛中,"传统的特洛伊木马"让所有学者致力于探讨具有历史和当代意义的问题。同样的学术创新性也体现在第二届论坛关于启蒙的讨论上。正如他在过去四十年经常做的那样,历史理论家海登·怀特(Hayden White)从隐喻和概念两个层面,对"启蒙"做了发人深省的演说,为研讨注入活力。怀特提出了启蒙的局限性问题,该问题与我们自身学术使命的局限性经常等同,引发了与会者的思考。

在跨文化语境中讨论启蒙思想是我们第二届论坛的中心议题。例如,丁耘探讨了西方和中国哲学中的"理性"概念,王伟光在他有关人类文明升华的论文中则探讨了进步的思想。

首届论坛提出的一些问题在米德尔敦的第二届论坛中也继续受到关注。传统(尤其是儒家传统)依然是第二届论坛很多论文的中心议题。其中有些学者特别关注特定历史语境下不同学术关切相互交叉的案例研究。吴根友聚焦侯外庐和萧萐父关于明末清初时期的哲学研究,而艾格儿·比尔格拉米(Akeel Bilgrami)则另辟蹊径,探讨了甘地和马克思的"另类启蒙"。舒衡哲(Vera Schwarcz)呼应海登·怀特在论坛一开始的演说,提出如何在不同的"觉醒"模式中反思启蒙。她呼吁在重新思考的过程中,不要只关注人,而应更多关注周遭的世界。

遗憾的是,对于这两届论坛所引发的学术思考,我只能提一点微薄的建议。中国社会科学杂志社和维思里安大学的合作跨越了文化、地理和历史,拓展了东西方的哲学和历史思维。希望未来继续合作!

【作者迈克尔·罗斯(Michael Roth),美国维思里安大学校长、教授】

(褚国飞 译)

中西传统及其当代阐释

历史的相会

——在首届中美学术高层论坛开幕式上的讲话

许嘉璐

2011 年 10 月 28 日

  尊敬的王伟光先生，尊敬的罗斯校长，各位专家，各位朋友，谢谢会议主办方邀请我参加这次会议。中国社会科学杂志社和美国朋友合作举办这次高端论坛，引起了我极大的兴趣。这是中美两国的学术高层论坛。中美不仅是世界上两个最大的经济实体，更是两个文化大国，两国的文化都有着悠久的传统。我不完全同意只谈美国从独立战争到现在的历史，实际上美国的传统文化是古希腊罗马—希伯来—盎格鲁撒克逊文化的延续和发展。研究美国的文化应该追寻到柏拉图、亚里士多德的时代。只有这样，才能够了解今天的美国。

  对于中国来说也是如此，观察今天的中国，要预测中国未来的走向，如果不去深究中国从商周时代所形成并固定下来的文化传统的范式，恐怕难以得到正确的答案。所以我们两国一起研究过去、现在和未来，在世界上都是有影响、有意义的。对于中美这两个大国，其实共同面对着这样一个问题：如何在人类走在十字路口的时候，回顾过去，回归精神。

  为什么要回顾过去？正如刚才几位先生杰出的演说中提到的，人类每到一个关键时刻，总是要从祖先那里寻求他们闪光的智慧，作为今天继续前进的精神动力和营养。为什么要回归精神？因为今天的世界是一个对物质无限追求，乃至把物质变成神的时代。精神往往被社会遗弃了、遗忘了。而我们学者有责任重拾过去的传统,来关注人类的精神。只有物质是构不成社会的,它只能构成原始的地球;只有有了精神,才有辉煌的过去、繁荣的现在和更加美好的未来。当然,在我们回归精神、回顾过去的时候,也不应该脱离当下,这是不现实的。人类只能向前进,不能倒退。那么,学者们在回顾过去的时候,对中国人来说,就应该要颂扬宋代儒学在历史基础上进行创新的传统,同时,我们也应该学习和吸收以伽达默尔、哈贝马斯为代表的西方哲学诠释学、批判诠释学的营养。

我认为,伽达默尔的理论和实践与中国宋代的儒家有完全契合的地方,这就是把传统看成一个生命;历史在延续,传统的生命也在延续。因为后代的解释者,往往是把自己的生命,即把自己经过体验的见解注入古代的文本,使之延续,同时又适合他所处的时代,反映他所处的时代。这样传统就不是一个僵死的、不动的、现成的,似乎只是一个没有活气的文本,而是生动地存在于人类的心里,活泼泼地存在于学术的空气中。

当前,人类急切需要不同文明的对话,在对话中一定离不开传统,因为现实就是过去的延续、过去的发展。我一直在不断地呼吁不同文明之间的对话,抱着这样的一个宗旨:生活在不同文化中的人,要相互了解,进一步相互理解,在理解了对方之后,应该欣赏,因为不同的文明都有它自己杰出的贡献,是别人所没有的。对于对方有而自己欠缺的,就应该要欣赏,只有达到一个欣赏的高度,你才会向对方学习。了解,理解,欣赏,学习,最后达到双方共同发展的目的。正是抱着这个宗旨,三年前我建议并策划在孔子出生地山东尼山举办了首届尼山论坛。预计在明年 (2012) 5 月 21 日举办第二届尼山论坛,主题为"儒家与基督教的对话"。

在中国和西方的传统中,有一点很巧合的接触。15—16 世纪时,在意大利、法国、德国已经产生躁动,酝酿着文化变革时代的到来,因此后来发生了文艺复兴,催生了工业革命,整个改变了人类的社会和历史进程。与此同时,在中国的明代,从中叶到晚期,也产生了一种启蒙的思想,同时,由传教士介绍,中国的《老子》、《论语》也被译成拉丁文,以至于笛卡尔看到后,惊叹原来在东方有如此高明的智慧,知道了遥远的东方——中国整个的学术传统是人本主义,这成了文艺复兴发生的一个营养。我想这不是巧合。在那个时代,无论是宗教的统治、影响,还是生产方式、生产力的发展,以及人类的消费观念,都在酝酿一个新时代的到来。

当人类面对物质利益的时候，常常失去了自我；当社会精英作为社会的良知清醒的时候，应该放慢脚步，回头看看。在我们看的时候，总是以今天的立足点、眼光来看的，在我们眼里的过去已不是真实的过去的样子了，已经被约化了，因此我们可以很容易地知道，原来人类的脚步是这样地蹒跚，前人走过的道路是这样地曲折，原来古人的精神要比我们丰富。这样我们就懂得了，我们要把人文社会科学提到各国人民的面前，告诉他们：这个领域太重要了。这样我们会与更多的清醒者，手挽着手，在未来的道路上少一些坎坷，少一些曲折，走向人类共同的美好的未来。

今天，美国的朋友和中国的学者，都在为不同文明之间的人文社会科学的交流、社会良知的交流作努力，我也愿意成为其中的一员。最后祝愿我们的论坛圆满成功，祝贺各位美国朋友在中国愉快。谢谢。

（本文主要内容刊发于《中国社会科学报》2011 年 11 月 22 日第5 版。作者许嘉璐，全国人大常委会原副委员长，北京师范大学教授，山东大学儒学高等研究院院长兼理事会理事长）

传统依然活在世界的历史进程中

——在首届中美学术高层论坛开幕式上的讲话

王伟光

2011 年 10 月 28 日

尊敬的各位学者：

在北京最美好的金秋季节，中美著名学者会聚一堂，在"首届中美学术高层论坛"上，围绕"传统"这一随历史变迁而常新的话题展开学术探讨与思想交流，意义重大而深远。

美国是目前世界上学术实力很强的发达国家，中国是最大的发展中国家，具有漫长而深厚的学术历史，中美两国之间的学术对话不但有助于两国人民的相互了解，而且具有重要的世界意义。我代表中国社会科学院向论坛的召开表示热烈祝贺。

传统是一个文明国家的文化积淀和历史遗产。一部人类社会史，就是不断继承传统精华、融合时代内容、开启新的发展道路的历史。在从地域历史向世界历史转变的过程中，各个国家在创造物质文明的同时也创造了各自的文化文明和精神文明，为人类文明史的版图增添了独特的色彩。作为文明进步的印记，传统依然活在世界的历史进程中。

我们正处在变革的时代，传统虽然不能从根本上决定一个国家社会转型和变革的走向，但变革中的国家与社会一定不会脱离传统的影响和制约。传统的断裂或延续这类话语，不可能在纯粹主观的意识中表达，而必须置于历史和现实进程之中。传统的复活取决于现代性国家的构建在多大程度上具有历史的创造性。中国的现代转型是在继承和超越传统的过程中实现的，是传统向现代迈进中的变革与升华。五千多年的中华文明绵延不绝，它以其独具特色的文化传统不仅深刻地影响了古代中国，也深刻地影响着当代中国和世界。"鉴古知今"，中国这句古话之于我们这次会议的主题则意味着：今天我们讨论传统，并不是要回到过去，而是要开辟未来。

一　具有悠久历史的中国文化传统

认识传统，是深入了解一个国家和民族的基本途径。

我们中华民族在漫长的历史长河中形成了丰富和深厚的文化传统，其中的优秀传统是当代中国前进的基础和出发点。这些优秀传统集中体现为：

"有无相生，难易相成"、"一物两体"、"分一为二"、"和而不同"、"天人合一"、"民胞物与"、"厚德载物"的哲学思想；

"民为邦本，本固邦宁"、"天地之间，莫贵于人"的民本人本思想；

"三人行，必有我师焉"、"有教无类"、"诲人不倦"的教育思想；

"己所不欲，勿施于人"、"己欲立而立人，己欲达而达人"、"老吾老以及人之老，幼吾幼以及人之幼"的伦理思想；

"先天下之忧而忧，后天下之乐而乐"、"天下兴亡，匹夫有责"的忧患意识和爱国主义思想；

"修身齐家治国平天下"、"经世致用"、"格物致知"的治学思想；

"天行健，君子以自强不息"、"路漫漫其修远兮，吾将上下而求索"的人生理想，等等。

还有勤劳勇敢、团结互助、诚实守信等众多优良传统，这里只能略举一二，难免挂一漏万。这些中华民族经数千年形成的优秀传统，既是中国人民弥足珍贵的思想遗产，也是世界各国人民和谐交往的重要思想资源。

当今世界，人类共同面临着前所未有的风险，面临着一系列错综复杂的危机。如何化解这些风险和危机，政治家、思想家都在积极思考应对之策。在我看来，取优良文化传统为我今之用不失为一条重要的思想路径。向传统取经，不是倡导复古主义。它一方面要挖掘传统中的精华、智慧和当代价值,另一方面则要与今天的现实生活相结合有所创新,在时代变迁和赋予传统时代内涵的过程中,使优良传统造福于当下人类。

全球化已成定势,在这种情形下,没有任何一个国家或民族的传统能够解决其发展过程中遇到的所有问题。因此,这就需要全人类的智慧,就需要不同传统之间的对话交流、取长补短。

二 走向现代化的中国传统

中华民族是灾难深重的民族。1840 年英国用大炮强行向中国输入鸦片,中国被外力纳入西方列强开创的世界历史体系。所有那些影响着中国的经济发展、社会风尚、政治结构和社会进步的破坏性因素,不仅瓦解着中华民族的传统,也使中国社会遭遇了史无前例的危机。没有一个根本的革命,中国能不能实现自己的命运转机?在历史重大转折的前夜,中国人民选择以推翻封建专制统治和抵御列强的入侵来实现民族的伟大复兴。辛亥革命、新文化运动、五四运动、马克思主义的传播等,为中华民族的伟大复兴做出了思想准备和组织准备。辛亥革命和中国共产党的成立则将这一复兴推向了高潮。

翻开中国的近现代史,不难发现,辛亥革命具有伟大的历史意义,它影响了整个 20 世纪中国的历史进程,也带来了 20 世纪中国的思想解放。在这场上下求索的民主革命中,与封建君主专制捆绑在一起的封建传统被请下了"圣殿",西方的科学精神和民主精神进入中国。但这是一场不彻底的革命。封建君主下台,并不意味着附着其上的封建传统随之消亡;照搬或者套用西方的模式,也并不意味着传统能像西方那样在强盛中再生。传统的变革绝非轻而易举。这也就决定了,它在为中国人带来一丝曙光的同时并不能给人们带来渴望已久的"黎明",一切又归于沉寂,黑暗依旧笼罩着这个国家。

正是这样的时代背景下,中国共产党义无反顾地肩负起"实现民族独立和人民解放"的历史重任,走上近代中国的历史舞台。在中国共产党领导的新民主主义革命的征程中,延安精神、井冈山精神、长征精神、白求恩精神不断被融入中国的优秀传统之中。在随后的社会主义革命和社会主义建设中,在马克思主义的指导下,改革开放的精神,敢为天下先的精神，大胆探索、勇于创新的精神和中国传统文化中的民本思想、大同思想、和谐思想、爱国主义思想等都一同在变革的社会形态的实践中融入中国特色社会主义的新文化传统之中。马克思主义的大众化、时代化和现代化的过程，实际上也就是马克思主义与中国文化传统、中国改革的实践相结合，实现中华民族优秀文化传统升华的过程。事实证明，中国共产党是中国优秀传统的忠实继承者和发展者。

三　文化传统：中国与世界

在本质上和现实性上，中国现代社会转型既是中国社会伟大进步过程，也是中国现代性思想重建的过程。探索中国发展道路和明确中国社会转型方式，需要紧密结合中国社会活生生的实践，围绕中国历史所形成的传统和现实特点来展开，必须针对中国实际，在中国的语境与史境中研究中国问题。如何对中国历史意识、历史经验和历史过程进行综合表达，充分揭示出中国区别于欧洲的社会性质和社会发展，基于中国的历史特质与历史经验来设想中国的现实变革，是中国学者思考的重要维度。

中国的科学发展，离不开对其他国家优秀传统和文明的借鉴。正如胡锦涛同志 2006 年 4 月在耶鲁大学发表的演讲中所指出的，"文明多样性是人类社会的客观现实，是当今世界的基本特征，也是人类进步的重要动力。历史经验表明，在人类文明交流的过程中，不仅需要克服自然的屏障和隔阂，而且需要超越思想的障碍和束缚，更需要克服形形色色的偏见和误解。意识形态、社会制度、发展模式的差异不应成为人类文明交流的障碍，更不能成为相互对抗的理由。我们应该积极维护世界多样性，推动不同文明的对话和交融，相互借鉴而不是相互排斥，使人类更加和睦幸福，让世界更加丰富多彩"。这启示我们，文明的对话、传统的对话是相互理解的前提。

没有任何一个民族或国家的传统能够涵盖人类文明的全部。因此，只有各个民族或国家开放、平等、彼此尊重地交流对话，才能共同促进人类传统的相互借鉴与创新发展。我们不仅要借鉴其他国家和民族的传统，也要向世界贡献自己的思想和力量。就像世界的经济发展离不开中国一样，世界的文明发展也离不开中国。

当代中国正以开放的姿态面对世界，以认真的态度对待包括美国在内的其他国家的优秀学术成果，坚持"以我为主，为我所用"。当然，实现成功的学术交流的基本前提是真诚、平等和相互尊重。从传统入手，无疑会为我们开启中美两国知识界彼此深入了解的大门。作为一位哲学工作者，我期待着这次论坛取得成功，同时，也愿意与各位学者分享自己的感受。

谢谢大家！

（本文主要内容刊发于《中国社会科学报》2011 年 11 月 22 日第 1、5 版。作者王伟光，中国社会科学院院长、学部主席团主席、教授）

首届中美学术高层论坛开幕式致辞

高 翔

2011 年 10 月 28 日

尊敬的女士们、先生们：

大家好！

今天，来自海内外的专家学者齐聚一堂，共同召开首届中美学术高层论坛，这是世界学术交流的一大盛事。我谨代表本届论坛的承办方中国社会科学杂志社，向来自中国、美国、德国、澳大利亚、新加坡的朋友表示热烈欢迎！向同我们一道承办论坛的维思里安大学表示衷心的感谢！向对本次论坛召开给予大力支持的中国社会科学院国际合作局表示衷心感谢！

作为肩负历史使命和社会责任的学术传媒机构，中国社会科学杂志社一直致力于将自身建设成为中国学术同其他国家学术展开对话和交流的重要桥梁。中国社会科学杂志社与维思里安大学联合举办"中美学术高层论坛"，就是要让世界了解中国学术，听到中国学者的声音，同时，也帮助中国学者了解其他国家学术同行对重大问题的看法，为中外学术交流提供一个高端的平台。

在多元文化并存的全球化时代，"中美学术对话"不仅是两国间的学术交流，而且具有世界意义。美国是世界上最大的发达国家，也是西方学术的重要中心。中国是世界上最大的发展中国家，具有源远流长的学术历史和深厚的学术传统。新中国成立以来，中国的发展在一定程度上改变了全球发展观念，为世界学术提供了内容最丰富、最具有挑战性的研究课题，中国马克思主义学术的兴起和发展，为世界文明提供了独特而丰富的内容。因此，"中美学术对话"在某种程度上也代表着发达国家与发展中国家的学术对话，对于增进不同发展水平、不同历史文化、不同制度体系间的理解与合作具有重要意义。

今天，在古老而现代的北京，"中美学术高层论坛"以"传统"作为首届论坛的主题，更具有特殊的含义。在五千年历史长河中，中国逐渐形成世界上悠久且唯一没有中断的中华文明；同时也留下了比其他民族更为艰巨的历史课题——古老文化如何吐故纳新？历史传统如何承续更新？与此同时，作为世界上最年轻国度之一的美国在制度设计、经济发展、学术研究方面已确立了其重要的世界地位和影响力，成为西方文明的重要代表，成为西方"传统"的重要阐扬者和发展者。因此，"中美学术高层论坛"围绕"传统"展开对话，也可以看作中国文化与西方文化的重要对话。

在不同文明之间的对话中，我们需要的态度是相互理解、相互尊重、相互包容、相互学习。我们将通过对话，在世界的横轴上，探讨不同民族、不同国家如何在全球化时代确立自身的坐标，如何求同存异，实现包容性发展；在历史的纵轴上，思考不同文化、不同文明如何在现代化进程中吐故纳新、实现自我超越，共同推动人类文明的提升。

我们的世界正处于一个需要理性思考的时期，需要从各民族的历史、经验、传统中，寻找通向未来的钥匙。在这个过程中，作为中国最重要的学术报刊编辑出版机构之一，中国社会科学杂志社将努力推动中国学术和其他民族学术之间的对话与交流，推动不同文明的相互尊重与理解，为维护世界文化的多样性做出更大的贡献。

期待专家学者相互砥砺、相互启发，共同深化我们时代对传统的认识！祝愿本次论坛取得圆满成功！

（作者高翔，中国社会科学院秘书长，中国社会科学杂志社总编辑、研究员）

首届中美学术高层论坛开幕式致辞

迈克尔·罗斯

大家上午好！非常荣幸能参加此次论坛，非常感谢王伟光常务副院长①、高翔总编辑，感谢中国社会科学杂志社和我们一起组织这次论坛，愿我们的论坛能够卓有成效。我们今天的主题是传统，这次论坛开得非常及时。说"及时"听起来可能会有点奇怪。我们今天很多朋友提交的论文中，多次出现的一个词，就是辩证法的精神。我想从辩证的观点，来谈一下传统与当代的关系，主要谈三点。

第一点是变革。人们谈到传统经常是在发生变革的时候，但是在技术、经济、宗教、政治等方面，传统肯定会被提上议事日程，成为一个热点的话题，即便是在当代也是如此。目前我们在现在这个阶段面临的变革问题是如何能够继承传统同时又能适应现在的变化。看了很多的论文，而且之前几个小时我也和我的中国同行进行沟通交流，传统在我们的文化社会当中的位置是什么，我们现在正在经历很多的经济和技术的变化，我们如何能够继承过去同时又能身处这样的变化之中把握现在，展望未来。

第二点是教育。大家看得非常清晰，同时对于很多与会者都清晰的一点就是，要继承传统，一个非常重要的方法是通过这样的方式来实现：文化系统是把文化知识传递给年轻人，通过比较学术的精神、科学的精神、科学的发展，在我们这个处于变革的时代当中，教育制度、教育系统承受着巨大的压力，不仅仅是把过去的知识传递给当代，而且也要掌握未来，用教育制度、教育体系来促进科技方面的进步、学术方面的进步，这些都

---

① 王伟光时任中国社会科学院党组副书记、常务副院长。——编者注

是一些非常重要的主题。对于教育体系来说,我们需要非常精密的设计、非常缜密的规划,我们需要很高的水平。在美国我们有这样的错误,就是在转变我们的教育体系的时候只是掌握未来、面向未来,也就是说它过于面向未来而忘记了如何继承传统、继承过去,特别是在我们这个充满变革的时代。

第三点是合作。在我看来,教育如果想在继承传统的价值观,传递给当代,然后适应当代的变化过程中适应成功的话,那么教育制度的结构必须要能够促进合作,特别是能够促进观点不同的人之间的合作,这种合作是非常困难的,但又是非常重要的,如学者之间的合作,学术界与政客之间的合作,以及我们不同的学科之间的合作。我认为今天举行主题为"传统"的首届中美学术高层论坛,是一个非常好的论坛,它推进了合作的精神而且让我们更加积极地、更好地继承传统,同时也面向未来。中国与美国一直致力于这样的问题,那就是如何在变革当中尊重传统。在美国我们用几百年的时间一直致力于这样的问题,中国应该也是如此。我们应该如何继承传统面向未来呢?我们同时也要意识到传统的深度。作为一个教育家、一个历史学家和一个大学校长,我的工作是如何促进过去的知识和智慧的继承,通过这样的论坛合作,我非常期待得到关注。我们非常希望我们的传统能够在现代和未来通过我们的合作得到更好的继承和发展。

【本文系中国社会科学杂志社根据现场录音整理,未经演讲人审定,部分内容刊发于《中国社会科学报》2011 年 11 月 22 日特别策划。作者迈克尔·罗斯(Michael Roth),美国维思里安大学校长、教授】

首届中美学术高层论坛开幕式致辞

伊桑·克莱恩伯格

2011 年 10 月 28 日

　　我的发言尽量简短。坦率地说，前面几位的发言非常精彩，我感到非常汗颜，实际上我觉得我会重复刚才大家说过的话题，尤其是统一和多样性的问题，传统、教育和合作的问题。感谢中国社会科学院，感谢中国社会科学杂志社邀请我们参加这样的会议，也感谢邀请我们作为这个会议的一个合办方。

　　我们也有一个杂志，1960 年创刊，在过去的五十年中，我们的杂志站在问题的前沿，一直关注历史与理论的发展、哲学的发展。由于我们并没有集中局限在某一个特定的理论，并没有把这样的理念作为历史的唯一的方式，我们不断地致力于提高我们杂志的质量，我们也要去促进对话，包括来自不同国家、地域，不同时代、不同学科的学者之间的对话和沟通，因此是品质推动着我们的对话和讨论，推动着我们不断发展。20 世纪 90 年代的时候，《历史与理论》（*History and Theory*）是美国和欧洲第一家鼓励在线对话的杂志，我们也非常期待读者通过在线方式来阅读我们的论文，并提交历史理论方面的论文，这样我们就可以和南美、东欧、澳大利亚、俄罗斯、印度的学者进行对话和沟通。沟通的范围扩大了，创建了一个更加国际化的学术圈，我们就可以更好地面对我们对历史有什么样的思考，历史对现在来说意味着什么，历史对现在的人以及将来的人都意味着什么之类的问题。《历史与理论》这本杂志现在不仅仅是一本杂志，它是一个沟通和交流的工具。在《历史与理论》这本杂志当中，大家可以各抒己见，可以使我们能够有非常好的讨论和辩论，可以使我们能够去不断地提高我们对历史的认识，对历史进行审视和研究。这次在中国举办首届中美学术高层论坛，希望将来有更多这样的高层论坛，《历史与理论》杂志对这样的论坛有着很多的期待。我们非常期待接下来的讨论。

《历史与理论》杂志是多样化的，我们非常希望能够获得来自各个文化传统的人们的贡献，我们有着共同的对历史的了解，因此我们所使用的方法是多样性的，我们觉得从历史理论当中受益匪浅。参加这样的论坛，我们能够从中国同事这里学到非常多的东西，了解你们对历史的看法，通过我们之间的沟通和交流，我们这个杂志一定能够从高层论坛当中获益良多，我们可以看看你们对历史有什么看法，对文化有什么样的看法，我们希望中国的学术、中国的学生也能够从《历史与理论》杂志中、从我们今天的讨论中学到一些东西。我们邀请大家都去访问《历史与理论》杂志的网站，思考并给我们提供意见和论文。我们非常鼓励中国的同事给我们提供文章，希望你们去了解一下我们杂志所使用的一些方法，同时探讨中国所发生的事情。作为《历史与理论》的主编，我认为这对《历史与理论》杂志、中国社会科学杂志社和维思里安大学来说是个非常难得的机会。通过这样的论坛，扩展学者之间的沟通和交流，找到新的看待历史的方式、思考历史的方式，并随着我们进入新世纪而进一步向前发展。

我很感谢大家的倾听，我非常期待接下来一天半的讨论和交流。

【本文系中国社会科学杂志社根据现场录音整理，未经演讲人审定。作者伊桑·克莱恩伯格（Ethan Kleinberg），维思里安大学历史学与人文学教授、《历史与理论》主编】

关于传统的几点思考

乐黛云

一　什么是传统？

　　费孝通先生指出：文化的生和死不同于生物的生和死，它有自己的规律，自己的基因，也就是它的种子……种子是生命的基础，没有能延续下去的种子，生命就不存在了。文化也是一样，如果脱离了基础，脱离了历史和传统，也就发展不起来。历史和传统就是我们文化延续下去的根和种子。①

　　什么是我们传统的根和种子呢？费先生认为中国传统文化的特点，第一是强调世代之间的联系。一个人不觉得自己多么重要，要紧的是光宗耀祖，传宗接代，培育出优秀的后代。第二是可以把不同的东西凝合在一起，相信"和实生物，同则不继"，中国传统文化的最高理想是"万物并育而不相害，道并行而不相悖"。"万物并育"和"道并行"是"不同"；"不相害"、"不相悖"则是"和"。在这样的基础上形成了中国文化的"多元一体"。第三是设身处地，为他人设想，推己及人，己所不欲，勿施于人。第四是倡导以德服人，反对以力压人，追求不仅合理而且合情。这些都不是虚拟的原则，而是曾经切切实实支配着中国老百姓日常生活的道理，是在中国各地，特别是在传统被破坏较少的地区随时都能触摸到的

---

① 费孝通：《文化的传统与创造》，载《论文化与文化自觉》，群言出版社 2005 年版，第308 页。

实情。

"传统"有不同的层次,不仅有上述百姓平常日用、易于感知的传统,还有生成和支配着这些传统的不同的思维方式。例如中国无处不在的"五行"学说。"五行"指木、火、土、金、水五种元素,这五种元素既相生(水生木,火生土,金生水,木生火,土生金),又相克(水克火,火克金,金克木,木克土,土克水),循环往复,无有已时。它既代表颜色——青、赤、黄、白、黑,又代表人体——肝、心、脾、肺、肾,也代表方向——东、南、中、西、北,还代表时令——春、夏、长夏、秋、冬,等等。从多种元素相生相克、广泛联系出发,就必然重视事物的多样性和谱系。

又如中国思维方式在强调"一分为二"之外,也强调"一分为三"。作为中国文化支柱之一的八卦,每一卦都是由三画组成,由三而深化,至于无穷。所以说"太极元气,函三而一"。这也就是老子说的"道生一,一生二,二生三,三生万物"。也就是《史记·律书》提出的"数始于一,终于十,成于三"。为什么说"成于三"呢?当两种原不相干的事物相遇,而构成"场域",就产生了新的、不同于原来二者的第三个东西。《中庸》的真精神也就是"执两用中",要从"过"和"不及"的两端,找到一个中道。这个"中"并不是两项旧物的相加或"折中",而是从"两端"构成的场域中产生出来一个既非"此",亦非"彼"的新的"三",这是一个质的飞跃,因此说"极高明而道中庸"。

中国的思维方式还讲究"回归"、"反哺"。对于"新"是不是一定比"旧"好、人们究竟奔向何方等问题,老子的《道德经》开始就强调"反者道之动",认为"道"的运动总是不断向其相反的方面转化,如"祸兮福所倚,福兮祸所伏"等。总之,万物的运动都有一种复归的倾向,在新的认识和新的经验的基础上,重新出发,从而上升到更高境界。中国哲学不重视以时间为主体的线性发展,而更重视向原点复归和再出发,这就是"返本开新"。

中国的思维方式还包括一种"负"的思维方式,如老子讲的"三十辐共一毂,当其无,有车之用……"看似无用,却正是其有用之处。如车轮、器皿、房间,有用处,都不是其实体,而是其所构成的空间。如中国画的月亮,不是画月亮本身,而是画周围的云彩,云彩之中那个空白处才是月亮。这些都是强调要给人以空间,强调包容、宽厚。

这些从认识论出发的不同思维方式，又是由中国的宇宙观所决定的。中国儒家的宇宙观强调"天不变，道亦不变"。"天"是"大道"，永恒不变。道家的宇宙观以"不确定性"和"在混沌中生成"为核心，强调一切事物的意义并非一成不变，不一定有预定的答案。答案和意义形成于千变万化的互动关系和不确定的无穷可能性之中。由于某种机缘，多种可能性中的一种变成了现实，这就是老子说的"有物混成"。一切事物都是从这个无形无象的"混沌"之中产生的。例如"有形"生于"无形"。有规定性的"形"可以是方是圆，无规定性的"形"却可以是任何"形"……从这种宇宙观出发，最重要的就不是拘泥于"已成之形"，而是去研究当下的、即时的、仍在不断变化的"未定之形"。中国儒道互补的宇宙观是变与不变的结合。

总之，从宇宙观到认识论的各种思维方式到老百姓日常生活各方面自在和潜在的指导原则，合而论之，就是传统。

二　传统的变与不变

传统是不是一成不变的呢？可以从以下三方面来看。

（一）易有三义——变易、不易和易简①

郑玄在《易赞》和《易论》中说："易一名而含三义：易简一也，变易二也，不易三也。""易简"谓"易则易知，简则易从"；"变易者，谓生生之道，变而相续"；不易者，"言天地定位，不可相易"。"天"永远是"天"，"地"永远是"地"。"三易"是说"天"的本体不变，但"天之用"是可变的。"易简"是说宇宙在"易"的系统中并不复杂，是可知可测的。总之，"不易"是指不变的、定性的因素。"变易"是指因时、因地而变异的特殊性。如果定性的因素变了，事物就不再是原来的事物了。同理，基因变异了，物种也不再是原来的物种。这就是说，传统有变的一面，也有不变的一面。

---

① 《周易正义》卷首引郑玄云："易一名而含三义：易简一也，变易二也，不易三也。"见《十三经注疏·周易正义》，北京大学出版社 1999 年版，第 5 页。

(二)"文化传统"与"传统文化"

传统包含两个层次:"文化传统"与"传统文化"。"传统文化",即民族文化传承下来的"已成之物"(Things become),如经典文献、各种古器物等,这是全然不可更改的,只能原封不动,永远保存;另一个层面是"文化传统",这是对"已成之物"不断进行重新解读、诠释,从而构成的不断变化、不断形成的"将成之物"(Things becoming)。即不同时代,不同人物对某一古器物或某一经典文献的不同解读过程。这种解读因时因地因人而变,不断发展,构成新的谱系。例如中国有许多古籍,这些古籍都是中国文化的遗存,构成中国"传统文化"的重要组成部分。而对这些古籍,各个时代都有自己的解读、再解读。这种长期积累下来的解读和研究构成了中国"文化传统"的不断增长的谱系。

(三)作为主客观互动的传统

由于传统不是自然生成之物而是由人类所创造,因此,它又是由于某一主体意识的不断投射而不断产生的一个"过程"。这个"过程"因不同主体对不同时代的典籍和事物的不同解读和诠释而各异。这个"过程"所形成的传统也就始终处于不断变化之中。20世纪末21世纪初更有某些学者力图超越自我的主观设限,从他者的视野来重新观察自己的文化传统。正如法国学者弗朗索瓦·于连所说,一个主体只有在他懂得(敢于)在他的思想里后退(后退是为了看得更远),重新评估文化里那些隐藏以及沉积了的部分才可以重构他自己。也只有从这里开始,他才能重新思考,并在他的思考里发现新的源头。他说,就我自己来说,只有我能"到达中国",再重新转向"我的"文化,才能思考那欧洲之所以成为"欧洲"的特点。他强调文化既不是可隔离的,也不是一成不变的(因为它不停自我转化),更不是可拆解的(和主体有关)。在他看来,传统必须自我发展。不能发展传统的主体是一个萎缩的主体。

三　跨文化对话中的传统

21世纪以来,于连教授以上的思路有了较大发展,人们一方面以他种文化为参照系，回望自己文化传统的特点；另一方面，力图从不同文化中吸取异质的有益因素以更新自己的传统。特别是"建构性"后现代思潮的兴起，强调"有机整体的系统观念"，抵制全球文化的单极性和同质性，为不同文化的平等共生提供理论根据，争取多元文化在全球的胜利。其倡导者之一约翰·科布（John Cobb）认为这种"有机整体的系统观念"说明各族文化都有相通之处，同时又都有各自的特殊价值，这种特殊价值在某种条件下都可能成为有益于他种文化的普遍价值（当然不是所有特殊价值皆如此）。他举例说，现代西方思想从分离和分类开始，如现代医学区分了病原体和健康细胞，将纯粹的与不纯粹的分开，消灭不纯粹的，即摧毁病原体细菌。中国传统文化所遵循的思维方式却不是分离和纯粹，而是个体与整体的协调，是使体内的各种力量达到平衡。科布认为当代西方思想与中国传统思想虽然看来不同，其实是"深度"相通的，任何一种深厚的文化都可以发掘出有益于他种文化的共通价值。他坚信未来哲学的发展方向必是西方文化和东方文化的互补和交融。

和科布一样，很多西方学者都希冀从中国文化中发现某些普世价值以解决他们所遭遇的世界性问题。例如 2010 年欧洲关于"审美秩序和理性秩序"的讨论，论者认为，如果回归到"情"这个中国文化最自然、最根本的出发点，加以新的创造和诠释，也许可以改变西方过分强调工具理性和技术理性的现状，与西方的价值理性一起，共同造成人类精神世界的提升。

又如中国传统强调的"天下体系"，作为不同于长期统治的"帝国理论"的另一种思考方式，"天下"的精义是认为人类不同的群体可以共存为一个集合体。这无疑为人类社会提供了一个与"帝国体系"全然不同的思考方式而逐渐广为人知，引起世界思想界的重视。例如海外华人历史学家、香港大学原校长王赓武教授用"天下和帝国"作为他 2006 年出任哈佛大学讲座教授就任演说的主题。2009 年，著名的人文杂志《第欧根尼》（Diogenes）刊发了赵汀阳关于"天下体系"文章的英文版，都引起了热议。

当人们讨论到建构新的人类的精神世界时，中国文化传统无疑也占有一席重要地位。理查德·尼斯贝特（Richard E. Nisbett）在《思维的版图》（The Geography of Thought）中曾说亚洲民族和国家或许比西方人更适合创造网络治理、跨国空间和全球意识。他引用汉学家，也是哲学家亨利·罗斯蒙特（Henry Rosemount）的话说：在儒家思想里，没有"我"能够孤立存在，或被抽象地思考；"我"是根据和其他具体个人的关系而扮演的各种角色的总和；而道家认为整体存在于相反力量之间的关系中，它们共同互相完善。亚洲人从来就强调人与自然的和谐。重在根据环境的需要调整自身，而不是西方启蒙主义所强调的"重塑"自然以符合人类利益。他指出贯穿在今天的两大精神潮流：一是在一个日益物质化的世界里，寻找某种更高的个人使命的渴望；二是在一个逐渐疏离、冷淡的社会里，寻找某种共同体意识的需求。他认为中国文化在这两方面都可以提供重要的参照。

总之，世界进入了一个多元多变的时代。历史已不再是以线性历史为先设的、有序排列的、有固定结构和终极意义的研究对象，而是一种体现无限差异的、多元的开放性文本，有如随时变动的"由点线连接编织而成的网络版的生活"（福柯）。在这样的全球化语境下，我们更需要研究传统，研究传统的变异性和持续性，研究传统在跨文化对话中的发展，使传统不至于像马克思所说的那样，成为我们的思想和生活的累赘（《路易·波拿巴的雾月十八日》），而能成为一种积极的力量，推动人类精神世界的创新，推动人类走向更合理、更美好的社会。

（本文部分内容刊发于《中国社会科学报》2011 年 11 月 22 日特别策划，英文版刊发于 *Social Sciences in China*，No. 2，2013。作者乐黛云，北京大学中文系教授）

传 统

——历史意识产生的原则及其在 历史文化中的逻辑和影响

约昂·吕森

一 一个例子

图1 史威士开胃酒的瓶子

我想以一个简单的例子，来说明作为历史意识产生的一种模式的传统，以此作为这篇文章的开场白。图1为史威士开胃酒的瓶子。我想你们当中大多数人都知道这种饮料。你可以在全世界许多宾馆房间的冰箱里找到它。我最近一次是在耶拿一个宾馆房间的冰箱里发现它的。在它的瓶盖上你能够看到1783年的字样，在它的标签上注明了"史威士始于1783年"。为什么制造商会指出史威士公司已经存在了200多年之久呢？其中蕴含的意义和信息似乎是不言而喻的：因为公司已经存在了如此长的时间，所以饮料的生产者和产品本身当然也就值得信赖了。存在得越久就越好，这是夸赞饮料质量的一个潜在原则。事实上，在为食品或饮料做广告时，在商标上运用历史符号这种策略是非常常见的。① 显然，消费者自然而然会对下面的正面事实做出反应，即，这个特别的物品在很久以前就有了一个历史性的起源，许多人已经喜爱它很久了，它一定是非常好的，所以就让我们也加入其中吧。

这个例子范式性地展现了在简单、基础和广泛的精神层面上传统所蕴含的真谛。现在我把这一发现置于一个更复杂的讨论背景中，这将把我们从一种饮料带向对历史意识最强有力的运用之一的认识中来。

对于以过去为某种参照、注重实际的人类来说，传统是一种文化定位。在这种参照中，过去为现在提供了一种人类世界秩序的范式。价值体系、人类的行为准则、理解世界的基本观念都是既存的。这并不是一个做决定的问题，而是一个框架，在这个框架之下必须要做出决定。在这里，我们可以发现通过理解世界的既定模式指引人类生活的一种方式。确实，这是人类文化中一种非常有力的要素。

具备人类学上的普遍性，它在极多不同的形式中变得显而易见：影响深远但却没有任何的反响和解释，它的多样性可以经由诸如礼仪、节日这样的特殊文化活动以及对集体记忆的教育、纪念物、公开表演等而得以展现和确认。事实上，人类生活的大多数方面都受传统因素的影响。这适用于私人的和日常的生活，同时也基本适用于所有公共机构和集体记忆的过程。在政治中，作为一种合法性的资源，它扮演了一个非常重要的角色；在学术生活中，它持续存在于讨论的标准、研究的规划以及再现其结果的形式中。

---

① 参见 Seidensticker, Mike, *Werbung mit Geschichte. Ästhetik und Rhetorik des Historischen* (Beiträge zur Geschichtskultur, Vol. 10), Cologne: Böhlau, 1995。

二　传统的逻辑

我的论文并不探讨传统的多样性及其变化性，而是探究观念产生的基本逻辑以及其在理解人类世界中的意义。我想把传统作为一种了解过去的具体方式来加以分析，即将作为人类文化一个重要部分的历史概念化。历史是对过去的某种限定，通过这种限定，它就被赋予了现在及将来层面上的观念和意义。它本质上是观念产生的一种模式，涉及过去的经验，为理解当下生活状态及未来前景而加以阐释。①

过去本身还不是历史，它通过人类的思维活动而成为历史。它通过记叙形式的自身再现获得作为历史的资格。这些分析告诉人们时代如何变迁，以便他们可以通过对其时间维度的这种理解来组织他们的生活。

将过去转化为历史是一种历史意识活动。② 这种活动有四大要素：（1）对过去的经验，（2）对其加以解释的框架，（3）经过解释的过去在当今人类生活的文化定位中所具有的功能，（4）对决定从当前一直导向未来的实践活动的行为动机所产生的影响。通过历史思维，存在着为人类生活提供方向指引的一个双重的维度。一个是被外部或"客观"世界的参照所规定，在这个世界中人类的生活通过处理这个世界来进行；另一个是由人们的主观性来定义的，而人们必须按照其正在意识到的希望、恐惧以及需求来处理自己的世界。为此，对与他们生活在一起的他者（others）的承认，以及他们必须跟那些并不属于他们自身共同体（community）的其他人相区分开来，这时，传统就发生了作用。

这种主体性主观的影响可以被看成是人类的身份的问题。③ 通过身

---

① 参见 Rüsen, Jörn, *History*：*Narration-Interpretation-Orientation*，New York：Berghahn Books 2005；约昂·吕森：《历史思考的新途径》，世纪出版集团、上海人民出版社 2005 年版。

② 参见 Seixas, Peter（Ed.），*Theorising Historical Consciousness*，Toronto：University of Toronto Press，2004。

③ 参见 Straub, Jürgen（Ed.）：Narration, Identity, and Historical Consciousness，（*Making Sense of History*，Vol. 3），New York：Berghahn Books，2005；Megill，Allan，"History, Memory, Identity"，*History of the Human Sciences*，11，3（1998），pp. 37 - 62；Assmann，Jan，"Collective Memory and Cultural Identity"，*New German Critique*，No. 65，（1995），pp. 125 - 133。

份，我了解到人们自己和他们不得不去接受的其他人之间存在着一个清晰的人与群体的关系。在这种关系中，历史扮演了一个重要的角色。根据人们在控制其（当时）生活的热点问题的过程中的希望与恐惧，它通过向人们呈现其血统来告诉人们他们是谁。

当过去通过传统获得意义和重要性的时候，很容易发现在历史意识的作用下观念产生的这些运作。这种意义起源于一种在人类生活的文化导向中对连贯性和稳定性的基本和根本的需求。在威胁着世界既存秩序的时代变迁的影响之下，人类的思想受到了永久性的挑战。为了迎接这一挑战，既存的秩序能够通过展现其起源及持久的效力而得以确认。因此，时代变迁的经历，尽管发生在过去，但还是被展现为世界的既存秩序的一种长期延续。因此，这种人类生活中不可避免的改变，就能够被解释为是不相干的，仅仅是既存秩序的坚实背景下的一个表面现象，其本质并不受事件的偶然性影响。这种关于永久性和持续性的潜在思想塑造了指导人们生活的价值体系和行为准则。人们的身份在这些价值和规则的语境中得以体现，并被超越任何故意改变和转变这种身份的亲属关系所限定。① 如今，在处理当前问题的过程中，人类思想的未来指向被看成是过去就被确定下来的。任何加以根本改变的尝试都被对秩序的严格遵循所阻止，因为在几十代人的时间里，这种尝试都徒劳无功。对于有力量维持这种秩序的人来说，这是一种责任（也是一种特权）。因此，身份的形成受理解的既定模式的模仿关系支配。它通过特殊的信仰策略（最突出的例子是古代社会中的成年礼）被铭刻在相关个体的精神，甚至肉体之上（比如纹身、围巾）。

历史观念产生的逻辑起源具有一种特殊的关系。现在能够体验到的世界秩序从古至今，在其来源上一直保持着它的活力。起源不仅仅是年代学上的开始。在所有正常的时间序列中，它具备超时间的本体论状态。它具有一种代表稳定性和连续性的神圣本质。它是合法性的主要源头。拥有了解这一起源的权力的人，即使不是统治者，也是非常有权势的人，跟统治者关系密切。起源定义了血统也定义了未来。它把过去和未来结合成一个持续的综合体，明确地以文化活动的具体形式呈现出来，以使世界的内在秩序在生活在当下的人类的思维中保持着动力。

---

① 参见 Rüsen, Jörn, "Tradition and Identity: Theoretical Reflections and the European Example", *Taiwan Journal of East Asian Studies*, Vol. 1, No. 2, December 2004, pp. 135 – 158。

一个关于起源在传统中的重要性的绝好事例可以在位于翠亨的孙中山故居纪念馆的入口处找到。在这里你可以看到，后帝国时代的中国的建立者孙中山先生成了延续悠久的中国传统的一部分。他的遗嘱被雕刻在一个象征中国文化永久起源的大铜鼎上。孙中山并不代表着中国历史上帝制与共和制的分界，而是代表着那些必不可少的东西的连续性。

图2 广东翠亨孙中山故居纪念馆入口 （J. Rüsen 摄于 2002 年 6 月）

我们知道，对过去的这种再现的具体表示与内容总在发生变化，而且还是一种政治斗争，所依靠的是不断变化之中的权力结构。① 但是在人们心中，这种变化并不是意义重大的事情。它已被吸收进持久和固定的思想中了。

三 构造构造者：传统的认识论角色

严格按传统来看，历史观念的产生与这样的思想是对立的，即过

---

① 参见 Assmann, Aleida, Zeit und Tradition, Kulturelle Strategien der Dauer (*Beiträge zur Geschichtskultur*, Vol. 15), Cologne: Böhlau, 1999。

去的历史观念和意识主要是对事情结果的解释。人类的结构主义式的理解，通过其逻辑，摧毁了所有的传统。如今，学界深信，传统是一种通过当下的历史思维否定任何通常字面意义上的传统的对过去的建构。传统，被认为是一种建构，失去了它在人们的思想上的影响力，因为它失去了在文化中其作用的关键特点，即其忠于一种既定的世界秩序的特质。

传统因此对如今历史观念的作用失去影响力了么？它仅仅是导致未开化的人们信奉传统的愚行吗？假如对历史文化的结构主义式的理解是其逻辑定论的话，我们就一定会得出这样的结论，即人文学科中的话语及其对与我们跟过去的关系有所联系的公共意见所产生的影响已经使传统走向了尽头。

但是，我们可以仅仅把过去看成是对历史观念产生非感觉和无意义的事情，还是我们可以将其归因为对历史意识的精神过程和它在历史文化中的社会认识的影响？没有人能够否认那些为决定历史文化的特征所做的工作是受制于文化环境的。没有人能够否认这种情况是由过去引起的，延续至今而造成的后果。也没有人能够否认，在历史学家的研究明确地对其加以引述之前，过去在构成历史文化的重要因素中早已呈现出来并卓有成效了。

当然，这并不是说对于创造性地理解历史以及对于过去的系统深入研究已经没有了可能。这仅仅是说，过去——其导致了今天的生存条件——总是会参与历史意义的建构。在这种参与中，传统仍是历史学家研究中的一个要素和问题，历史文化的非学术的过程。对于历史地构建过去和在成为历史之前被过去构建之间关系的阐释，最好的例子是语言。语言是过去的根本变化和发展的结果。通过使用它，过去显现出来，与此同时，它展示了与过去区别出来的可能。因此，语言具有了一种意义，超过了在过去的人类记载中内置的意义。

四 传统在历史叙事类型学中的位置

传统仅仅是历史的形式之一。它是最古老和最基础的一种形式，但是在历史思考中，也存在着类似基本重要性的其他形式。为了将传统放置于历史观念产生的高度复杂的网络中，包括其共性和历史的多样性，我们需要一种关于历史观念产生的包容性理论。在这样一种理论框架里，传统的特性及其基本逻辑能够得到展现。同时，通过系统地解释历史观念产生的其他模式及其潜在逻辑，远超出传统的历史观念产生的多样性得以弄清。

这类理论中最著名的是海登·怀特（Hayden White）的元历史（Meta-history）理论。[①] 在其分析性的介绍中，呈现了认识这种叙述方面的意识产生的原则的一种复杂体系。传统的这个特性在历史编纂学中凸显出来，根据怀特的看法，在意义上可以分为四个等级或维度。在 implotment 的层面中，传统表现为传奇和喜剧；在仪式（formal）层面中，传统表现为机体化的事物（organicistic one）；在意识形态层面，传统是保守的或反动的；在关于修辞的层面上，传统则发展为对于事件的隐喻。

不幸的是，怀特关于历史编纂学的理论是关于叙述的理论，并不涉及历史中任何特殊的关系。对怀特来说，历史叙述应用相同的原则使故事讲得通，叙述一个故事同叙述其他一样。这也就是为什么在怀特的理论当中，传统从来就没有表现为一种与通过叙述故事而实践历史的其他模式所不同的、有着决定其特征的自身逻辑的塑造精神运动的意识观念。

我将提出另一种理论观点。[②] 这种观点认为叙述这一特殊的历史化特征与小说叙述是不同的。在历史化思考及其逻辑和文化实践方面，具有如下的这些要素：（1）对过往经验的一种关系；（2）一种时间观念，这种时间观念将过去、现在和将来结合为人类事务中的时间推移的一种观念；（3）这是一种交流互动的模式，通过这种模式，对过去的再现在当代实践生活的文化指向中扮演了一个重要角色；（4）这也是在时间的不断变换中对身份的一种表达；（5）而在最后，这也是意识的原则，这些原则将时间视为人类生存的一项基本要素。

---

① Hayden White, *Metahistory*, *The Historical Imagination in 19th – Century Europe*, Baltimore: The Johns Hopkins University Press, 1973.

② 我已经在下面这篇文章中详尽阐释了这一观点，参见 Rüsen, Jörn, "Die vier Typen des historischen Erzählens", *Zeit und Sinn. Strategien Historischen Denkens*, Frankfurt am Main: Fischer Taschenbuch, 1990, S. 153 – 230. 简明文本可在下文中见及: Rüsen, Jörn, *History: Narration Interpretation Orientation*, New York: Berghahn Books, 2005, pp. 9 – 20.

我在通过叙述所形成的关于历史意识的四种不同策略之间做出了区分。其中之一就是历史叙述的传统模式，这种模式的特征可以通过它与其他三种模式的不同之处而得以阐明。

将过去体现为是传统的历史叙述意识，对此我将在下面列举所要历史化思考的诸要素：通过追问世界统治者与生存方式的起源及延续性，它涉入了过去；它将时间观念化为变化中的持续；它通过先在的同意或接受而进行交流互动（含蓄）；它通过对先在的从属模式的确认而得到了一种身份，这种身份是一种拟态（模仿）；而最终，它又为时间赋予了永恒的意义（并没有超越人类事务的变化，而是处在这种变化当中）。

历史意识形成的其他三种策略跟传统策略一样都是历史性的，但是这些策略所具有的是一种全然不同的逻辑。基于时间的关系，我只用一种相当概要和简单的方式来表现这种不同。

表 1　　四种不同的历史叙述类型

历史叙述的类型	涉及过去	时间的推移	交流互动的模式	身份形成的方式	时间观念
传统的（traditional）	生活准则来源于持续性	在变化当中一直持续下去	基于对无可置疑的观念的认同	采取对从属的先在（"自然"）类型	时间通过转变中的永恒性而获得意义
典范的（exemplary）	事件成为体现总体规则的事例	对事件的独断排序	经由辨别与评判的争辩	通过法则的能力（审慎）	时间通过永恒的道德而获得意义
起源性的（genetic）	生活方式的变迁	发展	经由当时的情境化	通过个别化	时间通过即时性而获得意义
批判的（critical）	事件否定了先在法则的有效性	断裂，间断性	倾向于反对既有的定位	通过回归对承诺的要求之上	时间通过判断而获得意义

我寻求一种在这一类型学上的总体的有效性。这非常抽象。我们在任何时候都可以找到这所有的类型，但却总是处在复杂的相互关系及整合当

中，而这体现了根据不同时空而进行的历史性思考的特征。①

在这种类型化的框架当中，传统的特征很容易体现出来。

我在这里会简单地举出几个例子，这些例子不会体现所有五种特征，而只是当中的一个：这种时间观念将过去、现在和将来结合为一种充满意义的时间推移的观念，这就跟历史叙述的四种模式完全不同。

传统强调了变迁中的不变性。

图3　一些东西在雅典从未改变

典范的历史性思考强调了较之变迁更为重要的不变性。

---

① 我已经准备将这种类型当成是对跨文化比较或者结构化的历史变迁的一种观念性方式。参见 Rüsen, Jörn, "Some Theoretical Approaches to Intercultural Comparison of Historiography", *History and Theory*, *Theme Issue 35*: *Chinese Historiography in Comparative Perspective*, 1996, pp. 5 – 22 [中译：《跨文化比较史学的一些理论趋向》，收录于 Weigelin-Schwiedrzik, Susanne; Schneider, Axel（Eds）《"中国史学史研讨会：从比较的观点看"论文集》，（台北）稻乡出版社1999年版，第151—176页；Rüsen, Jörn, "Von der Aufklärung zum Historismus-eine strukturgenetische These", *Konfigurationen des Historismus*, *Studien zur deutschen Wissenschaftskultur*, Frankfurt am Main: Suhrkamp, 1993, pp. 29 – 92。

Europa hatte schon immer kreative Köpfe.

Johannes Gutenberg erfand den Buchdruck.　Werner von Siemens erfand den Dynamo.　Louis Pasteur erfand das Pasteurisieren.　James Watt erfand die Dampfmaschine.

Die aktuellen arbeiten für Sie im DWS Top 50 Europa Fonds.

图 4　德国《时代周报》，2001 年 7 月 26 日
（欧洲从不缺乏创造性人才，其中一部分正在
DWS 的 50 大欧洲基金中为您辛勤工作着）

批判性的历史强调的是距离与否定。

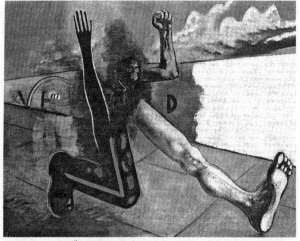

JAHRHUNDERTSCHRITT Ölbild von Wolfgang Mattheuer, 1987

图 5　世纪的步伐

起源性的历史强调的是作为意义源泉的变迁。

图 6　《国际先驱论坛报》，1996 年 4 月 11 日

五　现代历史文化中的传统

在文章的最后，我将会讨论这样的问题：在现代社会的历史文化中，传统扮演了一个怎样的角色？在这里，我不准备探究现代性这一术语的意

Abb. 3: G. Grosz: Wofür?, aus: Hintergrund, Blatt 16

图7 何为?

蕴，而是以常人对于这一术语的理解来直接反对文化指向当中传统的支配
地位。用伊曼努尔·康德的话来说，在人类生活的每一项准则变得合理之
前，现代性就已经作为一种裁决之手而确立起了意义。由此说来，传统被
判定为一种偏见的集合，而这种偏见的集合已经被转变为一种人类行为的
理性化的合法性标准的体系。从这种观点来看，传统当然不会彻底消失，
但是它将会失去力量。

确实，在传统看来，过去的意义与重要性的范围是相当狭小的。而这
也正可以解释关于过去产生意义的传统模式为何会被替换为典范性的模
式，这又会在大帝国由不同部分组成，而这些不同部分的传统又在非常不
同之时出现。在面对这种新形势的时候，过去的事件就不再表现为一种有
效的生活方式。如那些所举的例子以及那些表现出永恒的一般原则的事例
那样，它们获得了一种全然不同的认识论地位。

现代性甚至还违背了对于历史经验范畴的这种扩大。通过将历史经验
现时化，它改变了得自历史经验的法则与规范的永恒有效性。在现代性的
边缘，批判性的历史化思考解构了传统及典范指向的权力。在这一过程

中，它为一种新的使过去产生意义的方式清理了场地，这是一种特别的现代方式，称为起源性的历史叙述模式。[①] 这正是启蒙运动的成就之一。

在现代的历史文化当中，传统和典范性的思考并没有全然消失，但它们只起到了次要的作用。尤其是在当彼此不同的文化生活方式越来越交融的时候，这种情况似乎会更为凸显出来，正像在全球化过程中出现的情况一样。诸如中国和印度这样的伟大文明不得不面对一个在全球化文明中的一体化趋势的挑战。确实，现代化已经成为世界文明中最强有力的要素，在这一过程中，传统上的差异被熔铸为一体。我们只要列举一些就可以知道，比如说近代科学、资本主义、流行音乐、因特网等。

但是，严格来说，正是这种一体化的过程，将传统带回到历史文化的游戏当中，传统不再是历史展现过程当中的次要方式，而是成为当中的本质要素，这种转变不仅出现在学术圈中，而且更是体现在了公共生活当中。

一体化确确实实是对历史最重要功能之一的一种威胁：历史本应体现一个人的身份，当然，这就意味着这些人与其他人的差异，而不是使这些人像其他人。人们在组织自身的生活、理解自己以及看待他人的方式上是各不相同的。这种不同是先在的。这是在当前生活方式下所终结的过去发展的一种后果。通过这种先在，传统就走到了前台。身份是通过传统而（预先）形成的，而这也就是为什么传统能够在跨文化交流的历史背景中赢得如此重要地位的原因。[②]

我们可以发现，在今天，关于传统的话题已经成为历史思考的一种相当强大的策略。这种涉及强化了差异，而这种差异对于获取反抗现代性的一体化趋势的自身历史身份是必需的。随着现代性所导致的一体化的危险趋势，我们可以发现，非西方的知识分子具有一种特定的趋势。被看成是特殊的西方历史发展的一种后果，开始出现了对自身非西方身份的追寻与宣示。这种情况通过辩论的双重策略而频繁地展现出来。前者是对西方历史保持距离并加以批判，这表现为后殖民主义；后者则回归到他自身的文

---

① Koselleck, Reinhart, "Historia magistra vitae. über die Auflösung des Topos im Horizont neuzeitlich bewegter Geschichte", in idem: *Vergangene Zukunft. Zur Semantik geschichtlicher Zeiten*, Frankfurt am Main: Suhrkamp, 1979, pp. 38 – 66（英文译文: *Futures Past: On the Semantics of Historical Time*, Cambridge, Mass.: MIT Press, 1985）.

② 参见 Rüsen, Jörn, "Tradition and Identity: Theoretical Reflections and the European Example", *Taiwan Journal of East Asian Studies*, Vol. 1, No. 2, December 2004, pp. 135 – 158。

化根基及其绵长的持续性当中。

作为第二种方式的例子,我想以印度学者拉儒（P. T. Raju）为例加以说明,他曾写过《印度思想中的人的观念》（*The Concept of Man in Indian Thought*）。在文中他指出:"……印度哲学创始于公元前 2000 年左右,并一直延续至今,而希腊哲学的作者通常都起始于公元前 17 世纪的泰利斯,并终结于公元 3 世纪的亚历山大哲学学派信徒……而印度思想在约四千年的时间里一直延续不断……希腊思想只持续了大约一千年。"[1]

由于传统从属于任何身份层面的历史,因此回归传统就变得不可避免。身份具有一种暂时性的维度,而这种暂时性的维度一方面是通过先在的生活条件所构成的,在另一方面则经由希望、欲望及恐惧而形成。第一种情况是过去的发展的结果:一个人可以看成是他家族的产物,用马丁·海德格尔的话来说,他被"弃置"在世间,正是这种"成为"（being by having become,德文为 Gewordensein）构成了人类身份的客体时间维度。第二种情况则是关于人们想要成为或者想要变成什么的观念上的处于变动之中的精神力量。这就构成了人类身份中主体性的时间维度。身份认同将暂时性的维度都合而为一:人类主体性的内在时间。这种时间观念包含了对其形成条件的一种认识,正是这种传统将这些条件转化（translate）为主体的心智。传统是主体性的一部分,而作为这一部分,它也成为人类身份认同的一个不可或缺的组成部分。

但是,这并不意味着只有传统才是人类身份的形塑力量。人类身份同样可以通过对先在的条件的决然"拒绝"或者通过使这些先在条件暂时化从而转变主体性的暂时特征的形式而加以形塑。这就提出了一个问题,在这中间,传统被塑造为人们自身主体性以及他者的他者化的形象。

我无法用一种对身份的历史观念来描述整个可能的综合。我只是希望指出在对待种族中心主义（ethnocentrism）上的两种可能性。种族中心主义作为一种精神策略,它通过对与他者（others）的他者性（otherness）的界定进而对自身加以肯定。通过为自身形象赋予正面价值,身份在生活中获得了权力。这是他者性观念所造成的后果,而这种他者性是与关于自

---

① Raju, P. T., "The Concept of Man in Indian Thought", Radhakrishnan, S., Raju, P. T. (Eds.), *The Concept of Man: A Study in Comparative Philosophy*, London: George Allen & Unwin, 1960, pp. 206 - 305, cit. p. 206.

身的观念混融在一起的。人的心智具有一种类似自然的趋势，这种趋势通过描绘有异于自身形象的正面价值的他者性的形象以获得意义，不管这种意义是对自身形象的否定，还是只是一种否定性的背离。正是在这种他者性的创造中，那些并不契合自尊特征的人的自我属性，被投射到他者的形象之中，他者性成了人们自身主体性的影子。

种族中心主义的传统在自我与他者的这种区分方面是一种深层的精神特质。它将人们自身生活方式表现为高尚、文明与先进的，而他者，要么不是人类（就像在古代社会中的情况那样），要么缺少人类的特征或者索性就是野蛮和落后的。

在这种种族中心主义的身份构造之下，传统在跨文化交流方面起了一种非常有效的作用。它在西方所起作用早已为人所知，并已经成为后殖民主义的本质问题。但是，我们往往忽略了这样的简单事实，即，大多数试图批判西方种族中心主义并代之以一种非西方文化的文明形象的尝试，在实际上正通过其西方式的表示而再生产了种族中心主义。

这种情况在学术化的历史文化领域中随处可见。但只有很少的跨文化事例会谈及历史。[1] 但是，在这样的时刻，非西方的学者与知识分子们总是会将现代的历史化思考归结为西方化（Westernization）。[2] 随后，他们建立起了一种在本质上不同的历史思考传统，并声称这种历史思考方式是更好的。[3] 这种有所不同的传统表现为对人们自身文化起源的一种回归，对中国的情况来说就是孔子以及绵延已久的儒家传统。这种思考方式秉持的是传统的逻辑。它是以来源为指向的，并具有一种隐含的目的论式的扩展。

在历史的局部话语方面，对于传统的这般运用是大有问题的，这是因为不管作者有没有意识到，它秉持的还是种族中心主义的老调子。

---

① 参见 Rüsen, Jörn (Ed.), *Western Historical Thinking: An Intercultural Debate*, New York, Oxford: Berghahn Books, 2002。约昂·吕森：《跨文化的争论：东西方名家论西方思想》，山东大学出版社 2009 年版。

② 激进的例子则是 Lal, Vinay, "Provincialising the West: World History from the Perspective of Indian History", Stuchtey, Benedikt, Fuchs, Eckhardt (Eds.), *Writing World History (1800 – 2000)*, Oxford: University Press, 2003, pp. 271 – 289。他认为（西方）史学史进入印度是一种"文化上的种族灭绝"（cultural genocide）（第 288 页及以下几页）。

③ 具体事例可见如下著述：Forum, "Chinese and Western Historical Thinking", *History and Theory*, 46, May 2007. Huang, Chun-chieh, *The Defining Character of Chinese Historical Thinking*, pp. 180 – 188；Sato, Masayuki, *The Archetype of History in the Confucian Ecumene*, pp. 218 – 232。

那么，有什么可以替代呢？

为了回答这一问题，我准备用一种理想类型的办法，划分出传统的三种模式：

（1）功能化的传统，（2）反映化的传统，（3）"潜在的"传统。

（1）功能化的传统存在于人类生活的先决条件的所有情况当中。它通过对来源以及长久的持续性的高度尊崇的方式而获得并培育。

（2）在历史文化中传统的角色成为一种重新加以思考和重新形成的情况下，反映式的传统才会受到关注，通过这种重新思考和重新形成，传统获得了一种更易被接受的形式。

（3）潜在的传统是精神生活的先决条件。它们存在于人类文化的无意识要素之中，哪怕这些传统似乎被遗忘，也依然会起作用。

我认为有必要以一种批判性的方式，从当今的跨文化讨论来看待功能化的传统，以及这些传统在形塑文化身份上所固化的种族中心主义力量。通过这种批判性的方式，这些功能化的传统就会被转化为反映式的传统。在那些反映式的传统中，并没有否认身份方面的差异，但却可能会为这些传统赋予一种被他者所接受的特征，而最终则尚未在人类生活当中凸显出重要性。现在是重新对其加以重视的时候了，[①] 我们还应该找出这些传统如何发生作用、它们将会遭受何种威胁以及它们具有多少机会去光明正大地使当今先在的生活环境中的那些不人道要素变得更为人道一些。

我们不应忘记的是，传统不仅包括个人生活状况的形塑力量，而且还包括了基于对人类追求美好生活（不必以牺牲他人为代价）的基本期望上对传统加以变革与转换的梦想。

【本文英文版刊发于维思里安大学 *History and Theory* 杂志 2012 年第 51 卷第 4 期，中文版由该刊出版公司 Wiley 授权出版。作者约昂·吕森（Jörn Rüsen），德国高级人文研究学院资深研究员】

（袁剑　译）

---

① 人类的这种意图是建基于对精神分析的新的接受之上的。我们是否能够将人类理解为历史化的类型，而这种类型跟人类心智中的原型又毫不相干呢？参见 Straub, Jürgen, Rüsen, Jörn (Eds), *Dark Traces of the Past: Psychoanalysis and Historical Thinking*, New York: Berghahn Books, 2011。

有关"传统"与"进步"问题的思考

周 弘

我们生活的这个时代是从结构到内涵都在发生快速变化的时代。这些变化打破了人们习惯的生产方式、生活方式、社会结构、治理结构、思维方式和文化认同,挑战了人们关于"传统"和"进步"的普遍认知,将过去、现在和未来,东方和西方,空前地混杂在一起,考验着人类认识世界、组织思维、创造未来的能力。

一 关于"传统"问题的再思考

"什么是传统?"这是一个被人们反复提问,又反复回答的问题。毫无疑问,传统来自人类生活与生产的漫长经历,其来源甚至可以追溯到没有文字记载的久远的史前。在数千年的人类发展历史中,人们在各种不同的自然条件下通过集体劳动,形成了一些比较固定的劳动方式、沟通形式,以及管理劳动和规范行为的体制和机制。这些相对固定的方式和制度又通过语言、艺术、习俗、律法等介质规范着人们现实的行为、认同和活动,保证了人类劳动和生活的延续。这些相对固定的形态就被人们看作是传统。简言之,传统乃是人类进步过程中形成的各种"方式"(技术和生产的)、"体制"(治理)和"语言"(集体记忆)。①

---

① [法]孔多塞:《人类精神进步史表纲要》,何兆武、何冰译,生活·读书·新知三联书店1998年版。

正是由于传统与自然和人类生活有着上述密切的关系,生活在不同时代和不同地区的人们对于传统的形式和特质,特别是传统在不同时代的作用,就会有不同的认识或者侧重。生活在启蒙时期的思想家们喜欢把"传统"和"自由"与"进步"对照起来,用进步的精神去反对传统的规范和体制,结果传统就有了"落后"和"过时"的寓意。凭借着对人类文明不断进步的信念,凭借着对人类理性"合乎规律"的认识,启蒙思想家们断定,每个时代都会有自己的启蒙或进步,"每一个世代都得把自己的启蒙留给后一个世代",从而使人类"从低级阶段逐步地……引向人性的最高阶段"[1]。正是由于社会劳动和社会生活不断地进化和复杂化,人们之间的相互联系也随之不断地紧密化,相对固定的语言、艺术、规则、立法才会不断地诞生和延伸。在传统延伸的过程中,语言的作用尤为突出:语言不仅沟通、组织和动员同时代的人,而且沟通传统与现实——传统造就了语言,又通过语言作用于人们的现实生活,将传统与现实勾连起来。

欧洲的启蒙时代是一个对人类充满信心的时代,也是对人的良知和认识能力充满信心的时代,人们认为,高尚的人品能够穿透时代,即使是在不宽容的宗教时代,人的良知也能在静默中探索自由,并在此后借助技术力量的进步(如印刷术的普及和语言传播技术的开发)而推翻传统。孔多塞说:"自然界对于人类能力的完善化并没有标志出任何限度,人类的完善性实际上乃是无限的;而且这种完善性的进步,今后是不以任何想要扼阻它的力量为转移的……这种进步……可能或快或慢;但是……这种进步""决不会倒退"[2]。

结果,推翻传统被看作人类发展进步的一条规律。因为人类的社会生产是不断发展的,所以与不断复杂化的生产相适应的交换关系和道德关系也不断复杂化起来;相应地,管理这些关系的政治体制也就发展起来。如果不寻求进步,如果因袭传统、膜拜权威,传统就会成为进步的桎梏,被前进的车轮撞翻,即使是享有巨大权威的基督教会,也"无法阻止自由

---

① [德]康德:《世界公民观点之下的普遍历史观念》(1784),载《历史理性批判文集》,何兆武译,商务印书馆1997年版,第4、13页。

② [法]孔多塞:《人类精神进步史表纲要》,何兆武、何冰译,生活·读书·新知三联书店1998年版,第2—3页。

精神和探索精神的悄悄进步……我们在所有的时代里都会发现它们，直到它们借助于印刷术的发明而有足够的力量可以把欧洲的一部分从罗马教廷的羁轭之下解放出来的那个时辰"①。

综上所述，在欧洲启蒙思想家的观念中，传统不仅可以被追溯到文明的久远的过去，而且是一直都处在变动和进步的过程中，一再地被进步所否定、所推翻、所替代，并且在这个被替代的过程中为新传统的创造者提供依据。所以克罗齐说，"只有现在生活中的兴趣方能使人去研究过去的事实"，所谓传统不过是存在于现代创造者的认知当中，"当生活的发展需要它们时，死历史就会复活，过去史就会成为现在的"。②

既然传统与自然和人类发展的历史有着这样密切的关系，那么世界上自然物种和民族的多样性也理应证明传统的多重性，证明多种传统存在的合理性和各种传统自我发展的逻辑性。

事实正是如此。从传统发展的脉象来看，受制于不同的时代背景、不同的地域约束，为了不同的生存需求，人们对传统产生了不同的认识或侧重，导致了各种新传统的出现和传统的自我替代现象。在欧洲文艺复兴时期，时代主题要求的是对传统经典的复归，这种对希腊传统的重新认识挑战了当时的基督教会传统；到了欧洲启蒙时期，思想家们的口号是反对传统、崇尚进步，他们主张将权威从社会、国家、教会转移到个人；在启蒙后期，"传统主义"（traditionalism）③ 又开始否定革命，认为传统的形式（或集体的智慧）使社会得以统一，文明得以传承。当然，在这种肯定传统的思维逻辑中也包含了对传统的否定：因为传统的文明统一体是基督教，而基督教的普世精神和组织结构将正在兴起的民族国家视作阻碍基督教文明发展的桎梏，结果隐喻了又一场传统反对传统之战。

欧洲的传统在"否定之否定"的历程中发展更替，而世界上其他传统却有着不同的规律。世界历史学的研究不仅证明了，传统的形成不是来自于上帝的创造，而是来自人类自身的发展和人类生存环境的变化，特别是来自于彼此相对独立发展的人群的纵向的自我发展。由于这些人群所面

---

① ［法］孔多塞：《人类精神进步史表纲要》，何兆武、何冰译，生活·读书·新知三联书店1998年版，第91页。

② ［意］贝奈戴托·克罗齐：《历史学的理论和实际》，傅任敢译，商务印书馆1986年版，第2、12页。

③ Félicité Robert de Lamennais, *History of Ideas*, Vol. II, p. 154.

临的自然挑战很不相同,组织生产和维持生活的方式多种多样,因此,在不同的人群和不同的文化圈中产生出来的传统发展规律就不一定遵循"否定之否定"的定式,也不一定是"生成—发展—突变—新传统形成"的替代格局,而有可能是"生成—发展—复归"的格局,甚至是"生成—发展—重创—消失"的格局。

对于很多民族来说,传统的发展不仅仅是纵向的,在传统发展变异的过程中还存在着不同质的传统之间相互影响的横向联系,这种联系的性质和规律极其复杂,还远远未被透彻地认识。从中国的视角看,这种横向联系的作用同时具有消极和积极的作用,这使得中国对于传统的认识殊异于西方。

从中国历史的纵向发展来看,"汉民族建立政权,一般以大一统观念作为其政治合法性的基础"①。这种认识,以及与此认识相关联的各种体制成为一种几乎是恒久的传统。当中国遭受西方坚船利炮的打击和耶稣会士传教的冲击时,这一深厚而久远的传统受到过激烈的批判和全面的反思。反传统和向西方学习蔚成风气,成为一代中国知识分子热议的主题。追求进步的中国人不仅发起了反传统的"新文化运动",而且还接受了马克思主义。他们接受马克思关于传统的判断,认为"传统"维持的是已经过时的稳定性,被明文的法律固定下来并且神圣化了的习惯、传统和制度,包含着对于特权的维护。② 正是这些特权维护了一个过时的政治统治,导致了民生凋敝和国家衰亡,而这些特权是"一种归根结底只有通过革命才能被打倒的权力"③。马克思、恩格斯呼吁同传统的所有制和传统的观念决裂,这种革命的精神极大地鼓励了饱受传统制度压制的中国革命者,使他们奋起革命,挑战历史久远而且深厚的中国传统。

然而,这种反传统的革命热情遇到了帝国主义侵略,特别是日本帝国主义要灭亡中国的严峻考验。④ 在侵略者的铁蹄下,传统表现出对民族存

① 张淑娟:《近代中国民族主义理论的生成与外来关键性因素》,《世界民族》2010年第2期。

② 马克思:《资本论》,载中共中央马克思恩格斯列宁斯大林著作编译局《马克思恩格斯文集》第7卷,人民出版社2009年版,第896—897页。

③ 马克思、恩格斯:《德意志意识形态》,载中共中央马克思恩格斯列宁斯大林著作编译局《马克思恩格斯文集》第1卷,人民出版社2009年版,第576页。

④ 《"原生态"引起的一场论战——传统是什么?》,《光明日报》2010年8月9日第12版。

续的至关重要的作用。一些中国的知识分子开始认同中国民族文化的历史积淀，认为"它既诉说着民族的过去，更昭示着民族的未来"，甚至认为"中华民族共有的精神家园，是以优秀的中华文化为根基，由中华民族全体成员普遍认同的知识体系、价值体系、情感表达体系和信仰体系等要素构成的精神文化系统，它是中华民族成员共有的精神支撑、情感寄托和心灵归宿"①。简言之，"五四运动"爆发之后不久，中国传统作为民族的传统重新受到重视。

这种"民族传统"概念的出现说明，保护中华民族那些相对独立地发展起来的传统系统和框架，即使是在革命年代也出现了一定程度的重视。② 中国近代史中的那些丧权辱国的条约，那些割地赔款的事件，成为中国人重新认识和珍惜民族传统的外在推力，成为中国民族复兴的给养。这种推动所产生的一方面是对变革的诉求，另一方面是对振兴民族传统的诉求，就像严复在翻译了赫胥黎的《天演论》，给中国带来了亡国灭种的危机感之后，却又撰文说，"故成己成人之道，必在惩忿窒欲，屈私为群"，"则天演之事，将使能群者存，不群者灭；善群者存，不善群者灭"③。他号召国民摒弃个人的一己之私，奋起维护国家的统一。对国家大一统传统的复归就这样成了"物竞天择、适者生存"的中国式注脚。

在外敌入侵条件下对民族传统的复归，同样影响了中国革命的道路。"联合世界上以平等待我之民族共同奋斗"（孙中山语）成为中国革命者选择马克思主义和苏联的一个重要原因。这种选择同样汇入了一股"中国化"的潮流。中国革命胜利以后按照马克思主义的理论和苏联模式建立了一套新的传统，不仅因为这是一套替代失败的旧传统的新概念、新理论、新制度，以及新的行为规范和价值体系，还因为这是已经"中国化"了的马克思主义。在这个新的传统中本身就凝聚了大量被中国人称为"毛泽东思想"的中国式智慧和创造。

所以，在中国，传统虽然也是"流动于过去、现在、未来……［的］一种'过程'，而不是在过去就已经凝结成型的一种'实体'"④，但是，

---

① 栗志刚：《民族认同的精神文化内涵》，《世界民族》2010年第2期。
② 吴忠民：《民族传统与现代化》，《东岳论丛》1991年第3期。
③ ［英］赫胥黎：《天演论》，严复译，商务印书馆1981年版，第39页。
④ 杨善民：《文化传统论》，《山东大学学报》（哲学社会科学版）1988年第3期。

这种过程却不仅仅是以"生成—发展—突变—新传统形成"的传承和替代关系为标记，而是加进了外来冲击、自我保护、引进消化、再造重生的过程。在各种传统的交互作用中，中国传统获得了新生，正是因为中国适时地复兴了传统，并且把这种传统与反传统结合了起来。

在这里，我们看到了世界多元传统的多元逻辑：强势传统的自我更新和进步，以及相对弱势传统的延续和保护。为了防止传统的自然生长和进步的自然进程被外力切断，很多民族借助自己的传统组织对来犯的异质传统实施反抗。在一个多元传统并存的世界，"民族认同"从一开始就同时也是"民族认异"，不同传统之间不仅相对分立，而且相互影响，甚至相互博弈，出现过主导和从属的区分，也出现过为获得平等权利而进行的战争。并不是所有的反抗都能够成功。当非洲沦为欧洲殖民地的时候，很多非洲民族甚至失去了它们的语言、宗教和讲述自己民族历史的权利。

在世界进入快速全球化的时代，人类再次面临着复杂的传统较量。强势的传统或倚仗对科学技术的掌握，或借助经济实力和军事实力作为后盾，通过多种载体向外延伸，并对弱势传统产生侵蚀。在这个侵蚀的过程中，弱势传统的一些要素被强势传统所吸纳，造成对强势传统的稀释乃至溶解。我们面临着一个传统混杂的局面，这种混杂在创造着多元文化理解与包容的同时，也在世界各地造成了社会和观念的结构性断裂。

二　对于"进步"的再认识

"进步"是欧洲启蒙思想中最重要的主题词之一，与"科学"和"现代"联袂，被启蒙思想家们奉为圭臬。世界地理观念的革命性变化，世界经济利益的结构性重组，都使得当时的人们对未来充满了乐观的憧憬。他们认为，他们自己所处的时代与中世纪的传统时代有着根本性的不同。科学发展不仅给百业带来了进步和兴旺，而且科学的继续发展将不断地给世界带来进步，这使得"进步"哲学成为当时人们的宣言和教条。在这种教条中包含了对"科学的"方法、"完美的"事物和"丰富的"自然界的顶礼膜拜，包含了对更美好的未来的预言，而不仅仅是憧憬，因为人们开始认为，使用科学方法可以推断未来。①

　　这种对"进步"的信仰将"传统"置于自己的对立面，认为"进步"是在不断打破"传统"的基础上取得的。因为科学是不断发展的，所以现代理应与传统不同，现代人可以知晓更多、成就更多；由此推理，未来会有更多的发现和发明、更多的成就。历史在不断地前行，而不会走回头路。启蒙的"进步信仰"还势必与普世的基督教会相对立，并把"民族主义"看作启蒙的动力来源，将资本主义当作启蒙的物质保障，让科学发展为启蒙指引道路，并把人类进步看成是启蒙的希望，认定如果遵循进步的逻辑，连乌托邦都会在这个地球上实现，而人对于理性的运用可以把握"进步"的进程。

　　欧洲近现代科学技术的飞速发展似乎证实了这种"进步"的合乎逻辑性：传播工具的进步，特别是纸张和印刷术的广泛使用，打破了基督教会对于观念的垄断，新兴力量和新生结构应运而生，这些力量由于可以自己诠释上帝，自主地为自己的行为正名，所以就可能自己进行社会动员。罗盘和望远镜的广泛使用，工具和机器的不断精密化，打开了人们的眼界，并且把人们带到四面八方。观念被改变了，规则也被改变了，各种观念，各种力量，各种规则之间出现了长期的混战。新生的力量打破了传统的疆界，形成了新的社会动员方式和社会组织机构，并最终占据上风。社会的新，就像生物学的新一样，乃是一种内在的新，一种内生的创造和改变的需要，即使是在重复传统时，也"必定在形成着真正的创新性"②。所以，在18世纪的思想家们看来，进步乃是一种无条件的或绝对的趋势，这是由"人类心灵的进步性"所决定的。③

　　马克思的历史进步思想也是注重内在动力的。他通过对现代资本主义社会的考察和分析，揭示资本主义社会的现代化进程所蕴含的资本与劳动的基本矛盾，认为正是财富和占有方式之间的带有根本性的矛盾和斗争在推动着历史的进步，促使人们追求自由、实现全面发展。人的进步与文化进步是历史地发展的。"不管是人们的'内在本性'，或者是人们对这种

---

　　①　[美]卡尔·贝克尔：《18世纪哲学家的天城》，何兆武译，生活·读书·新知三联书店2001年版。

　　②　[英]卡·波普尔：《历史主义的贫困》，何林、赵平译，社会科学文献出版社1987年版，第53页。

　　③　穆勒：《逻辑》第6卷，第10章，第3节。

本性的'意识'，即他们的'理性'，向来都是历史的产物。"① 人类进步历经了以人身依赖关系为基础的生成阶段、以人对物的依赖性为基础的异化阶段，向以人的自由联合体为基础的全面发展阶段迈进。

英国历史学家卡·波普尔不满足于对进步的笃信，而是关注进步的条件。他说，我们必须设法找出进步的条件……我们必须努力想象那些会使进步被扼制的条件……仅有心理的爱好还不足以解释进步……我们下一步就必须以某种更好的东西来代替那种关于心理爱好的理论；我建议以一种关于进步条件的制度的（和技术的）分析来代替……科学的进步并不是孤军奋战的结果，而是思想自由竞争的结果。② 这种对于"进步"条件的假设同时承认了另外一种假设，就是作为一种进步条件的外部世界也可能存在另外一种进步，"进步"与"进步"之间存在着某种关系，这些关系的性质可能是竞争，也可能是参照、对比或借鉴。

对于中国的进步来说，这种外部条件是现实的存在。因为进步本身是一个外来的概念，开始与反传统交织在一起，通过反传统来为自己正名，而后又恢复与传统的联系，在重新认识传统、再造传统的基础上获得实现。

在中国，进步和传统一直难分难解和错综复杂地交织在一起。从"五四"新文化运动到近年来的文化论争，前后 70 年的现代中国文化思潮，虽然数经变迁，却总是以反传统为主旋律，反传统被看作是进步和现代化的前提。③ 这种认识来源于西方文明 300 余年来巨大成功的示范作用，来源于中国百多年来屈辱的受侵略被压迫的历史，也来源于中国人固有的骄傲和深沉的反思。中国人既自傲于传统文化的深刻内涵和穿透历史的力量，又痛恨中国传统力量的落后与"不争"，怒其不能与"先进的"西方匹敌，因此而激发了通过学习西方来实现民族复兴与社会进步的强烈愿望和不懈努力。

因此，中国人追求进步的道路始于批判。很多人认为，以儒家思想体系为主体的中国传统文化，从本质上讲就是一种农业文化，是一个封闭性

① 马克思、恩格斯：《马克思恩格斯全集》第 3 卷，人民出版社 1972 年版，第 567 页。

② ［英］卡·波普尔：《历史主义的贫困》，何林、赵平译，社会科学文献出版社 1987 年版，第 107 页。

③ 李景林：《传统文化及其超越》，《社会科学战线》（传统文化研究专辑）1990 年第 1 期。

的自足系统，是一种“静态的农业社会的文化”，具有广阔深厚的土壤、连绵悠久的历史，具有与宗法封建社会相互适应的紧密联系，因此不可能靠自我批判达到自我更新。中国传统只能被摧毁、被改造，中国的进步和现代化必须经过外力来推动。① 于是，中国人开始了漫长的向西方学习的历程。“维新”被认为是救国图强之路，人们盲目地相信，西方经典给西方带来了进步，也能够给中国带来进步。

　　但是，历史事实教育了中国人。西方帝国主义并没有因为中国人的虔诚好学而放弃对中国的侵略。② 中国人将进步的前途与马克思主义相联系，是因为马克思主义揭示了帝国主义的强盗逻辑：资产阶级生产方式的规律是使农村从属于城市，使其他文明从属于资本主义的文明，使东方从属于西方。③ 这个道理告诉中国人，进步的出路不仅在于扬弃中国自己的传统，还在于拒绝西方资本主义的传统，否则，中国将不能自主地发展进步，就只能充当西方的附庸。对于中国人来说，要实现救国图存和社会进步这双重的历史任务，就要先“废除各个国家之间的不平等”，然后实现“同一个民族内部平等的进步”，“最后是人类真正的完善化”④。

　　可以说，中国的世界地位决定了中国的进步观，以及对于西方进步观的取舍。马克思主义被中国人接纳，开始是作为反传统的武器，而后又被全面地“中国化”并作为实现进步的传统。在这种吸纳、消化并化为传统的过程中一直都有中国传统的力量作用其中。在革命时代结束之后，这种中国化的马克思主义和社会主义传统就不再以政治革命、社会革命和文化革命的运动形式存在，而是以改造后的现代中国社会结构和同样改造过的中国人的价值观而存在。⑤ 在中国，这种新的存在也分为毛泽东、邓小平等不同的时代，每个时代都是对上个时代的进步，对上个时代的创新和补充，但同时又是对现代化、富国强兵、民族统一、道德重建等传统观念的复归和重申。

　　由于马克思主义和社会主义都没有为世人提供建设社会主义的成功经

---

① 王和：《传统文化与现代化——近年来中国文化研究概况述评》，《中国社会科学》1986年第 3 期。

② 毛泽东：《中国革命和中国共产党》，载《毛泽东选集》第 2 卷，人民出版社 1991 年版。

③ 马克思、恩格斯：《共产党宣言》，载《马列著作选编》，中共中央党校出版社 2002 年版，第 60 页。

④ 杨善民：《文化传统论》，《山东大学学报》（哲学社会科学版）1988 年第 3 期。

⑤ 刘小枫等：《作为学术视角的社会主义新传统》，《开放时代》2007 年第 1 期。

验和固定模式，中国的进步进程就以融合了中国传统元素而显得特殊。中国传统与马克思主义的融合而形成的秩序和规范使中国社会在过去的半个多世纪中实现了快速发展，这种发展使中国知识分子再次产生了对传统的自信。21世纪的开启之年，中国文坛迎来了新一轮的"文化自觉"。中国著名的社会学家费孝通先生提出："刻写在山东孔庙大成殿前的'中和位育'四个字，可以说代表了儒家文化的精髓，成为中国人代代相传的基本价值取向。"① 此后，类似的"复古"行动受到了广泛的关注，标志了中国对传统的重新认识。人们开始让中华民族的一些基本的传统与落后脱钩，而与进步结盟。

用当前的进步为传统正名渐成风潮。人们撰文说，批判传统是对历史不负责任的态度，"把所有现在的不理想状况归罪于传统，是推卸自己责任的最好办法"②。生活在当代的人有责任去创造和建树，通过加强现实的活力，而不是"一味地审判传统"而获得进步。与此同时，西方传统也受到了更多的批判，被认为是"个人本位"的、"自我中心"的、单纯追求物质利益的和恶性竞争的。论者提出，崇尚科学和民主只是西方传统的表象，而西方社会的实质是物支配人，中国传统则注重现实，注重社会问题，注重人与人之间的关系。未来中国要进步、要发展，就不应效法西方，也不应效法印度，而应该致力于自身文化传统的复兴。③

经过了整整一个时代的反传统之后，中国人内心的自傲释放出来了。马克思主义不再被看作是单纯的外来文化，而是融入了中国人的世界观，成为中国人观察世界、改造世界的基本理论与方法，而且更重要的是，中国革命的实践就是马克思主义整体的一部分。④ 上述这些认知使中国人得出了一种厚今薄古的历史观："到过去寻找传统是本末倒置。离现在越远的精神越不是传统。"⑤ 进步既是立足当代，也是回顾过去，但更重要的

① 成伯清:《冻结的传统——中国社会发生学的文化反思》,《中国社会科学报》2010年11月11日第5版。

② [法]孔多塞:《人类精神进步史表纲要》, 何兆武、何冰译, 生活·读书·新知三联书店1998年版, 第177页。

③ 王和:《传统文化与现代化——近年来中国文化研究概况述评》,《中国社会科学》1986年第3期。

④ 陈先达:《中国传统文化的当代价值》,《中国社会科学》1997年第2期。

⑤ 杨善民:《文化传统论》,《山东大学学报》(哲学社会科学版)1988年第3期。

是面向未来，是连接传统与进步，是"与时俱进"。

三　关于传统与进步的关联

传统与进步的复杂和多重的交织是我们这个时代的一个基本特征，而认识并厘清传统与传统、进步与进步、传统与进步之间错综复杂的关系，则是我们面临的一个严峻的时代挑战。

传统和进步的关系密不可分，相反相成。波阳总结说，传统作为一种惰性力量，其消极面是进步的重负，因此社会进步表现为对被视为神圣的传统的亵渎，表现为对传统中保守方面的突破与革新。但是另一方面，传统中优秀的成分是一种积极因素，它凝聚了一个民族世世代代创造者的劳作和智慧，成为一个民族得以生存和延续的力量，为进一步发展提供了基础。因此，一个民族的进步和繁荣昌盛往往包括对优秀传统的继承。[1]

在世界范围内观察传统与进步的关联，可以看到两种走向的交织。传统和进步在同质文明中的纵向交织，曾经引起过思想、文化、观念、意识的递进和替代。许嘉璐观察到："中华民族每当遇到险阻或居安而思危时，都会回首历史，最重要的是追溯到创造中华民族精神主干的时代……洞察中华民族文化演变、发展、挫折、兴旺、衰微、交融的过程、规律、经验和教训。不但中华民族需要如此回顾，西方的学者和神学家也在做类似的努力。"[2] 回顾是为了进步。无论是肯定传统，还是否定传统，都曾经是时代的需要，是进步的需要。没有对传统的否定，就没有进步的发生，而没有进步渐成传统，也就没有稳定的进步。

对于传统的否定往往伴随着利益结构和社会结构的重新调整，并推动着政治机制和管理体制的变革与更新。欧洲启蒙的反传统，反对的是基督教会和封建势力，赞扬的是民族国家和资产阶级；中国近代的反传统，催生了一个革命的时代，并在革命之后建立了一整套新的生产关系、社会关

---

① 波阳：《历史进步中的传统与当代》，《求是》1996 年第 1 期。
② 许嘉璐：《传统文化与时代精神——在北师大人文宗教高等研究院揭牌典礼上的致辞》，《光明日报》2011 年 1 月 10 日第 15 版。

系和政治经济制度。

传统和进步在异质文化之间的横向交织，形成了更加复杂的关系。即使是比较封闭地发展起来的民族，也无法避免与外部世界的交流，无法避免来自外界的冲击和挑战，无法避免各种思想、文化、观念、制度的混杂，无法防止由此引发的误解、矛盾、歧视、偏见、抵触、排斥、博弈，乃至绞杀。这种混乱的局面使得本来是没有高下之分的各个传统凸显出了进步和文明程度的差别，所谓的"先进"传统为了自身的利益而要控制"后进"传统，不仅给"后进"传统带来了亡国灭种的危机和剥削压迫的灾难，也使得"进步"、"现代化"和"文明"成为所有后进民族的诉求。"先进"传统对"后进"传统的侵蚀难免反作用于"先进"传统自身，使其经受外来移民的压力，经历内部利益格局重组的动荡，面对社会结构断裂的危险。

这就是我们生活的时代。在这个全世界的传统和进步都在发生混杂交织的时代，各种传统之间的普遍参与和平等相待，不同国家和地区在各自传统基础上的共同发展进步（而不是一种传统压倒另外一种传统的所谓"进步"），各种文明传统之间最大限度的理解和包容，各种进步方式之间更多和更深入的交流与相互借鉴，这些都是现实的需要，同时又是因为各种偏见和私利而很难实现的愿望。

在我们生活的时代，科学技术的发展速度令人目眩，网络技术的进步和传播工具的发达，使得世界上各种各样的传统和各种各样的进步能够浮现出来，流动起来。这是一场全方位的革命，网络技术冲击了几乎所有传统的边界，包括专业的、社团的、经济的、政治的，甚至维系了几个世纪的秘密外交领域；它挑战了传统的行为方式、组织形式和社会动员方式，使之大众化、扁平化；它搅乱了传统的国际社会格局，将不可能串联的事物串联起来；它是一种普世性的技术工具，挑战的却是具有广泛差别的传统，它使国家与国家之间、人群与人群之间的联系更加迅捷，千丝万缕的联动关系更加紧密，使曾经有效的传统措施效益削减。对此，世界上各种传统必须敞开胸怀，以彼此包容的不同方式做出回应，并创造出新的进步。

（本文部分内容刊发于《中国社会科学报》2011 年 11 月 22 日特别策划。作者周弘，中国社会科学院学部委员，欧洲研究所原所长、研究员）

论"传统"的现代性变迁[*]

——一种社会学视野

郑杭生

"传统"的问题，是人文社会科学不可回避的问题，也是人文社会科学家不断探讨的课题，因而也是一个充满争议的领域。本文作者近年来也对"传统"进行了多视角、多层面的社会学探索，对一些有争议的问题，表明了自己的看法。[①]

中华民族具有五千年以上不间断的文明史，是世界上拥有"传统"——现实的传统和潜在的传统——最多的载体。这些"传统"是当代中国可资开发的资源、十分宝贵的财富，因而不能片面笼统地、不加分

　　* 在本文开头，我必须表示对我过去的博士生、现在中央财经大学社会发展学院杨敏教授的深切感谢：大约从十年前攻读博士学位开始，杨敏一直是我的学术助手，也是一系列论著的合作者。其中关于"传统"的现代性变迁问题，一直是我们思考和讨论的问题。本文以及以前发表的有关文章形成和提出的一些观点，都得益于这样的讨论以及在讨论中受到的启发。

　　① 这些文章主要有：郑杭生《现代性过程中的传统和现代》，《学术研究》2007年第11期；郑杭生《论现代的成长和传统的被发明》，《天津社会科学》2008年第3期；郑杭生、费菲《传统、理性及意识形态的多重变奏》，《河北学刊》2009年第6期；郑杭生《论社会建设与"软实力"的培育——一种"大传统"和"小传统"的社会学视野》，《社会科学战线》2008年第10期；郑杭生《我们时代的"大传统"》，载《中国人民大学社会发展研究报告——走向更有共识的社会：社会认同的挑战及其应对（2009）》，中国人民大学出版社2009年版；郑杭生《原生态民族文化的一点思考——一种传统与现代关系的视角》，第九届人类学高级论坛暨"人类学与原生态文化"座谈会上的发言，2010年6月23日，社会视野网（http://www.sociologyol.org/yanjiubankuai/tuijianyuedu/tuijianyueduliebiao/2010 - 08 - 10/10802.html）。

析地认为它们是"历史的包袱"。同时，我们也必须注意，这些传统已经经历了和正在经历着前所未有的现代性变迁，而这种变迁是有轨迹可循的，在这个意义上是有某些规律性的。本文试图对此做些梳理。

一 作为动态性概念的"传统":本体论意义和方法论意义的统一

(一) 传统的含义及其内涵的动态性

笔者曾指出，从实际情形来看，"传统"一词主要存在两种含义、两种用法，一种是本体论意义上的，一种是方法论意义上的。本体论意义上的，也可叫做"实体性意义"上的传统；方法论意义上的，也可叫做"关系性意义"上的传统。这两种含义都告诉我们，"传统"本身就是动态性的，不能用静止的观点来看待。

所谓本体论意义上的"传统"，可以简要地概括为"世代相传的文化"。这里，就字面来理解，"传"即相传延续，"统"为统一，传统的本义就是世代相传的统一之物[①]。同时，传统，作为人类为适应环境和满足自身需要而从事实践活动所创造的物质财富和精神财富之结晶，表明它就是一种"文化"，一种"世代相传"的文化，从而亦充分表明了作为本体论意义的传统的动态性，并在该种动态性中表现出自己的相传和延续。

所谓方法论意义上的"传统"，则可以简要地概括为"被现代发明的文化"，这里也包含着传统是"现代的前身"、"现代的同在"等含义。这是指在传统—现代二分框架中与现代相对而得以区分和界定的传统。在这一框架下，现代涉及多少个领域以及有多少种表现，传统也就相应会有多少种。由于现代性的不可遏制的活跃性、不能间断的变动性，以及时时表现出来不安宁性，这种与现代相联系的传统，更加突出了自己的动态性，并在动态性中表现出自己的变异和革新。

---

① 陆德明《经典释文》曰:"传者，相传继续也。"又曰:"延也。"犹指前人传后人，代代相传之意。"统"本义为茧的头绪。《淮南子·泰族训》记载，女工在缫丝时，从众多蚕茧中抽出头绪，才能缫出一束丝。段玉裁《说文解字注》:"众丝皆得其首，是为统。"引申为万丝总束为一个根本，名一统。传统合在一起使用在古义中曾有皇位的相传和世袭，后引申为代代相传的一个根本的模式或准则（张立文:《传统学引论》，中国人民大学出版社 1989 年版，第 3 页）。

"传统"的上述两种含义、两种用法，既有区别，又有联系。区别在于：本体论意义上的"传统"，侧重于历史脉络上表现出的延续与继承，方法论意义上的"传统"则突出了从过去到现在所发生的变化与革新。因此，前者为同，后者为异。前者属续，后者似断。联系则在于：文化世代延续形成传统，传统之"统"体现着古往今来人类文化的根脉与连续性，同时又在"传"中必然地历经各种变迁与考验，并与不断成长的现代性在相互借鉴中表现自身和熔铸新生。可见，虽然是两种用法和含义，在根本上还是相通的，在视野上也是互补的。

如果把上述两种含义的"传统"加以整合，在笔者看来，可以形成较为完整的"传统"范畴。这样的"传统"范畴，笔者认为可以表达如下：传统就是世代相传的文化的延续继承和变化革新，是现代性对世代相传的文化的扬弃式的建构和借鉴性的互构。所谓扬弃式的建构，就是去其糟粕，取其精华；所谓借鉴性的互构，就是现代性在改变传统中也促使自己不断成长。

（二）传统、"过去"与"原生态文化"

人们往往把"传统"等同于"过去"。不错，传统确实与过去有至关重要的联系，因为传统源于过去。但这并不意味着传统等于过去。"过去"的所指范围要比"传统"大，是上位概念；"传统"的范围小，是下位概念。关于传统和过去的关系，笔者经过梳理，强调下述几个观点。

第一，传统是保留在现代人的记忆中、话语中、行动中的那一部分过去，因而是对现在仍然起着作用的那一部分过去。由此我们同样也可以说，作为一种传统的"原生态民族文化"，也是一种保留在现代人的记忆中、话语中、行动中的那一部分过去，因而是对现在仍然起着作用的那一部分过去。我们在从贵阳到凯里中巴车上听到的被标以"原生态民族文化"的苗乡侗寨的诸多民歌，就是这样。

第二，传统是被现代人从过去之中精选出来的，由于现代人的选择，这部分过去才得以留存下来，因而它也是现代生活的一部分。同样，作为一种传统的"原生态民族文化"，也是被我们现代人从过去之中精选出来的，是现代人通过对过去"重构"或"新构"的方式构建起来的。因此，这种原生态，是经过选择、经过加工、经过"重构"或"新构"的原生态，只有相对的意义，不可能有绝对的意义。在各个民族的民族文化中找不到那种纯粹的、完完全全的"原生态"。

第三，由于现代人的反复实践和应用，这些留存的过去成为现代社会或某个地区或某些群体的集体记忆，获得了传统的意义，影响、制约某一地区、某一群体的社会成员及其家庭的行为和生活。这种传统往往以该群体的亚文化的方式、习俗的方式出现。现在我们听到的作为"原生态民族文化"面目出现的苗乡侗寨的诸多民歌，就是被现代人从过去无数对歌、号子之中精选出来的，以苗族、侗族民族亚文化的方式、民族习俗的方式影响着现代社会生活，并成为现代社会生活一部分，即我们现在称为"非物质文化遗产"的东西。在这个意义上，作为传统的"原生态民族文化"，也是现代的一种发明。"原生态民族文化"作为一种被发明的传统，在现代社会生活中发挥着重要功能，如社会整合剂的功能等。

第四，现代人通过对过去的"扬弃式的建构"或"借鉴性的互构"生产出传统。这当然不仅仅是一个个人行为，而是一个集体的和社会的行动过程。"建构"和"互构"可以有不同的指向，不同的指向会对现在，甚至未来产生不同的影响。关于"原生态民族文化"，我们同样可以这样说。

第五，那种死去的过去，例如妇女缠足这样的陋习，就是死去了的过去，它曾经是传统，但现在它已不是什么传统。因为它既没有现在，更没有将来。作为一种传统的"原生态民族文化"，也像一切传统一样，既包含有生命力的东西，又包含缺乏生命力或丧失生命力的东西。这样的例子在各个民族的历史上都有。例如，用活人、猎头祭神，用活人殉葬、陪葬等都是死去了的过去。它们曾经是相应时代的"原生态民族文化"，但是现在它们是野蛮、残忍的记录，是必须加以否定的。吉登斯也谈到了同样的论点："传统具有一种有机生物的特征：它们发展并成熟或者削弱和死亡。"[①]

第六，那种不为人知的过去，例如还没有发掘的地下文物，只是潜在的传统，潜在的"原生态民族文化"，只有发掘出来，经过鉴定、考证，被赋予了现代的意义，例如它对我们解开某一历史谜团有何种价值等，它才能成为名副其实的传统和具有原生态意义的民族文化。这也可以看作"激活"原生态民族文化。

这些观点，对于正确看待"原生态文化"也是适用的。在我看来，

---

① ［英］安东尼·吉登斯：《为社会学辩护》，周红云、陶传进等译，社会科学文献出版社2003年版，第15页。

"原生态"的原本意义是未经人类加工、开发的东西;同时,"原生态"是相对于"次生态"来说的。现在在不少旅游点,特别是少数民族旅游点,往往用"原生态文化",特别是"原生态民族文化"来吸引游客。其实,这样的"原生态"已经是非常"次生态"了,已经经过多少世代的加工开发了。因此,对原生态民族文化必须采取分析的态度。这里主要涉及两个问题。第一,这里的"原生态"只有相对的意义,而没有绝对的意义。第二,对"原生态民族文化"应该采取这样一种扬弃的态度:肯定其中应该肯定的东西,否定其中没有生命力的东西,也就是我所说的"建设性反思批判"的态度。

总之,传统源于过去,是"活着的过去",是能够"活到"现在的那一部分过去。作为一种传统的"原生态民族文化",同样也是如此。而作为活着的过去,传统也是"现在",甚至会是"未来",因为它们往往会蕴生出更为长久的社会趋势。正如吉登斯指出的:传统不仅代表一个社会"所做的",而且体现"应该做的"。① 这就是说,作为传统的"原生态民族文化",构成了现代开拓和成长的因素,构成了现代的资源。这也是作为传统的"原生态民族文化"的魅力和价值之所在。

二 "传统"动态性的纵向轨迹:现代的成长与传统的(被)发明

在传统—现代二分框架中与现代相对而得以区分和界定的传统,之所以被称为方法论含义的"传统",是因为它要求我们在传统与现代的互构共变的辩证关系中来研究传统,孤立地研究传统,传统是研究不清楚的,其本质是很难揭示出来的。同样重要的,它还为我们指出了传统如何变化的一般轨迹:这就是"现代的成长和传统的(被)发明"。

(一)现代化与现代性

在"现代的成长"这个命题中,"现代"一词也经历了自己的变化:开始时是指"现代化",后来越来越指"现代性"。从而使我们的研究进

---

① [英]安东尼·吉登斯:《为社会学辩护》,周红云、陶传进等译,社会科学文献出版社2003年版,第19页。

入和达到了"现代性进程中的现代与传统"这样的视野和高度。这是与下述趋势相适应的,即从 20 世纪最后 20 年以来,社会学理论越来越面临从"本土现代化视野"向"全球现代性视野"的重大转变。那时,人们越来越认识到,现代化仅仅是现代性的表状和具象;而现代性则是现代化的深层趋势和持久进程,它使得各个本土的、地方的、分散的生活场景逐渐融入了世界性、全球性的社会实践过程,成了其中一系列充满意义的、多种多样的环节和部分。在新旧世纪交替期间现代性话语愈益强盛,基本确定了现代化话语在社会学理论中的淡出之局。这一点也许可以更好地解释为什么当代社会学家越来越普遍地倾向于以现代性作为理论范式,而曾经称雄一时的现代化范式却如明日黄花,以往的盛景已然不再。应该说,现代性极大地扩展了对于传统和现代关系的理解,使我们对于传统和现代关系有了新的认识:现代性就是社会不断从传统走向现代,走向更加现代和更新现代的变迁过程,而在走向更加现代和更新现代的变迁过程中又不断产生自己相应的新传统和更新的传统。这实际上就是"现代的成长和传统的发明"的含义。

具体说来,这种新的认识表现在:作为现代"发明"的传统是现代的另一种表达,也是现代的一种最真实的印证。"传统"是相对于"现代"才体现出自身作为传统的意义,同样,"现代"是因为有相应的"传统"才显示出自身作为现代的蕴含。正是有了"传统的发明",也就有了"现代的成长";正是有了"现代的成长",现代性、社会转型研究也就始终会面对"传统与现代"的过渡。传统构成了现代开拓和成长的因素,构成了现代的资源。正是因为传统的更新与现代的拓展而使现代性能够不断获得新的动力。

同时,我们也曾指出,"传统的发明"和"现代的成长"还显示了一种学术智慧:并非在"传统"之后才有"现代",恰恰相反,是因为有了"现代"而发生"传统"——现代人所说的"传统"是为"现代"而生的,因为唯有"现代"才能赋予"传统"的意义;"传统"只有通过"现代"才能获得自身的规定,而且唯有当"传统"与"现代"相联系和相对应时,它才可以被我们思考和把握。

(二) 重构与新构

那么,传统又是如何被现代发明的?我们从许多经验事实中,概括出两种方式:"重构"和"新构"。所谓重构,就是现代赋予传统不同于过去的新的含义,使原有传统变化为一种形式相同但意义很不相同的变了形的传统。新疆一些兄弟民族的男童的"割礼"①,从原来宗教仪式向现在世俗的交易行为的演变,为"重构"提供了典型的事例。② 所谓新构就是现代创造出相应的新的传统。新疆一些兄弟民族为女童创造出与"割礼"相应的"花礼",则是"新构"的典型例子。③ 在现今市场经济条件下,我们可以观察到,大多数的传统的重构和新构,都带有程度不同的功利色彩,不论是庙宇的重修和新建,传统旅游地的开发,婚礼的形式等,无一不是当做产业来开发。传统的重构、新构,不仅仅表现在日常生活的传统中,而且表现在大的学术传统和政治传统中。例如,新儒家,就是现代对儒家传统的一种重构和新构。现在已经经历了四代,方向有正也有负。

现代为什么要发明相应的传统,现代人为什么需要活着的过去?这是现代、现代人通过利用、改造、发明传统来为当代服务。被发明的传统通常可以发挥如下的社会功能:作为社会整合剂的传统（如传统节日被定为法定节日）;作为合法性依据的传统（如前人的判例成为后来法官判案的依据）;作为应对面对问题手段的传统（如利用彝族"虎日"有效戒

---

① "割礼"指割去穆斯林男孩阴茎包皮的仪式,实施年龄一般在 5—7 岁。在维吾尔族男性人生礼仪体系中,割礼是继生礼、命名礼、摇床礼之后的第四个礼仪,也是由男童向男人、由不承担任何家庭或社会责任和义务向承担相应的家庭或社会责任和义务过渡的最重要的仪式。在人类学的研究中,割礼属于"通过仪式"的一种,即"从一种生命阶段向另一种生命阶段的转变",或说从一种身份向另一种身份的过渡（迪丽拜尔·苏莱曼:《维吾尔族割礼仪式及其变迁——从乡村到都市的嬗变》,《新疆社会科学》2007 年第 4 期）。

② 关于"割礼"的变迁,作者的结论是:"与传统的乡村'割礼'仪式相比,都市里的'割礼'仪式在很大程度上失去了本来应该具有的神圣氛围,仪式本身的文化意义淡化了","整个'割礼'中原来具有的基本的文化意义完全被异化了","仪式的文化意义渐渐变成越来越明显的经济'交易'"。（迪丽拜尔·苏莱曼:《维吾尔族割礼仪式及其变迁——从乡村到都市的嬗变》,《新疆社会科学》2007 年第 4 期）

③ 由于男童的"割礼宴会"演变成展示该事主家庭社会资本的场合、获取一笔可观收入的平台,使社会发生了新的失衡:只有女孩的家庭怎么办?他们因为没有男孩而失去了展示自己社会资本的机会,失去得到相应收入的途径,这些家庭陷入只有给有男孩的家庭送"例钱"的困境。这种情况就迫使只有女孩的家庭想出应对的办法。"花礼"——一种与"割礼"相对应的女孩成人礼,就是这样催生和登台,这样被发明出来的:女孩 7 岁时,也发请帖,也举行"花礼"的仪式和庆祝宴会。这就是现代以"新构"的方式,创造出来的相应新传统（郑杭生:《论现代的成长和传统的被发明》,《天津社会科学》2008 年第 3 期）。

毒①);作为社会准则规范的传统〔如子曰:"己所不欲,勿施于人。"(《论语·颜渊第十二》)〕。英国历史学家从宽阔的视野分析了"传统",指出,那些表面看来或者声称是古老的"传统",其起源的时间往往是相当晚近的。"被发明的"传统与历史意义重大的过去存在着联系,其独特性在于它们与过去的这种连续性大多是人为的(factitious)——它们参照旧形式来回应新形势,通过近乎强制性的重复来建立自己的过去。英国历史学家们还认为,"传统"与现实的实践常常是反向相关的。比如,当没有马的时候,骑兵军官军礼服上的踢马刺才显得更为重要;律师的假发也只有在其他人都不戴假发后,才获得了它们的现代含义。② 因此,被发明的传统能够告诉我们,现代人如何运用历史来生产出行动的合法性依据以及社会团体的黏合剂。

(三) 对传统的不同态度

"现代的成长和传统的(被)发明"这一命题的重大意义之一是,它把人们从两个极端中解放出来,一个极端是彻底否定传统的激进主义态度,不加分析地敌视传统,片面地以为传统否定得越彻底,现代性似乎越多,殊不知,传统和现代是你中有我,我中有你,不能截然分开的。另一个极端是全盘肯定传统的保守主义态度,同样不加分析地维护传统,从而也保护了传统中的糟粕,成为现代性前进的障碍。

联系到历史来看,对于传统的态度,在现代化初期和现代化的高级阶段是不同的。现代化初始的社会激烈变革时期,传统多被特指为急欲推翻和摆脱的腐朽没落的旧社会之秩序与意识形态。而在现代化的高级以及当前阶段上,传统又被一致指向一种富有意义的精神信仰传统。而这种富有意义的规范秩序被认为是曾经我们所推翻的旧秩序的一个特征与优点。在西方社会中这种传统多是指向曾经的宗教传统,在我国则多是说儒家传统。显然,当今时代对传统的呼唤是伴随现代性发展而产生的一个必然现象。现代性所带来的精神文化上的危机已是发展中会遭遇的一种具有普遍性的问题。传统的重塑成为不同民族都面临的共同课题。对此,各民族有着不同的传

---

① 庄孔韶:《发现"虎日"》(http://www.sociologyol.org/yanjiubankuai/fenleisuoyin/fenzhishehuixue/shehuirenleixue/2007 - 12 - 27/4197.html)。

② 〔英〕E. 霍布斯鲍姆、T. 兰格:《传统的发明》,顾杭、庞冠群译,译林出版社2004年版。

统资源及各自的优势与解决路径。相对来说,虽然西方宗教传统曾孕育了资本主义理性化与现代化的文明进步潮流,但文化世俗化的后果却注定打破和背离这种传统;而我国的儒家文化传统虽然曾被认为是阻碍现代资本主义发展的,但相对来说,其某种世俗化的理性与品格却意外地顺应了时代现实,甚至也可能契合了正在日益显现的追求和谐的某种普遍趋势。

三 "传统"动态性的横向轨迹:大传统发展与小传统改变

(一)大传统与小传统

"大传统"(great tradition)是作为与"小传统"(little tradition)相对的概念来使用的。我国学者有这样的界定:大传统是某种优势文明的文化形态,是与地方性社区的小传统相对而言的。无论从文化形态的数量,还是质量上考察,大传统的文化系统都显示出一种稳定、成熟、恢宏的气势,使文化的代代传承不易被别的文化的冲击所打断。[①]

在人类学和社会学中,美国人类学家雷德菲尔德(Robert Redfield)所著《农民社会与文化》(1956)一书,首先提出了"大传统"与"小传统"的概念。在他看来,拥有社会精英及其所掌握的有文字记载的文化传统的都市社区,跟保持有大量口传的、非正式记载的文化内涵的乡村社区,是很不相同的。雷德菲尔德以"大传统"和"小传统"来指称文明社会的两个方面,前者指都市文明,后者指地方性的社区文化。在这两种传统的关系上,尽管他主张两者是相互影响、相互补充的,但他强调大传统是一个社会中占优势的文化模式,为整个文化提供了规范性的要素,形成了整个文明的价值内核(尤其是体现为都市文明的文化模式);而小传统的各种因素往往是由大传统进行解释的,大传统创造了文化,小传统只是简单地接受而已。[②] 尽管学术界对此有很多批评,但雷氏的原初界定还是产生了很深的影响;因为此后人们研究这两种传统,没有脱离以下这

---

① 黄平等:《社会学、人类学新词典》,吉林人民出版社2003年版。
② 覃光广等主编:《文化学辞典》,中央民族学院出版社1988年版,第32、44页。宣炳善:"'大传统'与'小传统'的学术意义",《社会科学报》1998年11月5日。黄平等:《社会学、人类学新词典》,吉林人民出版社2003年版。

些区别:空间维度—地域区别,时间维度—过程区别,影响覆盖力—宏大狭小的区别,遗传能力—稳定与易变、持续与中断的区别等。

对上述两种传统的研究,亦包括在其他相关术语之下展开的讨论。在社会学理论方面,精英的书面文化与民间的口承文化的讨论可以看成是大传统和小传统范畴的一种延伸。如吉登斯把"大传统"视为建立在书面文本基础上的合理化的传统,其形式有宗教、民族国家的规范及意识形态等;"小传统"是存在于地方社区中的,表现为形形色色的小型口承文化(oral culture),如魔术、巫术和当地的其他习惯、日常生活的惯例等。这些小传统与过滤下来的合理化的"伟大传统""不是相去甚远便是直接冲突"①。吉登斯关于伟大传统与小传统的讨论,应当说是其现代性思想的组成部分。在他看来,现代性过程的重要一面是民族国家不断成长走向极盛,其间,地方社区的人民不断从地方性制约中解放出来,直接面对国家的全民性规范、意识形态的影响和制约的过程。② 有些学者认为这种过程是一种现代化的需要,隐含着大传统取代小传统的必然,强调国家的同质性,模糊了多样性的地方文化分野。其他社会学理论家如胡塞尔、舒茨、加芬克尔关于生活世界、常人社会学、本土方法论的研究,布迪厄、吉登斯有关专家知识与常人知识的论述,哈贝马斯、卢曼的系统与生活世界的理论,后现代主义的宏大叙事与小叙事,以及主文化与亚文化的研究(郑杭生)等,都以不同的方式与大传统和小传统的讨论相关联。

在分支社会学研究领域,亦有大量题材涉及大传统与小传统的问题。譬如,政治社会学中的国家与市民社会,法社会学中的国家法与民间法、成文法与习惯法、司法调解和行政调解与人民调解,社区研究中的社会时代与社区时代、法理社会与礼治社会、都市社会与乡土社会、陌生人世界与熟人社会,在我国文化人类学中则有士绅文化与乡民文化、官方文化与民间文化、精英文化与大众文化,等等。

大传统与小传统的区分,特别是对大传统的深入理解,为我们分析社会建设与"软实力"的培育,提供了一个有新意的视角。

---

① [英]安东尼·吉登斯:《现代性与后传统》,赵文书译,《南京大学学报》(哲学人文社科版)1999年第3期。

② [英]安东尼·吉登斯:《民族—国家与暴力》,胡宗泽等译,生活·读书·新知三联书店1998年版,第12、13页。

（二）"大传统"作为文化价值观的结构性特征

在这里，我们所说的"大传统"首先是作为一个学术术语来使用的，就如人类学、社会学、文化学等学科领域所使用的那样，而并非仅仅只有或仅仅停留在政治或意识形态意义——当然要大传统一点也不涉及政治和意识形态也不可能，但必须说，它的意义远远超出它们。

在学术的视野中，一种作为"大传统"的文化价值观，其构建往往必须涵括文化价值的两端——上至终极实在的深究，下至生活实践的反思。从其一端向另一端的伸展，可以展开一个序列性的结构系统，可以大略分为终极实在、观念、制度和行动四个层面。

第一，关于终极实在的崇高趋向。"大传统"作为文化价值观，总要对终极实在、终极关怀等基本性质的问题进行深沉思考、深度探讨和深入研究。这使"大传统"获得了某种"崇高性"。这是因为"大传统"的文化价值观总是这样或那样地涉及一类恒久的主题——人与自然、社会与自然以及个人与社会的关系，涉及生与死的思考、人生价值的确定、生存意义的解释，从中产生出心灵慰藉、精神支柱，对人的行动形成"最高命令"。崇高性对于"大传统"而言是不可或缺的，正是崇高性使"大传统"具有能够超越具体的地方性和族群性、跨越特定的时空限制的能力，也就是超越各种"小传统"的能力，从而表现为一种普遍的品性，即它无处不在、无时不在。我们每个人在日常生活中都可以感受到"大传统"的这种普遍品性。

第二，关于观念层面的价值共享。作为"大传统"的文化价值观包含了一个社会中共享性的观念体系，通过人们的思想、判断、行动等方面的价值倾向性表现出来，如人们对事物或现象的好与坏、善与恶、美与丑等评判，总是表现了一定的价值取向。随着现代性的推进，公平、正义、自由、民主等，越来越成为一些具有普遍意义的价值取向。社会的共享性观念体系提供了共同的意义基础，是塑造和确立共同理想，形成共同行动、共建共享的前提。

第三，关于制度层面的秩序导向。一定的制度是涉及个人、群体和组织的权利、义务、责任的规范体系，是稳定的社会行动模式，包括行动的准则、规范、法规等组成的社会的秩序体系，其实质在于一个社会的利益结构、资源和机会的配置方式与机制。应当说，文化价值观本身并不直接对制度和秩序进行具体的规定，但其观念体系中蕴含了个人和集体行动的普遍原则，因而对社会制度和秩序的设计发挥着导向的作用。

第四，关于日常实践层面的策略解释。在"大传统"的文化价值观中，往往也蕴含了社会微观生活的根据和理由，甚至是最后根据和充足理由，如有关生活世界的阐释、实践的依据和原则、行动选择的理由、手段和策略的合理性，等等。这类内涵涉及日常生活中的人际交往、沟通、理解、合作等行为所应遵循的伦理原则，如诚信、自律、友爱、互助等，使人们的实践和行动具有较清晰的因果关系，是日常生活的可预测性、可信赖性和安全保障的重要来源。

在一定意义上说，作为"大传统"的文化价值观，其关于终极实在的深度思考和探究——以及由此而来的"崇高性"，观念层面的价值取向——以及由此产生的"共享性"，制度层面的秩序导向——以及由此形成的"导向性"，日常实践层面的策略解释——以及由此便显现的"合理性"等，是对社会利益、社会关系的前提性假定。"大传统"成为一种事实性的行动原则体系，经历了历史和实践的"过滤"，客观上说这是在集体生活中的开放式的选择过程。这意味着，作为"伟大传统"的文化价值观既是历史的、实践的，也是社会的、民族的，因而对其进行阐释的书面文本会采取特定的内容和具体的形式。

总之，作为"伟大传统"的文化价值观可以看成是一系列前提性假定的构建，是有关终极实在、观念、制度和日常行动的原则体系，涉及信念与行动、信仰与实际、应然与实然、理想与现实、价值与实践，以及自由与秩序、自主与规制、目标与手段，等等。

（三）大传统和小传统相互转化

对于构建社会共同性来说，文化价值观的传统成分有着特殊的意义，如吉登斯所认为的，"传统是认同的一种载体。无论这种认同是个人的还是集体的，认同就意味着意义"①。如果说一个社会中的"所有的群体都是制造意义的工厂"②，那么传统则是意义的集结点和重要源泉，也是民族智慧的库存、集体记忆的档案。借助这部巨大的"索引"，传统使我们

---

① ［英］安东尼·吉登斯：《为社会学辩护》，周红云、陶传进等译，社会科学文献出版社2003年版，第35页。

② ［英］齐格蒙特·鲍曼：《个体化社会》，范祥涛译，上海三联书店2002年版，第2页。

与过去和未来形成连接，也成为一种预见未来的工具，因而为社会成员提供了呵护和安全。显然，这正是社会认同、共识与整合的基础。

同时，传统往往带有一定的地方性含义，它是特定的人类族群或群体与其生存环境进行无数"对话"和交锋的记录，经过了反复的精炼提纯，这一过程最终凝结成了个体的行动方式，定格为了形式各异的社会程式。将这些不同传统置于社会学理论的宏阔视野中，可以探查到它们折射出的生动色泽和丰厚质地。其中，越是被注入了更多的智慧和创造性的那类传统，越是对生活实践产生出深远的影响。当这类传统化生出更为久远的社会趋势之时，它们也使自己一次次从中获得新生。这类传统是真正的"伟大传统"，它们特有的深沉蕴力和恢宏气势是一般的传统所不能具有的。对于一个社会来说，"伟大传统"是至关重要的——它能够激发出社会共同性的重大理由。从上面的论述可以看到，大传统尽管重要，但它不是凭空产生的，大传统是从不同的小传统中反复过滤、提纯而转化形成的。

反过来说，已经形成的大传统也必须回到各种小传统中去，而且由于它源于小传统也能够以不同方式回到小传统中去，或通过家庭教育，或通过学校教育，或通过社会教育，特别是电视等大众媒体，使大传统潜移默化地渗透到小传统中去，为小传统所接受、所认可，并在不同程度上影响改变小传统，甚至内化为小传统的核心部分，从而形成和培育社会共同性。可以说，不能有效影响、转化，甚至内化成为小传统的大传统，是软弱无力的。

在推进社会和谐的过程中，塑造和确立社会的共同性，是共同理想、共同行动、共建共享的前提。社会共同性需要细心的呵护，使之成为集体的感受，并成为文化价值观的自觉性和潜意识而世代相承。在一个日益开放和多元的时代，文化价值观能够产生一种特殊的无形资源——观念和意义，其功能是物质的、有形的资源无可替代的。

（本文中文版刊发于《学习与实践》2012 年第 1 期，部分内容刊发于《中国社会科学报》2011 年 11 月 22 日特别策划；英文版刊发于 *Social Sciences in China*, No. 2, 2013 及 *History and Theory*, No. 4, 2012。作者郑杭生，曾任中国人民大学副校长，生前为中国人民大学社会学理论与方法研究中心主任、社会与人口学院教授，2014 年 11 月因病去世）

市场驱逐传统价值观？

黛布拉·萨茨

导　言

　　有许多东西和服务，我们不会通过市场提供：在当代美国，我们允许人们买卖汽车和衬衫，但禁止选票、人肾和性的市场交易。政治哲学家已经就可以合法买卖的物品种类提出过各种主张；在别的地方，我在自己的著作中也对这些主张进行过探讨。① 在本文中，我想考察对市场的一种不同忧虑——一种普遍的忧虑，而不是对特殊个案的忧虑——市场削弱了一个运行良好的社会所依赖的传统价值观。如果事情确实如此，这就给我们以另一些理由去保护非市场生活场域。我在这里所要探讨的观点——市场不仅有助于生产和分配商品，而且有助于生产人——在最近对市场的评论中，或在标准的经济模式中，尚不多见。

　　本文由三节组成。在第一节中，我主张市场的欠完善使效率本身必须依赖于给个人自利确立一些约束。在第二节中，我评述了一些论及经济刺激对传统公民美德的影响的实验性文献，并用这些文献向反对限制市场范围的主张开火。在第三节中，我简单讨论了我的观点对社会决策的潜在意义。

　　预先说明：本文并不意味着是对市场在社会中的作用的一个面面俱到

---

　　① 参见［美］黛布拉·萨茨《为什么有些东西不应当用来出售：市场的道德限制》（Debra Satz, *Why Some Things Should Not Be for Sale: The Moral Limits of Markets*, Oxford University Press, 2010）。

的评价。市场具有明显的有益影响；目前，我们不了解招致经济的广泛基础上的变革的任何机制——这种机制像市场竞争一样强劲有力。无论如何，假如市场将伦理动机排除出外，那么，思考如何将这种动机带回到市场中来的诸种方式，就至关重要。

一 甚至理想的市场可能也是无效率的

直到 20 世纪 70 年代早期，经济学课本才提出一种模式：市场是高效的，交换的交易成本为零，每一个参与者都拥有完善的信息，并且以其理性的自利为基础独自行动。① 按照这一模式，市场促进了每个人初始地位的改善，因为如果交易是不利的，理性的个人将会放弃交易。市场因此引导理性的个人进行生产，作为个人行为的一个意外结果，便产生了集体的善：市场使每个人境况更佳。在这种情况下，市场在实现马基雅维里（1704）的格言——它们驾驭"私恶"走向"公德"——的过程中，起了作用。

标准课本里诸多将市场和效率结合起来的定理，长期以来伴随着一种理论：将增强市场影响的效率受损的情境认定为"市场失败"。根据这一理论，当个体当事人不顾及交换的某些特征（经济学家称之为"外部性"）时，市场就会失败。外部性是一桩交易的后果——其成本或效益未被交换双方全部吸纳并被转移到第三方：地景的破坏、污染，都市的衰败是著名的例证。这种第三方成本的存在，反过来将使政治反应合法化。从20 世纪 70 年代早期的经济课本的视角看，当不能为普通商品的销售建立竞争市场时，政治体制的介入就是合法的。政治体制是诸种问题的"次佳"解决方案，其存在以市场失败为前提。②

市场失败理论的一个重要观点是：如果市场交易的外部性可以买卖，那么便没有任何理由干预市场。正像伊丽莎白·安德森（Elizabeth Anderson）所提出的，市场失败理论不是一种市场有什么错的理论，而是一种市场不可用时什么东西出了错的理论。市场失败理论的逻辑指向了这样一

---

① 在许多初级课本中仍然可以发现这一模式。

② 在这一方面，试想一想戴维·戈捷的引人注目的主张："道德源于市场失败。"参见 David Gauthier, *Morality Arises from Market Failure*, 1986, p. 84.

个世界，在这个世界中，字面意义上什么东西都是用来卖的。

批评家长期以来就已指出，真实的世界市场和经济学课本中所发现的市场之间存在不一致。市场失败表面上的无所不在——例如，垄断和非自愿失业的存在——引发了对该理论在实证上是否适当的严重关注。[①] 从20世纪70年代早期开始，这一理论的关键假设——所有市场都有可能是完善的这一观念，越来越受到抨击。[②]

让我作出解释。当每一当事人能够和其他任何一位当事人交换每一商品时，就出现了完善的市场：每个当事人都拥有其行为的所有效益和成本，包括第三方成本和效益。但是，如果一件商品的成本和效益不是——并且不能——完全可知时，或者如果一个当事人比另一个当事人拥有关于商品成本效益的更多信息时，会发生什么？如果两个当事人对谁拥有成本和效益没有达成共识，会发生什么？

想一想一份标准的劳务合同：一位雇主同意付一定的工资雇用一位工人，要求雇员在工作中努力到何种程度，这不能完全具体化——这不仅因为不可能写下在所有情形中以最佳状态工作时所需的全部条件，而且还因为它依赖于并不一目了然的信息。在这种情形下，各方不得不依靠其他因素去履行合同的条款，例如，诚实和积极的职业道德。

在诸种经济模式中，据说只有自利能激发人的行为。但是当我们转向欠完善的市场时，我们不能只依赖自利。如果一个自私自利的个人为了增加自己的私利而不受任何东西的约束，那么对于自己努力工作的程度，他为什么不会撒谎！试想一下，如果所有的雇员都力所能及地工作，那么，雇主就不必依靠高代价的监管去榨取等量的努力了。需要阻止经济意义上的个人利用由于市场必然的欠完善性而出现的种种欺瞒机会。

由于许多市场是欠完善的，这就需要传统的公德和政治体制去帮助保持交易成本的低廉。这改变了新古典观。政治体制和利他主义不再作为市场失败的"次佳"解决方案出现在人们面前；它们在理论上不逊于市场竞争。甚至在市场没有失败的情况下，也预设了合作规则和体制。

所以，如果市场要有效地运转，就必须依赖传统的公德。但是，假如

---

① 真实的市场与理想状况脱离是由于多种因素，其中包括：（1）非零交易成本；（2）"自然的"垄断；（3）缺乏完善的信息。

② 参见 Akerlof（1970），*Shapiro and Stiglitz*（1984）。

市场也削弱这些价值观又将怎样？在本文的第二节，我将细察两种允许市场扩大的主张，并且考察关于市场对传统美德产生影响的实证证据如何影响到这两种主张。

二　市场与价值观

1. 自主性

如果一个人根据他经过思考愿意认可的准则和原理支配自己的人生，我们就称这人是自主的人。① 提倡不干预市场的人，举出了市场对个人开发和实践自主才能的能力所具有的一系列重要影响。他们提出，每一种这类影响，都取决于让市场领域基本上与政治干预隔离开来。

市场以几种方式支持自主性：（1）市场给当事人提供在大量可选内容中进行选择的机会；（2）市场刺激当事人预见自己选择的结果，进而培养工具理性；（3）市场对决策去集中化，从而赋予当事人买卖东西和服务的独立权力，而非要求她征得任何其他人的准许；（4）市场通过提供相对畅通无阻的退出通道，对强制性社会关系的存活能力施加诸种限制；（5）市场对信息去集中化；（6）市场强化个人对自己选择和爱好的责任感；（7）市场允许人们实践和尝试各种另类选择；（8）市场创造物质财富——它是有可能拥有重要另类选择的先决条件。②

市场王国是发展个人自主能力的所在，以上关于市场的描述有其引人入胜之处。我们对拥有多样化商品和服务的市场表示尊重，的确，这种尊重是尊重个人（和不无分歧的）价值观念的一种重要方式。在一个市场体系中，不存在个人必须加以遵守的任何预定价值模式，交换赋予个人以追求各自目标的自由。维护自由和市场间的联系的人强调，允许尽可能广泛的选择至关重要。他们声称，通过市场给选择清单增加一个选项，永远不会降低一个当事人的自主性。

---

① 这是一种复杂的观念——自主性的实践将人们所具有的不同能力交织在一起——不过其一般轮廓是清晰的。自主的人自己作出选择，所以自主性要求的是真正的自由选择而不是强迫高压。

② Satz（2011），第一章。

在和理查德·蒂特马斯（Richard Titmuss）关于利用市场供血所展开的论争中，肯尼思·阿罗（Kenneth Arrow）运用了这种观点。

蒂特马斯比较了英国体系和美国体系，在英国体系中，血液是免费供应、不予买卖的；在美国体系中，大量血液是从靠卖血赚钱的个人那里买来的。蒂特马斯提出了赞成英国捐赠体系的两种观点。一个观点是，市场产出低品质的血液。这一观点的关键部分涉及以血作为礼物和以血卖钱的人之间的迥异动机。利他主义的供血者没有任何就其血液品质撒谎的动机，而商业性的供血者明显地会这么去做，因为他们卖血是为了个人的收益。蒂特马斯的第二个观点是，随着时间的推移，血液市场将会通过将"生命的礼物"变为 50 英镑的金钱对等物，赶跑利他主义。他声称当市场分配变得更为流行时，人们将变得不那么愿意免费提供血液，因为他们的礼物现在丧失了其慈善意义。

阿罗接受了蒂特马斯关于市场对血液品质具有潜在影响的观点，但他反对市场会使捐赠者数量下降的看法。因为市场的创造增加了个人的选择领域，因此导致了更高的收益。因而如果我们给自愿供血体系加上卖血的可能性，那么我们就只是扩大了个人的选择范围。假如个人从献血中获得了满足，那么，就可以认为，他可以依旧献血，任何做法也不会损害这种权利。[①] 对阿罗的观点起决定作用的是，他声称，将市场引入一个先前不为市场所掌控的场域，只是给人的一系列选项增加了另一个选择，它不会改变原来的选项。

蒂特马斯的文章写于 1971 年，他没有为增加市场为什么会减少利他行为或亲社会行为提供任何实验证据或因果论据。不过在最近 20 年中，证据与日俱增：市场以诸种损害公民价值观的方式给动机以影响。最刺耳的例子来自实验，但也存在真实世界的例证。

让我们想一想以下真实生活的"实验"。面对那些一天结束时习惯性地姗姗来迟领走自己孩子的父母，海法（Haifa）的六个日托中心对这些父母的晚点处以罚金。它们希望罚金会使这些父母出于自身利益的原因而按时到达。可父母对罚金的回应，是晚到的时间翻倍，甚至在取消该罚金三个月后，这种愈演愈烈的晚到也一如既往。对这一结果的貌似有理的解释是，罚金损害了这些家长们这样的意识——他们在道德上有义务不占日

---

① 参见 Arrow（1974）and Titmuss（1971）。

托中心工作人员的便宜；取而代之的是，现在他们将自己的迟到看成了一种可以购买的商品。

这种结果在其他语境中得到了再现。实验经济学家布鲁诺·弗莱（Bruno Frey）研究了当引入价格刺激时内在动机部分受损的种种情境。当一个行为仅仅因为行为者从该行为中获得的满足感而被采取时，该行为会受到内在的激励。传统经济分析认为，提供金钱补偿会增加当事人的意愿，去接受一个否则就不受欢迎的项目；弗莱却发现，当在邻近地区建造一个有害核废料设施时，向东道主提供金钱补偿实际上会降低对该项目的支持。①

弗莱的研究表明，在个人具有公民意识的情形下，使用价格刺激可能降低对市政行动的支持度。金钱刺激"挤出"了一个人采取某个给定行动的内在理由，改变他面对的选择所具有的吸引力。在核废料的例子中，公民可能觉得受到了金钱报价的贿赂。在准时日托接送孩子的案例中，对教师的利他主义的关怀，可能被利己主义关于为避免罚款所付代价的算计所取代。

这种对利他主义动机的排挤，不是价格刺激的一个不可避免的结果；金钱刺激也可以按有益社会和更利他的方向加以控制。然而无论如何，实验证据的确表明，当引入市场时，出现了一种对反社会行为的偏爱。

一个值得深思熟虑的有趣例子涉及向大学学生讲授市场逻辑。杰拉尔德·马维尔（Gerald Marwell）和鲁思·埃姆斯（Ruth Ames）的一项研究发现，经济学的学生远比其他人更有可能在一项号召个人对公共福利做贡献的实验中搭顺风车。他们的实验涉及一组这样的受试者，后者得到一笔初始捐赠基金，基金要分成两个账户，一个是"公共的"，一个是"私人的"。存放在受试者私人账户中的钱在实验结束时会以一元对一元的方式返还给受试者。存入公共账户中的钱首先是入股，然后是乘以某个大于一的因子，然后再在所有受试者之间平均分配。

在这些情境下，对社会最有益处的行为是每一受试者都将自己的所有捐赠存入公共账户；但是对个人最有利的策略是将自己的所有捐赠存入私人账户。自利模式预言所有的受试者都会采取后一种策略。但事实上，大多数人并没有这么做。在十一次的重复实验中，平均分配给公共账户的钱

---

① Frey and Oberholzer-Gee（1997）.

接近 49%。只有在第十二次的重复试验中（这一次以一年级经济学本科生为受试者），马维尔和埃姆斯获得了几乎与自利模式一致的结果。这些受试者平均仅将他们初始捐赠的 20% 分配给公共账户，这一数字远少于非经济学专业受试对象的相应数字。① 在重复试验中，经济学学生与其他人之间的差距依然如故。

我们现在拥有大量证据表明，道德情操可以被诉诸物质利益的刺激排挤出去。这对市场支持自主性的观点具有某些暗示意义。让我们回想一下，自主的个人按她最有理由看重的选择去行动。这样的当事人有充分的理由不去无视刺激将会如何改变其选择的价值（例如改变利他主义捐赠的价值）。她有理由关注使她较少可能按照自己想摆脱的动机处事的安排配置。这里的重点是，当增加一个选项损害一个人或一个社会经过思考愿意予以认可的选择时，更多的选择并不意味着更多的自主性。

当人们禁止某些类型的交易时，他们有时就使自己随着时间的推移获得更广泛的选择。不妨从机会集缩水的角度想一想最低工资法和禁止买卖选票所扮演的角色。

当然，这并不确证限制市场或放弃物质刺激总是能最好地服务于个人或集体的自主性。在许多情况下，我们的利他动机并不足以支撑需要支撑的东西。不过，主张市场排除传统价值观的文献的确发出了两种警戒性的音符：第一，如果引入市场所降低的利他主义捐赠在量上超过了通过物质刺激所提供的量，那么，引入市场就有可能不会增加供给；第二，我们有理由担心社会配置会败坏我们根据自己最认可的价值和喜好处事的能力。

2. 稳定性

另一个支持我们限制对市场实施约束的观点强调市场对社会稳定所做的贡献。这种理论依据有其悠久的传统。18 世纪的理论家将市场视为引导和抵消个人激情（例如威胁到社会秩序稳定的贪婪与荣耀）的工具。这些理论家认为商业和贸易把精明与算计等因素注入人类行为。用亚当·斯密著名的警句来说："我们期望吃上晚饭，不能指望屠户、酿酒师和面点师的善心和仁慈，而只能指望他们对自身利益的关注。"

我将这称为市场稳定化论题：市场倾向于产生价值多元化情境下的社会稳定（哈耶克是这一观点最重要的现代提倡者）。在市场稳定化的论题

---

① Marwell and Ames (1981).

下有不少话可说。在一个市场体系中，数以百万计经过去集中化的、不相协调的市场行为大体上以一种有序的方式发挥作用：牛奶抵达超市，纸张抵达文具店，所有这一切都没有一个中心计划。

当我们随着时间的流逝动态地观察市场稳定化论题时，就出现了困难。社会合作的可能性受到以下因素的影响：（1）个人之间信仰、价值、爱好的共享程度；（2）给予个人的期望将在未来继续彼此相互作用；（3）合作活动的持续时间和本质（例如，个人会参与长期的、面对面的互动吗）；（4）分别对合作和背叛的奖惩；（5）个人相互交流能力的大小。

这五个因素影响到当事人处理他们交换成本的能力。市场对所有这些因素都有影响。市场关系是非个人的。市场交换的匿名本质往往有利于短期的交换（因素3）和一种比朋友的小圈子更随意的个人配对（因素2）。在一个市场中，各方可以在做交易的过程中自由变换伙伴，只对不同的买卖所带来的净收益保持敏感。①

市场协调大批无须共有任何一组固定价值观的人（因素1）。的确，市场的逻辑是将数量越来越大的人整合到自己的框架中，并且通过使人能够退出，推翻本地的樊篱，走向经济的相互依赖。

通过开辟无数"退出"的可能性，市场减少了和以合作方式提供的商品的供应联系在一起的好处（例如，我可以用私人防护系统取代安全的邻里街区，因而无须共享安全的邻里街区便为自己获得好处）。当我不满意公共品的供应时，在某些情况下，② 我可以简单地撤出，在对商品的私人消费中满足自己的欲望。个人不依赖自己社区而获取商品的能力，损害了内部努力改善共同生活的动机。这反过来又会导致对合作奖赏的削弱（因素4）。

由于不鼓励共同信息获取和公开商议的能力，市场进一步增加了提供合作成果的成本（因素5）。市场给集体收集和使用信息施加了动机上的阻碍：交流是浪费时间。此外，公开商议的成本随着其频率的减少而增

---

① 不幸的是，并不是所有令人向往的价值都共同发挥作用。市场交换的匿名本质［弥尔顿·弗里德曼（Milton Friedman）正确地称赞其逐渐削弱了种族和人种的歧视］也有利于降低社会团结一致、休戚与共的程度。

② 有一些难以（如果不是不可能的话）使私人满意的公共品。想一想空气质量。

加，因为如果我不熟悉公开论证，那么参与这种论证的成本就会更加昂贵（想一想做一场演讲的成本是如何因为以前有过频繁的准备而降低的）。通过用廉价的替代品取代社会美德耗费时日的培养，市场可能就会逐渐地腐蚀妥协、协商、取舍、自律的技能。按阿尔伯特·赫希曼（Albert Hirschman）的术语来说，市场往往更有利于"退出"而不是"声音"。①

三 非市场场域的重要性

市场的排挤倾向可以对亲社会行为具有令人不安的影响。与此同时，证据——包括厄恩斯特·费尔（Ernst Fehr）及其同事们重要的跨文化研究——并没有表明，在依赖市场的社会中的人们总体上比非市场社会中的人缺少利他主义精神。这可能部分地因为物质刺激有时可以导致更多的亲社会行为，所以我们不得不注意现实中的激励设计。例如，贝尔法斯特（Belfast）对塑料袋课税迅速导致塑料袋在杂货店顾客中几近消失——这是一种环境收益。

慷慨在市场社会的流行，可能也和自由市场社会的其他文化特征有关，这样的自由市场社会部分地矫正了排挤现象的影响。这些特征包括：繁荣的公民文化的出现；通过社会保险、法治、社会流动性，这些社会可以并且经常确实保护其公民免遭最坏情况的后果。这些社会特征使个人按照自己的个人喜好而对他人行事时风险较小。所以当市场可能排挤德性时，补偿机制可能也在起作用。当然，各个社会在市场化程度及其公民文化上各有不同。为了探讨独立的公民文化对排挤现象构成补偿这一假设，我们可能需要将具有相同公民文化的不同市场社会进行对比。一个富于揭示性的指标是，可以将最近对美国（具有相对高的市场化）信任下降与公民参与下降的研究和对欧洲（具有相对低的市场化）显示出相反趋势的研究加以比较。

这关于市场影响动机的观点，对阻碍某些交换有什么潜在含义吗？一些思想者——著名的有米歇尔·沃尔泽（Michael Walzer）——已经提出，

---

① 当然，"声音"和"退出"不是简单的对立术语。有时，退出所构成的威胁将赋予声音以力量。更普遍的是，退出选项给他人的强求的程度和范围加上了种种限制。

适合市场的动机并不简单地适合于某些东西。① 确实有这样一些东西，买卖它们就是贬低了它们：友谊就是经典的例子。买一个朋友或付一笔钱成为朋友的人，是永远不知道友谊为何物的人。不过，有许多东西，也是社会阻止人们买卖的，却似乎并不属于这一范畴。我们不卖的许多东西由于金钱动机的出现而掉了价，对这一论题我曾在其他地方表示过怀疑。但是，这不意味着每件东西都应当买卖。除了关于特殊物品的一些需要依赖语境的论点之外，我认为，本文的论点给我们提供了一些额外理由去保留一个大的非市场场域。让我给出两个理由以简单作结。

第一个理由关系到需要保护人们免受过度风险以及和贫困联系在一起的卑屈依赖。尽管市场向许多人提供了许多商品，但对市场的参与取决于有东西可卖和有支付能力。市场不能确保所有人都能获得市场所提供的商品：一些人缺乏利用市场所需的技能或收入。允许非市场供应存在，这使更广泛的人群获得许多益处；在保健和教育等重要利益情形下，它避免了那些支付不起的人变得脆弱不堪和俯仰由人。

第二个理由关系到由规范而非利己主义所支配的公民文化所具有的重要性。在市场中，财经刺激驱逐了利他主义、社会团结，以及我们同在一个屋檐下的感觉。不过，如果说市场付诸我们辨别能力并鼓励我们买卖自决，那么公民的权利与义务则促使我们思考我们共有的东西。人们作为公民共同拥有的关系，大体上是由他们在哪里、在什么程度上按照自己的相互义务感采取行动来界定的。不管怎样，是否要拥有非市场场域以及该场域应该有多大，这个问题是在 21 世纪里我们如何界定自己以及身为公民意味着什么的问题，无论是在美国还是在中国。

参考文献

Akerlof, George, "The Market for Lemons: Qualitative Uncertainty and the Market Mechanism", *Quarterly Journal of Economics*, 84, 1970.

Anderson, Elizabeth, "The Ethical Limitations of the Market", *Economics and Philosophy*, 6, 1990a.

Anderson, Elizabeth, *Value in Ethics and Economics*, Cambridge: Harvard University Press, 1993.

---

① 该文至少追溯到了卡尔·马克思的《1844 年经济学哲学手稿》。

Arrow, Kenneth, "The Role of Securities in the Optimal Allocation of Risk Bearing", *Review of Economic Studies*, 9: 91 – 6, 1964.

Arrow, Kenneth, "Gifts and Exchanges", *Philosophy and Public Affairs*, 1974.

Bowles, Samuel, *Machiavelli's Mistake: Why Good Laws are No Substitute for Good Citizens*, Yale University Press, 2011.

Bowles, Samuel and Gintis, Herbert, "The Revenge of Homo Economicus: Contested Exchange and the Revival of Political Economy", *Journal of Economic Perspectives*, 7: 1, Winter, 1993.

Coleman, Jules, *Risks and Wrongs*, Cambridge: Cambridge University Press, 1992.

Dworkin, Gerald, *The Theory and Practice of Autonomy*, Cambridge: Cambridge University Press, 1988.

Friedman, Milton, *Capitalism and Freedom*, Chicago: Chicago University Press, 1962.

Frey, Bruno and Oberholzer-Gee, F., "The Cost of Price Incentives: An Empirical Analysis of Crowding Out", *American Economic Review*, 87, No. 4, 1997.

Gauthier, David, *Morals by Agreement*, Oxford: Oxford University Press, 1986.

Hirschman, Albert, *Exit, Voice and Loyalty: Responses to Decline in Firms, Organizations and States*, Cambridge: Harvard University Press, 1970.

Hirschman, Albert, *The Passions and the Interests: Political Arguments for Capitalism Before its Triumph*, Princeton: Princeton University Press, 1977.

Marwell, Gerald and Ames, Ruth, "Economists Free Ride, Does Anyone Else? Experiments on the Provision of Public Goods", *Journal of Public Economics*, 15: 3, June 1981.

Mill, John Stuart, *Principles of Political Economy*, London: Penguin Books, 1970.

Nozick, Robert, *Anarchy, State and Utopia*, Oxford: Blackwell, 1974.

Ostrom, Elinor, *Governing the Commons: The Evolution of Institutions for Collective Action*, Cambridge: Cambridge University Press, 1990.

Patterson, Orlando, *Slavery and Social Death*, Cambridge: Harvard University Press, 1982.

Polanyi, Karl, *The Great Transformation*, Boston: Beacon Press, 1971.

Satz, Debra, *Why Some Things Should Not be For Sale: The Moral Limits of Markets*, Oxford: Oxford University Press, 2010.

Shapiro, Carl and Stiglitz, Joseph, "Unemployment as a Worker Discipline Device", *American Economic Review*, 74: 3, June 1984.

Smith, Adam, *The Wealth of Nations*, New York: Modern Library, 1937.

Stiglitz, Joseph and Weiss, Andrew, "Credit Rationing in Markets with Imperfect Information", *American Economic Review*, 71, June 1981.

Taylor, Michael, *Community*, *Anarchy and Liberty*, Cambridge: Cambridge University Press, 1982.

Taylor, Michael, *The Possibility of Cooperation*, Cambridge: Cambridge University Press, 1987.

Titmuss, Richard, *The Gift Relationship*: *From Human Blood to Social Policy*, New York: Pantheon Books, 1971.

Williamson, Oliver, *The Economic Institutions of Capitalism*, New York: The Free Press, 1985.

【本文英文版收入 *Why Some Things Should Not Be for Sale*: *The Moral Limits of Markets* (Oxford University Press, 2010) 一书, 中文版由牛津大学出版社授权出版。作者黛布拉·萨茨 (Debra Satz), 斯坦福大学人文与艺术系教授】

(王爱松　译)

伽达默尔解释学中的团结与传统

乔治娅·沃恩克

对汉斯-格奥尔格·伽达默尔来说，传统意味着历史性既定。作为社会化的人类，我们总是已经沉入与世界打交道的特定方式中。我们拥有特定形式的实践知识，用特定的方式做事并且将特定的概念与概念关系视为当然。这些形式的知与行，作为根深蒂固的预先约定或者被伽达默尔称为前见的东西，发挥着作用，而正是这些前见标定了我们进一步探索的方向。在我们学习如何租房，如何开车或者找工作之前，我们就知道如何住在一个房间里，如何顺着街道行走以及开展我们的工作。在我们将特定的文本称为小说、戏剧或者学术性著作之前，我们就已经属于一个将小说、戏剧和学术性著作视作自身一部分的历史与文化传统中了。在我们提出关于我们是谁的批判性问题之前，我们就已经与那些我们思考自身所需要的用词一起长大了。伽达默尔写道："所有的自我认识都是从历史上既定的东西那里生发出来的，我们与黑格尔一道称这个东西为'实体'，因为它构成了所有主观意向与行为的基础，因此既指示又限制了理解历史性的他性中任何传统的每一个可能性。"①

对许多理论家来说，这种说法对批判性反思与反思有不好的作用。如果我们有兴趣检验那些构成我们行为与意向之基础的实体，或者比照他人来评估我们的传统，那么伽达默尔的说法可能就会提供不了多少支持。传统或者历史性既定不仅仅构成了我们意向与行为的基础，并且以其前见设

---

① Hans-Georg Gadamer, *Truth and Method*, 2nd Revised Ed., Trans. by Joel Weinsheimer and Donald Marshall, New York: Crossroads Publishing Co., 1992, p. 302.

定我们可以以之评估这些意向与行为的框架。在试图评估它们时，我们只能以关于为其提供基础的同一个传统的前见绕回它们。如果这些前见捍卫着权力的社会和政治关系，那就没有办法将其揭露出来。我们根据他者来评估我们自己传统的可能性可能就会受到同等的限制，并且呈现出自我指涉的特点，原因是，我们就会只能通过那些我们自身的传统提供给我们的工具和概念性资源去接近其他的传统。奥布莱希特·维尔莫在1974年声称："传统所处的语境，作为可能真理之所在……同时也是，事实性非真理与被延续力量之所在。"① 如若如此，那么这些工具与概念性资源就在可能给予启发的同时也同样有可能带来歪曲。对约翰·D. 卡普托来说，传统仅仅是一种"反动的姿态"②。

　　对更多最近的理论家来讲，最起码对于社会与政治理论来讲，伽达默尔关于传统的描述所存在的问题，不是它对批判性思考具有不利结果，而是它压根就没什么后果。相反地，这种描述部分地形成了关于伽达默尔的代表作《真理与方法》中部分"本体论的与后理论性的主张"。这些理论家暗示，在那里，对传统的关注跟伽达默尔晚年直接的政治关切形成了鲜明的对比，这些关切在他对团结的关注中得到了最好的例证。克里斯·劳因此将团结称作"对未来所持之政治与伦理抱负诸多内容的一部分"，并且表示，和关于传统的分析相比，它传达了一种"关于希望的更加乌托邦式的意识"③。如他所解释的那样，"虽然传统依赖于团结，但有也常有这样的希望，即这种团结能够被延续与扩展"④。类似的，达伦·R. 沃尔霍夫将团结看成一种"对于他者们的开放"和传统不可能提供的一种"对政治极为重要的把握"⑤。

　　在本篇论文里，我要对关于伽达默尔对传统之依靠的两种观点提出质疑，因为我认为，它对批判性思考与反思的重要性既不是不利的，也不是

---

① Albrecht Wellmer, *Critical Theory of Society*, trans. by John Cumming, NY: Seabury Press, 1974, p. 47.

② John D. Caputo, *Radical Hermeneutics: Repetition, Deconstruction and the Hermeneutic Project*, Bloomington IN: Indiana University Press, 1987, p. 5.

③ Chris Lawn, *Gadamer: A Guide for the Perplexed*, New York: Continuum, 2006, p. 106.

④ Ibid. .

⑤ Darren R. Walhof, "Friendship, Otherness, and Gadamer's Politics of Solidarity", *Political Theory*, Vol. 34, No. 5, October 2006, pp. 569 – 593.

最小限度的。伽达默尔的解释并不妨碍对我们所属的各种传统产生批判性关联的能力。相反,它澄清了将这种能力置于我们有限的、暂时的存在中所产生的后果。从传统中脱身从而面向团结也不完全是肯定性的。因为,当传统必然地延续与扩张之时,以及当传统必然地保持开放之时,伽达默尔的团结概念过于轻易地将自身与一种封闭并且偏狭的共同体主义结为了联盟。我从伽达默尔关于团结的论述开始。

一　团结

在 1999 年一篇名为《友谊与团结》的论文中,伽达默尔从前者的面相(aspect)转向后者。正如他所表达的,友谊与团结都涉及"构建在家之存在,而在家中,一切都是可以信任的"。① 朋友与那些处于团结之中的人们,彼此之间拥有一种类似于家庭伙伴关系的友谊,并且互相忠诚。与家庭的例子相关,友谊的归属感并不依靠近似或者相似。我们的朋友之所以是我们的朋友,不是因为他们跟我们相似,也不是因为他们跟我们不同或者能够给我们提供模范或者榜样。的确,伽达默尔声称,我们不能真正说出为什么我们的朋友会成为朋友。同样的问题也纠缠着团结。一份共有的事业或者共有的环境将我们已然共同拥有的一般生活显明出来。但是,这种生活,伽达默尔坚持认为,不能被简化成"在倾向与兴趣上的一致"②。在如此这般的事业或者环境之中与他者保持着团结,并不必然地意味着认为自己与他们相等同。毋宁说,团结意味着去发现一个已有归属、如同归家的共同体。

友谊与团结之间的第二个相似性关涉相互认可,或被沃尔霍夫称做"互惠的共同感知"③ 的东西。友谊带来这样的满足感,即某个不是我们甚至也不必然与我们类似的人理解和看重我们。正如伽达默尔所说,"一个人在他人那里认出自己,而且……他人也在我们这里认出他或者她自

---

① Hans-Georg Gadamer, "Freundschaft und Solidarität", *Hermeneutische Entwürfe: Vorträge und Aufsätze*, Tübingen: Mohr Siebeck, 2000, p. 58.

② Ibid. , p. 61.

③ Darren R. Walhof, "Friendship, Otherness, and Gadamer's Politics of Solidarity", *Political Theory*, Vol. 34, No. 5, October 2006, p. 576.

己。不是仅仅在'原来他是这样的'的意义上，而且也是在我们认可彼此身上他性存在的意义上"①。朋友并不试图互相将对方改变成自己。相反，在与他人做朋友时，我们认可并且凸显他们作为个体所具有的独特性，正如他们凸显与看重我们独特的品质一样。伽达默尔将这种互相认可带入团结概念。在团结中，我们互相区别并且互相将对方从现代大众社会中被伽达默尔视为匿名性和"互相影响的陌生性"② 的东西中释放出来。作为例子，他援引了欧洲对原子能的抗议，③ 以及在盟军轰炸德国城市期间，德国人逐渐认识其邻居并与其采取一致行为的方式。我们与之处于团结中的那些人，对我们不再是没有面孔的陌生人，我们对他们也不再是没有面孔的陌生人。更确切地说，我们作为业已存在的共同体中可以以信任和忠诚的关系采取行动的成员，被显露给彼此。

作为友谊与团结的第三个特点，伽达默尔提到了自己认为由这两者所产生的义务。他将这种义务与道德命令区分开来，并且将其追溯为一并从我们的生活中生发出来的伦理性承诺。谈到团结，他承认："党派的纪律……在很多事例中，是很难维持政治生活，比如，如果一个人持有的意见和他所属政党的大多数人完全不同时。"不过，他继续说："这几乎是某种限度内的民主原则……集体行动……仍有可能。"④ 在友谊中，我们共同拥有一种允许相互认可与承诺的生活。团结也是如此。尽管存在伽达默尔称作我们的"理性化的大众实存"⑤ 的东西，我们仍旧能够重新发现那些允许我们认可我们之间的纽带并共同行动的共同体。伽达默尔的另外一个例子是波斯战争期间的古希腊人。在此，伽达默尔强调了团结加于希腊人之上的牺牲，并且强调这些牺牲所图取的伙伴关系，"欧洲之所以是欧洲，就是因为古希腊人生活中这种真实的、活生生的团结设定了迥异于东方扩张主义的各种方式"⑥。

① Hans-Georg Gadamer, "Freundschaft und Solidarität", *Hermeneutische Entwürfe：Vorträge und Aufsätze*, Tübingen：Mohr Siebeck, 2000, p. 62.

② Ibid. , p. 57.

③ Richard E. Palmer (ed.), *Gadmer in Conversation：Reflections and Commentary*, New Haven, CT：Yale University Press, 2001, p. 81.

④ Hans-Georg Gadamer, "Freundschaft und Solidarität", *Hermeneutische Entwürfe：Vorträge und Aufsätze*, Tübingen：Mohr Siebeck, 2000, p. 64.

⑤ Ibid. , p. 63.

⑥ Ibid. , p. 61.

正如这个例子所昭示的，团结对于伽达默尔来讲具有一种防御性的倾向。正像古希腊人在防御波斯人时将团结列为必需，伽达默尔在反对大众社会中的"匿名的责任"时也呼唤了团结。在团结的共同体中，我们互相将对方从"相互影响的陌生性"中解救出来，重新发现将我们捆绑在一起的纽带，并使我们自己投入到共同行动之中。不过，人们可能不是从这种呼吁看到"关于希望的更加乌托邦式的意识"，而是反驳说，这种呼求将自身限制在了苛求的氛围中。当面临着灭绝时，不管这种灭绝是来自波斯人、盟军的轰炸还是对地球的破坏，我们都能凝聚在一起共同保卫我们生活中的某一部分。伽达默尔认为，现代政治组织的任务就是帮助这种团结昭显出来。不过，在适合解决灾难程度较轻的问题方面并不明显。事实上，团结可能不利于产生决议，至少在这里，它制造出固执和教条的飞地。可以说，解决那些关乎社会与经济正义、政治平等，以及诸如此类的关键问题，这需要进行涉及整个共同体的讨论，需要阐述不同的兴趣和需求解释，也需要愿意重新思考一个人在和并不与之团结的他人进行交流时所采取的立场。在这种环境下，"党派的纪律"可能会像有所帮忙一样，轻易地成为阻碍。

团结也不利于集体反思。因为我们对友谊和家庭的亲近，使得我们很难富有成效和心平气和地思考它们。对于团结以及我们在其中有在家之感的共同体，也存在同样的问题。确实如伽达默尔所说，一个人自己的城市总是最美好的城市，原因仅仅就是它是这个人的城市。他继续说："我们不能说出那些打动我们灵魂以及将人们连结在一起的东西是什么。但是，家乡与血缘代表了一种连结……一种本真的团结不要求我们首先声明属于它。一个人就是如此，并且不想去了解那儿到底是什么在游戏。"① 然而，在一个人不想了解到底是什么在游戏的时候，团结使反思最小化，并且反倒不公正地利用深层的情感。

对伽达默尔而言，可以肯定的是，传统同样也涉及一种深层的熟悉性，这种熟悉来自总是已然沉浸于与世界打交道的特定方式之中。事实上，他写道："我们不将传统所言当作某种别样的东西，或者某种异己的东西。它一直是我们生活的一部分，是一种模式或者榜样，一种认定。我

---

① Hans-Georg Gadamer, "Freundschaft und Solidarität", *Hermeneutische Entwürfe：Vorträge und Aufsätze*, Tübingen：Mohr Siebeck, 2000, p. 60.

们后来的历史性判断很难将这种认定当成一种知识，而是当作一种与传统
最为本真的亲缘。"① 在伽达默尔关于团结的评论中，我们可能难以看出
何处关注了对劳恩所强调之团结的延续与扩张，或者对沃尔霍夫所坚持的
对政治的批判性把握。不过，为什么要假设我们能在他早期关于传统的考
虑中发现这些呢？《真理与方法》提供了回答这个问题的许多方法。这里
我将注意力放在它将传统视为各种视阈之融合的定义。

二　传统

在伽达默尔的定义中，视阈 "是包含着从某个特定的有利位置能被
看到的所有一切的视野范围"②。视阈规定了在特定的空间位置与时间点
上可被我们看见的远景。一方面，我们的视野总是有限的，我们不能从自
己所占据的特定时间与空间位置看到一切。另一方面，对视阈的替代根本
就是视野的缺场。视阈阻隔掉那些在其框架之外的内容，但是同时，也挑
选出并且显明那些在他们自身之内的内容。视阈在时间上与空间上决定前
景与背景，并且使得在其范围之内的每一个元素都互相关联。

当然，我们不受束于任何特定的空间性视阈。我们所占据的视阈可能
只拥有一个特定的范围，但是我们总是能够为了获得一个更好的或者不同
的景象而移动。我们能够移得更近，以便获得更为细节的观察，并有可能
纠正我们之前的一些感知；我们也能够向远处移动，这样就可以获得更为
宽广与更具综合性的视野。通过运动我们也能够改变前景与背景的相对位
置并且重新设定优先于其他景象的视野。通过这种方式我们可以发现我们
之前能够看到的内容的局限性，并且扩展了对正被调查之事物的理解。然
而，这样的事情在时间性视阈那里不存在。我们不能像在空间中一样在时
间中运动。因此不能抛弃我们时间性的视阈去获得关于给定事件或者行为
的一种更近、更具同时性的理解。我们也不能将我们的时间性视阈拉远到
未来，去获得一种其中安放着过去与未来事件的更为持久、更具综合性的

---

① Hans-Georg Gadamer, *Truth and Method*, 2nd Revised Ed., Trans. by Joel Weinsheimer and
Donald Marshall, New York：Crossroads Publishing Co., 1992, p. 282.

② Ibid., p. 302.

视野。在这个意义上，我们时间性的视阈似乎是封闭式的，不具有延续、扩展或者校正的可能性。

然而，伽达默尔表示，把注意力集中在我们时间性视阈的局限上，这恰恰忽视了传统使之成为可能的视觉与洞察。这里，他应和了威廉·福克纳的观点："过去从未死去。它甚至从未过去。"① 用伽达默尔的话来说，这个观点所指的部分内容乃是作为传统或者历史性既定的传统已然延续至我们发现自己之所在的这个世界的途径。我们生活在它的结果之中，这些结果是其行为与事件的产物，也是这些行为与事件不断发生着的后果的产物。这个问题同样适用于伽达默尔称为"传统语境"② 的情况。

德伦斯·豪克斯在表示莎士比亚的《哈姆雷特》在何种程度上已然塑造了我们的世界时，对此做出了暗示。它设定我们认为有可能予以接受的"政治与道德榜样"的范围，它决定了我们认为可以思考的"关系的模式与类型"，也建立了"我们关于男人与女人，父亲与母亲，丈夫与妻子，叔叔与侄子，儿子与女儿应当如何各自行为与互动的理念"③。因此，过去的视阈不仅不是封闭的，而且是与当下的视阈相融合的。如果我们能够从这种融合中脱身，我们就或许能够从传统中解放我们自身了。但是这样的话，我们可能也会将任何一个可能的洞察前置于关于我们之姿态以及关系模型与行为的历史发展之中。的确，我们可能就会将洞察置于豪克斯称之为"现代思想的广阔范畴"④ 之中。

然而，福克纳的观点对于伽达默尔来讲也更有意义：不仅仅是过去与现在融合在一起，而且现在也与过去融合并且改变着过去。黑暗时代之所以成为黑暗时代仅仅是因为中世纪的终结与文艺复兴的到来；爱情之夏仅仅当它在秋天结束时才成为爱情之夏。这个观点也同样对传统文本有效。它们构成了正在发展之历史的一部分，这种历史将这些文本的意义与那些第一次显现时尚未被写出之文本的历史关联起来，与那些尚未作出之评论的历史关联起来，与尚未出现之行为与事件的意义关联起来。现在向过去的这种延伸意味着，历史性既定总是被由它所构建的现在所修正。此外，

---

① William Faulkner, *Requiem for a Nun*, New York: Vintage Books, 1975, p. 80.

② Hans-Georg Gadamer, *Truth and Method*, 2nd Revised Ed., Trans. by Joel Weinsheimer and Donald Marshall, New York: Crossroads Publishing Co., 1992, p. 295.

③ Terrence Hawkes, *Meaning by Shakespeare*, New York: Routledge, 1992, p. 4.

④ Ibid.

它还意味着，在过去发生之时看见过去的一种反事实的能力会减少知识，而不是增加知识。例如，它放弃对《哈姆雷特》中弗洛伊德式主题的理解，放弃对葛楚德或奥菲利亚所受待遇中家长式假设的思考，放弃与汤姆·斯达特一起思考罗森克朗次与古尔德斯坦。

我们同其他传统的关系中也包含同样的视阈知识。我们关于其他形式实践知识、其他做事方式、其他概念以及其他概念性关系的理解都反映出我们的传统所给予我们的特定视阈。同样的，理解着的他者拥有我们的传统，这也反映了他们自己的视阈。然而，这两种视阈中，任何一种都不仅仅是其中一个传统可对另一种传统所做理解的界限。相反的，每一个的各种远景都相当于思考的各种互惠形式，或者用沃尔霍夫用来描述团结的术语来说，相当于"互惠的共同感知"。由于他者的传统所给予他们的定位，他者能够观察到我们由于自己的传统所赋予我们的定位而未看到的我们自己的实践与历史的各种面相，正如我们可以凸显他们的文本、实践与历史中他们所看不到的特征一样。我们由于他者理解我们的不同的方式来学习以不同的方式理解我们自身。更进一步来说，在这些不同的理解方式影响我们的自我概念这种程度上，他们影响我们的行为，并且成为我们传给未来世代的历史的一部分。相似的，我们对他们的实践与历史所做的理解也会反馈到他们的自我概念上，并且变成他们历史与传统的一部分。简单来说，传统融合，并且通过融合来延续与扩张。

的确，不能明显看出被伽达默尔归因于传统的知识上升到了批判性思考的水平上。过去向现在的延续不会让感知事物的某些方式变得根深蒂固吗？考虑到《哈姆雷特》的影响，我们怎样才能重新思考我们关于"男人与女人，父亲与母亲，丈夫与妻子，叔叔与侄子，儿子与女儿应当如何各自行为与互动的理念"呢？我们看一个不同类型的例子。传统的力量不会使得美国人难于将流产理解为杀生之外的任何行为吗？它难道不会将关于这种行为的其他可能的理解，比如作为生育控制的一种形式排除掉吗？当现在延展进过去时，也会产生类似的问题。如果尼采变成一个事后被追加的纳粹标准的传承者，那么难道我们应该将这种结果作为对传统之自我认识的展示而予以赞扬吗？各种文化传统之间的相互作用也并不是有益的。关于这个，我们可以想一想传统的舞蹈与艺术形式在旅游业、商业化以及文化作为民国商品的出口等的影响之下做出改变的方式。视阈的融合，既有各传统之间横向的融合，也有跨越时间的纵向融合，可能包括各种传统。

不过，这些融合在为批判性思考以及反思构成基础方面表现得并不明显。

《真理与方法》认为，之所以产生对这种思考方式的各种摒弃，不是因为我们沉浸于传统之中，而是因为我们没有认真对待那种沉浸。被伽达默尔称作关于有效历史的意识的东西，就是一种这样的意识，即我们在何种程度上成为各种前定我们的传统所产生的结果。当然，因为明确的前定先于并且指导了我们的自觉意识，所以难以看清这个意识可以怎样将自身指向前定。然而，关于有效历史的意识仅仅反映一种关于人们已被前定或者已被赋予前见的意识，这种意识要求人们对这样的可能性保持一贯的开放，即被人们当做知识的东西有可能只是前见。确实，伽达默尔认为关于有效历史的意识反映了跟德尔菲神谕提供给古希腊人的知识属于同一类别的知识。他说，德尔菲训谕"认识你自己""属于人类最深层次的意识，这种意识就是，他需要了解他自己，他不是神"①。作为非神，我们是终有一死者，是那个在我们之前开始并且在我们之后仍然继续的时间的一部分。我们对于这个连续统的参与使得知识成为可能。不过，伽达默尔认为，如果假定我们在时间上并与传统绑定的位置向我们提供全球性的洞察，而这种洞察不依赖于过去也不受制于未来，那么这将是最坏的一种狂妄自大。

在这种联系中，伽达默尔反转了实验科学所特有的经验与知识之间的关系。对于这些科学来讲，能对知识的增长有所贡献的经验是那些能够被重复的经验。也就是说，一个科学断言的有效性依赖于其他实验重复其结果时的连续成功。然而，对于伽达默尔来讲，知识与经验之间的一种更为基本的关系是完全否定性的。当所发生的事情有所不同并且出乎意料时，当我们的预期没有实现或者当出现了某种新的东西时，我们通常会说"长见识了"。在这种情形中，我们假定将会发生的事情却未发生，而我们以为自己了解的事情结果却不是那种样子。伽达默尔表示，此类否定性的经验有增加知识的作用，只要它们教育我们对预期的反转保持开放的心态。有经验不仅仅意味着知道如何继续或者知道如何做，它也意味着知道一个人的任何实践或者假定可能需要根据新的经验进行修正。正如伽达默尔指出的："有经验的人被证明是……彻底的非教条主义者……经验的雄辩不是在具有确定性的知识里得到其适当的实现，而是在对由于经验自身

---

① Hans-Georg Gadamer, "Friendship and Self-Knowledge", in *Hermeneutics*, *Ethics and Religion*, New Haven: Yale University Press, 1999, p. 137.

而成为可能的经验所持的开放性得以适当地成就。"①

从视阈的时间性来看，传统对思考有三种贡献：传统包含了根据过去事件与行动的当前结果对这些事件与行动的意义所做的理解；传统允许通过过去对现在制度与行动的结果进行洞察；并且，就它允许由于不知未来而产生的后果来讲，传统动摇了教条主义的根基。这最后一种贡献的对象是批判性思维的方式，这种思维由于传统而得以成为可能，伽达默尔认为，它不是非历史的道德原则、理想的语言情境或享有特权的立场通过不诚实的手段而带来的批判性思维。更准确地说，它是一种理解自身有限性的自我批判性的思维。换而言之，只有当传统忘记自己是传统时，传统才是，用维莫尔的话来说，"事实性非真理与持续力量之所在"。然而，传统具有自我批判性的程度也是它对修正持有谦逊与开放态度的程度。

《真理与方法》走得更远。由于其作为传统之一部分的时间性而受贬抑的批判性思考不仅对修正保持开放，而且更急于发现此类修正可能在何时成为必需。伽达默尔不仅仅将关于传统的知识与德尔菲的神谕相比较，而且还与苏格拉底在审判中的争辩相比较——苏格拉底说，如果说他知道得比别人多，那就是因为他知道自己不知道。如同苏格拉底的情形一样，一种知道自己并不知道的批判性思维在想要发现的急切中产生。对伽达默尔来讲，我们无法通过试图构建我们而且也被我们反向构建的既定保持距离来获得知识。我们可以通过对他人看到并且认为自己知道的东西保持开放性以及我们对这种东西的参与来暴露我们的前定，以此获得知识。在这个程度上，劳恩赋予团结的延续与扩张和沃尔霍夫赋予团结的批判性把握反倒被写进了传统之中。传统作为这样的融合持续着：在这种融合中，过去起到检测现在的作用，现在起到检测过去的作用，而同时代的各种传统则起到相互检测的作用。同时，未来提醒对它们所有的结论保持谦逊。

伽达默尔关于传统的陈述不是没有问题。尽管如此，走向团结并非解决这些问题的办法。对团结的吁求要求我们去发现这样一些坚定的共同体：其承诺冒有传统所拒斥的非思考性死板的危险。形成鲜明对比的是，对传统的分析提供这样一种批判性思考的形式：这种思考由于其有限性而得以开放。我们生活在致命的、教条的极端主义的世界里，这种极端主义

---

① Hans-Georg Gadamer, *Truth and Method*, 2nd Revised Ed., Trans. by Joel Weinsheimer and Donald Marshall, New York: Crossroads Publishing Co., 1992, p. 359.

很大程度上建立在一种偏狭的团结之上。因此，一种立足于向其他传统保持开放、立足于过去和现在之间的相互教育、立足于在未来面前之谦逊的批判性思考形式，最起码是值得我们去考虑的。

　　【本文英文版刊发于维思里安大学 *History and Theory* 杂志 2012 年第 51 卷第 4 期，中文版由该刊出版公司 Wiley 授权出版。作者乔治娅·沃恩克（Georgia Warnke），美国加州大学哲学人文艺术学院副院长、教授】

（李为学　译）

"回归我们未曾置身之处"

伊桑·克莱恩伯格

弗朗茨·卡夫卡（Franz Kafka）写过一个有关中国长城的故事。故事写于 1917 年，但直到 1931 年才发表。大多数阐释者都认为这个故事根本不是关于中国的，而是关于哈布斯堡皇室（Habsburg）或奥地利帝国的。我认为他们是对的，尽管还有其他争议。卡夫卡认为修筑长城与修建巴别塔有很多相似之处，都是热衷于帝国的"无尽空间"，都是对关于"帝国信息"的神话传说中权力和传统的映射。这些信息被植入故事的核心，只有在帝王死后才揭晓，很可能新的帝王又会设置新的信息。但这里我想集中探讨故事的一个方面，在某种程度上可能是出于被迫，希望这样可以将众多主题归结到与我们论题相关的"传统"以及马丁·海德格尔（Martin Heidegger）、伊曼纽尔·列维纳斯（Emmanuel Levinas）和雅克·德里达（Jacques Derrida）这几个人物上。

在《万里长城的修筑》（*Beim Bau der Chinesischen Mauer*）中，卡夫卡通过向读者介绍长城建造的奇特方式来展开故事叙述：

> 大约每二十人一组，各组分段修筑，每段大约有 500 米长。邻组也要修建几乎等长的一段城墙与它们相接。然后，各段完全连接后，长达千米的这段在端点处就不再继续修建了，而是把劳工调到另一个地方重新开始。用这种方法自然会留下很多大的缺口，有些缺口渐渐会补上，只是很慢，其中很多是到后来汇报城墙竣工时才开始修补的。事实上，据说有一些缺口从来就没有堵上。然而这只是一种断言，或许只是围绕长城修筑产生的众多传说之一，至少对个人来讲，

用他们自己的双眼或按自身的标准是无法证实的,因为这个建筑实在
太庞大了。①

让我感兴趣的是卡夫卡给予暗示却未详细探讨的可能性。要是事实上
某些墙段根本就未曾修筑过,那会怎样呢? 或久而久之,人们开始相信这
些缺口是由于破坏、风化或毁坏造成的;或后人为了了解长城本源及其原
始意图和含义,决定重建这些(实体的或理论的)墙段又会怎样呢? 这
就具有辨明并讲述一种从未实际存在过的"原初"的性质。在该部作品
中,卡夫卡关于万里长城的故事讲述了我们同过去的关系以及这个巨大建
筑的缺口,即现今之中诸点之间确定而且可得的、个人"用自己的双眼
或按自身的标准"可能无法证实的缺口。

在这片本体论的苦水中,马丁·海德格尔、伊曼纽尔·列维纳斯及雅
克·德里达都在通过重返及重读"传统"文本,试图重建属于过去的万
里长城的缺失部分,以克服他们各自的现在之中同时代思想里被察觉到的
危机或划定界限的失误。对海德格尔,这意味着回到"早期希腊思想"
的前苏格拉底哲学;对列维纳斯,就需要回到神圣的犹太法典《塔木
德》;而对于德里达,则要回到一些表现"西方形而上学传统"的文本,
像柏拉图、笛卡尔、卢梭或马克思的作品。这三种回归的显著之处在于回
归过去的传统文本并非一场重温美好时光的怀旧之旅,也不是对古文物研
究的盲目崇拜,而是批判性地利用这些文本,力图通过填补有损长城建筑
的缺口来反思现在。但通过这种方式,他们试图利用没有受到历史或特定
记忆拖累的传统来加强过去与现在间的有益对话,从而能够重新定义,甚
至弥补当代思想,进而将其引向更美好的未来。此过程中有多少为"继
承",有多少为"发明",这是本文的一个关键问题。此外,本文还就列
维纳斯对海德格尔的继承与批判,以及德里达对海德格尔与列维纳斯两人
的继承与批判进行梳理,从而界定最新传统的建立,而这种传统的关注点
在于揭示隐藏在过去中的本源或例证。

《阿那克西曼德之箴言》(Anaximander Fragment)是基于 20 世纪 30
年代的一些讲稿创作的,成书于 1946 年。海德格尔在书中指出,阿那克

---

① Frantz Kafka, *Selected Short Stories of Franz Kafka*, New York: Modern Library, 1952,
pp. 129 – 130.

西曼德简短的文字是"西方思想最为古老的箴言"①。但很清楚，对于海德格尔来说，鉴于我们正处于"整个地球所经历的最大变化的前夜"，"西方的真正命运"就取决于这种原始哲学思想的复归。② 1935 年，海德格尔这样形容这场危机："欧洲因其自身毁灭性的盲目，恒久地处于自取灭亡的状态，这样的欧洲正遭遇夹攻，一面是俄国，另一面是美国。从形而上学的角度看，俄国和美国是一样的：同样的乏味的科技狂，同样的由常人构成、不受约束的组织。"③ 到了 1945 年，在《1933/34 年的校长任期：事实与思想》一文里，他把对自身时代的这种判断扩大化，概括为"本质性苦难"的一种普遍状态（根本性的否定：Wesentliche Not)④。继尼采、奥斯瓦尔德·施宾格勒（Oswald Spengler）之后，海德格尔开始认为西方思想文化史就是一部没落史。随着时间的流逝，存在这个范畴的真正含义及影响已然模糊并被遗忘，从而引起他所认为的虚无主义现状，全世界范围内的技术统治最能证明这一点。在海德格尔看来，这种没落肇始于苏格拉底和柏拉图，但他视尼采为形而上学历史的终结。现在海德格尔的任务就是"将尼采的成就——铺开"⑤。

因此海德格尔认为要想使西方思想在世界上重获影响及意义，就要回归至其本源，以便重新找回被西方哲学传统所遗忘、隐藏或覆盖的一切。但是为使这一举措能起作用，海德格尔必须主张存在的这种原初意义在过去一定确实存在过，且它的此类性质能够于现在重新找回。因此在《阿那克西曼德之箴言》中，海德格尔写道："存在本身作为命运性的存在，

---

① Martin Heidegger, *Early Greek Thinking: The Dawn of Western Philosophy*, trans. by David Farrell Krell and Frank A. Capuzzi, New York: Harper and Row, 1984, p. 13.

② Ibid. , p. 17, 33.

③ Martin Heidegger, *An Introduction to Metaphysics*, trans. by Ralph Manheim, New Haven: Yale University Press, 1987, p. 37.

④ *Martin Heidegger and National Socialism: Questions and Answers*, New York: Paragon House, 1990, p. 18. 又见 Alan Milchman and Alan Rosenberg, "Resoluteness and Ambiguity", *The Philosophical Forum*, Vo. XXV, No. 1, Fall, 1993. 海德格尔写的一篇直到 1983 年才发表，很大程度上是一种追求私利的尝试，作为弗莱堡大学的校长，他力图轻言或否认加入了国家社会主义党。

⑤ Martin Heidegger, *An Introduction to Metaphysics*, trans. by Ralph Manheim, New Haven: Yale University Press, 1987, p. 36; Martin Heidegger, The Introduction to *Early Greek Thinking: The Dawn of Western Philosophy*, trans. by David Farrell Krell and Frank A. Capuzzi, New York: Harper and Row, 1984, p. 10.

本来就是末世论的。"① 但海德格尔很快就澄清"我们并不把'存在末世论'这种说法中的'末世论'一词理解为一种神学或哲学学科的名称"；因此我们不该把它看成一种受惠于全能上帝或造物主的超验主义概念，而是像海德格尔所说，我们思考存在之末世的方式就要像"思考精神现象学一样，即从存在的历史内部出发"。这并不是说海德格尔同意了黑格尔的目的论观念，但在精神现象学中，我们能够看到存在随着时间的推移而遮蔽其本源时运动的方式。这使海德格尔得出这样的结论："如果我们从存在末世论方面来思考，那么有朝一日，我们就不得不在未来的开端中期待以前的开端，并且在眼下必须学会通过即将到来的东西思考这种以前的开端。"② 实质上，海德格尔是在告诉我们，我们要利用此地此时所有的残篇，回头去看西方哲学开端之时的这一时刻，以便重建或复得已失去的原初意义或影响。因此，海德格尔并不赞同对米利都学派（Miletus）的阿那克西曼德及其背景进行史学、心理学或语言学研究，而是"聆听这些箴言"，以至于"听起来不再像一种历史久远的论调"。这里，海德格尔认为存在是超历史的、已经遗失或被掩藏但随时都可以最终进入其中的范畴。存在的本体论含义一直在那里等待人们去揭示。在这一点上，"连不在场者也是在场者，因为它在不在区域内之时，以澄明状态呈现自身"③。但是对我们这个无意义世界恢复意义的企图，关键在于海德格尔借助自身对早期希腊思想的翻译与解读以揭示这种原初箴言之意义的能力。

海德格尔对前苏格拉底哲学的研究始于20世纪30年代，这个时间很重要，因为与此同时他对尼采的关注也越来越多，并疏远了国家社会主义政府。此外，此文发表于1946年，其时他给法国的让·波弗莱（Jean Beaufret）写过一封《关于人道主义的信》，当时正值他被禁止参与德国大学教学活动。此时，他在法国卷入了首次海德格尔事件，此事涉及他加入纳粹党和与纳粹党的关系对其哲学作品的影响。④ 因此，他所自称的对

① Martih Heidegger, *Early Greek Thinking: The Dawn of Western Philosophy*, trans. by David Farrell Krell and Frank A. Capuzzi, New York: Harper and Row, 1984, p. 18.

② Ibid. .

③ Ibid. , p. 35.

④ Ethan Kleinberg, *Generation Existential: Heidegger's Philosophy in France, 1927–1961*, Ithaca: Cornell University Press, 2005, chapter 5.

箴言的暴力性解读必定会让人踌躇不前。① 尤其是他对"西方危机"的分析带来了种种后果，导致将当前恶行的罪责转移至过去西方思想历史中的结构弊病上。在此次阐释事件中，农业工业化、原子弹及纳粹对犹太人的大屠杀等事件都是"西方危机"不可缺少的组成部分，因此可以相互转换。对于海德格尔，不管是（德国）国家社会主义（亦即纳粹主义），还是其种族灭绝政策都没什么特别之处，无非是西方虚无主义状态的标志，而非个体的德国人或整体的德国的特定行为。

海德格尔最初在 1933 年决定加入国家社会主义政党，随后他又推诿、否认，为德国开脱罪责，他对他们在 1933—1946 年的行为负有明确的责任。作为对此的回应，伊曼纽尔·列维纳斯力图挑战海德格尔哲学及其关于存在的研究。列维纳斯是出生于立陶宛的犹太人，就读于斯特拉斯堡大学，后于 20 世纪 20 年代末在弗莱堡大学跟随海德格尔研习。他是首批将海德格尔著作引进法国的人之一，但自从海德格尔加入纳粹党，他便开始与他的老师疏远了。② 我们可以从他 1934 年的文章《希特勒主义哲学的反思》中看到这些，在这篇文章中他提出了理性、自由主义及犹太教与基督教共有的传统，来反驳种族主义者的"希特勒式哲学"。我们不得不认为海德格尔也是这后一派的一分子。③

但在列维纳斯以法国兵的身份被关押在德国战俘营时，他的重点发生了转移。被囚禁期间，列维纳斯开始批判和反驳海德格尔的本体论哲学。当时他和其他的犹太裔士兵被隔离在战俘营的一个专区，并要求他们在制服上戴黄星。列维纳斯"作为一个犹太人"的成长让其思想有别于海德

① See the introduction to Heidegger's *Early Greek Thinking*: *The Dawn of Western Philosophy*, trans. by David Farrell Krell and Frank A. Capuzzi, New York: Harper and Row, 1984.

② Ethan Kleinberg, *Generation Existential*: *Heidegger's Philosophy in France*, *1927–1961*, Ithaca: Cornell University Press, 2005.

③ Emmanuel Levinas, "Reflections on the Philosophy of Hitlerism", trans. by Sean Hand, *Critical Inquiry*, Vol. 17, No. 1, Autumn 1990, pp. 63–71. 最初发表于 "Quelques réfelxions sur la philosophie de l'Hitlérisme", in *Esprit*, No. 26, *November* 1934, pp. 199–208。See also Samuel Moyn, "Judaism against Paganism: Emmanuel Levinas's Response to Heidegger and Nazism in the 1930s", *History and Memory*, Vol. 10, No. 1, Spring/Summer 1998, pp. 25–58.

格尔,这种批判也是在此基础上形成的。① 1940—1947 年,他写了七本笔记②,多数文章都是 1945 年以前写的,都是关于犹太教与哲学,特别是与海德格尔哲学相比的影响和地位,预示着他的后期哲学著作以及后来被称为忏悔式或塔木德式著作的问世。③ 在 1944 年的第五本笔记中,他写道:"我的哲学的一个本质要素,也是有别于海德格尔哲学的地方,就在于强调'他者'的重要性。另一个要素就是它跟随的是犹太教的节拍。"④

　　在战后的几年,特别是得知家人在立陶宛考那斯(Kovno,Lithuania)于纳粹最终解决方案(灭绝欧洲犹太人的纳粹政策——译者注)中被杀害后,列维纳斯开始扩大研究对象,超出了海式本体论范畴,涵盖了对整个西方形而上学传统的重新评价。因此在 1946 年的一篇新文章中,列维纳斯从犹太教的角度定义了他的哲学:"我的哲学是一种'面对面'的哲学。'我'与'他者'处于一种'面对面'的关系当中。这就是犹太教。"⑤ 从这些笔记和他战后即刻发表的著作中,我们可以看到列维纳斯已加倍努力。他开始与海德格尔的哲学彻底背道而驰,并质疑西方哲学的生存状态,同时对做一个先经历纳粹统治然后经历奥斯维辛死亡集中营的犹太人意味着什么做了一番评论。这两个问题,一个宣布,一个实施,最终指引列维纳斯回到或回归传统的犹太教文本《塔木德》。战争和大屠杀之后,列维纳斯将"犹太人的存在"视为哲学研究的必要前提,体现在

---

① Levinas was mobilized to serve in the French army but was captured in June 1940. See Anne Marie Lescouret, *Emmanuel Levinas*, Paris: Flammarion, 1994, pp. 119 - 128; Ethan Kleinberg, *Generation Existential: Heidegger's Philosophy in France*, *1927 - 1961*, Ithaca: Cornell University Press, 2005, pp. 246 - 248; Ethan Kleinberg, "Myth of Emmanuel Levinas", pp. 212 - 213.

② Recently published as Emmanuel Levinas, *Carnets de la captivité*, collected and annotated by Rodolphe Calin and Catherine Chalier, Paris: Bernard Grasset/IMEC, 2009.

③ 很显然,列维纳斯在这些笔记中完成了后来问世的《从存在到存在者》(*De l'existence à l'existant*)的准备工作。但让人迷惑的是他笔记中的"犹太教"范畴如此显而易见,但在哲学作品中却模糊不清。凯萨琳·沙里耶和罗伯特·卡琳认为《战俘笔记》中的"作为犹太人"或"我是犹太人"(*etre-juif or je suis juif*)类似于与《从存在到存在者》中的存在(je suis)相背离,见《战俘笔记》序言,第 22—23 页。战后列维纳斯与海德格尔的哲学思想分歧,见 Emmanuel Levinas, *De l'existence à l'existant* (Paris: Vrin, 1993) and Ethan Kleinberg, *Generation Existential: Heidegger's Philosophy in France*, *1927 - 1961* (Ithaca: Cornell University Press, 2005), pp. 248 - 258。

④ Emmanuel Levinas, *Carnets de la captivité*, collected and annotated by Rodolphe Calin and Catherine Chalier, Paris: Bernard Grasset/IMEC, 2009, p. 134.

⑤ Ibid., p. 186.

列维纳斯在注释中所写的"拥有托拉的喜乐"（托拉节，《托拉》即犹太教的律法书，《圣经》旧约之首五卷，即《摩西五经》——译者注）。这句话就直接写在他的"哲学等于犹太教"的等式下面。①

因此列维纳斯力图对抗西方哲学传统本质上的道德堕落（历史上确凿的纳粹屠杀犹太人事件），并通过回归传统的犹太教文本来进行还击。但事实上他被培养成的是哲学家，而非塔木德学者，因此行动也变得复杂化。就列维纳斯而言，问题的解决在于文本自身的超验本质。我们可以在1979 年的文本《犹太人读经》（On the Jewish Reading of Scriptures）中看到这种超验手法。在该文本中，列维纳斯引用了拉比查姆·沃勒兹（Chaim Volozhin）对《先祖的言论》（Sayings of the Fathers）中一段的解释。在《先祖的言论》中，犹太教律法学者将《托拉》比喻成"火中红炭"（指"赦罪消灾的凭证"。源自以赛亚因天使用火炭沾嘴而被赦免一切罪过，《圣经》6 章 6 至 7 节——译者注）。拉比查姆·沃勒兹将这种评论大致解释如下：火中烧红的煤块会越吹越旺，因此火焰燃烧的旺盛程度取决于阐释者气息的长短。② 鉴于文本超验和终极神圣的特性，列维纳斯借助他自身的气息力量就能将煤块重新燃起。意义存在于煤块中，似乎最重要的并不在于吹风者的训练，而在于他/她与煤块间的互动接触。因此，正如维纳斯在其1968 年的《塔木德四讲》（Quatre Lectures Talmudiques）（英译为《塔木德九讲》——Nine Talmudic Readings）序言中所言："我们的研究认为历史的不同时期会围绕一些可想的意义进行交流，无论象征这些意义的材料如何变化。"引用当代的一个例子会更明显。列维纳斯继续说："我们认为以色列的永久与延续以及它自我意识的统一会世代永存。"③ 即使面对最骇人的世间灾难，像大屠杀，以色列的"永久"与"延续"也必将实现。失去的会复得，炽热的煤块会让火种延续下去。

但在这里，我们需要留意一下列维纳斯是如何重建消失在过去的文本的含义的。他给我们讲述了一段出自《塔木德》安息日一节中的故事。一个撒都该人（Sadducee：基督时期犹太教撒都该派信徒，该派不信肉身

① Levinas provides the Hebrew and the French which reads "la joie d' avoir la Thora".
② Emmanuel Levinas, *Beyond the Verse*: *Talmudic Readings and Lectures*, trans. by Gary D. Mole, Bloomington: Indiana University Press, 1994, p. 109 and 210 n. 8.
③ Emmanuel Levinas, *Nine Talmudic Lectures*, 5.

死后复活和天使神灵的存在，不信口传律法，强调只接受书面律法——译
者注）"看到拉巴埋头研读，手指头紧抠脚掌，鲜血喷涌而出"①。列维纳
斯将这段经文理解成他自身研读塔木德的方法论典范。"这样用力擦进
去，血液喷涌，或许就该这样'擦入'文本，到达深藏的生命本质。无
疑，你们很多人都会合乎情理地想象，此时此刻我正在用力擦入文本，让
它喷出鲜血——我奋起应战！"但列维纳斯承认并欣然接受这项任务的暴
力本质："已到了一定程度，他认为这是作者被寄予的一种责任。只有对
文本施加这种暴力才能揭开被时间和习俗的沉积所掩埋的秘密。"② 列维
纳斯自称的对拉巴故事的暴力性解读，恰好成为他诠释《塔木德》时所
用方法的合理理由。实质上，他已经在亲自研读《塔木德》的基础上，
为自己授予了一种权威。

　　在谈论《塔木德》解读方法时，列维纳斯还常常引用另外一个摩西
故事。③ 这个故事中，摩西想要了解《托拉》的未来，就转到了拉比·阿
吉巴（Rabbi Akiba）学院。到了学校，摩西开始闷闷不乐，他发现这里
所教的内容他完全不懂。但在一堂课结束，拉比·阿吉巴将他的教导归于
摩西在西奈山的教导时，他开始振奋精神。这里，在时间变化的背景下传
达了一种永恒的信息，无人质疑拉比·阿吉巴的权威，即便摩西无法理解
他的教导。在列维纳斯的表述中，令摩西难以理解的是阿吉巴的智识环
境，但无论如何，教导却始终如一。从这两个故事中，我们可以看到列维
纳斯对意义之超验的、最终神学性的传播所做的强调如何使他能够恢复一
种传统的生命，一种他自身的、已然失去的传统，同时又不失他特有的才
华与兴趣。或许对于著名的立陶宛犹太法典大师冈·维尔纳（Gaon of Vil-
na）来说，听列维纳斯的《塔木德》课程，会和摩西有同样的反应。在
任何情况下，列维纳斯都会引出一种立足于超然性，并由他对《塔木德》
的研读所证实的牵强的连续性。

　　德里达似乎不太接受列维纳斯在有关超验的原型中所包含的神学或宗

---

　　① Ibid. , p. 31. Levinas examined this story from the Tractate Shabbath, 88Ia and 88b, in his Tal-
mudic reading, "The Temptation of Temptation", presented at a December 1964 colloquium on *The
Temptations of Judaism.*

　　② Emmanuel Levinas, *Nine Talmudic Lectures*, pp. 46 – 47.

　　③ Ira F. Stone, *Reading Levinas Reading Talmud*, Philadelphia: The Jewish Publication Society,
1998, p. 20.

教学寓意，其理由却与列维纳斯相似，即对海德格尔本体论的怀疑。德里达在阅读这两人作品时，试图提供一种范型论的批判：某一特定民族、文化、宗教教义或思想被提升到某一位置，似乎"是被拣选出来的一种真理、法律及本质的维护者"①。德里达对海德格尔《存在与时间》中"本真此在"（authentic Dasein）的范型地位及古希腊有关形而上学历史的范型特权地位提出异议。他也对列维纳斯研读《塔木德》时所采用的超验手法表示怀疑，在那里，德里达诊断出在不可知的上帝和他所选来履约的特定子民之间的特权关系中所存在的范型论。

尽管如此，这两位思想家对德里达来说却至关重要，特别是在传统的问题与质疑方面。德里达在整个职业生涯中都在投身一个问题的研究，即"居于历史性的时间之中、继承一种遗产、'拥有'并发扬一种传统意味着什么"②。在 1994 年初次问世的《档案热》（Archive Fever）中，德里达将与传统或遗产间的这种关系论述为一种"行为性重复"（performative repetition）。其中，"对档案的解读只有通过将自身铭写至其中才可能阐明、理解、解释并建立自身的客体，即一种特定的继承物。也就是说，要充分打开它、丰富它，以找到在其中的正当位置"③。因此，德里达将与过去的关系视为一种自我铭写的过程。在那里，人们理解并解释过去的档案，以便在其中、在现在为自我创造一个空间。而海德格尔与列维纳斯都是回归过去的传统，使不在场者，即他们假定随着时间的推移而被腐蚀或掩盖的，成为在场，而德里达却力图寄居于那些传统，使这些不在场得以显现。

在 1993 年的《马克思的幽灵》（Specters of Marx）中，不在场作为在场的这种显现是以幽灵的姿态存在的。"重复且是首次重复：或许这种事件问题就像鬼魂问题一样。鬼魂是什么？一个幽灵的实在性或在场，或者说，那似乎仍然如幻影一般非实在的、虚幻的或无实体的东西的实在性或

---

① Jacques Derrida, "Abraham, the Other", in *Judeities*, *Questions for Jacques Derrida*, Bettina Bergo, Joseph Cohen, and Raphael Zagury-Orly, eds. , New York: Fordham University Press, 2007, p. 12.

② Dana Hollander, *Exemplarity and Chosenness: Rosenzweig and Derrida on the Nation of Philosophy*, Stanford: Stanford University Press, 2008, p. 44.

③ Jacques Derrida, *Archive Fever*, p. 67.

在场究竟是什么?"① 鬼魂或幽灵之所以令人困扰,这完全是因为它是过去的复归,却被抽空了物理属性,也不遵守时空准则。"人们无法控制它的到来和归去,因为它是通过归来开始的。"② 因此不同于海德格尔和列维纳斯,我们没有经历一种有序的、必须的回归——如果是被迫的话,而是在某种已经过去因而不应该在场的东西的面前。的确,德里达或许可以这样形容海德格尔及列维纳斯:他们在进行一种"哀悼"。"试图使遗骸本体论化,使它出场,并首先通过辨认遗体及确定死者位置来进行。"③ 与寻找作为修正的本源与启示形成鲜明对比的是,德里达接受由归来的过去所聚焦起来的烦扰。④ 谈到马克思及马克思主义的幽灵,他问道(同样的问题也可以追问海德格尔或列维纳斯):"它怎么可能永远让人信服?换句话说,它怎么可能归来,又以新的姿态复现?当它已经不在了的时候,怎么可能又在那里?"⑤ 答案似乎就蕴含在德里达所谓的"行为性解释中,即一种解释可以改变它所解释的对象"⑥。按照这种逻辑,一种传统的继承者可将自身铭写到过去事件的遗产中,即便事件本身未曾发生过。⑦

因此遗产并非可靠,过去也构不成根据,即便它确实影响着现在。对德里达而言,萦绕着我们的过去具备着渗透及扰乱的本质,这种本质激励着我们对自身所站的历史立场提出质疑。在该作品中,德里达所谓的马克思及马克思主义的幽灵并非我们可以回归的本源或根基,而是以一种让人困扰的遗迹来激励我们,这种遗迹"不再采取政党或者工人国际的形式,而是在对国际法的状态、国家和民族的概念等(理论的和实践的)批判中,采取一种反密谋的形式:为的是更新这种批判,尤其为的是使这种批

---

① Jacques Derrida, *Specters of Marx*, trans. by Peggy Kamuf, New York: Routledge, 2006, p. 10.

② Ibid., p. 11.

③ Ibid., p. 9.

④ 在 *Specters of Marx* 中大量地反映了海德格尔的 *Anaximander Fragment*,但我们无法详细探讨他对正义在场与不在场的解构,这超出了本论文有限的范围。

⑤ Jacques Derrida, *Specters of Marx*, trans. by Peggy Kamuf, New York: Routledge, 2006, p. 61.

⑥ Ibid., p. 63.

⑦ 这无疑是德里达研究弗洛伊德的摩西和一元神论的启示,作为 *Archive Fever* 来发表。

判激进化"①。德里达认为，马克思的精神遗产不仅已扩展到关于资本规律的当前的和进行中的分析中，而且还进入到马克思主义与非马克思主义国家中"各种代表制和选举的方式，还有人权、妇女和儿童权益的决定性内容，关于平等、自由尤其是博爱的通行概念"②。

因此，德里达使得对过去的、将焦点集中在裂隙上的阅读成为可能，这些裂隙是不在场之所在，本源在这些所在被安置于现在，而这些所在却是已经成熟得可重新译解和重新铭定的不稳定的场所。但对德里达而言，这些不在场依然是基本的，而通过行为性解释的铭写手段同海德格尔的"摧毁"（Destruction）或列维纳斯的"用力擦入文本直到它鲜血喷涌"是同等暴力的。即便德里达致力于用这种发明策略会引发各种可能性，但他也警告说，继承者"甚至会通过看守它的祖先而非某些他人来歼灭这些祖先"③。

当然，这几大思想家都为那些力图将其现代的现在之复杂性与他们过去的各传统相联系的学者们提供了丰富的模板框架。但在这三大思想家中，我们看到那些连接过去的方式都可被视为锻造的。对于海德格尔，他利用了自己赋予存在范畴的永恒性（超历史性）。对于列维纳斯，与过去的连接是借助于神启与特选这两者超验的命令。至于德里达，它是过去所具有的反基础的性质，这种过去被构建于现在，即便它被构建于过去继续萦绕着我们的各种方式的基础之上。对这三个人来说，只要人们愿意接受他们各自关于已过去或被遗忘事件之传递的假设，那么这些范式就起作用。但是更具批判态度的读者会追问"发明"在他们将其自己的哲学信念插入这种传递与恢复之核心的能力中起着什么作用。无论是基于在场还是不在场的显现，这三种思想都被用于解释长城竣工部分的缺口。但至于这些缺口是否真是原初的可为我们的现在提供更有意义之理解的基石，还是"这些缺口从来就没有堵上过"，这是一个这样的问题：它"或许只是围绕长城建筑产生的众多传说之一，至少对个人来讲，用他们自身的双眼或按他们自身的标准无法证实，因为这个建筑实在太庞大了"。但可以确

---

① Jacques Derrida, *Specters of Marx*, trans. by Peggy Kamuf, New York: Routledge, 2006, p. 107.
② Ibid., p. 110.
③ Ibid., p. 109.

定的是，这三位思想家都是通过回归他们所未曾置身之处，来力图建立与
传统和过去的各自接合。

　　【本文英文版刊发于维思里安大学 *History and Theory* 杂志 2012 年
第 51 卷第 4 期，中文版由该刊出版公司 Wiley 授权出版。作者伊
桑·克莱恩伯格（Ethan Kleinberg），维思里安大学历史学与人文学
教授、《历史与理论》主编】

（曲云英　译）

自然科学中的传统与"人性"

约瑟夫·鲁斯

一 导论

经常的，传统的一个本质作用似乎就是把社会科学、人文学科的研究对象和自然科学的研究对象区分开来。这种区分得到了各种形式的辩护。比如，自然科学被认为是研究无意识的运动或行为的；人文学科则要研究有目的的行为，而这种行为是对社会和文化环境的一种反应。自然科学研究那些具有恒常性质的客体，后者受到因果或者法则的主导；人文学科则要研究由其各自的历史而形成的种种制度、实践和行为。自然科学研究的都是无自我认知的客体；人文学科如果不考虑到人类的自我认知就无法进行研究。大自然不以人的意志转移；但人文学科却内在地自我映射——关于人类事务的新概念和理论会改变我们的生活方式。这样的说法比比皆是。

自然科学和人文学科之间的这种分类也饱受来自两个方面的批判。比如说，自然主义是一种力图将人类生活整合，纳入我们提出科学建构的自然界的尝试，它的发展就有赖于进化生物学、灵长目个体生态学、认知科学和神经科学所取得的诸多重要成就。而从另一面来看，科学哲学和科学研究中的主要思潮都认为：科学认识本身是人类知识传统不可或缺的组成部分。哲学家常常更看重理论和方法论的传统；社会科学家和人类科学家则力图将科学纳入更宏观的文化和制度性传统之中。在这两个范例中，自然都被看做人们可以使用科学手段进行认识的客体，这些科学手段全都来自人类的科学实践传统;而决定这种传统形成的则是更宏观的文化和知识传统。

我的书对以上这些争论的各个方面都已做了批判,这本书现在已有数个中文版本。我不赞同将自然科学与人文学科截然分离的尝试,不管出于本体论、认识论还是方法论上的理由。不过,我也主张:自然主义者和历史主义者们力图把各种学科和其探究对象归入这些假定的分类之一方或者另一方,他们的这些努力受到了误解。错的不是对自然科学和人文学科是否基本类同或者本质不同持有明确立场,但在这些辩论中,许多用词和问题被人们严重地误解了。其结果是,这些对立观点之间的辩论似乎无法解决问题。

我在这里不拟评论以前我的批判性意见。我要提出的,是一个由两部分内容组成的建设性意见。首先,我希望能找到一种新的方式去思考自然科学的传统以及这些传统在构建自然界之可理解性时所起的作用。其次,我以纲要性的方式提出这种关于传统的思考方式通过何种方式可能变得适用范围更广泛一些。其结果可能会是统一我们对于自己同时作为自然和历史存在的认识。那种造成自然和文化、自然科学和人文学科、自然法规和人文规范,或者自然诱因和人为原因互相对立的二分法是有问题的,我们需要予以摒弃。我相信,我们可以在不损害人类社会文化生活的丰富多彩和错综复杂,或不将自然和关于自然的某个特定的科学概念相混淆的情况下做到这一点。

二 实践的科学传统

当哲学家和历史学家对传统在自然科学中的角色进行研究的时候,他们往往最关注的是理论性或概念性的理解。但是我却从物质实践的各种传统开始,因为科学正是通过这种实践来改造世界,使其变得可以理解的。最明显的范例来自实验:伊恩·哈金(Ian Hacking)在1983年提出,实验最重要的作用之一是去"创造现象"。这里所指的"现象"即是体现某种清晰和似乎可被认识的模式的一系列事件。我们可以举出几个广为人知的范例:简单化学反应中各部分之间整比例的重量关系、开创了遗传学的变异特征中连锁遗传性的范式、电子在通过双缝装置时在探测器上产生的衍射形式，或者海底反磁性定向用于指示海床扩张的条纹状图形。就算是指示—观测性的科学研究也必须建构"现象"：如果我们想要了解生物分类学或者地质分期的模式，那么把全球各地采集的大量的植物、动物或者地理样本有效地进行整合就是必须的。宇宙观测要求以望远观测与分光分析的方式对入射辐射进行改造，并用得出的图表展示变化的连续性踪迹。行为观测则要求把动物圈养起来，套上项圈，或者建立饲养站以使我们能够观察它们之间的互动。与科学概念或原理相结合的世界模式是被创造出来的，而不是被人发现的。

　　我们对于科学认识中"人工产物"之角色的这种认识，既不是怀疑主义的，也不是相对主义的。这种对世界的物质性重构并不确定哪些断言是对的，哪些断言是错的；相反地，它们首先使得构建和评估关于这个世界各个相关方面的具有明确概念的断言成为可能。这样，科学使得我们能够去思考、讨论这个一度极度不可认知的世界的各个方面，并且与之互动。如果没有这些来自此类科学实践、具有可靠的可重复性的模式，那么可能就不会有关于这个世界当今已与我们的概念遗产融为一体的许多方面的谈论或者理解：比如生物细胞各组成部分的结构与功能、化学元素的分子重组、大陆板块的构造运动，或是组成遥远星系的各种恒星、行星和太空尘埃。我们在这些语境中所使用的词汇正是由于出现于此类重复实验与其他科学实践之中，才获得了彼此之间以及与这个世界之间的关系。

　　我希望人们关注传统在构建和维系科学的可认知性的这个方面时所扮演的角色。接下来，我将用四个例子从总体上说明：物质实践在阐明与维系科学认识时被继承下来的各种传统所具有的广泛性和不可或缺性。第一个例子来自科学史家彼得·加里森（Peter Galison）：他在1997年声称，高能物理科学维系了两种明显的传统，即使用仪器、进行实验和理解，时间长达一个多世纪。其"影象"传统试图产生和提炼具有显著性的个体性"黄金事件"的规定性踪迹。影象传统从云室开始，后者当初被制造出来是为了另外一个完全不同的目的——通过核子乳剂、泡室和电子成像装置等一系列差异很大的测量装置，试图使得单个"粒子"的轨迹以图象的方式呈现在人们的眼前。与之相异的"逻辑"传统常对可视人工产物的可能性拥有怀疑态度，企图通过计数装置的系列放电来产生明确的统计模型，这些经过精心设置的计数装置包括盖革—穆勒计数器、切伦科夫火花计数器，或是丝状电极火花室。这两种传统各有不同的、一直得到完善的认识目的、技术和教学实践。这些传统通过其实践者的世代相传以及产生其特征影像或数据阵列的设备革新、物理学原理以及社会组织，顽强地传承了下来。正是这些得以维持和完善的传统使得高能"粒子"作为这个世界可被认知的组成部分出现在我们面前。

第二个例子讲的是 20 世纪初生命科学的学科重组。在这一时期，对各种生物之间的自然历史差异的发现和分类研究逐渐带来了另一个结果，即现代生物学的出现——它是对于生物的结构、自然变化进程、机能和进化关系特征的研究。这种变化在很大程度上是由于人们在实验中对一小撮"代表性生物"的认识以及在有效的实验体系中对它们的重组。在这里我简要介绍一种非常著名的"代表性生物"进入人类研究的奇特历程，这种生物学名为"黑腹果蝇"（Drosophila melanogaster）。① 黑腹果蝇初入生命科学是因其利于教学使用而非出于研究目的：它价格便宜，易于获得，难于杀灭，生命周期正好契合教学需要。托马斯·亨特·摩根（T. H. Morgan）在一次大型实验中首次使用黑腹果蝇作为系统研究样本。摩根在实验中使用了超过 105 只黑腹果蝇，其变异率足以产生倍增数量的可见变体。为研究这些变体而进行的杂交试验又产生了新的额外变体。这种自生式的研究路线提供了最早的实践基础，以供我们以各种允许直接进行研究"基因"的方式把遗传学和进化区分开来。

在这个例子上我要提出两个重点：第一，实验室使用的黑腹果蝇既是自然生物，也是作为技术结果的人工产物。科勒（Kohler）在 1994 年指出：黑腹果蝇已是一种能够与人类共存的共生生物。在实验室中，它被彻底地驯化和重组，最明显的就是系统性地灭除其现有的大部分天然的基因变体。也正是大量去除了隐性基因的复杂性，哥伦比亚大学和加州理工大学联合实验的繁殖种群才让人们得以绘制出可靠的染色体上基因的相关图表。第二，由源于果蝇基因的技术、实践、谱系和背景知识而积累起来的传统使得这个实验体系得以达成在其他广泛领域里的改造和借用，不然这种生物就会明显难以适应环境。选择果蝇作为经典遗传学的代表生物，这种应有的理性常被呈现于果蝇具有高度偶然性的历史中。即便如此，也没有谁能够貌似有理地认为果蝇从一开始就能很好地适应它随后在生化遗传

① 20 世纪 30 年代对黑腹果蝇的研究史可参见科勒著作。Kohler, Kobert, *Lords of the Fly*, Chicago：University of Chicage Press, 1994.

学、进化遗传学、发展生物学、分子遗传学，乃至进化—发展生物学的杰出角色。这种利用深厚的传统以便使其组织能力、物质材料以及累积信息适应新环境、新任务的能力使得果蝇在其生物学研究生涯的许多旅程中保持了显著的连续性和中心地位。

我最后的两个例子具体性较弱，不过它们突出一种更宏观、更有普遍性的背景，提供这种背景的是部分地构成现代科学可认知性的物质实践的各种传统。第一个例子来自分离、提纯和分析化学物质的无数次实践工作。这些实践有着漫长的史前史，当时熔炼和发酵技术起到了突出作用。不过，伴随着 18 世纪的大气化学、19 世纪早期开始的电气化学，以及 19 世纪中期先后出现的合成和分析有机化学，它们变得举世瞩目。"物质"或者"元素"这类概念都已有了很长的历史，不过，在今天分离与重组化学元素及其分子化合物这种广泛实践的背景中，这些概念及其意义现在有了新的、更加丰富的明确阐述。这些元素和化合物又可以反过来与它们作为可分离的物质种类而拥有的特性联系起来。现在的化学是一门这样的学科：它考察以类似手段提纯和分离出来的元素性和合成性物质的特性及其之间的相互作用。如果没有这些目前已经工业化并且大规模扩展的实践，现代化学是不可想象的，不过，为这些实践提供基础的传统也在我们日常的现代生活中广泛存在。

最后一个关于物质传统达成科学的可认知性的例子来自定义、实行、标准化、推广和统一计量单位并在这些单位之间建立内在联系的大量从未间断的努力。建立和几乎在世界范围内实行重量和长度公制计量体系的历史是众所周知的。① 不过，还有许多其他标准的计量方法。2004 年，哈索克·张（Hasok Chang）对在确定稳定、统一的温度计量时所存在的实验难度提出了有趣的、具有历史意义的重新解释。1992 年，西蒙·沙费尔（Simon Schaffer）开始重新解释把欧姆定义为电阻标准单位的物质实践。度量衡学实践中一个特殊却有影响、有难度的例子源于天气预测和气候分析电脑模型的出现。构建和运行这些模型需要为气象学变量界定（并追溯性地运用）可以测量的数据点，这些变量被交叉分配给地球表面、大气层和海洋深处等各地规则的空间与临时增量（Edwards，2010）。其中的某些变量，比如"云层"参数，就是通过这些建立模型的实践自身而构

---

① Alder, Ken, *The Measure of All Things*, New York：Free Press, 2001.

建和界定的。总之,"气候"作为一种全球性的动态过程,其概念取决于这些计量标准的艰难出现和维护,及其在大范围的时空中的运用。

在强调物质实践的这些传统时,我不认为这些传统可以脱离科学理论或者这些理论所用概念的发展。相反,我认为,概念的阐述、现象的创造和度量衡学上的实施与标准化是不可分割的。本文的这一节可以归纳为两个观点。第一,对自然世界的概念性理解与从物质上重构这个世界的有力、广泛而持续的实践行为是相互依赖的。只有当我们"创造现象"使其成为这个世界里具有稳定性、可重复性和可推广性的模式时,自然才会对确定的,也经常是可量化的范围作出应答。第二,这些实践确实构成了在历史上得到推广的传统,在这些传统中,物质、实践、标准和技能被传承下来,世代完善。

三 作为"小生境"建构的传统

在本文的最后一节,我建议采用一种新的方式去思考传统,即把这些关于自然科学传统的思考纳入一个更具一般性的概念中。我从最近的进化生物学研究中一个重要的概念开始。进化理论长期取决于在生物和其生存环境之间所划定的清晰分界线,以便让人们去理解生物的机体形式、行为和分布如何适应其周围环境独立的物理和生物竞争性改变。要改变这种关于生物进化的思考方式,第一,必须认识到生物只受到其所处环境中部分因素的影响,并且只对部分因素作出适应性调整,这些部分因素一起构成它们的生态"小生境"(niche)。第二,我们要认识到,作为环境的小生境并非自然世界等着这种那种生物去"填充"或者"利用"的独立方面。相反地,我们无法将一种生物的生态小世界和其生活方式分离开来,反之亦然。正如理查德·莱翁顿(Richard Lewontin)所总结的那样:

> 在关于(一种动物的)环境的详述中,每一种因素都是对(该动物的)各种活动的描述。作为该动物感官、神经系统、新陈代谢和外形等诸种特质的结果,产生了关于那个为该生物产生(相关)环境的世界的星星点点的时间和空间描述。(Richard Leuonfin,2000:52)

不过，我们反过来说也是正确的，即关于某种生物感官、神经系统、新陈代谢甚至外形的与进化有关的描述都以隐含的方式描述该生物对其环境特点的应答方式。第三，我们要认识到环境和生物并不仅仅是概念意义上的相关。生物通过其生命活动积极地重建其选择性、发展性的环境，并从上一代"继承"经过改造的环境。"小生境构建"随之发生的过程必须被看做是生物进化中的一个主要因素。

各种生物都对自己的"小世界"施加着影响，其结果是：它们的后代不仅继承了其基因和细胞质，而且还继承了经过改造、带有新的选择压力的环境。生物不仅对外部世界作出反应和对其适应，而且也对它们进行重构。藻青菌（Cyanobacteria）慢慢地创造了我们含氧的大气层；蚯蚓爬过的土壤会变得松软；各种"杂草"甚至以选择他们的机会主义行动的方式破坏掉了自己的环境条件。当然，我们"智人"（Homo Sapiens）肯定是更高级的"环境建设者"：农业、城市、能源开采和其他技术成就极大地改变了人类有机体赖以发育、生存和繁衍的物质和生活条件，极大地改变了塑造我们的进化生存压力。

人类生活已对作为我们自己的全球环境的地球带来了大规模改造的影响，这已是一个老话题了。不过人类"构建环境"的范围之广和意义之重大直到现在才随着把语言和文化认作建构之模式而变得愈加明显。① 长时间以来，人们一直认为语言的进化是基因和神经变化的内在事项，只在发生基因和神经变化时才对人类生活具有深刻时间跨度。但是现在，我们有充足的理由去修正这种观点了。语言是一种公共实践，它以原始形式的出现改变了人类有机体所受的自然选择压力。而人类能力由此带来的改变进而又带来了更复杂的语言形式，这又进一步改变了上述的选择压力。这呈现出人类和其语言共同进化的一种强大模式。

我们知道人类神经的正常发展只能伴随着一种现存的、公开的语言实践而发生。在这种实践中，人类获得了用于感知辨别、话语阐明和认知处理的能力，其范围非常广泛。我们现在已有很好的证据表明：灵长类动物谱系中已经存在理解句法和语义的雏形能力，但未得到发展。所缺少的是

---

①　我只能对这种观点做简要概括。因为篇幅限制无法引用大量相关佐证的科学证据和哲学观点。我即将出版的著作将会对这种观点结合科学中概念认识的修正进行进一步的阐释。

必要的发展环境，即现存的在感知上和实际上可被获取的语言实践。① 这些实践没有出现在灵长类动物身上并非偶然。存在着强大的自然选择压力，这些压力阻止了同种灵长类动物之表达行为被感知的意义超脱于当下所处的环境。不过，一旦交流性超脱的雏形模式与某种社会性生物的生活方式融合起来时，那些选择压力就会戏剧性地逆转。当这些生物及其谱系在神经上和最终在基因上为更快地、完全地吸收相关的表述与交流能力作出适应性调整时，它们会得到更多的重大好处。这些经过改变的能力又会使更复杂和更强大的语言模式得以出现，这是相得益彰的进化过程。

我不会夸口说以上的寥寥数语就已充分证明关于语言与人类的语言认识能力共同进化的这种假定，因为对于这个问题的进一步阐述和论证不是在这里就能简单说得清楚的。不过，我相信这个假定是真实的，因此我以简单思考它对我们如何看待"传统"这个话题所具有的意义，来为我的文章做结。

我的这个假说挑战了一个广泛流行的设想，即语言、"智能"、有表现力的理性，或者科学，是有可能在不同的生物或动物谱系中予以实现的具有普遍性的能力。比如，我们知道，英语或汉语是一种基于历史的特定存在，但是如果语言是我们进化性和发展性环境的一部分，那么所有的语言认识、逻辑以及由于语言而得以达成的表达能力就也属于同样的情形。类似的，科学不是一个具有普遍性的范围，而是一种以其自身历史为基础的特殊存在。我们不应该问其他星球是否可能有科学乃至"智能生命"，也不应该问其他星球的生命是否会进化出诸如四肢、鱼鳃或是使用英语这些特征。不过，这种认识不仅仅是为了打消此类外星幻想，而且还为了鼓励我们以不同的方式思考我们自己的历史谱系与生物谱系中有关概念、认识与科学的规范。我们需要不借助于任何超然或非历史性理性的理由来认识这些规范的影响和力量。一旦我们认识到我之前所指的科学传统与人类小生境构建的这种长期、持续的过程是一致的，那么接下来我们就要面对这样的明确挑战，即应该怎样将其理解为有条件的、特定的而非任意的。我写作的主旨之一就是为了表明：各种科学实践与规范可以怎样对我们的

---

① 大猩猩具有可发展出基本的句法和语义认识的认知能力。但是它缺少语言所必需的表达阐述和认知理解的能力。这种能力需要具备人类语言和能够产生让它们自己认知的符号的协助性字母系统。

自我认知产生权威性的约束，即使这些实践和规范无法从其有条件的物质、概念和文化历史上提取出来。

我们对生命的人类方式的这种特殊性和奇特性的认识也应改变我们对人类与其他生物关系的思考。有一种观念将语言及其相关的认知能力视为使得人类优越于其他生命形式的"高级能力"，这种观念甚至在摒弃粗糙的神人同形同性论的知性传统中或者有关进化进程的幼稚观念仍然广泛存在。不过，如果从进化的角度来看，语言不是一种具有普遍性、可能使得任何可能获取语言能力的生物都从中受益的能力，而是一种奇怪的、患有肥大症的能力，其历史独特而不具有可推广性。它的历史不可避免地成为我们的历史，它构成了一种对我们的自我认知和批判性思考起到支配作用的传统。

我们可能因此也会以不同的眼光看待"人性"。长期以来，进化生物学家们认为，人类在更新世时代就已经进化了我们的核心认知能力和身体机能。因此，人类进化的时间量程可能只会允许基因编码中自然选择变异最少量的积累，它少到了这样的程度，即任何独立的"文化进化"可能都会受到不易改变的生物性基础的限制。认识到小生境构建的重要性以及进化的多维度我们对"环境构建"的重要性与进化的多维度（后成的、行为的和符合的，也有基因的），这从根本改造了我们关于是否以及如何"由生物本能决定的"的辩论中所用的术语。[1] 不过，这个结果不是简单地为了证明反对关于人类自由和文化可塑性的"人本主义"观念是正确的。一方面，关于人类进化的一种更恰当的理解强调我们依赖性的共同进化，即与我们生态的和行为的小生境共同进化。这种小生境日益明显的脆弱需要在我们的自我认知中成为中心内容。另一方面，认识到生命的人类形式所具有的历史偶然性以及仍在进化的特殊性，这不会破坏人类形态在生物学意义和历史意义的时间量程表上相对的稳定性。我们继承的不仅仅是我们的身体和基因，还有一种环境和生存模式。这种遗传形成了在我们的知性选择、政治选择和环境选择中受到争议和面临危险的东西。

我在本文的结尾处回到开篇的话题上。文化与自然之间的一种假想的

---

[1]　皮鲁奇与穆勒（Pigliucci and Müller, 2010）和雅布隆卡与拉姆（Jablonka and Lamb, 2005）的著作都是我们理解最近进化理论重构的很好书籍。Pigliucci Massimo and Müler, Gred, ed., *Evolution: The Extended Syntheris*, Cambridge: MIT Press, 2003; Jablonka, Eva and Lamb, Marion, *Evolution in Four Dimensions*, Cambridge: MIT Press, 2005.

对立塑造了关于传统的各种观念。语言、文化和历史被看做意义、传统和特殊性的源泉，而对自然的科学认识据称揭示了人性和可能性这两者的一种非历史的、不可动摇的甚至无意义的基础，也揭示了对这两者的限制。关于科学传统的一种更为恰当的理解否定了对立的双方。我们丰富的、各种各样的、以东拉西扯的方式表现出来的文化传统，是我们进化中的、生物学意义上的"本性"中的一部分，包括对我们生物学意义上的小生境的一种物质性改造。不过，要理解这些传统和其未来发展，我们也需要考虑到生命具有人类和地球特征的方式所带有的脆弱性。此外，我们之所以有能力这样做，是因为我们对这样一种科学传统的继承：它既重构了我们的物质环境，也重构了我们的概念能力。我们现代的科学和技术传统可能大大加剧了我们的生活方式所具有的生态脆弱性，但它也有可能允许我们表述和认识生物之间相互关联的这些模式以及主要由自身造成的环境脆弱性，并且对这两者作出回应。

参考文献

Alder, Ken, *The Measure of All Things*, New York：Free Press, 2001.

Chang, Hasok, *Inventing Temperature*, Oxford：Oxford University Press, 2004.

Edwards, Paul, *A Vast Machine*, Cambridge：MIT Press, 2010.

Galison, Peter, *Image and Logic*, Chicago：University of Chicago Press, 1997.

Hacking, Ian, *Representing and Intervening*, Cambridge：Cambridge University Press, 1983.

Jablonka, Eva and Lamb, Marion, *Evolution in Four Dimensions*, Cambridge：MIT Press, 2005.

Kohler, Robert, *Lords of the Fly*, Chicago：University of Chicago Press, 1994.

Lewontin, Richard, *The Triple Helix*, Cambridge：Harvard University Press, 2000.

Odling-Smee, John, Laland, Kevin, and Feldman, Marcus, *Niche Construction*, Princeton：Princeton University Press, 2003.

Pigliucci, Massimo and Müller, Gerd, ed., *Evolution：The Extended Synthesis*, Cambridge：MIT Press, 2010.

Rouse, Joseph, *Knowledge and Power*, Ithaca：Cornell University Press, 1987. （北京大学出版社 2004 年中文版）

Rouse, Joseph, *Engaging Science*, Ithaca：Cornell University Press, Chinese translation, Soochow University Press, 2010.

Rouse，Joseph，*How Scientific Practices Matter*，Chicago：University of Chicago Press，2002，Chinese translation forthcoming.

Schaffer，Simon，"Late Victorian Metrology and Its Instrumentation"，In M. Biagioli ed. ，*The Science Studies Reader*，New York：Routledge，1999，pp. 457 – 478.

【本文中文版由作者授权出版。约瑟夫·鲁斯（Joseph Rouse），美国维思里安大学哲学系主任、教授】

（吴苏北　译）

中国文化传统和辩证法问题

卫建林

世界的发展越来越畸形。

人类在生产和生活的过程中向自然界索取，改造自然界。现在出现冰川消融、海平面上升、热带雨林和大量物种消失、土地贫瘠和气候变坏等现象，索取正在超出自然界的承受范围，导致自然界新陈代谢过程的断裂，生态、环境的破坏达到不可修复和再生的程度。一些地方失去人类生存的基本条件，整个地球面临毁灭性灾难。

社会财富和人口在增加，地震、海啸、台风、洪水、干旱和泥石流等灾害使财富和越来越多人的生命顷刻之间化为乌有。2011 年日本地震海啸引发核污染。2011 年 4 月，总部设在美国的《自然》杂志发表分析报告称，如果将日本福岛第一核电站方圆 30 公里范围内划为可能受到核泄漏威胁的地区，那么世界上生活在这类地区的居民为 9000 万，如果范围扩大到 75 公里，则增加到 5 亿人。2011 年 5 月，联合国第三届减灾会议估计，自然灾害给全球造成的经济损失，从 40 年前的 5257 亿美元增加两倍，达到 1.58 万亿美元。联合国秘书长潘基文讲话发出警告："任何国家或城市——无论穷富——都难免发生灾难。"会议报告协调人安德鲁·马斯克里说："实际上，灾难毁掉财富的速度，超过人们创造财富的速度和应对灾难能力增强的速度。"

人们看到普遍的技术进步，然而似乎每一项伟大的发明，都在走向自己的反面。一方面是似乎无穷无尽的能源、前所未有的强大动力和进入宏观世界及微观世界的充分自由，另一方面是技术对人、对劳动的排斥，是失业队伍扩大和贫困人口增加，是道德堕落和迷信盛行。《华尔街日报》

2011年5月4日载文，援引同一天经合组织发布的一份标题为"技术使贫富差距扩大"的报告道出了事实。例如塑料因其廉价和易于加工而风行数十年，但是塑料在生产过程中释放大量二氧化碳，塑料制品需要700年才能分解，80%的塑料瓶无法回收，更不用说塑料瓶、塑料袋中残留的污染物。它除了给垄断厂家提供源源不断的利润，已经演化为人类生活和环境的噩梦。先进技术成为征服和掠夺、杀人和制造谎言的手段。在浮华的包装、炫人眼目的光亮和色彩中源源推出的，是醉生梦死和令人作呕的"艺术"。掌握控制自然界技术的人类反而沦为别人的奴隶或者自己卑鄙私欲的奴隶；物质的力量获得理智生命，而人的生命化为愚钝的物质力量，于是作为生产力的技术变为破坏力。

人之不同于动物，在于可以生产自己必需的生活资料；人类社会之不同于动物界，在于结成一定的关系，有一种预见的、计划的力量。人之离开狭义的动物界，有意识地自己创造自己历史的过程，也是不能预见、不能控制的力量对于这一历史创造过程的影响减少的过程。生产力发展到一定阶段，出现自觉地、有计划地组织社会生产的必要需求。而处理计划与市场的关系是一种艺术。在计划僵滞、刻板、烦琐的时候，局部的、个人的创造性和自由发展受到束缚。于是市场的作用被推到前台。但是事情又已经倾向于另一个极端：市场侵入一切、渗透一切、涵盖一切和左右一切，从国家和民族的主权、领土，到法律、教育、医疗这些素来被尊崇的、和公平同在的圣洁领域，再到职位、名誉、良心、亲情、肉体，一概成为生意和买卖，一概以商家的最大利润为依归，形成贪欲横流、盗窃泛滥、贿赂盛行、腐败丛生的世界。

世界从来没有生产过今天这样数量庞大的产品，也从来没有出现过今天这样无处不在和日益加剧的贫富两极分化，从来没有生产过今天这样堆积如山的粮食和食物，也从来没有出现过今天这样遍布全球的饥饿和营养不良人口。军费和失学儿童数量同步增长——2010年全球军费创1.63万亿美元新高，失学儿童7000万以上，截至2011年3月，因武装冲突失学的儿童达2800万。和本科、硕士、博士生数量一道飞速增加的是失业人口数量。豪宅越是天价，包围着它的贫民窟也越是迅速扩展。某位明星收拾头发、面孔、身段、仪表、衣着的支出越大，普通劳动者赚取与其花费相当的收入所需的年头也越多。

物质富有和精神蜕化成正比例。文化以"多元"名义解构正义、诚实和英雄主义，抹煞各国、各民族人民的独特创造和贡献，消解整体的、长远的社会共同利益，狂热地追求孤立个人的自我意识和个性解放，使主体丧失所有自我意识和个性，臣服跪拜于金钱这样一个共同的唯一上帝。物质财富划时代增长的同时，贫困、失业、饥饿、疾病、腐败、毒品交易、婴儿死亡率、犯罪率和自杀率激增，共同组成全球范围的风景线。

世界在虚假繁荣中单一化，仿佛只有一种模式神圣不可动摇和强加四海而皆准——强者需要的和独赢的模式；强者推行这样的模式，弱者接受这样的模式。"GDP"是一个例子——一味追求 GDP 的增长，不考虑环境保护、收入差距和失业率。汽车是又一个例子——在世界能源绝对减少、污染绝对增加的趋势中，本来作为生产和生活的基本用品，却变为空前红火的装饰物和奢侈品。有利于未来的和多数人发展的需要，屈从于小商贩式的鼠目寸光和狭隘心理。而且人口密集、耕地缺少、能源匮乏等问题越是严重，汽车崇拜越是泛滥，汽车标榜财富和社会地位的象征性越是强烈。汽车业在疯狂的末路中，正在持续地给垄断资本带来丰厚回报，同时吃掉能源、吃掉耕地、吃掉洁净的空气、吃掉通畅的交通，最后吃掉人，使幸福变为痛苦。

导致一场持续三年的全球金融危机、经济危机的不是社会生产力的落后和产品的缺少，正是生产过剩的瘟疫、有害无益的消费和"GDP"、先进得超出正常需要和用得不是地方的科技、空前丰富的产品和极少数人的穷奢极欲。

世界联系更加密切，鸿沟与分裂却越来越多、越来越深。信息革命迅速发展，30 年间计算机处理能力每 18 个月翻一番，截至 21 世纪初，计算机信息处理的成本只有 20 世纪 70 年代的千分之一。但是一个柏林墙倒下，更多有形或无形的墙耸立起来。中东地区乱象迭起，2011 年 4 月 1 日，美国总统奥巴马宣布"美国经济展现出真实增长的迹象"；28 日，法国《费加罗报》发表《就业情况暂时好转》，援引政府方面的说法——出现"走出危机的强烈信号"，该报 5 月 13 日还刊有《法国经济增长》一文，认为法国的经济危机已经过去。然而如 4 月 9 日发表在德国《商报》的文章《革命后贫困将至》所说，中东的动荡，却在催生地区贫困。至于"地球村"和"共同的世界"这种概念，在不同的地区成为梦想和宣传口号，在全球更加如此。目前这种世界的联系，专一制造和促进世界的分裂与鸿沟。分裂与鸿沟，事实上成为这种联系的病态的组成部分。

世界生病了。这不是调试 CT、核磁共振和摆弄手术刀可以救治的病。

病源之一，正在于左右目前国际秩序的一种思维定式。这就是，把事物和认识的某一方面、某一环节、某一特征，从其总体联系和变化中割裂出来，片面化、夸大化、绝对化。不是在自然界新陈代谢的客观过程中实现人类和社会的全面发展，而是在人和自然、人和人的关系中，一方面陷入绝对的对立，把自己投入有限资源和无限增长、无限膨胀的私欲的绞肉机里，另一方面制造一种掩饰这种对立和私欲的甜蜜空话；不是把事物和认识的发展看作遵循其规律和内部矛盾运动的产物而是只看到相互排列或先后程序的外部位移。如此这般，世界就被归结为永久静止于一种少数人利益万世长存的凝固框架。

美国学者弗朗西斯·福山在 1989 年夏写了一篇文章——《历史的终结》，后来扩展成书，名为《历史的终结及最后之人》，在全球产生很大影响。其文其书，主旨宣传历史的绝对主义，推崇他做出特定解释的西方自由民主制度是"人类意识形态发展的终点"和"人类最后一种统治形式"。此后，在这种"西方自由民主制度"下，发生对伊拉克、阿富汗的战争，发生金融危机、经济危机。随着伊拉克战争爆发，福山写过不同于美国当局政策的文章。他与另一位美国学者在《外交》（*Foreign Affairs*）杂志（第 90 卷，2011 年第 2 期）上，联名发表《后"华盛顿共识"——危机之后的发展》一文，表示"这场危机的作用凸显了资本主义制度——甚至像美国这样发达和先进的制度——内在的不稳定性。美国式的资本主义已经从神坛上跌落下来"。

必须从世界的总体联系中，认识世界发展规律，处理人和自然的关系，处理人和人的关系，研究不同地区、国家、民族发展的经验和教训。历史没有句号，每一分钟都处于兴衰生死的过程中。认识随着历史的运动而前进，从历史运动的深层汲取智慧，总会推动我们的认识进一步深化。人为地设定一个点，发出历史从此终结、不许变化和发展的"绝对命令"，只能得到历史的讽刺。

关于辩证法史，至今还没有比恩格斯更有说服力的表述。在他看来，古希腊哲学家有一种素朴的但本质上正确的辩证法的世界观。他特别提到赫拉克利特关于一切存在、一切又不存在，一切皆流、一切皆变的思想。世界的发展，需要总的图景和所有构成的细节的分解。他说，真正的自然科学从 15 世纪下半叶开始，获得日益迅速的发展。把自然界分解为各个部分，把自然界的各种过程和事物分成一定的门类，对有机体的内部按其多种多样的解剖形态进行研究，这是最近 400 年来在认识自然界方面获得巨大进展的基本条件。

我们说到的福山，喜欢谈论黑格尔。近代以来的科技成就，是对黑格尔把精神、思想、观念作为本原的认识的背离，又是对他的天才辩证法思维的承续。由于把社会和自然机械地对立起来，由于用物质追求取代社会全面进步，由于用少数人的利益和意志淹没多数人的利益和主动精神，由于劳动被分解为从属性的、日益狭窄的工种和简单的、机械的、可以由机器替代的动作，或者这些动作及其产品的组装过程，西方哲学的辩证法传统日益稀薄。这甚至成为科技本身发展的阻力。至于社会历史方面，特别是最近的 30 年，在西方乃至全球的主流世界，辩证法传统则被基本上抛弃了。

世界需要回到辩证法。在辩证法传统的复兴和新的创造中，我们看到中国文化辩证法传统的伟大的现实意义。

中国文化传统源远流长，蔚然成为一座无限丰富的宝库。它的精粹，它的永远的生命力可以积极贡献于今天人类发展，而尚待深刻挖掘和大力发扬的，不是某些维护陈旧社会秩序的僵化政治教条和伦理教条，而是把事物看作整体、看作过程，在这种整体和过程中，在相互联系和向对立面转化与不停的运动变化中，认识和把握事物的辩证思维能力。

中国文化的辩证法传统始于先秦。孔子称"辨惑"，老子称"观复"，庄子称"反衍"，《周易》称"通变"，荀子称"解蔽"，皆具辩证法含义。基本的特征就是，天地万物是一个整体，人是自然的产物和组成部分，人和自然不同又相互依存，汉宋儒家更论及"天人合一"的思想。任何事物都有相互对立的两个方面，两个方面相互包含、联系、转化，孔子有"叩其两端"，老子有"有无相生，难易相成，长短相较，高下相倾"，《周易》有"一阴一阳谓之道"，《吕氏春秋》有"终则复始，极则复反"。事物是一种过程，即孔子所说"四时行焉，百物生焉"，老子所说"有物混成，先天地生，独立而不改，周行而不殆，可以为天下母"。强调历史创造中积极进取的思想，即《周易》所谓"天行健，君子自强不息"，直到清代王夫之的"天地之化日新"，"今日之风雷非昨日之风雷，是以知今日之日月非昨日之日月也"。长期封建专制制度阻碍辩证法传统的充分展开。但是这一传统仍然在艰难中延续下来。

　　这种辩证法思维，特别在中医学中得以保存。诊脉是一种从身体全貌判断病情和治疗的独特方式。一种草药，要考虑其品质、生长的年份和地点、部位和采集的季节甚至时辰、加工的程序和程度，用药和配伍则因患者年龄、性别、体型、动静、心情及病情变化而区别开来，煎药服药也因器皿、燃具、寒暑和时辰而有不同要求。这不是如同木匠以斧钺修理桌椅，锯掉、挖洞、粘胶了事，也不是现成零件的简单装配，而是把患者作为有自己生命过程的整体，作为同样具有生命过程的宇宙运行中的一部分，充分考虑其时间、地点、条件的特殊性。这样一种辩证思维的运用，实在已经达到炉火纯青的地步。

　　中国在科技方面也对人类做出了自己的贡献，但是没有产生自己近代科技的巨大成就。除了社会经济的、政治制度方面的因素外，原因之一，恰恰在于中国文化传统的保守方面，在于数千年来居于主导地位的儒家学说对自然科学的藐视，视自然科学的探索和创造为"小道"，所谓"君子不为也"。

　　当今时代世界市场的扩大、社会生产力和消费的巨大发展及相互联系的空前密切与频繁，已经彻底挖掉任何停滞、割裂的思维方式得以存在的最后根基。自然和社会的永恒的流动，事物的普遍联系，对藐视、践踏它的规律的行为的报复和惩罚，从来没有像今天这样成为全球性现象。研究太空和微生物的最新成就，越来越促使人们把宇宙和微观世界看做一个统一、相互联系、不停运动和拥有无穷变化现象的整体。一场金融风暴转瞬之间传遍世界。一个局部地区的事件，一则因特网流传的信息，在社会条件具备的遥远万里之外，会立即引发革命性的结果。排除、控制和奴役多数人的世界秩序——政治的或经济的、军事的或思想的世界秩序，到处暴露出深层的裂缝。在世界历史进程中，这种秩序已经成为堵塞生命毛孔的赘物。

　　辩证法是历史的代数学，日益成为避免灾难和混乱，创造人和自然、人和人之间新的关系的世界观原则。不仅在一个地区或国家而且在全球，不仅在自然科学和技术领域而且在整个社会，用辩证法从根本上改造全部政治经济学、哲学和历史学，作为推进人类社会发展的思潮呼之欲出。

　　现代社会化大生产、科学技术的巨大成就及其发展前景，提供了人类原始的、直观的、朴素的辩证法传统通过相互融合、取长补短走向复兴的深厚基础。无论西方或是东方，这种复兴都是辩证法传统本身的否定之否定。中国文化辩证法传统的原始形态和神秘主义的部分，有待剥离和剔出，舍此无以新生。整个辩证法，都将在其彻底的形态上，由技术层面扩展到自然科学领域，进而扩展到社会历史领域，把世界看做世界人民的世界，看做尊重自然和社会规律、世界人民共同参与和实现世界人民共同利益的过程。辩证法对于形而上学的胜利，越来越成为不可阻挡的历史趋势。

（本文部分内容刊发于《中国社会科学报》2011 年 11 月 22 日特别策划。作者卫建林，中共中央政策研究室原副主任、研究员）

传统之源

——兼谈"六经"的价值与孔子的阐释*

姜广辉

　　文化或文明是通过民族性来体现的，而"民族性"又是由那个民族的传统习性来体现的。传统习性对于那个民族而言，如影随形，挥之不去。因而如何认识和对待"传统"，便成为一个严肃的问题。对于传统，人们有时极其憎恶，有时又极其尊崇。因此人们也一再反省：对传统应采取怎样的态度？是批判、抛弃，还是继承、弘扬。人们总觉得他们的选择可以决定传统的命运，后来却惊奇地发现是传统在决定着人们自己的命运。这就好像是《西游记》中的孙悟空，虽然他一个筋斗能翻出十万八千里，但还是跳不出如来佛的手心。①

　　为什么会如此？这也许应该借鉴生物学的观念来加以探讨。一个民族

　　* 本文初稿曾征求了一些学者和同学意见，得到李清良、陈居渊、王峰诸先生补正。罗凤华、李有梁、邓林等同学也对文稿的修改提出了宝贵的意见。在此一并致谢。

　　① 美国著名社会学家爱德华·希尔斯（Edward Shils, 1910—1995）在其名著《论传统》（*Tradition*）中"批判了启蒙运动以来西方社会中把传统与科学理性视为对立的流行观点，指出传统并不完全是现代社会发展的障碍，而启蒙学者和技术至上的科学主义者并没有逃脱过去传统的掌心"。该书提出："传统是围绕人类的不同活动领域而形成的代代相传的行事方式，是一种对社会行为具有规范作用和道德感召力的文化力量，同时也是人类在历史长河中的创造性想象的沉淀。因而一个社会不可能完全破除其传统，一切从头开始或完全代之以新的传统，而只能在旧传统的基础上对其进行创造性的改造。"（傅铿：《论传统·译序》，《论传统》，上海人民出版社2009年版，第1—2页）20世纪60年代，德国哲学家伽达默尔在《真理与方法》一书中曾提出过近似的观点。

文化传统的形成,是那个民族文化心理、习俗性格的反映,而一个民族的文化心理、习俗性格会延续千百年,很难加以改变。这正像各种物种的习性难以改变一样。人类不同于一般生物之处,在于他们有思想,当其自身的文化传统影响到他们的生存目标的时候,他们会去改变这种文化,以适应他们的发展需要,而当改变过头使他们不能适应时,他们又会在某种程度上向其文化传统回归。我们可以用此视角重新思考中国的文化传统问题。

在中国历史上,曾经有过许多时期,一些有影响力的革命家、政治家和思想家们力图去批判、摆脱传统,以促进社会的政治改革和进步,并且其中有的已经获得了巨大的成功。然而在新政、新俗推行数十年,乃至上百年之后,历史却又以这样那样的方式回归到传统上来。传统就像一个看管孩子的老祖母,她在看着孩子们东跑西颠地玩耍,但一声呼唤,孩子们又都乖乖地回到"家"里来。传统具有如此大的吸引力,但并不意味社会发展没有进步。社会发展很像是一出"耍龙舞",不管它怎样上下翻腾、左拐右突,它还是没有离开传统的道路。① 但传统的道路也不是一成不变的,社会的发展也会程度不同地改变传统的运行方向。

今日学者们常说,在四大文明古国中,唯独中华文明几千年来一直没有中断。这种现象或许可以被不同的人解释为中国文化传统的"保守性"、"优越性"或"坚韧性"等,或三者兼而有之。人们也许要问:虽然中华文明几千年来没有中断,那它以后是否也不会中断呢?对于这个问题,不同时期的人会有不同的回答。若在五四新文化运动、新中国成立之初,特别是"文化大革命"时期,绝大多数的人都会认为,传统将永远被抛在身后,社会正在奔向一个全新的世纪。但近三十年来,虽然国家经济取得了日新月异的大发展,但文化思想却正向传统回归,反映在学术文化界便是持续的文化热、儒学热和国学热。有人对此宁愿看作一种暂时的现象:既然是"热",就会有"退热"的时候。而我们则认为这是中国历史发展的规律在起作用。如果我们回顾三千年的历史,我们会坚信,未来的中国文化仍将沿着它的既有传统向前发展。

————————————

① 如果将"六经"看作传统的主线,后世对"六经"的诠释,则呈现出围绕此主线的多个 S 形连接的发展路线图。如汉儒解经喜言灾异谶纬,至宋代则完全将其修正掉,回归元典,返本开新。宋儒解经喜言理气心性,至清代则完全将其修正掉,回归元典,返本开新。

　　人们也常说，中国文化传统源远流长。以"源远流长"四字来比喻中国文化传统，应该说是很贴切的。这个"远源"就是中国上古文化的最初之"源"，而反映中国文化传统最初之"源"的载体，便是所谓"六经"。"六经"是先秦诸子百家之学乃至汉以后主流文化的共同渊源。① 虽然历史上也曾有外来文化汇入中国文化的情况，但这个最初之"源"对中国文化的发展一直起着主导性的作用。

　　春秋战国时期，诸侯异政，诸子异说。其时，墨家、法家、道家都曾对传统文化采取了各种批判、扬弃的态度。而唯独孔子说"述而不作，信而好古"，对传统文化采取了极力维护和传承的态度。孔子传承的主要学问也就是后世所称的"六经之学"。所谓"六经"，是指《诗经》、《尚书》、"礼"、"乐"、《周易》、《春秋》。"六经"不仅从现在看来是中国最古老的典籍，即使在孔子那时也是仅有的可供讲习的学问。也正因为如此，它便成了中国上古文化的最可靠而基本的文献载体。

　　"六经"不仅是中国文化传统的最早源头，而且也是华夏民族核心价值的集中体现。只有在这个意义上，我们才能理解"六经"的文献价值，以及两千年经学史的真正意义。

　　20 世纪初，民国肇建，宣布废除"尊孔读经"，两千年的经学传统从此断裂。自那时起的百十年间，儒家经书一直被当作沉重的包袱、讨厌的累赘。胡适撰写出了第一部中国哲学史著作《中国哲学史大纲》，蔡元培1917 年为其书作序，称赞此书："截断众流，从老子、孔子讲起。这是何等手段！"② 胡适之所以对老子、孔子之前的中国元典③置而不论。其目的在于否定"六经"的"皇皇法典"地位，其后的各家中国哲学史著作大

---

　　① 余敦康先生曾提出："重建中国诠释学，肯定要回到传统，回到经典。对我们自己而言，就是回到先秦与《五经》。……作为先秦经典的《五经》才是我们所要着力的主要资源。我们能否或者说如何还原乃至重建它所体现出来的具有普遍意义的世界历史结构，从而努力发扬中国哲学的诠释精神，将是重建中国诠释学的主要课题。"（余敦康：《中国诠释学是一座桥》，《光明日报》2002 年 9 月 26 日）又说："我们一定要从源头上把这个儒、墨、道、法诸子百家搞清楚，他们是流而不是源。"（余敦康：《国学的源头》，《光明日报》2006 年 8 月 25 日）余敦康先生所言，可谓深得我心。

　　② 胡适：《中国哲学史大纲》，东方出版社 1996 年版，第 2 页。

　　③ 冯天瑜先生在其《中华元典精神》一书中首次提出并阐述了"元典"的概念，其中说："只有那些具有深刻而广阔的原创性意蕴，又在某一文明民族的历史上长期发挥精神支柱作用的书籍方可称为'元典'。"

体遵循了这个范式，因而有了中国哲学发展各阶段的划分，即所谓先秦子学、两汉经学、魏晋玄学、隋唐佛学、宋明理学和清代考据学等。冯友兰的《中国哲学史》虽然只划分两个大的阶段，即先秦诸子至《淮南子》的子学时代和汉武帝以后的经学时代；同样也是受了胡适"截断众流"方法论的影响。20世纪的中国学术的主导思想，要用一句话概括，就是"变经学为史学。"1941年，范文澜在延安讲授《中国经学史的演变》，明确提出"必需改经学为史学，必须反对顽固性的道统观念"。十年后，即在1951年，顾颉刚更明确地说："董仲舒时代之治经，为开创经学，我辈生于今日，其任务则为结束经学。故至我辈之后，经学自变为史学。""文革"时期，不仅是儒家经学成为学术研究的禁区，而且整个传统文化都被戴上了"封建"的帽子，甚至"传统"本身也被完全看作一种惰性的、负面的力量。改革开放以后，学术界开始辩证地认识"传统"，提出"继承、弘扬优秀传统文化"的主张。但是何谓"优秀"，何谓"非优秀"，其界限甚为模糊。而在相当一些学者中仍视儒家经典为"元恶大憝"，这种看法使"中国文化传统源远流长"的命题受到质疑。中国文化传统若无其"源"，何来其"流"？若其"源"恶，其流缘何而善？

　　本文之所以采用"传统之源"这一题目，意在澄清中国文化之"源"乃是"六经"，诸子百家只是其"流"，而不是"源"。"六经"是当时社会的公共文本，那时虽不加"经"名，但只要看先秦书中频繁引用"《诗》云"、"《书》云"等，即可知那时它们已经具有了经典的地位。在笔者看来，用"子学"概括先秦学术也是不准确的。笔者以为，我们可以将冯友兰先生关于中国哲学史的"两阶段说"作一修正，即"先秦的元典时代"和"汉以后的经学时代"。这个"元典"既包括"六经"的"元典"，也包括继起的诸子学"元典"。而"六经"又是诸子学之"源"，如班固所说，诸子之学皆"六经之支与流裔"。近代熊十力则特别强调"诸子之学，其根底皆在经也"[1]。"诸子百家之学，一断以六经之义理，其得失可知也。"[2]

　　本文提出"六经"是中国传统文化之"源"的观点，目的并非主张要去复兴那遥远的信仰和文化，也不是鼓吹人们要像前人那样去啃读经

---

① 熊十力：《读经示要》，中国人民大学出版社2006年版，第3页。

② 同上书，第3—4页。

书。而只是要大家清楚这个客观的历史事实："六经"是中国传统文化之"源"，这是传统文化研究者所应尊重的基本的历史事实。对历史的认识与评价容许有不同的方法和观点，但尊重历史事实，则是学术讨论的前提条件和基本态度。

"六经"既是中国传统文化之"源"，那我们就要翻开"六经"，看一看自上古以来，中国的文化传统究竟有哪些内涵？换言之，中国传统文化的"基因"是什么？

一 "六经"的基本内容与思想价值

"六经"作为华夏民族最早的文献，所反映的是初民时代的社会生活和精神生活。所谓"初民时代"，是指从传说的尧、舜部落联盟，经历夏、商的早期国家形态，至西周社会而臻于鼎盛。这个时期相当漫长，大约有1400年的历史。这是一个由原始人类向文化人类过渡，而至文明大备的时代。西周文明虽然"郁郁乎文哉"，其文化发展较原始时代有了跨越式的发展，但较之后世而言，还只能说是文明社会的早期，而远非文明的过度发展。

这个时代无论从社会而言，还是从个人而言，在许多方面仍保留原始时代的自然性。当时的统治者强调贵族阶层践行并习惯于新的礼乐文明，但"礼不下庶人"，在人民大众的身上还保留许多原始的自然习性。人际关系较为开放，原始的平等意识还有残留，男女之防亦不甚严。《礼记·大传》所谓"亲亲也，尊尊也，长长也，男女有别"，是对社会全体成员提出的遵守文明新秩序的四项基本原则。

如果说文明的过度发展会导致人性异化、道德堕落的话，那初民时代的人们相对于后世而言，正表现为一种尚未被文明所异化的、质朴的精神本性。换言之，初民时代的社会规则、道德规范对于后世而言，不能说是束缚过多的。

然而西周之后，即进入春秋时期，社会已经走向衰乱。春秋二百四十二年间，弑君三十六、亡国五十二，从任何道德评价体系而言，这都不是值得称道的。孔子作《春秋》，所记正是这段衰乱的历史。孔子生当衰世，感慨时事，回顾尧舜、三代的历史，他像所有人一样不能预测未来社会的发展，因而他回首眷顾西周文明盛世，是完全可以理解的。

"六经"中，《尚书》从尧、舜讲起，而《春秋》已经写到了孔子晚年的春秋末期，因此，所谓"六经"，即是从尧舜到孔子的约1700年的历史。儒家传承"六经"，寻绎这1700年间的兴衰治乱之迹，总结其中历史的经验和教训，意在告诫后人怎样做会使社会走向太平盛世，怎样做会使社会走向衰乱危亡。后世统治者对"六艺之科、孔子之学"的重视，其主要的原因也就在这里。

我们如果孤立地去读"六经"，也许并不能了解它的特异之处。若将它与世界其他民族的早期文献作比较，我们就不难发现它的许多特点。这些特点所显示的恰恰是中华文明与世界其他文明的不同之处，由此可以发现"我们究竟是谁"。这里，我们只想指出"六经"的三个突出特点。

第一，"六经"特别重视人与人的关系。《郭店楚墓竹简·六德》篇说："夫夫，妇妇，父父，子子，君君，臣臣，六者各行其职而狱犴无由作也。观诸《诗》、《书》则亦在矣，观诸礼、乐则亦在矣，观诸《易》、《春秋》则亦在矣。"战国时期的人为什么会对"六经"作出这样的概括？盖中国人的学问，总体上而言是关于人和人关系的学问。中国人的"自我"是投射到对象中的。我是谁？我是我父亲的儿子，我是我儿子的父亲，我是我妻子的丈夫，我是王的臣，如此等等。这个"自我"可以说是"责任自我"。相比之下，我们从古埃及的纸草诗中可以看到诗人对死亡的赞颂，对太阳神的赞颂，与自己灵魂的对话等，这些歌咏更强调的是"纯粹自我"，这在中国的《诗经》中是看不到的。《诗经》中的诗篇总是在表现我与他人的关系。人们所理解的"生命"就是"人活着的责任"。这样一种思想，从某种特定的意义上说，似乎缺乏哲学的意味，但从广义上看，也许是一种更深刻的哲学。

第二，"六经"具有"信史"的资质。我们现在一提到"六经皆史"的观念，就会将它同清代章学诚联系在一起。实际上这个观念几乎是贯通于汉以后的学术史之中的。① 对于这个观念究竟应该怎样解读，学者可能会见仁见智。这里，我们想从世界早期文明发生的视角来解读它。因为，我们无论去读古巴比伦的《吉尔伽美什》史诗、古印度的《罗摩衍那》和《摩诃婆罗多》史诗、古希腊的《荷马史诗》，还是基督教的《圣

---

① 参见赵彦昌《"六经皆史"源流考论》，《社会科学战线》2004年第3期。

经》、伊斯兰教的《古兰经》等，都无一例外地看到那些史诗和经典中的英雄如何周旋于神、人、魔、怪的不同世界中，虽然那些富有想象力的神话故事非常引人入胜，但它不是"信史"，这是显而易见的。但中国的"六经"则不同，"六经皆史"是说六经中的每一经都具有"信史"的资格。中国学人之所以对"六经皆史"有不同的评价，不是争论"六经"是不是"史"，而是认为将它简单看作"史"，是贬低了"六经"的地位，"六经"首先是"经"，在中国文化中，"经"的地位是高于"史"的。

"六经"更多体现中国文化的人文特点，它不是像基督教《圣经》那样，给我们带来一个系统的创世纪式的神话。它本身不甚强调故事性，也较少神话、神学色彩。它所展现的是一个上古社会的生活样态和思想风貌。"六经"中各书体裁跨度很大，以今人的观点看：大体上《诗》为文学科目；《书》为古代历史科目（关于上古的历史文献）；《礼》为礼仪、礼制科目；《乐》为音乐科目；《易》为哲学科目；《春秋》亦为历史科目，相传是孔子亲修的他那个时代的近代编年史。就当时时代而言，可以说"六经"涵盖了学问的一切方面。所以《荀子·劝学》说"在天地之间者毕矣"。

第三，由于其他古代文明皆已中断，目前世界各国的文化皆属次生文明，而唯独中华文明属于原生文明。"六经"正是这种原生文明的载体。它之所以没有在历史发展过程中被否弃和淘汰，在于它本身具有合理性的内核。"六经"全方位地展现了上古以来的历史，特别是展现了由周公主导的西周礼乐文明（包括制度、信仰、价值观念和行为方式等）。孔子曾对之发出由衷的赞叹："郁郁乎文哉，吾从周。"将西周作为社会发展的理想目标。而"六经"中所反映的当时"敬天法祖"的宗教观念、道德规范、对家庭和邦族的感情，正是华夏民族原始心理的自然表露，后世之所以愿意尊"六经"为经典，并不仅仅因为孔子等少数哲人的提倡或统治者的诱导，而更多地是因为大多数人一直依恋着这种传统，或者说天生就需要这种传统。它经过学者的创造性诠释，仍然适用于已经变化了的社会。这也正是"六经"被后世人们尊为经典、代代传承而绵延不绝的深层原因。

那么，"六经"的基本内容及其道德价值到底是什么呢？下面我们逐一加以概要介绍。

(一)《尚书》的基本内容和思想价值

首先，我们来了解《尚书》。《尚书》之"尚"通"上"。①《尚书》是讲尧、舜以及夏、商、西周三代的上古历史，有了这一部书，我们才能对中国上古近两千年的历史有个基本的了解。反之，少了这一部书，我们通常所说的中国五千年历史就会大打折扣。

今传本《尚书》为东晋梅赜所献，经清代阎若璩等学者考证，其中有二十五篇为伪《古文尚书》。余三十三篇与西汉伏生二十九篇《尚书》内容相合②，这是我们今天讨论《尚书》的可靠资料。《左传》、《吕氏春秋》等书引用的《尚书》，其文字多不在今传二十九篇今文《尚书》之内，说明先秦《尚书》远不止这二十九篇。

在今传二十九篇今文《尚书》中收有关于尧、舜事迹的《尧典》、《舜典》等文献。尧、舜是传说时代的人物。有关他们的事迹长期以口传历史的形式传承，按照前人的考证，现在的《舜典》除篇首二十八字外，原本属于《尧典》的内容。《尧典》写定的时代可能较晚，这是一个由口传历史向成文历史转换的过程，所以《尧典》便以"粤若稽古"的形式开篇。中华民族是经过漫长的时间融合而成的。尧、舜时代，国家尚未正式形成，社会的组织形式是部落联盟。尧在小邦林立的族群关系中，能做到"协和万邦"。尧、舜禅让，被当作尊贤任能、天下为公的楷模。虽然诸如"选贤与能"、"天下为公"、"大同"理想是在儒家另一经典《礼记》中阐发出来的，但却是以《尧典》等篇的尧、舜事迹为历史背景的。

《尚书》中记载了多次圣贤"吊民伐罪"之事，彰显了商汤王、周武王推翻"暴君"的合理性，承认臣民有"革命"的权利。这种"革命"传统世代相传，从未在历史上泯灭，因而也成为历史上许多次农民"革命"的思想动力。近百年来"革命"成为最响亮的词汇，尽管革命者要冲决一切网罗，要与传统彻底决裂，但他们也并没有逃脱传统的掌心，因为"革命"本身也正是上古文化以来的一种传统。

---

① 孔颖达《尚书正义》引郑玄《尚书赞》："尚者，上也。尊而重之，若天书然，故曰'尚书'。"王充《论衡·正说》："《尚书》者，以为上古帝王之书。"

② 系从伏生书《尧典》分出《舜典》一篇，从《皋陶谟》分出《益稷》一篇，又将《盘庚》分为上、中、下三篇，而有三十三篇之数。

《尚书》重视"德治"的思想，《尧典》称尧"克明俊德"，《皋陶谟》载皋陶对禹大谈"德"、"三德"、"六德"、"九德"等。《尚书》的《周书》特别强调"德治"的重要。周公本人是一位大力倡导"德治"的政治家，他的"德治"思想反映在十多篇"诰"类文献中，如《大诰》、《康诰》、《酒诰》、《洛诰》、《多方》、《多士》、《无逸》、《君奭》、《立政》、《梓材》等，这些内容多出自周公之口或与周公有关。

在殷、周时代，人们普遍相信"天命观念"，认为天下由谁来做统治者决定于天帝。殷人以宗教立国，事无大小，皆占卜问天。商纣王凭借"天命"观念有恃无恐地实行暴虐统治。周人以"德治"立国，将"天命"观与"德治"说结合起来，发展出一套精致的理论。周人所讲的"德"像一种气体，可以上闻于天。《左传·僖公五年》引《周书》佚文："皇天无亲，惟德是辅。""黍稷非馨，明德惟馨。"这是说作为祭品的黍稷的馨香比不上明德的馨香。周公更教育族人，提出"天命"是靠不住的，要靠"德治"来赢得天下。如周公说："天命不易，天难谌。"①"天不可信，我道维宁（文）王德延。"②

总而言之，《尚书》中的"协和万邦"、"天命"观念、汤武"革命"，以及"德治"思想等成为中国文化传统的重要元素。其中"协和万邦"、汤武"革命"，以及"德治"思想等皆具有正面的价值和积极的意义。其"天命"观念尚未能摆脱宗教神学的阴影，被后世统治阶级利用来构造"君权神授"的理论。在今天看来，它具有较负面的价值。

《尚书》中的每一篇虽然都具有极高的史料价值，但就《尚书》的整体而言，它并不是历史编纂学意义上的历史著作。

（二）《诗经》的基本内容和思想价值

《诗经》是中国最早的诗歌总集。现存305篇，分为《国风》、《小雅》、《大雅》、《颂》四个部分。

从史的方面说，《诗经》与《尚书》可以说相辅相成。如《商颂·玄鸟》记叙了商的始祖契的传说故事，《大雅·生民》记叙了周的始祖后稷的传说故事，契和后稷都是尧、舜时代的人。这是从时间上向前的追溯。

---

① 《尚书·君奭》。
② 同上。

在空间上有十五国的风谣,反映广袤地域中各种不同的风土人情。《诗经》以反映周族人的生活为主。当时社会的人们是有等级之分的,《诗经》全方位地反映了不同阶层的人们的社会生活和精神生活。在这个意义上,《诗经》具有史诗的意义①。

按传统的说法,《国风》中的很多诗篇是西周王官通过民间采风搜集来的,统治者通过王官"采诗"来"观风俗,知得失,自考正"。

《诗经》以四言诗为主,在中国的诗歌史上有一个从四言诗到五言诗,再到七言诗的发展主线。《诗经》之所以以四言为主,不是因为它更古朴,也不是因为那时人们习惯于说四言的句子。《诗经》中的诗最初是用来歌唱的,歌唱有音节的需要,四言是音节最自然的表达。

中国西南地区一些少数民族到今天仍有"对歌"的习俗②,大概《诗经》时代普遍具有此种风俗。《诗经》中的风谣一类诗很可能是通过这种"对歌"形式传播的。这种"对歌"有时是恋人的互诉衷肠,也有时是集体娱乐的相互调笑。它直抒胸臆,活泼清新,感情真挚,充满生命的活力。像《将仲子》"将仲子兮,无逾我墙,无折我树桑。岂敢爱之?畏我诸兄;仲可怀也,诸兄之言亦可畏也",这种偷情诗歌在上古社会共同体中传唱、流传,最后被王朝采诗官采集到,经过整理后,又被上层社会接纳,并加以传习。如果没有集体娱乐"对歌"调笑的形式,这样的诗是不会在最初流传的;如果没有一个相对开放的人际关系和共同的审美情趣,王朝采诗官也不会将之宣之于大庭广众之下的。

《诗经》并未因为其草创而显得粗犷、鄙野,相反,在很多方面其艺术造诣是后世无法企及的。《诗经》中的诗绝大数属于无名氏所作,正因为没有确定的作者,它在流传过程中很可能经过许多高手的加工锤炼,以致篇篇精致无比。例如对爱情的描写:"关关雎鸠,在河之洲。窈窕淑

---

① 十八世纪下半叶巴黎相继出版的汉学巨著多卷本《北京耶稣会士札记》,收有法国汉学家希伯神父(LePFibot)的《古代中国文化论》,其中说:"《诗经》的篇什如此优美和谐,贯串其中的是古老的高尚而亲切的情调,表现的风俗画面是如此纯朴和独特,足可与历史学家所提供的资料的真实性相媲美。"(转引自周发祥《诗经在西方的传播与研究》,《文学评论》1993年6期)

② 笔者曾在贵州生活十年,亲身感受到苗族、布依族"对歌"的魅力。"对歌"有围坐的形式,也有相距较远对唱的形式。相距远而要人听清,则句式不宜长。

女，君子好逑。……求之不得，寤寐思服。悠哉悠哉，辗转反侧"①，"执子之手，与子偕老"②，等等。又如对远征士卒内心世界的描写："昔我往矣，杨柳依依。今我来思，雨雪霏霏。行道迟迟，载渴载饥。我心伤悲，莫知我哀！"又如对女性美的描写："巧笑倩兮，美目盼兮。"③　又如对孝子思亲之情的描写："父兮生我，母兮鞠我。拊我畜我，长我育我。顾我复我，出入腹我。欲报之德，昊天罔极。"④　又如对感恩之心的描写："投我以木桃，报之以琼瑶。"⑤　皆为千古佳句。

《诗经》中也有不少揭露、讽刺社会丑恶现象的诗篇，如《伐檀》，写一群伐木者对不劳而获的贵族阶层予以愤怒斥责："不稼不穑，胡取禾三百廛兮？不狩不猎，胡瞻尔庭有县貆兮？彼君子兮，不素餐兮！"⑥　而《硕鼠》更将那些贪官污吏比作大老鼠："硕鼠硕鼠，无食我黍！三岁贯女，莫我肯顾。逝将去女，适彼乐土。乐土乐土，爰得我所。"⑦　从王朝统治者对这些政治讽刺诗的宽容和接纳看，可见当时统治者的心态是相当自信和开放的。

《诗经》向我们展示当时人们的精神生活的"样态"。他们的生活是具体的、琐碎的，乃至重复的，几乎是无须记述的，但这些生活乃至具有此生活的人们的精神是那样鲜活，它被以一种诗歌的形式记录下来，并且一直被传诵，被解释，而由此，这种生活乃至具有此生活的人们的精神被"诗化"了，我们或许可以将之称为"诗化人学"。尽管汉代以后曾有一个"礼化诗学"的过程，但是"诗化人学"的传统一直借助文学的形式被继承和发展，也就是说，后世人们一直用诗来唱诵自己的生活。

通观历史，中国可称得上是诗的国度，尤其是唐诗更发展到一种巅峰的程度。但人们仍称《诗经》为经，而不称后世的任何诗篇（包括唐诗）为经，这是为什么？在笔者看来，《诗经》的深层的魅力，在于它是一部情感母题的结集。

---

① 《诗经·国风·周南·关雎》。
② 《诗经·国风·邶风·击鼓》。
③ 《诗经·国风·卫风·硕人》。
④ 《诗经·小雅·蓼莪》。
⑤ 《诗经·卫风·木瓜》。
⑥ 《诗经·国风·魏风·伐檀》。
⑦ 《诗经·国风·魏风·硕鼠》。

　　董仲舒《春秋繁露·玉杯》篇说："诗道志，故长于质。"苏舆《春秋繁露义证》解释说："诗言志，志不可伪，故曰质。"志，指人们的情志；质，指真实自然。《诗经》所反映的正是上古先民真实心声的自然流露，体现他们对真、善、美的热切追求。与后世的诗歌相比，《诗经》没有过多强调技巧、格律，也没有刻意追求绮丽的辞藻，但它却完好地保留了诗的原始抒情本质。《诗经》中的诗抒发情感，无论喜怒哀乐，都是那样真实自然，没有一丝矫揉造作。而抒发情感正是诗歌的本质。诗人沈方《诗歌的原始样式》提出："真正的诗歌，就是原始样式的诗歌"，"只有回到诗歌的原始，才能得到本质的诗歌"①。这种看法是很有见地的。

　　《诗经》作为经，也还有一层由后世阐释所附加上去的意义。这主要是由孔门的阐释，使它变成了一部承载价值和意义母体的文本。孔子说："诗三百，一言以蔽之：思无邪。"《诗经》描写了人间百态、各式各样的精神"样态"和情感生活，孔子皆以"无邪"视之。在"情"与"礼"的张力之间，孔子所采用的是一种"底线伦理"，这与宋代朱熹、王柏等人将《国风》中的许多诗视为"淫诗"的标准相比，显得宽松得多。

（三）"礼"的基本内容和思想价值

　　"六经"中的礼经，是指《仪礼》，内容是当时社会生活的各种礼仪程式。在孔子之前，这些礼仪程式长期以"演礼"的方式相传承。《礼记·杂记》："哀公使孺悲之孔子，学士丧礼。《士丧礼》于是乎书。"《士丧礼》只是《仪礼》的一部分，推测《仪礼》一书的结集尚在此事之后。由于《仪礼》所记只是一些周旋揖拜之类的繁复程式，缺乏义理性，所以唐代孔颖达的《五经正义》不以《仪礼》为礼经，而以《礼记》为礼经。《礼记》是孔子后学关于"礼"的认识和讨论。半释《仪礼》，半为通论。其中的《冠义》、《昏义》、《祭义》、《射义》、《乡饮酒义》、《燕义》、《聘义》等是对《仪礼》"意义"的直接阐释。我们今天谈礼经，应合并《仪礼》与《礼记》一起讨论。

　　礼在古代被分为四大类：冠礼（青年的成人礼）、婚礼、丧礼、祭礼，其中以祭礼为最重要。梁漱溟先生指出："古时人的公私生活，从政治、法律、军事、外交，到养生送死之一切，既多半离不开宗教，所以它

---

① 沈方：《诗歌的原始样式》，《诗刊》2001 年第 8 期。

（儒家）首在把古宗教转化为礼，更把宗教所未及者，亦无不礼乐化之。"① 梁漱溟先生正确地揭示了"礼"的宗教根源。从根本上说，西周的所谓"礼"是古代宗教仪式的蜕变。古代的原始宗教有许多祭神的仪式，也有许多生活的禁忌，后来宗教迷信逐渐澄清，儒家通过自觉努力，促使礼由宗教意义向社会意义转化。

　　"礼"是为防止人们纷争而制定的，它是宗族安全、社会稳定的一种保护机制，也是人类由野蛮进入文明的一种标识。礼仪从根本上说，是表现敬重的形式，它通过一套讲究的规矩，推行一套社会规则和价值标准。《礼记》指出："道德仁义，非礼不成；教训正俗，非礼不备；分争辩讼，非礼不决；君臣上下、父子兄弟，非礼不定；宦、学事师，非礼不亲；班朝、治军、莅官、行法，非礼威严不行；祷祠、祭祀，供给鬼神，非礼不诚不庄。是以君子恭、敬、撙、节、退、让以明礼。"②《尚书大传》卷三谓："周公居摄，六年制礼作乐。"礼乐文明即成为西周时代的文化特征。然而到了春秋时代，"礼崩乐坏"，这种社会乱象究竟是谁造成的呢？孔子认为，是"有君国子民之位"的所谓"君子"（权贵们）造成的。《礼记·哀公问》记载：

　　　　孔子曰："今之君子，好实无厌，淫德不倦。荒怠敖慢，固民是尽，午其众以伐有道。求得当欲，不以其所。……今之君子莫为礼也。"

　　孔子的意思是说：今天的所谓"君子"（权贵们），喜好财富充实，贪得无厌（"好实无厌"）；放纵淫欲，无休无止（"淫德不倦"）；荒于事而心怠，傲于物而心慢（"荒怠敖慢"）。尽民之力而不计其劳（"固民是尽"）。众者，人之所顺，反而忤逆之。有道，人之所尊，反而讨伐之（"午其众以伐有道"）。求其得而称所欲，不顾义理（"求得当欲，不以其所"）。"今之君子莫为礼也"，社会风气全坏在这帮权贵们的手上。以往一些学者多指责孔子维护旧秩序的负面价值，而很少看到孔子批判社会

---

①　梁漱溟：《中国文化要义》，载《梁漱溟全集》第 3 卷，山东人民出版社 1990 年版，第 112 页。

②　《礼记·曲礼上》。

现实的正面价值。

　　儒家因为有"六经"，从而有《诗》教、《书》教、《礼》教、《乐》教、《易》教、《春秋》教之说。因为"礼"有更突出的地位、更深广的含义，所以"礼教"也就成为儒学、儒教的代名词。在以后的儒学发展中，"礼教"也沉淀了一些腐朽、没落的成分，以致五四时期的先进人士称之为"吃人的礼教"。不过，即使如此，那些先进人士也特别注意将其中优秀的礼仪文明剥离出来。如当年"只手打倒孔家店"的健将吴虞曾经声明："我们今日所攻击的乃是礼教，不是礼仪。礼仪不论文明、野蛮人都是有的。"① 五四时期的先进人士反对儒家"礼教"，自有其道理。儒家礼教的确有其痼疾，这主要表现在：

　　第一，"血缘宗法性"。所谓"血缘性"，是说西周分封制下的各级政治架构是以血缘关系为纽带建立起来的。所谓"宗法性"，即西周的"宗子法"，规定一宗族之嫡长子为宗子，具有法定的继承权，并具有主持宗族事务、裁决宗族内纷争的权力。由嫡庶长幼的关系转化为政治的等级关系。《礼记·丧服小记》说："亲亲、尊尊、长长，男女之有别，人道之大者也。"这是那个时代的基本价值准则。

　　第二，等级性。在血缘宗法制度下所制定的"礼"，皆具有鲜明的等级性。所谓"礼别尊卑"，不同的等级实行不同的礼仪。而礼仪的等级亦在显示尊卑之别。因而春秋战国之时常有僭越礼制的事情发生。

　　第三，烦琐性。古代礼仪程序极其繁缛琐碎，这是宗法等级社会和慢节奏的农业文明的观念反映。

　　总之，传统文化中有关"礼"的部分，精华与糟粕的表现比较分明，其中既有优秀的礼仪文明的精华，也有明显的血缘宗法性、等级性、烦琐性的糟粕。

（四）"乐"的基本内容和思想价值

　　关于"六经"中的"乐经"，历史上曾有两种解释：古文经学认为《乐经》毁于秦火，汉代即已失传。今文经学认为乐本无文字，不过是与《诗》、礼相配合的乐曲。笔者也曾认为先秦曾有《乐经》，因为《郭店楚墓竹简·六德》篇曾说："夫夫，妇妇，父父，子子，君君，臣臣，六者

---

　　① 吴虞：《墨子劳农主义》，载《吴虞集》，四川人民出版社1985年版，第186页。

各行其职而狱犴无由作也。观诸《诗》、《书》则亦在矣，观诸礼、乐则亦在矣，观诸《易》、《春秋》则亦在矣。"若乐仅是乐曲，如何从中来"观"夫妇、父子、君臣的伦常关系？现在想来，这个证据还嫌太单薄。实际可能的情况是，从西周王官之学到孔子所讲的"《诗》、《书》、礼、乐"，其中的"礼"和"乐"应该属于"行为艺术"的范畴，并不是通过文献形式传授的。"礼"是后来才写成文本的，写出的只是周旋揖拜的仪节程式而已。而后来儒者关于这些仪节及其意义有过许多讨论和研究，这可以从《礼记》一书中得到证实。"乐"一向掌管于乐官，乐官如太师、少师、瞽矇等皆系盲人，本不以文本形式传授技艺。因此"乐"一直未有文本写出。这样解释，也许更为合理。虽然"乐"未曾有文本写出，但儒者却有许多关于既有之"乐"的认知与理解，这从《乐记》之文可以得到证实。如同我们须从《礼记》各篇来看"礼"的精神实质一样，我们也可从《乐记》等文献来看"乐"的精神实质。

《礼记·乐记》说："乐也者，情之不可变也，礼也者，理之不可易者也。乐统同，礼辨异，礼乐之说，管乎人情矣。"这是讲，"礼"和"乐"是一种辩证互补的关系。"乐"发乎心，听之则使人欢悦，是情之不可变者。而待人处事，礼貌得体，是理之不可易者。所谓"礼辨异"，即用"礼"来区别贵贱尊卑，但只讲等级贵贱，会使整个社会心理和情感失衡，因而又要讲"乐统同"。所谓"乐统同"，即用"乐"来使社会各阶层合和团结。此礼乐之说，所以能管摄人情。

"乐"之所以这样重要，是与当时人们的生活方式相关的。我们现在看到，许多少数民族都善于歌舞，歌舞不仅使人怡悦性情，还可使人们之间的关系变得更亲近，其乐融融。因而歌舞成为他们生活中不可或缺的组成部分。推想"乐"在中国上古时代也起到同样的作用，所以受到当时人们的特别重视。

（五）《春秋》的基本内容和思想价值

以传世文献而论，《春秋》算是最早的史学著作。春秋之际，列国皆有史，如孟子所称晋之《乘》、楚之《梼杌》、鲁之《春秋》之类即是。相传孔子据鲁《春秋》所纪当时之事而修史，而以其义法定天下之邪正，所修之书仍名之为《春秋》。① 其后，由于秦始皇焚书，"史官非秦记皆烧之"，列国之史后世无有存者，其详略亦无从得知。因而春秋时期之史事，全赖孔门《春秋》经传得以传之后世。孔子所作《春秋》记载了鲁国自隐公至哀公十二公时期所发生的大事件。然其书过于简略隐晦，若无《左传》、《公羊传》、《谷梁传》等书解说，后人很难了解它的意思。以致宋代曾有人称它为"断烂朝报"，现代曾有人称它为"历史变天账"②。《春秋》公羊学派解释说，《春秋》非纯记事之史，有孔子寄寓的"微言大义"，暗寓褒贬之意。而孔子之所以隐晦其意，是为了避祸。这样解释，使人觉得孔子似乎是一种委曲苟安之人，并不像他所赞扬的董狐那样，是一位"书法不隐"的"古之良史"，也不像孟子所赞扬的那种"舍生取义"的"大丈夫"。

《春秋》一书为孔子所作，这是自孟子以来的说法。孟子说："世衰道微，邪说暴行有作，臣弑其君者有之，子弑其父者有之。孔子惧，作《春秋》。《春秋》，天子之事也，是故孔子曰：'知我者其惟《春秋》乎！罪我者其惟《春秋》乎！'"又说："孔子成《春秋》，而乱臣贼子惧。"③孟子不只是说出了孔子是《春秋》一书的作者，而且还说出了孔子作《春秋》的重大历史意义。在那个时代，修史本是史官的职掌。而史官属于王官。孔子首开私家修史之风，不能不有所忌讳，何况又以布衣身份"贬诸侯，讨大夫"，事非寻常。

《春秋》一书本质上是对现实的批判。春秋时代，诸侯为了争霸天下，"贪饕无耻，竞进无厌"④；各国之间动相征伐，"兵革更起，城邑数屠"⑤。更其荒谬者，统治集团内部争夺权力，以至于"臣弑其君者有之，子弑其父者有之"。春秋时期二百四十二年之间，弑君三十六，亡国五十

① 《孟子·离娄下》："王者之迹熄而《诗》亡，《诗》亡然后《春秋》作，晋之《乘》、楚之《梼杌》、鲁之《春秋》，一也。其事则齐桓、晋文，其文则史。孔子曰：'其义则丘窃取之矣。'"

② "文革"时期有一部名叫《孔老二的罪恶一生》的书，其中写道："除了对学生进行全面的奴隶制教育外，孔老二还借编写历史典籍为名，大肆篡改历史，为复辟奴隶制记下一笔笔账。这本历史变天账取名《春秋》，内容百般美化奴隶主，斥骂新兴地主，宣扬开倒车的反动历史观。"

③ 《孟子·滕文公下》。

④ 刘向：《战国策书录》。

⑤ 《史记·天官书》。

二。面对这样一个无序、荒谬的社会，孔子起而作《春秋》，其目的即在彰显"乱臣贼子"的罪恶，将他们钉在历史的耻辱柱上。所以《春秋》一书的确不是一部单纯的历史编纂著作。

孔子之后出现了三部阐释《春秋》的重要著作：《春秋公羊传》、《春秋谷梁传》和《春秋左氏传》，即所谓"《春秋》三《传》"。三《传》各成体系，异同互见。

《春秋公羊传》传述于战国，写定于汉初。它宣称阐释孔子《春秋》的微言大义，首次提出"大一统"的观念，认为孔子尊尚周王朝的"一统"。"大一统"的"大"字是一个动词，是尊大、尊重之意，"大一统"的意思就是重视国家的统一。这一观念从此成为中华民族的核心价值之一。《公羊传》向往多民族融合的统一，不以种族、地域等因素区分中国和夷狄，而以文化的先进与否来作为区分的标准。它认为如果"夷狄"遵循礼义，认同"中国"的文化，即可以进为"中国"；而如果"中国"放弃了礼义，也可以退为"夷狄"。《公羊传》提出了文化落后民族在先进民族的影响下，逐步摆脱落后面貌，共同走向进步的设想。这是一种进步、平等的民族观。

《春秋》三传皆有民本思想，而《左传》、《公羊传》表现尤为突出。《春秋左氏传》在君、民关系上，比较重视民的作用。历史上，鲁国大臣季氏因其得民心而掌握了鲁国政权，鲁昭公因为失民心而被逐出国。《左传》借乐祁之口评论说："鲁君失民矣，焉得逞其志？"[1] 又借史墨之口评论说："季氏世修其勤，民忘君矣。虽死于外，其谁矜之！"[2] 这正是民本思想的体现。

《春秋谷梁传》也有很突出的"民本"思想，如《谷梁传·僖公二十六年》明确提出："民者，君之本也。"评判君主的好坏，应将是否关注民生作为重要标准。农业社会里在很大程度上靠天吃饭。君主对农民生计关心，也就会表现出对自然旱涝的关心。《谷梁传·僖公三年》记曰："一时言不雨者，闵雨也。闵雨者，有志乎民者也。"又说："雨云者，喜雨也。喜雨者，有志乎民者也。"《谷梁传·文公二年》记曰："不忧雨者，无志乎民也。"认为君主之"忧雨"、"闵雨"、"喜雨"，正是其"忧

---

① 《左传·昭公二十五年》。
② 《左传·昭公三十二年》。

民"、"有志乎其民"的表现。

春秋时期诸侯之间多次发生不义战争，给社会和人民带来巨大灾难。《谷梁传》将爱民与反对战争联系起来，因而赞扬齐桓公信厚、爱民，与诸侯订立弭兵盟约，避免了许多战争。如《谷梁传·庄公二十七年》说："（齐）桓会不致，安之也；桓盟不日，信之也。信其信，仁其仁。衣裳之会十有一，未尝有歃血之盟也，信厚也；兵车之会四，未尝有大战也，爱民也。"

《春秋左氏传》和《春秋谷梁传》的重民、爱民、忧民思想可以说是儒家"民本"思想的反映。

（六）《周易》的基本内容和思想价值

《周易》包括《易经》和《易传》。《易经》六十四卦，三百八十四爻。每一卦有卦辞，每一爻有爻辞。因为其卦、爻辞过于简约，历来学者颇多歧解。《易传》又称"十翼"。它包括：（1）彖上传；（2）彖下传；（3）象上传；（4）象下传；（5）系辞上传；（6）系辞下传；（7）文言传；（8）序卦传；（9）说卦传；（10）杂卦传。史称"孔子作十翼"。《易传》未必是孔子本人所作，但将它视为先秦学者对《易经》的最早的理论阐释，应无问题。

南宋时朱熹曾提出"《易》本卜筮之书"的著名论断，千百年来学者颇信其说。而只要我们细心研究历史，就会发现《周易》不必然为卜筮之书。《论语》记载孔子说："不占而已矣。"长沙马王堆汉墓帛书本《周易·要》有这样的内容：子贡问孔子，"夫子亦信其筮乎？"孔子回答："我观其德义耳。""史巫之筮，乡（向）之而未也。"荀子也讲："善为易者不占。"[1] 孔子、荀子的易学即是一种不讲占筮的易学。因而笔者曾提出：在《易》学史上一直有两个传统，一个是"筮占"的传统，即迷信、神秘的传统，一个是"演德"的传统，即理性、人文的传统。

纪晓岚《四库全书总目·易学总论》提出在易学史上有"两派六宗"，他批评：《易》学日启论端，两派六宗互相攻驳，三教九流又援《易》以为说，故《易》说愈繁。[2] 在他看来，《周易·大象传》乃是圣

---

[1] 《荀子·大略篇》。

[2] 《四库全书总目·经部·易类》。

人之学的根本。他说："夫六十四卦大象皆有'君子以'字，其爻象则多戒占者，圣人之情见乎词矣。其余皆《易》之一端，非其本也。"笔者以为，《周易》是以六十四卦的形式设定不同的处境来建立道德原则的，所表现的是境遇与境界的关系问题，其中对境界问题有着极为全面的、洞见性的研究。六十四卦大象传多有"君子以……"，如《乾》卦大象传"天行健，君子以自强不息"、《坤》卦大象传"地势坤，君子以厚德载物"、《屯》卦大象传"云雷，屯，君子以经纶"、《蒙》卦大象传"山下出泉，蒙，君子以果行育德"等，就是讲在不同境遇下君子所应具有的境界。

个体生命在面对人生社会的各种"境遇"时，经常会面临道德的选择。人们平时习惯于将道德看作一种一成不变的约束规则，但境遇各种各样，应对之方也随之变化。道德并不是一成不变的僵化规则，它也没有因为境遇的变化而时有时无。可以说，只有经历境遇磨练的道德才是真正的道德。美国著名伦理学家约瑟夫·弗莱彻（Joseph Fletcher）说："哪里有了境遇所提出的问题，哪里就有真正的伦理学。"① 人生无不在境遇中，境遇伦理学所直接面对的是重要的人生价值的问题，它要人们从具体境遇出发，充分发挥人的能动性因素，导出事物的正当性的原则。

《周易·大象传》所预设的境遇是方方面面的，其应对之方也是随之变化的。尽管不同境遇下应对的方法不同，但却坚定不移地朝向一个积极向上的人道目标。这其中体现着非凡的道德智慧。

《庄子·天下》篇说："《诗》以道志，《书》以道事，《礼》以道行，《乐》以道和，《易》以道阴阳，《春秋》以道名分。"《礼记·经解》说："温柔宽厚，《诗》教也；疏通知远，《书》教也；广博易良，《乐》教也；洁静精微，《易》教也；恭俭庄敬，《礼》教也；属词比事，《春秋》教也。"《荀子·劝学》篇说："礼之敬文也，乐之中和也，《诗》、《书》之博也，《春秋》之微也，在天地之间者毕矣。"这些论述反映了这样一个基本的事实，即后世所说的"六经"，在先秦之时就已经作为一个整体来看待了。

如上所述，"六经"是中国传统文化的最古老的典籍，其中反映了华夏先民的知识、好尚、信仰、礼仪、习俗、制度、规范等，以及在此基础

---

① ［美］约瑟夫·弗莱彻：《境遇伦理学》，程立显译，中国社会科学出版社1989年版，第119页。

上所产生出的共同的文化心理和民族凝聚力。对待"六经"，不能仅从知识的层面来理解，那样理解就未免过于狭隘了。历史在向前发展，若胶着于"六经"的知识，那一定会落伍的。因而读经必着眼于它关于天道自然、心性道德、政教礼刑等方面的合理内核与感悟智慧。"六经"之作为"经"正是在这个意义上说的。

二　孔子对"六经"的推崇与阐释

司马迁在《史记·孔子世家》中曾提出孔子编定"六经"。其后关于孔子与"六经"的关系问题，学者有过许多讨论。皮锡瑞从今文经学家的立场提出"孔子以前，不得有经"，"以经为孔子作，始可以言经学"的观点。此说或不免武断，但也符合今文经学家对"经"的理解。盖孔子之前，"六经"之书虽存，其地位只是"史"，并未上升为经。而刘师培从古文经学家的立场出发提出"孔子以前久有六经"，"六经皆周公旧典"之说。近几十年学者就孔子是否编定"六经"问题发表了很多篇论文。笔者以为，鉴于材料有限，无论作出什么结论，都很难坐实。因此，我们不必将此冷饭拿出来再炒。我们只要明确如下两点就已足够：第一，孔子曾倡导研习"六经"；第二，孔子曾率先垂范阐释"六经"。

（一）孔子曾倡导研习"六经"

"六经"中，各书受重视有先后之不同。《诗》、《书》、礼、乐最初作为知识的载体，成为西周王官之学。周代本以《诗》、《书》、礼、乐四科教育、培养贵族子弟，《礼记·王制》："乐正崇四术，立四教，顺先王《诗》、《书》、礼、乐以造士。春、秋教以礼、乐，冬、夏教以《诗》、《书》。王大子、王子、群后之大子、卿大夫元士之嫡子、国之俊选，皆造焉。"这是说，西周王官之学的教育对象主要是贵族子弟，而非一般平民。

孔子面对春秋时期"礼崩乐坏"的情况，倡导士人研习"六经"，并率先垂范阐释"六经"，彰显和维护传统的价值观，试图用以匡救当时社会日益坏乱的政治局面。孔子的第一大贡献是首开私人讲学之风，"有教无类"，一般平民子弟也可就学，"学在官府"的学术垄断和贵族特权从此被打破。从《论语》等文献看，孔子当时教育学生，也主要是以

《诗》、《书》、礼、乐为教材。孔子习《易》、修《春秋》之时，已是晚年。

孔子曾教导弟子学《诗》，说："不学《诗》，无以言。"① 又说："小子何莫学夫诗？诗可以兴，可以观，可以群，可以怨；迩之事父，远之事君；多识于鸟、兽、草、木之名。"② 又说："女（汝）为《周南》、《召南》矣乎？人而不为《周南》、《召南》，其犹正墙面而立也与？"孔子也曾将《尚书》作为教材，并就《尚书》的内容与弟子讨论。如《论语·述而》篇说："子所雅言，《诗》、《书》，执礼，皆雅言也。"又如《论语·宪问》篇记载：子张曾向孔子请教《尚书》中"高宗谅阴，三年不言"之义。孔子回答：不独殷高宗如此，古时君主皆如此。先君去世后，新君居丧三年。群臣百官无所禀令于君，总摄己职听命于冢宰三年。《论语》中记载孔门师弟研习礼、乐的资料有很多，这里仅录一条，《论语·泰伯》："子曰：'兴于《诗》，立于礼，成于乐。'"这里讲了《诗》、礼、乐对于道德修养的不同作用，以为兴发情志在《诗》，安身立命在礼，道德完善在乐。

《论语·述而》记载孔子晚年学《易》之事，孔子曾说："加我数年，五十以学《易》。可以无大过矣。"《论语》中"易"字作名词用仅此一条，而据《鲁论语》此句"易"作"亦"，从下读。于是有学者提出孔子与《易》并无关系，孔子晚年学《易》之说并不可信。然近年出土马王堆汉墓帛书《周易·要》篇明确记载："夫子老而好《易》，居则在席，行则在囊。"证明孔子晚年确曾学《易》。

《论语·子路》篇记载孔子曾说："南人有言曰：'人而无恒，不可以作巫医。'善夫！""不恒其德，或承之羞。"子曰："不占而已矣。""不恒其德，或承之羞"为《易经·恒》卦九三爻辞。《论语》引此一段，颇具深意，说明孔子于《周易》不重占筮，而重"演德"。这一点我们从马王堆汉墓帛书《周易·要》篇中可以清楚看到。

（二）孔子赏析、阐释"六经"

孔子不仅倡导研习诸经，而且率先垂范，以其学识来诠释诸经。我们

① 《论语·季氏》。
② 《论语·阳货》。

先来看他对《尚书》的赏析和诠释。《尚书大传》载孔子曰:"吾于《洛诰》,见周公之德光明于上下,勤施四方,旁作穆穆,至于海表,莫敢不来服,莫敢不来享,以勤文王之鲜光,以扬武王之大训,而天下大洽。"又《尚书大传略说》载孔子之言:"《尧典》可以观美,《禹贡》可以观事,《咎繇》可以观治,《鸿范》可以观度,《六誓》可以观义,《五诰》可以观仁,《甫刑》可以观诫。通斯七观,《书》之大义举矣。"

我们再来看孔子对《诗经》的赏析和诠释。上海博物馆藏战国楚竹书"古《诗序》"(原题《孔子诗论》)载:

> 孔子曰:《宛丘》吾善之,《猗嗟》吾喜之,《鸤鸠》吾信之,《文王》吾美之,《清庙》吾敬之,《烈文》吾悦之,《昊天有成命》吾口之。《宛丘》曰:"洵有情","而亡望",吾善之。《猗嗟》曰:"四矢反","以御乱",吾喜之。《鸤鸠》曰:"其仪一兮,心如结"也,吾信之。《文王》曰:"文王在上,於昭于天",吾美之。《清庙》曰:"肃雍显相,济济多士,秉文之德",吾敬之。《烈文》曰:"乍(无)敬唯人","丕显唯德","於乎前王不忘",吾悦之。

这段话比较晦涩,将它翻译成白话文是这样的:孔子说,《宛丘》诗中的内容,令我赞许;《猗嗟》诗中的内容,令我喜欢;《鸤鸠》诗中的人物,令我信任;《文王》诗中的人物,令我赞美;《清庙》诗中的人物,令我敬重;《烈文》诗中的人物,令我喜悦;《昊天有成命》诗中的人物,令我……《宛丘》诗中说:"以真情感动天地,但却没有祭祀天地的供礼"。我赞许这种俭约的礼仪精神。《猗嗟》诗中说:"射出的四支箭因为射中了靶子而被人返回来,这样精湛的射技可以防寇御乱"。我喜欢这种文明竞技的精神。《鸤鸠》诗中说:"威仪一致表现在外,心意专一如结在内。"我信任这种表里如一的君子。《文王》诗中说:"文王死后,其神在天,他的精神的光芒普照天下。"我赞美文王的伟大精神。《清庙》诗中说:"前来助祭的诸侯恭敬和气、光明善助,还有威仪堂堂从事祭祀的执事们,他们都能秉持文王的道德规范"。我敬重这些能秉持文王道德规范的人。《烈文》诗中说:"不要恃强,只在得贤人,尊贤唯在道德,不要忘记先王的伟大品德。"我为周人不忘其本的精神而喜悦。

事实上,《诗经》也加深了孔子对当时人民性情的认知和了解,"古

《诗序》"载：

> 孔子曰：吾以《葛覃》得祗初之诗，民性固然，见其美，必欲反其本，夫葛之见歌也，则以缔绤之故也，后稷之见贵也，则以文、武之德也。吾以《甘棠》得宗庙之敬，民性固然，甚贵其人，必敬其位，悦其人，必好其所为，恶其人者亦然。【吾以《木瓜》得】币帛之不可去也，民性固然，其隐志必有以揄也。其言有所载而后纳，或前之而后交，人不可干也。

孔子说：我从《葛覃》的诗中得到崇敬本初的诗意，人们的性情就是如此，看到了织物的华美，一定会去了解织物的原料。葛草之所以被歌咏，是因为织物缔和绤的缘故。后稷之所以被人尊重，是因为（他的后人）周文王和周武王的德行。我从《甘棠》的诗中明白宗庙之敬的道理，人们的性情就是如此，如果特别尊重那个人，必然敬重表示他所处的位置，喜欢那个人，一定也喜欢那人所有的作为。反之亦然。（我从《木瓜》的诗中）明白币帛之礼不可去除的道理。人们的性情就是如此，他们内心的志愿必须有表达的方式。他希望结交的心意要先有礼物的承载传达而后再去拜见。或直接前去拜见而后送上礼物。总之，与人纳交是不可没有礼物的。

我们再来看孔子对《周易》的赏析和诠释。马王堆汉墓帛书《周易·要》篇记载：

> 子曰：……《易》，我后其祝卜矣！我观其德义耳也。……史巫之筮，乡（向）之而未也，好之而非也。后世之士疑丘者，或以《易》乎？吾求其德而已，吾与史巫同涂而殊归者也。君子德行焉求福，故祭祀而寡也；仁义焉求吉，故卜筮而希也。祝巫卜筮其后乎！

为了便于理解，我们将上一段话也译成白话：孔子说：对待《易经》，我把祝卜放在靠后的位置。我主要是观察《易经》中的道德义理……史巫的占筮，曾有意向学而不心许，喜好它却又不以为然。后世学人若有质疑我孔丘的，或者就会因为《周易》吧！我求其德而已，我与史巫虽然同样讲《易经》，但目标不同。君子以实践德行去求福报，因此祭祀求神比较少；以施行仁义去求吉祥，因此问卜占筮也很少。这样，祝巫、卜筮不是应该放在靠后的位置上嘛！

孔子倡导研习"六经"，并率先垂范地对"六经"加以诠释，其中的意义究竟在哪里？在笔者看来，这首先体现孔子对传统文化资源的高度重视，他认为，在当时的历史背景下，发掘、整理经典，并阐释其中的价值和意义，远比自己著书更为重要。孔子自谓"述而不作，信而好古"，"述"是述其历史，"信"是信其价值。历史中自有价值，所以"述而不作"；现实中价值失落，所以"信而好古"。而那些传统的优秀价值观在当时人欲横流的历史现实中，已经在社会中沉沦不彰，而此时哲人所要做的，是将它彰显出来，使之成为人们的自觉追求，以此来拨乱反正，使社会生活从荒谬、无序走向理性和有序。

（三）对上古优秀文化的传承与发展

孔子对待"六经"的思想主张并不是完全照本宣科、一成不变的。他在温习和诠释传统的《诗》、《书》、礼、乐的传统文化之时，建构起一套富有道德理想的"仁"学思想体系。这里不拟对孔子的"仁"学思想体系作全面论述，只是要说明，他的"仁"学思想是同他对"六经"的阐释相关联的。如《论语·八佾》载，孔子说："人而不仁，如礼何！人而不仁，如乐何！"《论语·颜渊》记载："颜渊问仁。子曰：'克己复礼为仁。一日克己复礼，天下归仁焉。为仁由己，而由人乎哉？'"同篇又载："樊迟问仁。子曰：'爱人。'"这些材料都说明孔子的"仁"学思想是他所传承的西周礼乐文明的升华和发展。"仁"升华为一种"爱人"的哲学。近代以来，"爱人"哲学成为一个社会的最强音，溯起远源，则由两千五百年前的孔子首先提出。进一步，孔子更提出他的"大同"社会理想。

《礼记·礼运》篇记载，孔子说：

> 大道之行也，天下为公。选贤与能，讲信修睦。故人不独亲其亲，不独子其子，使老有所终，壮有所用，幼有所长，矜、寡、孤、独、废疾者皆有所养，男有分，女有归。货恶其弃于地也，不必藏于己；力恶其不出于身也，不必为己。是故谋闭而不兴，盗窃乱贼而不

作，故外户而不闭。是谓大同。

孔子未讲他的社会理想的历史依据，但这显然是从《尚书·尧典》（包括今本的《舜典》）中升华出来的。

三 "六经"之学何以成为传统社会的主导性价值?

孔子及其后学虽然积极倡导传承、研习"六经"，但真正对"六经"作了崇高评价的却是《庄子·天下篇》，其中说："《诗》以道志，《书》以道事，《礼》以道行，《乐》以道和，《易》以道阴阳，《春秋》以道名分。其数散于天下而设于中国者，百家之学时或称而道之。天下大乱，贤圣不明，道德不一。天下多得一察焉以自好。……判天地之美，析万物之理，察古人之全。……悲夫! 百家往而不反……古人之大体，道术将为天下裂。"在《天下篇》的作者看来，"六经"之学乃是"道"的全体。百家之学各得其一偏而自以为是。这些学说分割天地的完美，离析万物的常理，放散古人的全理，使得自古以来"内圣外王"的道理从此幽暗不明，抑郁不发。作者慨叹：由于百家之学"往而不返"，古之"道术"将要为天下人所割裂!《庄子·天下篇》作者已经将"六经"看成中华文明传统之"源"，但他对"传统之源"能否继续流传则抱持一种悲观的态度。

汉代班固也认为诸子之学是从"六经"之学分化出来的。班固《汉书·艺文志》指出："诸子十家，其可观者九家而已。皆起于王道既微，诸侯力政，时君世主，好恶殊方，是以九家之说蜂出并作，各引一端，崇其所善，以此驰说，取合诸侯。……今异家者各推所长，穷知究虑，以明其指，虽有蔽短，合其要归，亦六经之支与流裔。"① 又说："儒家者流……游文于六经之中，留意于仁义之际，祖述尧舜，宪章文武，宗师仲

---

① 清代章学诚接受了《庄子·天下篇》和《汉书·艺文志》的见解，他说："周衰文弊，六艺道息，而诸子争鸣。……战国之文，奇邪错出，而裂于道，人知之，其源皆出于六艺，人不知也。……战国之文，其源皆出于六艺。何谓也? 曰：道体无所不该，六艺足以尽之。诸子之为书，其持之有故而言之成理者，必有得于道体之一端，而后乃能恣肆其说，以成一家之言也。"（《文史通义·诗教上》）

尼,以重其言,于道最为高。"①《汉书·艺文志》首论"六经",次论诸子,并明确指出,诸子之学不过是"六经之支与流裔"。它指出儒家"游文于六经之中,留意于仁义之际",是六经的直接传承者,"于道为最高"。可能是由于班固之时朝廷已经实行"罢黜百家,表章六经"文化政策的缘故,班固《汉书·艺文志》的论调也已经不像《庄子·天下篇》那样悲观。

汉代的"罢黜百家,表章六经"的政策在中国文化史上的确具有十分重要的意义。这里我们有必要作些分析。汉武帝时,董仲舒上《举贤良对策》,其中说:"《春秋》大一统者,天地之常经,古今之通谊也。今师异道,人异论,百家殊方,指意不同。是以上无以持一统,法制数变,下不知所守。臣愚以为诸不在六艺之科,孔子之术者,皆绝其道,勿使并进。邪辟之说灭息,然后统纪可一,而法度可明,民知所从矣。"这个建议被汉武帝采纳,而且被此后历朝统治者奉为国策加以贯彻。董仲舒以上一段话被班固概括为"罢黜百家,表章六经"。现代有学者将此解读为"文化专制主义"。实际上,汉武帝以及其后的统治者并没有明令禁锢百家之学,只是通过以儒选官的政策来引导学术方向。此文化政策的最终目的是要使"民知所从",即为天下确立"六艺之科,孔子之术"的价值取向。

在笔者看来,"罢黜百家,表章六经"文化政策能在此后两千年中奉行不替,这已不仅仅体现为统治者的权力意志,同时也自有其历史的合理性。董仲舒建议的直接目的,或许只是为了改变"上无以持一统"的政治困惑局面,而他所作的"六艺之科,孔子之术"的文化选择,恰好暗合于华夏民族自上古以来的传统价值观。这种"六艺之科,孔子之术"的文化选择,是对百家之学的排斥,这种排斥不是要剥夺百家之学在社会文化生活中的生存权利,而是反对将百家学说作为价值的主导取向。实施这种文化政策的结果,便使得"六艺之科,孔子之术"独自承担其承载华夏民族核心价值的责任。

那么,我们也许要作一种审查和分析,难道"六艺之科,孔子之术"

---

① 班固随后也指出:在儒家中同样有邪僻之儒哗众取宠,违离大道之本,使得"五经乖析"。"然惑者既失精微,而辟者又随时抑扬,违离道本,苟以哗众取宠。后进循之,是以五经乖析,儒学渐衰,此辟儒之患。"

就那么十全十美吗？百家之学难道真的没有可取之处，从而成为华夏民族核心价值的某些组成部分吗？

在儒家之外，百家之学最具思想影响力的还有三家：墨家、法家和道家。下面我们分别对儒家、墨家、法家和道家的价值取向作些分析。

（一）关于儒家价值取向的分析

关于"六经"被确定为经典的原因，从一般经学史著作来看，似乎是不证自明的，即由于儒者的大力推崇，以及国家最高统治者的权力意志。这完全忽视了"六经"作为经典的内在根据。倘若"六经"本身没有作为经典的内在根据，单靠儒者的推崇和统治者的权力意志，是否一定能传承两千年而不断呢？

一个简单的事实是：一种思想体系服从于政治需要，一是统治者比较乐于利用，二是被统治者也比较容易接受，才能持久地维持统治。从统治者乐于利用来说，法家思想似乎更能满足统治者的权势欲，但由于被统治者不堪忍受其严苛，所以法家思想便不能长久立足。这个事实说明：儒学不只是反映了一定的时代性、阶级性，也反映了民族共同生活的基本准则。

在笔者看来，某一民族主导性经典与价值的形成，必有其内在的历史合理性。其一，经典和价值必符合该民族和国家的国情。要解释"六艺之科"与"孔子之学"成为传统社会的主导性价值的原因，我们应首先从古代社会结构着眼。从根本上说，儒学适应了中国古代血缘家族的社会结构。血缘关系是人类社会最初的一种社会关系。世界各民族在原始社会时期都曾以血缘关系组成氏族组织，但是在欧洲，当原始社会向奴隶制社会转变时，个人私产的独立性分解了氏族的血缘关系，国家代替了家族。而在中国，个人私产关系没有得到充分发展，从氏族直接发展到国家，国家混合在家族里面。从本质上说，儒家的价值观正是血缘家族社会观念的升华。儒家以家庭、家族为价值本位，以社会和谐为价值准则，其理想的目标是将和谐的家庭、家族模式推之于天下，实现天下一家。儒家倡言"仁者，人也，亲亲为大"①，正与血缘家族政治相适应。对比而言，道家"绝去礼学，兼弃仁义"；法家"仁义不施"，"至于残害至亲，伤恩薄

---

① 《礼记·中庸》。

厚";墨家"见俭之利,因以非礼,推兼爱之意,而不别亲疏"①:都与血缘家族观念相凿枘。因而当血缘家族社会进行文化选择时,自然非儒家思想莫属。

其二,经典和价值必涉及人类的长远的理想目标,而不是权宜之计。从本质上说,儒学是关于协调人与自然、人与人关系的学问。这种关系是合理的,便被看作是符合"道德"的。儒家思想可以远溯于上古时代的"德治"传统。即由尧、舜、禹、汤、文、武、周公所树立的政治楷模。所谓"德治",即是指"王制"。它体现了人与人、人与物共生共存、和谐相处的根本原则和理念。《尚书·尧典》歌颂尧能由近及远团结天下人民:"克明俊德,以亲九族;九族既睦,平章百姓;百姓昭明,协和万邦。"这是人与人和谐相处的典范。《逸周书·大聚》载周公之语:"旦闻禹之禁:春三月山林不登斧,以成草木之长;夏三月川泽不入网罟,以成鱼鳖之长。"这是人与自然和谐相处的典范。在人与自然、人与人的关系问题上,"六经"和儒学突出"仁爱""秩序""和谐"的价值,这些价值对于人类来说是可以超越时间和空间的,是具有恒常意义的。

其三,经典和价值应该具有开放性和包容性。"六经"和儒学歌颂人类的仁爱和谐精神,向往大同、太平盛世。六经所引导、指示的路将是一个长期的历史发展过程,正因为如此,"六经"和儒学又具有一种开放的、求知的精神,这一点在孔子身上表现尤为突出,如孔子说:"学而不厌"②,"博学于文"③,"见贤思齐"④,"尊贤而容众,嘉善而矜不能"⑤,反映出儒家的开放胸襟和求知精神。

(二) 关于墨家价值取向的分析

墨家主张"兼爱",与儒家的"仁爱"主张有一致之处,即都有"爱人"的意思。但儒家所讲的"仁爱"是有差等的。人先须有"亲亲"之爱,人若无"亲亲"之爱,亦不可能真正去爱他人。人有"亲亲"之爱,

---

① 《汉书·艺文志》。

② 《论语·述而》。

③ 《论语·颜渊》。

④ 《论语·子张》。

⑤ 《论语·子张》。

尔后将此种爱逐渐扩充，而有"仁民"之爱，再由"仁民"之爱，扩充而至"爱物"。墨家的"兼爱"无此差等的区分。这便使亲疏尊卑无所区别。孟子因此批评墨子的"兼爱"主张，是"无父无君"，是"禽兽"。这种批评或许有些过分。但墨家的"兼爱"主张在实践上和逻辑上都有可议之处：爱一切人一定要从爱具体人开始，但爱具体人不等于爱一切人。你要么以爱一切人为借口，拒绝对具体人的爱；要么因对具体人的爱而减少了对其他人的爱，形成实际的厚此薄彼。表面上看，墨家的"兼爱"主张较之儒家的"仁爱"主张更讲公义而少私情，但却带有空想的性质，并不符合人情。因此就社会的价值取向而言，选择"仁爱"主张更符合传统社会的国情民意。

墨家还主张"尚同"，反对"一人则一义，二人则二义，十人则十义"的意见分歧，提出"天下之百姓，皆上同于天子"，而"天子又总天下之义，以尚同于天"。如果将这种思想作为价值取向，天下人将无思想的自由和言论的空间。而儒家讲"和而不同"，求大同存小异，较之墨家的"尚同"主张要少些思想专制色彩。墨家还主张"天志"、"明鬼"，如果全社会接受此种价值取向，则中国将从此成为一个以宗教神学为主导的国度，将失去西周以来以人文信仰为主导的华夏民族特色。墨家还主张"非乐"，生时不奏乐、不歌舞，则失人生一部分之乐趣，社会也因之失去相互交流融合的重要手段。

其他如"尚贤"、"节用"等主张的确具有积极的社会价值，但此类思想在儒家之中也同样具有。这种情况说明，墨学中能作为社会价值取向的思想资源并不多。更何况墨家的思想体系具有一种自我封闭性，墨子本人似乎有一种"教主"心态，如他说："吾言足用矣，舍言革思者，是犹舍获而攈粟也。"① 意思是他讲的一套学说已经基本够用了，没有必要再创新。而一种学说要得到后世的延续，应该具有较大的诠释和发展空间。墨学正好缺乏这一点，因而到了汉代，墨学即告终绝。

（三）关于法家价值取向的分析

法家强调以法治国，其所谓"法"，是刑法意义上的"法"，不同于今日以权利与义务为内容的社会规范意义的"法律"。虽然如此，法家

① 《墨子·贵义》。

"铸刑书",将刑法条文公之于众,刑无等级,不别亲疏贵贱,一断于法,具有公开、公正的含义。法家勇于"变法",实行社会改革,明确宣称"治世不一道,便国不必法古"①,表现出一种历史进化的观念和改革进取的精神。

法家出于主张"富国强兵"的"实力"政策,"富国强兵"是一个颇具正面意义的词汇,然在当时,则有其特定的含义。"富国"未必富民,甚或是加强对农民的剥夺。"强兵",首先不是为了防御,而是以实现攻伐和掠夺他国为目的。这种"实力"政策正好与儒家的"德治"主张相反,由此形成"德治"与"力治"的两种思想路线的斗争。早期法家商鞅励行法治,提出治国之道当"任其力不任其德"。② 商鞅提出要清除"六虱",所谓"六虱":一曰礼、乐;二曰诗、书;三曰修善、孝悌;四曰诚信、贞廉;五曰仁、义;六曰非兵、羞战。以为"国有十二者,上无使农战,必贫至削"③。后期法家韩非则提出"有道之主,远仁义,去智能,服之以法"。④ 法家完全抛弃儒家的仁爱思想,提出道德无用论,将人与人的关系,归结为纯粹的利害关系,不利于引人向善,将国与国的关系,归结为纯粹的利害关系,也不能与人为善。是以当时人即称之为"虎狼之国"。法家政策一方面主张严刑峻法,另一方面又鼓励和培养好勇斗狠之士,这就使得社会处于一种高度不稳定状态。秦朝作为一个经营几代而建立起来的声势赫赫的王朝,十余年间便被全国爆发的农民起义所推翻,其失败的教训是极其惨痛的。所以,汉代以后的政治家和思想家不再沿袭法家的政治主张,而只吸收其某些方面的思想内核。

(四) 关于道家价值取向的分析

历史上,许多新王朝开国之初,皆实行道家的清静无为、与民休息的政策,这不是因为道家思想是治国的不二法门,而是因为改朝换代之时,社会经历太多的兵燹灾患,国力不支,人民亦无可剥夺。统治者所谓的

---

① 《商君书·更法》。

② 《商君书·错法》。

③ 《商君书·靳令》。

④ 《韩非子·说疑》。

"清静无为、与民休息"不过是一时的权宜之计。这一点在马王堆帛书《经法·君正》中已经说得非常清楚："一年从其俗，二年用其德，三年而民有得，四年而发号令，〔五年而以刑正，六年而〕民畏敬，七年而可以征。"

道家的价值取向，以《老子》的"小国寡民"社会理想最具代表性。《老子》第八十章说：

> 小国寡民，使有什百之器而不用，使民重死而不远徙。虽有舟舆，无所乘之；虽有甲兵，无所陈之。使人复结绳而用之。甘其食，美其服，安其居，乐其俗。邻国相望，鸡犬之声相闻，民至老死不相往来。

道家由于看到文明对人性的异化，因而主张回到"小国寡民"的原始时代，不仅要恢复上古时代的纯朴道德，还主张恢复上古时代的朴野生活。如果我们把价值取向理解为对一种理想、规范、标准、爱好等的选择，那我们应该承认道家的"小国寡民"的社会理想，当然也是一种价值取向。至少在一部分人中间是如此。但从人类发展的历史过程而言，这种价值取向不符合历史发展的规律，缺乏有效性，也不符合绝大多数人对世界的冀望。相比而言，《尚书·盘庚上》中"人惟求旧，器非求旧，惟新"的思想更切合社会的实际。所谓"器非求旧，惟新"，是认同人类有不断发展的物质生活需要，但不因物质生活的进步而导致人性异化，所以又要讲"人惟求旧"，这里的"人惟求旧"不仅是指用人政策，其思想深层亦在于认同旧人的纯朴道德。这种"人惟求旧，器非求旧，惟新"的主张一方面肯定社会的进步，另一方面强调维护传统的道德。这种主张显然要比道家"小国寡民"的社会主张要实际得多。由此可见"小国寡民"的社会理想虽然可以承认为社会中一部分人的价值取向，但并不可以作为全社会的价值取向。

其他如《庄子·天下篇》所概括的道家"人皆取先，己独取后"、"人皆取实，己独取虚"、"人皆求福，己独曲全"等思想主张，亦只可作为社会少数人的价值取向，不能作为全社会的价值取向。至于道家"道法自然"、"将欲取之，必先予之"、"圣人处无为之事，行不言之教"、"治大国若烹小鲜"等思想，虽有其深刻的智慧，但大半属于"人君南面之术"的"术"的层面,亦不能作为全社会各阶层共同的价值取向。

以上的分析在于说明,"六经"之学之所以能成为传统社会的主导性价值,是有其内在的合理性的。正是由于有了这种内在合理性,才有两千年中对"六经"元典的不断诠释,由此形成了中国经学的悠久传统。那种将中国经学传统的形成原因仅仅归结为汉武帝"罢黜百家,表章六经"的文化政策的观点,是片面和肤浅的。而将"六经"与两千年封建专制主义简单画等号的做法,不仅严重歪曲、丑化了"六经",也抹黑了古老的中华文明。

（本文收入《中国文化的根与魂》,辽宁教育出版社 2014 年版。作者姜广辉,湖南大学岳麓书院教授）

中国法律的传统与固有国情

张晋藩

中国是世界著名的文明古国，法制的历史经过四千多年的发展而从未中断，无论是某项法律规定，还是某个制度都是辗转相承、源流清晰的，其连续性、系统性、完整性是其他文明古国所不可比拟的。由于中国古代法制产生于固有的文化土壤之上，因此它的形成与发展都深深打上了国情的烙印，具有独树一帜的特殊性和典型性。

中国古代是处于东亚大陆的内陆性国家，周边的高山、海洋在古代的交通条件下是不可逾越的障碍。自然环境的封闭性，加上自给自足的小农经济结构和专制的国家推行的闭关锁国政策，更加强了这种封闭性，使得中国古代的法制虽然起源早，但发展迟缓，只有纵向的传承，而无横向的交流、比较和吸收，以致充满了保守性与孤立性。直到1840年鸦片战争，依然是一个完整的封建性的法律制度。当时的有识之士，如龚自珍、魏源、包世臣、冯桂芬等已经发出了对清朝法律的猛烈抨击，要求改制更法。说明中国古代的法制已经面临"变亦变，不变亦变"的严峻形势。

在四千多年的法制历史中，形成了特有的法律传统，其中既有体现中华民族智慧的民主主义性质的传统，也有充满封建性、保守性的传统。无论如何，传统是历史形成的，是客观存在的，可以科学地研究它，吸取其民主性的精华，但不能随意地改变传统。传统可以使我们感到自豪和自信，也激励我们努力为建设新的传统而奋斗。

一　以农立国，农业立法占有较大比重

中华民族是从黄河流域繁衍生息发展起来的。黄河流域土质松软、气候温和、雨量丰沛，有利于原始农业的发展，加之自然地理环境的封闭，使得农业成为基本的经济形态，从而决定了历代统治者采取以农立国的基本国策。历代思想家、政治家对此也都有论述。《论语·宪问》曾追述说："禹稷耕而有天下。"《管子》说："行其田野，视其耕耘，计其农事，而饥饱之国可以知也。"① 又说："所谓兴利者，利农事也；所谓除害者，禁害农事也。"② 法家变法改革的基本内容也皆与农事相关。如李悝为魏文侯尽地力之教；商鞅变法时奖励耕战，他在《商君书·农战》中强调："国之所以兴者，农战也。""故治国者，其抟力也，以富国强兵也。""国待农战而安，主待农战而尊。""凡僇（努）力本业，耕织致粟帛多者复其身，事末利及怠而贫者，举以为收孥。"

汉兴以后，推行重农抑商的政策，规定商贾子孙"不得仕宦为吏"，"不得衣丝乘车"。③ 汉文帝时曾下诏："农，天下之大本也，民所恃以生也。"④ 东汉时王符在《潜夫论·务本》中阐述了重本抑末的重要性，他说"凡为人之大体，莫善于抑末而务本，莫不善于离本而饰末。"曹操在《置屯田令》中还从总结历史经验的角度表达了重农对国家兴衰的价值："夫定国之术，在于强兵足食。秦人以急农兼天下，孝武以屯田定西域，此先代之良式也。"⑤ 以农立国，重本抑末的政策一直贯穿至晚清时期。

以农业为国家的基本经济形态，以及历代王朝重本抑末的政策，是中国传统的国情，其在法律上的表现就是有关农业的立法是法律构成中的重要组成部分，在司法上也因农事的需要而制定了务限法。

云梦出土的秦简充分反映了早在公元前 4 世纪农业立法的所占的比重，出现了《田律》、《仓律》、《厩苑律》等法律规定，其规范之细密令

---

① 《管子·八观》。
② 《管子·治国》。
③ 《史记·平准书》。
④ 《汉书·文帝纪》。
⑤ 《三国志·魏书》。

人惊讶，如《仓律》规定："种：稻、麻每亩用二斗大半斗，禾、麦一斗，黍、荅亩大半斗，叔（菽）亩半斗。"① 即规定了每亩地播种种子的数量。

在农业立法中，最重要的是土地立法。中国进入阶级社会以后，土地采取国有制，所谓"普天之下，莫非王土"②。至春秋时期鲁宣公十五年"初税亩"，实行履亩而税，标志着国家承认土地的私有权，按土地数量收税。秦统一以后，"令黔首自实田"，在全国范围内确认土地的私有权。随着土地私有权的确立，也出现了土地兼并现象，汉武帝时便有"富者田连阡陌，贫者无立锥之地"③ 的记载。汉以后，晋朝实行占田制，隋唐实行均田制。唐高祖武德时期的《田令》规定："诸丁男、中男给田一顷，笃疾、废疾给四十亩，寡妻妾三十亩，若为户者加二十亩。所授之田，十分之二为世业，八为口分。世业之田，身死则承户者便授之，口分则收入宫，更以给人。"④ 唐玄宗开元七年时《田令》规定："诸给田之制有差，丁男、中男以一顷（中男年十八以上者，亦依丁男给），老男、笃废、疾疾以四十亩，寡妻妾以三十亩，若为户者则减丁之半。田分为二等，一曰永业，一曰口分。丁之田，二为永业，八为口分。"⑤ 唐初由于隋末农民大起义之后国家掌握大量无主土地，使得均田制得以实施，由此带来了家给人足，社会安定，著名的贞观之治、开元之治实源于此。宋代之后，不立田制，不抑兼并。

与田制密切相联系的，是垦荒法。如宋朝积极推行垦荒政策，以增加赋税收入和安置流民。法律确认垦荒者享有新垦田的永业权，并以垦荒多少，作为考课地方官吏政绩的标准。明清两代也同样推行鼓励垦荒的政策，以垦田多少考核官吏，并在刑律中规定了无故荒芜土地的处罚。新垦之田，在一定的年限内免收田赋。

除此之外，与农业生产密切相关的水利立法也较为发达。汉代即已制定了《水令》。唐代《杂令》中也有规定："诸以水溉田，皆从下始。"⑥

---

① 《睡虎地秦墓竹简》，文物出版社 1978 年版，第 43 页。

② 《诗经·小雅·北山》。

③ 《汉书·食货志》

④ ［日］仁井田陞：《唐令拾遗》，栗劲等译，长春出版社 1989 年版，第 540 页。

⑤ 同上书，第 542 页。

⑥ 同上书，第 785 页。

在唐、明、清律中也都有关于兴修水利设施的规定以及相应的处罚，如《大清律例·工律》中有关于"盗决河防"、"失时不修堤防"的规定："凡不修河防及修而失时者，提调官吏各笞五十。……若不修圩岸及修而失时者，笞三十；因而淹没田禾者，笞五十。"

由于农业生产重在使农以时，因此，古代历法也较为发达。早在夏代已经制定出我国最早的适合农业生产需要的历法"夏正"。古书中说"行夏之时"，表明夏代历法对后世的影响。商代制定的阴阳历，已有了明确的春夏秋冬之分，并设专官掌管历法。周时，周天子根据农时和节令发布有关农耕的命令和法律，《礼记·月令》中有详细的记载。秦时，第一次颁行了全国统一的历法《颛顼历》。汉代，在历法上的杰出成就是制定了《太初历》。其后，南北朝著名的科学家祖冲之制定了《大明历》。唐代有《戊寅元历》和《大衍历》。元代有《授时历》。明代有《大统历》。清代康熙年间聘请西方传教士制定了《康熙永年历》，并由著名历算家梅文鼎著成《古今历法通考》。综上所述，我国古代历法发源早，内容丰富，具有相当的科学性，在当时世界天文历法史上居于先列。这是和农业起源早，并以农为立国之本的国情分不开的。正因为如此，法律规定私造时宪历者处以死刑。

以农立国的国策对于司法也有重要的影响，《礼记·月令》记载："仲春之月……命有司省囹圄，去桎梏，毋肆掠，止狱讼。……孟夏之月……断薄刑，决小罪，出轻系。……孟秋之月……命有司修法制，缮囹圄，具桎梏，禁止奸，慎罪邪，务搏执。命理瞻伤，察创，视折，审断。决狱讼，必端平。戮有罪，严断刑。……仲秋之月……乃命有司，申严百刑，斩杀必当，毋或枉桡。"

以"文物典章，莫备于唐"的唐朝在官修律令中明确规定："诉田宅婚姻债负，起十月一日，至三月三十日检校，以外不合。若先有文案，交相侵夺者，不在此例。"[①] 明确规定了"务限制度"。此令对于宋朝有直接影响，《宋刑统·户婚律》"婚田入务"条规定："所有论竞田宅、婚姻、债负之类，债负，谓法许征理者。取十月一日以后，许官司受理，至正月三十日住接词状，三月三十日以前断遣须毕，如未毕，具停滞刑狱事由闻奏。如是交相侵夺及诸般词讼，但不干田农人户者，所在官司随时受理断

---

① ［日］仁井田陞：《唐令拾遗》，栗劲等译，长春出版社 1989 年版，第 788 页。

遣，不拘上件月日之限。"元朝在《通制条格》中也记载："自十月一日受理至三月一日住接词状，事关人众不能结绝，候务开日举行。"《大清律例·刑律·诉讼》"告状不受理"条的条例中规定："每年自四月初一日至七月三十日，时正农忙，一切民词除谋反、叛逆、盗贼、人命及贪赃坏法等重情，并奸牙、铺户骗劫客货，查有确据者，俱照常受理外，其一应户婚、田土细事，一概不准受理。自八月初一日以后方许听断。若农忙期内受理细事者，该督抚指名题参。"

综上可见，农本主义的经济形态与以农立国的基本国策，决定了农业立法在整个立法中所占的地位，以及对司法制度的影响。由于农本主义的经济形态具有自给自足的保守性，因此有关农业的立法也辗转传承。直到晚清国门大开以后，资本主义经济迅速发展，才最终打破了重农抑商的传统。中国古代为推动农业生产，以固国本，以裕民食所采取的措施和立法规定在相当长的时期内起着积极的作用。

二　专制体制下，法由钦定，狱由君断

中国从进入阶级社会、建立国家起，便形成了以国王为中心的专制政体，可以说源远流长。在商、周的文献中"予一人"是国王的自称，象征着他所拥有的至高无上的特权地位。有关征伐祭祀等国家活动，都称作"王事"，以示王即国家，两位一体。在甲骨文中多次出现的"王命"、"王令"、"王乎"的卜辞记录，说明国家的重大事务都由国王下令决定。国王不仅握有最高的行政权、军事权，还握有最高的立法权与司法权。

秦统一以后，建立了皇帝制度，从此，专制主义的政治体制一直沿着螺旋上升的轨迹不断强化，直至晚清。汉儒董仲舒通过"三纲五常"的理论构建了一个完整的政治与伦理的体系。宋儒更从天理的高度肯定了专制集权的封建秩序，所谓"父子君臣，天下之定理，无所逃于天地之间"[①]，并通过"存天理，灭人欲"的伦理道德说教，营造了君主专制所需要的思想环境。

在专制主义的制度下，立法权高度集中于朝廷，集中于皇帝。国家的

---

① 《二程遗书》卷五。

制定法以"钦定"的名义发布，而皇帝的诏、谕、制、敕不仅是重要的法律构成，而且具有最高的法律效力，所谓"出言为法"，指挥着国家机器的运行。在皇帝控制最高立法权的情况下，国家不存在拥有立法权或者主管立法事宜的机关。由于法律是治世之具，维系着国家的兴衰，因此皇帝不仅重视国家立法，而且还亲自主持或参与立法。例如北魏孝文帝鉴于"律令不具，奸吏用法，致有轻重"①，不仅多次修律，而且亲自执笔定拟，史书说："孝文用夏变俗，其于律令，至躬自下笔，凡有疑义，亲临决之，后世称焉。"② 明太祖朱元璋在制定《大明律》时，命李善长等"日具刑名条目以上"，"吾亲酌议焉"③。洪武三十年《大明律》成，负责修律的刘惟谦在《进明律表》中说："每一篇成，辄缮书上奏揭于西庑之壁，亲御翰墨为之裁定……圣虑渊深，上稽天理，下揆人情，成此百代准绳。"

在专制主义的体制下，皇权尊于法，皇帝不仅不受任何法律约束，而且可以改变既定的成法。汉时廷尉杜周有言："前主所是著为律，后主所是疏为令。当时为是，何古之法乎？"④ 但是，开明的皇帝从国家长治久安出发，也奉法尊法。贞观初期唐太宗坚持"人有所犯，一断于法"，为历代所称道。汉文帝之折服于张释之，唐太宗之折服于戴胄成为奉法尊法的著名史例。

皇帝不仅掌握最高的立法权，也控制了最高的司法权。特别是亲自掌握死刑案犯的处决权。唐朝时期，死刑案在履行三复奏、五复奏程序之后，虽接到皇帝准予执行的命令，仍须于三日之后方能行刑，否则治罪："诸死罪囚，不待复奏报下而决者，流二千里。即奏报应决者，听三日乃行刑。若限未满而行刑者，徒一年。即过限，违一日杖一百，二日加一等。"⑤ 即使末代封建王朝的清朝，康乾之世皇帝也力求司法公正，以维持社会的安定。康熙四十年（1701年）康熙帝在诏书中再次表露了他对秋审的重视和对刑部的批评，"朕详阅秋审重案，字句多误，廷臣竟未察

---

① 《魏书·刑罚志》。
② 程树德：《九朝律考·后魏律考序》，中华书局2003年版，第333页。
③ 《明史·刑法志》。
④ 《汉书·杜周传》。
⑤ 《唐律疏议·断狱》，"死囚复奏报决"。

出一二，刑部尤为不慎，其议罚之"①。雍正三年（1725 年）五月二十七日雍正帝在上谕中称："临御以来，钦恤刑狱，每遇法司奏谳，必再三复核，惟恐稍有未协。"② 乾隆十四年（1749 年）乾隆帝下谕，改秋审三复奏为一复奏，指出："各省秋审亦皆三复奏，自为慎重民命，即古三刺三宥遗制，谓临刑之际，必致详审不可稍有忽略耳，非必以三为节也。朕每当勾决之年置招册于傍，反复省览，常至五六遍，必令毫无疑义，至临勾时，犹必与大学士等斟酌再四，然后予勾，岂啻三复已哉。若夫三复，本章科臣匆剧具题，不无亥豕，且限不时日，岂能逐本全览，嗣后刑科复奏，各省皆令一次。"③

执掌狱由钦断的皇帝之所以高度重视死刑案犯的处决，主要是由于人命事大，死刑案犯审决不当，容易引起社会的骚动不安。但这并不排除皇帝根据个人的意志随意处决死刑。隋文帝就曾不顾秋冬行刑的传统于"六月棒杀人"，大理少卿赵绰争辩说："季夏之月，天地长成庶类，不可以此时诛杀。"然而文帝却辩解说："六月虽曰生长，此时必有雷霆，天道既于炎阳之时，震其威怒，我则天而行，有何不可！""遂杀之。"④

专制主义的政治体制决定了一脉相承的封建法律传统，在这个法律传统中，由于"权尊于法"，造成了权与法的冲突。尊法奉法的开明皇帝毕竟是少数，而且也不能改变法自君出、法律是权力的附庸的根本事实，更多的是皇帝凭借无上的权力，任意毁法。

在这个法律传统中，由于重视对危及国家安全的刑事犯罪的制裁，因而出现了重刑轻民的倾向。凡危及国家、危及皇权的犯罪，列为"十恶"，犯之者严惩不贷。但对于民间发生的田宅、婚姻、继承纠纷之类的案件，则视为细事，在政治比重上，不能与重大的刑事犯罪相提并论。由于重刑轻民，造成了民事法律发展的迟缓，直到晚清修律，才开始法典化。

在这个法律传统中，受到专制主义文化思想政策的禁锢，缺乏法理学方面的自由探讨。秦汉以降的律学，主要是注释现行律典的注释律学。先

① 《清史稿·圣祖本纪》。
② 《大清律例通考》卷一。
③ 《钦定台规》卷一四。
④ 《隋书·刑法志》。

秦时期法家恢宏一时的自由争辩，已经不复存在。

三　重伦常关系的伦理法制

　　中国古代是沿着由家而国的途径进入阶级社会的，因此宗法血缘关系对于社会和国家的许多方面都有着强烈的影响，尤其是宗法与政治的高度结合，造成了家国一体、亲贵合一的特有体制。早在西周初期，以尊尊、亲亲为核心内容的宗法血缘关系已然制度化，宗法制度被赋予浓重的政治色彩。家是国的缩微，国是家的放大，国家的组成、政治结构与活动，都以贵族的宗法血缘与政治的二重原则为依据。进入封建社会以后，宗法制度的政治属性有所淡化，但宗法的精神、原则依然具有较强的约束力，特别是儒家三纲五常的理论说教，使得伦常关系——君臣、父子、夫妇、兄弟、朋友成为最重要的社会关系，受到法律与道德的双重维护。在重伦常关系的历史背景下，伦理法在整个法律体系中占有重要的地位。

　　封建时代的伦理法，经历了一个由简单到复杂的发展过程。从汉朝起，随着封建法律儒家化的开始，用法律维护家长制家庭，调整父子、夫妇、兄弟之间的关系，确立父权、夫权的统治地位，以期达到"父慈，子孝，兄良，弟悌，夫义，妇听，长惠，幼顺"[①]的和谐关系。至晋朝，继续推进法律的儒家化。晋武帝时撰修的《泰始律》是我国封建社会第一部较为典型的儒家化法典，它"峻礼教之防"，以礼为本，严格名分，使宗法伦理原则在国家制定法中得以确立。由此，"准五服以制罪"正式入律。唐朝是家族本位伦理法的完备时期，作为中国封建法典典范的《唐律疏议》，继承和发展了秦汉以来伦理法的原则和规定，是中国封建家族本位伦理法走向成熟的标志，凡是涉及家长权和族权的基本方面，几乎为国家制定法所确认。对于严重违反家族伦理道德的犯罪行为，如恶逆、不孝、不义、不睦、内乱等均列为十恶重罪。由宋迄清，一些大族多制定家法族规用以约束子弟。由于家法族规与国家制定法的要求相一致，因此，官府认定其合法性，它对伦常关系与道德义务来说无疑是又一重法律保障。

---

　　① 《礼记·礼运》。

　　综上可见，伦理法的主要内容是以法律的形式确认宗族内部的尊卑伦常秩序，树立家长、族长的统治地位，调整族内成员的权利义务关系。在伦理法的作用下，法律义务与道德义务相统一，法律得到道德的支撑而趋于稳定，并减少了适用的阻力，道德得到法律的强制保障而更具有约束力。中国古代的伦理法制，是产生在中华民族土壤上的本土化的法制，它体现了中国法文化的突出特色，是世界法文化所少见的。这和农业自然经济的形态密切相关，因为家庭实际上是一个生产单位，家长的权力正是为了维持再生产的需要。儒家所主张的"天无二日，土无二王，家无二主，尊无二上"① 的观念为伦理法提供了精神支柱，伦理法的主要内容实际上是儒家提倡的某些道德规范的法律化。历代统治者也从长期的统治经验中，认识到父权、族权对于维护国家统治所具有的特殊作用，因而力图把巩固封建国家的任务落实到社会的细胞组织——家庭上来。总之，中国古代的伦理法绵延数千年，成为一个重要的传统，确实有其社会的、历史的和文化的渊源。

四　稳定的血缘地缘关系为习惯法提供了空间

　　中国古代在宗法制度作用下，出现了聚族而居的现象，同一个村落往往同族同姓，长期共同营建经济生活，维持家族的繁衍与发展。除此之外，由于从事农业的生产方式具有保守性，又形成了安土重迁的观念，世代居住在同一地域。这种世代比邻而居的地缘关系经常是和稳定的血缘关系联系在一起的，著名社会学家费孝通曾经说："血缘是稳定的力量。在稳定的社会中，地缘不过是血缘的投影，不分离的。"② 既是同族，又是邻右，成为一个稳定的共同体。如宋代的《名公书判清明集》中说："大凡乡曲邻里，务要和睦。才自和睦，则有无可以相通，缓急可以相助，疾病可以相扶持，彼此皆受其利。"③

　　这种血缘地缘关系又和中国古代政治经济的发展不平衡性联系在一

---

① 《礼记·曾子问》。
② 费孝通：《乡土中国·生育制度》，北京大学出版社 1998 年版，第 70 页。
③ 《名公书判清明集》卷十《乡里》。

起。凡是具有稳定的血缘地缘关系的村落，多是经济发展闭塞，人口也很少流动的地区，或者是少数民族聚居区。这些闭塞的村落或民族聚居区往往是国家制定法难以覆盖的角落，由此，为习惯法的存在提供了空间。

在经济不发达、较为闭塞的村落或民族聚居区，居民的生产与生活如何维持，相互间的矛盾与纠纷如何解决，对财产的侵犯与人身的伤害如何制裁等，都需要依靠约定俗成的规则，这些规则有些是成文的习惯法，有些是不成文的习俗。其形式或为家法族规，或为乡规民约，或为祖宗遗训，它们具有很高的权威与约束力，因而得以长期存在和不断发展。这种行之悠久的习惯法与习俗，实际上也是古代法律体系的一个不可忽视的部分。正因为如此，晚清在起草民商律时，进行了大规模的习惯调查。

除此之外，稳定的血缘地缘关系也为社会的和谐提供了条件。表现在司法上就是多用调处解决纠纷。以调处的方式解决民间发生的民事的或轻微刑事的案件，早在汉代便已出现，因其有助于减少讼累并增进社会和睦，因而不断发展。宋时，调处息讼屡见于史书。到清代，调处息讼不断规范化，虽不见于法律规定，但却为地方官所推行。清代的调处分为堂上调处——由州县官当堂调处，和堂下调处。堂下调处又分为宗族调处、基层乡保调处和邻右调处。由于调处者与被调处者或为亲族关系，或为邻里关系，多为相近相识之人，因此有利于了解事端，调处息讼。调处的方式多样，调处的依据也是多样的，但不得违背国家法律，不得乘机挑讼。由于调处减少了当事人的讼累，便于事端解决，又是州县官政绩的表现，因此得到了广泛的推行。但如调处不成，仍可经官诉讼。

总之，稳定的血缘地缘关系为习惯法、习俗的适用提供了空间，成为国家制定法不可缺少的补充，同时又为司法中的调处息讼提供了方便，从而达到有利于社会和谐的目的。

五　统一多民族国家的多元一体法文化

早在公元前 2 世纪秦并六国便形成了统一多民族国家，由此，中国的疆域、物质文明和精神文明，便由中华各族共同开发、共同创造，其中也包括中华法制文明的创制。

自上古至先秦，是中国各民族融合与统一基业的发端。以华夏族为主干，融入了古史所称东夷、南蛮、西戎、北狄等部族，形成了一个颇具规模的民族共同体。正是由于民族融合的成功，才出现了秦汉时代统一强盛的封建帝国。在这个过程中也开始了各族法律智慧最初的交融。史载：在华夏族创制法律之前，活动在长江流域的三苗，便已开始制定法律，所谓"苗民弗用灵，制以刑，爰始淫为劓、刵、椓、黥，越兹丽刑并制，罔差有辞"①。古文献的记载得到了地下遗存的证实。三苗活动的地域较之华夏族活动的黄河流域更适于原始的农业耕种，因此很早便出现了财产私有和贫富分化。杜预在注《左传》时指出："贪财为饕，贪食为餮，是三苗也。"② 正是为了压制被剥削者的反抗，出现了最早的刑罚。其后黄帝联合炎帝战败三苗，灭其族而用其刑，使三苗的刑制发展成为整个夏商周三代通行的奴隶制五刑——墨、劓、刖、宫、辟，并沿用至汉初。说明早期的中华法制文明便是各族法律智慧交融的结果。

西晋末年开始的"五胡内迁"，在中华民族的大家庭中，又融入了匈奴、鲜卑、氐、羌、羯等诸民族，同时当时也是民族立法大发展的时期。特别是鲜卑族统治的北魏时期，迅速由习惯法过渡到成文法阶段，并在汉族思想家和律学家的帮助下，以"齐之以法，示之以礼"③ 为指导思想，在太和五年颁布了著名的《太和律》。这部律典既融汇了汉、魏、晋以来儒家的法律思想与立法成就，同时也保留了某些元魏旧制，可以说是这个时期游牧民族与农耕民族大融合在法文化上的产物。北魏以后，《北齐律》创立的体例、刑制与主要罪名同隋唐律的传承关系十分明晰。正是由于各民族坚持不懈地进行法制的创造和法文化的交流，才有隋唐时期中华法系的成熟与定型。

隋唐时期建立在祖国边陲的吐蕃、突厥、南诏等地方民族政权。各自都有着一套行之有效的法律体系。尽管这些法律带有浓厚的地域色彩，并杂有民族习俗和宗教规条，但是不可否认，它们都包容在中华大法苑中，都是中华法制文明的重要组成部分，都体现了这些少数民族对法制的重视、思考和创制。

宋朝是面临民族问题最多的朝代，统治者非常重视运用法律的手段调

---

① 《尚书·吕刑》。
② 《春秋左传正义·文公十八年》。
③ 《魏书·刑罚志》。

整与西北番族的关系，制定了《番官法》、《番兵法》、《番丁法》、《茶马法》等法规。在宋朝统治期间，契丹族、党项族、女真族先后崛起，建立了辽、西夏、金等国，分别制定了既吸收中原地区传统法律文化，又具有各民族特色的辽《重熙新定条例》、金《泰和律义》、西夏《天盛改旧新定律令》等。

有宋一代既是民族对立纷争时期，也是民族不断融合时期。特别是民族立法呈现出前所未有的发展态势，成为中原汉族法律文化影响下法文化融合的新产物，构成了中华法制文明的特定组成部分，并成为继起的元朝法制建设的历史渊源。

至元朝，建立了蒙古少数族为主体、蒙古贵族领导下的全国性统一政权。元朝的法制在传承唐宋律、金律并参以国制的基础上，形成了具有某种民族特色的一代法制。譬如立法形式的特殊性、刑制的变革、对监察制度的强调、民事诉讼制度的发展等。

清朝于关外肇基时期便注意吸收明朝先进的法制，建设后金（清）的法制，并在汉臣的帮助下形成了"参汉酌金"的立法路线。崇德六年（1633 年）文馆大臣宁完我提出："参汉酌金，用心筹思，就今日规模，立个《金典》出来。"① "参汉酌金"四字既是皇太极积极吸收明朝法制的概括，又是进一步推行民族法文化融合的指导思想。

清朝入关以后，更将参汉酌金的立法路线推行到全国。顺治三年制定的《大清律集解附例》其实是大明律的翻版。随着汉满法文化交流的深化，至乾隆五年修订的《大清律例》，除某些确认满族权益的特殊规定外，实质上已经成为与唐明律相同的正统封建法典。

特别需要指出的是，以满洲贵族为主体的清朝政权，十分注重对少数民族地区的立法调整，制定了著名的《理藩院则例》、《回疆则例》、《西藏章程》、《苗疆条例》等，是民族立法之集大成，丰富了中华法文化的内容。

综上可见，在中华法制文明的发展过程中，华夏族与少数族都作出了自己的贡献。在中华民族的大家庭中，各族之间是开放的，各族法文化是相互交流的，经过交流而渐趋融合，最终丰富了以汉族为主体的中华法文化。可见，无论中华法文化的形成还是发展，都具有多元一体的特性。首

---

① 《天聪朝臣工奏议》卷中，宁完我："请变通《大明会典》设六部通事奏。"

先，这是因为某些少数民族由游牧文化、渔猎文化逐渐向农耕文化过渡，从而为多元一体的法文化的形成奠定了经济基础；其次，统一的中央集权的国家制度，为多元一体的法文化的形成提供了政治条件；最后，汉族法文化不仅具有先进性和包容性，而且还表现出巨大而长久的凝聚力、融合力和同化力。各族的法文化成就最终都融入了以汉族为主体的，以儒家思想为指导的法文化中去，成为构成中华法文化的重要因子。

在这个过程中，一些有作为的政治家、思想家也起了推波助澜的作用。例如：北魏孝文帝在法制"用夏变俗"上，煞费苦心地亲自选订，史书说："孝文用夏变俗，其于律令，至躬自下笔，凡有疑义，亲临决之，后世称焉。"① 没有孝文帝积极推行汉化的政策，就不可能有北朝的法制建树。

金世祖在位期间对法律进行了系统修订，完成《大定重修制条》十二卷，一千一百九十条，由于大定以来"尽行中国法"②，这部法典更多地融入了汉法。章宗统治时期金朝社会经济发展、政治稳定、民族融合，儒学本体的汉文化已为女真人普遍接受。章宗彻底推行了汉化政策，他在法制上总结经验，在权衡汉蕃法律杂糅利弊得失的基础上，更多地引进唐宋律，造就了金朝最辉煌的法制文明。

元世祖在汉臣的建议下，在即位诏书中，明确宣布"祖述变通"的治国方略，"祖述"指"稽列圣（祖宗）之洪规"，"变通"指"讲前代（中国）之定制"。③ 由此而形成了特色鲜明的元朝法律体系。

在中华民族多元一体的法文化中，多元不仅不妨碍一体，而且是构成一体的因子；一体也不否认多元的价值，相反在不同程度上加以认定和吸收。多元一体的法文化，符合中国的国情实际，有利于发挥各族的积极性，从而加强了民族大家庭的和睦，巩固了统一多民族的国家统治。

六　儒家思想主导下的法律样式

春秋战国时期百家争鸣，儒、墨、道、法诸说并存，各有自己的法观

---

① 程树德：《九朝律考·后魏律考序》，中华书局 2003 年版，第 333 页。
② 刘祁：《归潜志》卷十二。
③ 《元史·世祖纪》二。

念，可以说中华法文化的源头也是多元的。但由于儒家思想更适合封建国家的统治，因此至汉武帝时"罢黜百家，独尊儒术"，儒家思想占据了统治地位。此后经过宋儒的论证，由外儒内法发展为儒家独尊。在儒家思想主导下的古代法律样式，具有以下特点：

（一）德礼为本，刑罚为用

心仪周公制礼作乐的孔子，曾经指出："礼乐不兴，则刑罚不中。"其所谓之礼是贵贱不愆，维护等级秩序的一种规范。在孔子看来，只有以这样的礼乐为指导，才能使刑罚得中。战国时期，荀子对礼、法的作用及二者的相互关系作了明确的阐述："明礼义以化之，起法正以治之，重刑罚以禁之。"① 至汉朝，已经形成了礼（德）主刑辅的法制指导思想。唐朝是文物典章完备的朝代，也是引礼入法、礼法结合的成熟阶段。后世评价唐律"于礼以为出入"，说明了唐代的定罪量刑都受儒家礼治思想的影响。《唐律疏议》所宣布的"德礼为政教之本，刑罚为政教之用"明确了德礼与刑罚的本用关系，并把这种关系比喻为"昏晓阳秋"等自然现象的永恒性。德礼重在导民向善，所谓"禁于将然之前"，刑罚重在禁人为非，所谓"禁于已然之后"。明太祖朱元璋从治国理政的实际经验中总结出："礼乐者治平之膏粱，刑政者救弊之药石"，唯有"以德化天下"，兼"明刑制具以齐之"②，才能使国家长治久安。

（二）人本、仁政与恤刑

孔子传承和发展了周初萌发的人本主义思想，创立了"仁者爱人"的学说，充分肯定了人的地位、价值和尊严，并以"仁"作为调整人际关系的基本准则。孔子的仁学为孟子所继承，并把"爱人"具体化为"亲亲而仁民，仁民而爱物"③ 的现实政治主张，把人本思想演绎成系统的"仁政"学说。其核心是"重民"，强调"民为贵，社稷次之，君为轻"④。

---

① 《荀子·礼论》。
② 《明太祖实录》卷一六二。
③ 《孟子·尽心上》。
④ 《孟子·尽心下》。

　　儒家人本、仁政思想主导下的法律表现，一者为重视人命，由唐迄清，通过会审、复审制度使死刑案犯的处决权操于皇帝之手。康熙二十二年（1683 年），康熙帝曾就秋审下谕："人命事关重大……情有可原，即开生路。"① 三者表现为对社会弱势群体的恤刑原则。汉以后法律都给予鳏寡孤独、老幼妇残等弱势群体以特殊的矜恤。如《唐律疏议·名例》规定："诸年七十以上，十五以下及废疾，犯流罪以下，收赎。""八十以上，十岁以下及笃疾，犯反、逆、杀人应死者，上请；盗及伤人者，亦收赎。""九十以上，七岁以下，虽有死罪，不加刑。"还特别规定："诸犯罪时虽未老、疾，而事发时老、疾者，依老、疾论"；"犯罪时幼小，事发时长大，依幼小论"；"妇人犯流者，留住、收赎"，"妇人年六十及废疾，免流配"。《断狱律》也规定："妇人犯死罪，怀孕，当决者，听产后一百日乃行刑。"上述恤刑规定，体现了中国古代刑法中的人本主义精神和刑罚中的人道主义。

（三）天人合一

　　周灭商后，改变了商朝的天道观，周公提出"天命靡常"，"惟德是辅"，即天只帮助有德之人为君，这可以说是最早的天人合一的论断。汉武帝时董仲舒以阴阳五行之说论证现实中的刑罚："天道之大者在阴阳，阳为德，阴为刑；刑主杀而德主生。是故阳常居大夏；而以生育养长为事；阴常居大冬，而积于空虚不用之处。以此见天之任德不任刑也。"② 由此而确定了秋冬行刑制度，所谓则天行诛。

　　宋儒张载明确提出了"天人合一"的概念，他说："儒者则因明致诚，因诚致明，故天人合一。"③ 宋儒还将三纲说成是"天理"，违反三纲即是违天，而要受到天罚，从而使现实中的刑罚蒙上了神秘的色彩。

　　天人合一之说假借天意为夺取政权辩护，对现实中的刑罚取得天的支持，以及将三纲推崇为天理，违反三纲即是违天等产生了消极的影响。但天人合一的学说也阐述了人与自然的和谐关系，提出了"天道远，人道

---

①　《清史稿·刑法志》。
②　《汉书·董仲舒传》。
③　张载：《正蒙·乾称》。

迹"①,因此,提高内在的修养即与天道相适应,这些都具有积极的意义。

(四) 法致中和,宽猛相济

《礼记·中庸》:"喜怒哀乐之未发,谓之中,发而皆中节谓之和,中也者,天下之大本也,和也者,天下之达道也,致中和,天地位焉,万物育焉。"可见,在儒家经典中,中和是最高的道德标准,达到"致中和"的境界就会产生"天地位焉,万物育焉"的神秘效果。中和表现在司法上含有执法公平、准确、宽猛合于法度之意。《荀子·王制篇》说:"故公平者,职之衡也,中和者,听之绳也。"杨琼注曰:"中和,谓宽猛得中也。"为使法"致中和",必先兴礼乐,孔子说"礼乐不兴,则刑罚不中"②,又说"政宽则民慢,慢则纠之以猛;猛则民残,残则施之以宽,宽以济猛,猛以济宽,政是以和"③。汉时董仲舒还运用阴阳五行之说,阐明刑罚不中所带来的后果:"刑罚不中,则生邪气,邪气积于下,怨恶畜于上,上下不和,则阴阳缪戾而妖孽生矣,此灾异所缘而起也。"④

以上是由中国古代固有的国情所决定的法律传统,其中既有封建性的糟粕,也不乏民主性的精华。它是中华民族法律智慧的凝结,故而应该尊重传统,珍视传统。积极从传统中总结、吸取有益于建设中国特色的社会主义法制的经验,这是治法制史学者的责任。

【本文英文版刊发于 *Social Sciences in China*,No. 2,2013。作者张晋藩,中国政法大学原副校长、法律史学研究院教授】

---

① 《左传·召公十七年》。
② 《论语·子路》。
③ 《左传·昭公二十年》。
④ 《汉书·董仲舒传》。

新传统的兴起

——晚明观念变迁与生活方式[*]

高 翔

> 明季以来，风俗颓靡，僭越无度，浮屠盛行，礼乐崩坏。①
>
> 学术坏而风俗随之。其弊也至于荡轶礼法，蔑视伦常，天下之人，恣睢横肆，不复自安于规矩绳墨之内，而百病交作。②

晚明时期（约从 16 世纪中叶到 17 世纪中叶），中国社会在文化领域中取得的影响最为深远的成果，是带人文主义色彩的新的观念传统逐渐形成并扩展其影响。

以儒家纲常伦理为核心的道德观念，构成了长期主导中国社会发展方向的"旧传统"。而晚明以来逐渐形成的新传统，植根于市场经济迅速发展的新的历史条件，新兴的市民阶层是其重要的群众基础。新传统主张的是人性自由与个性发展，追求的是物质享受与生活乐趣，质疑和批判的是儒家纲常礼教。一句话，带人文主义色彩的价值观念是新传统的实质和灵魂。

---

  * 本文在写作过程中，得到路育松、李琳、周群诸同仁的指点和帮助，李琳先生提供了明清文学方面的一些重要史料。在此，表示衷心感谢。

① （清）魏裔介：《魏文毅公奏议》卷一，《兴教化以正风俗疏》，丛书集成初编本，《魏文毅公奏议（及其他一种）》，中华书局 1985 年版，第 29 页。

② （清）陆陇其：《学术辨》，丛书集成初编本，《学术辨（及其他二种）》，中华书局 1985年版，第 1—2 页。

从晚明到 19 世纪中叶，在中国社会持续存在的新传统，虽然不能从根本上改变旧传统的正统地位，但改变着社会文化之面貌，深刻地影响到当时的生活方式，从观念变迁的角度，为中国社会逐渐摆脱纲常礼教之束缚提供了精神动力和智力支持。本文主要对晚明时期新传统在社会文化领域之表现与影响做粗略分析。

一　妇女观的改变与"门内之德不甚质贞"

观念的变迁，从来都开始于人们对自身存在状况感受的改变。晚明时期，中国社会观念变迁的重要特点之一，是人们敏锐地觉察到个性需要得到尊重。袁宏道在《识张幼于箴铭后》一文中，将"相如窃卓，方朔徘优，中郎醉龙，阮籍母丧酒肉不绝口"这类敢于突破传统礼教束缚者，视为"世之所谓放达人也"，将循规蹈矩者，称为"世之所谓慎密人也"。尽管他认为"两种若水炭不相入"，但强调："两者不相肖也，亦不相笑也，各任其性耳。"提出："性之所安，殆不可强，率性而行，是谓真人。今若强放达者而为慎密，强慎密者而为放达，续凫项，断鹤颈，不亦大可叹哉！"① 其言即暴露出对个性的尊重。

大凡一个时代社会观念之转变，多从伦理道德领域开始。对妇女身心需求和社会地位的关注，是晚明时期中国观念变迁的重要入手处。谢肇淛的《五杂组》，具有鲜明的改善妇女地位的思想。他不但在书中推崇女性教育，强调"妇人以色举者，而慧次之。文采不章，几于木偶矣"②，而且对妇女贞节观这一极为敏感的话题，提出了自己的看法。谢肇淛指出：

> 古者妇节似不甚重，故其言曰："父一而已，人尽夫也。"辰嬴以国君之女，朝事其弟，夕事其兄；鹑奔、狐绥之行，见于大邦之主，而恬不为耻也。圣人制礼本乎人情，妇之事夫，视之子之事父，

---

① 钱伯城笺校：《袁宏道集笺校》（上），《锦帆集》之二，《识张幼于箴铭后》，上海古籍出版社 1981 年版，第 193 页。

② （明）谢肇淛：《五杂组》卷八，《人部四》，郭熙途校点，辽宁教育出版社 2001 年版，第 157 页。

臣之事君，原自有间，即今国家律令严于不孝不忠，而妇再适者无禁
焉，淫者罪止于杖而已，岂非以人情哉？抑亦厚望于士君子，而薄责
于妇人女子也？①

又云：

"父一而已，人尽夫也"，此语虽得罪于名教，亦格言也。父子
之恩，有生以来不可移易者也；委禽从人，原无定主，不但夫择妇，
妇亦择夫矣，谓之人尽夫，亦可也。②

事实上，明清时期，不少男性学者为妇女所受的不公正待遇而抱不
平。有人指出："妇人以一夫终，外畏公议，内顾名行。男十色不谓淫，
女过二便为辱。苦矣，身之女矣！"③ 一些人明确主张放松对女性的限制，
允许女性更多地参加社会活动。《闪电窗》作者评论说：

（女子）终夜在被窝里浪，只好讨这些快活，那里学得男子汉便
宜行事，游山玩水，选妓征歌，要东便东，要西便西的么。我道那妇
人像一只鸟一般有翅儿，却关他在笼子里，便要在外边浪一浪，除非
遇着好时节，同着众女眷，借个看春、看灯、看会、看台戏、踏月、
游青、烧香、祈子的名色，才好出门。最可恨那不晓事的男子汉，拘
管着妇人就像那话儿生在妇人额角头上，唯恐人瞧见的。我见那不出
闺门守着丈夫规矩的，也未尝都见得贞节。便在外面好胜，脚步儿勤
出门的，也不见得都是淫奔。④

明中叶以后，在一些经济比较发达的地区，女性参与社会活动的机会

---

① （明）谢肇淛：《五杂组》卷八，《人部四》，郭熙途校点，辽宁教育出版社 2001 年版，
第 151—152 页。

② 同上书，第 152 页。

③ （明）伏雌教主：《醋葫芦》，笔耕山房醉西湖心月主人序，中国文史出版社 2003 年版，
第 3 页。

④ （清）酌玄亭主人编辑，谐道人批评，王平标点：《闪电窗》第五回，《花二姐梅亲坑
陷》，明清稀见小说丛刊，齐鲁书社 1996 年版，第 219—220 页。

明显增加。像在苏州,女子出游十分普遍。袁宏道《虎丘》一文,曾谈到虎丘"箫鼓楼船,无日无之"。"凡月之夜,花之晨,雪之夕,游人往来,纷错如织。"而游人中,有不少女子。他特别提到:"中秋为尤胜。每至是日,倾城阖户,连臂而至,衣冠士女,下逮蔀屋,莫不靓妆丽服,重茵累席,置酒交衢间。"① 其《荷花荡》一文,介绍了苏人"游冶之盛"。根据他的记载,6月24日游荷花荡,游人最盛,而妇女在游人中占有很大比例。"舟中丽人,皆时妆淡服,摩肩簇舄,汗透重纱如雨。其男女之杂,灿烂之景,不可名状。大约露帷则千花竞笑,举袂则乱云出峡,挥扇则星流月映,闻歌则雷辊涛趋。苏人游冶之盛,至是日极矣。"② 值得注意的是,袁宏道对这种男女杂处的出游,是带着一种欣赏的态度来描写的,而不是站在道学先生的立场,予以谴责。降至清代,特别是18世纪,女子出游逐渐成为一个引人瞩目的社会现象。江苏巡抚陈宏谋曾感叹说:"(妇女)何乃习于游荡!少妇艳妆,出头露面,绝无顾忌。或兜轿游山,或灯夕走月,甚至寺庙游观,烧香做会,跪听讲经,僧房道院,谈笑自如。又其甚者,三月下旬,以宿神庙为结缘,六月六日,以翻经十次,可转男身。七月晦日,以点肉灯为求福,或宿山庙,还愿求子,或舍身于后殿寝宫,朔望供役,僧道款待,恶少围绕,本夫亲属恬不为怪,深为风俗之玷。"③

大凡一种社会现象,如果在文学作品中得到大量反映,那么,其存在之普遍性和社会影响,就值得历史学家们予以格外关注。晚明时期,妇女问题之所以引人注目,相当程度上在于文学作品对新的妇女观的倡扬。尽管在表面上,这个时期不少作品仍打着礼教的旗号,但在对具体事件的描述和处理上,往往采取的是相反的立场,对女性追求爱的自由、追求性的快乐,表示赞同或欣赏。《绣屏缘》就主张婚姻要男女相合,反对父母包办。称:"你看父母作主,媒人说合,十对夫妻定要配差九对。但凡做媒人的只图吃得好酒,那管你百年谐老之计,信口说来。某家门当户对,父

----

① 钱伯城笺校:《袁宏道集笺校》(上),《锦帆集》之二,《虎丘》,上海古籍出版社1981年版,第157页。

② 钱伯城笺校:《袁宏道集笺校》(上),《锦帆集》之二,《荷花荡》,上海古籍出版社1981年版,第170页。

③ (清)贺长龄、魏源等编:《清经世文编》卷六十八,陈宏谋《风俗条约》,中华书局1992年版,第1685页。

母是老成持重的，只思完了儿女之债，便听信那媒人了。有时麻子配了光面，有时矮妇配了长人。最可笑的，不是壮，定是瘦，穿几件新衣服，媒婆簇拥，也要袅娜走来。后来做一年半载亲，一件不晓得，提起婢妾一事，便如虎狼心性，放出吃人手段，甚是利害。所以世上夫妻，只因父母做主，再不能够十分和合。男要嫌女，女要嫌男。"① 小说《照世盃》虽成书于清初，但更多地反映了晚明世态人情。作者讲述了一个苏州秀士，年方弱冠，父母要为他择配，他却思量道："婚嫁之事，原该父母主张，但一日丝萝，即为百年琴瑟，比不得行云流水，易聚易散，这是要终日相对，终身相守的；倘配着一个村姬俗妇，可不憎嫌杀眉目，辱没杀枕席么！"遂告别父母，外出寻找自己的幸福。②

　　在重视婚姻问题的同时，社会对女性贞节的要求，也不像过去那样苛严。妇女在男女交往中，正在摆脱被动角色，变得主动起来。《春梦琐言》中韩器和二女的交往，实际上是二女勾引的结果。小说《山水情》中，涉及书生卫彩和尼姑了凡的关系，也是了凡主动。正是由于突破了传统的贞节观，所以对妓女的爱情追求，人们能持同情和欣赏态度。《照世盃》的作者一反世俗之见，宣称："众人都道妓女的情假，我道是妓女的情最真；众人都道妓女的情滥，我道是妓女的情最专；众人都道妓女的情薄，我道是妓女的情最厚。"③《杜十娘怒沉百宝箱》讲的是万历年间太学生李甲和名妓杜十娘相爱，欲结为夫妻。后李甲受盐商孙富蛊惑，贪图其钱财，欲将十娘转让给孙富，杜十娘怒沉宝匣，投江自尽。观者无不唾骂李甲"负心薄幸"，"咬牙切齿，争欲拳殴李甲和那孙富"。后来，李甲"终日愧悔，郁成狂疾，终身不痊"。"孙富自那日受惊，得病卧床月余，终日见杜十娘在傍诟骂，奄奄而逝"。作者称赞杜十娘为"千古女侠"，认为其遭遇"深可惜也"④。与不再苛求女性贞节相应，一些名流敢于和妓女成亲。像吴三桂和陈圆圆、钱谦益和柳如是的结合，就在一定程度

---

　　① （清）苏庵主人编次：《绣屏缘》第二回，《哑诗笺一生情障 真心事三段誓词》，清初刊本。

　　② （清）酌玄亭主人编辑，徐中伟、袁世硕校点：《照世盃·七松园弄假成真》，中国话本大系，《〈西湖佳话〉等三种》，江苏古籍出版社1993年版，第2页。

　　③ 同上书，第1页。

　　④ （明）冯梦龙编，严敦易校注：《警世通言》第三十二卷，《杜十娘怒沉百宝箱》，人民文学出版社1956年版，第475页。

上，反映和印证了这种观念的变迁。

青年男女冲破礼教束缚未婚同居，以及已婚男女私通的现象，是晚明市民小说着力描述的重点，而这种描述在其他形式的文艺作品中也有反映。晚明十分流行的时调小曲，就有大量关于男女之间冲突礼教束缚、自由结合的描述。如描写小姐私会情人的，《夹竹桃·一支红杏》云:

> 风流小姐出妆台，红袄红裙红绣鞋。后园月上，情人可来? 无踪无影，只得把梯儿展开。小阿姐儿三寸三分弓鞋，踏上子花梯，伸头只一看，分明是一枝红杏出墙来。①

挂枝儿是明代万历年间兴起的时调小曲，在启祯之际广为传唱。其中，《愁孕》即反映了女子未婚怀孕的现象:

> 悔当初与他偷了一下，谁知道就有了小冤家，主腰儿难束肚子大。这等不尴不尬事，如何处置他? 免不得娘知也，定有一顿打。②

再如《山歌·偷》，非常生动地反映了女子不惧世俗和礼教，大胆追求真挚爱情的精神风范:

> 结识私情弗要慌，捉着子奸情奴自去当。拼得到官双膝馒头跪子从实说，咬钉嚼铁我偷郎。③

《山歌·捉奸》所反映的道德倾向更是十分引人注目:

> 古人说话弗中听，那了一个娇娘只许嫁一个人? 若得武则天娘娘

① （明）冯梦龙编纂，刘瑞明注解:《冯梦龙民歌集三种注解》，《夹竹桃·一支红杏》，中华书局2005年版，第624—625页。
② （明）冯梦龙编纂，刘瑞明注解:《冯梦龙民歌集三种注解》，《挂枝儿·私部·愁孕》，中华书局2005年版，第42—43页。
③ （明）冯梦龙编纂，刘瑞明注解:《冯梦龙民歌集三种注解》，《山歌》卷二，《偷（之三)》，中华书局2005年版，第367页。

改子个大明律，世间啰敢捉奸情。①

　　值得重视的是，这首山歌不是直接源于民间，而是出自文人之手。作者系冯梦龙之友苏子忠。苏子忠作为书生，竟有如此作品，令冯梦龙十分震惊。他感慨道："子忠，笃士，乃作此异想。文人之心，何所不有。"②显然，明朝知识界的一些人，对妇女冲破礼教束缚、争取个性自由，至少是理解的，是持尊重甚至赞赏态度的。

　　随着贞节观和妇女观的改变，在一些地区，妇女的生活方式发生了变化，已经非传统礼教所能束缚，甚至出现了妇女婚后主动求去的现象。谢肇淛说："京师妇人有五不善：馋也，懒也，刁也，淫也，拙也。余见四方游宦取京师女为妾者，皆罄资斧以供口腹，蔽精神以遂其欲。及归故里，则撒泼求离，父母兄弟群然嚣竞。求其勤俭干家，千百中不能得一二也。"③ 同时代的其他人，也有类似的感受。徐光启曾感慨说："今天下门内之德，不甚质贞。每岁奏牍，奸淫十五。"他认为可能是蚕教不兴，妇女生活过于安逸使然，所谓"不织则逸，逸则淫，淫则男子为所蛊蚀，而风俗日以颓坏"④。成书于清初的小说《云仙笑》的作者也察觉到了主流价值所推崇的贞节观念与妇女实际生活之间的巨大差距，感叹说："妇人谁不说贞坚，十载之中几个贤！柳絮遇风随路去，桃花无主隔墙妍。香闺若使都如玉，烈女应知不值钱。但愿雨云无入梦，民风朴实过千年。"作者进一步分析道："常言道：万恶淫为首，怎么如今的人遇着妇人略有几分颜色，便不顾利害，千方百计必要弄他上手才住！然这个缘故，却不是汉子寻女人，乃是女人寻汉子。"⑤ 作者将男女私情归罪于妇女，当然是一种偏见，但他所揭示的社会现象，或多或少反映出妇女生活态度与方式的改变。

---

　　① （明）冯梦龙编纂，刘瑞明注解：《冯梦龙民歌集三种注解》，《山歌》卷一，《捉奸（之三）》，中华书局2005年版，第352页。
　　② 同上书，第352页。
　　③ （明）谢肇淛著，郭熙途校点：《五杂组》卷八，《人部四》，辽宁教育出版社2001年版，第152页。
　　④ （明）徐光启：《农政全书》卷三十一，《蚕桑·总论》，中华书局1956年版，第616页。
　　⑤ （清）天花主人编次，李伟实校点：《云仙笑》第三册，《都家郎女妆奸淫妇 耿氏女男扮寻夫》，中国话本大系，《〈珍珠舶〉等四种》，江苏古籍出版社1993年版，第40页。

在妇女观出现变化的同时，女性在家庭中的地位有所上升，其重要表现是"惧内"现象趋于严重。时人感叹说:"今之惧内者，自缙绅以逮下贱，习以成风，恬不知耻。即目击妻之纵淫，亦无可奈何。"① 小说《醉葫芦》作者感叹说:"（男人）不知怎么到了壮年以来，娶下一房妻室，便有了一个缄束，就似那蜗牛遇到了醋，蚂蟥见了石灰一般，由他飞天也似的好汉，只索缩了一大半，这也不知什么缘故。难道男子个个惧内，女人个个欺夫的? 也是天生的古怪。"② 甚至还有人对当时大量存在的"惧内"现象进行辩解，称:"天下之男子，未有不怕婆而能为丈夫，如公输不能拙规矩而成方圆。不怕则争，争则不和，夫妇不和，天地随之愆尤。盖怕之道，精言之为柔，直言之则为怕。然则，怕婆又何必为丈夫讳?"③ 其言虽有点夸张，但也或多或少地反映了一些历史的真实。谢肇淛曾对晚明"惧内"现象作过比较细致的分析。他说:

> 　惧内者有三:贫贱相守，艰难备尝，一见天日，不复相制，一也;枕席恩深，山河盟重，转爱成畏，积溺成迷;（引者注:应为","）二也;齐大非偶，阿堵生威，太阿倒持，令非已出，三也。妇人欲干男子之政，必先收其利权，利权一入其手，则威福自由，仆婢帖服。男子一动一静，彼必知之。大势既成，即欲反之，不可得已。
>
> 　愚不肖之畏妇，怵于威也;贤智之畏妇，溺于爱也;贫贱之畏妇，仰餕沫以自给也;富贵之畏妇，惮勃豀而苟安也;丑妇之见畏，操家秉也;少妇之见畏，惑床第也;有子而畏，势之所挟也;无子而畏，威之所劫也。八者之外，而能挺然中立者，噫，亦难矣!④

谢肇淛的分析可以说是比较全面的。但如果从社会变迁的深层次予以考察，惧内现象的严重，实质上是女性在家庭生活中地位提高的具体反

① （清）醒世居士编集，樵叟参订，公羊辛校点:《八段锦》第二段，《戒惧内》，中国古代珍稀本小说（4），春风文艺出版社1994年版，第281页。

② （明）伏雌教主:《醋葫芦》第一回，《限时刻焚香出去 怕违条忍饿归来》，中国文史出版社2003年版，第7页。

③ 同上书，第5页。

④ （明）谢肇淛著，郭熙途校点:《五杂组》卷八，《人部四》，辽宁教育出版社2001年版，第153页。

映。而女性地位上升，诚然是当时观念变迁的结果，但也和妇女在经济生活中作用的加强存在着密切的关系。谢肇淛曾注意到"贫贱之畏妇，仰馀沫以自给也"，张履祥则对妇女在商品经济中的作用作过更加深入的阐发。他说：

> 西乡女工，大概织绵绌素绢，绩苎麻黄草以成布匹。东乡女工，或杂农桑，或治纺织。若吾乡女工，则以纺织木棉与养蚕作绵为主。随其乡土，各有资息，以佐其夫。女工勤者，其家必兴；女工游惰，其家必落。正与男事相类。夫妇女所业，不过麻枲蚕丝之属，勤惰所系，似于家道甚微，然勤则百务俱兴，惰则百务俱废。故曰："家贫思贤妻，国乱思良相。"资其辅佐，势实相等也。①

正是商品化生产，增加了妇女在家庭经济中的分量，从而为妇女社会地位的提升，打下了重要的基础。

二　"率性而行"与奢淫之风

性生活构成了人类社会生活的基本内容，并影响到了整个制度和文化。马林诺夫斯基在《野蛮人的性生活》中指出："性，在其最广泛的意义上——正如我在本书的书名上所使用的——与其说是两性间的身体关系，不如说是社会和文化的动力。"② 这一说法不一定准确，但它仍具有比较充分的理由。人类性生活和动物性行为的重要区别在于：它具有比较丰富而系统的文化内涵。在人类性生活中，生理的需求，包括对快乐的追求，对繁衍后代的需求，诚然是性生活的重要基础，但又不能不受到社会习俗、制度和传统等多种因素的制约。这一点，即使在马林诺夫斯基所考察的所谓野蛮人的性生活中，我们也能找到充分的证据。性生活，不但影

---

① （明）张履祥著，陈祖武点校：《杨园先生全集》卷五十，中华书局 2002 年版，第 1426 页。

② ［英］马林诺夫斯基：《野蛮人的性生活》，刘文远等译，团结出版社 1989 年版，第 6 页。

响着文化；同时，它又是文化的基本组成部分。人们在不同时代性观念、性生活方式的变化，从一个非常生动而且具体的侧面，体现着社会的变迁。

晚明时期中国市民生活的重要特点，是发达地区城市居民（以及部分乡村居民）的性观念和性生活出现了日益开放的趋势。像经济发达的江南地区，"奢淫"之风尤盛。所谓："奢淫又翟江南一路，最为多端。穷的奢不来，奢字尚不必禁，惟淫风太盛。苏松杭嘉湖一带地方，不减当年郑卫。""这江以南，淫钉忒盛了。凡是聪明男子，伶俐妇人，都想偷情，不顾廉耻。""可笑这一个男子，爱那一个妇人；那一个妇人的丈夫，却又不爱老婆，而爱别人；这一个妇人，爱那一个男子，那一个男子的老婆，却又不爱丈夫，而爱别个。""苏州地方，第一奢华去处了，淫风也渐觉不同。"①

在明清观念文化史上，市民小说的兴起和传播，具有重要的标志意义，它是人文精神兴起的重要载体，是观念变迁的历史见证。晚明不少市民小说，"非性不言"，擅长通过大量细致入微的性描写，迎合市民趣味。一方面以艺术的方式生动地展现了社会文化之改变；另一方面，又以自己独特的思想和艺术感染力，影响到时人的思想观念和生活方式。18世纪，钱大昕面对市民小说之流行，抚今追昔，感慨颇深。他说："古有儒、释、道三教，自明以来，又多一教曰小说。小说演义之书，未尝自以为教也，而士大夫农工商贾无不习闻之，以至儿童妇女不识字者，亦皆闻而如见之，是其教较之儒、释、道而更广也。释、道犹劝人以善，小说专导人以恶。奸邪淫盗之事，儒、释、道书所不忍斥言者，彼必尽相穷形，津津乐道，以杀人为好汉，以渔色为风流，丧心病狂，无所忌惮。子弟之逸居无教者多矣，又有此等书以诱之，曷怪其近于禽兽乎！世人习而不察，辄怪刑狱之日繁，盗贼之日炽，岂知小说之中于人心风俗者，已非一朝一夕之故也。"②

估计成书于清初的《肉蒲团》，在一定程度上可以作为明末清初市民

---

① （清）佚名：《梧桐影》第三回，《一怪眼前知恶孽，两铁面力砥狂澜》，载马松源主编《私家秘藏焚毁名著》第五卷，中国戏剧出版社2000年版，第304—305页。

② （清）钱大昕：《潜研堂文集》卷十七，《正俗》，载陈文和主编《嘉定钱大昕全集》第9册，江苏古籍出版社1997年版，第272页。

文学的一个代表。以现在的眼光看，《肉蒲团》的格调远较《金瓶梅》为低，是一部赤裸裸描写性爱的著作。小说一开始，作者即为自己的写作动机作辩解，宣称"做这部小说的人原具一片婆心，要为世人说法，劝人窒欲，不是劝人纵欲，为人秘淫，不是为人宣淫"。又说："移风易俗之法，要因势而利导之则其言易入。近日的人情，怕读圣经贤传，喜看稗官野史。就是稗官野史里面，又厌闻忠孝节义之事，喜看淫邪诞妄之书，风俗至今日可谓靡荡极矣。若还著一部道学之书劝人为善，莫说要使世上人将银买了去看，就如好善之家施舍经藏的刊刻成书，装订成套，赔了贴子送他，他还不是拆了塞瓮，就是扯了吃烟，那里肯把眼睛去看一看。不如就把色欲之事去歆动他，等他看到津津有味之时，忽然下几句针砭之语，使他瞿然叹息道'女色之可好如此，岂可不留行乐之身，常还受用，而为牡丹花下之鬼，务虚名而去实际乎？'又等他看到明彰报应之处，轻轻下一二点化之言，使他幡然大悟道'奸淫之必报如此，岂可不留妻妾之身自家受用，而为惰珠弹雀之事，借虚钱而还实债乎？'思念及此，自然不走邪路。不走邪路，自然夫爱其妻，妻敬其夫，'周南''召南'之化不外是矣。"耐人寻味的是，即使是冠冕堂皇的开场白，作者也按耐不住，表达出了肯定人类性爱的思想倾向：

　　人生在世，朝朝劳苦，事事愁烦，没有一毫受用处，还亏那太古之世开天辟地的主人，制一件男女交媾之情与人息息劳苦，解解愁烦，不至十分憔悴。照拘儒说来，妇人腰下物乃生我之门，死我之户。据达者看来，人生在世若没有这件东西，只怕头发还早白几年，寿还略少几岁。不信单看世间的和尚，有几人四五十岁头发不白的？有几人七八十岁肉身不倒的？或者说和尚虽然出家，一般也有去路，或偷妇人，或狎徒弟，也与俗人一般不能保元固本，所以没寿这等。请看京里的太监，不但不偷妇人，不狎徒弟，连那偷妇人狎徒弟的器械都没有了，就该少嫩一生，活活几百岁才是，为何面上的皱纹比别人多些？头上的白发比别人早些？名为公公实像婆婆？京师之内，只有挂长寿匾额的平人，没有起百岁牌坊的内相。①

————————————

　　① （明）李渔：《肉蒲团》第一回《止淫风借淫事说法，谈色事就色欲开端》。

　　如果将这一思想主张，结合该书对性生活细致入微的描写，不难得出这样的结论：说《肉蒲团》是一部面向市民的"淫书"绝不过分。事实上，晚明艳情小说大多打着"教化"的旗号，传播着赤裸裸的色情内容，《肉蒲团》不过是其中的一个典型而已。而成书于晚明的小说《闪电窗》，也通过描写几位士人赴考途中寻花问柳之事，生动地反映出晚明时期知识阶层抛弃道学外衣、人欲横流的景象，可谓晚明知识界道德状况的生动写照。

　　需要研究者高度重视的是，市民小说所反映的道德情趣和价值观念，在晚明颇有市场，深刻地影响到当时的生活方式。刘宗周所撰《人谱类记》曾载有正统之士对市民小说的评论，其言生动地反映出小说受欢迎的情况。辞云："今世文字之祸，百怪俱兴，往往倡淫秽之词，撰造小说，以为风流佳话，使观者魂摇色夺，毁性易心。其意不过网取蝇头耳。在有识者固知为海市蜃楼，寓言幻影，其如天下高明特达者少，随俗波靡者多，彼见当时文人才士已俨然笔之为书，昭布天下，则闺房丑行未尝不为文人才士之所许，平日天良一线或犹畏鬼畏人，至此则公然心雄胆泼矣。若夫幼男童女，血气未定，见此等词说，必致凿破混沌，抛舍躯命，小则灭身，大则灭家。呜呼！谁实使之然耶？"指责市民小说"驱迫齐民尽入禽兽一路"，"祸天下而害人心莫此之甚已！"[①]

　　然而，人类对性的关心与对爱的追求，毕竟非正统者的苛责所能禁止。市民小说，以其反映了人们追求人性自由的共同心理而大受欢迎。像《金瓶梅》在明清长期流行，深受时人欢迎。欣欣子为《新刻金瓶梅词话》作序，强调"人有七情，忧郁为甚"，"房中之事，人皆好之，人皆恶之。人非尧舜圣贤，鲜有不为所耽"，称赞《金瓶梅》"语句新奇，脍炙人口"[②]。清代小说《空空幻》甚至描述说：尼姑也读《金瓶梅》，称之为"消闲趣书"[③]。这从另一个侧面反映出《金瓶梅》作为"淫书"流传之广。文言传奇小说《春梦琐言》，讲的是书生韩器（字仲琏）和妖女李姐、棠娘寻欢作乐的故事，该书对性过程的描写细致入微、入木三分，

---

　　① （明）刘宗周：《人谱·人谱类记》卷下，《四库全书》本。

　　② （明）兰陵笑笑生著，陶慕宁校注，宁宗一审定：《金瓶梅词话》，欣欣子序，人民文学出版社 2000 年版。

　　③ （清）梧岗主人编次，卧雪居士评阅，苗深标点：《空空幻》第六回，《一幅画巧谐美事三杯酒强度春风》，明清稀见小说丛刊，齐鲁书社 1996 年版，第 294 页。

竟受到时人的高度评价。崇祯十年（1637 年）二月，沃焦山人为该书作序，对其内容和文笔赞不绝口，认为："古礼曰：'男女之交，谓之阴礼。'以其寝席之间，有阴私之事也。故郑、卫桑间之诗，圣人不删，谐谑秘戏，王者容之，以贵和贱，固也"，赞其"呜呼！五寸之管，一寸之锋，至能动人者，实文之妙也乎哉！班马复生，亦不必猥亵损其辞矣！"①显然，随着社会环境的改变，人们对情欲的追求，远远超过了前代。过去对性生活隐晦、单调的描写，已经不能满足人们的精神需求，这正是《春梦琐言》这样"非性不言"小说大量出现，深受欢迎的重要原因。从中，研究者不但能看到作者的价值取向，也能看到读者的价值取向。

在市民小说流行的同时，时调小曲也颇受时人欢迎。明代时调小曲，因其内容和正统礼教大相径庭，引起一些学者的关注。《万历野获编》作者沈德符评论说：

> 元人小令，行于燕赵，后浸淫日盛。自宣正至成弘后，中原又行《锁南枝》、《傍妆台》、《山坡羊》之属。李崆峒先生初自庆阳徙居汴梁，闻之以为可继"国风"之后。何大复继至，亦酷爱之。今所传《泥捏人》及《鞋打卦》、《熬髋髻》三阕，为三牌名之冠，故不虚也。自兹以后，又有《耍孩儿》、《驻云飞》、《醉太平》诸曲，然不如三曲之盛。嘉隆间，乃兴《闹五更》、《寄生草》、《罗江怨》、《哭皇天》、《乾荷叶》、《粉红莲》、《桐城歌》、《银纽丝》之属。自两淮以至江南，渐与词曲相远，不过写淫媟情态，略具抑扬而已。比年以来，又有《打枣杆》、《挂枝儿》二曲，其腔调约略相似，则不问南北，不问男女，不问老幼良贱，人人习之，亦人人喜听之，以至刊布成帙，举世传颂，沁入心腑。其谱不知从何来，真可骇叹。又《山坡羊》者，李、何二公所喜，今南北词俱有此名。但北方惟盛，爱数落《山坡羊》。其曲自宣、大、辽东三镇传来，今京师技女，惯以此弦索北调，其语秽亵鄙浅，并桑濮之音，亦离去已远。而羁人游婿，嗜之独深，丙夜开樽，争先招致，而教坊所隶筝纂等色，及九宫十二，则皆不知为何物矣。俗乐中之雅乐，尚不谐里耳如此，况真雅

---

① （明）佚名编撰，苗深标点：《春梦琐言》，崇祯丁丑沃焦山人序，明清稀见小说丛刊，齐鲁书社 1996 年版，第 945、946 页。

乐乎?①

但也有一些文人学者,对山歌小调持赞赏态度。袁宏道说:"今之诗文不传矣。其万一传者,或今间阎妇人孺子所唱《擘破玉》、《打草竿》之类,犹是无闻无识真人所作,故多真声,不效颦于汉、魏,不学步于盛唐,任性而发,尚能通于人之喜怒哀乐嗜好情欲,是可喜也。"② 这里所谓"任性而发","通于人之喜、怒、哀、乐、嗜好、情欲",即充分反映了其市民情怀和价值追求。

和尚、尼姑等出家人,本来是远离尘世、禁绝情欲的,但其生理需求在这个时期受到人们的高度重视。于是,我们看到不少人以"俗人"的眼光来理解和认识出家人的精神世界,大肆渲染他们对性生活的要求、对情感的需求,将其"世俗化"。表现在文学中,就是不少作品热衷于描写和尚、尼姑、道士冲破"戒条"束缚,与人"私通"。像《醒世恒言》第三十九卷《汪大尹火焚宝莲寺》,开篇即讲述僧人至慧对禁欲生活的不满:自幼出家的至惠,在街上遇到美貌妇人,"不觉神魂荡漾,遍体酥麻,恨不得就抱过来,一口水咽下肚去"。心内道:"这妇人不知是甚样人家?却生得如此美貌!若得与她同睡一夜,就死甘心!"又道:"我和尚一般是父娘生长,怎地剃掉了这几茎头发,便不许亲近妇人。我想当初佛爷,也是扯淡。你要成佛作祖,止戒自己罢了,却又立下这个规矩,连后世的人都戒起来。我们是个凡夫,哪里打熬得过!"后来蓄发娶妻,离寺之日,曾作诗云:"少年不肯戴儒冠,强把身心赴戒坛;雪夜孤眠双足冷,霜天剃发髑髅寒。朱楼美女应无分,红粉佳人不许看。死后定为惆怅鬼,西天依旧黑漫漫。"③ 明末小说《山水情》也借尼姑之口说:"前世不修,得陷空门,日夜受清苦,有甚好处?"④ 其言充分反映出明中叶以

① (明)沈德符:《万历野获编》卷二十五,《时尚小令》,元明史料笔记丛刊,中华书局1959年版,第647页。

② 钱伯城笺校:《袁宏道集笺校》(上),《锦帆集》之二,《叙小修诗》,上海古籍出版社1981年版,第188页。

③ (明)冯梦龙编纂,洛保生、梁雁校注:《醒世恒言》卷三十九,《汪大尹火焚宝莲寺》,河北大学出版社2004年版,第651、653页。

④ (明)佚名编撰,佚名批评,觉园、愚谷标点:《山水情》第一回,《俏书生春游逢丽质》,明清稀见小说丛刊,第9页。

后，人们对生理和情感需求的高度重视。

实际上，晚明时期，不少市民在突破礼教束缚的同时，基于对情欲的重视，生活态度发生了重大转变。这就是开始推崇快乐至上原则，而不是传统的伦理至上原则。正是这一转变导致晚明"奢淫"之风渐成蔓延之势，这从以下几个方面可以看出。

第一，色情行业趋于繁荣。这是晚明社会的一大景观。时人感叹说："今时娼妓布满天下，其大都会之地动以千百计，其它穷州僻邑在在有之，终日倚门献笑，卖淫为活。""两京教坊，官收其税，谓之脂粉钱。隶郡县者则为乐户，听使令而已。唐、宋皆以官伎佐酒，国初犹然，至宣德初始有禁，而缙绅家居者不论也。故虽绝迹公庭，而常充牣里闬。又有不隶于官，家居而卖奸者，谓之土妓，俗谓之私窠子，盖不胜数矣。"① 色情服务的发达，在相当程度上反映出随着社会观念的改变，身体（性）作为一种商品，正在进入市场，并受到欢迎。

第二，春宫画和艳情小说比较流行。关于晚明春宫画和艳情小说之流行，资料颇丰，学术界已有讨论。这里仅举一例：成书较晚的《肉蒲团》的有关描写表明，人们不但能在画铺和书铺中买到春宫画和艳情小说（风月之书），而且这些书画已经影响到了人们的日常生活。作者描述说：

> 未央生见他（玉香）没有一毫生动之趣，甚以为苦。我今只得用些淘养的工夫，变化他出来。明日就书画铺中买一副绝巧的春宫册子，是学士赵子昂的手笔，共有三十六幅，取唐诗上三十六官都是春的意思。拿回去与玉香小姐一同翻阅，可见男女交媾这些套数不是我创造出来的，古人先有行之者，现有赵文敏墨卷在此，取来证验。
>
> 玉香自看春宫之后，道学变做风流。夜间行房不行中庸之道，最喜标新立异。蜡烛也肯倒浇，隔山也容取火。干事之时骚声助兴的狂态渐渐在行。未央生要助他淫性，又到书铺中买了许多风月之书，如《绣塌野史》、《如意君传》、《痴婆子传》之类，共有一二十种。放在案头任他翻阅，把以前所读之书尽行束之高阁。夫妇二人枕席之欢，就画三百六十幅春宫也还描写不尽。真是：琴瑟不足喻其和，钟

---

① （明）谢肇淛著，郭熙途校点：《五杂组》卷八，《人部四》，辽宁教育出版社 2001 年版，第 163 页。

鼓不能鸣其乐。①

第三,滥交现象在文学作品中受到重视。滥交现象在历朝历代都有存在,但因其严重违反伦常,行事隐秘,很少在文学中有所反映。通过文学作品,以生动形象方式反映滥交现象,开始于明代中叶以后。小说《绣榻野史》、《怡情阵》(后者系据前者改写而成)、《痴婆子传》以及小说"三言二拍"里都不乏滥交内容,群交、乱伦现象充斥,真可谓"不论亲疏,不分长幼,不别尊卑,不问僧俗,惟知云雨绸缪,罔顾纲常廉耻"②。像《痴婆子传》主人公上官阿娜,自少女偷试云雨后,伤风败俗,乱伦淫荡,自云:"处闺中时,惑少妇之言,而私慧敏,不姊也。又私奴,不主也。既为妇,私盈郎,又为大徒所劫,亦不主也。私翁私伯,不妇也。私饕,不嫂也。私费,不姨也。私优复私僧,不尊也。私谷,不主人也。一夫之外所私者十有二人,罪应莫赎。"③ 滥交现象在明代小说中的大量出现,以及作者对性生活细节的津津乐道,实际上反映出这样一种社会现实:随着市民社会的出现和发展,享乐至上的生活原则已经获得不少人的认可。

第四,同性恋现象趋于严重。同性恋并非中国独有,也并非仅仅存在于明朝,但明中后期,随着享乐之风的趋盛,同性恋现象日渐增加并受到人们的重视。谢肇淛《五杂组》中有不少关于男风的记载。谢肇淛说:

> 今天下言男色者,动以闽、广为口实,然从吴越至燕云,未有不知此好者也。陶谷《清异录》言:"京师男子,举体自货,迎送恬然。"则知此风唐宋已有之矣。今京师有小唱,专供缙绅酒席,盖官伎既禁,不得不用之耳。其初皆浙之宁绍人,近日则半属临清矣,故有南北小唱之分。然随群逐队,鲜有佳者。间一有之,则风流,诸缙绅莫不尽力邀致,举国若狂矣。此亦大可笑事也。外之仕者,设有门子以侍左右,亦所以代便辟也,而官多惑之,往往形之白简,至于娟丽儇巧,则西北非东南敌矣。④

---

① 《肉蒲团》第三回,《道学翁错配风流婿,端庄女情移薄情郎》。
② 《痴婆子传》乾隆刻本序。
③ 佚名:《痴婆子传》卷下,乾隆序刻本。
④ (明)谢肇淛著,郭熙途校点:《五杂组》卷八,《人部四》,辽宁教育出版社 2001 年版,第 151 页。

沈德符《万历野获编》详细描述了晚明同性恋的情况，反映出当时无论是上层还是下层，无论是内地还是边疆，同性恋现象均比较严重，已经成为一个引人注目的社会问题。称：

> 宇内男色有出于不得已者数家：按院之身辞闺阁；阇黎之律禁奸通；塾师之客羁馆舍，皆系托物比兴，见景生情，理势所不免。又罪囚久系狴犴，稍给朝夕者，必求一人作偶，亦有同类为之讲好，送入监房，与偕卧起。其有他淫者，致相殴讦告，提牢官亦有分剖曲直。尝见西署郎吏谈之甚详，但不知外方狱中亦有此风否？又西北戍卒，贫无夜合之资，每于队伍中自相配合，其老而无匹者，往往以两足凹代之，孤苦无聊，计遂出此，正与佛经中所云五处行淫者相符，虽可笑亦可悯矣。至于习尚成俗，如京中小唱，闽中契弟之外，则得志士人致娈童为厮役，钟情年少狎丽竖若友昆，盛于江南而渐染于中原，至今金陵坊曲有时名者，竞以此道博游婿爱宠，女伴中相夸相谑以为佳事。独北妓尚有不深嗜者，佛经中名男色为骚罗舍。[1]

值得注意的是，作者从人的自然需求的角度，对男色现象表示理解，认为它有存在的合理性和必要性，这就反映出当时的知识界对一些非正统社会现象的评判，采取的不是正统的道德标准，而是尊重自然和情感需求的人性化标准。

同性恋现象在文学作品中得到充分反映始于明代。明中后期艳情小说中有大量同性恋生活描写。世人对同性恋现象也不以为异，所谓："就有此事，亦世俗常情。""只好置之不理，其议论自息。"[2]像《怡情阵》中，白琨夫妇和井泉夫妇的滥交生活，最早就开始于白琨和井泉的同性恋，而且这种同性恋关系在滥交期间仍被保持，"荒淫太过，囚不避灯

---

① （明）沈德符：《万历野获编》卷二十四，《男色之靡》，元明史料笔记丛刊，中华书局1959年版，第622页。

② （明）醉西湖心月主人著，萧相恺校点：《弁而钗·情贞纪》第四回，《好先生观文会意，蠢奴才同室操戈》，载侯忠义主编《明代小说辑刊》第二辑，巴蜀书社1999年版，第825页。

光、日光、月光"①。而这个时候还出现了同性恋题材的长篇小说《弁而
钗》。值得注意的是，与世俗之见不同，《弁而钗》对同性恋采取欣赏态
度，对同性之间的感情不但认同，而且赞许，尤其提倡真挚而富有献身精
神的同性爱情，公然宣称："情之所钟，正在我辈。今日之事，论理自是
不该；论情则男可女，女亦可男。可以由生而之死，亦可以自死而之生。
局于男女之说者，皆非情之至也。我尝道：海可枯，石可烂，惟情不可理
灭。"②作者在词《东风齐着力》中说："既可雄飞，亦能雌伏，占尽风
华，何须巾帼，遍地皆司马。"③该书分情贞、情侠、情烈、情奇等部分，
向人们讲述了颇有品味的同性恋故事，寄托了作者对同性恋感情的思考和
追求。

《弁而钗》的姊妹篇《宜春香质》集中讲述有关男子同性恋的故事，
且自立风、花、雪、月四集来写，这在明清淫词小说中可谓别开生面。作
者从另一个侧面考察同性恋问题，明确强调情在同性爱中的重要意义，宣
称："天上恩情其下不及，情之所钟正在我辈。"④

文学作品中同性恋描写的增加，显然源于现实生活中同性恋现象日趋
严重这一社会现实。这一点，从别的资料处也能得到证明。像这个时期的
时调小曲，出现了不少有关同性恋内容的描写。在一般情况下，时调小曲
应该是现实生活的比较直白的反映。冯梦龙编《挂枝儿》就有《男风》
一首，辞云：

　　　痴心的，悔当初错将你嫁，却原来整夜里小官家。毒手儿重重的
　　打你一下，他有的，我也有。我有的，强似他。枉费些精神也，两路

① （明）江西野人：《怡情阵》第十回，《为荒淫六人废命，被梦惊白琨悔终》。

② （明）醉西湖心月主人著，萧相恺校点：《弁而钗·情贞纪》第三回，《酒中诉出风月
怀，病里了却相思债》，载侯忠义主编《明代小说辑刊》第二辑，巴蜀书社1999年版，第818
页。

③ （明）醉西湖心月主人著，萧相恺校点：《弁而钗·情贞纪》第一回，《趣翰林改妆寻
友，俏书生刮目英雄》，载侯忠义主编《明代小说辑刊》第二辑，巴蜀书社1999年版，第797
页。

④ （明）醉西湖心月主人著，萧相恺校点：《宜春香质》风集第一回，《书房内明修栈道，
卧榻上暗度陈仓》，载侯忠义主编《明代小说辑刊》第二辑，巴蜀书社1999年版，第611页。

儿都下马。①

　　冯梦龙评论说："男风之说，《素问》已及之，其来远矣。然'破老'、'破舌'分戒男女，未有合而一者。尔年间往往闻女兼男淫，亦异事也。适有狎客述《夫人自称曰小童》题破云即：'夫人之自称，而邦君之所好可知矣。'可发一笑。"②

　　总之，晚明社会观念变迁的标志性特征同时也是最基本的特征，是突破存理灭欲的礼教束缚，对人的基本欲望，特别是性的欲望予以释放。它追求的是人性的自由，讲究的是生活的（特别是性的）享受，崇尚的是感官的愉悦，也就是"惟知云雨绸缪，罔顾纲常廉耻"。在特定的时期，追求身体享受是冲破礼教束缚的有力武器，是将人类从形形色色的非理性的压制、压抑中解放出来的有效工具。然而，个性自由并不等于抛弃最基本的道德防线，也不等于无节制地纵欲享乐，晚明市民生活中暴露出来的性放纵倾向，显示出一种新的社会文化，在其萌生期间，虽然对旧传统、旧制度具有较强的破坏性，但它本身并不完善，它还没有建立起一套经得住时间检验的、能为大多数社会成员所接受的新的道德规范。事实上，在社会道德与生活方式问题上，如何在理想与现实、传统与变革、自由与规范、欲望与伦常之间寻找到一个合理的连接点，构建出一套既不违背人类最基本的伦理底线，又能较好地实现个性自由的道德体系，从晚明到清末，甚至到今天，一直是人们努力探索而没有得到很好解决的复杂社会课题。

三　"惟论财势"与奢华之风

　　好利现象历代均有，不足为奇。但明中后期随着市场经济的发展，这种现象更加严重。袁宏道称："爱富贵之心，甚于爱生；恶贫贱之心，狠

---

　　①　（明）冯梦龙编纂，刘瑞明注解：《冯梦龙民歌集三种注解》，《挂枝儿·隙部·男风》，中华书局2005年版，第166页。

　　②　同上。

于恶死。茫茫不返，滔滔皆是，即贤智或不免焉。愚哉，贪哉！"① 当然，这个时期好利浮华之风也具有一些新的内涵，这就是人们更多地通过投身市场，追求财富，以致突破传统的士农工商的阶层划分，士人、官僚和商人之间的联系越来越多。正如归有光所说："古者四民异业，至于后世，而士与农、商常相混。"② 甚至像徐阶这样的高官显宦，也"多蓄织妇，岁计所积，与市为贾"③。

士人、官僚阶层和商人阶层之间流动加剧，关系密切，必然为社会文化增加新的因素。在晚明，其突出表现就是人们利益观的改变以及奢俭风气的变化。

晚明时期，一些正统之士认为，好利与奢靡之风正在成为严重的社会问题，并且已经危及儒学的正统地位，所谓"好利之人多于好色，好色之人多于好酒，好酒之人多于好弈，好弈之人多于好书"④。有人甚至感叹说："如今世道有什么清头，有什么是非？俗语道：'混浊不分鲢共鲤。'当今贿赂公行，通同作弊，真是个有钱通神。只是有了'孔方兄'三字，天下通行，管甚有理没理、有才没才。你若有了钱财，没理的变作有理，没才的翻作有才。"又说："衣冠之中盗贼颇多，终日在钱眼里过日。若见了一个'钱'字，便身子软作一堆儿，连一挣也挣不起。就象我们门户人家老妈妈一般行径，千奇百怪，起发人的钱财，有了钱便眉花眼笑，没了钱便骨董了这张嘴。世上大头巾人多则如此，所以如今'孔圣'二字，尽数置之高阁。若依那三十年前古法而行，一些也行不去，只要有钱，事事都好做。"⑤ 亲身经历明清巨变的魏象枢感叹说："生平所见居官之家，祖父丧心取钱，欲为子孙百世之计，而子孙荡费只如粪土，

---

① 钱伯城笺校：《袁宏道集笺校》（上），《锦帆集》之四，《顾绍茅秀才》，上海古籍出版社 1981 年版，第 295 页。

② （明）归有光著，周本淳校点：《震川先生集》卷十三，《白菴程翁八十寿序》，上海古籍出版社 1981 年版，第 319 页。

③ （明）于慎行：《谷山笔尘》卷四，转引自谢国桢《明代野史笔记资料辑录：明代社会经济史料选编中》，福建人民出版社 1981 年版，第 68 页。

④ （明）谢肇淛著，郭熙途校点：《五杂组》卷十三，《事部一》，辽宁教育出版社 2001 年版，第 272 页。

⑤ （清）周清原著，周楞伽整理：《西湖二集》第二十卷，《巧妓佐夫成名》，人民文学出版社 1989 年版，第 334、335 页。

不旋踵而大祸随之。"① 其言可以说是晚明社会风气的真实写照。

为了追求金钱，人们可以抛弃贞节和基本的伦理道德，所谓"当今之人，诈伪成风，虽父子兄弟之间，无所不至，若自己主张不定，便为所溺"②。像《二刻拍案惊奇》讲述了这样一个故事：富人程朝奉见卖酒的李方哥之妻陈氏貌美，就有心勾引。朝奉相信"天下的事，惟有利动人心"。遂送给李方哥一大包银子。李方哥竟找陈氏商量，陈氏见了银子，对李方哥说："你男子汉见了这个东西，就舍得老婆养汉了？"李方哥道："不是舍得。难得财主家倒了运来想我们。我们拼忍着一时羞耻，一生受用不尽了。而今总是混帐的世界，我们又不是甚么阀阅人家，就守着清白，也没人来替你造牌坊，落得和同了些。"陈氏道："是倒也是，羞人答答的，怎好兜他？"③ 署名西湖渔隐人编著的《欢喜冤家》，第九回《乖二官偏落美人局》，讲了杂货店的商贩王臣，因贪图邻居张二官的钱财，竟然让妻子王二娘去引诱，说："你可厨后边眼角传情，丢他几眼。他是个风流人物，自然动心。得他日逐来调着你，待我与他说上，或借十两半斤。"结果王二娘与张二官私通，二娘充分感受到了性的乐趣。说："怪不得妇人要养汉，若只守一个丈夫，那里晓得这般美趣。"④ 不但为奸夫生子，而且最终带着家财和奸夫结婚。

在商品观念的冲击下，对钱财、利益的疯狂追逐正在异化为人性的对立物。小说《照世盃》，讲述了穆太公掘粪坑发财的故事。作者特别介绍了这样一个情节：穆太公忙着发财，连儿子失踪也无暇顾及，所谓"那穆太公把爱子之念，都被爱财之念夺将去，自然是财重人轻了"。不但把儿子看得不如钱财重要，穆太公将自己的身子也看得不如钱财重要，"脸也不洗，口也不漱，自朝至夜，连身上冷暖，腹内饥饱，都不理会，把自家一个血肉身体，当做死木槁灰"。"既不养生，便是将性命看得轻；将

---

① （清）魏象枢撰，陈金陵点校：《寒松堂全集》卷之十，《答晋抚刘勉之》，中华书局1996年版，第505页。

② （明）张履祥著，陈祖武点校：《杨园先生全集》卷之二十七，《愿学记二》，中华书局2002年版。

③ （明）凌蒙初：《二刻拍案惊奇》卷二十八，《程朝奉单遇无头妇，王通判双雪不明冤》，上海古籍出版社1985年版。

④ （明）西湖渔隐主人著，李烨、马嘉陵校点：《欢喜冤家》第九回，《乖二官偏落美人局》，载侯忠义主编《明代小说辑刊》第三辑，巴蜀书社1991年版，第175、190页。

性命既看得轻,要他将儿子看得十分郑重,这那里能够?所以忙了一日,再不曾记挂儿子。"①

对金钱的追求影响到了传统的社会等级秩序。时人感慨说:"今世流品可谓混淆之极。婚娶之家,惟论财势耳,有起自奴隶,骤得富贵,无不结姻高门,缔眷华胄者。"随着财势而不是流品成为衡量社会地位的主要标准,"主家凌替落薄,反俯首于奴之子孙者多矣"②。而在家庭关系中,金钱直接影响到个人的地位。时人称:"尝见取富室之女者,骄奢淫佚,颇僻自用,动笑夫家之贫,务逞华靡,穷极奉养,以图胜人。一切孝公姑,睦姒娌,敬师友,惠臧获者,概未有闻。"③

追求金钱的目的,是为了享受。社会风气日趋奢华,成为晚明社会生活的重要特征。袁宏道在《龚惟长先生》中,提出了所谓人生"五快活"理论。辞云:

> 然真乐有五,不可不知。目极世间之色,耳极世间之声,身极世间之鲜,口极世间之谈,一快活也。堂前列鼎,堂后度曲,宾客满席,男女交舄,烛气薰天,珠翠委地,金钱不足,继以田土,二快活也。箧中藏万卷书,书皆珍异。宅畔置一馆,馆中约真正同心友十余人,人中立一识见极高,如司马迁、罗贯中、关汉卿者为主,分曹部署,各成一书,远文唐、宋酸儒之陋,近完一代未竟之篇,三快活也。千金买一舟,舟中置鼓吹一部,妓妾数人,游闲数人,泛家浮宅,不知老之将至,四快活也。然人生受用至此,不及十年,家资田地荡尽矣。然后一身狼狈,朝不谋夕,托钵歌妓之院,分餐孤老之盘,往来乡亲,恬不知耻,五快活也。士有此一者,生可无愧,死可不朽矣。④

---

① (清)酌玄亭主人编辑,徐中伟、袁世硕校点:《照世盃》卷四,《掘新坑悭鬼成财主》,中国话本大系,《〈西湖佳话〉等三种》,江苏古籍出版社1993年版,第70页。

② (明)谢肇淛著,郭熙途校点:《五杂组》卷十四,《事部二》,辽宁教育出版社2001年版,第301页。

③ (明)谢肇淛著,郭熙途校点:《五杂组》卷十三,《事部一》,辽宁教育出版社2001年版,第268页。

④ 钱伯城笺校:《袁宏道集笺校》(上),《锦帆集》之三,《龚惟长先生》,上海古籍出版社1981年版,第295页。

袁宏道的人生"五快活"理论，显然是一种及时行乐的理论。这与传统的节俭主张、克己观念，是完全对立的。

奢华风气一般以东南地区为甚，范濂感叹说："风俗自淳而趋于薄也，犹江河之走下，而不可返也，自古慨之矣。吾松素称奢淫，黠傲之俗，已无还淳挽朴之机。兼之嘉、隆以来，豪门贵室，导奢导淫；博带儒冠，长奸长傲，日有奇闻叠出，岁多新事百端。牧竖村翁，竞为硕鼠；田姑野媪，悉变妖狐，伦教荡然，纲常已矣。"① 张履祥特别提到："崇祯间，松江风气最豪奢。寒畯初举进士，即有田数十顷，宅数区，家僮数百指。饮食起处，动拟王侯。其宦成及世禄者毋论，三吴诸郡俱弗及也。"② 嘉靖《潮州府志》概述了有明一代潮州地区风俗的变化。辞云：

> 明兴，文运弘开，士渐知明理学，风俗丕变，冠婚丧祭，多用文公家礼，故曰海滨邹鲁。由今观之，士之矜功名，商竞刁锥，工趋淫巧，农安惰弃，细民者火葬饭佛，轻生健讼，邹鲁之风稍替焉。③

即使内地一些地区，也出现了类似的变化。像江西吉安，万历时，"城市人物繁伙，俗渐滑于夸丽"，"地不给于口，迩年物力尤渐耗减，亦俗渐多侈靡大概然也"④。至若京师，养促织之风甚盛。袁宏道说："京师人至七八月，家家皆养促织。余每至郊野，见健夫小儿，群聚草间，侧耳往来，面貌兀兀若有所失者。至溷厕污垣之中，一闻其声，踊身疾趋，如馋猫见鼠。瓦盆泥罐，遍市井皆是。不论老幼男女，皆引斗以为乐。"⑤ 作为社会精英的士人，受奢侈之风之影响，风气也渐趋奢华。吴伟业说："余每伤近时风习，士大夫相遇，惟饮酒六博为娱。"⑥ 能真正潜心儒家义理者，则不可多得。张履祥说："杭州少本业，嘉兴尚浮夸，渐习其间，

① （明）范濂：《云间据目抄》卷二，转引自谢国桢《明代野史笔记资料辑录：明代社会经济史料选编（中）》，福建人民出版社1981年版，第233页。
② （明）张履祥著，陈祖武点校：《杨园先生全集》卷之三十八，《近鉴》，中华书局2002年版。
③ （嘉靖）《潮州府志》卷八，《附风俗考》。
④ （万历）《吉安府志》卷十一，《风土志》。
⑤ 钱伯城笺校：《袁宏道集笺校》（中），《瓶花斋集》之八，《畜促织》，上海古籍出版社1981年版，第727页。
⑥ （明）吴伟业：《吴梅村全集》卷三十七，《王奉常烟客七十序》，上海古籍出版社1990年版。

欲厉名节，长子孙，不亦难乎?"① 清初陆世仪谈到明清之际的学校教育，曾感叹说:"古者八岁入小学，十五入大学，此自是正理。然古者人心质朴，风俗淳厚，孩提至七八岁时知识尚未开。今则人心风俗远不如古。人家子弟至五六岁已多知诱物化矣。又二年而始入小学，即使父教师严，已费一番手脚，况父兄之教又未必尽如古法乎!"②

四 "儒风大坏"与反正统思想的形成

社会价值观念的变迁，反映到理论和学术领域，就集中体现为体系化的社会思想的形成。明中后期，中国社会尽管尚未真正进入启蒙时代，但当新的价值观念积累到一定程度后，与之相适应的理论成果便应运而生。在思想界，对理学强烈的反感情绪笼罩一时，正统的程朱理学以及由它竭力宣扬的纲常伦理面临着严重的挑战，带有反叛意识的学者，"多能以赤手搏龙蛇"，"复非名教之所能羁络"③。正统理学家们纷纷感叹（王学）"末流衍蔓，浸为小人之无忌惮"④，"儒道式微，理学日晦"，"邪教横行，人心颠倒"⑤，以致一些人有"学绝道晦"⑥ 之悲。《四库全书总目提要》谓:"明自万历以后，心学横流，儒风大坏，不复以稽古为事。"⑦ 其言生动地反映了当时知识界骚动、不安的心态。何心隐、李贽可谓当时反正统知识分子的杰出代表，其独特的社会思想和学术见解，是那个时代观念变迁的理论化成果，标志着明中后期思想解放所能达到的最高峰。

---

① （明）张履祥著，陈祖武点校:《杨园先生全集》卷之四十八，《训子语下》，中华书局2002年版，第1378页。

② （明）陆世仪:《思辨录辑要》卷一，《小学类》，《四库全书》本。

③ （明）黄宗羲著，沈芝盈点校:《明儒学案》（修订本）卷三十二，《泰州学案一·序》，中华书局2008年版，第703页。

④ （明）黄宗羲著，沈芝盈点校:《明儒学案》卷首，《师说·罗念菴洪先》，中华书局2008年版，第12页。

⑤ （清）艾衲居士著，王秀梅点校:《豆棚闲话》第十二则，《陈斋长谈地论天》，中华书局2000年版，第103页。

⑥ 语出顺治十四年（1657年）张履祥写给陈确的信。参见（明）陈确《陈确集·别集》卷十六，《大学辨三·答张考夫书》，中华书局1979年版，第603页。

⑦ （清）爱新觉罗·永瑢等:《四库全书总目》卷一百二十三，《少室山房笔丛正集》条，中华书局1965年版，第1064页。

何心隐，生于正德十二年（1517年），卒于万历七年（1579年），永丰（今属江西）人，本姓梁，名汝元，字柱乾，号夫山，为泰州学派代表人物颜均的弟子。观何心隐之思想，其最具特色的内容之一，是一反正统的存理灭欲说，肯定人的基本欲望的正当性。何心隐对程朱的无欲之教提出了明确质疑。他说："孔、孟之言无欲，非濂溪之言无欲也。欲惟寡则心存，而心不能以无欲也。欲鱼、欲熊掌，欲也，舍鱼而取熊掌，欲之寡也。欲生、欲义，欲也，舍生而取义，欲之寡也。欲仁非欲乎？得仁而不贪，非寡欲乎？从心所欲，非欲乎？欲不逾矩，非寡欲乎？"①

在何心隐看来，无欲是不可能的，即"心不能以无欲也"。他提倡的是"寡欲"。他指出："性而味，性而色，性而声，性而安佚，性也。"②从儒家教义的角度，肯定了人的基本欲望的正当性。他指出："寡欲，以尽性也。尽天之性以天乎人之性，而味乃嗜乎天下之味以味，而色、而声、而安佚，乃又偏于欲之多者之旷于恋色恋声而苟安苟逸已乎？乃君子之尽性于命也，以性不外乎命也。命以父子，命以君臣，命以贤者，命以天道，命也，御乎其欲者也，而性则为之乘焉。是故君子命以命乎性者，御乎其欲之乘于性也，命乃达而不堕也。凡欲所欲而若有所节，节而和也，自不戾乎欲于欲之多也，非寡欲乎？寡欲，以至命也。"③反对无欲，主张寡欲，强调"节而和"，是何心隐基本的伦理主张，是其社会主张的重要伦理基础。如果将这一主张置于明中后期商品经济和观念变迁的社会大环境中，不难发现其独有价值追求之强烈现实指向。

在反对宋儒理欲观的同时，何心隐对社会组织关系提出了自己独特的思想见解，这就是通过建立"会"，以实现其社会理想。他强调"必身以主会而家以会，乃君子其身其家也，乃君子以显以藏乎士农工商其身其家于会也"④。何心隐的"会"，成员十分广泛，包括士、农、工、商各个阶层。在"会"中，各阶层的地位并不完全平等，"商贾大于农工，士大于商贾，圣贤大于士"，"农工欲主于自主，而不得不主于商贾。商贾欲主

①　（明）黄宗羲著，沈芝盈点校：《明儒学案》卷三十二，《泰州学案一》，中华书局2008年版，第704页。

②　容肇祖整理：《何心隐集》卷二，《寡欲》，中华书局1960年版，第40页。

③　同上书，第40页。

④　容肇祖整理：《何心隐集》卷二，《语会》，中华书局1960年版，第29页。

于自主，而不得不主于士"①。也就是说，"会"是由知识精英主导的包容各个阶层的特殊社会组织形态。

何心隐的社会思想，遭到正统人士的激烈反对。晚明人蒲秉权斥责说："何心隐之道学，尤一味赝鼎，为德之贼，儒之妖。"② 更重要的是，何心隐不是一个空头思想家，为了自己的理想，他义无反顾地付诸实践。李贽称：何心隐"家世饶财者也，公独弃置不事，而直欲与一世贤圣共生于天地之间"③。黄宗羲称："心隐在京师，辟各门会馆，招来四方之士，方技杂流，无不从之。"④ 他当时通过讲学大量聚集生徒，"纵游江湖间，放浪大言，以非久可以得志于世。而所至聚徒，若乡贡、太学诸生以至恶少年，无所不心服"⑤。人称其在万历间，"屡变姓名，诡迹江湖间，所胁金帛不赀"，"其党吕光者，力敌百夫，相与为死友。又入蛮峒煽惑，以兵法教其酋长"⑥。《万历野获编》称其"鸠聚徒众，讥切时政"⑦。这种"会"，必然引发统治者的担忧，所谓"借讲学而为豪侠之具，复借豪侠而为贪横之私"，"矢志不遑之徒相与鼓吹羽翼，聚散闪倏，几令人有黄巾、五斗之忧"⑧。蒲秉权说：何心隐"是真小人之雄杰者。非张江陵发其奸，立置大辟，则流毒将无底矣"⑨。故最终因触犯时存统治秩序而招致杀身之祸。

继何心隐之后，晚明非正统思想家中影响最大的当属李贽。李贽是何心隐的重要推崇者，曾作《何心隐论》为其鸣冤。在《与焦漪园太史》中，更对何心隐之文章、人格作出高度评价，称："今读其文，想见其为人。其文章高妙，略无一字袭前人，亦未见从前有此文字，但见其一泻千

---

① 容肇祖整理：《何心隐集》卷三，《答作主》，中华书局1960年版，第53—54页。

② （明）蒲秉权：《硕迈园集》卷之九，《友四轩清话》，光绪元年蒲荫枚手拙斋刻本。

③ 《焚书》卷三，《何心隐论》，李贽《焚书 续焚书》，中华书局1975年版，第88页。

④ （明）黄宗羲著，沈芝盈点校：《明儒学案》卷三十二，《泰州学案一》，中华书局2008年版，第704页。

⑤ （明）王世贞：《嘉隆江湖大侠》，《弇州史料后集》卷三十五。

⑥ （清）王士祯：《池北偶谈》卷十，《何颜伪道学》，中华书局1982年版，第233、234页。

⑦ （明）沈德符：《万历野获编》卷十八，《大侠遁免》，元明史料笔记丛刊，中华书局1959年版，第480页。

⑧ （明）王世贞：《嘉隆江湖大侠》，《弇州史料后集》卷三十五。

⑨ （明）蒲秉权：《硕迈园集》卷之九，《友四轩清话》，光绪元年蒲荫枚手拙斋刻本。

里，委曲详尽，观者不知感动，吾不知之矣。"①

李贽，生于嘉靖六年（1527 年），卒于万历三十年（1602 年），字卓吾，福建泉州晋江人，曾任教谕、云南姚安知府等职。后解任，"日引士人讲学，杂以妇女，专崇释氏，卑侮孔、孟"②。北游通州，为给事中张问达所劾，死于狱中。

在晚明，李贽是一位勇敢的反正统战士，其大胆新奇的思想，颇受时人瞩目。人称：其"聪明盖代，议论间有过奇，然快谈雄辨，益人意智不少"③。观其社会思想，以下几点值得重视。

一是其人欲观。李贽承认大胆私欲的合理性，并将它视作人心的基础。他说："富贵利达所以厚吾天生之五官，其势然也。是故圣人顺之，顺之则安之矣。"④ 从这一思想出发，李贽提出："汉武以雄才而拓地万余里，魏武以英雄而割据有中原，又未尝不自声色中来也。"⑤ 明确提出："穿衣吃饭，即是人伦物理；除却穿衣吃饭，无伦物矣。"⑥ 这就比较彻底地否定了正统理学"存天理灭人欲"的主张，将人的基本欲望视作构建道德体系的重要基础。

二是其个性论。李贽继承了中国古代源远流长的德性平等观，强调"人人各具有是大圆镜智，所谓我之明德是也。是明德也，上与天同，下与地同，中与千圣万贤同，彼无加而我无损者也。既无加损，则虽欲辞圣贤而不居，让大人之学而不学，不可得矣"⑦。但与此同时，他承认人与人之间的个性区别，并指出存在这种差别是合理的，说："夫道者，路也，不止一途；性者，心所生也，亦非止一种已也。"⑧

正是从承认个性差别的角度出发，李贽主张为政以人为本，顺乎人

---

① 《续焚书》卷一，《与焦漪园太史》，李贽《焚书 续焚书》，中华书局 1975 年版，第 28—29 页。

② （清）张廷玉等：《明史》卷二百二十一，李贽，中华书局 1974 年版，第 5817 页。

③ （明）沈德符《万历野获编》卷二十七，《二大教主》，元明史料笔记丛刊，中华书局 1959 年版，第 691 页。

④ 《焚书》卷一，《答耿中丞》，李贽《焚书 续焚书》，中华书局 1975 年版，第 17 页。

⑤ （明）李贽：《初潭集》卷三，《夫妇》，载张建业主编《李贽文集》第五卷，社会科学文献出版社 2000 年版，第 23 页。

⑥ 《焚书》卷一，《答邓石阳》，李贽《焚书 续焚书》，中华书局 1975 年版，第 4 页。

⑦ 《续焚书》卷一，《与马历山》，李贽《焚书 续焚书》，中华书局 1975 年版，第 3 页。

⑧ 《焚书》卷三，《论政篇》，李贽《焚书 续焚书》，中华书局 1975 年版，第 87 页。

情,即"君子之治,本诸身者也;至人之治,因乎人者也。本诸身者取必于己,因乎人者恒顺于民,其治效固已异矣"①。要顺乎人情,就必然要否定思想控制,故李贽坚决反对以孔子之道一统天下,反对以德礼束缚众生。他说:"夫惟孔子未尝以孔子教人学,故其得志也,必不以身为教于天下。是故圣人在上,万物得所,有由然也。夫天下之人得所也久矣,所以不得所者,贪暴者扰之,而'仁者'害之也。'仁者'以天下之失所也而忧之,而汲汲焉欲贻之以得所之域。于是有德礼以格其心,有政刑以絷其四体,而人始大失所矣。"②

三是对儒家经典的怀疑和批判。明代中后期,一些学者将儒家经典视为史书,这在一定程度上开启了17、18世纪怀疑和批判经典的先声。王阳明曾提出"五经亦史"的重要论断。称:"以事言谓之史,以道言谓之经。事即道,道即事。《春秋》亦经,《五经》亦史。"又云:"五经亦只是史。"③ 经,既为史,当然可以怀疑,可以批判。李贽继承了"经亦史"的重要思想,提出"经、史一物"的重要主张。在《童心说》中,李贽更对儒家经典的真伪提出尖锐质疑,并且强调:即使经典所载确实出自圣人之口,也具有特定的历史针对性,不可为"万世之至论"。他说:

> 夫《六经》、《语》、《孟》,非其史官过为褒崇之词,则其臣子极为赞美之语。又不然,则其迂阔门徒,懵懂弟子,记忆师说,有头无尾,得后遗前,随其所见,笔之于书。后学不察,便谓出自圣人之口也,决定目之为经矣,孰知其大半非圣人言乎?纵出自圣人,要亦有为而发,不过因病发药,随时处方,以救此一等懵懂弟子,迂阔门徒云耳。药医假病,方难定执,是岂可遽以为万世之至论乎?然则《六经》、《语》、《孟》,乃道学之口实,假人之渊薮也,断断乎其不可以语于童心之言明矣。呜呼!吾又安得真正大圣人童心未曾失者而与之一言文哉!④

---

① 《焚书》卷三,《论政篇》,李贽《焚书 续焚书》,中华书局1975年版,第87页。

② 《焚书》卷一,《答耿中丞》,李贽《焚书 续焚书》,中华书局1975年版,第17页。

③ (明)王守仁撰,吴光等编校:《王阳明全集》卷一,《语录一·传习录上》,上海古籍出版社1992年版,第10页。

④ 《焚书》卷三,《童心说》,李贽《焚书 续焚书》,中华书局1975年版,第99页。

李贽对正统学术和教化的虚伪性，有非常深切的认识。尝云："先王教化，只可行于穷乡下邑，而不可行于冠裳济济之名区；只可行于三家村里不识字之女儿，而不可行于素读书而居民上者之君子。"① 时人称："（李贽）平生痛恶伪学，每入书院讲堂，峨冠大带，执经请问，辄奋袖曰：'此时正不如携歌姬舞女，浅斟低唱。'诸生有挟妓女者，见之，或破颜微笑曰：'也强似与道学先生作伴。'于是麻黄之间，登坛讲学者衔恨次骨，遂有宣淫败俗之谤。"②

应该说，在晚明思想家中，李贽的思想确实具有创新性和挑战性。他注重人欲，承认个性差异，强调为政顺乎人性，大胆怀疑儒家经典，在晚明思想界独树一帜，在一定程度上可以说超越了当时的认识水平，是明清时期启蒙思潮的重要先行者。正因为其思想和活动严重触犯了正统伦理和道德秩序，故万历三十年（1602 年）闰二月，礼科都给事中张问达上疏朝廷，痛斥其种种罪状，反映了两种道德思想的剧烈冲突，辞云：

> 李贽壮岁为官，晚年削发；近又刻《藏书》、《焚书》、《卓吾大德》等书，流行海内，惑乱人心。以吕不韦、李园为智谋，以李斯为才力，以冯道为吏隐，以卓文君为善择佳偶，以司马光论桑弘羊欺武帝为可笑，以秦始皇为千古一帝，以孔子之是非为不足据，狂诞悖戾，未易枚举，大都刺谬不经，不可不毁者也。尤可恨者，寄居麻城，肆行不简，与无良辈游于庵，拉妓女白昼同浴，勾引士人妻女入庵讲法，至有携衾枕而宿庵观者，一境如狂。又作《观音问》一书，所谓观音者皆士人妻女也。而后生小子喜其猖狂放肆，相率煽惑。至于明劫人财，强搂人妇，同于禽兽，而不足恤。迩来缙绅士大夫亦有捧咒念佛，奉僧膜拜，手持数珠，以为律戒；室悬妙像，以为皈依，不知遵孔子家法，而溺意于禅教沙门者，往往出矣……③

---

① 《焚书》卷五，《唐贵梅传》，李贽《焚书 续焚书》，中华书局 1975 年版，第 209 页。
② （清）郑方坤：《全闽诗话》卷七，《李贽》，福建人民出版社 2006 年版。
③ 《明神宗实录》卷三六九，万历三十年闰二月乙卯，台北"中研院"历史语言研究所校印《明实录》附校勘记，第 59 册，第 6917—6918 页。

在此后相当长一段时间里，正统学者纷纷斥李贽为"民贼"，责其"荡我大闲"。① 明朝治李贽之罪，颇得一批正统学者之心，认为"正李贽惑世诬民之罪，尽焚其所著书，其于崇正辟邪，甚盛举也"②。甚至连一些反正统思想家也视其离经叛道（顾炎武即典型）。然在大众阶层，李贽仍拥有自己的信徒。时人云："贽以儒起家，二千石，削发留须，肆意隐怪，横诋孔孟，缙绅靡然惑之。"③ 顾炎武《日知录》关于李贽的评论，即生动地反映了这一历史的实际。他说：

> 自古以来，小人之无忌惮而敢于叛圣人者，莫甚于李贽。然虽奉严旨，而其书之行于人间自若也。
>
> 天启五年九月，四川道御史王雅量疏："奉旨，李贽诸书怪诞不经，命巡视衙门焚毁，不许坊间发卖，仍通行禁止。"而士大夫多喜其书，往往收藏，至今未灭。④

李贽之入狱及去世，在一定程度上标志着晚明反正统思想在达到那个时代的最高峰后，告了一个段落。《明儒学案》在评价泰州学派末流所独有的反正统思想特色时说："诸公掀翻天地，前不见有古人，后不见有来者。"⑤ 其言可谓恰如其分。至清初，吕留良感叹："正嘉以来，邪说横流，生心害政，至于陆沉，此生民祸乱之原，非仅争儒林之门户也。"⑥ 张履祥谓："世方浊乱，正道晦蚀。衣冠之子卑者溺于富贵利达，高者禅学而已。究竟卑者害浅，而高者害深，有志者不可不深察而明辨也。"⑦ 其言即反映了清初学者面对中原陆沉、社会危机的加剧，对晚明历史特别

　① （清）沈佳：《明儒言行录》卷八，邹守益。

　② （明）孙承泽：《春明梦余录》卷四十，《正士习》。

　③ 乾隆《江南通志》卷一百五十，《人物志·王道增》。

　④ （明）顾炎武著，黄汝成集释，栾保群、吕宗力校点：《日知录集释：全校本》卷十八，《李贽》，上海古籍出版社2006年版，第1070、1071页。

　⑤ （明）黄宗羲著，沈芝盈点校：《明儒学案》卷三十二，《泰州学案一》，中华书局2008年版，第703页。

　⑥ （清）吕留良：《吕晚村先生文集》卷一，《复高汇旃书》，雍正三年（1725年）天盖楼刻本，《四库禁毁书丛刊》。

　⑦ （明）张履祥著，陈祖武点校：《杨园先生全集》卷之十四，《答徐重威九》，中华书局2002年版。

是思想历史的痛楚反思。

晚明市民观念的变迁以及由此引发的生活方式的改变，表明一个新的文化传统的产生。这种文化传统，虽然尚不成熟，在理想与现实、继承与变革、自由与规范、欲望与伦常之间，尚未探寻到一种合理的连接点，但它的灵魂——带有人文主义色彩的价值观念，并没有因朝代更迭、世道盛衰而终止。明清之际，陈确、唐甄等人是它的继承者和阐扬者。进入 18 世纪，随着市场经济的繁荣，其思想内涵经袁简斋（枚）、戴东原（震）等人的阐扬、发挥和倡导，得到进一步丰富和发展，人文主义的新传统在新的历史条件下得到复兴和光大，对社会生活的影响更趋广泛、更加深刻，所谓"嗜欲益开，形质益脆，知巧益出，性情益漓"[1]。正是这种绵延不绝的文化递进，为 19 世纪中叶以后中国近代化的全面启动，提供了原始的但却必不可少的文化基础。

（本文刊发于《吉林大学社会科学学报》2008 年第 5 期。作者高翔，中国社会科学院秘书长、中国社会科学杂志社总编辑、研究员）

---

[1] （清）洪亮吉：《卷施阁文甲集》卷一，《形质篇》，载刘德权点校《洪亮吉集》，中华书局 2001 年版，第 28 页。

论传统文化在近代中国的命运

金冲及

一

人们常容易有一种错觉，仿佛生活都是从自己开始的。其实无论什么人，当他降临到这个世界上来的时候，在他周围早就存在着前人遗留的物质生活和精神生活环境。这不能任由他自由选择，即使要加以改变，也必须以它作为起步的出发点。

传统就是前人的这种遗存。它是历史的产物。历史是发展的，传统自然也不可能一成不变。但它又有相对的独立性，一旦形成便不会轻易消失。精神生活方面的前人遗存，有些是特殊条件下在较短时间内形成的，给人们留下的印象不深，比较容易改变；而更多的是在长时间内，通常经过多少代人的积累，得到众多人的认可和习惯而形成的，包括价值取向、思维方式、风俗习尚、行为规范等，不会轻易改变，那就被称作传统文化。

传统文化看起来仿佛无形，却是一种巨大的力量，在相当程度上左右着人们的行动。按照它去做，便容易得到周围大多数人的赞许；想要冲破它，违反它，便会遭受许多人的指责，甚至遇到极大的阻力。历史有它的连续性。实行新旧交替，通常需要经历漫长的逐步演变的过程。

要讲中国的传统文化，不能不注意到这个国家有别于其他许多国家的一些重要特点：第一，中国是一个幅员辽阔的东方大国。它的地理环境，北有沙漠，西有崇山峻岭，东临大海。虽自汉唐以来对外有着沟通，但大体说来，它的文化是自成系统，独立发展起来的。外来文化如果不中国化，便很难在这里生根结果。第二，中国有文字记载的历史，几千年来绵延不绝。中华文化有演变，但从来没有中断过，也没有被外来文化取代过，前后演进的轨迹十分清晰。这是和其他一些文明古国不同的。这种根基深厚、层层积累起来的文化，有自己的鲜明个性，很难改变。第三，中国历史上，统一是主流。人们长期生活在统一国家中，对它有浓烈的认同感和归属感。中国的社会组织一向以家庭为细胞，人们把国看成家的放大，所以有"国家"的称呼。爱国主义、集体主义，在中国传统文化中占着突出的地位。第四，中华民族的突出特点是"多元一体"。它由56个民族组成，又在几千年的经济文化交流和共同利益中形成一个稳固的共同体。中国的传统文化同样可以称为"多元一体"。它不仅有着民族的差别，还有地域、流派等差别，但又在长期接触中相互影响，相互补充，既有差异又有共同点。儒家文化远不能包括整个中国传统文化，但它在长期的中国封建社会中居于主导地位也是事实。

对东西文化的比较，从十九世纪末叶以来一直讨论不止。在很长时间内，由于中国处在落后的地位，人们常把西方文化的优点同东方文化的弱点相比较，来鞭策和勉励人们革新和前进，这是可以理解的，也是必要的，但未必全面。在比较时，除对资本主义时期的西方文化同封建时期的东方文化进行比较外，是否还应该扩大视野，把中世纪时期的西方文化同封建时期的东方文化作些比较，或者把今天的中国文化同今天的西方文化作些比较呢？如果把这些综合起来考察，结论也许会更全面些。

东方文化（其中影响最大的是中国文化）在几千年绵延发展的进程中确实形成自己的特点。文化中最重要的，一个是价值取向，一个是思维方式。我们就从这两个方面作一点简单的比较。

在价值取向方面，中国传统文化的主流一直强调集体意识，把集体的地位放在个体之上。所谓"天下兴亡，匹夫有责"，"先天下之忧而忧，后天下之乐而乐"，"己欲立而立人，已欲达而达人"，"苟利国家生死以，岂因祸福避趋之"等都是例证。美国学者费正清、赖肖尔、克雷格在他们的巨著《东亚文明：传统与变革》中写道："东亚人在群体生活经验方面要远远丰富于其他各民族。""个人适应群体，家庭适应社会，与其他民族的所谓社会经验相比较，这些关系间很少出现摩擦，也很少产生孤立感。""东亚社会存在着一种超乎寻常的黏着力和无与伦比的组织力。这些特征的根源在于隐藏在当地各民族丰富的历史经验背后的深厚的历史传统。""西方的所谓自由或个人主义观念在东亚的传统中缺少共鸣。"① 这确是重要的差异。

在思维方式方面,前辈学者张岱年教授做过这样的概括:"中国传统文化的思维方式确有自己的特点,这主要表现为两种基本观点,一为总体观点,二为对立统一观点。"②

中国传统文化特别看重从总体上去观察和把握事物,认为绝不能把事物的各个部分看作孤立的、互相分割的或机械排列的,而是相互联系、相互制约的整体。从"天人合一"的大原则,到《周易大传》所说"天行健,君子以自强不息"、"地势坤,君子以厚德载物"的民族精神,再到中医、中国绘画、中国建筑等具体学科,都有着同西方文化有异的特色。中国传统文化又认为,在相互联系的整体中总有主导的因素,因而在认识和分析问题时总是强调要追寻"大本大原",要做到提纲挈领、纲举目张,重综合,不习惯那种碎片化的烦琐哲学。它的流弊是常易失之笼统,不看重量化分析,这对科学发展是不利的。但也有它的长处。

再说对立统一的观点。中国传统从来就有"一阴一阳之为道"、"阴阳相错而生变化"、"物极必反"、"否极泰来"、"祸兮福所倚,福兮祸所伏"这类思想,认为万事万物不是永恒不变的,这种变化来自事物内部对立面的相互作用。尽管从宏观视野来看,它没有摆脱循环论的框架,但仍表现出不少朴素的辩证思维的因素。

中国传统文化,还有一点绝不能忽视:在世界范围内,中国的封建社会可算是高度发达,而且绵延几千年之久。封建主不仅倚仗经济、政治、军事的力量来实现并维护它的统治,并且在思想文化领域内也精心地编织出一套严密的观念网络,渗透在中国传统文化中,用来牢牢地束缚人们的头脑。它的消极作用,越到后来表现得越加明显。

封建社会是以小生产为主体的农业社会为基础的。前面说过,当时社会的细胞是家庭。作为小生产者和农民本来十分分散,缺少组织性,孙中山把它称为一盘散沙,马克思把它比作一袋马铃薯。在这种落后的情况

---

① [美]费正清、赖肖尔、克雷格:《东亚文明:传统与变革》,黎鸣等译,天津人民出版社1992年版,第3、8页。

② 张岱年:《文化与哲学》,教育科学出版社1988年版,第7页。

下，要维系秩序的稳定和生产的运作，只有依靠各个家庭中的"家长制"，这是当时的历史条件所决定的。封建统治阶级便利用这种自然形成的人际关系加以延伸和扩大，有了"君父"和"子民"的说法，建立起"君为臣纲，父为子纲，夫为妻纲"的严格等级观念和伦理信条，从人们幼年时起就不断加以灌输，仿佛已成为不容置疑的天经地义。以后，随着专制主义的加强，更发展到"君要臣死，臣不得不死"、"天下无不是之父母"这样极端荒谬的地步，强调等级森严和绝对服从，成为阻碍社会进步的沉重枷锁。

农业社会还有一个特点，就是生产的发展是缓慢地渐进的。中国封建社会又发展到很成熟的程度，许多制度已接近凝固。长期以"天朝大国"自居，更养成一种盲目自满自足的心理。"天不变，道亦不变"，正是这种社会心态的反映。这一切，形成巨大的惰性。如果不受到异乎寻常的强刺激，不容易使它出现大幅度的变革，历史也难以大步前进。

总之，中国传统文化的内容相当复杂：既包含中华民族在几千年社会生活中自然形成的合理处理人与人之间关系的许多道德原则和行为规范，也包含先人在分析周围事物时表现出来的高度智慧；同时又有着封建统治者为维护他们的统治利益而精心培育的思想毒素。这两者并不是清楚地截然分开，往往是你中有我、我中有你地糅合在一起。这就使怎样正确认识和对待它显得十分不易。简单地肯定一切和否定一切都是不对的。

二

中国进入近代，是以 1840 年的鸦片战争为开端的。它使中国丧失作为独立国家的完整主权，领土被割，开始走上半殖民地半封建社会的道路。中国人遇到的对手是以往十分陌生而此时已远比中国发达的西方列强。这是前所未有的大变化。但人们对它并不能立刻有深刻的认识，还以为那只是遭到一时的挫折。第二次鸦片战争中，英法联军占领中国首都北京，火烧圆明园，这该是很大的刺激了。但西方国家随后帮助清朝政府把太平天国镇压下去，又使封建士大夫们仿佛得到足够的补偿，兴高采烈地高唱起"同治中兴"来。洋务运动更使许多人产生虚幻的安全感，觉得这样做就可以实现"自强"和"求富"。人们继续麻木不仁地在原来习惯的路子上继续生活下去。

　　事实本来早就提醒人们应该认识到中国不仅在许多方面已大大落后于西方国家，就是中国的传统文化也有着严重的缺陷。但由于人们对世界的巨变依然缺少了解和认识，由于习惯力量的沉重惰性，所以在思想文化领域内并没有立刻产生巨大的变动，依然认为自古圣贤相传的那些大道是不可移易的。

　　曾国藩很懂得那些东西对巩固封建统治的极端重要性。他在攻下太平天国首都天京（即南京）后不久，写了一篇《江宁府学记》说:"先王之制礼也，人人纳于轨范之中。""孟子言:无礼无学，贼民斯兴。今兵革已息，学校新立，更相与讲明此义，上以佐圣朝匡直之教，下以辟异端而迪吉士。"① 就是说:为了重新稳定已被打乱了的封建统治秩序，光靠杀戮是远远不够的;还要把传统文化中的封建礼教抬出来，实行所谓"隆礼"，使"人人纳于轨范之中"，才能够从根本上"辟异端"、"销乱萌"。

　　这以后的 30 年间，表面上歌舞升平，骨子里却不断向下沉沦，传统文化却几乎原样地延续着，了无生气。一些早期的改良主义者，如王韬、马建忠、郑观应等，提出了一些发展资本主义的主张，但在强大的旧思想面前显得如此软弱，总要小心翼翼地声明一下:"虽然，此皆器也，而非道也，不得谓治国平天下之本也。夫孔之道，人道也，人类不尽，其道不变，三纲五伦，生人之初已具，能尽乎人之分所当为，乃可无憾。圣贤之学，需自此基。"② 否则就会在社会中受到太大的压力。事实上，他们在思想界的影响实在还很小。

　　当时的知识分子一般还是那种旧式的封建士大夫。他们孜孜攻读的还是那些古老的"圣贤之书"，以为这才是"大道"之所在，也是他们赖以进身的唯一途径。梁启超回忆早年生活时说:"日治帖括，虽心不慊之，然不知天地间于帖括外更有所谓学也，辄埋头钻研。"③ 以后思想十分激进的章太炎，甲午战前还不是在杭州诂经精舍内随俞樾埋头钻研古文经学，并不过问多少时事。从水师学堂毕业又留学英国的严复回国后慨叹:

---

① （清）曾国藩:《曾文正公八种》，载《文集》，新文化书社 1934 年版，第 120、121 页。

② （清）王韬:《弢园国文录外编》，中华书局 1959 年版，第 12 页。

③ 梁启超:《三十自述》，载《饮冰室文集类编》上，壬寅本，第 2 页。

"当年误习旁行书（注：指英文书），举世相视如髦蛮。"① 那时知识界的状况，于此可见一斑。

中日甲午战争的失败和《马关条约》的签订，使全中国为之震动。一个极为严峻的问题放在无数爱国者的面前：中国是不是要灭亡了？严复在1895年喊出了"救亡"的口号。1902年留学日本的鲁迅在诗句中悲愤地写道："灵台无计逃神矢，风雨如磐暗故园，寄意寒星荃不察，我以我血荐轩辕。"② 在灭亡的威胁面前，人们对以往的种种包括传统文化在内，是不是还能一切照旧下去，不能不重新考虑了。用梁启超的话来说："吾国四千余年大梦之唤醒，实自甲午战败割台湾偿二百兆以后始也。"③

于是，思想顿时发生巨变。许多思想开放的中国人不再把传统文化看作万古不变的信条，转而向西方国家寻找救国的真理。年轻的邹容在《革命军》中写道："吾幸夫吾同胞之得与今世界列强遇也，吾幸夫吾同胞之得卢梭《民约论》、孟得斯鸠《万法精理》、弥勒约翰《自由之理》、《法国革命史》、《美国独立檄文》等书译而读之也，是非吾同胞之大幸也夫！是非吾同胞之大幸也夫！"④ 这把当时许多人对原来还很陌生的西方近代文化五体投地、顶礼膜拜的崇敬心情，淋漓尽致地写出来了。

同思想的这种巨变相应，不管是激进的革命派还是温和的立宪派，这时都特别着重宣扬"变"的理论。严复直截了当地写道："建言有之：天不变，地不变，道亦不变。此观化不审、似是实非之言也。""四千年之物，九万里中原，所以至于斯极者，其教化学术非也。"⑤

为了抵御社会普遍产生的这种强烈改革愿望，清朝洋务派大臣张之洞写了一本《劝学篇》，提倡"中学为体，西学为用"。他也讲"保国"，也讲"知变"，但强调首先要"务本"，那就是"三纲为中国神圣相传之至教、礼教之原本、人禽之大防"⑥。他把"忠君"和"爱国"说成一回事。这本书由清政府谕旨发给各省督抚、学政，"俾得广为刊布，实力劝导，以重名教而杜厄言"，在社会上引起广泛的注意，但和以前不同，听

---

① 《严复集》第2卷，中华书局1986年版，第361页。
② 《鲁迅全集》第7卷，人民文学出版社1981年版，第135页。
③ 梁启超：《戊戌政变记》，载《戊戌变法》第1册，上海人民出版社1957年版，第249页。
④ 《邹容文集》，重庆地方史资料组1982年版，第40页。
⑤ 《严复集》第1册，中华书局1986年版，第50、53页。
⑥ （清）张之洞：《劝学篇》，上海书店出版社2002年版，第2页。

从他的人已经不多了。

还需要说几句：即便在这时，中国传统文化并不是单纯作为社会进步的消极对立面存在，它包含的积极因素同样起着重要作用。戊戌维新运动中，康有为写了一本《孔子改制考》，"托古改制"。他为什么要这样做？梁启超解释道："欲救中国，不可不因中国人之历史习惯而利导之；又以为中国人公德缺乏，团结散涣，将不可以立于大地。欲从而统一之，非择一举国人所同戴而诚服者，则不足以结合其感情，而光大其本性，于是乎以孔教复原为第一著手。"① 1906 年，已成为革命派的章太炎出狱后到达日本，在留日学生欢迎大会上的讲演中，提出两条最要紧的事，其一就是"用国粹激动种姓，增进爱国的热肠"②。同盟会在民族主义宣传中，中华民族祖先在这块古老国土上艰苦开拓的光荣业绩，许多抗击外来压迫的民族英雄的崇高气节，中国古代灿烂文明的优秀成果，时时处处激励着当时为民族独立而奋斗的志士仁人们。在民权主义宣传中，《孟子》中"民为贵"的思想，黄宗羲《明夷待访录》等的大量印行，也起了积极作用。孙中山提倡的民生主义，同《礼运》篇中"大同"理想的关系，向为大家所注意。可见，历史是割不断的，当时的革命运动不管表现得怎样激烈，它同人们头脑里根深蒂固的传统文化之间，仍表现出既创新又传承的关系。极端深重的民族危机，又促使越来越多的人意识到中华民族成员之间的命运与共，更强化了传统文化中那种"天下兴亡，匹夫有责"的整体观念。康有为提出"群为体，变为用"。严复在宣扬"物竞天择，适者生存"时，强调只有"合群"，才能生存。革命派更是激励人们不惜作出最大的自我牺牲，奋起革命，才能拯救国家民族于危亡之中。这是中国文化中的优秀传统在近代中国社会生活中的重要表现。

辛亥革命是 20 世纪第一次历史性巨大变化。它一举结束了统治中国几千年的君主专制制度，建立起共和政体。人们欢欣鼓舞，对前途充满了希望，民主精神普遍高涨。但民国成立后，政权又落到北洋军阀首领袁世凯手中。中国重新陷入黑暗的深渊。为了恢复帝制，袁世凯再次大力提倡尊孔读经。他发布《尊孔祀孔令》，亲率百官到文庙行三跪九叩的祀孔大礼。由一些遗老遗少组成的孔教会，还要求在宪法中规定孔教为国教，一

---

① 梁启超：《南海康先生传》，载《饮冰室文集类稿》下，壬寅本，第 394 页。
② 《章太炎政论选集》上册，中华书局 1977 年版，第 272 页。

时闹得乌烟瘴气。

为什么会出现这股逆流？曾经积极参加辛亥革命活动的陈独秀认为：辛亥革命忙于反对清政府的政治行动，缺少一场对旧思想、旧文化、旧礼教的彻底批判，许多国民的头脑仍被专制和愚昧所牢牢束缚着，缺乏科学和民主的觉悟，这是共和制度不能真正得到巩固的根源。陈独秀把它称为"吾人最后之觉悟"。

针对当时那股尊孔读经的逆流，陈独秀主编的《新青年》进行了有力的反击。它从发表易白沙的《孔子平议》起，接连刊载一系列富有战斗性的论文，如李大钊的《孔子与宪法》，陈独秀的《宪法与孔教》、《孔子之道与现代生活》，吴虞的《家族主义为专制主义之根据论》、《儒家主张阶级制度之害》等，集中火力，对以儒家为代表的封建礼教，特别是三纲五常等学说，发动了猛烈的抨击。鲁迅在《狂人日记》中写下了一段名言："我翻开历史一查，这历史没有年代，歪歪斜斜的每页上都写着'仁义道德'几个字。我横竖睡不着，仔细看了半夜，才从字缝里看出字来，满本都写着两个字是'吃人'。"①

这次对封建主义旧思想、旧文化、旧礼教的大讨伐，声势浩大，威力猛烈，所到之处，势如破竹。尽管有些文章在批判旧文化时有片面的、绝对化的缺陷，缺乏具体分析，从肯定一切走向否定一切，但这种强刺激确实帮助许多人从长期麻木不仁的沉睡状况下猛然惊醒过来，起了巨大的思想解放作用，清扫了地基，为人们接受马克思主义思想做了重要准备。

至于对西方近代文明的顶礼膜拜，尽管一直存在，但在思想界的主流地位，时间维持得并不长。由于第一次世界大战带来的深重灾难和战后西欧社会矛盾的尖锐暴露，由于西方列强在巴黎和会上显现的强权政治的冷酷面目，使中国先进分子感到极大失望，对他们失去了原有的吸引力。越来越多的人趋向于接受科学社会主义的思想。以后虽然认为"月亮也是外国圆"的那种人仍有，还有人提出过"全盘西化"的主张，但应者有限，无法在近代中国的思想界产生巨大影响。

回过头来，再谈同中国传统文化有关的问题。五四运动后，封建主义旧思想、旧文化、旧礼教再也无法恢复以往曾经有过的那种支配一切的地

① 《鲁迅全集》第1卷，人民文学出版社1936年版，第12页。

位,但也并非就此销声匿迹。比较突出的是,1934 年蒋介石在对中央革命根据地进行第五次"围剿"时,通令全国推行新生活运动,继袁世凯之后再次掀起尊孔读经的高潮。他在演讲中说,"要成功任何大小事业,都必须依据礼义廉耻的精神",其中"第一要紧的就是'礼'"。他又说:"新生活运动最后的目的,就是要使全国国民的生活行动能够整齐划一。这整齐划一四个字的内容是什么呢? 亦就是现在普通一般人所说的军事化。"① 事情很清楚:蒋介石推行新生活运动,主要不是一种文化现象,不是对中国传统文化发起一次再探讨,而是一种政治现象,是借人们比较熟悉的中国传统"礼义廉耻"一类语言,来重整受到人民革命浪潮猛烈冲击的社会旧秩序。蒋介石特别崇拜"曾文正公"。读他关于新生活运动的那些讲话,不由得使人联想起曾国藩的《江宁府学记》,他们的目的无非都在维护和加强原有的统治秩序。这个新生活运动受到鲁迅等强烈批判,在思想文化领域内并没有产生很大影响。

中国共产党领导的人民革命是以马克思主义为指导来进行的,同时十分强调必须实行马克思主义的中国化,必须从中国的实际国情出发,传承先人留下的宝贵经验和智慧,运用中国人喜闻乐见的民族形式。在革命过程中,无论早先的革命根据地还是后来的解放区,先后掀起声势浩大的土地改革运动,消灭封建性半封建的土地制度,实行耕者有其田。这是中华民族前所未有的社会大变革。封建主义的意识形态,归根结底植根于封建主义的社会制度。没有这场从根本上下手的社会大变革,中国的现代化是谈不上的,进一步清除封建主义旧思想、旧文化、旧礼教更无从谈起。

在社会大变革的实践中,经过多次反复,人们对中国传统文化有了比较清醒而全面的认识:既不能肯定一切,也不能否定一切,而要具体分析,做到取其精华,弃其糟粕。1940 年,毛泽东在《新民主主义论》中写道:"中国的长期封建社会中,创造了灿烂的古代文化。清理古代文化的发展过程,剔除其封建性的糟粕,吸收其民主性的精华,是发展民族新文化提高民族自信心的必要条件;但是决不能无批判地兼收并蓄。必须将古代封建统治阶级的一切腐朽的东西和古代优秀的人民文化即多少带有民

---

① 《总统蒋公思想言论总集》卷 12,中国国民党中央委员会党史委员会 1984 年版,第 88、140 页。

主性和革命性的东西区别开来。中国现时的新政治新经济是从古代的旧政治旧经济发展而来的，中国现时的新文化也是从古代的旧文化发展而来，因此，我们必须尊重自己的历史，决不能割断历史。但是尊重自己的历史，是给历史以一定的科学的地位，是尊重历史的辩证法的发展，而不是颂古非今，不是赞扬任何封建的毒素。对于人民群众和青年学生，主要地不是要引导他们向后看，而是要引导他们向前看。"① 这就把应该怎样正确对待中国传统文化的问题在原则上说清楚了。

新中国的成立，最终结束了半殖民地半封建的旧中国，开创了中国历史的新纪元。在文化领域内，也依靠国家的力量推进根本改革。人民政协《共同纲领》中规定："中华人民共和国的文化教育为新民主主义的，即民族的、科学的、大众的文化教育。人民政府的文化教育工作，应以提高人民文化水平、培养国家建设人才、肃清封建的、买办的、法西斯主义的思想，发展为人民服务的思想为主要任务。" 在封建制度下，妇女遭受的压迫特别深重。《共同纲领》在总纲中专门规定一条："中华人民共和国废除束缚妇女的封建制度。妇女在政治的、经济的、文化教育的、社会的生活各方面，均有与男子平等的权利。实行男女婚姻自由。"② 它也带来人们观念的根本变化。

但并不是说如何对待中国传统文化的问题已一劳永逸地得到解决了。传统文化是在几千年的漫长岁月中形成的。哪些是精华、哪些是糟粕并不容易分辨清楚，人们的认识也并不容易取得一致。习惯力量是不容忽视的因素。在实践中还会遇到许多以不同形式重新出现的新情况和新问题。我们都看到过：传统文化中的优良部分，有时会被看作旧思想、旧文化、旧风俗、旧习惯而被抛弃或淡忘，不能在社会生活中发挥应有的积极作用；而封建主义旧思想、旧习惯的残余，有时依然会有意无意地顽固地在社会生活中起作用，造成有害的后果，不易清除。这两种看起来相反的倾向，有时同时存在。因此，如何正确对待中国传统文化的问题，无论在理论研究或实际工作中，在我们的社会生活中，仍是长期的必须不断努力解决的重要课题。

---

① 《毛泽东选集》第 2 卷，人民出版社 1991 年第 2 版，第 707、708 页。
② 《建国以来重要文献选编》第 1 册，中央文献出版社 1992 年版，第 3、10、11 页。

三

历史是人们以往实践的记录,也可以说是集体的经验。作了这样一番粗略的回顾以后,我们可以从中得出几点启示:

第一,历史是一个生生不息的连续性发展过程。在这个过程中充满着急剧的或渐进的变革。这个变革不可能平白地从空地上创建,只能是在原有基础上推陈出新。当旧的传统已不能解决实际生活中提出的新问题,甚至阻碍历史前进时,人们就会对这种旧传统不满,甚至产生强烈的反感。在这种情况下,变革是必然要发生的。但每一次变革只能从原地出发向前跨进一步,有时是一小步,有时是一大步。不管这一步跨得是大是小,旧传统中那些已经过时的不合理的因素迟早将被扬弃,这就叫弃其糟粕;而传统事物中那些合理的或没有完全过时的因素,仍应该细心地保存下来,或经过改造而被赋予新的内容,这就叫取其精华。这个过程将不断向前推进,永无止境。

第二,传统都是历史地形成的,它的社会价值也会随历史条件的改变而发生变化。在这个时候、在这种情况下是正确的,可能在另一个时候、另一种情况下是不正确的。对它的正面和负面的社会效应,需要以分析的态度来对待。当然,在实际进程中,人们很难在任何时候都处理得恰如其分。一般说来,当新事物刚刚产生或传入的时候,旧传统在各方面仍占着绝对的优势,社会上往往习惯地对它持肯定一切的态度,抱着旧有的一套不改。在这种情况下,新的社会力量大声疾呼地对旧传统发起猛烈的冲击是完全必要的。没有这种冲击,变革便不能实现,历史便不能前进。在猛烈冲击时,人们对旧事物的愤怒不断增高,当受到严重阻碍时这种愤怒甚至会发展到狂热的程度,产生偏激的否定一切的倾向,这也是可以理解的。但归根到底,肯定一切和否定一切这两种极端的态度,都带有片面性和盲目性,并不符合客观实际,最后只能是一时的现象。

第三,在变革过程中,承传哪些,创新哪些,特别是要它能在广大群众范围内发生作用,不是任何个人所能随心所欲地决定的。变革的重点,通常总是那个时代人们最关切的问题,又是当时能为较多人接受的东西。这里有两个因素起着制约作用:首先,客观环境的变迁及其程度;其次,大多数人主观上能够认识、适应和接受的实际程度，这种认识的变化有时快，有时慢，是逐步深化的。这就使变革总是表现出过渡性和阶段性，呈现出波浪式推进的面貌。

第四，不仅在整个近代历史进程中，对传统文化有一个承传和创新的关系，就是在它的各个阶段中也莫不如此。拿中国近代历史的前期来说：戊戌维新对洋务运动，有承传，有创新；辛亥革命对戊戌维新，有承传，有创新；五四前的初期新文化运动，是以对辛亥革命的反思为开端，可以说是对辛亥革命的补课，中间有承传、有创新；马克思主义的传播又是对初期新文化运动的承传和创新。有时，看起来对立的事物之间也常常是你中有我，我中有你。整个运动过程，有时使人仿佛感到突如其来，其实只要细细考察，依然一环同一环相扣，是有规律可以寻找的。

第五，走向现代化是一个漫长甚至曲折的过程。既不能故步自封，停滞不进；又不能拔苗助长，一步到位。通常是积小变以成大变。一旦条件成熟，便出现巨大的飞跃。这种飞跃并不是割断历史，仍是历史自身演进的一种形式，而且随后又会出现一段较长时间的渐进过程。但不管它如何千变万化，历史变革的潮流永远是无法遏止的。

（本文部分内容刊发于《中国社会科学报》2011 年 11 月 22 日特别策划，英文版刊发于 *Social Sciences in China*，No. 2，2013。作者金冲及，中国史学会原会长，中央文献研究室原副主任、研究员）

近代儒商传统及其当代意义

——以张謇和经元善为中心的考察

马　敏

德国社会学家马克斯·韦伯曾提出一个著名论断：西方新教伦理是现代资本主义兴起的动力，而东方儒家伦理则是资本主义生长的障碍。这一论断曾深刻影响了韦伯同时代及其后的西方汉学研究与东亚史研究。

但自 20 世纪 70 年代开始，因日本及东亚"四小龙"所创造的东亚经济奇迹，学术界开始对韦伯关于儒家伦理与资本主义关系的论断提出质疑。一些学者提出，儒家学说与商业精神并非截然对立，水火不容，相反，在一定历史条件下，二者可以相互融合，形成具有东方文化特色的儒商群体或儒家资本主义。

本文拟在学界对明清儒商传统研究成果的基础上，结合近代儒商群体的兴起，论述儒商传统在中国近代的发展及其对今天商业道德文化建设的意义。

一　近代儒商群体的形成

根据有关学者的研究，明清之际，随着士与商的合流，中国社会业已形成了融经商与业儒为一体、亦商亦儒的"士商"或"儒商"群体。①
他们可以是已博得功名的儒生，但更多的则是没有功名的普通商人。其共
同的行为方式特征则是对儒学有着浓厚、持久的兴趣，"虽为贾者，咸近
士风"。② 他们往往商名儒行，身在沽肆中，志在阿堵外，并不过分看重
钱财，而更看重自身的名节与修养，"有大志，不局局锥利间，治贾不暇
给，而恂恂如儒生"。③

进入近代以后，在"千古变局"时代条件推动之下，中国儒商的人
数有所扩大，并最终形成以张謇、经元善等人为代表的近代儒商群体。促
成近代儒商群体形成的时代和社会条件主要有二：

首先是因"西学东渐"、社会变迁所引发的"重商思潮"的兴起。以
"商战"为核心观念的重商思潮，不仅强调必须仿效列强"以商立国"、
"以商强国"，走重商救国之路，而且强调必须尊商、敬商，对传统的重
农抑商、崇士轻商的社会观念和风气形成强烈挑战，有人甚至认为"振
兴中国首在商民"，④ "商人者立国之要素也"。⑤ 正是在这样的时代氛围
下，商人的社会地位日益提升，经商成为业儒之外的另一项重要的社会职
业选择。"我们经商的人，生在这西历一千九百余年，叫什么二十世纪实
业竞争的时代，也真尊贵得很了……天下最有活泼的精神，最有发达的能
力，能够做人类的总机关，除了商，别的再也没有这种价值。"⑥

其次，随着商人社会地位的提升，明清以来的儒与商、士与商、绅与
商对流交融的趋势更加明显，一个与过渡时代相适应的过渡性社会阶
层——绅商阶层应运而生。所谓绅商，系既有功名职衔又从事工商实业活
动的商人。他们集社会政治地位与雄厚财力于一身，逐渐取代传统绅士阶
层，成为晚清至民国初年大、中城市乃至部分乡镇中最有权势、最为活跃
的社会阶层。据估算，晚清绅商的人数在 5 万左右，约相当于绅士阶层人

---

① 参见张海鹏、王廷元主编《徽商研究》，安徽人民出版社 1995 年版；戢斗勇《儒商精
神》，经济日报出版社 2001 年版。

② 《戴震集》上编，《文集》卷 12《戴节妇家传》，中华书局 1980 年版。

③ 张海鹏、王廷元主编：《明清徽商资料选编》，黄山书社 1985 年版，第 453 页。

④ 郑大华点校：《新政真诠——何启、胡礼垣集》，辽宁人民出版社 1994 年版，第 194 页。

⑤ 《申报》，1909 年 9 月 1 日。

⑥ 《经商要言》，载张枬、王忍之编《辛亥革命十年间时论选》第一卷下册，生活·读
书·新知三联书店 1977 年版，第 890 页。

数的 3.3%。

尽管在许多场合,儒商与绅商的身份难以区分,但严格说来,儒商并不完全等同于绅商,而只是绅商中由士入商的部分人,以及商人中对儒学、儒道有浓厚兴趣,并自觉按照儒家伦理来约束自己经商行为的人。他们的共同特征则是"言商仍向儒","商"、"儒"不分家。其中,尤以张謇和经元善最具有代表性。

张謇(1853—1926),字季直,号蔷庵,江苏南通人,清末状元,著名实业家,民国初年曾担任政府实业总长、农商总长。张謇之投身实业,始于他文章"大魁天下",获得状元称号的第二年,即 1896 年。是年正月,张之洞奏派张謇和陆润庠、丁立瀛分别在通州、苏州、镇江设立商务局,推动当地实业的兴办。三人中,除丁立瀛在镇江无所作为外,张、陆两位长江南北的"文章魁首"则各有建树。张謇在通州创设大生纱厂,陆润庠在苏州创设苏纶纱厂和苏经丝厂。

自此,张謇以"状元"身份办实业,一发而不可收,先后创办了各类企业 30 余家,所涉及的行业包括纺纱、面粉、榨油、轮船、肥皂、瓷业、电灯、垦牧、盐业、渔业、水利、地产等广泛领域,成为清末民初享有盛誉的"实业领袖"。《海关关册》中推崇他:"起家寒素,以第一人大魁天下,授职修撰,笃念桑梓,自以振兴实业为己任,于是制造各事次第兴办,无不赖其维持,人皆称道不置。退张殿撰意,凡由外洋运来各物,均应由中国自行创办,惟一己之力有限,须集众力以图之。在张殿撰声望夙著,人皆钦仰,一时富户,咸愿出资,推为领袖,与其遇事决断,不致有掣肘。"①

张謇是一个具有多重身份和多重性格的过渡性复杂历史人物。他既是官,又是绅;既是士,又是商;既是实业家,又是政治家和社会活动家;既奉儒家为正宗,又兼修佛学(尤其在晚年)。我们可以认为张謇是绅商(他有修撰的职衔),是士商(他有状元的功名),但对于他而言,最为贴切、最为他自己所认可的称谓可能还是"言商仍向儒"的"儒商"。

张謇曾将他以状元身份办企业的根本动机归结为,力矫宋儒只说不做的积弊,"做一点成绩,替书生争气"②。"既念书生为世轻久矣,病在空

<hr />

① 《海关关册》(中文本),镇江口,1905 年,第 48 页。
② 宋希尚:《张謇的生平》,(台北)中华丛书编委会,1963 年版,第 177 页。

言，在负气，故世轻书生，书生亦轻世。今求国之强，当先教育，先养成能办适当教育之人才，而秉政者既暗敝不足与谋，拥资者又乖隔不能与合。然故不能与政府隔，不能不与拥资者谋，纳约自牖，责在我辈，屈己小人之谓何？"① 张謇的这段话，虽然比较晦涩难懂，但却委婉地道出了他作为"商人中的书生"，不得不与官方和商人为伍的痛苦、矛盾心态。这种士子与商人、取义与言利、传统与现代的矛盾心态，可以说伴随了张謇的一生，"謇含垢忍尤，遭闽受侮，千磨百折，以成此区区工商之事者，其危苦独心喻之，固不能尽其百一也"②。张謇曾以《释愁》一诗总结自己的一生："生已愁到死，既死愁不休。"这深广的"愁"中，是否也包括了他作为近代儒商群体一员那种挥之不去的矛盾、纠结心态呢？

　　与张謇同时代的经元善则是另一个尚不为人们所熟知的近代儒商典范人物。

　　经元善（1841—1903），原名高泉，字莲珊（后亦作莲山），号居易子、居易居士，晚年号剡溪聋叟，原籍浙江上虞。经家世代"以耕读生，潜德不耀"，至经元善的父亲经纬（字庆桂，号芳洲），才因家贫而于1818年"弃儒之沪"学商，后"白手致富数十万金"，开设仁元钱庄、茶栈、沙船行等，并任上海钱业公所首董。元善自幼随父或在上海或在老家读书。1857年，时年17岁的经元善奉父命停学赴沪，从父学贾，正式踏入商界，继承父业，接手仁元钱庄等家族产业的经营。其间，还于1864年由清廷赐给花翎候补道衔，成为一名"绅商"。③

　　与张謇的由士入商不同，经元善走的是另一条由商而士的道路，但在援儒入商、亦士亦商上，却又与张謇完全相同，同属士人型的绅商，即"儒商"。而在大力推行社会慈善事业方面，经元善甚至还有超越张謇之处，堪称近代商人中最负盛名的社会慈善家之一。

　　经元善将儒家"达则兼济天下"的社会关怀发挥到极致，开展了规模巨大的义赈救灾活动。他以其主持的上海协振公所为中心，以在各地设立的约130余家筹振公所和振捐代收处为外围，形成了一个从上海辐射到全国乃至世界各地的义振组织网络，包括江、浙、闽、粤、桂、云、贵、

① （清）张謇：《蔷翁自订年谱》，光绪二十二年丙申（1896年）。
② 曹文麟编：《张蔷菴（謇）实业文钞》，（台北）文海出版社1969年影印本，第122页。
③ 关于经元善生平，参见虞和平编《经元善集》"前言"，华中师范大学出版社1988年版。

皖、赣、湘、鄂、蜀、鲁、辽、晋、豫、京、津、香港、台湾及国外的仰
光、新加坡、槟榔屿、东京、横滨、神户、长崎、伦敦、华盛顿、柏林等
地。① 作为上海绅商义赈活动的实际领袖人物,从 1878 年到 1893 年,经
元善先后参与组织和亲自办理过豫、晋、秦、皖、苏、浙、鲁、奉天、顺
直等几次重大的义赈活动,先后"募款达数百万,传旨嘉奖者十有一
次"②。1888 年《申报》对经元善等人的善举作出了很高的评价,说:
"上海诸善士自六七年前筹办山东旱赈,款巨时长,在事之人无不悉心竭
力,所集之款涓滴归公。遂觉自有赈务以来,法良意美,当以此为第一善
举……又自有赈以来第一艰巨之任矣。"③

经元善这种仗义疏财、乐善好施、"以天下为己任"的儒商品格得到
世人的高度认可。他辞世后,康有为曾作"经元善画像赞",极力推崇其
人品:"其暖暖珠珠为仁如春之明也,其鼎鼎宇宇为义如秋之清也,终身
博施孜孜为善不近名而返刑也,呜呼天乎!"④ 蔡元培对其言行一致、与
人为善的人品也有很高的评价:"君生平得力尤在阳明氏知行合一之旨,
故见义勇为,不受牵帅。吾国圣人孔子,以言顾行行顾言为君子,希腊圣
人苏格拉底,亦言智德同点。东海西海心同理同,……如君者,庶足语于
是矣。……君及今尚孜孜为善,不知老之将至,他日所历,必更有足以证
吾言者。"⑤

近代商人中,类似于张謇和经元善的儒商还有相当一批人,形成了一
个自觉以传统儒家伦理指导自己经商营工行为的商人群体。如近代著名实
业家荣德生也十分重视在企业经营中贯彻儒家伦理思想,将"正心修身"
视为守业、创业的根本。他提出:"古之圣贤,其言行不外《大学》之
'明德',《中庸》之'明诚',正心修身,终至国治而天下平。吾辈办事
业,亦犹是也,必先正心诚意,实事求是,庶几有成。若一味唯利是图,
小人在位,则虽有王阳明,亦何补哉! 不自勤俭,奢侈无度,用人不当,
则有业等于无业也。"

① 《申报》1883 年 11 月 14 日。并参见虞和平编《经元善集》"前言",华中师范大学出版
社 1988 年版。
② 姚文枏:《上海县续志·游寓》卷 21,第 16 页。
③ 《申报》1883 年 8 月 1 日。
④ 虞和平编:《经元善集》,华中师范大学出版社 1988 年版,第 407 页。
⑤ 同上书,第 395 页。

上海商业储蓄银行总经理、著名银行家陈光甫基本上是采用西式方法来管理银行，但同时也强调儒家伦理的作用，特地购买儒家典籍分送上海银行职工，要求大家"公暇时间时时浏览"，认为"若能摘取书中片断，身体力行，一生亦受用不尽"。愈到晚年，陈氏愈是注意用儒家伦理来维系企业内部的团结，更多地体现出儒商精神。他强调："近来金观世故，愈了解古人日常道德之训，永远是真。盖道德非他，乃维持团体合作之必要条件。忠、诚、廉、让四字，余觉其特与商业团体有关。"①

著名的棉纺业企业家穆藕初虽以引进和推行泰勒的《科学管理法》而著称，但仍念念不忘借用儒家伦理来培育中国的企业家精神。他强调要唤起中国商人的"天职"观念，并认为这种"天职"观念不复远求，在中国儒家文化传统中就有。他说："此'天职'二字并非新名词，即孟子所谓'古人修其天爵者'是。人不论托业何途，对于所立地位，皆有发达其业务之天职，必如是方可以无愧乎为职业家。"② 具体到工商企业家的天职，就是要恢复华商固有的商业道德，并融入现代企业之中，"重信用、集资财、使学术、绞脑汁、奋精神，以奔赴事业救时之一主义"③。

可见，在近代中国这样一个"商潮东渐"的转型期中，在利欲熏心、金钱万能的浑浊世风之下，仍有一批商人在坚守自己道德的底线，力图将传统儒家伦理与西方资本主义经济思想相融合，培育出适合中国的商业道德与企业精神。一定意义上，这也可视作近代儒商群体性的精神追求和自我型塑。

二　近代儒商的伦理价值观

与近代过渡性社会的特性相符，近代儒商的伦理价值观念亦呈现出新旧杂陈、由传统向现代转型的过渡性特点。它上承明清儒商传统之遗绪，下开中国现代企业精神之先河，是二者之间的一种过渡形态，具有不断更新、转化的发展趋势。但我们仍能从诸如张謇、经元善这类较为典型的近

---

① 《陈光甫先生言论集》，第 207 页。

② 赵靖主编：《穆藕初文集》，北京大学出版社 1995 年版，第 132 页。

③ 同上书，第 98 页。

代儒商的思想主张和行为特征中，一窥此种新经济伦理的构成要素及主要信条。

（一）援儒入商，坚守儒家人格理想

在西方资本主义大举入侵的形势下，张謇、经元善等一批近代儒商虽投身商场，却仍以儒者自居，忠实于儒家的信条与道德规范，并以此作为企业经营的基本原则和做人底线，张謇称之为"言商仍向儒"，经元善则戒之为"不背儒宗非他教"。即他们在内心深处并不视自己为普通商人，而是始终把自己视为堂堂正正的儒生，经商营工只是儒者积极入世、建功立业、治国平天下的一种手段、一个途径。

譬如，尽管张謇创办了如此之多的企业，但他似乎从未将自己当成资本家，而始终认为自己是在尽儒者的本分，通过自己并不擅长的实业经营，替当地为老百姓谋一份福祉，求一线生机。张謇曾解释，他之所以要将自己手创的大生纱厂命名为"大生"，就是受到《易经》中"天地之大德曰生"的启示："我们儒家，有一句扼要而不可动摇的名言'天地之大德曰生'。这句话的解释，就是说一切政治及学问最低的期望要使得大多数的老百姓，都能得到最低水平线的生活。……换句话说，没有饭吃的人，要他有饭吃；生活困苦的人，使他能够逐渐提高。这就是号称儒者应尽的本分。"① 张謇对儒家"富民"的主张也极为赞同，但他更进一步认为，重要的不只是这样说，而是要实实在在地去做。他说："我在家读私塾的时候，亦很佩服宋儒程、朱阐发'民吾同胞，物吾同与'的精义，但后来研究程朱的历史，他们原来都是说而不做。因此，我亦想力矫其弊，做一点成绩，替书生争气。"② 可见，张謇完全是秉承儒者的精神和信念在经商与办实业，把实业视作实现自己理想人格和人生抱负的途径，其根本认同和基本立场仍在于"儒"，经商之道须服从于更大意义上"仁者爱人"的"儒道"。

经元善虽自少习贾，未投身科试举业，但通过言传身教对儒家典籍还是熟稔的，"惟四子书幼读颇熟。三十岁前，从大学之道起，至无有乎尔，经注均能默诵"。所以，他立誓"终身立志行事，愿学圣贤，不敢背

---

① 刘厚生：《张謇传记》，上海书店1985年影印本，第251—252页。
② 同上书，第252页。

儒门宗旨"①。经元善要求自己及家人做到三条：一是"不徇世俗乖直道"，决不媚时投时，见机取巧，而要堂堂正正地做人。二是"不掠众善邀虚誉"，诚诚实实地做人。如经元善继承父志，完成艰难的海宁塘工水利工程后，清政府拟赐给他头品红顶花翎，经元善却一口谢绝，认为自己出资出力造堤，乃"为人民安宁"，"非为受虚名享利禄也"②。三是"不戴珊顶晋监司"，即不用钱财捐官买官，不入仕途，官、商有别，各行其道。虽"每见仕宦煊赫，未尝不艳之"，但经元善却仍能恪守父训，"凡我子孙，除正途出身受职外，以捷径幸得功名者，即为不孝"，从未敢出资捐纳官位。③

以儒律己，在经商的同时，仍忠实于儒家信条，并以此作为自己及家人立身行事的宗旨，这正集中体现了经元善的"儒商人格"。

（二）利缘义取，求天下之公利

近代儒商对义与利的关系作了重新界定，认为"耻于言利"并非孔、孟的本义，儒家本身并不排斥求利和富贵，只是要做到以义取利，"富且能行仁义"，"君子爱财，取之有道"，而不能见利忘义，"为富不仁"，如此，便能够将企业经营的求利与儒家追求的道义结合起来，实现日本"近代实业之父"涩泽荣一所说的"论语加算盘"的"义利两全"。④

张謇本人亦赞同义利两全或义利统一之说，主张要为"公"而取利，为"民"而争利，要"非私而私也，非利而利也"，"不市侩而知市侩之情伪，不工党而知工党之趋向"⑤，敢于为地方公益和国家强盛而不惜贬低士人身份，去悉心经营，孜孜求利。他还以自己为例，剖明心迹："认定吾为中国大计而贬，不为个人私利而贬，庶可达而守不丧，自计既决，遂无反顾。"⑥

经元善认为，"锱铢必较，实非本性所近，且所觅蝇头，皆是末中之

① （清）经元善：《五誓斋记》，载虞和平编《经元善集》，华中师范大学出版社1988年版，第238页。
② （清）经元善：《先翁经元善简历》，载虞和平编《经元善集》，华中师范大学出版社1988年版，第405页。
③ （清）经元善：《五誓斋记》，载虞和平编《经元善集》，华中师范大学出版社1988年版，第239页。
④ ［日］涩泽荣一：《论语与算盘》，台湾允晨事业股份有限公司1987年版，第56页。
⑤ 曹文麟编：《张蔷庵（謇）实业文钞》，（台北）文海出版社1969年影印本，第178页。
⑥ 同上。

末"①,"士志于道,而耻恶衣恶食者"②。在义利关系上,自然应做到义在利先,让利取义,如在赈务与商务、散财与赢利的关系上,与一般商人相反,经元善往往把赈灾看得比商务更重,甚至不惜为赈灾而歇闭自己继承下来的仁元钱庄。"兼办秦赈后,募捐收解事益繁重,因思赈务贵心精力果,方能诚开金石。喻义喻利,二者不可兼得,毅然将先业仁元钱庄收歇,专设公所壹志筹赈。"③ 在收取企业回扣和花红分配方面,经元善亦能以儒家伦理相约束,做到"公而忘私"、"弃丰就啬",该拿而未拿的回扣,该分而未分的花红,不乏其例,"花红乃名正言顺,可以入己之款,而以移助女学,不逾半数,以私济公,且归功于督办,创此未有之善举,揆之天理人情安有过当"④。经元善解释这样做的原因,乃为"商务善举两面兼权,以期持久",其实也就是做到义利两全。

(三) 砥砺品行,以德经商。

近代儒商十分看重个人的道德品行,往往自觉地以儒家伦理道德来规范自己的行为。张謇即主张以是否具有道德心作为判断"义"的标准之一,他说:"吾国人重利轻义,每多不法行为,不知苟得之财,纵能逃法律上之惩罚,断不能免道德上之制裁。"⑤ 作为"商人中的书生",张謇个人的商业道德是无可非议的,称得上"清正廉洁"四字。据大生公司的董事言:"张謇个人对于大生公司之款项往来,无论个人之生活如何困难,从未在大生账上挂欠一文,对于其他公司亦然。若张謇以个人名义办理之慈善事业,如育婴堂、养老堂等机关,除大生公司额定捐款之外,有时亦向大生通融,等到年底结账时,积欠若干,张謇即在上海登报卖字,以偿还大生。"⑥ 这种道德至上的伦理主义倾向,正是儒商的突出思想和行为特征之一。

经元善提出,"士志于道,而耻恶衣恶食者"⑦。以士为表率的商人应

---

① 《富贵在天说》,载虞和平编《经元善集》,华中师范大学出版社 1988 年版,第 241 页。

② 《复某姻世兄书》,载虞和平编《经元善集》,华中师范大学出版社 1988 年版,第 125 页。

③ 《沪上协赈公所溯源记》,载虞和平编《经元善集》,华中师范大学出版社 1988 年版,第 327 页。

④ 《致郑陶斋、杨子萱、董长卿论办女公学书》,载虞和平编《经元善集》,华中师范大学出版社 1988 年版,第 276—277 页。

⑤ 宋希尚:《张謇的生平》,(台北)中华书丛编委会 1963 年版,第 163 页。

⑥ 刘厚生:《张謇传记》,上海书店 1985 年影印本,第 258—259 页。

⑦ 《复某姻世兄书》,载虞和平编《经元善集》,华中师范大学出版社 1988 年版,第 125 页。

具有远大的人生抱负、良好的道德涵养，不能猥琐求利、耽于豪华奢侈的生活享受，"由俭入奢易，由奢入俭难，可深懔焉"①。在待人接物中，经元善主张要有能吃亏的精神，不能事事想占便宜，"试问君子与小人，其大关键在何处？曰但看事事肯吃亏而局量宽宏者，必是君子；事事要占便宜而胸襟狭隘者，必是小人"。

经元善对儒家"诚"的信条格外看中，反复强调："学问之道，入手是一个诚字，欲寻诚字门径，当从不妄语始。诚求诚应，诚之至，金石能开；不应不开，诚未笃也。诚者，真实无妄之谓也。"又说："大凡看一卷书，必须反身而诚，有为者亦若是，无则加勉焉。"② 时人评论经元善，亦盛赞其为人之诚，"笃斐忠贞，此古大臣之风……（元善）言赈、言电、言商无不本真诚而发。世以经济自负，义理自命者，无此劈实，逊此精核"③。

在子女的教育上，经元善也注重培养其以德经商的才能，而不愿将钱财悉数留给子孙，任其挥霍。为此，经元善谨记其父的遗训——"莫管儿孙后来事业，且积自己现在阴功"，作三字经留给后人——"人遗子，金满籝，我教子，惟一经"④。这里所言的"经"，自然是指儒家经典。他希望子女通过对儒家经典的学习，"先求遗业可久，再求可大"⑤。

（四）热心公益，以回馈社会为己任

但凡儒商通常都有"兼善天下"的胸怀，于工商经营之外，往往还有更大的社会经营观，不单纯将兴办企业视作一种纯粹的经济活动，而是将此视为社会责任的一环，以回馈社会作为自己义不容辞的社会职责。

张謇是一名有着自己理想和抱负的儒商，他在家乡南通兴办实业的真实意图，是要积累资金，推动地方自治，从而达到"实业救国"的目的。因此，在他眼中，实业与社会事业是息息相关的，财富要取之于民，用之于民。他曾说过："窃謇抱村落主义，经营地方自治，如实业、教育、水

---

① 《五誓斋记》，载虞和平编《经元善集》，华中师范大学出版社 1988 年版，第 238—240 页。
② 《姚江折柳序》，载虞和平编《经元善集》，华中师范大学出版社 1988 年版，第 270—271 页。
③ 虞和平编：《经元善集》，华中师范大学出版社 1988 年版，第 402 页。
④ 《五誓斋记》，载虞和平编《经元善集》，华中师范大学出版社 1988 年版，第 239 页。
⑤ 《治家经营浅说八则》，载虞和平编《经元善集》，华中师范大学出版社 1988 年版，第 124 页。

利、交通、慈善、公益诸端。"① 有关实业、教育、慈善和公益之间的关系,张謇说:"以举事必先智,启民智必由教育,而教育非空言所有达,乃先实业,实业、教育即相资有成,乃及慈善,乃及公益。"② 教育也好,实业也好,公益也好,在张謇看来,最终目的都是要为社会和民众谋福利,使黎民百姓过上稍好的日子。为此,他始终在为将南通建设成为一个富足、安康的"新新世界"而努力。在一次大生纱厂的股东大会演说中,张謇曾祖露自己的胸怀:"天下无速成之事,亦无见小之功。……鄙人之不惮烦者,欲使所营有利,副各股东营业之心,而即藉各股东资本之力,以成鄙人建设一新新世界之志,以雪中国地方不能自治之耻,虽牛马于社会而不辞也。"③ 这段话,可以说充分表达了张謇所怀抱的大社会经营观,非一般商人所能及。

经元善在经商的同时同样热心于从事慈善、教育和其他社会公益事业,不以逐利为唯一目的。他这样做的思想基础和依据主要是儒家所倡导的"中和之道"的思想。在儒家整体宇宙观中,不仅天人合一,而且个人与社会合一,在天、人、社会三者之间应当维持一种和谐的关系,保持适当的均衡,不能拂逆天意去争己利,也不能漠视群意去谋私利。在情感上要做到"喜不至于过怒,哀不至于伤,乐不至于沮"④。"富贵在天,非人力所可强也",富商大贾须懂得"持盈保泰"、"长守其富"的道理,适当回馈社会。

除儒家思想外,经元善还将佛教的因果报应、道教的祸福相倚等思想纳入自己的"贾道"之中,以此作为行善和造福社会的理论依据。他提出:"盈天地间之物,有成必有败,有聚必有散……金银财帛之不宜积贮可知已。"在天人感应的意义上,往往人算不如天算,"追算到妙手无双,则天之大算盘出矣",商人应趁因果报应的"大算盘珠"未拨动之前,"而代天先拨,急急散财施粟,无使老天动手"⑤。由于人有其社会的责

① (清)张謇:《呈报南通地方自治第二十五周年报告会筹备处成立文》,载《张季子九录·文录》,上海中华书局1931年排印本。

② (清)张謇:《谢绝参观南通者之启事》,载《张季子九录·自治录》,上海中华书局1931年排印本。

③ 曹文麟编:《张啬庵(謇)实业文钞》,(台北)文海出版社1969年影印本,第194页。

④ 《送两弟远行临别赠言》,载虞和平编《经元善集》,华中师范大学出版社1988年版,第11页。

⑤ 《祸福倚伏说》,载虞和平编《经元善集》,华中师范大学出版社1988年版,第7—8页。

任，因此商人骤至暴富则应拿出一部分钱财来周济社会，以节制私欲的过分膨胀，"抑又思余以不学无术之人，年方少壮，假使骤得大富，声色沈迷，即不至死亦或成废"①，为富不仁，不知回馈和报答社会，绝无好的下场。

（五）兴学育才，矢志发展教育

儒商的根本特征在于"学"，是"儒"与"商"的结合。儒者，乃有学问、有涵养之人士也。因此，乐于兴学育才，往往是儒商的典型思想和行为特征。张謇最著名的思想主张之一，便是"父教育而母实业"，教育是发展实业的前提和根基。

张謇认为"国存救亡，舍教育无由，而非广兴实业何所取资以为挹助？是由士大夫所当兢兢者矣"②。建设地方需要人才，人才出于教育，但兴办教育需要经费，于是不得不仰仗实业。这就是张謇所强调的"父教育而母实业"。正是基于这样的认识，张謇在创办实业的同时，不遗余力地在南通普及和推广新式教育，使南通成为近代教育最为发达的城市之一。1922 年，南通初级小学已达 350 余所，在校生人数 15526 名，高级小学 60 余所，初级中学 7 所。他强调，"欲图教育之普及，非从多设单级小学下手"③。张謇办教育的总体思路和构想也十分清晰，即"师范启其塞，小学导其源，中学正其流，大学会其归"④。这种注重实用、比较系统的教育思想在近代中国教育史上产生了一定的影响。

经元善的兴学育才活动，始于 1893 年底在上海城南高昌庙附近开设"正经书院"，该书院延聘梁启超等名噪一时的新学人物任教，"中西并重"，招收"世家裔教育之"⑤。1897 年下半年，经元善在"正经书院"停办一年后，又发起创办第一家"中国女学堂"，这在当时实为开风气之举。经元善兴办女子学堂的动机与谋求中国自强相关。他提出："我中国

---

① 《富贵在天说》，载虞和平编《经元善集》，华中师范大学出版社 1988 年版，第 242 页。

② （清）张謇：《癸卯东游日记》，六月初四日。

③ （清）张謇：《正告通五属各小学校教员文》，《张謇全集》第 4 卷，江苏古籍出版社 1994 年版，第 49 页。

④ （清）张謇：《正告南通自立非自立各学校学生及教职员》，《张謇全集》第 4 卷，江苏古籍出版社 1994 年版，第 211 页。

⑤ （清）经元善：《居易初集》卷 2，上海古籍出版社 1995 年影印本，第 46 页。

欲自强,莫亟于广兴学校,而学校之本原,尤莫亟于创兴女学"。同时,在经元善看来,兴办女学亦属"义举"(即公益)的范畴,是"善"的延伸,和赈济行为有异曲同工之妙。他说:"女学堂之教人以善与赈济之分人以财,可同日而论,且并行不悖。"① 经元善之提倡女学,还在于提倡男女平等,改革缠足的陋习,使女子通过学习掌握谋生的本领,像男子一样可"充当医生、律师、教习","必使妇人各得其自有之权"②。经元善在创办女学上的大胆、开放主张,引来诸多卫道士的不满。面对朝野舆论压力和难以想象的经费困难,经元善以"以身饲虎"的决心,"一意孤行",终于"苦心栽培此女校成功"③。

以上各条相互连贯便构成了近代儒商伦理价值观的基本内涵,也是近代儒商传统的核心内容,可简称为"近代儒商伦理"。④ 近代儒商伦理是明清儒商伦理的延续,但又有新的发展。如果作更细致的观察与区分,我们可以看到,近代儒商伦理虽仍以传统儒家伦理道德为基本依据,但又融入了爱国、强国、商战、合群等近代思想因素,具有新的时代特点。较之于明清时期,近代儒商具有更加强烈的救亡图存意识,更为强调自己的政治责任和社会责任,更加重视推广新式教育,建立商人社团,实行商人自治、地方自治,以天下为己任。张謇曾明确提出,"天下将沦",唯实业和教育"有可救亡图存之理"⑤。经元善也一再阐明,自己办理洋务,举办社会公益事业和新式教育,其目的大都是在于强国保种进而挽救民族危机,"见我华之被人侵削,土宇日蹙,则当思发愤自强,誓雪国耻。见泰西各国之日进文明,国富兵强,则当思振刷精神,急起直追。见五大洲中人物之富庶,制造之新奇,则又当皇然自失,不敢挟虚骄之气,而以咫见尺闻为已足"⑥。

由此,我们必须看到近代儒商传统其实是传统和现实相结合的产物,

① 《禀总署楚湘皖浙苏各督抚宪稿》,载虞和平编《经元善集》,华中师范大学出版社1988年版,第213页。

② 《中国女学堂集议初编》,《时务报》,第45页。

③ 《先翁经元善简历》,载虞和平编《经元善集》,华中师范大学出版社1988年版,第406页。

④ 关于"近代儒商伦理",笔者曾认为它有从"中日近代士商伦理"到"中国近代儒商伦理"的探索、提炼过程。参见笔者已发表的论张謇与涩泽荣一的相关论文。

⑤ (清)张謇:《张謇日记》,《张謇全集》第6卷,江苏古籍出版社1994年版,第521页。

⑥ 《余上劝善看报会说略章程》,载虞和平编《经元善集》,华中师范大学出版社1988年版,第269页。

是儒家经世致用、修齐治平等价值观念在近代条件下的应用、展开和变异，具有与时俱进的特点。像张謇、经元善那样完全以儒者自居的商人毕竟是不多见的，更多的近代儒商是尝试融儒家伦理于近代企业经营之中，试图创建一种更符合时代需要的新经济伦理观，如主张引进"科学管理"于中国的穆藕初、主张"民生精神"的卢作孚等即是如此。显然，我们绝不能将近代儒商传统看成是一成不变的，而须对之持开放、灵活的态度。

三　近代儒商传统的当代价值

"人事有代谢，往来成古今。"古与今之间并没有明确的界限，离我们最近的"近代"与当代之间更是有着错综复杂的历史联系。因此，可以毫无疑义地认为，近代儒商传统对当今商业文化和企业家精神的重建有着重要的借鉴意义，尤其作为其内核的儒商伦理价值观中所包含的若干理念，更可以直接借用来塑造当前迫切需要的新商业道德文化观。

尽管近代以来，在张謇、经元善等近代儒商的基础上，不断有人在尝试建立具有现代色彩的商业道德文化和企业家精神，如卢作孚倡导的"民生精神"等，但在总体上，资本主义的商业道德和企业家精神却并未得到彰显，张謇等人身上所体现的近代儒商传统基本停留在比较粗糙的原始形态，没有能升华成为系统的商业道德文化和有较大影响的企业家精神，这当然与近代资本主义在中国发展不充分直接相关。

新中国成立后，基本采取了苏联式的计划经济模式，随着对资本主义工商业改造的完成，资本家连同他们的观念形态一并湮没。在计划经济和国营企业体制下，虽然也涌现了诸如"鞍钢宪法"、"大庆精神"等社会主义企业文化典型，但市场经济的不发达和市场观念的淡薄，最终造成了全社会企业精神的欠缺和企业文化内容的单一、同质化。尤其在"文革"期间，中国固有的优秀道德文化更是遭到致命的摧残，人性被严重扭曲，原本质朴的商业道德和企业文化也随之荡然无存，商业道德文化与企业精神文化的断裂和真空状态，也就不可避免了。

20世纪80年代以来，随着中国改革开放的深入和市场经济的发展，一方面是经济社会发展迅速，经济总量快速增加，各种经济形式和各类企业如雨后春笋般涌现出来。另一方面则是在财富空前增加的同时，法制建设与道德文化建设严重滞后，社会转型所引发的价值错位、权钱交易、诚信缺失正成为日趋严重的社会问题，以致温家宝同志不得不痛心疾首地指出，"必须清醒地看到，当前文化建设特别是道德文化建设，同经济发展相比仍然是一条短腿。举例来说，近年来相继发生'毒奶粉'、'瘦肉精'、'地沟油'、'彩色馒头'等事件，这些恶性的食品安全事件足以表明，诚信的缺失、道德的滑坡已经到了何等严重的地步。一个国家，如果没有国民素质的提高和道德的力量，绝不可能成为一个真正强大的国家，一个受人尊敬的国家"①。

商业道德文化是国民整体道德文化的重要组成部分，在市场经济条件下，商业道德的有无或是否强大，直接关乎经济发展和社会风气是否健康。当前种种不正常的经济社会现象，诸如食品造假、伪劣产品、坑蒙拐骗、不正当竞争、产权观念淡薄、贪污贿赂盛行等，似乎都在指向一个不争的事实：商业伦理道德和企业精神的整体性失落使得中国迫切需要融合时代精神与传统文化的精华重建自己的商业道德文化。

在上述时代背景下，如何汲取近代儒商传统的精华来塑造新时期的商业道德价值体系和新型经济伦理，便成为一个十分重要且有着现实意义的课题。现实生活和艺术形象中对新"儒商"的呼唤和赞颂，均意味着人们普遍期望能有那种能将现代经营管理与传统美德融于一身的"有道德的"商人和企业家成批涌现，而不是那种等而下之，只会赚钱图利的庸商、俗商充斥。

近代儒商传统至少在下列方面对中国商业道德文化重建具有历史借鉴意义：

一是强调对"道义"的追求，做"有道之商"。

"士志于道。"张謇、经元善等近代儒商最本质的精神就是为求道、得道而经商，这种"道"，既是民族大义的"救国之道"，也是个人操守的"为人之道"。"道可道，非常道。""道"在不同的时代和不同的社会有不同的内涵，但在"为仁"、"取义"、"求善"等大方向、大原则上却又是完全一致的，即要立志做有理想、有追求、有人生远大目标的"有

---

① 温家宝：《讲真话，察实情——同国务院参事和中央文史研究馆馆员座谈时的讲话》，《中国防伪报道》2011 年第 5 期。

道之商"。新时代的"儒商",应仍是以国家发展、民族强盛和人民幸福作为自己经商营工的远大目标,求国之大利而不求己之小利,将东方伦理精神与西方现代经营管理思想高度融为一体,将"为人之道"和"经营之道"完美相统一,既具有中国传统人文美德又具有现代化管理意识的企业家和经营者。由此可见,所谓"儒商",并非简单指那种"有文化的商人"或"下海的知识分子",而更多地是指商人的为人与品行,是看他们是否能真正"悟道"、"得道"、"行道"。"君子爱财,取之有道",儒商能够在义与利、公与私、家族与社会、金钱与道德之间找到适度的平衡点,不至于在市场经济的大潮中迷失了自我,寻不着方向。

二是强调对"诚信"的追求,做"有信之商"。

重然诺、守诚信应是经商的基本准则,也是企业能够取信于人、取信于民的前提条件。早在明清商人伦理中,"诚信"与"不欺"已是最基本的戒条,是否言而有信、遵守商业信用,成为判定"良贾"与"俗贾"的标准之一。近代儒商亦视"诚信"为商业道德中最重要的构成元素,如经元善所强调的,"治学之道,入手是一个诚字","诚之至,金石能开"。

所谓"诚信",首先是指对经商始终抱诚实、诚恳的敬畏态度,不弄虚作假,不坑蒙拐骗,不店大欺客。近代著名企业家荣德生就曾提出,"正心修身","讲究诚信"是商人创业、守业的根本之计,"古之圣贤,其言行不外《大学》之'明德',《中庸》之'明诚',正心修身,终至国治而天下平。吾辈办事业,亦犹是也,必先正心诚意,实事求是,庶几有成。若一味唯利是图,小人在位,则虽有王阳明,亦何补哉!"[①] 其次是指将商业信用看得高于自家性命,一诺千金,信守合同。穆藕初即将"重信用"列为现代企业家精神的首要条目,提出要恢复华商固有的商业道德,"重信用、集资财、使学术、绞脑汁、奋精神,以奔赴事业救时之一主义"[②]。显然,"重信用"已然包括了现代意义上的契约精神,与依法经商的法治观念不谋而合。

做"有信之商",就是要做到"重信守义",依法经商,以"仁"取

---

① 荣德生:《乐农自订行事纪事续编》,转引自杜恂诚《中国传统伦理与近代资本主义——兼评韦伯〈中国的宗教〉》,上海社会科学出版社1993年版,第97页。

② 《穆藕初文集》,上海古籍出版社2011年版,第98页。

利,不见利忘义以致丢失了做人的根本。

三是强调对"公益"的追求,做"有志之商"。

近代儒商传统中最能体现时代风气的,便是合群抱团,关怀社会,热心公益,取之于民,用之于民。其实,在更高的层次上,经商营工,从事实业,并非只是谋取私利,而且也是谋求公利,造福社会,即张謇所说的"非私而私也,非利而利也"。实业家必须具有以国家和社会发展为己任的强烈忧患意识和社会责任感,以服务社会为志,以造福民众为荣。如著名企业家卢作孚在创办民生公司时,便明确规定了民生公司"服务社会,便利人群,开发产业,富强国家"的经营宗旨,希望通过"事业的成功去影响社会,达到改变国家落后面貌,实现国强民富的目的"①,并为此奋斗了一生。日本当代著名企业家松下幸之助在谈到企业赚取利润与履行社会责任之间关系时,曾十分深刻地指出,"为了促使企业合理经营,利润的确不可或缺。然而,追求利润是最终的目的吗?不是的。最终之目的乃在于以事业提高人们共同生活的水准。完成这项最基本的使命,利润才能显现它的重要性。"因此,"从这个角度看来,经营事业非私人之事,乃公众之事"②。

如果我们能把企业经营看作"公众之事",将企业视作"天下之公器",就一定能超越狭隘的利润追求,不以赚钱为唯一目的,而以参与公益事业、回馈社会作为企业更高的追求,从而使经营活动本身得以升华,具有崇高的使命感和理想色彩。这样的精神境界和社会大经营观,可以说正是现代儒商孜孜以求的。对成功的商人和企业家而言,从事社会公益和慈善事业并非是外界强求的,而是一种发自内心的责任感和使命感,是企业功能的自然延伸,是比赚钱更能令人愉悦的事情。

四是强调对"勤俭"的追求,做"有德之商"。

"勤俭"中的"勤"指勤勉和吃苦耐劳;"俭"则指节约、俭朴,不尚奢华。"勤俭"既是西方企业家所追求的品质,也是中国的传统美德。

近代儒商传统中,"勤"与"俭"均是重要的道德规范。如经元善便反复告诫自己,"由俭入奢易,由奢入俭难,可深懔焉"。③ 民国时期著名

---

① 卢国纪:《我的父亲卢作孚》,重庆出版社 1984 年版,第 64 页。

② 周开年主编:《经营金言嘉行录》,湖北人民出版社 1994 年版,第 20 页。

③ 《五誓斋记》,载虞和平《经元善集》,华中师范大学出版社 1988 年版,第 240 页。

实业家聂云台曾著《廉俭救国说》，提倡廉俭的生活态度，认为"礼教和俭约"是"中国文化之美粹"，须大力发扬①。荣德生也提倡"勤俭"，说："吾国将来工业发达、生产大增以后，必须保持知足，提倡古训，人人勤俭，衣食自足，地上生产，地下启发，生活物质无虞匮乏。同时，人人安守本份，知足乐业，笃守忠信，崇尚道义。"② 卢作孚也认为，中国人有两种美德是可以战胜世界上任何民族的，"一个是勤，一个是俭"，它们是"两个有力的拳头，也是两把锋利的刀"。我们应"将就以前两把刀，铸成现代的大炮，不但要与现代国家比齐，还要超越了它"。为此就必须做到"大胆生产，小心享用"，"大胆生产之谓勤，小心享用之谓俭"③。

做"有德之商"，就是要自觉地用"勤俭"、"廉洁"等儒家道德规范来约束自己的行为：事业上勤勉精进，具有强烈的敬业精神；生活上俭约朴素，洁身自好，不炫奇斗富，不追求奢侈之风。

综上所述，当代儒商必须像近代儒商那样，应是"有道之商"、"有信之商"、"有志之商"、"有德之商"，应继承中国优秀传统道德文化中"仁"、"义"、"公"、"勤"四大美德。"仁者爱人"，仁者求道，以人为本；义者"守信重义"，利缘义取，"君子爱财，取之有道"；公者"天下为公"，"取之于民，用之于民"，具有强烈的社会责任感和公益意识；勤者勤劳、节俭，勤奋工作，不讲排场、不喜奢侈，有强烈的敬业精神。中国当代商业道德文化建设，必须从以上四端寻得门径，采取切实可行的措施，使之成为每一个商人和企业家的伦理道德守则，使每一个商人和企业家血管里都"流着道德的血液"。

做"有道德的商人"，既不是一个抽象的口号，也不是一种高悬的理念，而应该落实到具体的行动中，切实做到"行胜于言"。当前，最应当做到的是：

第一，以义取利，以德经商，坚持企业的道德标准。在社会主义市场经济条件下，必须摒弃利润至上、金钱第一的经济动物式的经商原则，以

① 参见杜徇诚《中国传统伦理与近代资本主义——兼评韦伯〈中国的宗教〉》，上海社会科学院出版社 1993 年版，第 110 页。
② 荣德生：《乐农自订行年纪事续编》，1949 年纪事，引自杜徇诚上揭书第 110 页。
③ 卢作孚：《大胆生产，小心享用》，《北碚月刊》1937 年第 1 卷第 5 期。

道义原则规范企业行为,自觉树立企业高尚的责任感、义务感、荣誉感,
树立企业的社会良心,自觉做讲文明的企业。

第二,言而有信,货真价实,坚持企业的信用标准。以诚实经商、讲
信用为根本原则,把"信"与"实"作为经商取胜的不二法门。坚决摒
弃"无商不奸"的恶习,依法经商,信守贾道,绝不弄虚作假、以劣充
优,合理合法地赚取阳光下的利润,树立良好的社会形象,建立企业品牌
信誉。

第三,取之于民,用之于民,坚持企业的社会责任。"达则兼济天
下","义以生利,利以丰民",企业作为"社会之公器",应有强烈的社
会责任意识,应以自己所赚取的部分利润反馈社会,投身慈善公益事业和
教育事业,促进民生和教育发展,从社会的整体发展中得到回报。"和实
生物"、"和气生财",只有社会的共同富裕,才能为企业的长远发展奠定
坚实的基础。

千里之行,始于足下。如果每一位商人和每一个企业都能够切切实实
地做到以上几点,中国当代的商业道德风尚就一定能有切实的变化,一种
讲诚信、讲责任、讲良心的文明商业道德新风就有可能形成。由此,才能
"从根本上铲除滋生唯利是图、坑蒙拐骗、贪赃枉法等丑恶和腐败行为的
土壤"①。

商业道德文化的建设是一个复杂的社会系统工程。新商业道德文化的
产生与完善,必须与相应的制度文明建设相结合、相配套,包括政治制
度、法律制度、社会管理制度等。比如,要鼓励商人和企业家更多地从事
捐赠和社会慈善事业,就必须建立相应的减免税机制,使企业的社会公益
行为得到政府的认可和鼓励。要使企业不弄虚作假,讲诚信、树品牌,就
必须建立相应的法律法规,使造假行为受到法律的制裁和社会舆论的谴
责,使讲诚信的企业受到法律的保护和社会舆论的赞扬,形成强大的有利
于讲诚信的法制和舆论氛围。

传统是历史的,又是现实的;是过往的,又是发展的。我们必须为传
统的现代转型创造必要的社会条件,使之与时代精神相结合,成为可以推
动现代社会发展的精神动力。在此意义上,近代儒商传统不仅仅是一笔宝

① 温家宝:《讲真话,察实情——同国务院参事和中央文史研究馆馆员座谈时的讲话》,
《中国防伪报道》2011 年第 5 期。

贵的历史遗产，而且完全有可能成为时代所需要的新商业道德文化的内核及现代企业精神的重要组成部分，关键是要为之创造实现其自身转型的社会条件和相应的机制，自觉地促成传统文化的现代转型，使优秀传统文化成为我们取之不尽、用之不竭的精神源泉。

（本文部分内容刊发于《中国社会科学报》2011 年 11 月 22 日特别策划，英文版刊发于 *Social Sciences in China*，No. 2，2013。作者马敏，华中师范大学中国近代史研究所教授）

道德传统与现代性

——以中国现代语境中的道德文化问题为中心

万俊人

一　引言:由孔子雕像的"突现"与"突失"说起

2011 年春，在有着鲜明现代中国政治文化之示范意义的天安门广场，发生了一件对于中国文化具有深远历史意味的艺术事件：一尊高大廓然的孔子青铜雕像在中国传统节日春节来临之前，突然矗立在中国国家博物馆的北面，也就是天安门广场的东南角，斜对着古老而威严的天安门城楼，雕像孔子以他慈祥而深邃的双眼注视着宽广的长安街上急速往来的车辆和匆匆行走的人群；然而，不到三个月，这尊雕像又被突然移走，从天安门广场移到了中国国家博物馆内的某处。这尊孔子雕像的"突现"与"突失"不仅让包括海外旅居华人在内的中国人惊愕不已，也引起国际社会的高度关切和猜测疑惑。人们对于这一事件的感受、心态和看法多种多样，文化学术界对此也有各种不同的见解和思考。

作为一位伦理学学者，我所关注的是：事件的出现和人们的反应究竟意味着什么？如果说这其中反映出当下中国社会和中国人的某种交织着各种矛盾的文化心态，那么，引发或者积成这种矛盾心态的一个重要原因是否源于当代中国社会的道德文化问题？若是，当代中国社会的道德文化问题究竟何在？为什么一个曾经拥有孔孟儒学并因此而享有"道德文明古国"之誉的国度会遭遇当代道德文化困境？我的学术直觉是，所有这些疑问都不是理论预设，在当代中国社会文化语境中也都具有其思想理论和生活经验的真实性。本文所聚焦的主题是，通过对现当代中国社会的道德文化问题的有限透析，解释现代中国社会——从民间到官方和学界——对道德文化传统所表现出来的一种两难纠结心态，以及造成这种心态纠结的深层原因。在我看来，对这些深层原因的解析最终必须或者必然聚焦于一个耐人寻味的重大问题，也是本次会议的主题：究竟该如何看待和对待传统？进而探究，在传统与现代性之间，究竟发生了什么？为什么会发生？

我之所以由这一事件切入有关传统的主题，是因为孔子雕像已被公认为中国传统文化的经典象征；而我之所以选择以现代中国社会的道德文化问题作为讨论的中心，不仅是因为孔子及其所代表的儒家学说本身具有再典型不过的中国道德文化传统的代表性，而且还因为当代中国社会的道德问题从根本上看不独反映了中国现代社会转型过程中"道德失范"（anormie）和道德无范——既定道德文化传统规范功能已然失效或至少在很大程度上失效，新的现代性道德文化规范体系又尚未系统建立，更谈不上发挥普遍有效的道德范导作用，同时也是我们反思现代性，尤其是反思希尔斯教授所追问的传统与现代性之真实关联意义的一个典型案例，尽管这一案例不可避免地带有中国现代性的特点，因而有可能给包括西方学界在内的西方社会关于传统与现代性的思考带来某种程度的理解困难。

我想首先强调的是，在我们关于传统的任何讨论中，道德文化传统应当被看作最能体现传统之连贯性、延续性和稳固性特征的子传统之一。也许，对于具有连续、悠久、深厚之宗教文化传统的西方世界来说，我对道德文化传统的这种强调在学理上显得有些冒险。同宗教文化传统相比，道德文化的稳固性和连续性显然有所不及。但是，在中国文化语境中，道德文化的重要性从来就高于宗教文化，因而在中国语境中，强调道德文化传统的独特性是可以证成的。与之相关，一个社会或国家的道德现实——无论其变化程度多大——都或多或少地反映着它与其道德传统之间的某种矛盾，因为现实总是或多或少地超出既定道德传统的约束。在社会转型时期，这种紧张更为剧烈，其间的复杂性更值得关注和反思。如果我们确认当代中国社会正处在现代化的加速转型之中，那么，选择从分析当代中国社会的道德问题入手，来探究道德传统的变化及其与现代性之间的关联或者断裂，就应当是一种比较适宜的视角。这是我对本文主题的基本阐释。

二　传统之后:中国近代百年的道德祛魅与道德附魅

历史永远是现实的一面躲不开的镜子,道德则是一个民族国家的文化之镜中最耐人寻味的聚焦点。近代百年的中国文化镜像可以概括为一句话:如何走出古今中西的迷宫。当代著名史学家和考古学家李学勤先生将之概括为"走出疑古时代"①。这一文化镜像的中心光点无疑汇聚于传统文化批判,而道德传统则被看成传统文化批判的最后着力点甚至是最终目标。被称为"五四新文化运动"主将之一的陈独秀先生曾经写道:"自西洋文明输入吾国,最初促吾人之觉悟者为学术……其次为政治……继今以往,国人所怀疑莫决者,当为伦理问题。此而不能觉悟,则前之所谓觉悟者非彻底之觉悟,盖犹在惝恍迷离之境。"② 陈独秀的这一断言反映了近百年来中国文化思想界的一种极其普遍的态度,一直延续至今。著名的中国台湾学者韦正通先生便明确地回应道:"价值的更新,几乎在19世纪中期受到西方文化冲击的同时,就已有人提出,但百年来这方面遭到的抗阻特大,因它不单单要求人格的改变,且涉及社会的整体。价值的更新,将是中国完成现代化过程中最后一场决战,更新速度的快慢,直接影响现代化程度的高低。价值更新不仅可以给新伦理带来活力,也是使社会继续结合在一起向前迈进的力量。"③ 很显然,"以新道德替代旧道德"(毛泽东语)的确被普遍看作中国近现代新文化运动的主要目标之一,由于孔

---

① "走出疑古时代"一语最初出自当代著名史学家、考古学家、现清华大学历史系教授李学勤先生在1992年发表的一次同名学术演讲,这一具有标志性的学术口号被看作是针对当时的"疑古思潮"而言的,后被收入学勤先生的《走出疑古时代》一书(辽宁大学出版社1995年初版,1997年修订版,2007年由吉林长春出版社再版修订版)。在该书中,李学勤先生开宗明义地指出了这一学术主张也是对近世顾颉刚先生之"疑古时代"断言的回应,当然也是对20世纪晚期再次兴起的"疑古"思潮的回应。我想借题发挥的是,近代百年来,中国文化知识界出现的无论是"疑古"还是"反古"思潮,都或多或少同"崇今"、"崇西"之文化思想风气有关,其中堂奥曲直,值得深究。参见拙文《走不出的古今中西之学术迷宫——方朝晖〈学统的迷失与再造:儒学与当代中国学统研究〉序》,上海《文景》杂志2010年第一、二期合刊,总第62期,第4—11页。

② 陈独秀:《吾人最后之觉悟》,载《青年杂志》(后改为《新青年》)第一卷,第六号,1916年2月。

③ 韦正通:《伦理思想的突破》,台湾水牛出版社1987年版,第165页。

门儒学一直是中国传统道德文化的主导和代表，因此，"打倒孔家店"便自然而然地成了这一运动的标志性口号。

　　我无意裁度新文化运动的成败得失。我想追问的是，倘若孔家店真的能够打倒，那么打倒孔家店之后，我们如何续接和重铸中国道德文化传统？换言之，我们如何创造一种新的道德文化传统来替代儒家主导的传统道德文化？如果答案是肯定的，新的道德文化传统与儒家主导的道德文化传统是否可以完全割裂？若不能，又该如何理解新旧道德传统之间的关系？这是我们多年来始终未能清晰解答的一个根本性的问题。

　　的确，在中国晚近百年的历史演进中，道德文化所受到的冲击大概是最严重的。这一点可以从始于"物器"、"技艺"的变革图强到"政制"、"宪政"的"维新"最后再到"道统"、"道德"的革命之社会变革进路，也就是从近世中国的所谓"洋务运动"到"戊戌变法"最后到"道德文化革命"的社会变革进程中，清晰地呈现出来。毋庸任何提示便可看出，这一进程表现出一种再明显不过的由"用"至"体"、援"西"改"中"、薄"古"厚"今"的思想理路，亦是希尔斯教授所说的现代社会普遍遵循的急于摆脱传统、寻求快速实现社会现代化的"现代性"行动路线。这一思想理路和行动路线在近世中国社会语境急速展开的过程中，道德文化传统理所当然地被看成了最为顽固，也是最后的关键"阻抗"。如果我们单单遵循"现代性"的价值思维理路来推论，这一结论几乎是毋庸置疑的。事实上，汉以降两千多年的中国社会，儒家伦理便始终占据着中国社会主导意识形态和核心价值体系的宰制地位，成为统辖整个社会文化价值观念系统，乃至支配社会上层建筑的主导传统，尽管其间先后出现过儒释之间内外争锋和互补（以唐、宋为甚）、儒道之间的颉颃与会通（以两晋、南北朝为显），以及儒家同其他诸家的摩擦竞争，可儒家主导的格局基本未曾有变。如前备述，儒家传统的要义实际可以归结于道德规治与伦理教化这两个一而二、二而一的道德文化主题，因而在某种意义上，我们可以把儒家传统看作一种典型的东方道德文化传统，这一点不仅在古今中国，而且在古今东亚和南亚等许多文化圈中豁然可以见证。

　　在此背景下，近世百年中国的现代化进程得以开展的首要历史前提和条件，便是儒家道德伦理传统的祛魅。先解释一下，我这里所使用的"祛魅"一词虽援借于马克斯·韦伯，但用意略有不同。韦伯所谓"祛魅"，意指宗教的脱圣入俗，趋于符合现代理性主义意义上的"合理化"

（rationalization）；而我所谓的"祛魅"则是在更宽泛的"现代性"意义上，揭示近世中国新文化运动中竭力脱出道德文化传统束缚，以实现中国现代化转变的"旧道德"革命或曰"新伦理"吁求，在某种意义上，这一革命性的吁求最初并不具备理性化的姿态，倒是带有相当程度的"宁为玉碎，不为瓦全"的激进反传统的情绪主义色彩。与欧洲近代理性启蒙和宗教祛魅相似的是，近世中国的"现代性"冲动和道德祛魅同样也是以寻求现代性社会为其价值目标的，只是这一价值目标的勘定一开始就是以先行的"西方现代性"为范本的。或可说，西方近代的宗教祛魅与其内生的资本主义"现代性"休戚相关，而中国近代的道德祛魅则是与一种外在植入性的"西方现代性"影响直接关联。这是我们了解中国近世百年之道德祛魅所必须仔细留意的独特背景之一。

　　道德祛魅的直接目标是"打倒孔家店"，颠覆儒家道德传统，但根本目标是社会价值精神的重构，是一种"灵魂革命"，作为传统道德文化之代表的儒家伦理成为这场革命的替罪羊。时值中国社会积重难返、积贫积弱、被动挨打的历史衰弱期，多数中国知识分子和政治精英，尤其是那些激进分子，几乎都加入了反传统、反儒家的行列，儒家主导的传统道德文化被判定为中国社会进入现代化的历史包袱。这其中的一个普遍推论是：现代化是中国社会的必由之路，而中国进入现代化的必要条件是"师夷长技"和"变法"，其充分必要条件则是思想文化观念，特别是道德价值观念的根本变革。"器物"的工具技艺革新以西方现代化先进为师，道德价值观念的根本变革同样也必须以西方启蒙理性和自由、平等、博爱之人道主义马首是瞻。因此，道德革命才被陈独秀等新文化运动领袖看作"最后觉悟之觉悟"，是对传统文化的"最后决战"。可以说，整个 20 世纪的中国思想文化界都对此一推论和结论深信不疑。

　　从此，儒家主导的传统道德受到前所未有的文化质疑和价值解构："三纲"、"五常"被通通当作反动的封建礼教遭到唾弃，作为"五伦"内涵的"仁、义、礼、智、信"的道德伦理观念也被视作其精神附骊而予以否定，并被付诸"剪辫子"、"放小脚"、"自由恋爱婚姻"、"兴新学"等激烈的社会实践运动。道德祛魅不仅获得了足够强大的思想文化解构力量，而且产生了全新的社会生活经验和实质性价值意义。正由于此，对"旧道德"的祛魅得以同"新道德"的附魅同步进行。然而，如果说"旧道德"的祛魅过程显示出基本一致的社会共识，那么，"新道德"的附魅过程却不尽然，反倒是呈现百家争鸣、各显千秋的"诸神论战"乱象，以至于在一个相当长的时间里始终难以出现融汇众流、重构社会道德伦理和核心价值观念体系的"重叠共识"（罗尔斯语）局面。有学者研究指出，仅就 20 世纪 30 年代的中国思想界而言，蔚然成势并产生相当社会思潮影响的"主义"就多达 30 多种，各种"学说"、"观点"更是不计其数。① 这其中，自由主义与文化保守主义无疑最有影响，两者的思想交锋也最具典型意义。

中国的自由主义从诞生之初便带有激进和西化两个根本特征，其激进缘于超强的现代性心态和对于本土文化的极度怨恨。就前者言，肇始于一批"海归"派如胡适诸公者深感于近世中国社会的积贫积弱与封闭沉疴，在中西近代文明巨大的落差中，感受强烈，急欲援西入中，甚至是以用为本，② 试图用近代西方自由主义价值精神和理性方法来改造中国传统文明与文化，改造中国社会和中国国民性。历史地看，这种激进的文化思想情绪是可以理解的。问题是，自由主义把传统，尤其是道德文化传统当成了国家落后挨打的根本原因，看不到历史和文化的复杂性，更忽视了一个关键性的问题，即任何有效合理的传统社会之现代化改造并非单纯取决于简单地否定和抛弃传统而可能达之，更不是单凭对任何外来社会文明和文化模式的简单挪用或置换所能成就。西方社会从封建向现代的转型之所以获得空前的成功，并不如反宗教神学了事那般简单，恰恰相反，在对传统文化的理性批判和深度反思中，吸取传统文化——包括韦伯所揭橥的中世纪"新教伦理"——的精神文化资源，不仅实现了宗教伦理与资本主义商业精神的价值对接，而且实现了古希腊哲学和罗马法律文化与现代民主政治、自由价值精神和商业伦理的内在契合。这也就是说，西方社会的现代化并不是以全然牺牲其传统文化和道德价值精神为代价而达成的。关于这一点，只要我们稍微留意 13—16 世纪欧陆"文艺复兴"所旁借的古希腊罗马文化前提，或者解读一下韦伯的宗教社会学著述，就不难理解。

相比之下，近代中国的文化保守主义如著名的"学衡派"，虽然在有

---

① 参见丁守和《中国近代思潮论》，广东人民出版社 2003 年版。
② 就连专治中国哲学史的现代名家冯友兰先生也放言高呼"西学为体，中学为用"。他在给李泽厚先生亲笔撰写的楹联中，就以此句作为上联，笔者在多次拜访泽厚先生时多次仰访此联，许久之后才有幡然彻悟之感，然而亦为之唏嘘。

关"现代性"的理解上远不及自由主义来得果敢、深刻和急迫，但在料理传统与"现代性"的复杂关系问题上，却要表现得更加从容、理性和适度。学衡派的主要代表同样学贯中西，深谙西方人文主义文化精义，如清华国学院的梁启超、王国维、陈寅恪、吴宓诸公，但他们并不相信所谓"西体中用"或传统与现代的截然两分对立。相反，他们始终坚守着文化传统的命脉，把"物质的文明"与"文化精神的文明"仔细分辨开来，坚持本土文化道德的传统，并将之视为强国化民的精神滋养。这一点在梁启超关于三大文明传统的比较辨识中已然清晰呈现。

然而，无论是自由主义的激进还是文化保守主义的坚守，似乎都没有能够解决近代中国社会现代化转型中的核心问题：那就是究竟如何处理传统与现代，尤其是传统道德与现代社会变革的关系梳理议题，因而也未能解决好传统之后或道德祛魅之后道德文化的重建和传统的续接问题。自由主义的道德祛魅方式失之于外在强加式的武断，而文化保守主义的道德附魅方式又失之于内在创新力不足。如何寻求一种既能真正承接乃至弘扬优良道德文化传统，又能真正开创和建构具有中国特色的现代道德文化的"中国现代性"文化和道德伦理？实在是百年来中国社会和中国思想界一直在孜孜以求的根本文化任务。

三 传统之中还是传统之外：如何理解 社会主义的道德新传统？

在自由主义与文化保守主义的两极之外，较为有影响，也是最终取得成功的道德文化传统创新的尝试是社会主义新道德文化运动。社会主义新道德文化运动被看作马克思主义中国化的一个重要组成部分，它肇始于"五四新文化运动"前后俄国马克思主义的传入，以中国共产党的创始者、北京大学教授李大钊、陈独秀和清华大学教授张申府等人的思想传播为先声，借助于"五四新文化运动"的席卷之势，迅速从大学课堂扩展到文化知识世界，最终传播于社会生活世界并被选择为中国共产党之建党理论基础或"指导思想"，从而完成了它从思想观念到政党理论再到社会实践运动的全过程转变。在这一漫长复杂的演化过程中，社会主义新道德既被视为能够最终取代"旧道德"的"新道德"，构成近代整个新文化运动的标志性口号之一，又被看作"社会主义新传统"的重要组成部分，甚至是中国特色社会主义"核心价值观念"的基本内核。①

　　中国社会主义新道德文化的核心价值理念根源于马克思主义的"科学社会主义"理论，20 世纪 40 年代毛泽东先后发表《为人民服务》、《纪念白求恩》、《愚公移山》（俗称"老三篇"）等著名文章，通俗而深入地阐述了社会主义新道德的基本原则、规范和理论。应该说，毛泽东的一系列文章的确堪称对中国社会主义新道德的经典表述，但他的表述带有较强的党政伦理诉求，同时也逐渐成为中国新民主主义革命和建设时期中国社会道德文化的主导性伦理思想。从时间的维度来看，基于马克思主义的历史唯物主义和科学社会主义理论建立起来的社会主义新道德传统，在现代中国已历经百年历程；从实质性的价值维度来看，社会主义新道德传统的确是通过与中国自由主义和文化保守主义等多种社会文化思潮的竞争而获得其社会主导地位的，无论是从社会实践效应还是从官方理论定位来看，这一点确实毋庸置疑。对于这一结果，学界一直有着各种不同甚至是截然相对的看法，考虑到现代社会文化思潮多元互竞的常态，以及，更重要的是，现代社会文化思潮本身的生长起伏仍将是一个漫长复杂的过程，任何因果论的解释都有可能失之偏颇。我们并不把社会主义新传统——包括其新道德传统——看作一种既定不变的文化后果。然而，即使仅仅就现代百年中国社会文化思潮的急剧演变和客观事实而言，社会主义道德新传统相对于近代以降的其他道德文化思潮的优胜本身，便是一个值得我们耐心探究的文化课题。

　　相对于近代以来的中国自由主义和文化保守主义，社会主义的优胜至少具有或者显示出这样几个方面。首先，作为一种社会政治理念，社会主义在中国社会语境中具有更为优越的社会道义力量和伦理凝聚力，因而自它进入现代中国社会开始，便获得了较自由主义和文化保守主义更为广泛深厚的社会政治认同和文化价值认同。产生这一结果的基本原因是：一方面，社会主义本身的基本政治理念和价值理想，诸如，反压迫反剥削的社

---

　　① 毛泽东《新民主主义论》一文有言："当时（指'五四'新文化运动前后——引者注）以反对旧道德提倡新道德、反对旧文学提倡新文学为文化革命的两大旗帜……"（参见《毛泽东选集》第 2 卷，人民出版社 1991 年版，第 700 页）。关于"社会主义新传统"的阐述，参见刘小枫等《作为学术视角的社会主义新传统》之长篇专题讨论，载广州《开放时代》杂志 2007 年第 1 期。

会平等和共同富裕的价值主张，人民主权或人民民主、民族解放和社会团结的政治诉求，社会正义和优先关注社会弱势群体或社会底层的社会道义原则，共产主义的社会理想等，同近代中国社会日趋严峻的社会不平等现实之间产生了直接而强烈的呼应。更长远地看，社会主义的基本政治理念和价值理想同中国社会长久存在的"均贫富、等贵贱"的社会平等主义民本传统有着天然而深刻的内在契合性。同时，在近代中国面临着列强欺压、民族生存危机的非常时刻，社会主义的平等正义主张蕴含着其他社会文化思潮所不能具有的巨大而持久的社会组织、社会动员和社会团结的精神整合和向心力。另一方面，社会主义的优势，正是包括自由主义和文化保守主义在内的其他各种"主义"（-isms）或学说（doctrines）的不足或缺陷所在。如果说，中国近世以来的自由主义因一直未能脱出"西化"路径而终无法深入中国社会之生活世界的内在文化脉络，因之难免短时勃兴而长时式微的现代中国命运，① 那么，近世以降的中国文化保守主义则因为难以解开传统与"现代性"之间的古今纠结而未能获得中国社会的普遍认同，因之同样不能成为现代中国社会主义文化道德新传统的继承者和担当者。或可说，中国的现代自由主义有"现代性"之自觉，却无中国化之潜能；而中国现代的文化保守主义则有中国化之源，却又始终未能完成中国现代转化之业。相对而言，中国特色社会主义——尽管其理论与实践历经多次反复，多有教训，也无论其尚存多少不足或缺陷——终能较好地兼顾诸因，调理好古今中西的复杂关系，因而最终得以在中国现代社会里落地、生根、开花、结果。

其次，作为一种道德文化传统，社会主义既比自由主义更能融入中国社会文化道德的生活情景，也比文化保守主义更合乎晚清以来中国社会普遍形成的革故鼎新、变革图强的发展趋势和时代要求。就前者论，虽然"社会主义"的概念迄至近代才传入中国，并且由于苏联"十月革命"的胜利而得以植根于现代中国知识界和思想界，并最终植根于中国社会生活世界，前文所述的社会主义基本政治理念和价值理想同中国古代儒家

---

① 参见秋风《中国自由主义二十年的颓势》一文，载香港《二十一世纪》杂志第 126 期（2011 年 8 月号）。

"公羊学说"所代表的政治伦理传统及其悠久传承有着相当程度的契合呼应,① 也的确较为符合近世中国社会日益觉醒的民族独立、国家强大和人民解放的价值期待。

最后也是最为重要的一点是,社会主义一经传入中国,便很快成为中国共产党的政治理想和行动纲领,成为新民主主义革命的社会目标。这是自由主义和文化保守主义所不具备的政治际遇或政治条件。1911 年,孙中山先生领导的民主革命虽然推翻了清王朝,建立了中华民国,但很快因袁世凯等军阀集团窃取了民主革命的成果,倒行逆施,复辟封建王朝,使得整个中国陷入长达 20 余年的军阀混战局面。蒋介石领导的国民党集团虽然在形式上基本完成了国家的政治整合,但是,第一,蒋介石国民党集团的政治整合是以排斥打击代表广大劳苦大众利益的中国共产党为根本特征的,这一政治战略从根本上削弱甚至牺牲了国民党作为民主中国之政治领导集团的政治合法性和道德正当性,因而最终被广大劳苦大众视为反动的政治政党和政府权力集团。第二,即使不考虑蒋介石国民党集团本身的政治合法性和道德正当性,仅仅就其基本政治理念和意识形态而言,不仅缺乏统一的思想理论基础,在西方自由主义、苏联社会主义和中国传统儒家等社会意识形态体系之间游离彷徨,最终导致其社会组织能力和社会政治动员能力的严重缺陷,除了在当时并不十分发达的少数城市中尚可勉力行使政治管治之外,对于广大的农村地区并无基本的把握。尽管 20 世纪 30 年代蒋介石国民党集团已经多少意识到了这一重大缺陷,开始实施大规模的乡村道德教育运动,但由于抗日战争不久便全面爆发,更重要的是由于蒋介石领导的国民党集团始终没有能够真正解决好社会治理的基本政治理念和社会核心价值体系的政治统一性和核心价值同一性问题,因而这场道德教育运动最后也只能草草收场,无疾而终。

与之形成鲜明对照,中国共产党及其领导的工农联盟从一开始就把建立社会主义社会、追求共产主义作为自己领导和开展新民主主义革命的伟大理想和革命目标,并始终不渝地为之奋斗牺牲。在长期的反封建、反内

① 对此,著名学者蒋庆有较为集中的阐释,虽然他的学术立场是文化保守主义的。参见蒋庆《政治儒学——当代儒学的转向、特质与发展》,生活·读书·新知三联书店 2003 年版。笔者曾经在 2009 年剑桥大学人文研究中心组织的一次学术会上发表题为"政治儒学如何可能"的演讲,以蒋庆是书为中心,探讨过儒家政治伦理的现代转型问题。

战、反日本侵略战争的国家革命和民族斗争之艰苦过程中,尽管同样也历经多次挫折和失败,但毛泽东和他所领导的中国共产党从来就没有放弃过这一政治信念,并为之作出了丰富系统的政治论证和建构,同时也对社会主义道德新文化给予了充分有力的传播和论证。除了前文所述毛泽东所著"老三篇"之外,刘少奇的《论共产党员的修养》等著作也从政党伦理等基本方面,阐述了"革命道德"新传统的基本内涵和实践意义。这不仅给中国共产党及其领导的新民主主义革命提供了强有力的道德正当性支撑,成为其进行各种大规模社会组织和社会政治动员的高效武器,① 而且也为尔后的社会主义建设实践储备了丰富有效的社会道德资源。当然,同样无可否认的是,20 世纪六七十年代发生的"史无前例的文化大革命"是中国现代史上社会道德伦理的一场浩劫,在某种意义上,我们甚至可以说,这场近乎荒唐的"文化大革命"几乎使中国共产党几十年累积起来的政治伦理资源消耗殆尽,也使中国社会仍处在现代转化生成之中的社会主义新道德传统险些夭折,一如它曾经一度已经使中国社会的经济濒临崩溃一样。

如果上述分梳大致不谬,那么,我们便可提出并追问这样一个不无意味的问题:社会主义新道德传统与传统中国的道德文化传统究竟是一种怎样的关系?具而言之,它们之间究竟是全然异质性的断裂或者"决裂",还是部分异质性的转型或者"改造"?抑或仅仅是一种传统内部的、同质性延续过程中的现代延伸或传统"变体链"?② 一句话,社会主义新道德究竟是仍在中国道德文化的"传统之中",还是已然超出中国道德文化的"传统之外"? 这是我想要尝试解答的问题。

在相当长的时间里,上述问题很可能被看作是一个伪问题,因为经过

---

① 试举一例:延安时期演出的歌剧《白毛女》等革命性文艺作品在解放区民众和军队所产生的超乎想象的轰动效应,便可证明中国共产党运用道德武器发动群众、组织和动员社会力量的"独门功夫"多么富有高超技艺和强大实效。类似的成功实例还有人们所熟知的"打土豪,分田地"、"根据地经验"、"沂蒙精神"等,几乎不胜枚举,让人瞠目结舌。这一方面的经验是许多中国现代史研究家迄今尚未充分关注的。初步的研究成果可参见乔法容、朱金瑞《中国革命道德》,大象出版社 2000 年版。

② "决裂"、"改造"属于现代中国的"革命话语"范畴,曾经是 20 世纪 60 年代中国社会的普遍流行词;"变体链"则是现代美国著名思想家和知识社会学家爱德华·希尔斯在其《论传统》(傅铿、吕乐译,上海人民出版社 1991 年版,第 17 页)一书中所提出的用以刻画传统之连贯性的重要语词。

近代以来百余年的现代化浪潮冲刷，多数中国人——尤其是中国现代知识分子——似乎已经习惯于全新的"现代性"思维定式，凡标举"新"者，① 必定是以"与一切旧的传统"相决裂为其前提和结果的。然而，如果我们换一个角度看问题，上述问题的解答就不会如此简单。比如，我们似乎可以有意义地追问：在近代中国文化和思想的激荡中，曾经先后出现过数以百计的主张，在一定时期和范围内蔚然成势的"主义"或者"学说"也多达几十种，为什么只有社会主义最终取得了社会文化和思想的支配地位并能够延续至今？反过来说，中国现代社会最终选择社会主义的理由是否仅仅是因为它的革命性和平等正义性？

古今中外的历史经验证明，一种外部性社会文化思想——无论是政治文化思想，还是道德文化观念，抑或社会意识形态——若想植入并最终融汇于本土文化思想圈，必须至少具备以下三个基本条件才有可能：其一，该文化思想本身之于本土文化思想圈所具备的可接受性；其二，本土文化思想圈对于外部文化思想的开放性；其三，外来文化思想与本土文化思想之间的价值观念契合和有效对接。简明地说，也就是外来文化思想传统的可本土化潜能、本土文化思想自身的内在需要，以及外来文化思想通过与本土文化思想的有效对接而实现某种程度的本土化，三者缺一不可，构成外来文化思想植入并融汇于本土文化思想传统的必要条件，尽管这三个条件并不是全部的充分必要条件。② 这一点，我们可以从印度佛教自汉唐传入中国并最终在宋代形成其中国化的禅宗佛教，以及中国儒学传播东亚诸国并最终融入日本、韩国等国家的社会伦理文化传统等真实的历史实例中，找到确实的佐证。

依据上述三个条件，社会主义得以传入中国并最终成为现代中国社会的政治、文化和道德选择，的确具有历史的必然性和真实性。可是，当我们把上述三个条件当作权衡社会主义得以在中国落地生根的基本依据时，实际上也就承认或者证实了这样一个基本结论：作为一种源自西方的社会

① 有学者指出，近代以来中国语汇中，"新"字大概是出现频率最高、多数人最喜欢也最习惯使用的语词。

② 我曾以意大利传教士利马窦的中国传教为个案，探讨过西方基督教进入中国的某些历史侧面和特殊境遇，可以作为本文关于"三个必要条件"之主张的佐证。Cf. Miikka Ruokanen and Paulos Huang ed. , *Christianity and Chinese Culture*, U. K. : William B. Eerdmans Publishing Company, 2010, pp. 85 – 101.

政治文化和道德文化传统①的现代理念体系和社会实践运动，社会主义在中国现代社会文化语境中应该被看作中国文明和文化传统之中的重大事件，而不是，也不可能是中国文明和文化传统之外的偶然发生或强行植入。正因为如此，我们才将之称为"中国特色社会主义"，并把它看作"马克思主义中国化"的伟大社会实践运动。"中国特色"和"中国化"的限定实质上也就是对中国社会主义新传统的明确界定，因而从根本上说，它仍然是中国传统之中的，而不是中国传统之外的。

可是，"传统之中"的结论又会带来另一个同样严肃的理论问题：是否因此会忽视中国社会主义新传统之于中国社会旧传统的"革命性"变革意义，从而流于某种形式的传统主义或文化保守主义的结论呢？② 在此，我必须坦率承认，本文还无法对之提出充分的解答和论证。我所能确定的是，如同许多文化传统的现代转型一样，社会主义新道德传统的确是对中国旧道德文化传统的革命性变革，然而，这种变革仍然是在中国道德文化传统中发生的，因而从根本上说，它仍然是中国道德文化传统连续生长过程中的一个阶段，一种"变体链"，而不是中国道德文化传统的一种中断或者断裂。首先，尽管社会主义源生于西方并经由苏联"十月革命"的胜利而传入中国，但社会主义之所以最终能够成为现代中国的社会选择和文化选择，根本原因在于它在中国现代社会找到了得以落地生根、开花

---

① 注意：我在此之所以只提及作为"政治文化"传统和"道德文化"传统的社会主义，而没有提及社会主义的经济制度或经济模式，是因为自20世纪70年代末开始，中国社会便开始怀疑并最终放弃了社会主义的计划经济理念和实践，大胆地引进了资本主义社会率先发明和采用的市场经济体制或模式，换言之，社会主义的计划经济理念和实践模式在现代中国虽然历经了近30年的反复试验——若考量1949年前中国共产党所领导的"解放区"内的经济发展情形，这一经济试验还应更长一些，但因其低效和不可持续的缺陷，最终被当代中国社会所放弃，因而不再具有传统延续的连贯性意义。当然，诚如邓小平所说的那样，"计划经济不等于社会主义，市场经济不等于资本主义"（邓小平"南方谈话"）。当代中国社会的经济结构是否已然是纯粹的市场经济，仍然还是一个有待仔细分析研究的课题。西方一些国家至今尚未承认中国的"市场经济地位"虽然不足为凭，但当代中国特色社会主义市场经济模式本身仍处在"初级阶段"，尚在生成之中。

② 这一担忧并非是多余的。新近，著名当代中年学者甘阳等"新左派"学者便提出所谓"儒家社会主义"的新概念。我以为，如果我们撇开所谓"自由派"与"新左派"的简单两分，平实地看待和思考所谓"儒家社会主义"，其实很可能给我们了解分析当代中国社会发展道路或中国模式，并由此合理预期未来中国社会的可能性发展前景，提供一个有价值的新视角、新思路，尽管我迄今尚无足够的信心和理由来认同并支持"儒家社会主义"的主张。

结果的社会文化土壤。也就是说，它在近代以来出现在中国社会的诸种"主义"中间，通过激烈而严峻的政治和思想文化竞争最终得以脱颖而出，最根本也是最终极的原因是它之于现代中国社会之现代化转型的实际可接受性。其次，社会主义的道德文化价值理念在基本价值取向上不仅满足了现代中国社会，尤其是广大的乡村社会和民间社会对社会变革的价值期待，诸如，社会平等正义的价值理念、人民民主的理念，以及互助友爱、社会团结、人道普善的道德伦理理念。最后，上述社会主义道德文化的基本精神同诸如儒家伦理的传统精神有着相当程度的相互契合，至少没有根本的价值精神冲突。对此，学界已有许多研究成果的支持和证明。总而言之，社会主义新道德文化传统同中国既定的道德文化传统不仅是相容的，而且也是可以相互印证和相互支撑的。因此，我们可以得出结论，中国的社会主义新道德文化传统既是中国道德文化传统的变革和超越，也是中国道德文化传统的一种继续和延伸，一种现代道德文化新形态。正是在这一意义上，所谓"中国特色社会主义"才是可以证成的概念，反过来说，这一概念的成立正好证明了中国社会主义新道德文化传统仍处在中国文明和文化的"传统之中"而非"传统之外"。确认这一结论对于理解中国道德文化传统的演变脉络和现代转换至关重要，甚至具有首要前提的性质和意义。

四　结语:传统与"现代性"之间的道德张力

于是，本文关于"传统之中"的断论可以同时被看作是本文的基本结论。只是这一结论仍然有待更进一步的证明。因为这一结论本身实际蕴含了另外一个更大主题讨论的前提，即假定任何一种社会新道德文化传统仍然处在该社会文明和文化的"传统之中"，且这一假定本身是可以证成的，那么，又该如何划清传统与现代之间的界限？此一假定是否可能使得传统与现代之间的界限过于暧昧模糊，以至于无法分清呢？

要清晰合理地回答这一质疑，我们首先需要弄清楚"传统"和"现代"、"现代化"和"现代性"等概念束的基本含义，非如此不足以解答（更谈不上消解）上述质疑。

笔者基本上认可希尔斯关于"传统"的基本定义。希尔斯指出，"传统"（英文为"tradition"，拉丁文为"traditium"，实际上源自古罗马法中的"traditio"一词，原本"指转移私人财产拥有权的一种方式"①）的概念大抵生成于 18、19 世纪，但是，"无论其实质内容和制度背景是什么，传统就是历经延传而持久存在或一再出现的东西。它包括人们口头和用文字延传的信仰，它包括世俗的和宗教的信仰，它包括人们用推理的方式，用井井有条的和理论控制的知识程序获得的信仰，以及人们不假思索就接受下来的信仰；它包括人们视为神示的信仰，以及对这些信仰的解释；它包括由经验形成的信仰和通过逻辑演绎形成的信仰"②。在希尔斯这里，"信仰"是广义的，实际指包括实质性科技理性、社会制度、礼俗文化、道德伦理和精神信念等多层面的，具有延续传演和历史连贯性的事务、方式和观念。所以，他甚至把现代科学理性也看成是西方传统之中的现代延续或"变体链"。依其解释，传统的基本特征在于其连续传延、连贯自恰和反复再现，传统并不意味着无任何变异或变革的连续传延，关键在于其变异或变革之间能否保持连贯和延续。如此来看，传统在人类社会文明和文化的发展中就占据持久而关键的地位，有着不可替代的作用。因此，希尔斯借助于滕尼斯、齐美尔、施本格勒、舍勒等人的"暗示"说："传统是秩序的保证，是文明质量的保证。"③

"现代"（modern）是与"传统"相对的概念，其生成时间甚至早于"传统"的概念，早在文艺复兴后期它便悄然兴起于西欧诸国了。因此，人们有理由相信，正是因为"现代"和现代意识的突起，才最终催生了"传统"这一概念。"现代"的概念是同西方社会的"现代化"（modernization）进程一起出现的，其日常意味近似于"时尚"、"先进"、"前沿"之类，但其理论意味则是指一切与"传统"决裂的全新的、与社会现代化进程相适应的品性或特质。由于 18 世纪西欧启蒙运动的思想家们大都把现代社会看作是一种与传统社会具有黑白分明界限的崭新的社会形态，坚信现代社会是现代人运用"理性之光"——这也正是所谓"启蒙"的真正含义——自我照亮的解放时代，所以，"传统"和传统社会便被看作没有理性之光照耀其间的黑暗状态。科学理性、市场经济、政

① ［美］爱德华·希尔斯：《论传统》，傅铿、吕乐译，上海人民出版社 1991 年版，第 21 页。
② 同上书，第 21—22 页。
③ 同上书，第 25 页及其注释 ［2］。另详见该书"导论"全部。

治民主、人道主义或人本主义被看作西方社会得以成功进入现代化崭新时代的标志，也被视为"现代性"（modernity）的基本元素。显见，"现代"、"现代化"和"现代性"这三个基本概念不仅都出自西方世界，而且从一开始便带有鲜明的西方文明和文化特质，在某种意义上，它们都属于西方"现代性"的范畴。这是需要首先明确的历史和观念前提。

然而，这并不意味着我们因此而简单否认"西方现代性"所具有的世界历史意义，相反，迄今为止，我们这个世界实际上已然将之作为整个现代世界发展的一个共同参照系统。作为现行的现代化国家，西方社会的发展经验也在全世界产生了，而且还将继续产生其巨大的辐射作用和示范作用。这一点也同样是毋庸置疑的。问题在于，作为一种西方社会经验，我们必须谨慎地反省和注意其普遍有效合理性，而且我们必须有这样一种社会文化和文明的自觉，即"西方现代性"是否是人类社会唯一可能的现代方式或路径？鉴于人类社会在历史、传统、人种、民族、文化和地缘生态环境等诸多方面上的差异，人类是否可能或者必然会创造另一种或多种现代性模式？开辟或发现另一种或多种现代化的社会发展道路？这是值得包括西方社会在内的人类社会认真思考和探究的问题。如果说，在西欧区域社会率先进入现代化的早期，这一问题还不具备任何实质性意义的话，那么，当现代化浪潮开始席卷北美大陆，继而扩展到东亚和全世界的时候，这一问题的实质意义其实已经开始显露出来了，迄至当代则已然成为一个不仅真实而且日趋紧迫的社会发展课题了。我想强调指出，这一断言没有对先行的"西方现代性"的丝毫不敬或怠慢，而仅仅是想指出这样一个客观的社会事实：人类社会发展到今天，不同国家和地区都在学习西方现代化的历史经验的同时，根据自身的不同社会历史文化情景和条件，独立创造着他们自身发展的社会经验和现代化模式。"中国特色社会主义"或者人们时下津津乐道的所谓"中国经验"、"中国道路"、"中国模式"等，其实都是这一社会自觉的客观反映和实际成果。

具体到道德文化传统的议题，我们发现，这种带有明显的地区或民族国家之"特殊主义"（particularism）① 的主张赢得了越来越多也日益充足的支持。这固然是因为，相较于其他社会元素，比如说，相较于市场经济体制、政治民主和科技理性，"传统"和道德文化本身有着更为明显的自封性和历史"惯性"，但更重要的是，道德文化传统的"特殊申认"与"现代性"之间有着更为复杂的历史纠结和现代际遇，为我们了解传统与现代（性）提供了一个最具典型意义的解释视角。

让我们先列举两个西方典型实例，然后再作出分析判断。

例一：美国被看作欧洲，尤其是英国现代化在北美地区延伸发展的成功范例，可是，至19世纪后期，美国社会和思想界、学术界并没有满足于承袭英国功利主义的既有道德文化传统，而是基于英国功利主义传统创造出美国实用主义的新道德价值观念体系，并逐渐用这种美国式的实用主义替代了英国功利主义。这一实例至少有两个值得注意的地方：其一，美国人为什么要创立自己的"主义"？既然美国社会的现代化模式实质上甚至是形式上都没有脱出英国现代化的基本模式，为什么要标举它自己的新"主义"？可见，任何一个国家的现代化转型都不能简单挪用他国的现代化模式，即使是同质型的现代化社会模式，它们在道德文化价值观念上也并非遵循着同一种"主义"或"学说"。其二，从哲学上说，形成于19世纪的美国实用主义与18—19世纪的英国功利主义本质上都属于近代欧洲——尤其是英国——经验主义传统的范畴，但他们在道德伦理价值取向上仍有着诸多差别。比如说，英国功利主义更倾向于一种社会总体善优先的结果论或强势目的论，这一点可以通过边沁的《功利主义》和密尔的《论自由》清晰地见出；而美国实用主义则更倾向于一种个体善优先的自由主义或弱势意义上的社会道义论，这一特点则可以从实用主义创始者之一威廉·詹姆斯的《实用主义》到罗尔斯的《正义论》中找到显证。可见同一种道德文化传统也会因为时间条件的改变而呈现出互不相同的"变体链"。

---

① "特殊主义"是近年来一个相当热络的新概念或语词，为国内外人类文化学学者和文学、史学、哲学等人文学学者所普遍使用，其基本意义是与所谓"普遍主义"或"普世主义"（universalism）相对应的，强调事物、行为方式、文化传统或文化特质，乃至个人性格的独特性，甚至是卓尔不群的特征。对此一概念及其与"普遍主义"的相互比较分析，笔者在《寻求普世伦理》（商务印书馆2001年版，北京大学出版社2009年再版）一书中已有较为详细系统的论述，可资参考。

例二：现代西方社会曾经在很长的时间都被看作对西方中世纪社会的革命性变革，仿佛西方现代性与中世纪宗教神学及其更早的道德价值观念是截然对立的，前者是对后者的根本性的价值颠覆。^① 然而，韦伯的研究推翻了这一定见。通过对中世纪晚期到近代西方经济社会的详尽研究，韦伯惊奇地发现，新教伦理非但不是西方近代资本主义——作为西方现代化的最终成果和西方现代性的标志——的障碍，反而是西方近代资本主义得以实现的"伦理精神"，甚至是"西方资本主义精神"本身的基本内核。更长远、更宏观地看，西方现代社会的基本道德伦理精神始终秉持着古老的"两希传统"——表征着西方基督教之发源的古代犹太教的"希伯莱文化传统"和表征着西方现代理性精神的"古希腊传统"而未有根本改变。事实上，文艺复兴的人道主义所标举的思想旗帜就是复兴古希腊罗马的文学艺术和语言逻辑。作为西方现代社会转型的思想和价值观念的先导，以复兴古典作为开辟现代的思想武器，本身便具有耐人寻味的文化和道德价值意义，值得深究。

例二至少表明了这样几个值得注意要点：其一，"现代性"与传统（包括道德传统）之间的联系不仅密切，而且有时甚至是积极的。其二，道德传统之于现代社会或"现代性"的意义绝不像人们习惯以为的那样仅仅是消极的，也有积极促进的方面。其三，道德文化并不总是落后于社会实际层面——经济和政治——的转型，很多情况下，它往往是一个新的时代或社会转型的理论先导和价值观念的预备。

至此，我们可以通过总结对上述两个实例的分析，得出如下初步结论：道德文化传统与"现代性"之间的关系十分复杂，其复杂性远远超过我们习惯以为的那种紧张和冲突关系图式，在一定的社会历史条件下，道德文化传统实际上是人类推进社会变革和转型的价值资源和精神动力。而且，任何一种新的社会发展形态的确需要建立与之相适应的道德文化系统，因而新道德、新文化的产生有其历史的必要性和必然性。但是，这并不意味着新道德文化传统必定是对既定道德文化传统的截然决裂，新旧传统之间的断裂也许不可避免，但这不是新旧传统之间关系的全部。从某种意义上说，梳理新旧传统之间的连贯性比强调它们之间的断裂性更为复

---

① 尼采的所谓"重估一切"和"上帝死了，一切都是可能的"被看作这一断言的经典表述。

杂,就某一特定的社会和民族来说,也更为必要、更有价值。道德文化传统的连贯性及其对现代社会的精神价值的资源供应充分证明了这一点。现代人和现代社会不得不承认的现实是,现代社会的新道德传统不仅并没有完全脱离旧道德文化传统的"变体链",而且也不能单独地有效料理现代人和现代社会的道德伦理问题。或可说,希尔斯教授的忠告是需要我们重视的,我们仍然需要传统的滋养,我们的生活无法真正逃离传统的掌心。

(本文部分刊发于《中国社会科学报》2011 年 11 月 22 日特别策划,英文版刊发于 *Social Sciences in China*,No. 2,2013。作者万俊人,清华大学哲学系教授)

中国现代化进程中的实用主义儒学与传统

陈素芬

传统与儒教

现代汉语将"tradition"翻译为"传统"。这一翻译抓住了这个词中"传"的主要字义并赋予了"统"所含有的统一/持续和规范性标准/指导的含义。"传统"很好地表达了"从过去承继下来,对群体或社群有统一和规范性"的意思。它具有要求尊重、服从和传承的规范含义,符合 tradition 一词的当代概念。"在社会的构成中,正是这种规范性传承将前人与现代人联系在一起……传统的规范性是在岁月之中将社会凝结成特定形式的惯性力量。"[1]

中国是世界上具有最悠久且未间断文明的国家。虽然"传统"一词只是在 20 世纪作为对英文"tradition"的翻译才出现在知识界和公共话语中,但中国人的"传统"意识一直很强。孔子常被认为是传统主义者——珍重某些东西只是因为它被代代相传的人。《论语》7.1 就表述了这一观念:"述而不作,信而好古,窃比于我老彭。"[2] 将孔子的使命描述为只是传古人之道是否准确姑且不论,孔子和他的学生无疑很珍视传承并立志使其继续。在《论语》1.4 中,孔子的学生曾子每日反省说:"传不习呼?"在儒学中占据中

---

① Edward Shils, *Tradition*, London & Boston: Faber, 1981, p. 24, 25.

② 除另有注明,译文都摘自 Roger T. Ames and Henry Rosemont, Jr. 的《论语》,New York: Ballantine, 1998。

心地位的教育——教与学的过程，是一个代代相传的过程。孔子本人的好学同时也是好古。他反复将"古人之道"作为其学生的榜样（《论语》3.16，4.22，14.24，14.40，17.16）。孔子承认自己并非生而知之，并把自己描述为一个"好古，敏以求知"的人。他不仅自己钻研传承，也通过身体力行来教导后人（《论语》1.1），并通过以身作则和教育来宣传传统。

> 子曰："默而识之，学而不厌，诲人不倦，何有于我哉？"（《论语》7.2）

> 子曰："德之不修，学之不讲，闻义不能徙，不善不能改，是吾忧也。"（《论语》7.3）

虽然"统"并未出现在《论语》中，但是关于传承下来、使得文化或社群具有显著特点的持续性和统一性的思想却很清楚。[①] 孔子特别珍视周朝的文化遗传［"吾从周"（《论语》3.14）］；但这一遗传并非从天而降。孔子视周文化为之前朝代的不间断沿袭。同样，他期待后继者，甚或自身之后的十代人都能保有相同的传承（《论语》2.23）。在孔子眼中，这一共同文化遗产使中原人民区别并优越于其他地区人民："夷狄之有君，不如诸夏之无也。"（《论语》3.5）中原人的优越性在于"礼"，后者是孔子所珍重之传统的核心。荀子说，大儒为"统礼义"者（8/33/2，2：80），而社会是由"仁义之统"凝聚而成的（荀子4/15/20，1：192—193）[②]。荀子还强调将古代君主传下来的礼仪和建立的法规作为人们"公认的起点"（27/137/17，3：235），并认为政府要广纳贤才，包括能够传播礼仪法规和德行的人（12/63/4，2：191）。后世的儒家对传更为重视——这一点在有关"道统"的论争中展现得最为明显。A. S. Cua 将

---

① 在《孟子》中出现过一次"统"。D. C. Lau 将其翻译为"tradition"："All a gentleman can do in starting an enterprise is to leave behind a tradition which can be carried on." *Mencius* 1B14 in D. C. Lau（trans.），*Mencius*，Hong Kong：Chinese University Press，1984，first published by Penguin in 1979. 虽然这段文字中没有使用"传"，但这并不是说孟子思想不是孔子教导和儒学传统的一部分，也不是说孟子不关注传统。

② D. C. Lau and Chen Fong Ching，*A Concordance to the Xunzi*，Hong Kong：Commercial Press，1996. 除另有注明外，译文都摘自 John Knoblock，*Xunzi：A Translation and Study of the Complete Works*，Stanford：Stanford University Press，1988，1990，1994，3 volumes. 正文中引文标出了翻译所出自的卷数和页数。有关"君子"在传承"礼义"中的作用请参阅 3/11/16；1：179。

"道统"与希尔斯关于传统的理论作了清楚的比对。①

说儒家自认为是中国文化和传统的卫道士并不过分。现代化是一个即使在西方也被视为传统对立面的过程。在中国追求现代化的曲折过程中,孔孟之道自然同样在对传统的抨击之中首当其冲。五四时期的整整一代知识分子将中国的传统思想和实践,特别是儒学视为枷锁和国运衰败的根源,是成功地实行了现代化的西方帝国主义列强的牺牲品。五四运动从具有西方中心论和科学主义特征的反传统的角度来看待现代化。杜威的实用主义——通过他在这一历史重要时期的两年访问和其弟子胡适对实用主义的宣传——成为这一运动的部分遗产。只从实用主义与中国的第一次失败的接触来看,人们可能会认为实用主义在崇尚科学和反传统主义者之外并未有更多的贡献。但我们需要的是对待传统的一种更加创新的看法,忘却传统与现代化这一旧的二元论——在这个二元论中,科学、批判理性和自由被视为现代化所独有的范畴。不过,我相信,更加仔细地审视胡适和杜威的著述和行为会找到缓和科学主义者和反传统主义者对他们指责的证据。比恢复他们的历史声誉更重要的是:更好地理解杜威传统的实用主义看法能够为中国的现代化提供重要的经验教训。

杜威对传统的实用主义态度

比起节选的科学主义者和反传统主义者夸大其词的文字,杜威的哲学立场更加客观,可能更令人信服。如果在回顾中发现他似乎过于强调了科学的重要性,那很可能是因为他的中国同事认为,在那个历史时期最需要对中国听众强调科学的重要性。杜威的实用主义不是科学主义或反传统主义。② 杜威

---

① A. S. Cua, "Confucianism: Tradition-Daotong (Tao-t'ung)", in A. S. Cua ed., *Encyclopedia of Chinese Philosophy*, New York and London: Routledge, 2003, pp. 153 – 60; A. S. Cua, "The Idea of Confucian Tradition", *Review of Metaphysics*, 45. 4, Jun. 1992: 803 – 40.

② 有关对杜威的"科学主义"的批评可参阅 Robert Hollinger and David Depew eds 的《实用主义:从渐进主义到后现代主义》一书中 Larry Hickman 撰写的《实用主义,技术和科学主义》一文 (Larry Hickman, "Pragmatism, Technology, and Scientism: Are the Methods of the Scientific Technical Disciplines Relevant to Social Problems?" in Robert Hollinger and David Depew eds., *Pragmatism: From Progressivism to Postmodernism*, Westport: Praeger, 1995, pp. 72 – 87。

对新文化运动批判传统表示同情,并批判了自己所属社会中的传统,因为后者否认新科学知识的重要性并拒绝用科学方法改善生活,从而阻碍了进步,但他对传统并非一概否定。

杜威指出了"传统延续性在艺术作品的创作和鉴赏中的重要性"(*The Lafer Works*, 15:100)。[1] 他常常以肯定的态度谈论民主传统、自由主义传统、大学的传统,"自主文学、音乐、绘画、所有美术中的伟大传统"(*The Lafer Works*, 11:117)。在中国,杜威并没有站在"无意改进现状,只是主张以全新和不同的东西取而代之"[2] 的激进分子一边。他提出了避免保守主义和激进主义共有的"一概而论"方式的"第三种哲学",并寻求解决在特定情况下产生的特定问题的特定方法。[3] 杜威区别了好传统和坏传统(*The Lafer Works*, 2:20)。在他的哲学中,"传统"并不是一个抽象的观念,不是一个要彻底摒弃的单一体。以"整体的观念"看传统使相关的问题无法进行"智力和科学的批判"(*The Lafer Works*, 13:85)。

杜威知道,不存在没有传统的社会(*The Middle Works*, 7:356)。我们与他人的交往方式,对我们物种的延续至关重要的教养和关怀的基本形式,都依赖于传统、习俗和社会模式(L2.243)。

> 艺术对传统的依赖也不例外。科学探索者、哲学家、技师也从文化的溪流中汲取自己的资源。这种依赖是创见和创造性表达的一个本质性因素。(L10.270)

传统可以成为增强和解放的工具;只有在其成为一成不变和纯粹的限制,失去其思考和创造的能力时才变得具有束缚性和奴役性。

---

① 有关的杜威著作可参见 critical edition, Jo Ann Boydston (ed.), (EW) *John Dewey*, *The Early Works*, *1882 – 1888*, Carbondale: Southern Illinois University Press, 1969 – 1972, 5 volumes; (MW) *John Dewey: The Middle Works*, *1899 – 1924*, Carbondale: Southern Illinois University Press, 1980 – 1983, 15 Volumes; (LW) *John Dewey*, *The Later Works*, *1925 – 1953*, Jo Ann Boydston (ed.), Carbondale: Southern Illinois University Press, 1981 – 1991, 17 Volumes。正文中的引文末尾给出了卷数和页码。

② John Dewey: Lectures in China, 1919 – 1920, Robert W. Clopton and Tsuin-chen Ou trans., Honolulu: University Press of Hawaii, 1973, p. 51.

③ Ibid., p. 53.

盲目服从传统不需要思考，但只要思考，就会"在传统的背景下"进行（*The Later Works*，6：12）。人不可能完全撇弃传统，而试图这样做只是一种幻想（*The Later Works*，1：173—74）。反传统主义者认为可以完全摆脱传统。这种自欺具有毒害性，因为这使他们无法以知性的方式反省自己的信念和实践，实现真正的进步。杜威对传统的大部分批判并不是全盘否定，而是旨在"找出传统（所有种类的体制，习俗，信仰）的新方式，使其与当前的科技潜能和谐相处"；杜威是"传统的再造者"（*The Later Works*，14：8）。①

所以，从杜威的哲学中引出的实用观念将是一种对传统的再造，而不是彻底摒弃或毁灭传统。传统是过去形成的社会习惯，因为它们在某些方面有益于每一代人并被作为有价值的遗产而予以传承——即使其价值可能变成想当然，所以一代代地流传了下来。甚至在最稳固的社会中，传统也会随时间而变化。社会情况随时间的缓慢推移而发生变化，而社会对这类变化作出的反应较为细微，通常具有偶然性，且常常不被注意到。当改变是有意作出的时候，这些改变常常是从扩大的视野中作为传统的阐发或延伸而提出的，其延续性常常受到质疑，引发有关传统的定义和意义的论争。当思想和社会变革非常剧烈，似乎要求与过去一刀两断时，此前受到尊崇的传统所具有的价值就会受到仔细的审视。

不再纠结于坚持内在永恒、体现绝对价值的传统和反传统之间的斗争，通过如杜威所理解的那样的重构，传统能够得到更好的结果。

重构是生活的周期性需求。在历史上，重构代表了思想和代表它们的建制之间的冲突。在动物世界中，重构代表了功用和实施功用的结构之间的冲突；在人类的个人生活中，则为习惯和理想的冲突。概言之，这是目的或宗旨与手段或实现目的的工具之间的冲突。（*The Early Words*，4：97）

---

① John Herman Randall, Jr. , "Dewey's Interpretation of the History of Philosophy", in Paul Arthur Schilpp ed. , *The Philosophy of John Dewey*, New York：Tudor, First Edition, 1939, Second Edition, 1951, pp. 75 - 102.

这些冲突是由每个时期不均等的变化引发的，从而导致先前运作良好的内在联系发生断裂。重构是对这些冲突的因素——思想和建制，功用和结构，习惯和理想，手段和目的——进行调整，以便重新建立有效的内在联系。

> 重构并非简单、彻底的以新代旧，而是在智慧的指引下统和新与旧——杜威视为"通过与新的联合而重构旧社会"。在杜威看来，这就是智慧的意义。（*The Later Works*，11.37）

没有智慧的帮助就会有危险：绝对盲从传统而不管是否适合新形势，或是在某些僵硬教条的指导下盲目急躁地变革而不思考能够最好地适应新形势的变革之适宜的范围和性质。杜威所设想的对传统的实用主义重构会避免这些不合人意的极端。

中国的实用主义和现代儒学对传统的重构

在当代中国的知识界中，杜威的实用主义不是一个重要力量。杜威的哲学不应与纯粹无原则的机会主义的低俗"实用主义"相混淆。杜威并不宽恕，更不用说主张以现有最便利或最有效的手段追求无论何种目的——不管是享乐或奢侈的消费、金钱、地位或是权力。[①] 杜威的重构是在新旧统合的过程中不断调整手段和目的，依据其是否最有利于人的全方位——生理、审美和伦理（杜威认为的唯一一个道德目的）——的发展而定。

今日的儒家会以杜威的思路重构中国传统以利于人的发展吗？就是说，他们会将儒学的教导中所洞悉和凝结的历史经验转换为与当前问题相关的知识，并将这种知识融于"能够预见未来和实现所需方式的想法和目的"之中吗？（LW11：37）要想这样做就不能回到传统的文本批评或

---

① 有关中国当代知识界对"实用主义"的更详细讨论参见 Svo-hoon Tan，"Our Country Right or Wrong: A Pragmatic Response to Anti-democractic Cultural Nationalism in China"，*Contemporary Pragmatism*，7.2，December 2010：45–69，pp. 52–54。

是模糊哲学的学术研究——不管专家们多么感兴趣。这并不是谁在考证孔子或其追随者"到底"说了什么，儒学文本的作者"到底"想说什么的论争中获胜的问题——不管这些问题对相信其使命是确定某些历史绝对"真相"的历史学家如何重要。愿意用实用主义重构作为方法的儒系学者先要着眼于那些在中国仍在坚持传承儒学遗产的人"当前的"经验，包括对传统的尊重。中国传统的实用主义重构需要融合中国的过去、现在和未来以实现杜威所说的最优发展（不光只是经济发展，还有伦理和审美、人性和文明的全方位发展）。

　　今天，中国能够被重构的传统儒学机构或习俗即使还有也已经少之又少了。① 思想史家将当代中国的儒学称为"游荡的魂灵"或"失去的灵魂"。② 以唐君毅的话说，中国传统文化——特别是儒家文化——就像是被连根拔起的大树，其"花朵和果实随风飘扬"③。谷底之中的儒学似乎只是蒙满灰尘、少数感兴趣的学者才会阅读的古籍。近来对儒学的重新关注更多地表现为知识论辩，而不是体制的改革或实际的行动。这并不是说知识界的关注中没有振兴儒家体制或做法，或依照儒学思想改变现存体制的提议；而且也有一些引人注目的实际发展，如蒋庆提倡的读经运动（蒋庆自己也力图像传统儒家一样生活，并在明代儒家王阳明洞悟的地方办起了一所私学）、汤恩佳的孔教学院和各地孔庙重新时兴的各种仪式。

　　从实用主义的角度看，重构必须将思想和行动结合在一起而不可偏废。重树任一特定的体制形势或做法都不能恢复孔孟之道的要义——过去的那些体制和做法源于特定历史情况的需求，所以没有一个是儒学不可或缺的。作为典范，它们只有在以承继儒学不间断发展并同时有益于人的进

---

① Joseph Leveonson, *Confucian China and its Modern Fate*, Berkeley: University of California Press, 1968, Vol. 3, p. 113. Interview with Julia Ching by Kao Chen, "Chinese Culture is Dead", published in *The Straits Times*, 14 May 2000; web article by Zhang Xianglong, "Crisis of Chinese Traditional Culture", written in Nov. 2001, url: http://www.confuchina.com/01% 20zong% 20lun/zhong-guo% 20wenhua% 20weiji. htm, accessed 13 Aug. 2011.

② Yu Ying-Shih, "The Dilemma of Modern Confucianism", in Tu Wei-ming (ed.), *Macro-perspectives on the Development of Confucianism*, Taipei: ZhengZhong, 1997; John Makeham, *Lost Soul: "Confucianism" in Contemporary Chinese Academic Discourse*, Cambridge: Harvard University Press, 2008.

③ Tang Junyi, *On the Chinese People's Flowers and Fruits Scattered to the Winds*, Taipei: Sanmin, 1974.

一步完善的方式解决当前某些问题时才能作为重构传统的工具。由于以前体制和做法的不合时宜之处显而易见,所以今天的儒学信徒更多地追寻儒家生活观的重构,如仁义礼智信等传统道德,或是和谐等传统价值。不过,实用主义者会认为,即使对尊重传统者而言,当前儒学的作用不是提供孔子所真正教导并在过去的一个世纪中被无视的普世不变的理想。实用主义儒学从自己对传统文本的理解(解读)中所选出的思想是重构当下的工具,而作为中国传统的一部分,这些思想被重构以针对当前的问题。将今日中国传统——特别是儒家传统——的传播视为实用主义的重构意味着承认这将不可避免地带有选择性和改变——要从人的发展角度审视当下和放眼未来。我们从《论语》中就能看到以实践优先为指导的选择性和改变。

孔子本人的"传"也是有选择性的。他不可能照抄自己所知的所有历史,因为他面临选择的是由于不同甚至冲突的思想或事件所造成的改变。孔子主张从不同朝代中选择能够"无亡"的做法并明确反对古代的某些作为,认为不可取(《论语》15.11)。孔子在校订《乐经》、整理《雅》《颂》时(《论语》9.15),并不只是抄写或记录,肯定有所挑选。他明确地告诫我们要"多闻,择其善者而从之"(《论语》7.28)。孔子的名言"述而不作"中的"述"就含有区分好与不好的挑选。① 意为"从道"的"述",是"术"的同音字和同源字,有时甚至作为同一字,指"方术"或"方法"(如董仲舒要汉武帝独尊的"儒术")。② "术"虽然也指"手段"或"手腕"(道德不明的事情),但却是特定情景下行得通的事情。就是说,像从道一样,依据前人积累的经验和智慧来选择一个特定的目的地,或是跨越某个地形,而不是无目的地行走于无标识的路上。孔子在传中选择的是过去起作用的事情,希望它们能继续起作用。

孔子或其追随者不会错误地认为过去起作用的现在也必定会起作用。传的过程必然有变。没有东西能够被原封不动地传下去——不管人们如何努力这样做或是假装如此。孔子知道需要改变传统做法,以适应新的需求和新的形式(《论语》9.3)。而且孔子不认为越古越好,否则他就会崇夏而不崇周了。周朝改变了其前任殷的礼仪。孔子的崇周证明他知道仿古要

---

① 《论语》7.1。"述"还出现在《论语》14.43 和 17.19。

② 许慎:《说文解字》,段玉裁注,上海古籍出版社 1981 年版,第 70b 页。

革新，而不是仅仅模仿或跟随。与很多人认为儒学反对创造或创新的想法相反，我们在《论语》中见到的是创新，还有一种并非凭空而来，而是改旧而成的创造。① 孔子对自己所传的传统做了重大改造，实为一个新传统的创造者——虽然孔子自己过谦而不承认这一点，抑或只有时间才能凸显这一点。

　　孔子强调读经，如《诗经》，并不是单纯为了复古，而是要古为今用。"迩之事父，远之事君。"（《论语》17.9，16.13）孔子与其弟子子夏和子贡关于《诗经》的谈话表明孔子不是只想反刍传世的诗歌。孔子在提出标准的解读后被子夏的一个问题所"激励"（《论语》3.8）。提问是解释和理解问题不可缺少的一部分，而提问也必然发自对话者现时的经验，就像对子夏解释女子的美貌以说明礼一样，因为那正是孔子当下所关注的。实践优先也是孔子知识概念的中心点，而孔子好古与好学紧密相关；传统为现时的使用提供了浩瀚的知识宝库。② 学而时习之不亦说乎（《论语》1.1）。教授——也包括学习——的重心是古为今用（《论语》2.11）。这一点在实用主义的思想观念中十分明确。对孔子而言，"知者动"（《论语》6.23）。知识不纯是思想，也是实践的一种形式。《论语》中有多处通过审视其人的行动来评价其学识（《论语》1.7，3.22，6.22，7.31，12.22）。如果知识在于有效的实践，而传统被视为知识的一种形式，那么，当传统在依据当下的有效实践所进行的重构过程中受到选择和改变时，传统中不可避免的选择性和改变就可以被认为是智性的。

　　当前的实践是否有效不光取决于当下经验的圆满，也要顾及未来的后果：未来的经验是否也会圆满，实践是否为人和社会的成长或是倒退提供了途径。虽然很少人会视孔子为"改革主义者"，但《论语》中无疑可以见到这种向前看的一面。孔子首肯了子贡对《诗经》的理解，因为子贡

---

　　① 进一步的讨论参见 Sor-hoon Tan, "Three Corners for One: Tradition and Creativity in the Analects", in David Jones ed., *Confucius Now: Contemporary Encounters with the Analects*, Chicago & La Salle: Open Court, 2008, pp. 59 –77。

　　② 有关《论语》中好古与好学的关系，参见陈素芬《儒学民主的实用主义实验：好学与好古的结合》，《亚洲哲学》，17.2（2007，7）：141—166。有关传统与知识的关系参见 Shils, *Tradition*, London & Boston: Faber, 1981, pp. 89 – 94; Hans-Georg Gadamer, *Truth and Method*, Garrett Barden and W. Glen-Doepel trans., John Cumming ed., London: Sheed and Ward, 1975, pp. 252 –253; J. C. Nyíri, *Tradition and Individuality*, London: Kluwer, 1992, p. 48。

能"告诸往而知来者"(《论语》1.15)。理解始于对传统的解读,而这样做同时也将传统应用于现在和将来。《论语》(1.15,5.9,7.8)在描述模范学习时,通过古今之间的创造性张力来延伸学习者的视界是孔子教学思想的中心。显然,孔子的"传"不是将未经改变的过去简单地复制到现时。这样做在任何时候都是徒劳无益的。改变是不可避免的,区别在于改变是偶然和独断的,还是对所传的内容进行谨慎的选择和修改,以智慧为指引,为了创造更好的未来。为了持久和成功,儒家对传统的传教必须是一个动态的过程,用过去积累的资源面对新的挑战,使这些资源重焕生机,古为今用。在实用主义的重构中,历史视界与现时视界的相互融合"开启"了未来——这是我对中国的成语"继往开来"提出的解释学释义。凭借实用主义者对传统的重构,现代儒学家能够继往并且开来——为中国开启更好的未来。

【本文英文版刊发于维思里安大学 *History and Theory* 杂志 2012 年第 51 卷第 4 期,中文版由该刊出版公司 Wiley 授权出版。作者陈素芬(Sor-hoon Tan),新加坡国立大学哲学系主任、教授】

(项龙　译)

现代中国的学科传统：两项个案研究

梅约翰

一 国学(National Learning)

阿里夫·德里克（Arif Dirlik）多年来一直主张，传统已不再必须如其曾在现代化话语中所做的那样，意味着和现代性的强烈反差。相反，"它们日益受到恳求，去向一种替代性的现代性确立自己的权利（只不过，这种情况还很少）。它的指向并非过去，而是穿越过去，绕行到一种替代性的将来"①。

在中国，近年来这种现象最明显地表现在人们对所谓的国学再度萌发了兴趣。当然，就像20世纪80年代的文化关注，被中国某些评论家冠名"文化热"一样，20世纪90年代兴起的儒学关注又被称为"儒学热"。同样，过去的大约五年时间里，人们对国学兴趣的明显复苏也被描述成"国学热"。国学的现代诠释各不相同，常常是大相径庭，但大多数中国学者都显然比较赞同一种广义的定义，类似于"中国过去一切学问的同义词"，"传统中国文化的总称"，"中国传统学问"或"中国文化研究"等说法。

国学的复兴与传统的概念是怎样联系在一起的呢？按照某些学者的说法，传统，从最根本意义上讲，仅仅意味着一种世代相传的东西（拉丁

---

① 该观点出现在他最新的一篇文章中。Arif Dirlik，"*Guoxue*/National Learning in the Age of Global Modernity"，*China Perspectives*，Jan. 2001，p. 6.

文 traditum）：从过去遗留或传承下来的任何东西。① 然而，传统不仅仅是风俗习惯。比如大卫·格罗斯（David Gross）主张："我们不能主观臆断地认为一种行为之前发生过就可以成为传统，而是因为过去发生的行为，经过精确的复制后才得以成为传统。任何真正的传统中都含有一种约定俗成的元素。"② 在当前的国学复兴中，这种约定俗成的元素当然也没有缺失。然而，我们有必要对国学的复苏（作为一种学术和/或社会现象的国学），以及更加本质性的问题，即被复制的（或自称被复制的）东西为何物这两者加以区分。稍后本文会谈到这种区别。

近来有关国学的学术著述都有一个特点，即重点关注 20 世纪前 30 年的国学发展。很多当代国学学者都将这个早期阶段视为确立国学范围及性质的有力标准。比如，清华大学国学研究院院长陈来将 20 世纪前 30 年的国学分为三个重要阶段。第一阶段是 20 世纪的前十年。他认为这段时期国学的特点从本质上是一个政治概念。第二阶段从 1911 年左右到 20 世纪 20 年代初期，国学是一种文化概念。第三阶段，即 1920 年以后，他认为国学越来越变成一种学术概念了，这反映在紧随"整理国故"运动的这段时期内，有多家学术机构开始建立国学研究所。按照陈院长所说，也是在这一时期，国学的概念开始变成一种研究体系，或一种学术体系，明确地说，变成了涉及对中国过去的历史文化进行研究的学术领域。③

本文将集中探讨国学从第一阶段的政治概念向第三阶段的学术甚至学科概念的转变历程。在 20 世纪早期，梁启超（1873—1929）等中国知识分子将国学的概念引入中国，其主要动机之一在于通过保护"国粹"来教育国民。国粹的概念源于志贺重昂（Shiga Shigetaka, 1863 - 1927）等学者，他们活跃于 19 世纪 80 年代。其国粹主义运动（Kokusui shugi）倡导日本即便步入现代化后也要保存自身的文化认同。同样，20 世纪初期，桑兵（Sang Bing）也主张国学乃出于忧患西学浪潮席卷华夏大地致国学沦亡的产物。这不仅产生了国学概念，也包括国画、国剧、国语、国医、国术、国服等。④

---

① Edward Shils, *Tradition*, Chicago: University of Chicago Press, 1981, p. 12.

② David Gross, *The Past in Ruins: Tradition and the Critique of Modernity*, Amherst: University of Massachusetts Press, 1992, p. 8.

③ 陈来：《新国学之路》，《光明日报》2009 年 10 月 26 日。

④ 桑兵等编：《国学的历史》，国家图书馆出版社 2010 年版，第 1—2 页。

国学作为政治概念的另一个重要早期代表是章炳麟（太炎）（1869—1936）。他的精力主要投入到先秦诸子，在倡导20世纪前十年的初期国学运动中起着关键的作用。诚然，在将传统中国知识译介到现代学科知识的过程中，先秦诸子①的著作构成了主要的文本语料，这些文本经过重新记录成为中国哲学的基础文本。这在晚清发明本国传统上可谓被广泛忽略的一大创举。② 章炳麟是这次记入的中心人物。当然，国学运动与先秦或后周诸子间的关系中也涉及一些强烈的民族主义（并因之反清）因素。

至于国学作为一种学术，甚至是学科概念的出现，大体是在20世纪20年代以后。这时的中心人物是胡适（1891—1962），他将国学描述成"国故学"——"依我看来，国学只是'国故学'的省称。中国一切过去的文化历史都是我们的'国故'"。③ "整理国故无非是研习历史；是将个人熟练的技能应用于学术；是在事实中寻找证据，它从来都不是用来唤起民族精神情感的工具。"④

从体制意义上讲，这种新的学科定位即刻产生了影响。在1920年，国学已成为当时北京大学研究所的四系之一。在随后的十年里，国学研究所在北京大学（1922）、东南大学（1923）、清华大学（1925）、厦门大学（1926）、燕京大学（1928）和齐鲁大学（1930）也相继成立。

堪比九十年前，近年来中国的学术界人士也一致努力，再度视国学为一门学科。紧随国学研究中心甚至大学本科、研究生国学课程在许多大学中的设立，人们的呼声越来越高，要求在高等教育学术学科分类体系中授予国学一级学科地位。这样做的一个结果可能会是，一个完整得多的国学课程可能会被引入课程表中。在最近的一项增设国学为一级学科的提议中，焦国成进一步明确了与国学相关的要被预设为二级学科的八大科目：

---

① 先秦诸子包括的人物有老子、庄子、列子、韩非子、荀子、孟子、公孙龙子、墨子、管子等。

② John Makeham, "The Role of Masters Studies in the Early Formation of Chinese Philosophy as an Academic Discipline", in John Makeham（ed.）, *Learning to Emulate the Wise: The Genesis of Chinese Philosophy as an Academic Discipline in Twentieth-Century China*, Hong Kong: Chinese University Press, 2011.

③ 胡适：《国学季刊》发刊宣言，1923年首刊，载桑兵等编《国学的历史》，国家图书馆出版社2010年版，第194页。

④ 耿云志编：《胡适年谱》，四川人民出版社1996年版，第167—168页。

包括小学、经学、子学、考据学、制度学、器物学、术数学、国学西学比较。① 郭齐勇更为深入。他希望不仅承认国学为一级学科,而且要承认它为一种学科门类,其下包含五大一级学科:经、史、子、集和中国的宗教。他指出:"如果把国学作为一个学科门类,经学作为一个一级学科,那么经学下面可有单经(诗、书、易、春秋、四书等)的研究、群经的研究、经学史的研究、今古文经学研究等二级学科的设置。其它学科(史、子、集、中国的宗教)可依此类推。"②

尽管有这种热忱,当下学人与知识分子视国学为一门学科的努力却也陷入了一种长期存在的身份危机。我们已经注意到,在 20 世纪初期,国学逐步转变为一种学科。比如梁涛评论这一发展时说:"五四以后成立的国学研究机构,如北大国学门,清华的国学研究院,燕京大学国学研究所等等,它们基本是借鉴了西方分科的方法对中国固有的学术、文化进行分类,一般分为文、史、哲,加上语言、文字、民俗、考古等等。"③ 甚至连带有强烈民族主义倾向的早期国粹运动都表达了对独立学科的渴望,比如干春松讲,参与国粹运动的学者们"预备设立'国粹学堂',学制三年,科目包括经学、文字学、伦理学、心性学、哲学、宗教学、政法学、实业学、社会学、史学、典制学、考古学、地理学、历数学、博物学、纹章学、音乐、图画、书法、翻译等。虽然所学内容均来自中国传统的学术资源,但显然已经借鉴西方的学科体制进行了新的分类"④。

这种情况也让陈明等其他当代评论家深表忧虑,他认为经学乃国学不可分割的一部分,将经学化约为哲学、文字学或者历史学、人类学,结果是造成方法的错乱、意义的遮蔽。⑤ 令焦国成大失所望的是:"西方的学科体系对于国学(或中国传统学术)来说,是一种割裂或肢解。国学因此不能以有机的整体存在和发展,从而也就难以保证中国传

---

① 焦国成:《增设国学为一级学科很有必要》,《光明日报》2010 年 9 月 13 日。

② 郭齐勇:《新试谈国学学科的设置》,《光明日报》2010 年 8 月 24 日。

③ 梁涛引述朱汉民《国学是一门学科》,《光明日报》2009 年 10 月 12 日。

④ 干春松:《国学:国家认同与学科反思》,《中国社会科学》2009 年第 3 期。

⑤ 陈明:《期待与疑虑——从清华国学院看人大国学院》,《文化儒学——思辨与论辩》,四川人民出版社 2009 年版,第 178 页。

统学术和文化在世界民族文化之林中产生强有力的影响。"① 同样，朱汉民也悲叹道：与经、史、子、集四部之学目录分类相关的大部分传统学问不仅完全混乱，而且每一部中的学问，在从西方引入的学科体制下都全部变成"材料"了。② 这些观点常常伴随着这样的说法，即中西学分类方法的差异就好比传统中医的整体疗法与西医的局部分析疗法之间的差异一样。③

对于当代国学倡导者来说，一个复杂的难题就是将国学作为一门学问整体呈现出来，于是保证国学学科地位、再进行学科细分的要求越强烈，国学作为一门整体学问的力量就越发薄弱。而国学是一种被发明出来的传统，这一事实也进一步恶化了局面。20 世纪前不存在与国学相应的学问。国学这个范畴是从日本借入的，它与四部之学的目录分类无法对应，并且无论是个体上，还是整体上，与引自西方或日本的任何学科都无相似之处。不管如何应用，作为政治概念也好，文化概念也好，还是学术概念，它永远都是一种发明出来的传统，即便国学的倡导者选择不如此视之。与那些 20 世纪早期扎根于中国的所有学科一样，它是 19 世纪欧美兴起的知识学科化与专业化的产物，其特征是"建立永久的体制结构，旨在创造新知识与再造知识生产者"④。

如今，国学与前现代化学术的各种传统之间的联系建立在一种浪漫空想的基础上，认为现代以前的知识传统会以某种方式构成一个整体的，甚至是有机的知识体。当然，这并不是说现代以前的知识没有自己的传统，即便目前大多数已经濒临消亡。阿拉斯代尔·麦金太尔（Alasdair MacIntyre）说："通常只有当传统消失、没落或面临挑战时，传统的拥护者才会意识到它们是传统并开始围绕它们建立一些理论。"⑤ 如果麦氏所言不错，那么一百年前中国知识分子率先选择传统学问的某些方面在国学这个集体称号下进行理论建设便不足为奇了。但让人奇怪的是，如今国学作为一门学科、一门迥异于所有其他学科的学科开始复苏，其原因竟是出于

① 焦国成：《增设国学为一级学科很有必要》，《光明日报》2010 年 9 月 13 日。

② 梁涛引述朱汉民《国学是一门学科》，《光明日报》2009 年 10 月 12 日。

③ 龚鹏程：《国学入门》，北京大学出版社 2008 年版，第 11 页。

④ Immanuel Wallerstein *et al.* , *Open the Social Sciences*: *Report of the Gulbenkian Commission on the Restructuring of the Social Sciences*, Stanford: Stanford University Press, 1996, p. 7.

⑤ Alisdair MacIntyre, *Whose Justice? Which Rationality?* London: Duckworth, 1988, pp. 7 - 8.

"国学代表着一个知识整体"这一说法。

二 中国哲学

我的第二个个案研究是中国哲学。40 年前，思想史家约瑟夫·列文森（Joseph Levenson）作出了精彩的评价："西方可能带给中国的，是改变了它的语言；而中国为西方所作的，是丰富了它的词汇。"① 列文森所指的是 19、20 世纪之交的前后几十年，西方的学科范式取代了中国传统的知识分类方式。借用列文森的比喻，众所周知，20 世纪伊始，中国学人便将一种新的"语言"或"语法"引入中国——纯理论哲学。随后引发了"中国哲学"学科与西方哲学间的体制结合。这只是晚清中国对自身陷入的"认识论危机"所作出的种种回应之一。西方哲学为中国哲学学科的划分、定义及分录说明提供了一些不可或缺的主要概念范式、词汇、术语、目录分类，甚至历史及时期划分方法。然而，这并非是简单地将西方哲学全盘刻在中国的白板上，亦非将西学划分范式引入中国，再变成一种被动地背负着"外来的"强加于"本土的"罪名；而是由中国拥护者主动发起并领导的谈判协商和据为己有的形成过程。中国的传统学问被转化为一种新的学术范畴——哲学。也有很多迹象表明，新的知识体系被视为一种恢复传统的工具，而不是用来废弃传统的。早期时候，日本和日学也常常卷入其中，日语中出现与哲学（philosophy）完全对应的术语（tetsuagaku）就可以证明这一点。

当前若讲中国在现代化之前不存在"中国哲学"这样一门学科，相对来说已不存太多争议。相反，若认为中国不存在哲学的本土传统，或否认"中国哲学"是中国现代化以前的一种传统，却是极富争议的。我坚决认为中国拥有着丰厚的哲学传统底蕴，其中最负盛名的就是儒家及佛教的哲学传统。

接下来，我要探讨的是一个奇怪的事实。尽管国内参与将中国哲学建立为一门学科的初期几代人都承认"中国哲学"是国内外机构间复杂互

---

① Joseph Levenson, *Confucian China and its Modern Fate: A Trilogy*, Berkeley: University of California Press, 1968, p. 157.

动的产物，一种或多种非中华哲学的传统对探清中国哲学的过去有着至关重要的意义，① 然而一些有影响力的现代评论家却认为，源于西方的范式及标准（特别是西方），② 非但无法诉清中国的哲学传统，甚至在根本上会对中国的哲学施以话语霸权的钳制。

过去的十年里，越来越多的中国学者纷纷主张"西方哲学"终究会承认中国哲学的"合法性"并使之平等地参与哲学对话。他们也进一步强调，中国哲学传统的清理与发展只能从中国固有传统的内在范式及标准中寻找出口。至于那些特别是从西方引入的范式标准非但无法适应，而且具有支配权力，并（或）可能不适合中国的"国情"。看看下面这些代表性的观点，首先是陈少明。

　　　　在许多教科书式的著述中，传统思想被纳入西方哲学的分析框架后，固有的完整意义被肢解，变得面目全非。这样，读经典与读教科书的解说，感觉完全脱节。在这种模式化的哲学史叙述中（教材中发现的），往往用中国概念比附西方哲学范畴，中国古典无形中变成说明西方哲学（原理）的例证。③

魏长宝坚决主张中国哲学的研究与发展不应以"西方哲学"的范式为指导，而应以自身固有的理论话语为指导。"我们要努力回到中国哲学自身的理论语境和问题意识中来，以挺立中国哲学的主体性或自主性，张扬中国哲学的本土化、个性化特色。"④ 除了这种所谓的本土化的倾向外，还有一个密切相关的问题，即在开展中国哲学研究时，中国的思想及学问应占有作为一种基准或标准的一席之地。下面是王中江的概述。

　　　　相应于 20 世纪 90 年代以来人们对中国历史和传统文化认同感的增强，大家对运用西方范式解释中国学问所产生的不良影响深感不安。在人们开始对运用西方哲学范式和观念观察中国哲学常见方式产

---

　　① 此结论的得出基于我的一项研究，"Inner Logic, Indigenous Grammars and the Identity of Zhongguo Zhexue"，该文也是拙著 Learning to Emulate the Wise 一书的后记。

　　② 对这些学者而言，似乎其他的哲学传统，比如说日本的，或印度的，几乎关系不大。

　　③ 陈少明：《重提"中国哲学"的正当性》，《江汉论坛》2003 年第 7 期。

　　④ 魏长宝：《中国哲学的"合法性"叙事及其超越》，《哲学动态》2004 年第 6 期。

生怀疑的时候,有人甚至对通用已久的作为代表"中国学问"一个方面的"中国哲学"这一术语本身也发生了动摇……"简单附会"和"误读"也许还只是一个细节性的问题,埋没或者牺牲中国哲学自行的"问题意识"、"思考方式"和"内在结构和旨趣"则带来了一种整体性伤害。①

在现代社会,使用西方哲学概念、框架来进行中西哲学的对比研究已成为一种默认的惯例。这种行为的后果近年来引起了香港哲学家信广来的注意。他指出:"我们常常看到人们运用西方哲学的框架来探讨中国思想,但反之却格外罕见,即参照中国的哲学框架来研究西方的思想。"②虽然承认西方哲学概念的运用会有助于凸显儒家思想中关乎道德问题的某些特征,信广来进一步指出:"中国道德传统自身就蕴含着对人类道德体验的深刻见解,并通过这些传统所特有的概念得以传达。从西方哲学概念的视角出发审视中国的思想将无法使这些见解充分地展现出来。"③ 但对待介于刚刚过去的日本、印度、欧美等之间的中国哲学传统,我们能够漠视和置之不理么?难道这些传统没有起到改变过去的作用么?甚至说,难道现代中国关于何为"哲学"的观念不会不可避免地受制于当前哲学传统的造化么?如果对这些问题的回答是肯定的,那么下面的主张似乎就会变得更加复杂化:"通过根据中国哲学自身的主张来研究中国的道德思想,就能够挖掘出更具独特气质的思想,这种思想会变得有血有肉,无需再受制于西方哲学讨论所设定的框架约束,可以自由发展。"④

伽达默尔(Gadamer)告诫人们将传统具体化或认为传统只是一种确定的事物是危险的。理查德·伯恩斯坦(Richard J. Bernstein)对此评论道:"有些传统是彼此矛盾的,但都在向我们宣称彼此矛盾的'真理'。

---

① 王中江:《"范式"、"深度观点"与中国哲学"研究典范"》,《江汉论坛》2003 年第7 期。

② 信广来:《儒家思想与比较伦理学的研究:方法论的反思》,《中国哲学杂志》2009 年第36 卷第3 期。

③ 此种观点请见,比如 Prasenjit Duara, *Rescuing History from the Nation*:*Questioning Narratives of Modern China*, Chicago:University of Chicago Press, 1995, p. 76。

④ 信广来:《儒家思想与比较伦理学的研究:方法论的反思》,《中国哲学杂志》2009 年第36 卷第3 期。

如果我们认真地对待自身历史的真实性，那么我们将永远面临着一种挑战，就是提供最佳的、可能的、符合我们解释学情境的理由和证据，来证实这些真理主张的正确性。"① 我们自身都是矛盾与多样化传统的继承人，而这些传统的主张又是五花八门的，这种认识的缺乏可能有助于解释为何影响卓著的现代评论家都相信时光会莫名地倒转，原生态的中国哲学可以重新复苏，可以再生和发展。如果这种研究的潜在动机事实上是要向一种替代性的现代性确立自己的权利，"它的指向并非是过去，而是穿越过去，绕行到一种替代性的将来"，那么这种将来所存在的前提也同样是表里不一的。

【本文英文版刊发于维思里安大学 *History and Theory* 杂志 2012 年第 51 卷第 4 期，中文版由该刊出版公司 Wiley 授权出版。作者梅约翰（John Makeham），澳大利亚国立大学文化、历史与语言学院教授】

（曲云英　译）

---

① Richard J. Bernstein, "From Hermeneutics to Praxis", in *Hermeneutics and Praxis*, edited by Robert Hollinger, Notre Dame, Indiana: University of Notre Dame, 1985, pp. 284 – 285.

政体与政道

——中西政治分析的异同

王绍光

现在，无论是在国外，还是在国内，人们都非常重视政治制度或政治体制，或简称政体。在不少人眼里，一切问题都与政体相关，诸如经济增长、社会公平、腐败、幸福等，不一而足。政体好，其他都会好；政体不好，其他都好不了。认为欧美、印度的政体好，因此，那里不管存在什么问题，长远来讲，问题都可解决；认为中国的政体不好，因此，不管取得了多少成就，长远来讲，都是靠不住的，迟早必须转换跑道。这种思维方式叫政体思维，它往往导致政体决定论。

政体思维和政体决定论到底对不对呢？它们听起来似乎很有道理，其实是似是而非。比如，在一些人看来，"民主"政体的特征是不同政党之间的竞争性选举，而这种政体是一种好东西。笔者在《民主四讲》一书中提供的大量证据表明，这种政体与经济增长、社会平等、幸福其实都没有什么必然关系。换句话说政体未必有传说中那类神乎其神的决定性作用。

讨论任何问题，一定要跳出别人圈定的框框，包括流行的概念、分析框架、理论体系。尤其是政治问题，在这个领域里流行的概念、分析框架、理论体系都是意识形态的产物，一不小心就会陷入其隐形预设的结论。

本文第一部分将追溯西式政体思维的渊源，尤其是所谓"专制主义"这个概念的来龙去脉；在此基础上，这一部分将指出政体思维的致命弱点。第二部分指出中国历代先哲政治分析的基础不是政体，而是政道（包括治道与治术）。这一部分继而归纳了儒、法、墨、道四家各自主张的治道与治术。文章的结语部分点明，同样是进行政治分析，政体思维与政道思维的切入点十分不同：政体思维关注的只是政治秩序的形式，而政道思维的着眼点是政治秩序的实质。"横看成岭侧成峰"，如果我们把西式政体的视角换为中式政道的视角，无论是回顾中国历史上的政治，评判当代中国的政治，还是展望未来中国的政治，我们都会有不同的感受。

一　政体思维

什么是"政体"？它是指政治体制或政府的形式，英文叫 form of government。说到政体问题，可以从一个我认为非常有意思的观察谈起，即"政体"这个概念在中国历史上从来没有被提出来过。

最早在中国引入"政体"概念的大概是梁启超，他在 1902 年发表的《中国专制政治进化史论》一开篇就指出："政体分类之说，中国人脑识中所未尚有也。"[①] 开始时，他对政体这种东西无以名之。1897 年发表《论君政民政相嬗之理》时，他借用《春秋》三世说，把政体称为"世"。他说"治天下者有三世：一曰多君为政之世，二曰一君为政之世，三曰民为政之世。多君世之别又有二：一曰酋长之世，二曰封建及世卿之世。一君世之别又有二：一曰君主之世，二曰君民共主之世。民政世之别亦有二：一曰有总统之世，二曰无总统之世。多君者，据乱世之政也；一君者，升平世之政也；民者，太平世之政也"。[②] 梁启超这里说的"多君为政之世"就是贵族政体，"一君为政之世"就是君主政体，"民为政之世"就是民主政体。在同一篇文章里，他又借用严复的话说："欧洲政制，向分三种：曰满那弃者，一君治民之制也；曰巫理斯托格拉时者，世

　　① 梁启超：《中国专制政治进化史论》，载《梁启超全集》第 3 卷，北京出版社 1999 年版，第 771 页。

　　② 梁启超：《论君政民政相嬗之理》，载《梁启超全集》第 1 卷，北京出版社 1999 年版，第 96 页。

族贵人共和之制也；曰德谟格拉时者，国民为政之制也。"① 随着对西学了解的深入，梁启超后来开始使用"政体"这个概念，并最终放弃了《春秋》三世说。但与此同时，他还是时而把政体称作"级"②，时而把政体称作"专制"③。

1929 年，历史学家吕思勉发表的《中国政体制度小史》（后收入《中国制度史》）开宗明义第一句话也说"政体可以分类，昔日所不知也"。因此，无论是梁启超，还是吕思勉，谈到政体时都无法引证中国的先哲（因为他们从来没有讨论过政体问题），只能引证西方的先哲。

的确，在西方，早在公元前 5 世纪，有"西方历史之父"美誉的古希腊史学大师希罗多德（约公元前 480—425）就已经开始谈政体分类。他以掌握城邦国家最高权力之人数的多少为标准，对古希腊城邦政治制度进行了划分，一人独握大权的为"君主制"，少数人掌权的为"寡头制"，多数人掌权的为"民主制"。这种依据一两个简单标准划分政体的思维方式为后世西方许多思想家承袭下来。后来德谟克利特、苏格拉底、柏拉图、亚里士多德、西塞罗、阿奎那、马基雅维利、博丹、斯宾诺莎、霍布斯、洛克、孟德斯鸠、卢梭，一直到近现代的詹宁斯、拉斯基、亨廷顿都把政体分类作为政治研究的基础，其中最著名的是柏拉图与亚里士多德的政体划分方式。

除了执政人数的多寡以外，柏拉图首次提出划分政体的第二个标准：执政者行使权力时是否依法行事？据此，柏拉图把政体分为六类：君主政体、僭主政体、贵族政体、寡头政体、民主政体、暴民政体。④

亚里士多德也认为仅用执政人数多寡一个标准划分政体过于粗浅，于是也加入了第二个标准。但与柏拉图不同，他的第二个标准是统治者的执

---

① 梁启超：《论君政民政相嬗之理》，载《梁启超全集》第 1 卷，北京出版社 1999 年版，第 97 页。

② 1901 年，梁启超发表的《尧舜为中国中央君权滥觞考》（参见《梁启超全集》第 2 卷，北京出版社 1999 年版，第 461—463 页）把政体称为"级"，共分四级：野蛮自由时代、贵族帝政时代、君权极盛时代、文明自由时代。次年梁启超发表《中国专制政治进化论》（参见《梁启超全集》第 3 卷，北京出版社 1999 年版，第 771—787 页）认为政体演进先后共六级：族制政体、临时酋长政体、神权政体、贵族封建政体、专制政体、立宪君主和革命民主政体。

③ 参见 1905 年梁启超出版《开明专制论》，载《梁启超全集》第 5 卷，北京出版社 1999 年版，第 1451—1486 页。本文的结语部分会论及梁氏此时对"专制"一词的特殊理解。

④ ［古希腊］柏拉图：《政治家》，洪涛译，上海人民出版社 2006 年版，第 70 页。

政目的，即统治者是以谋取私利为目的，还是以追求公共利益为目的。只要是追求公共利益，无论是少数人掌权，还是多数人统治，都是好的政体；反之，只要是谋取私利，无论是个人统治、少数人统治，还是多数人的统治，都是坏的政体。他说："正确的政体会以单纯的正义原则为依据，而仅仅着眼于统治者的利益的政体全部都是错误的或是正确政体的蜕变。"① 依据这两条标准，亚里士多德把政体分为两大类、六种形式：第一类正宗政体包括君主政体、贵族政体和共和政体；第二类变态政体包括僭主政体、寡头政体和平民政体。② 其实，当亚里士多德谈到执政目的时，他关心的已不再是政体或政治制度的形式问题了，而是后面我们将讨论的政道。

　　中国的先哲们为什么从来不谈政体问题呢？梁启超与吕思勉的解释是一样的：因为中国古代几千年只有过一种政体，即"君主专制政体"，无从分类。从梁启超的时代开始一直到现在，每当人们谈到中国古代以至于中国现代的政体时，"专制主义"恐怕是最常用的标签。相当多的人认为，中国专制主义是从秦朝开始的；还有一些人认为，早在夏商周三代，中国已经是专制政体了。不仅中国政体是"专制"的，中国文化也是"专制"的。"专制"这个概念几乎控制了我们对中国历代政治与中国当代政治的想象，有点像沙特讲过的"词的霸权"。2008年，清华大学的侯旭东教授发表了一篇文章，题为"中国古代专制说的知识考古"。这篇文章的第一节回溯了西方的"专制政体"说与"中国专制说"；第二、三节梳理了中国人接受"中国专制说"的过程。这篇文章在史学界引起了一场不大不小的风波。批评者坚持认为，中国历代政治都是"专制"的，这个标签恰如其分。那么作为始作俑者，孟德斯鸠的"中国专制说"到底成不成立呢？

　　把专制政体当作一种主要政体类别是从孟德斯鸠开始的。而"专制"这个词早在古希腊就有了，它当时主要是指一家之主对其家奴的统治方式。我们知道，亚里士多德（前384—前322年）是西方政体分类学说的集大成者，但在他的著作中，专制政体并不是主要类别。亚里士多德政体分类的基础是他对古希腊170多个城邦宪制的观察。这170多个城邦，大

---

　　① ［古希腊］亚里士多德：《政治学》，颜一、秦典华译，中国人民大学出版社2003年版，第84页。

　　② 同上书，第85页。

概相当于我们现在 170 多个村庄或集镇,每个城邦几千人或几万人。如柏拉图认为,理想城邦的规模应该以城市中心广场的容量为标准,限制 5040 户以内。① 在小小的希腊半岛上,亚里士多德见过很多政体,但没有见过"专制"政体,他也没到过古希腊以外的地方,只是对波斯等地有所耳闻。那时交通不便,更没有现代通信工具,他无法判断自己听说的东西是否可靠,但这并不妨碍他把"专制"的帽子扣在所谓"蛮族"头上;因为他认为,希腊人热爱自由,而所有(非希腊)的野蛮民族都比希腊民族富于奴性,而亚洲蛮族又比欧洲蛮族更富于奴性,奴性使蛮族愿意忍受专制统治而不起来叛乱。换句话说,专制政体是适合带有奴性民族的政体。②

　　虽然亚里士多德关于"专制"的说法没有经过实证检验,但从他开始,西方的哲人便把"专制"与"东方"(或"亚洲")连在了一起。

　　生活在 15、16 世纪之交的马基雅弗利(1461—1527)在《君主论》中区分了两种政体:"一种是由一位君主以及一群臣仆统治——后者是承蒙君主的恩宠和钦许,作为大臣辅助君主统治王国;另一种是由君主和诸侯统治——后者拥有那种地位并不是由于君主的恩宠而是由于古老的世系得来的。"③ 前者以土耳其皇帝为例,后者以法兰西国王为例。马基雅弗利当然也没到过东方,虽然他在这里没有使用"专制"这个词,但意思与亚里士多德差不多。60 年后,法国思想家博丹(1530—1596)在《共和六书》中再次把法国君主政体与亚洲的专制政体(他称之为"monarchie seigneuriale")区分开来,后者存在的一个前提是人民的奴性十足。④

　　由此可见,在西方政治思想史上,"专制政体"是专门用于"东方"国家的一种标签。而那时西方思想家所谓"东方"主要是指西亚,尤其是波斯、土耳其、印度,后来又不经任何验证延伸至东亚,包括中国。现在中国人往往对"专制"与"暴政"不加区分,而西方思想家一般会加

---

　　① 〔古希腊〕柏拉图:《法律篇》,张智仁、何勤华译,上海人民出版社 2002 年版,第 148 页。

　　② 〔古希腊〕亚里士多德:《政治学》,颜一、秦典华译,中国人民大学出版社 2003 年版,第 103 页。关于"专制"与"专制主义"这些概念的来源及其演变,参见 R. Koebner, "Despot and Despotism: Vicissitudes of a Political Term", *Journal of the Warburg and Courtauld Institutes*, Vol. 14, No. 3/4 (1951), pp. 275 - 302。

　　③ 〔意〕马基雅弗利:《君主论》,潘汉典译,商务印书馆 1986 年版,第 18 页。

　　④ Jean Bodin, "Concerning despotic monarchy", *Six Books of the Commonwealth*, Book 2, chapter 2, http://www.constitution.org/bodin/bodin.txt.

以严格区别。暴政（tyranny）可以用来形容任何地方坏君主的个人的行为，但是"专制"（despotism）是专门用来形容东方政体的，叫做"东方专制主义"（Oriental despotism）。他们想象的东方是由奴性十足的人民组成的，只有在这种社会里，才适用"专制"。①

不过，在孟德斯鸠以前，西方的哲人都不曾把"专制政体"当作一种主要政体。今天人们使用的"专制政体"概念是从孟德斯鸠那儿来的（梁启超依据的便是孟德斯鸠），是他第一次把"专制政体"当作三种主要政体之一，这种主要政体即共和政体（再分为贵族政体与民主政体）、君主政体、专制政体。他的《论法的精神》一开篇就讲政体。

说实在的，孟德斯鸠对政体的分类十分奇怪，让不少熟悉西方政治思想史的学者（如伏尔泰、涂尔干）一头雾水。柏拉图、亚里士多德划分政体都有简单明了的标准，如统治者的人数有多少、是否实现法治、统治者是执政为公还是执政为私。而孟德斯鸠的概念比较乱，逻辑不清。一方面，如果依统治者的人数划分政体，君主政体与专制政体应该归为一类，贵族政体与民主政体则应该严格分开。另一方面，如果他想为政体分类引入法治或伦理标准，他不仅应该把君主政体与专制政体分开，还应把贵族政体与寡头政体分开，把民主政体与暴民政体分开。

中国社科院的许明龙先生大概是中国最权威的孟德斯鸠专家，他于2007年推出了《论法的精神》的最新译本。他在"译者附言"中说："单就词义而言，君主主义与专制主义在汉语中几乎没有什么区别。《现代汉语词典》对'君主专制'的释义是：'君主独揽国家政权，不受任何限制的政治制度'，对'专制'的释义是：'君主独自掌握政权'。辞典的释义如此，人们通常的理解也是如此，很少有人会注意辨析这两个词的差异。因为在我们看来，只要是一个人掌握政权，那就是专制，例如，我们绝不会把隋炀帝在位时期的政体称作专制政体，而把唐太宗在位时期的政体称作君主政体。"② 许先生在另一个地方说得更直白："我们的理解是正

① 关于"专制"与"东方"的关系参见 Franco Venturi，"Oriental Despotism"，*Journal of the History of Ideas*，Vol. 24，No. 1，Jan.-Mar.，1963，pp. 133–142；Joan-Pau Rubies，"Oriental Despotism and European Orientalism：Botero to Montesquieu"，*Journal of Early Modern History*，Vol. 9，No. 1–2，2005，pp. 109–180。

② 以下有关孟德斯鸠的引文全部来自［法］孟德斯鸠《论法的精神》，许明龙译，商务印书馆 2007 年版。

确的,君主制与专制制本来就是一回事,只是君主专横的程度略有不同而已。"① 由此可见,在中文语境中,孟德斯鸠的政体划分更容易产生混淆。

《论法的精神》不仅概念混乱,而且写得很长、很乱,上下古今无所不包,像是杂乱无章的读书笔记或随想录。作为译者的许明龙先生这样评价它:"《论法的精神》内容十分庞杂,结构凌乱,没有足够的勇气和耐心,难以卒读。"乱归乱,这本书的主要论点还是很清楚的。第一,政体非常重要,一个国家的政体影响它的一切,包括教育、法律、简奢、妇女地位、自由、税收等。从柏拉图到亚里士多德一直到今天,西方政治思想一直认为政体非常重要,这也是他们反复讨论政体问题的原因。只不过很少人像孟德斯鸠那样把什么都跟政体扯到一起,是彻头彻尾的政体决定论者。第二,政体与气候有关。据孟德斯鸠讲,东方(孟德斯鸠的书里一会儿用"东方",一会儿用"南方",一会儿用"亚洲",让人不知所云)比较热,因此那里的人们很顺从,不敢反抗压迫;西方比较冷,因此那里的人们喜欢自由,敢于反抗压迫(这是一种毫无证据、毫无逻辑的断言)。人们奴性强的地方产生专制政体;爱好自由的人不可能接受专制政体——这可以叫做气候决定论。看来孟德斯鸠对别国的气候了解不多,大家想想,地处小亚细亚半岛的土耳其与地处伯罗奔尼撒半岛的希腊隔海相望,气候能有多大差别?即使与法国比,土耳其的气候能热到哪里去?如果气候真能决定政体,一切差别该如何解释?我们只能说孟德斯鸠的气候决定论不过是想当然耳。

那么孟德斯鸠所说的"专制"到底是什么意思呢?许明龙先生说得很对,在孟德斯鸠那儿,君主政体与专制政体是截然不同的两种政体。"君主政体是由一人以固定和确立的法单独执政的政体;专制政体也是一人单独执政的政体,但无法规,全由他的个人意愿和喜怒无常的心情处置一切。"除此之外,专制政体还有以下特点:第一,它只存在于"东方";第二,它不仅是一种政体,也是一种社会形态,即那里的人民天生都是奴才,只配用专制的方式治理。当中国人把孟德斯鸠牌"专制"的帽子拿来就往自己头上扣时,他们是否意识到孟德斯鸠的专制学说还包含了这些内容?大部分使用孟德斯鸠概念的人也许对他的论点只是道听途说,从未

---

① 许明龙:《孟德斯鸠不是封建叛逆:重读〈论法的精神〉》,《政治学研究》1988 年第 6 期。

认真读过《论法的精神》。这样糊里糊涂地把一套奇奇怪怪的理论拿来就用，实在是害死人。

　　孟德斯鸠的专制主义理论不仅论点荒谬，论据更是站不住脚。其实，孟德斯鸠有关专制政体的证据主要不是来自中国；只不过，我们中国人更关心他怎么讲中国，结果给人的印象好像中国是孟德斯鸠的主要证据。实际上，在他讨论专制政体时，讲得最多的例子土耳其、伊朗、印度，因为这些地方离欧洲近一些，当时西方的游客们，传教士也罢，商人也罢，去得最多是这些地方，还不是中国。孟德斯鸠本人当然没有到过这些地方，知识完全来自书本。问题是，即使依据当时有限的书本信息，这些东方国家，尤其是伊斯兰国家的情况也十分复杂，有些方面似乎暗合专制政体的特征，但另一些方面却完全与专制政体的特征挨不上。比如，土耳其被孟德斯鸠当作专制政体最典型的范例，然而，那时英国驻土耳其大使的夫人（Lady Mary Wortley Montagu）却依据自己的一手观察得出相反的结论。她认为，土耳其臣民享有比英国臣民更多的自由，土耳其法律的设置与执行比英国法律更佳。[①] 更有意思的是，孟德斯鸠的老乡，法国驻土耳其大使（Comte de Choiseul-Gouffier）这样比较土耳其与他的祖国："在法国，国王是唯一的主人，这里的情形却不一样。在这里，国王必需垂询阿訇、法律相关人员、高官、以及退职高官。"[②]《论法的精神》出版以后，相当多的人便指责孟德斯鸠对土耳其、伊朗、印度的描述太离谱。过去几十年，又有一大批研究表明，孟德斯鸠使用的论据太片面。[③] 这里的关键是孟德

　　① Michael Curtis, *Orientalism and Islam: European Thinkers on Oriental Despotism in the Middle East and India*, Cambridge: Cambridge University Press, 2009, pp. 62 – 63.

　　② Ibid., p. 64.

　　③ 除了 Michael Curtis 的新书外，参见 Ervand Abrahamian, "Oriental Despotism: The Case of Qajar Iran", *International Journal of Middle East Studies*, Vol. 5, No. 1, Jan. 1974, pp. 3 – 31; David Young, "Montesquieu's View of Despotism and His Use of Travel Literature", *The Review of Politics*, Vol. 40, No. 3, Jul. 1978, pp. 392 – 405; Lisa Lowe, "Rereadings in Orientalism: Oriental Inventions and Inventions of the Orient in Montesquieu's 'Lettres persanes'", *Cultural Critique*, No. 15, Spring 1990, pp. 115 – 143; Thomas Kaiser, "The Evil Empire? The Debate on Turkish Despotism in Eighteenth-Century French Political Culture", *The Journal of Modern History*, 72, March 2000, pp. 6 – 21, 33 – 34; Frederick G. Whelan, "Oriental Despotism-Anquetil-Duperron's Response to Montesquieu", *History of Political Thought*, Vol. 22, No. 4, Winter 2001, pp. 619 – 647; Aslı C., ırakman, "From Tyranny to Despotism: The Enlightment's Unenlightened Image of the Turks", *International Journal of Middle East Studies*, No. 33, 2001, pp. 49 – 68。

斯鸠使用论据的方法。我们可以称之为主题先行:先有关于专制政体的结论,再找证据。符合自己结论的证据不管多荒谬拿来便用;不符合自己结论的证据要么干脆不用,要么加以贬低。如果今天学术界有人用这种方法做学问,一定会让人看不起,千夫所指。

说到中国,孟德斯鸠首先断定它是专制政体,并随手找了一些材料作为证据。他的不少所谓证据都是些天方夜谭似的海外奇闻,如"中国人根本没有荣宠观念","所有的文官武将都是太监","斯巴达允许偷窃,中国允许欺骗","那里的妇女与男子绝对分开","日本人和中国人几乎仅以鱼类为食","法律允许出卖或丢弃孩子"。他对台湾的认识更是离谱:"福摩萨人相信有一种地狱,不过,这个地狱是用来惩罚以下这些人的:在某些季节中没有赤身裸体的人、不穿丝绸而穿布衣的人、拾牡蛎的人、做事之前不先问卜于小鸟的人。所以,他们不但不把酗酒和调戏妇女视为罪恶,甚至反而认为,子女们的放荡行为能博得神明的欢心。"

不过,当时能看到的绝大部分材料并不支持孟德斯鸠的中国专制论。这一定让他感到颇为难堪。① 于是我们看到,在《论法的精神》中,他说着说着就会讲中国是一个例外。例如,他断定"专制政体不需要监察官",但马上接着说,"这条常规对于中国似乎是个例外"。又如,他断定"专制政体国家里根本没有基本法,也没有法律监护机构",但注意到"中国最初的立法者还是不得不制定优良的法律,政府也不得不遵守这些法律"。再如,他断定"共和政体需要美德,君主政体需要荣宠,专制政体则需要畏惧",但发现中国立法者"把宗教、法律、习俗和风尚融为一体,所有这些都是伦理,都是美德"。在书中,我们不时可以看到这样的句子,"在这一点上中国的情况与共和政体和君主政体相同","中国的政体没有达到它所应该达到的腐败程度",宽和政体出现的地方"主要有三类:中国美丽的浙江省和江南省、埃及和荷兰"。为了弥合其论点与论据之间的鸿沟,孟德斯鸠最后得出了一个看似怪异的结论:"中国的政体是一个混合政体,因其君主的广泛权力而具有许多专制主义因素,因其监察

① 许明龙:《并非神话:简论 17、18 世纪中国在法国的形象及其影响》,《世界历史》1992年第 3 期;许明龙:《欧洲 18 世纪"中国热"》,山西教育出版社 1999 年版;龚鹏程:《画歪的脸谱:孟德斯鸠的中国观》,载《〈国学论衡〉第三辑——甘肃中国传统文化研究会学术论文集》,2004 年;赖奇禄:《孟德斯鸠与魁奈对于传统中国专制政府思想之比较:一个方法论的反省》,中国台湾"中山大学政治学研究所",2010 年。

制度和建立在父爱和敬老基础之上的美德而具有一些共和政体因素，因其固定不变的法律和规范有序的法庭，视坚忍不拔和冒险说真话的精神为荣耀，而具有一些君主政体因素。这三种因素都不占强势地位，源自气候条件的某些具体原因使中国得以长期存在。如果说，因疆域之大而使中国是一个专制政体国家，那么，它或许就是所有专制政体国家中之最佳。"这听起来是不是有点不知所云？

其实，由于当时信息阻隔，孟德斯鸠提出一些莫名其妙的论点、论断也许可以理解，问题是他的这些论点、论断被西方一些后来的思想家不假思索地继承、发挥，在"专制主义"理论的基础上推出了诸如"极权主义"、"威权主义"的理论。更成问题的是，孟德斯鸠的学说被介绍到中国以后，他提出的"专制"概念（以及后来的"极权"、"威权"概念）在相当大程度上遮蔽了我们对古代中国以至于现代中国的想象，似乎异常复杂的中国古代政治与中国现代政治可以简单地用一两个有关政体的名词概括。说到底，孟德斯鸠学说的最大影响在于其政体决定论。孟德斯鸠不喜欢民主，认为只有受到贵族制约的君主政体才是个好政体（因为他本人就是贵族出身）。① 今天的人们喜欢这种君主政体的人恐怕不多了，但这并不妨碍他们遵循孟德斯鸠的思路，导出新的政体决定论：只有以多党竞争为特征的所谓"民主"政体才是好政体；一切其他的政体都或迟或早必然垮台。

其实，即使在西方，从政体的角度去分析政治现象也是问题重重。因为政体思维有三大缺陷。

第一，把全方位观察复杂的现实化约为只看一两个简单的指标。最早的政体划分只用主权者的数量为指标。柏拉图、亚里士多德了解仅用主权者人数划分政体之不足，加入统治者的执政方式（是否以法治国）与执政目标（是否天下为公）。即便如此，柏拉图、亚里士多德对政体进行分类后，对其中任何一类都不甚满意，混合政体于是成了一种选择。柏拉图认为他划分出来的六种政体都有毛病，都不是合适的选择。亚里士多德在《政治学》也讨论了各种政体的缺陷。在他看来，创造一种混合不同政体特征的混合政体是一条出路。

① 许明龙：《孟德斯鸠不是封建叛逆：重读〈论法的精神〉》，《政治学研究》1988 年第 6 期。

尤其是当政治实体的规模扩大以后,再采取任何一种纯粹的政体都是不切实际的。因此,政体思维也失去了意义。希腊人波利比奥斯(约公元前200—前118年)被带到罗马后马上认识到,大多数现实世界里的政府采取的都是混合政体,罗马共和国就是这样一种混合了君主、贵族、民主三种成分的政体。他同时把斯巴达也看作这样的混合政体。波利比奥斯对西塞罗产生了巨大的影响。西塞罗以罗马共和国为例,力主混合政体才是最好的政体。在文艺复兴时期和启蒙时期,波利比奥斯与西塞罗关于混合政体的思想深刻影响了当时的思想家,如霍布斯、洛克、维柯、卢梭、康德。共和主义就是这种影响的产物。美国宪法设计的政体(代表君主成分的总统、代表贵族的参议院、代表民主成分的众议院)与维多利亚时期英国的政体(代表君主成分的女王、代表贵族成分的上议院、代表民主成分的下议院)依据的也是混合政体的理念。其实,孟德斯鸠鼓吹的所谓"君主制"根本不是纯粹的君主制,而是君主制与贵族制的混合物,因为身为贵族的孟德斯鸠特别强调贵族在这种政体中的作用。与其同时代的思想家相比,孟德斯鸠强调的不是权力的混合,而是权力的区隔(the separation of powers),仿佛把不同的权力(立法权、行政权、司法权)严格区隔开来是可行的;他也因此而著名。实际上,在当今世界上根本不存在任何纯而又纯的政体,真正意义上的三权分立也是不现实的。西方国家总是标榜自己是"民主制",这让当今世界最好的雅典民主学者之一、丹麦人莫恩斯·赫尔曼·汉森(Mogens Herman Hansen)看不下去,他于2010年发表论文证明:西方所谓"民主"国家无一例外都是混合政体,包含了君主制、贵族制和民主制成分,只不过有的国家这种成分多一点,有的国家那种成分多一点;而孟德斯鸠式的三权分立理论对我们理解当代西方政治体制毫无帮助。①

第二,重形式、轻实质。② 政体思维隐含着一个未加言明的假设:政权的形式决定政权的实质。各国的历史与现实证明,这个假设根本不成立。正因为这个假设不成立,在讨论现实政治时,我们看到习惯政体思维

---

① Mogens Herman Hansen, "The Mixed Constitution Versus the Separation of Powers: Monarchical and Aristocratic Aspects of Modern Democracy", *History of Political Thought*, Vol. 31, No. 3, Autumn 2010, pp. 509 – 531.

② 参见徐祥民等《政体学说史》,北京大学出版社2002年版,第19页。

的人不得不在所谓政体前面加上各式各样的形容词。

比如，抽象讨论民主政体时，一些人也许认为这个概念很清楚：它指的是以竞争性选举为特征的政治制度。然而，历史上和现实中有竞争性选举的政治制度很多，它们在实质上千差万别。面对复杂的现实，为了区分实质不尽相同的"民主"政体，人们发明这样一些带形容词的民主：选举民主（electoral democracy）、威权民主（authoritarian democracy）、新世袭民主（neo-patrimonial democracy）、军人主导的民主（military-dominated democracy）、原生民主（proto-democracy）、伪民主（pseudo-democracy）、虚拟民主（virtual democracy）、非自由民主（illiberal democracy）、受限民主（restricted democracy）、受控民主（controlled democracy）、有限民主（limited democracy）、寡头民主（oligarchic democracy）、精英民主（elitist democracy）、精英多元民主（elitist-pluralist democracy）、低质民主（low-quality democracy）、半民主（semi-democracy）。除此之外，也许我们还可以加上资本主义民主、社会主义民主。去掉这些形容词行不行呢？当然不行，因为这些被叫作"民主"的政治体制存在本质上的差别。但加上这些形容词本身就说明，仅看政权形式是多么片面。

同样，谈到威权主义政体，少了前缀的形容词也难以深入。于是我们看到这样一些带形容词的威权政体：官僚威权体制（bureaucratic authoritarianism）、封闭威权体制（closed authoritarianism）、霸权威权体制（hegemonic authoritarianism）、竞争性威权体制（competitive authoritarianism）、民粹威权体制（populist authoritarianism）、选举威权体制（electoral authoritarianism）、霸权选举威权体制（hegemonic electoral authoritarianism）、持久威权体制（durable authoritarianism）、包容性威权体制（inclusionary authoritarianism）、开放式威权体制（open authoritarianism）、半威权体制（semi-authoritarianism）。

对比这两组带形容词的政体，不少人可能会十分困惑：竞争性威权与威权民主哪一个更民主？半民主与半威权有什么区别？仅看政治体制的某一形式特征到底有什么意义？

第三，因为只关注一两个指标，只关注形式，政体思维很容易忽略政治体制其他方方面面的变化，导致用静止的眼光看变化的现实。例如，我们常常听到这样一种说法：过去 30 年，中国只有经济改革，没有政治改革。实际上，任何不带偏见的人都清楚，中国政治在过去 30 年发生了巨大的变化或变革。为什么一些人对此视而不见呢？因为他们是用政体思维看中国。在他们看来，只要中国没有出现两党或多党竞争的局面（所谓"民主政体"的标志性特征），其他任何变化都不算政治变革。这是典型的一叶障目。

与国内某些学者一样，大部分研究中国政治的西方学者也难以摆脱政体思维的羁绊，在他们的研究中，贴在中国脑门上常见的标签是极权主义政体（totalitarianism）、列宁式政党国家（Leninist party state）、威权主义政体（authoritarianism），其中"威权主义政体"最为时髦。然而，世界上可以被叫作"威权主义"的政体太多了，中国的所谓"威权主义"显然与其他那些"威权主义"大相径庭。即使只看中国，这个时期的所谓"威权主义"又与其他时期的所谓"威权主义"差别巨大。由于一个简单的"威权主义"标签说明不了任何问题，于是，在当代中国政治研究中，我们就看到了一大堆带形容词前缀的"威权主义"，其中最有影响力并至今被不少国内外学者引用的概念是由李侃如（Kenneth G. Lieberthal）与奥森伯格（Michel Oksenberg）于20世纪80年代末提出的碎片式威权主义（fragmented authoritarianism）。[①] 除此之外，还有 soft authoritarianism（Pei Minxin）、revolutionary authoritarianism（Liz Perry）、flexible authoritarianism（Jean-Pierre Cabestan）、resilient authoritarianism（Andrew Nathan）、adaptive authoritarianism（David Shambaugh）、populist authoritarianism（Edward Friedman）、legitimate authoritarianism（Gunter Schubert）、responsible government under authoritarian condition（Linda Li）、authoritarian yet participatory（A study commissioned by the German Government）等，不一而足。奥森伯格已于2001年病故，辞世前他发表的最后一篇文章承认，"任何一个只言片语都无法抓住中国政治体制的特征"。各种流行的标签，包括他自己前几年提出的"碎片式威权主义"都难以把握中国复杂的政治现实，因为它们都是"静态"的概念。[②]

在一篇分析中国公共政策议程设置模式变化的文章中，我曾得出这样

---

① Kenneth Lieberthal, Michel Oksenberg, *Policy Making in China: Leaders, Structures, and Processes*, Princeton: Princeton University Press, 1988.

② Michel Oksenberg, "China's Political System: Challenges of the Twenty-First Century", *The China Journal*, No. 45, Jan. 2001, pp. 21 – 35.

的结论："中国政治的逻辑已经发生了根本性的变化，而西方舶来的'威权主义'（authoritarianism）分析框架则完全无力把握中国政治中这些深刻的变化。在过去几十年里，这个标签像狗皮膏药一样往往被随处乱贴，从晚清时代开始，一直到民初时代、军阀时代、蒋介石时代、毛泽东时代、邓小平时代、江泽民时代、胡锦涛时代无一幸免。中国政治在此期间发生了翻天覆地的变化，贴在中国政治上的标签却一成不变。如此荒唐的概念与其说是学术分析工具，不如说是意识形态的诅咒。现在已经到了彻底摆脱这类梦呓的时候了。"①

二　政道思维

与西方的哲人不同，中国历代的先哲考虑最多的不是政体或政治体制的形式，而是政道，或政治体制运作的目标与途径。

在中文中，"政"包含两重含义。一方面，"政者，正也"（《论语·颜渊》），它是以"正"为内容并与"正"同音的音义结合体。这表明，中国古人认为"政"最重要的元素是"正"，亦即执政的目的必须"正"。另一方面，"政"字由"正"和"攵"组合而成，在甲骨文中，"攵"的写法是人手持棍之形，故从"攵"的字大都有致使他人如何、如何的意思，如"收"、"教"、"攻"、"改"、"放"、"救"。"政"字从"攵"，意味着它与"权力"相关。"治"字从水，原义是水名，引申义为整治水利，疏通江河，再引申为处理、经营、修整、疏理、引导、改造、控制、统治。因此，"政治"一词的"政"偏重于行使权力的目的，而"治"偏重于实现目的的手段。中文中"道"的含义最为复杂，最难道明。《说文》的解释是："道，所行道也。"本义是供人行走的道路，②凡是道路就会有途径和方向，因此"道"又引申为道术（办法、方式、手段）、道理（法则）、道义（理念、终极目标）等多种含义。

---

① 王绍光：《中国公共政策议程设置的模式》，《中国社会科学》2006年第5期。

② 在英文中，"道"往往被译为"way"。Jana S. Rosker, *Searching for the Way: Theory of Knowledge in Pre-modern and Modern China*, Hong Kong: Chinese University Press, 2008。该书作者将中文书名叫作《求道》。

在中国古代典籍中，"政道"一词并不常见，但与为政之道相关的词随处可见，例如，"政不得其道"、"无道之君"、"有道之君"、"君有道"、"君无道"、"国有道"、"国无道"等。不过，这些"道"的含义十分庞杂，可以十分形而上、抽象，也可以十分形而下、具体。庄子在《天道》篇中区分了"治之道"与"治之具"，[①] 前者指治世的原则，后者指治世的手段。[②]

在这篇文章中，笔者把两者统称为"政道"，把"治之道"简称为"治道"，把"治之具"简称为"治术"。[③]

笔者理解的"治道"是指治国的理念，是政治之最高目的，是理想政治秩序。如董仲舒所说，这里的"道"是"天不变道亦不变"的

---

① "古之语大道者，五变而形名可举，九变而赏罚可言也。骤而语形名，不知其本也；骤而语赏罚，不知其始也。倒道而言，迕道而说者，人之所治也，安能治人！骤而语形名赏罚，此有知治之具，非知治之道；可用于天下，不足以用天下，此之谓辩士，一曲之人也。"

② 黎红雷：《为万世开太平：中国传统治道研究引论》，《云南大学学报》（社会科学版）2007 年第 6 期。

③ 换句话说，"政道"既是关于政权的道理，也是关于治权的道理。牟宗三在《政道与治道》（台湾学生书局 1987 年版）一书中却把两者分离开来。他开宗明义便说："政道是相应政权而言，治道是相应治权而言。中国在以前于治道，已进至最高的自觉境界，而政道则始终无办法。"（第 1 页）这个结论是如何得出的呢？他首先把政道定义为"关于政权的道理"（第 1 页），然后很快进入政体思维。他认为人类有史以来的政治形态，大体可以分为三种，即封建贵族政治、君主专制政治和立宪民主政治。在他看来，"唯民主政治中有政道可言"，"无论封建贵族政治，或君主专制政治，皆无政道可言"（第 21 页）。既然中国传统政治形态要么是夏至秦汉以前的封建贵族政治，要么是秦汉以来的君主专制政治，那么结论只能是：中国传统政治形态没有"政道"。由此可见，牟宗三实际上是把"道"与西方的"理"挂上钩，而不是分析传统中国政治哲学如何讨论政道。仅仅因为中国的政道不合西方的"理"，他便断言，中国的政道算不上"真正的政道"。这是一种莫名其妙的逻辑。难道中国的先哲从来没有讨论过关于政权的道理吗？徐复观对"治道"理解与牟宗三不同（参见徐复观《中国的治道》，载李维武编《徐复观文集》第二卷《儒家思想与人文世界》，湖北人民出版社 2009 年版）。他把"治道"定义为"政治思想"，与我对"治道"的理解相似。他说，"中国的政治思想，除法家外，都可说是民本主义，即认定民是政治的主体。但中国几千年的实际政治，却是专制政治。政治权力的根源，系来自君而非来自人民；于是在事实上，君才是真正的政治主体。因此，中国圣贤，一追溯到政治的根本问题，便首先不能不把作为'权原'的人君加以合理的安顿；而中国过去所谈的治道，归根到底便是君道"（第 272 页）。显然，中国圣贤们一直都在讨论关于"政权"和"治权"的道理，即"政道"。只不过，中国的政道"一直是在矛盾曲折中表现，使人不便作切当明白的把握"（第 271 页）。

"道"。① 或如陆九渊所说："道者，天下万世之公理，而斯人之所共由者也。"② 朱熹在《答陈同甫书》中谈到"治国平天下之道"，他的看法是："亘古亘今只是一理。顺之者成，逆之者败。"③ 对此，冯友兰也谈了自己的理解："每一事物皆有其理。国家社会之组织，亦必有其理。本此理以治国家则国家治。不本此理以治国家则国家乱。故此理即所谓治国平天下之道也。"④

笔者理解的"治术"是指治国的方式，包括古代典籍中所谓"治制"（治理国家的法制、体制），"治具"（治理国家的各项措施），"治术"（治理国家的方针、政策、方法）。董仲舒曰："道者，所由适于治之路也，仁义礼乐皆其具也。"⑤ 这里所谓"道"其实就是"术"。与治道不同，治术未必能"一以贯之"。

例如，中国古代先哲往往把"政体"或政治体制的形式称为"制"，属于"治术"。相对于"治道"而言，"制"是第二位的，从属性的。如朱熹论治道时虽然相信天下有不可泯灭之"道"，但并不主张古今必循一定之"制"。⑥ 王阳明虽然推崇唐虞三代之治，但同时强调，后世君王应效法其"道"，"因时致治"，而不必拘受其"制"或"设施政令"。⑦ 直到近代，康有为仍把政体特征看作治术："夫所谓政党议会，民权宪法，乃至立宪共和专制，皆方药也。当其病，应其时，则皆为用。非其病，失其宜，则皆为灾。"⑧ 他同时认为政道比政体重要："若既得国为公有，则无论为君主民主，为独立半立，为同族异族，为同教异教，皆不深计。"⑨ 他的结论是："夫天下无万应之药，无论参术苓草之贵，牛溲马勃之贱，但能救病，便为良方。天下无无弊之法，无论立宪共和专制民权国会一切

---

① 《汉书》卷 56《董仲舒传》第二十六。

② （南宋）陆九渊：《陆九渊集》卷二十一，杂著，《论语说》，中华书局 1980 年版，第 263 页。

③ （南宋）朱熹：《朱子文集》上册，卷一，《答陈同甫》，上海商务印书馆 1947 年版，第 17 页。

④ 冯友兰：《中国哲学史》下册，中华书局 1961 年版，第 920 页。

⑤ 《汉书》卷 56《董仲舒传》第二十六。

⑥ 黎靖德编：《朱子语类》第 7 册，中华书局 1986 年版，第 2678—2690 页。

⑦ （明）王阳明：《王阳明全集》，上海古籍出版社 1992 年版，第 9—10 页。

⑧ （清）康有为：《中国以何方救危论》，载汤志钧编《康有为政论集》下册，中华书局 1981 年版，第 821—822 页。

⑨ （清）康有为：《新世界只争国为公有，而种族君民主，皆为旧义，不足计说》，载汤志钧编《康有为政论集》下册，中华书局 1981 年版，第 662 页。

名词,但能救国宜民,是为良法。执独步单方者,必非良医,执一政体治体者,必非良法。故学莫大乎观其会通,识莫尚乎审其时势,《礼运》曰:'时为大,顺次之,礼次之,协于时,宜于人,顺于地。'"①

　　在中国,不仅思想家关心政道,历史学家同样关心政道,于是有了一大批《资治通鉴》、《贞观政要》、《读通鉴论》之类的史书。司马光就明确表示,他写《资治通鉴》的目的是要"鉴前世之兴衰,考当今之得失"。宋神宗热捧此书,也是因为它"鉴于往事,有资于治道"。除此之外,一些君王留下了自己对政道的体会,如唐太宗李世民撰写的《帝范》、武则天撰写的《臣轨》、明宣宗朱瞻基撰写的《御制官箴》、南宋孝宗赵昚赐名的《永嘉先生八面锋》等。当然,还有从战国一直到清朝历代治理者们撰写的一大批标题各异的"官箴"。到清朝,它汇成了重要的政治文献教科书《皇朝经世文编》。总之,中国的先哲很清楚,哪怕政体相同,都是君主制,治国的理念、治国的方式可以非常不一样,其后果自然也会千差万别。因此,对中国的先哲来说,真正重要的是政道,而不是政体。

　　中国的先哲为什么不重形式而重实质?道理也许很简单,从商、周开始,中国这个政治实体的空间规模与人口规模已经相当大,远非希腊那些小不点的城邦可以比拟。在这么庞大的实体中,治国之道亦必然比希腊那些小不点的城邦复杂得多,有无数个相互纠葛的维度,像柏拉图、亚里士多德那样以一两个简单的标准对政体进行分类,既无可能,也无必要。因此,我们看到从先秦诸子(老子、孔子、孟子、荀子、韩非子、庄子、管子等)一直到朱熹、顾炎武、黄宗羲,他们谈的都是政道的问题,或治道与治术问题(见表1)。

表1　　　　　　　　　　　政道分析思路

学派	治道	治术
儒家	贵民	德(礼)治
法家	贵君	法治
墨家	贵兼	贤治
道家	贵己	道治

---

　　① (清)康有为:《中国以何方救危论》,载汤志钧编《康有为政论集》下册,中华书局1981年版,第820页。

（一）治道

政治之最高目的（或治道）一直是历代先贤关注的首要问题。用章学诚的话说："诸子纷纷则已言道矣……皆自以为至极，而思以其道易天下者也。"（《文史通义·原道中》）如果用关键词高度概括各家治道的话，可以说儒家贵民、法家贵君、墨家贵兼、道家贵己。①

1. 儒家

孔子推崇"先王之道"，并以"道"的标准来衡量现实国家。他反复说"邦有道"如何，"邦无道"如何，把"有道"与"无道"对立起来。但儒家的贵民思想在孔子那儿还不十分清晰。梁启超在《先秦政治思想史》第三章"儒家思想"中说："儒家言道言政，皆植本于仁。"②"仁"之字从二人，意味着世界上并不存在孤立的个人，人都生活在与他人的关系之中。孔子曰："夫仁者，己欲立，而立人，己欲达，而达人。能近取譬，可谓仁之方也已。"这就是说，"仁"的实质是推自爱之心以爱人。孔子言仁，一方面欲人人将其同类意识扩充到极量，以完成所谓"仁"的世界（或"大同"）；另一方面"仁"又是有远近、亲疏区分的。

虽然孟子的"仁心"、"仁政"说也是以这两方面为出发点，但他发展出"民贵君轻"的理论："民为贵，社稷次之，君为轻。是故得乎丘民而为天子，得乎天子为诸侯，得乎诸侯为大夫。"（《孟子·尽心下》）这与孔子不同，因为孔子的"民可使由之，不可使知之"（《论语·泰伯》）明显带有轻民的意思。孟子敢于轻君，而孔子虽然没有明言绝对君权，但也从不轻君。

孟子的民贵君轻、民主君仆说对后世的政治思想影响颇大。如汉贾谊说，"闻之于政也，民无不为本也。国以为本，君以为本，吏以为本。故国以民为安危，君以民为威侮，吏以民为贵贱"（《新书·大政上》）。王符说，"故天之立君，非私此人也以役民。盖以诛暴除害，利黎元也"（《潜夫论·班禄》）。吕不韦虽然重视君长之功能，但断然否认尊君是国

---

① 张岱年说："价值是后起的名词，在古代，与现在所谓价值意义相当的是'贵'。贵字的本义指爵位崇高，后来引申而指性质优越的事物。"参见《张岱年全集》第 6 卷，河北人民出版社 1996 年版，第 67 页。

② 梁启超：《先秦政治思想史》，东方出版社 1996 年版，第 81 页。

家的目的。在他看来，"天下非一人之天下也，天下人之天下也"（《吕氏春秋·贵公》）。贵为皇帝，唐太宗也认识到，"为君之道必须先存百姓。若损百姓以奉其身，犹割股以啖腹，腹饱而身毙"（《贞观政要·论君道第一》）。明方孝孺说，"天之立君，所以为民"，"人君之职，为天养民者也"（《逊志斋集·君职》）。明张居正以主张"尊主威，定国是，振纪纲，剔瑕蠹"著称，但他绝不否认"民为邦本"，"天之立君以为民也"（《张文忠公全集·人主保身以保民论》）。至于明代的激进思想家，"贵民"更是他们高举的大旗。李贽说，"天之立君，所以为民"，故"圣人无中，以民为中"（《温陵集》卷十九《道古录》）。黄宗羲说，"古者以天下为主，君为客。凡君之所毕世而经营者为天下也"（《明夷待访录·原君》）。王夫之则说，"一姓之兴亡，私也；而生民之生死，公也"（《读通鉴论》）。

2. 法家

主张民主君客、民贵君贱、君民共主的康有为总结道："政治之体，有重于为民者，有重于为国者。《春秋》本民贵大一统而略于国。故孟子曰：民为贵，社稷次之。盖天下学者多重在民，管、商之学，专重在国。"[1] 冯友兰在《中国哲学史》也说，"儒墨及老庄皆有其政治思想。此数家之政治思想，虽不相同，然皆从人民之观点以论政治。其专从君主或国家之观点以论政治者，当时称为法术之士，汉人谓之为法家"。[2]

所谓"专重在国"其实就是贵君或尊君，把尊君当作政治的头等大事。讨论尊君必要性的人并非只有法家，儒家也有尊君之论，荀子就是一个很好的例子。他说："君者国之隆也；父者家之隆也。隆一而治，二而乱。"（《荀子·致士》）但荀子（或其他儒家思想家）尊君是因为君主在整个政治体系中扮演了不可或缺的职能，而不是因为君主是政治的最高目的。他不会要求臣民无条件地服从君主，也不会为尊君而牺牲掉臣民。反之，他申明："天之生民，非为君也；天之立君，以为民也。"（《荀子·大略》）他也充分肯定诛杀暴君的正当性："臣或弑其君，下或杀其上，粥其城，倍其节，而不死其事者，无他故焉，人主自取之"（《荀子·富国》）；"天下归之之谓王，天下去之之谓亡"（《荀子·正论》）。

---

① （清）康有为：《中华救国论》，载汤志钧编《康有为政论集》下册，中华书局1981年版，第702页。

② 冯友兰：《中国哲学史》上册，中华书局1961年版，第383页。

　　法家与儒家最明显的区别不在于尊君，而在于把尊君本身当作政治的最终目的，而不是把尊君当作手段。康有为提到的管子就是君本位论者。用管子自己的话说，"君尊则国安……君卑则国危。故安国在乎尊君"（《管子·重令》）。《管子》也谈"爱民"、"养民"，甚至说出"政之所兴在顺民心，政之所废在逆民心"（《管子·牧民篇》）这样的漂亮话。但爱民仅是手段，不是目的："计上之所以爱民者为用之，故爱之也"（《管子·法法》）；"人主之所以令则行，禁则止者，必令于民之所好而禁于民之所恶也"、（《管子·形势篇》）；"争天下者必先争人"（《管子·霸言》）。顺民只是为了更顺利地治民。

　　管子只是法家的先驱，严格的法家思想"必俟商鞅而后成立，韩非则综集大成，为法家学术之总汇"。① 商、韩尊君是因为他们从心底蔑视人民，认定人性恶，民智"犹婴儿之心也"，"不可用"（《韩非子·显学》），且"民者固服于势"（《韩非子·五蠹》）。这样，社会秩序（"治"）必须靠立君、尊君来维系。据商鞅说，"古者未有君臣上下之时，民乱而不治，是以圣人列贵贱，制爵位，立名号，以别君臣上下之义"（《商君书·君臣》）；他又说，"古者民蒙生而群处乱，故求有上也。然则天下之乐有上也，将以为治也"（《商君书·开塞》）。因此，"夫利天下之民者莫大于治，而治莫康于立君"（《商君书·开塞》）。韩非子完全同意这种看法，并把孟子的"民为贵，社稷次之，君为轻"颠倒过来，认为"国者，君之车也"（《韩非子·外储说右上》）；"尊君"最为重要，其次才是"安国"、"利民"。韩非子还进一步把尊君上升到"道"的层面："道无双，故曰一，是故明君贵独道之容。"（《韩非子·扬权》）

　　既然尊君本身就是政治的最高目的，为确保君主享有绝对权力，商鞅主张"弱民"："民弱，国强；国强，民弱，故有道之国务于弱民"（《商君书·弱民》）。为了"弱民"，就必须"胜民"、"制民"："昔之能制天下者，必先制其民者也。能胜强敌者，必先胜其民也，故胜民之本在制民"（《商君书·画策》）。同样，韩非子主张，不管君王人品有多么不肖，行为多么糟糕，臣民都必须无条件服从，因为在他看来，再恶的君也是君："冠虽贱，头必戴之，屦虽贵，足必履之"，"冠虽穿弊，必戴于头，履虽五采，必践之于地"（《韩非子·外储说左下》）。

---

　　①　萧公权：《中国政治思想史》（一），辽宁教育出版社 1998 年版，第 178、208 页。

3. 墨家

与先秦其他主要政治思想学说相比,墨家带有更多的平民色彩。也许正是因为这个原因,墨家政治思想的关注点就落到了普通人的利益上。《墨子.非命上》提出了一套评判任何政治理论的标准:"故言必有三表。何谓三表?子墨子言曰:'有本之者,有原之者,有用之者。于何本之?上本之于古者圣王之事。于何原之?下原察百姓耳目之实。于何用之?废以为刑政,观其中国家百姓人民之利。此所谓言有三表也。'"冯友兰对此评论道:"此三表中,最重要者,乃其第三。'国家百姓人民之利'乃墨子估定一切价值之标准。"①　其实,第二"表"又何尝不重要?它与第三"表"一脉相承。用这套标准评判墨家自身的政治思想,倒是恰如其分,因为墨家思想体系的核心"兼爱"完全满足了这三条标准,尤其是后两条。②

孔子提倡"泛爱众"(《论语·学而》)、"博施于民而能济众"(《论语·雍也》)。不过,儒家的"爱人"与"仁"不可分离,"仁"又由"礼"来规定,是谓"克己复礼为仁"(《论语·颜渊》)。而"礼"的基本精神是明贵贱、别亲疏。换句话说,儒家虽以仁民爱物、兼善天下为最终目标,却强调必须以亲疏贵贱作为施恩先后的尺度。故曰:"仁者人也,亲亲为大"(《礼记·中庸》);"老吾老以及人之老,幼吾幼以及人之幼"(《孟子·梁惠王上》);"家齐而后国治"(《礼记·大学》)。墨子兼爱之说,虽不否认家族伦理,但强调爱人如己:"视人之国,若视其国。视人之家,若视其家。视人之身,若视其身"(《墨子·兼爱中》);"仁人之事者,务必求兴天下之利,除天下之害"(《墨子·兼爱下》)。而兴利除害必须以"兼相爱,交相利"为准则,"有力者疾以助人,有财者勉以分人,有道者劝以教人"(《墨子·尚贤下》)。这种不分亲疏、贵贱的"兼爱天下之人",特别是"兼爱天下百姓"的思想显然与儒家不同,因此招致孟子的诋毁:"杨氏为我,是无君也;墨氏兼爱,是无父也。无父无君,是禽兽也。"(《孟子·滕文公下》)为了将"兼爱"的理念落实到政治生活中,墨子提出"尚同"原则,要求君长与人民都必须以公利作为其最终目的和行为准则。

---

① 冯友兰:《中国哲学史》上册,中华书局1961年版,第117页。
② 从孟子、吕不韦到张惠言、梁启超都同意墨子"贵兼"。

4. 道家

令孟子咬牙切齿的除了墨子，就是杨朱，因为当时"天下之言，不归杨，则归墨"。据孟子说，"杨子取为我，拔一毛而利天下，不为也"（《孟子·尽心上》）。"为我"或"贵己"（《吕氏春秋·不二》）直接与儒家学说相抵触：如果人人都"为我"，那君君臣臣、父父子子的秩序怎么维系？① 孟子以"距杨墨"为己任（《孟子·滕文公下》），可见杨朱思想与儒家思想之间的矛盾有多尖锐。"为我"显然也与墨子的"兼爱"是完全背道而驰的。作为法家的韩非子更是不遗余力地批判杨朱，原因很简单：因为如果人人都"贵己"的话，他们就不会乖乖地对君主唯命是从了。

杨朱只是道家思想的早期代表。从杨朱到彭蒙、田骈、慎到，再到老聃、庄周（《庄子·天下》），再到汉以后的其他道家思想家，"为我"是一条贯穿始终的主线。按照萧公权的说法，老子和庄子是"先秦为我思想最精辟闳肆而富于条理者也"。② 的确，老庄都重个人、轻社会、怀疑政治权威。老子说："贵以身为天下，若可寄天下；爱以身为天下，若可托天下。"（老子）这就是说，只能把天下寄托给"为我"的人。庄子更把"为我"推至极致。他通过各种寓言阐发其"贵己"、"重生"之义（《庄子·人间世》、《庄子·养生主》、《庄子·山木》）；也就是说，一个人的首要的任务就是保护他自己。

"为我"是人生哲学，也是政治哲学。《列子·杨朱》虽然是伪书，未必能真实反映杨朱的思想，但它里面的两句话大概能准确反映道家的政治思想："人人不拔一毛，人人不利天下，天下治矣"，"以我之治内，可推之于天下，君臣之道息矣"。既然人人为我，把自己管好，不管其他人，就可以达到天下大治，君主其实是不必要的。孟子指责"杨氏为我，是无君也"是有道理的，后世的道家传人王充、阮籍、刘伶、陶潜、鲍敬言、《无能子》的作者大谈无君之乐、有君之苦、君不必要、君不能要，正好提供了证据。

如果"君子不得已而临邪天下"，道家的忠告是："莫若无为。无为也，而后安其性命之情。"（《庄子·在宥》）老子相信"为无为则无不

---

① 子路批评隐者荷蓧丈人"欲洁其身而乱大伦"（《论语·微子》），依据的就是这个逻辑。
② 萧公权：《中国政治思想史》（一），辽宁教育出版社1998年版，第155页。

治"(《老子》第三章),他希望君是个虚君,"处无为之事,行不言之教"(《老子》第二章),"清静为天下正"(《老子》第四十五章)。庄子则把这套政治思想总结为:"闻在宥天下,不闻治天下也。在之也者,恐天下之淫其性也;宥之也者,恐天下之迁其德也。天下不淫其性,不迁其德,有治天下者哉!"(《庄子·在宥》)

总之,从"为我"出发,道家的政治理想是要么无君,要么有君无为。

(二) 治术

司马谈《论六家要指》曰:"《易大传》'天下一致而百虑,同归而殊涂'。夫阴阳、儒、墨、名、法、道德,此务为治者也。"这就是说,不管先秦诸子的学说看起来如何玄妙,他们最关心的其实都是如何"治"国、"治"天下。不过与西方相比,中国政治思想一个显著的特点是重实际而不尚玄理,"故二千余年之政治之献,十之八九皆论治术"。① 需要说明的是,这里所谓"治术"泛指治国方略(the way of governance)。古代典籍中被叫作"治道"的东西其实往往就是这里说的"治术";而古代典籍中被叫作"治术"的东西往往仅指统治术、为君之术(the art of manip-ulation),在内涵、外延两方面,比这里所说的"治术"都要窄得多。

如果用关键词高度概括各家治术的话,可以说儒家强调德(礼)治、法家强调法治、墨家强调贤治、道家强调道治。这样说不过是举其荦荦大者,至于各家治术细部的差别,不可胜道。

1. 儒家

在儒家形成以前,"德"和"礼"这两个概念早已出现,并且从一开始它们就是相互关联的。一方面,周初统治者已经提出"明德慎罚"(《尚书·康诰》)的主张,"德"成为当时政治思想的基石,成为解释朝代更替的原因。按照郭沫若的解释,"德"字"照字面上看是从值(古直字)从心,意思是把心思放端正,便是《大学》上所说的,'欲修其身者先正其心'"②。作为"正其心"的标准,"德"有广泛的含义,"在当时

---

① 萧公权:《中国政治思想史》(三),辽宁教育出版社 1998 年版,第 824 页。

② 郭沫若:《先秦天道观之进展》,载《郭沫若全集·历史编》第 1 卷,人民出版社 1982 年版,第 336 页。

看来，一切美好的东西都可包括在德中"①。另一方面，周公制《周礼》时说，"则以观德"（《左传·文公十八年》），说明"德"是以"礼则"为标准的，而"礼则"的核心是等级制。郭沫若从思想史的角度这样评说"德"与"礼"的关系："德字不仅包括着主观方面的修养，同时也包括着客观方面的规模——后人所谓'礼'……礼是由德的客观方面的节文所蜕化下来的，古代有德者的一切正当行为的方式汇集了下来便成为后代的礼。"②

明言"吾从周"（《论语·八佾》）的孔子第一个提出了一套"德""礼"结合的儒家治国方略，这反映在《论语·为政》的一句话里："道之以政，齐之以刑，民免而无耻。道之以德，齐之以礼，有耻且格。"对此，朱熹的理解是："愚谓政者为治之具。刑者辅治之法。德、礼则所以出治之本，而德又礼之本也。此其相为终始，虽不可以偏废，然政、刑能使民远罪而已，德、礼之效，则有以使民日迁善而不知。故治民者不可徒恃其末，又当深探其本也"（《论语集注·为政》）。很明显，孔子关心的是政治秩序，不仅政、刑是"治民者"的"治之具"，德、礼也是，只不过孔子认为应强调不是前两者，而是后两者，尤其是德。

所谓德治，就是利用道德的内在约束力来达到稳定社会的目的，它有三层含义。

第一，为了具备治国的资格，执政者（包括君主与其他政治精英）应当注重自身的道德修养。对这些人而言，"修身之术"就是"治国之要"。因此，"古之欲明明德于天下者，先治其国；欲治其国者，先齐其家；欲齐其家者，先修其身；欲修其身者，先正其心……心正而后身修，身修而后家齐，家齐而后国治，国治而后天下平"（《礼记·大学》）。尤其是对君主而言，"若安天下，必须先正其身，未有身正而影曲，上治而下乱者"（《贞观政要·君道》）。

第二，为了长治久安，执政者应当"为政以德"（《论语·子路》），

① 可以归纳为十项：（1）敬天；（2）敬祖，继承祖业；（3）遵王命；（4）虚心接受先哲之遗教，包括商先王先哲的成功经验；（5）怜小民；（6）慎行政，尽力治民；（7）无逸；（8）行教化；（9）作新民；（10）慎刑罚。参见刘泽华《中国政治思想史》（先秦卷），浙江人民出版社1996年版，第24页。

② 郭沫若：《先秦天道观之进展》，载《郭沫若全集·历史编》第1卷，人民出版社1982年版，第336页。

"施实德于民"(《尚书·盘庚上》),"德惟善政,政在养民"(《尚书·大禹谟》),"养民也惠"(《论语·公冶长》)。具体而言便是裕民生、轻赋税、止征战、惜力役,节财用。为什么要这样做?范仲淹的解释很到位:"圣人之德,惟在善政,善政之要,惟在养民,养民之政,必先务农。农政既修,则衣食足,衣食足则爱体肤,爱体肤则畏刑罚,畏刑罚则盗寇自息,祸乱不兴。"①

第三,为了有效地维护政治秩序,执政者应当"以德化民",潜移默化地使被统治者内化统治者那一套道德理念,并以此约束自己的言行。一方面,教化要靠当政者以身作则,如孔子所说:"政者正也,子帅以正,孰敢不正"(《论语·颜渊》);"上好礼,则民莫敢不敬;上好义,则民莫敢不服;上好信,则民莫敢不用情"(《论语·子路》);"苟正其身矣,于从政乎何有?不能正其身,如正人何"(论语·子路)。另一方面,教化要靠一套机制:"立大学以教于国,设庠序以化于邑,渐民以仁,摩民以谊,节民以礼,故其刑罚甚轻而禁不犯者,教化行而习俗美也"(《汉书·董仲舒传》)。

除了"道(导)之以德"外,孔子的治术也看重"齐之以礼"。"礼"是社会的典章制度。孔子主张"为国以礼"(《论语·先进》),因为"不知礼,无以立也"(《论语·尧曰》)。"德"的作用是抑制人的内心冲动,"礼"的作用是规范人的外在行为,尤其是与他人交往的方式。如《左传》所说:"礼,经国家,定社稷,序人民,利后嗣者也。"(《左传·隐公十一年》)"礼"最重要的特点是"别",也就是按贵贱、尊卑、长幼为不同的人规定不同的行为方式。孔子认为不这么做不行:"非礼无以辨君臣上下长幼之位也,非礼无以别男女父子兄弟之亲,昏姻疏数之交也"(《礼记·哀公问》)。在"德"失效的情形下,"礼"是一种重要的统治手段。因此柳宗元才会说,"礼之大本,以防乱也"(《驳复雠议》)。

在孔子看来,"德"的核心是"仁","仁"乃众德之首,且包罗众德。其他之德,如爱人、克己、忠恕、中庸、慈、孝、良、悌、惠、顺、勇、刚、直、恭、敬、宽、智、庄、敏、慎、信、切、俭、逊、让等等,都是内心之"仁"的外在表现。在《论语》里,"仁"和"礼"的出现

---

① （北宋）范仲淹:《范文正公政府奏议》卷上"答手诏条陈十事",载范能浚编《范仲淹全集》,四川大学出版社 2002 年版,第 533 页。

频率都很高，似乎没有偏重，但二者在孔子思想体系中的排序是不同的："仁"是"本"，而"礼"是"末"。故孔子曰："人而不仁，如礼何？"

孔子死后，孟子继承发展了他的德治思想。除了"仁"之外，孟子提出了"义"这一重要的道德范畴："人皆有所不忍，达之于其所忍，仁也；人皆有所不为，达之于其所为，义也。"（《孟子·尽心下》）更重要的是，孟子提出了"仁政"这一概念："以力假仁者霸……以德行仁者王……以力服人者，非心服也，力不赡也；以德服人者，中心悦而诚服也。"（《孟子·公孙丑上》）不过，相比孔子，孟子却很少谈礼治。

先秦儒家思想家中把礼治推向极致的人非荀子莫属。《荀子》32篇，几乎篇篇谈"礼"，且《礼论》更是专门集中讨论"礼"。在《论语》中，"礼"字出现了75次，而在《荀子》中，它出现了342次之多，可见荀子对"礼"的强调远远超过孔子，更不用说孟子了。荀子之所以把"礼"放在首位，是因为与孟子不同，他相信人的本性是恶的，道德的自我约束是靠不住的，必须求诸外在制度规范的强制性约束："礼者、所以正身也"；"人无礼则不生，事无礼则不成，国家无礼则不宁"（《荀子·修身》）；"国无礼则不正，礼之所以正国也，譬之犹衡之于轻重也，犹绳墨之于曲直也，犹规矩之于方圆也，正错之而人莫之能诬也"（《荀子·王霸》）。

可以说，孔子以后的儒家在治国方略上存在着两种主张：一派以孟子为代表，强调"德治"；另一派以荀子为代表，强调"礼治"。如汉儒董仲舒主张"以德善化民"（《汉书·董仲舒传》），而贾谊主张"以礼义治之"（《治安策》）。①

需要指出的是，孔子讲治国之道时，虽然强调"德礼"，但从未放弃"政刑"，他自己便说，"政宽则民慢，慢则纠之以猛；猛则民残，残则施之以宽。宽以济猛，猛以济宽，政是以和"（《左传·昭公二十年》）。强调"礼治"的那一派儒家虽然也讲"仁"为"礼"之本，但相对于强调"德治"那一派儒家，他们更重视法与罚。例如，荀子主张"隆礼重法"："隆礼至法则国有常"（《荀子·君道》）；"治之经，礼与刑"（《荀子·成相》）；"明礼义以化之，起法正以治之，重刑罚以禁之"（《荀子·性

---

① 关于汉儒的辩论，参见陈苏镇《汉代政治与春秋学》第二章"'以礼为治'和'以德化民'汉儒的两种政治主张"，中国广播电视出版社2001年版，第120—194页。

恶》)。大讲"刑政"、并称"礼""法"的荀子，对后世历朝历代治国方式的实际影响很大。汉以后，人们谈到"礼"与"法"的关系时，经常引用的两句话就是明证："礼者，禁于将然之前；而法者，禁于已然之后"（《汉书·贾谊传》)；"礼之所去，刑之所取，失礼则入刑，相为表里者也"。（《后汉书·陈宠传》)。这恐怕也是谭嗣同感叹"二千年来之学，荀学也"的原因。① 梁启超甚至说："二千年政治，既皆出荀子矣。"②

　　2. 法家

　　吕思勉对荀子治国思想的评价是"专明礼，而精神颇近法家"③。荀子"近法家"，但毕竟与法家不同。荀子"隆礼重法"是以礼治为主导，而法家对德治与礼治都持否定的态度，只主张"以法治国"（《管子·明法》)、"事断于法"（《慎子·君人》)、"据法而治"（《商君书·更法》)、"以法为本"（《韩非子·饰邪》)。

　　与儒家针锋相对，法家思想家都反对"先德而治"（《商君书·开塞》)。管子的理由是："夫君人之道，莫贵于胜。胜，故君道立；君道立，然后下从；下从，故教可立而化可成也。夫民不心服体从，则不可以礼义之文教也。君人者不可以不察也。"（《管子·正世》）商鞅的理由是："刑生力，力生强，强生威，威生德，德生于刑。"（《商君书·说民》)他的结论很清楚："凡明君之治也，任其力不任其德。"（《商君书·错法》)韩非子对德治的观点也一样："无威严之势，赏罚之法，虽尧舜不能以为治"（《韩非子·奸劫弑臣》)；"威势之可以禁暴，而德厚之不足以止乱也。夫圣人之治国，不恃人之为吾善也，而用其不得为非也……故不务德而务法"（《韩非子·显学》)。

　　法家思想家更反对礼治，因为在礼治下"名位不同，礼亦异数"（《左传·庄公十八年》)，而且礼被用来当作"定亲疏、决嫌疑、别同异、明是非"（《礼记·曲礼上》)的标准。法家并不否认也不反对区别贵贱、尊卑、长幼、亲疏，但他们认为，这种区别与治国无关，甚至可能妨碍治国。④ 管子说，"凡先王治国之器三，攻而毁之者六。三器者何也？曰：

---

① （清）谭嗣同：《仁学：谭嗣同集》，辽宁人民出版社1994年版，第70页。
② 梁启超：《论支那宗教改革》，载《梁启超全集》第1卷，第264页。
③ 吕思勉：《先秦学术概论》，上海书店1992年版，第83页。
④ 瞿同祖：《中国法律与中国社会》，中华书局1981年版，第282页。

号令也，斧钺也，禄赏也。六攻者何也？曰：亲也，贵也，货也，色也，巧佞也，玩好也。三器之用何也？曰：非号令毋以使下，非斧钺毋以威众，非禄赏毋以劝民。六攻之败何也？曰：虽不听，而可以得存者；虽犯禁，而可以得免者；虽毋功，而可以得富者。凡国有不听而可以得存者，则号令不足以使下；有犯禁而可以得免者，则斧钺不足以威众；有毋功而可以得富者，则禄赏不足以劝民。号令不足以使下，斧钺不足以威众，禄赏不足以劝民，若此，则民毋为自用。民毋为自用，则战不胜；战不胜，而守不固；守不固，则敌国制之矣"（《管子·重令》）。如果"序尊卑、贵贱、大小之位"①的危害如此之大，那么应该怎么办呢？管子的回答是"不为六者变更于号令，不为六者疑错于斧钺，不为六者益损于禄赏。若此，则远近一心；远近一心，则众寡同力；众寡同力；则战可以必胜，而守可以必固，非以并兼攘夺也，以为天下政治也，此正天下之道也"（《管子·重令》）。

　　法家之所以看重法，其最主要的原因就在于，法一视同仁，有功必赏，有过必罚，"不知亲疏、远近、贵贱、美恶，以度量断之"（《管子·任法》），"不别亲疏，不殊贵贱，一断于法"（《史记·太史公自序》）。治国不仅在原则上要"一断于法"，而且在执法上，要做到"壹刑"："所谓壹刑者，刑无等级。自卿相将军以至大夫庶人，有不从王令，犯国禁，乱上制者，罪死不赦。有功于前，有败于后，不为损刑。有善于前，有过于后，不为亏法。忠臣孝子有过，必以其数断"。尤其对知法犯法者要严惩不贷，"守法守职之吏，有不行王法者，罪死不赦，刑及三族"（《商君书·赏刑》）。

　　法家之所以主张法治还有一个理由，设计治国之术不应着眼于最好或最坏的情况，而是要着眼于一般的情况。儒家的"德治"假设人性善、墨家的"贤治"假设可以找到贤者治国，这都不可取。"治也者，治常者也；道也者，道常者也"（《韩非子·忠孝》），因为"尧、舜、桀、纣千世而一出，是比肩随踵而生也，世之治者不绝于中……中者，上不及尧、舜，而下亦不为桀、纣"（《韩非子·难势》）。对大多数既不是贤君也不是暴君的中材之君而言，实行法治是他们唯一的选择："抱法处势则治，背法去势则乱。今废势背法而待尧、舜，尧、舜至乃治，是千世乱而一治

---

① （西汉）董仲舒：《春秋繁露》卷第九，奉本第三十四。

也。抱法处势而待桀、纣,桀、纣至乃乱,是千世治而一乱也。"(《韩非子·难势》)何况,"释法术而心治,尧不能正一国",还不如"守中拙之所万不失"(《韩非子·用人》)。这种中不溜秋、笨拙但万无一失的治国之术就是法治。

除了"法"以外,法家也重视"术"与"势"。韩非子写了《定法》讨论"法"与"术"的关系;写了《难势》讨论"法"与"势"的关系。但在三者之间,"法"才是治术的主体,它是用来治民定国的。而"术"是用来"潜御群臣"(《韩非子·难三》)的,因为"明主治吏不治民"(《韩非子·外储说右下》)。但"徒术而无法"与"徒法而无术"(《韩非子·定法》)都不能治国。"势"不过是君主至高无上权力、权威的别称。虽然"势"是治国不可或缺的前提,但"处势"还必须"抱法"。因此,韩非子的思想说到底是以法为本,兼摄术、势。

"法治"对治国如此重要,那么理想的法治是种什么样的状况呢?管子的描绘:"圣君亦明其法而固守之,群臣修通辐凑,以事其主;百姓辑睦听令道法以从其事。故曰:有生法,有守法,有法于法。夫生法者君也,守法者臣也,法于法者民也,君臣上下贵贱皆从法,此谓为大治。"(《管子·任法》)这里值得注意的是,虽然君主是立法者,但他的权力受到三重限制。第一,君主不能随心所欲,立法必须符合人性:"人主之所以令则行,禁则止者,必令于民之所好,而禁于民之所恶也"(《管子·形势解》)。而且,"令"和"禁"都不能过多(《管子·法法》)。第二,君主不能朝令夕改,"号令已出,又易之。礼义已行,又止之。度量已制,又颉之。刑法已错,又移之;如是,则庆赏虽重,民不劝也。杀戮虽繁,民不畏也。故曰:上无固植,下有疑心。国无常经,民力必竭"(《管子·法法》)。第三,君主本人要守法,"不为君欲变其令,令尊于君"(《管子·法法》)。这就是说,管子理想的"治世"要求"君臣上下贵贱皆从法"。

在其他方面,商鞅与韩非子的法家思想也许与管子没有多大差别,但他们不再主张"令尊于君",使君主可以凌驾于法律之上,李斯则更进一步说,"贤明之主"应"独制于天下而无所制"(《史记·李斯列传》)。不过,李斯不过是"实行法家政术之殿军"[1]。秦亡之后,李斯一直背着

---

① 萧公权:《中国政治思想史》(二),辽宁教育出版社 1998 年版,第 252 页。

骂名，苏东坡指斥"李斯以其学乱天下"（《荀卿论》）。"申韩之学术亦终止理论上之进展。"①

尽管主张"尚法而不尚贤"（《韩非子·忠孝》），法家也重视"举贤任能"。管子警告君主，治国有四件事不可不慎，其中之一是"见贤不能让"（《管子·立政》）。韩非子有一篇《说疑》讨论有关治国的疑难问题，其中最大篇幅谈的是辨别、选拔、使用人才的重要性。他列举了史上几十位著名的臣子，以此证明选对人、用对人对治国是多么关键，并提出了"内举不避亲，外举不避雠"的原则。当然，在韩非子看来，"所谓贤臣者，能明法辟，治官职以戴其君者也"（《韩非子·忠孝》）。

3. 墨家

真正把"尚贤使能"提高到治术首要地位的是墨家。墨家倡导的治术看似很多，但墨子认为施用治术时一定要因地制宜、对症下药，有所侧重，不必将全套治术一股脑都拿出来。《墨子·鲁问》记载了一段有名的对话："子墨子游，魏越曰：'既得见四方之君子，则将先语？'子墨子曰：'凡入国，必择务而从事焉。国家昏乱，则语之尚贤、尚同；国家贫，则语之节用、节葬；国家说音湛湎，则语之非乐、非命；国家遥僻无礼，则语之尊天、事鬼；国家务夺侵凌，即语之兼爱、非攻，故曰择务而从事焉。'"根据张岱年的解读，"墨子提出十个主义，合为五联，共成一个整齐的系统……每一联之二说，实有必然的关联。最重要者，为尚贤与尚同之关系。尚同实以尚贤为根本。尚同须'选天下之贤可者，立以为天子'，离尚贤，则尚同不可讲"。②

的确，在墨子推介的十种治术中，最重要的是"尚同"与"尚贤"，他把两者都称为"为政之本"（《墨子·尚贤中》、《墨子·尚同下》）。

什么是"尚同"？从《尚同》篇里最频繁出现的关键片语——"一同天下之义"或"一同其国之义"——可以看出端倪，即统一全国上下对"义"的认识。据说，这便是"天下之所以治"的关键所在。③

那么，如何才能达到"尚同"的目的呢？还得靠"尚贤"。具体而

① 萧公权：《中国政治思想史》（二），辽宁教育出版社1998年版，第252页。
② 张岱年：《中国哲学大纲》，中国社会科学出版社1982年版，第594页。
③ 萧公权认为，墨子的"义"是指公利。参见萧公权《中国政治思想史》（一），第129—130页。从治术的角度看，"义"的具体含义并不重要。因此，这里不纠缠这方面的讨论。

言,"是故天下之欲同一天下之义也,是故选择贤者,立为天子。天子以其知力为未足独治天下,是以选择其次立为三公。三公又以其知力为未足独左右天子也,是以分国建诸侯。诸侯又以其知力为未足独治其四境之内也,是以选择其次立为卿之宰。卿之宰又以其知力为未足独左右其君也,是以选择其次立而为乡长家君"(《墨子·尚同下》)。① 这也就是说,为了实现思想统一,首先必须组织统一,让"贤可者"担任各级领导岗位。离开了尚贤,根本谈不上尚同。② 尚同是目的、是结果,尚贤是必由之路,二者不可偏废,因此它们都是"为政之本"。

为什么非尚贤不可呢? 墨子给出的理由很简单:"自贵且智者为政乎愚且贱者,则治;自愚贱者为政乎贵且智者,则乱"(《墨子·尚贤中》),即只有让高贵且智慧的人统治愚笨且卑贱的人,才能实现"国家之富也,人民之众也,刑法之治也"(《墨子·尚贤下》)的目标,否则就会天下大乱。

既然贤良之士是"国家之珍"、"社稷之佐",什么样的人才够格呢? 墨子提出德行、学问、才能三项标准,即"厚乎德行、辩乎言谈、博乎道术"(《尚贤上》)。这里德行排在第一位,不言而喻,是否秉持"兼爱"理念是判断有没有德行的尺度,表现在行为上的"为贤之道",是"有力者疾以助人,有财者勉以分人,有道者劝以教人"(《墨子·尚贤下》)。

确定标准后,最后一步就是如何举贤任能了。墨子提出了"以德就列,以官服事,以劳殿赏"三个原则,其中"以德就列"排在第一,在当时极具革命性。

"以德就列"就是在举贤时要任人唯贤,"虽在农与工肆之人,有能则举之"(《墨子·尚贤上》)。这是针对当时贵族、世袭、专权政治提出的,也是针对儒家提出的。在《非儒下》篇中,墨子对儒家思想家坚持"亲亲有术,尊贤有等","寿夭贫富,安危治乱,固有天命,不可损益"等说法表示了极大的愤慨,称他们是"贼天下之人者也"。在墨子看来,

---

① 由于这里"选择"没有主语,一些学者认为墨子主张民选制度。有关讨论可参见徐希燕《墨子的政治思想研究》,《政治学研究》2001 年第 4 期。

② 在这个意义上,任继愈说,"尚同是墨子政治理论中最薄弱的一个环节"。参见任继愈《墨子与墨家》,商务印书馆 1998 年版,第 68 页。

"官无常贵，而民无终贱"（《墨子·尚贤上》）。因此，应该"不辩贫富、贵贱、远迩、亲疏、贤者举而尚之，不肖者抑而废之"（《墨子·尚贤中》）。

"以官服事"就是对通过了第一关的贤者们进行考察，并按其才干加以任命："听其言，迹其行，察其所能，而慎予官，此谓事能。故可使治国者，使治国，可使长官者，使长官，可使治邑者，使治邑。"（《墨子·尚贤中》）

"以劳殿赏"就是给予担任公职的贤者适当的待遇，"高予之爵，重予之禄，任之以事，断予之令"，"富之，贵之，敬之，誉之"（《墨子·尚贤上》）。

如果全国上下的官职都由贤者担任，就可以从组织上保证"一同天下之义"，从而实现天下大治了。

4. 道家

儒家、法家、墨家倡导的治术虽然相互抵触，但它们都可以叫作"有为"之治，① 都相信只要君主积极推行他们倡导的德（礼）治，或法治，或贤治，天下就太平无事了。

而在道家的代表人物老子和庄子看来，君王的有为之治（包括各式各样的制度建设）不仅不能解决任何问题，反而会给社会造成极大的危害。老子断言，"民之饥，以其上食税之多，是以饥。民之难治，以其上之有为，是以难治"（《老子》第75章）；庄子《马蹄》篇也借用牧马人伯乐、陶者、匠人的例子批判"治天下者之过"。

老、庄不光抨击君王的有为之治，也对鼓吹有为之治的儒、法、墨三

---

①　实际上，先秦各家都曾憧憬某种"无为"之治。在中国远古政治观念与实践里，"垂拱之治"或"垂衣裳之治"就被当作一种治术。例如，《尚书·武成》有这样的句子"敦信明义，崇德报功。垂拱而天下治"。参见王中江《老子治道历史探源：以"垂拱之治"与"无为而治"的关联为中心》，《中国哲学史》2002年第3期。冯友兰说，"无为是道家的观念，也是法家的观念。韩非和法家认为，君主必需具备一种大德，就是顺随无为的过程"。参见冯友兰《中国哲学简史》，《三松堂全集》第六卷，河南人民出版社2001年版，第142页。例如，《韩非子·主道》曰，"明君无为于上，群臣竦惧乎下"；《韩非子·扬权》曰，"权不欲见，素无为也。事在四方，要在中央。圣人执要，四方来效。虚而待之，彼自以之"。儒家当然也不例外。《论语·卫灵公》有这样的话："子曰：无为而治者，其舜也与？夫何为哉？恭己正南面而已矣。"不过，其他各家理论中君王的"无为"之治只能在"有为"条件下，即实行了德（礼）治、法治、贤治以后，才能实现。

家展开了毫不留情的批判。对于儒家鼓吹的德（礼）治，他们指出，"大道废，有仁义；智慧出，有大伪；六亲不和，有孝慈；国家昏乱，有忠臣"（《老子》第18章）；"绝圣弃智，民利百倍；绝仁弃义，民复孝慈；绝巧弃利，盗贼无有"（《老子》第19章）；"失道而后德，失德而后仁，失仁而后义，失义而后礼。夫礼者，忠信之薄，而乱之首"（《老子》第38章；也见《庄子外篇·知北游》）；"以智治国，国之贼"（《老子》第65章）。① 对于法家鼓吹的法治，他们指出，"法令滋彰，贼盗多有"（《老子》第57章）。② 对于墨家鼓吹的贤治，他们相信，"不尚贤"才能"使民不争"（《老子》第3章）。③

老子的理想社会是"小国寡民"（《老子》第80章），庄子的理想社会是"至德之世"（《庄子外篇·马蹄》），两者的共同特点是老百姓在其中自全自得，让人感觉不到有统治者的存在。其实，老、庄都很清楚，他们的理想社会无非是乌托邦，不可能实现，只能谈谈而已，真正重要的问题是如何治理现实中的社会。不过，理想社会可以作为衡量治国水平的标杆："太上，下知有之；其次，亲而誉之；其次，畏之；其次，侮之。"（《老子》第17章）最善治国者不扰民，老百姓只知道其存在，却不知道他干了什么；次一等的治国者亲近人民，因而受到他们的爱戴；再次一等的治国者让人民感到恐惧；最糟糕的治国者遭到人民的轻蔑。因此，最高明的治术是那种"功成事遂，百姓皆谓我自然"（《老子》第17章）的道治。④

道家的信念是，"人法地，地法天，天法道，道法自然"（《老子》第25章）。"老子在这里所列的有五项内容：'人（王）'、'地'、'天'、'道'、'自然'，其中'地'、'天'、'道'都只是过渡，他所要说明的，实际上只是两端——'人（王）'与'自然'的关系，强调人（特别是'王'——人间的君王们）应该'法自然'。圣人'法自然'的具体做法就是'无为'：'圣人处无为之事，行不言之教。'"⑤ 因此，道治就是无

---

① 庄子在《盗跖》、《马蹄》篇中对儒家礼教规范进行了鞭挞。

② 庄子在《胠箧》篇中指出，本来意图用于防止犯罪的设计反倒会盗贼利用。

③ 庄子在《天下》、《齐物论》篇中批评了墨家。

④ 关于"道治"这个提法的讨论，参见商原李刚《"道治文化"说》，《安徽大学学报》（哲学社会科学版）2005年第6期。

⑤ 陈鼓应：《老子评传》，南京大学出版社2001年版，第99页。

为而治，也就是"辅万物之自然而不敢为"（《老子》第 64 章），让人们自适其性。"故道化的治道之极致面是'各然其然，各可其可，一体平铺，归于现成'，也就是庄子所说的'无物不然，无物不可'。"①

"无为而治"并不是无所作为，而是要因循自然，顺应事物的本性，不横加干涉："凫胫虽短，续之则忧；鹤胫虽长，断之则悲。"（《庄子外篇·骈拇》）老、庄鼓吹无为，是因为他们相信老百姓有自治（如自化、自正、自富、自朴）的能力："彼民有常性，织而衣，耕而食，是谓同德；一而不党，命曰天放。"（《庄子外篇·马蹄》）"且鸟高飞以避矰弋之害，鼷鼠深穴乎神丘之下，以避熏凿之患"，老、庄相信，人民一定比这两种动物更清楚如何好好活下去。既然如此，老、庄对君王的忠告是："道常无为而无不为。侯王若能守之，万物将自化"（《老子》第 37 章）；"顺物自然，而无容私焉，而天下治矣"（《庄子内篇·应帝王》）。②

君主怎样才能做到"无为"呢？老子的劝告首先是由一长串否定词（如"不"、"无"、"去"、"损"）③组成的："不自见，故明；不自是，故彰；不自伐，故有功；不自矜，故长。夫唯不争，故天下莫能与之争"（《老子》第 22 章）；"不以智治国，国之福"（《老子》第 65 章）；"是以圣人自知不自见；自爱不自贵"（《老子》第 72 章）；"我无为，而民自化；我好静，而民自正；我无事，而民自富；我无欲，而民自朴"（《老子》第 57 章）；"是以圣人去甚，去奢，去泰"（《老子》第 29 章）；"为学日益，为道日损。损之又损，以至于无为"（《老子》第 48 章）。总之，君主要将"以己之所乐，立言制法而断制天下"④的冲动降到最低点，使"其政闷闷"，以便"其民淳淳"（《老子》第 58 章）。

不过，"无为"绝不是什么都不做，而是要不妄为。治国安邦也需要以"顺物自然"、不妄为的态度去"为"。老子把这叫作"以正治国"（《老子》第 57 章），叫作"为无为则无不治"（《老子》第 3 章）。

---

① 牟宗三：《政道与治道》，吉林出版集团有限责任公司 2010 年版，第 34 页。

② 据刘笑敢分析，"无为"一词在《老子》中一共出现 12 次，其主体基本上都是"圣人"，"是老子对理想的社会管理方式的一种表达"。参见刘笑敢《老子之自然与无为：古典意含与现代意义》，《中国文哲研究集刊》1997 年第 10 期。

③ 《老子》共有 244 个"不"字，101 个"无"字。

④ （明）王船山：《庄子解》卷二十四"徐无鬼"，《船山全书》第 13 册，岳麓书社 1993 年版，第 386 页。

综观老子的思想，"以正治国"具体包括下面一些治术。

第一，以百姓心为心。老子相信，"贵以贱为本，高以下为基"（《老子》第 39 章）。因此，他认为，君王不应与民争利："是以圣人欲上民，必以言下之；欲先民，必以身后之。是以圣人处上而民不重，处前而民不害。是以天下乐推而不厌。以其不争，故天下莫能与之争"（《老子》第 66 章）。

第二，损有余而补不足。在当时的现实生活中，满眼尽是"损不足以奉有余"的现象，如"民之饥，以其上食税之多，……民之轻死，以其上求生之厚"（《老子》第 75 章）。老子借"天之道"之名主张"高者抑之，下者举之；有余者损之，不足者补之"（《老子》第 77 章）。

第三，使民无知无欲。在老子看来，浑厚与淳朴是自然的，机巧与欲望则是反自然的、蛊惑人心的、有害的："民之难治，以其智多"（《老子》第 65 章）；"五色令人目盲；五音令人耳聋；五味令人口爽；驰骋畋猎令人心发狂；难得之货令人行妨"（《老子》第 12 章）；"祸莫大于不知足，咎莫大于欲得"（《老子》第 46 章）。为此，他主张想方设法让老百姓返璞归真，"非以明民，将以愚之"（《老子》第 65 章）、"孩之"（《老子》第 49 章）。具体做法可以是"不贵难得之货，使民不为盗；不见可欲，使心不乱"；也可以是"虚其心，实其腹，弱其志，强其骨，恒使民无知无欲，使夫智者不敢为也"（《老子》第 3 章）。这样才能让老百姓"见素抱朴，少私寡欲，绝学无忧"（《老子》第 19 章）。"故知足之足，常足矣"（《老子》第 46 章）；"不欲以静，天下将自定"（《老子》第 37 章）。

第四，使民常畏死。人天性怕死。如果人们产生了厌世情绪，这不仅是不自然的，也会给治国带来麻烦："民不畏威则大威至"（《老子》第 72 章）；"民不畏死，奈何以死惧之"（《老子》第 74 章）？因此，培养人们的生存意识对治国甚为关键。为了防止民众厌弃自己的生命，以至于厌弃社会，老子主张创造条件让老百姓能够"甘其食，美其服，安其居，乐其俗"，"使民重死而不远徙"（《老子》第 80 章），也使他们"无狎其所居，无厌其所生"。"夫唯不厌，是以不厌"（《老子》第 72 章），亦即只有当政者不去压榨老百姓，老百姓才不会厌恶他们，社会才会安定，统治才会稳固。同时，只有当人们普遍珍惜自己生命的价值时，统治才能有效："若使民常畏死，而为奇者，吾得执而杀之，孰敢？"（《老子》第

74 章）

　　第五，治大国若烹小鲜。治理国家要非常小心谨慎，切不可无事生非、折腾老百姓，也不可朝令夕改，让老百姓不知所措。

　　第六，慎征伐。老子认为，"天下无道"最重要的特点是"戎马生于郊"（《老子》第 46 章），因为"师之所处，荆棘生焉；大军过后，必有凶年"。为此，老子警告："兵者，不祥之器，物或恶之，故有道者不处。"（《老子》第 31 章）对于治国者而言，最好是"虽有甲兵，无所陈之"（《老子》第 80 章）。既然兵者"非君子之器"，那么只能是"不得已而用之"（《老子》第 31 章）。如果实在不得不用兵，老子告诫："善为士者，不武；善战者，不怒；善胜敌者，不与"（《老子》第 68 章），"吾不敢为主，而为客；不敢进寸，而退尺。是谓行无行；攘无臂；扔无敌；执无兵。祸莫大于轻敌，轻敌几丧吾宝。故抗兵相加，哀者胜矣"（《老子》第 69 章）。

　　既然是依据"顺物自然"的原则设计其治术，老子一定希望他这套似有还无的治术能发挥"为之于未有，治之于未乱"（《老子》第 64 章）的功效，从而达到"爱民治国"（《老子》第 10 章）的目的。

　　虽然老子大谈"无为"，但他的目的是为"侯王"们指出一条与儒、法、墨不同的安邦之道。《老子》五千言基本上讲的都是治术。《庄子》则不同，[①] 它谈无为，说"故君子不得已而临莅天下，莫若无为"（《外篇·在宥》），但它对于"治国"没有什么兴趣，它更关心的是"治身"，是"治身奈何而可以长久"？因为它深信："道之真以治身，其绪余以为国家，其土苴以治天下。"（《杂篇·让王》）

　　不仅不感兴趣，《庄子》认为天下根本没必要治。"闻在宥天下，不闻治天下也。在之也者，恐天下之淫其性也；宥之也者，恐天下之迁其德也。天下不淫其性，不迁其德，有治天下者哉。"（《外篇·在宥》）也就是说，只要统治者不试图改变人的自然本性，天下何须治理。

　　更进一步，《庄子》相信"治国"与"治身"是对立的，"治国"本

---

　　① 《庄子》并非一时一人之作，未必只反映庄子本人的思想。本文讨论的是《庄子》的治术思想，不是庄子的治术思想。在讨论《庄子》的治道观时，有论者认为，内篇继承发挥了老子的思想；《天地》、《天道》、《天运》等篇近于黄老之学；而《胠箧》、《马蹄》则表达出一种反治思想。参见陈政扬《庄子的治道观》，《高雄师大学报》2004 年第 16 期。

身必然会危及"治身"。因此，它不仅抗拒暴君、昏君，甚至根本不相信会有明君、贤君存在。凡是涉及君王的地方，《庄子》几乎没什么好话，如"圣人不死，大盗不止……彼窃钩者诛，窃国者为诸侯"（《外篇·胠箧》）。说到圣人，《庄子》毫不留情："世之所高，莫若黄帝，黄帝尚不能全德，而战涿鹿之野，流血百里。尧不慈，舜不孝，禹偏枯，汤放其主，武王伐纣，文王拘羑里。"又如："尧杀长子，舜流母弟，疏戚有伦乎？汤放桀，武王伐纣，贵贱有义乎？王季为适，周公杀兄，长幼有序乎？"（《杂篇·盗跖》）如此说来，圣人之治肯定也好不到哪里去："昔尧之治天下也，使天下欣欣焉人乐其性，是不恬也；桀之治天下也，使天下瘁瘁焉人苦其性，是不愉也。夫不恬不愉，非德也。非德也而可长久者，天下无之。"（《外篇·在宥》）如果圣人之治的结果都这么糟糕，天下就不可能有什么善治了。

既然天下不必治，治的结果比不治更坏，《庄子》的潜台词恐怕就是"无君"或无政府主义了。[1] 难怪，后世一些庄学思想家发展出"无君"之论。[2]

总之，中国的先哲很清楚，哪怕政体相同，都是君主制，治国的理念、治国的方式也可以非常不一样，其后果自然也会千差万别。因此，对中国的先哲来说，真正重要的是政道（治道＋治术），而不是政体。

正如在现实世界不存在纯粹政体一样，现实世界也不可能按照某种纯粹的政道来治理。汉宣帝说："汉家自有制度，本以霸王道杂之，奈何纯任德教，用周政乎？"（《史记·元帝纪》）这句话点破了理论上的政道与实际政治之间的差异。但有些迂腐的学者却往往缺乏这种洞见。一千多年以后，宋代思想家李觏还写了两首诗讽刺俗儒："孝宣应是不知书，便谓先王似竖儒。若使周家纯任德，亲如管蔡忍行诛"；"君道乾刚岂易柔，谬牵文义致优游。高皇马上辛勤得，总被儒生断送休"。[3]

当然，儒、法、墨、道各家对政道的辩论也不是毫无意义。就治国理

---

①　崔大华：《庄学研究》，人民出版社 1997 年版，第 233—237 页；刘笑敢：《庄子哲学及其演变》，中国社会科学出版社 1987 年版，第 281—298 页；刘荣贤：《〈庄子·外杂篇〉中的无君思想》，《静宜人文学报》2000 年第 13 期。

②　萧公权：《中国政治思想史》（二），辽宁教育出版社 1998 年版，第 345—350、396—400 页；萧公权：《中国政治思想史》（三），辽宁教育出版社 1998 年版，第 852—857 页。

③　（北宋）李觏：《李觏集》，中华书局 1981 年版，第 438—439 页。

念来说，贵民、贵君（政治权威）、贵兼、贵己，各有各的道理；就治国方式来说，德治、礼治、法治、贤治、道治，各有各的优劣之处。围绕治国理念与治国方式的辨析与争论一定会影响实际操作权柄者的所作所为。因此，从先秦到清朝，历代政治都或多或少受到儒、法、墨、道各家的影响。虽然从政体着眼，看似没有任何变化；但从政道角度看，中国政治史却跌宕起伏、斑斓多姿、引人入胜。

三　结语

尽管政体思维已传入中国，但本土政治思想家还是往往自觉不自觉地运用政道思维来思考问题。

梁启超是最早把政体思维引入中国的思想家，但他最终转入政道思维。1897 年左右，梁启超开始接触政体概念，并很快把它运用到政治分析中去。例如，他颂扬"自由民政者世界上最神圣荣贵之政体也"。[①] 他自问："我中国自黄帝以来，立国数千年，而至今不能组织一合式有机完全秩序顺理发达之政府者，其故安在？"其答案是政体："吾国民以久困专制政体之故，虽有政治能力，不能发达。"[②] 他并"视专制政体为大众之公敌"。[③] 不过，梁启超后来发现运用政体思维方式思考现实政治难以行得通。

1903 年 2 月至 10 月，应美洲保皇会之邀，梁启超去美国考察了 8 个月。到美国不久，他就对这个自己不久前还赞誉过的"世界共和政体之祖国"大失所望，并得出结论："自由云，立宪云，共和云，如冬之葛，如夏之裘，美非不美，其如于我不适何！"[④]

从美国回到日本后，梁启超在《政治学大家伯伦知理之学说》一文中坦承："吾醉心共和政体也有年"，"吾今读伯立波两博士之所论，不禁

---

① 梁启超：《尧舜为中国中央君权滥觞考》，载《梁启超全集》第 2 卷，1901 年，第461—463 页。

② 梁启超：《新民说》第 20 节"论政治能力"，载《梁启超全集》第 3 卷，1902 年，第728—735 页。

③ 梁启超：《论专制政体有百害于君主而无一利》，载《梁启超全集》第 3 卷，1902 年，第 788—794 页。

④ 梁启超：《新大陆游记》，载《梁启超全集》第 4 卷，1903 年，第 1125—1229 页。

冷水浇背,一旦尽失其所据,皇皇然不知何途之从而可也"。① 也就是说,为了探求在中国建立"有机之一统与有力之秩序"的途径,梁启超开始认识到,政体未必有决定性的作用,并把视线转向影响实际政治的其他因素。

1905 年出版的梁启超的《开明专制论》开宗明义便说:"制者何?发表其权力于形式以束缚一部分人之自由也。"因为权力的形式不同,国家制度可以分为"专制"与"非专制"两类。他这里的"专制"概念已与孟德斯鸠完全不同:"专制者,一国中有制者、被制者,制者全立于被制者之外而专断以规定国家机关行动者也。以其立于被制者之外而专断也,故谓之专。以其规定国家机关之行动也,故谓之制。"② 在梁启超看来,"专制"有三类:君主制,如当时的中国、土耳其、俄罗斯等;贵族制,如古代斯巴达、希腊、罗马的寡头政府等;民主制,如克伦威尔时代的英国、罗伯斯庇尔时代的法国等。③ 很明显,这里的"专制"实际上与"政体"是同义词,而不是政体的一类。那么"非专制"是什么东西呢?梁启超把它定义为"一国中人人皆为制者,同时皆为被制者是也"。在他看来,非专制也有三类:一是君主、贵族、人民合体;二是君主、人民合体;三是人民。用今天政治学术语来说,梁启超所谓"专制"是指纯粹政体,"非专制"是指混合政体。

梁启超之所以划分这两类国家,是因为他认为亚里士多德、孟德斯鸠,以及其他近世西方学者的政体分类"实多刺谬"。④ "刺谬"之一是"专求诸形式",忽略了"国家立制之精神"。而"精神"这个维度是用来评判政体的"良"与"不良"的标杆。梁启超举的例子是,说"朕即国家"的法王路易十四代表了野蛮专制之精神,说"国王者,国家公仆

---

① 梁启超:《政治学大家伯伦知理之学说》,载《梁启超全集》第 4 卷,1903 年,第 1065—1076 页。

② 梁启超:《开明专制论》,载《梁启超全集》第 5 卷,1905 年,第 1451 页。

③ 有意思的是,梁启超这里的"专制"与美国学者迈可·曼的"专断性权力"(despotic power)相当接近。迈克·曼认为有必要区分两种类型的国家权力:专断性权力和基础性权力。前者指的是国家精英"无须同市民社会群体进行正常的协商"就可以实施的权力。国家的专断性权力以其干预性和广泛性来衡量。这种权力干预的范围可以非常宽泛,并且在非民主环境下有时毫无节制;但是在民主制度下,它往往程度不同地受到更多的制约。Michael Mann, *The Sources of Social Power: The Rise of Classes and Nation-States, 1760 – 1914*, Cambridge: Cambridge University Press, 1993, p. 59.

④ 梁启超:《开明专制论》,载《梁启超全集》第 5 卷,1905 年,第 1453 页。

之首长也"的普王腓力特列代表了开明专制之精神。亦即"贵君"是"不良"的，"贵民"或"贵兼"是"良"的。换句话说，梁启超在这里正从政体思维转换到政道思维。

越往后，梁启超越重视政体以外的因素。辛亥革命前后，他开始强调政治好坏不能光看政体，更重要的是看道德："政在一人者，遇尧舜则治，遇桀纣则乱。政在民众者，遇好善之民则治，遇好暴之民则乱。"[①] 辛亥革命后，政体换了，但善政不立。经过亲身从政，梁启超对民国政治大失所望，也对政体决定论更加怀疑，认定政治之根本不在政体。民国四年，他发出了这样的感叹："彼帝制也，共和也，单一也，联邦也，独裁也，多决也，此各种政制中任举其一，皆尝有国焉，行之而善其治者。我国则此数年中此各种政制已一一经尝试而无所遗。曷为善治终不可睹，则治本必有存乎政制之外者，从可推矣。盖无论帝制共和单一联邦独裁多决，而运用之者皆此时代之中国人耳。均是人也，谓运用甲制度不能致治者，易以乙制度即能致治，吾之愚顽，实不识其解。"[②] 他的意思很清楚：改变政治的关键不在于改变政体；政体并非政治之本。

毛泽东在《新民主主义论》中也谈到过政体问题，即"政权构成的形式问题"。他同意"没有适当形式的政权机关，就不能代表国家"。[③] 不过需要注意的是，他所说的"政体"并不是亚里士多德或孟德斯鸠意义上的政体，而是一种政道。例如，他把其理想政体称为"民主集中制"。显然，西式的政体理论绝不会把"民主集中制"看作一种政体，它不过是中国共产党的一种治国之道。

同理，在与黄炎培的"窑洞对"中，当毛泽东说下面这段话时，他提到的"民主"并不是一种政体，而是一种政道："我们已经找到新路，我们能跳出这［历史］周期率。这条新路，就是民主。只有让人民来监督政府，政府才不敢松懈。只有人人起来负责，才不会人亡政息。"[④] 可以说，中国共产党讲的"民主"从来都是政道层面上的民主，因此才会

---

① 梁启超：《宪法之三大精神》，载《梁启超全集》第 9 卷，1911 年，第 2560 页。辛亥前一年，他还发表过《立宪政体与政治道德》，载《梁启超全集》第 7 卷，1910 年，第 2066—2068 页。

② 梁启超：《政治之基础与言论家之指针》，载《梁启超全集》第 9 卷，1915 年，第 2793—2797 页。

③ 毛泽东：《新民主主义论》，载《毛泽东选集》第 2 卷，人民出版社 1991 年版，第 677 页。

④ 黄炎培：《延安归来》，国讯书店 1945 年版，第 65 页。

有诸如"民主作风","这个人比较民主"、"这次会议开得比较民主"之类的说法。如果仅从政体上理解民主,这些话毫无意义。

"民主"本来的意思是人民当家做主。就可以从政体的角度看民主,也可以从政道的角度看民主。从政体的角度看,民主与否的关键在于,政府是否有代表性(representativeness);但从政道的角度看,民主与否的关键在于,政府能在多大程度上回应人民的需求(responsiveness)。

现在世界上最流行的民主观是政体思维的民主观,其依据是熊彼特在1942 年出版的《资本主义、社会主义和民主》一书。在这本书中,熊彼特批判了所谓"古典民主观";因为在他看来,原来的民主观把人民当家作主放在首位,而把他们对代表的挑选放在第二位是不对的。他把民主定义为,一些个人通过竞争人民选票来获得(公共)决策权的制度安排。这就彻底颠覆了民主的原意。他对此也毫不讳言,"民主不是、也不能意味着任何明显意义上的'人民的统治',民主仅仅意味着人民有机会接受或拒绝将统治他们的人,但由于人民也可以用完全不民主的方式来决定谁做领导人,我们必须再加上另一个标准以收窄我们对民主的定义,即候选人自由竞争人民的选票"。① 在熊彼特手里,"民主"完成了从"人民统治"向"人民选择统治者"的转型:"人民"变成了"选民";"民主"变成了"选主",即人民每隔四五年在几个相互竞争的精英团体中进行选择。从这种观点看,凡是存在竞争性选举的政体就是民主的,凡是不存在竞争性选举的政体就是专制的,因为据说人民在前一种政体下"被代表"了。

然而,从政道的角度看民主,政府政策对人民需求的回应性更重要。当代西方著名的民主理论家罗伯特·道尔指出,"民主最关键的特征是政府对其公民偏好持续的回应性"②。因此,他认为现实世界中没有真正的"民主",只有一批"多头政体"(polyarchy)而已。尽管道尔在西方学界名声很大,他的这个观点在主流话语中几乎完全被遮蔽了。

从普通民众的角度看,是代表性重要还是回应性重要?当然,两者都重要,但老百姓最关心的恐怕还是政府出台的政策能否反映他们的需求。

---

① [美]约瑟夫·熊彼特:《资本主义、社会主义与民主》,吴良健译,商务印书馆 1999年,第 269 页。

② Robert A. Dahl, *Polyarchy: Participation and Opposition*, New Haven: Yale University Press, 1971, p. 1.

环视当今世界，我们不难发现，有些政治体制从形式上看，似乎有"代表性"，因为那儿有竞争性选举，但这类体制的回应性未必很高；有些政治体制没有多党竞争，但对人民需求的回应性比较高。①

这篇文章之所以花这么大的篇幅对比西方的政体观与中国的政道观，目的是为了说明，把西式政体的视角换为中式政道的视角，无论是回顾中国历史上的政治、评判当代中国的政治，还是展望未来中国的政治，我们都会有不同的感受。

从政体的视角看，政治体制某一两项特征至关重要。例如，是君主治国还是贵族治国？是否存在多党竞争？似乎这几个特征可以决定政治体制其他方方面面的表现。从政道的视角看，政治体制内形形色色主体的行为模式以及他们之间的互动模式都非常重要，都可以影响政治体制的表现；某几种形式上的安排未必能左右全盘。

从政体的视角看，复杂的政治现实会被化约为几个简单的标签，如"民主政体"、"专制政体"等，仿佛它们决然不同、非此即彼。从政道的视角看，所有的政治体制都是混合体制，包含了各种成分，只不过成分的搭配各不相同。所谓"民主政体"都或多或少夹杂着一些非民主的成分；所谓"非民主政体"都或多或少夹杂着一些民主的成分。

从政体的视角看，某些政体必然优于另一些政体。从政道的视角看，不管是什么政体，它们都面临着种种挑战，其中相当多的挑战是类似的，完全可以相互借鉴治国之道，很难说这个政体优于那个政体。

从政体的视角看，只要它所关注的那一两项制度特征（如是否有多

---

① 在这段话中，我使用的概念是"需求"（needs），它与"要求"（wants）不同。"需求"是指满足人类生存与体面生活必需的那些东西，如消除贫困、教育、健康、环保等。当然，随着时代变化，人们的"需求"也会变化。"要求"则不同，它是指人们想要的东西，可以是任何东西，远远超出人类生存与体面生活的必要，比如"我想买一个 LV 牌的挎包"、"我想要一部法拉利跑车"。在消费主义盛行的当代，"要求"可以是被诱发、被制造出来的，是虚幻的，又是无止境的。可以说，以代表性为特征的"民主"至多有助于迫使政客回应选民（不是人民，因为投票率未必是百分之百，且各社会阶级的投票率相去很大）的"要求"。而以回应性为特征的"民主"着眼点是最广大人民群众，尤其普通老百姓的"需求"。联合国开发署的"人类发展指数"（Human Development Index 或 HDI）测量最基本的人类需求，如教育、健康。如果用各国人均 GDP 的排序减去各国 HDI 的排序，其差额可以测量在一定发展水平下，各国对人民基本需求的回应性强弱。以 1980 年为例，富得流油的中东石油国家回应性最弱，而当时几乎所有社会主义国家的回应性都很强，这不可能是偶然的巧合，详细数据见附表。

党竞争）没有变化，其他政治体制的变化（如决策过程的开放程度）都可以忽略不计，是以静态的眼光观察动态的现实。从政道的视角看，治国之道必须随着条件的变化而变化，一切治国之道的变化都意义重大，是以动态的眼光看待动态的现实。

从政体的视角看，人们往往会寻求一揽子解决方案：既然政体被看得那么重要，有人就会以为换个政体（如开放多党竞争），一切问题都会迎刃立解。从政道的视角看，具体问题必须具体分析，换个政体也许可以解决某些现存的问题，但也可能带来一些新的也许更大的问题，切不可幻想用简单的方法对付复杂的世界。

政体思维与政道思维最关键的不同是视野的宽窄。西式政体思维重政体，而政体只是各种制度的一小部分。中式的政道思维并没有忽略"制度"，如前文所述，"治术"即包括各种制度安排，当然也包括政治制度的形式。但制度只是政道的一部分，因此中式的政道思维不会陷入制度决定论，更不会陷入政体决定论。如图1，两者思维的差异高下立判。如此说来，摒弃狭隘政体思维难道不是顺理成章的吗？

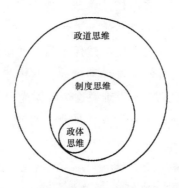

图1 政道思维、制度思维与政体思维

表2   人均收入与人类发展指数（1980 年）

国家或地区	人均 GDP 排序	HDI 排序	两个排序之差
汤加	102	70	32
中国	131	103	28
亚美尼亚	94	67	27

国家或地区	人均 GDP 排序	HDI 排序	两个排序之差
越南	125	101	24
乌兹别克斯坦	103	80	23
吉尔吉斯斯坦	99	77	22
白俄罗斯	69	48	21
格鲁吉亚	60	42	18
爱沙尼亚	45	28	17
立陶宛	44	27	17
塔吉克斯坦	88	71	17
阿塞拜疆	77	61	16
日本	22	6	16
摩罗多瓦	84	68	16
拉脱维亚	49	33	16
保加利亚	63	49	14
圭亚那	96	82	14
蒙古	98	84	14
乌克兰	54	40	14
西萨摩亚	86	73	13
菲律宾	91	79	12
阿尔巴尼亚	73	62	11
老挝	123	112	11
波兰	46	35	11
智利	66	56	10
斐济	82	72	10
芬兰	23	13	10
法国	20	10	10
爱尔兰	33	23	10
俄罗斯	42	32	10
印度	117	108	9
印度尼西亚	107	98	9
肯尼亚	106	97	9
新西兰	25	16	9
西班牙	27	18	9
瑞典	16	7	9
津巴布韦	135	126	9

续表

国家或地区	人均 GDP 排序	HDI 排序	两个排序之差
柬埔寨	132	124	8
加拿大	11	3	8
冰岛	17	9	8
牙买加	68	60	8
哈萨克斯坦	65	57	8
乌干达	129	121	8
美国	10	2	8
比利时	19	12	7
捷克	32	25	7
丹麦	15	8	7
以色列	28	21	7
莱索托	118	111	7
荷兰	12	5	7
挪威	8	1	7
英国	24	17	7
希腊	26	20	6
韩国	64	58	6
乌拉圭	50	44	6
阿根廷	41	36	5
刚果民主共和国	120	115	5
约旦	74	69	5
莫桑比克	133	128	5
奥地利	18	14	4
克罗地亚	34	30	4
加纳	113	109	4
马拉维	122	118	4
巴拿马	56	52	4
多哥	111	107	4
赞比亚	104	100	4
澳大利亚	14	11	3
孟加拉	128	125	3

续表

国家或地区	人均 GDP 排序	HDI 排序	两个排序之差
布隆迪	134	131	3
哥斯达黎加	57	54	3
匈牙利	37	34	3
马达加斯加	108	105	3
尼泊尔	130	127	3
瑞士	7	4	3
意大利	21	19	2
马耳他	47	45	2
罗马尼亚	48	46	2
斯洛伐克	39	37	2
哥伦比亚	67	66	1
斯威士兰	95	94	1
刚果	85	85	0
中国香港	31	31	0
卢旺达	119	119	0
斯洛文尼亚	29	29	0
塞浦路斯	38	39	−1
厄瓜多尔	62	63	−1
洪都拉斯	87	88	−1
毛里求斯	76	78	−2
前南马其顿	51	53	−2
多米尼加共和国	78	81	−3
埃塞俄比亚	127	130	−3
尼加拉瓜	89	92	−3
巴拉圭	72	75	−3
黎巴嫩	55	59	−4
马来西亚	70	74	−4
喀麦隆	97	102	−5
巴基斯坦	109	114	−5
苏丹	112	117	−5
中非共和国	114	120	−6

续表

国家或地区	人均 GDP 排序	HDI 排序	两个排序之差
秘鲁	59	65	−6
乍得	126	133	−7
埃及	92	99	−7
葡萄牙	35	43	−8
尼尔尼亚	101	110	−9
玻利维亚	80	90	−10
博茨瓦纳	81	91	−10
布基纳法索	124	134	−10
马里	121	132	−11
墨西哥	40	51	−11
摩洛哥	93	104	−11
千里达及托巴哥	30	41	−11
委瑞内拉	36	47	−11
巴林	110	122	−12
巴西	52	64	−12
文莱	3	15	−12
卢森堡	9	22	−13
阿富汗	115	129	−14
突尼斯	79	93	−14
塞尔瓦多	71	86	−15
象牙海岸	90	106	−16
利比里亚	100	116	−16
塞内加尔	105	123	−18
尼日尔	116	135	−19
危地马拉	75	95	−20
科威特	5	26	−21
卡塔尔	2	24	−22
土耳其	61	83	−22
吉布提	83	113	−30
阿尔及利亚	58	89	−31
伊朗	53	87	−34

续表

国家或地区	人均 GDP 排序	HDI 排序	两个排序之差
巴林	13	50	−37
阿拉伯联合酋长国	1	38	−37
利比亚	4	55	−51
阿曼	43	96	−53
沙特阿拉伯	6	76	−70

注：用灰色标出的是当时的社会主义国家。

数据来源：UNDP，"2010 Report Hybrid-HDI Data of Trends Analysis"，http：//hdr. undp. org/en/media/2010_ Hybrid-HDI-data. xls。

（本文收入《中国·政道》，中国人民大学出版社 2014 年版。作者王绍光，香港中文大学政治与公共行政系讲座教授）

美国儒学：在传统与普世价值之间

安靖如

"美国儒学"的说法矛盾吗？是否儒学与中国或中华文化紧密相连，以至于美国儒学这个概念本身就自相矛盾？当然，在美国有研究儒学的学者和学习儒学的学生，但美国儒学似乎还需要更多的东西支撑。貌似合理的是，若要使美国儒学的说法有意义，那在美国就必须有可能存在儒学，而不单单存在儒学研究者。① 再进一步的思考是，如果存在美国儒学，那它是否可能会以某种方式与众不同。如果真的如此，我们或许就能将"在美国的儒学"（Confucians in America）与"美国儒学"（American Confucians）区分开来。尽管儒学与中国存在历史联系，但只要稍做思考，人们就会对"美国儒学"之说自相矛盾的观点产生疑问。毕竟，儒学在日本和韩国都已有重要而独具特色的发展。更广一点说，我们不妨想一想其他一些始于一种文化背景，而后在其他文化背景中生根发芽的传统，比如中国的佛教或罗马的斯多葛派。事实上，美国佛教现已成为美国发展最快的宗教之一。儒学也会这样吗？

需要解决的一个关键问题是，我们在探讨儒学当今的各种可能性时，应该把它归为哪一类（或哪几类）。比如，我们是应该透过宗教的棱镜来观察它，还是应该透过哲学抑或其他的棱镜来观察它？论文第一部分，我将直面该问题，并提出，一个有效的分类办法是将其归为"传统"——具体

---

① 关于儒学文本与观念可能对美国重要思想家产生的影响，有趣的研究可参见 Schneewind (2012)，Tan (1993)，Cady (1961)，以及 Matthew A. Foust 即将发表的关于儒学与美国实用主义之间联系的研究。

而言，就是思考与实践的传统。从传统角度理解"儒学"，便抓住了"儒学"广博而丰富的内涵，既包含了宗教的维度，也包含了哲学的维度。第二部分，我将试图厘清传统、文化与普世价值的关系，进而提出，像儒学这样的传统对每个人都富有意义，也应该为每个人所了解。最后一部分，我总结了美国儒学面临的挑战，以及创造性地将儒学美国化所带来的贡献。

一　儒学和传统

我们怎样才能更好地理解儒学，是将其作为哲学、宗教、传统还是其他？在回答这个问题前，我们首先应该就"儒学"本身有个定论。"Confucianism"这个英文单词至少对应五个不同的中文术语：儒家、儒教、儒学、孔教和孔子主义。最后两个相对而言是近期出现的新术语，我们暂且将之搁置。[1] 前三个都围绕"儒"而不是孔子的名字，其结果是一些西方学者更倾向于将儒学称为"Ruism"，如此是为了强调儒的传统在孔子之前就已存在，在孔子死后又得到很大发展，而不像"Confucianism"（孔子主义）所显示的那样基本等同于历史上孔子的思想。但在我看来，"Confucianism"这个词带来的那么一丁点儿造成困惑的可能性也因其被广泛接受的含义而得到很好弥补。[2] 大多数以英语为母语的人对"Confucianism"指代什么至少有一个模糊的概念，而且依然愿意相信，有关这个概念的确切指代，学者能教给他们很多东西——包括其与历史上的孔子之间的确切关系等。[3]

---

①　"孔教"为晚清改革家康有为所使用，意在强调根据西方宗教模式，可将儒家思想视为一种宗教（这种"宗教"的分类本身也是最近才被引入中国的话语当中的）。康有为选择该术语的部分原因是出于对孔子作为至圣先师的强调（萧公权，1975：105—106）"孔子主义"经常与"马克思主义"并列，在这些语境中，它通常含有与马克思主义开展意识形态竞争的意味。

②　另一个用"儒学"的原因是"儒"本身不存在精确或者单义。其含义随着时间的变化而变化。关于这些变化，以及"儒"、孔子和"儒学"间变化的关系等，参见 Jensen（1997）和 Standaert（1999）。

③　另一个相关的复杂性是孔氏（"孔"是孔子的姓）后代的崇拜和在"孔庙"中举行的国家支持的仪式间的暧昧关系；在中国，这不再是姓氏问题，它们或被称为"孔庙"（孔家寺庙）或者"文庙"（文化的寺庙），无论叫什么，都试图将血缘和国家层面两者结合起来。参见 Wilson（1996）。

所以，更重要的不是"儒"而是由其组成的那三个中文术语。每一个术语都体现了某种不同的视角。"儒家"是思想史学家的一个术语，表示一种思想流派。"儒教"更关注教义、教条和实践；它自然可归结到宗教史和当代对儒学实践的倡导。最后，"儒学"包含对儒家思想的学术研究和创造性发展。几个世纪以来，儒家思想家和教育家通常用"学"来指称他们自己对传统的独特理解：比如宋明道学、理学和心学等。我强调"学"字的这种用法，并不是为了表明抽象学习与哲学思考从某种程度上说是最真实的，或是最反映儒学核心的。个人实践与公共实践同样是核心的，也同样是大多数儒学所传授的一部分。个人修养、礼仪、教义和国策等都是儒家思想的重要组成部分，虽然一些儒学大师更关注其中的某一方面。

在这个语境下，只要我们对宗教和哲学做一适当宽泛的理解，关于儒家思想是一种宗教还是一种哲学的永恒命题，我们将无法给出很好的答案，原因是儒家思想两者兼是。① 我认为，"宗教"和"哲学"都旨在对普遍经历的人类关切作出回应，因此，当我们这些使用该分类的人遇到越来越广泛的人类文化时，我们期望在澄清这些分类的意义时扩大其囊括的范围就是有道理的。宗教不应仅表示"我们与终极意义相联系的经验和实践种类"——这可能与一神论紧密相连——而应意识到其他宗教性的存在。"哲学"也一样：正如智慧的深思之爱是恰当的和开放的，而对逻辑理论和认识论的坚持则不是。

如果我们问美国儒学是否可能，那么最好的问题不是问作为哲学的儒家思想或作为宗教的儒家思想在美国有无可能，因为这样提出问题，将忽略掉整个现象的一些重要方面。相反，我们需要一个更包容的归类，我认为"传统"可以很好地达到此目的。爱德华·希尔斯（Edward Shils）为我们思考传统提供了一个很好的起点。从最基本的意义上说，传统关注的是世世代代流传至今的东西。再者，传统不仅仅是"在拥有相似信仰、实践、制度和著作的连续世代中出现的统计学上的频繁重复"。重复出现的东西之所以成为传统在于它作为规范被社会成员予以呈现和接受。

① "哲学""宗教"和"儒学"之间关系的历史变迁很大、很复杂。例如，根据 Nicholas Standaert 的研究，16、17 世纪中国的耶稣会士将"儒"传统解释为"哲学"，这影响了 18 世纪欧洲对宗教与非宗教之间区别的理解。参见 Standaert（1999）。

（Shils，1981：24）希尔斯论述的第三个关键点是他承认"再现"可能包含对内容的重要改变，只要传统的接受者明白自己是在再生产或详细阐述同一个传统；正如希尔斯所言，"传统之所以能发展，是因为继承传统的人渴望创造更真、更好、更便利的东西"（Shils，1981：15）。从这我们可以得出结论，包含在一个传统中的价值和实践通常拥有一个目标，以至于被继承的实践和信仰能得到改进，以更好地实现这个目标。

麦金泰尔（Alasdair MacIntyre）进一步发展了传统的概念。他在使用该术语时，认为传统只有在一个社会进行与他们集体认同的标准相一致的探索时才存在，而且他们这种行为是自觉的。"一种探索的传统不仅仅是一种连贯的思想运动。它是这样一种运动：在这场运动的过程，参与此运动的人们对此运动是有意识的，而且试图在自我意识的模式下参与辩论并将这种探索向前推进。"（MacIntyre，1988：326）探索"向前"运动，这个观点也是传统的关键。尽管麦金泰尔满意这样的观点，即传统可能是（并将它们自己视为）本质上开放的和未完成的，但是他坚持认为传统能够进步。[1] 他在多篇著作中总结性地运用思想在某些连贯运动方面的无力，以作为核心证据回答它们自身的问题，而这个核心证据的目的是为了得出这样的结论，即它们不是传统。[2] 麦金泰尔眼中的成熟的传统是能论证（当然是以自己的术语）其核心关注的。最后，这个关于"探索"和论证的讨论不应该误导我们，让我们以为麦金泰尔关于传统的概念是被狭隘地限制在哲学意义上的。他把探索视为长远的合作性的进程，而这种进程的目的在于"系统、全面地理解理论和实践"（MacIntyre，1990：150）。这在我看来，也是前现代儒学的一个恰当的特征。

诚然，当代美国儒学不可能是前现代的儒学。它一定是美国的和现代的（或者可能是后现代的）。为了全面理解这所带来的挑战，我们需要注意两点。其一，麦金泰尔主张，在十三世纪末的邓斯·司各脱（Duns Scotus）时期，哲学"作为一个自主学科被重新定义，其边界是制度边界，且不再是一种探索的传统"（MacIntyre，1990：156）。经院哲学（还

---

① 麦金泰尔为托马斯主义提供了一个从根本上是开放的传统的例子（MacIntyre，1990：74 and 124）。

② 参见 MacIntyre（1990：158－160）。对此，他既指中世纪后期的经院哲学家，也指 20 世纪的英美哲学家。麦金泰尔认为自由主义是例外，因为它已经成为一种有意识地绕着"永远难以捉摸的辩论"转的传统（MacIntyre，1988：343－344）。

有，他说，20世纪的分析哲学）关注零碎的"问题"，而非上述所指的相互关联的、更为宽泛的探索。"问题"和词汇的重要反复导致希尔斯很可能会把从中世纪后期一直到现代西方哲学的东西看做一个传统，但是麦金泰尔认为，学科化、专业化的和学术性的哲学并不承认任何种类的"进步……问题之形成中的技术、方法和技巧除外"（MacIntyre，1990：160）。因此，虽然它的"关注和详细发现"经常与真实的传统有关，它本身却不是这样一个传统。其二，我们也应提到当今很多中国知识分子就现代儒学以及与其密切相关的"中国哲学"这个范畴所提出的诸多批评。就我所知，虽然尚未引用过麦金泰尔的明确论点，但是中国的批评可以很容易就被翻译成麦金泰尔的语言：现代儒学不再是一个传统，而仅仅是一门专业化的学术学科。①

　　麦金泰尔（或中国的批评家们）正确与否当然是一个重要且复杂的问题。有人或许会争辩说，自邓斯·斯科特以来，人们偶尔努力过，想拓宽"哲学"，使之成为一种或许能让麦金泰尔感到满意的那种意义上的，关于探索、思考和实践的传统；也许约翰·杜威（John Dewey）就是这种努力的一个例子。但是，我相信，这种关于哲学和儒学的批评包含着足够的真理，足以让我们自信地得出这样的结论，即美国儒学的传统不只是需要哲学教授，还需要大量其他的东西。我们可以从两个方面来看待这个结论。一方面，它强调这个挑战的难度：如果今天连中国都可能没有儒学传统，那么我们怎么可以想象美国儒学或许是可能的？另一方面，同样的结论可以引导我们意识到，美国人对哲学的社会不相关性的担忧和中国人对儒家哲学的社会不相关性的担忧——更不用说对儒学感兴趣的美国人了——可能表明了一组共同的问题；而这些问题可能更是现代儒学的而非美国儒学的。儒学缺少"传统性"的问题，无论在中国还是美国，都比语言或文化的差异导致了更大的障碍，我们可以从中国佛教、罗马斯多葛派和（更近的）美国佛教成功的故事中看到这一点。

---

　　① 认为20世纪"新儒学"代表人物之一牟宗三不是一名儒家的讨论，参见Zheng, Jiadong（2000）。另请参见有关"中国哲学"分类的"正统"的更宽泛的辩论，其中一个方面是出于如下的担忧，即如将儒学理解成"中国哲学"会使其范畴与专业的西方哲学相比起来会缩小。该辩论的很多关键文章已被翻译，参见Defoort and Ge（2005）。

二　文化和普世价值

人们很自然会把传统看做与文化密切相关，但我们也有理由认为一般的传统，特别是儒学，拥有超越特定文化的普世价值。其一，我们看到希尔斯和麦金泰尔都强调传统的发展性或者进步性特点，希尔斯明确地说，拥护传统的人们旨在"创造某种更真、更好或更便利的东西"。即使他们这样做时采用了传统的名义，并采取了由于传统而得以可用的手段，但是，诸如真、善和便利这些价值貌似能在大范围获得——同样的，即使我们从不同的角度获取。的确，这种想法是麦金泰尔论点的核心，即传统可能会失败，而且继承者随后会理性地选择另一个传统。其二，儒家传统的奠基性文本中有很多论述认为，该传统的教义和远见与所有的人都相关。比如，当孟子（6B.2）说"人皆可以为尧舜"，他是指，任何地方的任何人都有能力成为尧、舜一样的圣人。在《论语》（9.14）中，孔子说他想要住到夷人聚居的地方。有人说："陋，如之何？"（那地方偏远落后，那怎么行）孔子说："君子居之，何陋之有？"（若是君子住在那，有什么偏远落后的呢？）这表明，儒者的美德不受疆域或文化的限制，它会被传播至并适用于君子所到之处。

毫无疑问，孔子的教义中包含着某种普世的激励，潜在地适用于任何人。然而，对《论语》（9.14）稍微更深一步的思考会使我们再次讨论文化的平等性。毕竟，自早期儒家以来，问题不在于两个平等的文化之间的关系，而是愚昧变成文明，且受君子的道德的影响。孔子设想中随身带给夷人的部分东西正是周朝的礼仪及其他文化遗产：当他们以一种相当明确的方式去学着受到教化时，他们因在道德上的成长而不再野蛮了。因此，我们有更多关于现代和/或美国儒学之可能性的问题需要回答。首先，古代周文化的再生有必要吗？如果有必要，那么任何现代儒学则注定是徒劳的。然而，这么多世纪以来，儒者一直在明确地主张，儒学实践的仪式和制度能够而且必须随着时代而改变。甚至儒学理论和实践赖以清楚表达的语言和概念性范畴也已经以很多方式发生了变化。我们可以得出这样的结论：即便需要仪式和文化上的某种延续性，对周朝的精确复制也是愚蠢的、不必要的。

　　现当代中国的儒学倡导者们普遍接受变革有其必要性这种论点。① 不过，对有些人而言，儒学和某种明显带有中国特色的文化形式之间的纽带仍是至关重要的。当今中国大量直言不讳、撰文讨论儒学的作者都怀有一种文化民族主义的动机。他们主张，由于儒学传统和中国特性之间的一种实质性联系，除非儒学的价值观和制度得到复兴，否则中国文化还有中华民族本身注定不会有好的结果。② 对于此类按照和当代中国的关系来界定儒学的文化主义尝试，一个可能的反应是指出孔子本人并非一个中国人：他是一个鲁国人，生活在没有任何实体可与中国帝国或现代中国相呼应的时代。我们还可以在蒋庆的著作中看到针对儒学价值观阶段性、全球性的可利用性所做的另外一种拒斥，而蒋庆本人则被一些人描述为儒学的原教旨主义者。蒋庆坚持认为，儒学应被理解为一种"系统的、综合的和具有领导作用的正统"。在蒋庆宣称自己的儒学为"传统的"儒学，与自由主义和社会主义的"现代"意识形态截然不同时，人们也有可能反驳说，蒋庆的观点不可避免地反映了他否定现代性的努力，因而是意识形态的或者原教旨主义的，而不是单纯传统的。其结果是，他很可能会把偏离被他视为"儒学"的整个文化—政治结构的任何重要变化看做是对"儒者"标签的剥夺。③ 蒋庆煞费苦心地坚持，他的儒学对所有人类都有重要意义，但是我们难以看到在不全盘接受被蒋庆规定为儒学内容的价值观和制度的情况下正确地认同（蒋庆眼中的）这种重要意义是可能的。④

　　在我们试图思考为使当代实践作为儒学实践具有重要意义而需要何种文化延续性时，考虑一下中国佛教和美国佛教的案例是有益的。⑤ 无疑，

---

　　① 一个有偏向性的例外是北京大学的退休教授张祥龙，他主张在中国建立"儒家文化保护区"——某种类似于国家公园的东西，目的是保存在现代社会中面临危险的有价值的古代生活方式。（Zhang，2007）

　　② 康晓光为这种观点提供了一个显著的事例，参见 Kang（2005）以及 Angle（2012）的讨论。更一般性的资料，可参见 Makeham（2008）。

　　③ Jiang（2013：163 - 164 and 206）。值得注意的是：蒋庆坚持给 Joseph Chan，Tongdong Bai 以及 Chenyang Li 等批评者贴上"自由主义"的标签，尽管这些人认为自己对儒学怀有不同程度的热忱。

　　④ Jiang（2013：207）蒋庆教条主义的程度可从下述事实中看得出来：他在答复（Jiang，2013）的 4 篇批判文章中，甚至一次让步也未做过。

　　⑤ 另外一些相关的案例包括韩国、日本、越南的儒学，（考虑到更大的文化和地理的距离）或许还有其他国家的，特别是印度尼西亚儒学。在印度尼西亚的孔教最高理事会还有网站，http://www.matakin-indonesia.org/。

佛陀关于人类经验之现实与本质无自性的教义本来是普遍适用的。虽然在任何情况下，这些教义都与独特的文化语言和文化实践联系在一起并通过它们得以表达出来。当佛教大师在公历第一个千年的早期传入中国时，他们就开始了一个与中国文化相互适应的过程：中国和中国人适应印度和中亚佛教的语言、概念和实践，而后者反过来也适应中国语言的、概念的和实践的情况。这个过程很精彩，历时几个世纪才完成。中国在几个主要方面改变了：僧侣出家，立誓戒欲，佛教寺院兴起，这给中国社会带来了戏剧性改变。佛教也通过其他方式发生了改变。首先，出家为僧或为尼在佛教圈里被视为一种至孝的行为，因为这位出家人奉献出自己的一生去拯救自己的家人（以及一切有情）。另一个事例是中国佛教这样的教义，即众生皆有佛性，因此，至少在原则上一切皆能成佛。这与某些儒学教义没有任何相近之处，而且和那些与印度文本以及权力来源关系极为密切的佛教大师们也是十分矛盾的。然而，这种佛性思想在中国被广泛接受。在这一适应过程的早期，就连中国佛教的可能性都受到质疑，更不用说任何具有明显中国特征的佛教教义的合法性了。然而，最终，中国成为世界佛教的一个主要中心（而且，有意思的是，佛教在印度反而不再是一支重要力量）。

现在，我们回头来看现代的美国佛教。根据皮尤研究中心（Pew Research Center）2007 年的调查统计，佛教在美国是第三大宗教，占其人口的 0.7%，位居基督教（78.4%）和犹太教（1.7%）之后。[①] 关于佛教徒身份的鉴定，存在很多复杂问题；其他研究表明的佛教徒人数相当大，约 500 万（1.6%）。学者一般认为，美国佛教有三大来源："进口"（每个人通过阅读或者旅行发现佛教，从而萌发了对佛教的需求）、"出口"（在亚洲佛教组织的规劝下皈依佛教）和"族群"（当佛教被亚洲移民带来时）。[②] 这些来源反过来与亚洲佛教各种不同的形式相关；而且，当美国佛教的各个派别和传授者相互作用、相互影响并对正在成长和多样化着的国内"市场"作出反应时，情况就更复杂了。[③] 对于佛教可能正在适应

---

①　参见 http：//religions. pewforum. org/pdf/affiliations-all-traditions. pdf。

②　Prebish，2004.

③　该网页的新闻报道提供了例子，http：//www. huffingtonpost. com/2011/06/14/america-buddhism_ n_ 876577. html。

美国文化背景的几种途径,宗教学学者托马斯·杜威特 (Thomas Tweed) 给出了自己的看法,认为它已经变得更"清教化"(借用类似"崇拜"、"教堂"等词语)、更民主、更务实和更具普世性。① 美国另一位观察家也认为,"我们是一个非常务实的文化,因此[佛教已经]采用了一种治疗学和心理学的形式"②。不管怎样,这样说似乎总是有道理:佛教的一种(或者更有可能不止一种)传统在美国生根,因为美国人发现它有提及(同时塑造)自己关怀和世界观的能力。同样的,换言之,文化上与众不同的传统显示了它们跨文化(通过潜在的普世价值)的吸引力,这因此激发了对相异文化背景的双向适应。

通过这两个例子,让我们再回到上面悬而未决的问题:需要多大的文化延续性以及这些传统在何种意义上与普世价值相关?需要明白,我们对第一个问题没有肯定或准确的答案。在从一种文化环境到另一种文化环境特别不和谐的过渡中,哪些仪式、规范或其他实践需要保留,哪些需要(至少能够)改变,这在一段时间内可能仍是一个饱含争议、没有定论的问题。实验性的调整适应可能成功,也可能失败;的确,这种把传统带到一个新地方的整个工程可能成功,也可能失败。评判的标准在于那些试图进行这些调整适应的人们,而这些调整适应则受到那些与结果利益攸关的其他人(可能包含那些坚持其祖国文化传统的人们)的影响。在新的或原来地方的实践者以及其他感兴趣的观察者会确认新的理论与实践对他们而言是否有意义;他们或者主张进行改变,或者抵制被提议的改变;最终,一个新的现状出现了。

新的理论和实践是否"有意义",这引发了我的第二个问题,即关于普世价值的问题。我们要抵制两种极端:一是认为只存在一种单一,不依赖于传统,拥有独立并且可以被理想地用来判断一切事件的理性;二是认为我们总是受限于现有的不会改变的框架。当一个以前并不熟悉佛教的美国人开始尝试佛教的想法与实践时,这些想法和实践可以产生智性上和情绪上的感觉,这种感觉会让他或她希望更深、更多地了解佛教。因此,我这里用的"普世价值"很不同于一些哲学家和神学家所讨论的关于"全

① 参见 http://www.neh.gov/news/humanities/2010-03/Buddhism.html。
② 同上。我们的"务实"的文化吸收佛教的过程与斯多葛派那样的务实的罗马文化吸收希腊传统的过程是类似的。

球伦理"的概念，也不同于许多政府主张的关于人权的唯一模式的观点。这里的问题不在于我们的价值观完全一样，而是我们可以发现其他能够获得的价值观。的确，如同戴卫·麦克麦汉在其关于佛教的现代主义的研究中所主张的那样，在评估当代佛教的合法性时，要问的一个关键问题是，佛教可以在何种程度上"挑战和批评现代西方观念、社会实践和伦理价值观念，对其有所增益，提供可以替代这些观念和实践的内容"。他表示，当代的佛教版本很多。有一些虽然是相当"去传统化"的，但还可以"挑战和批评现代西方观念"。其他的版本"已被如此彻底地吸收进西方文化以至于丧失了提供任何真正替代性选择的任何潜能的佛教形式和片断"。这些实践可能依然具有个人层面的价值，但这些版本的所谓"佛教"大体上被当代流行的价值观所吸收。①

三　美国儒学的可能性

要对美国儒学面临的一些挑战加以总结，一种途径是考察美国佛教和前面提到的它的三大来源（"族群"、"出口"、"进口"）中每一个来源的关系。或许可以这样预期，正如一些前往美国的亚洲移民随身带来他们的佛教一样，另外一些人（或者甚至就是同一批人）可能也会带去他们的儒学。这种情形的麻烦是，鉴于现代的东亚仍有现存的儒学价值观或者实践，这些观念或实践主要弥散和沉淀在一般的大众文化中，其弥散和沉淀程度如此之深，以致我们很难信心十足地视之为"儒学"。②难道说由于东亚裔美国家庭强调孝道或者教育的重要性，就意味着他们是儒者？在缺少儒者身份的其他实践性或制度表征的情况下，我认为很难给出肯定的答案。对于这个结论，一个可能的反对意见是，有理由认为在当代东亚社会中存在着一套经过协调的价值观和制度，这些价值观和制度与众不同，与儒学定位啮合很好，而且可能是表述较为明确的儒学教义和实践的产物，

---

① 　Macmahan（2008：260，26）。

② 　有研究明确阐述了"儒者"实践者或者东亚实践的困难的三个方面，参见 Koh（1996）、Smith（1996）和 Sun（2009）。这甚至对韩国也适用，大家通常认同它是世界上最明显的儒者国家。

即便现行的价值观和制度在祖国背景中不被明确理解为"儒学"的。① 但是，即便真的如此，我也认为这样一种没有标记的实践组合难以越洋过海并仍旧维持适当的一致性。

再看"出口"这一来源：在佛教的事例中，它是指亚洲现存的佛教制度在美国劝人们改信佛教。就儒学而言，至少有两种可能性需要考虑。一种可能是，在美国已经建立了很多孔子学院（Confucius Institutes），它们都基于中国政府支持的中国国家汉语国际推广领导小组办公室（简称汉办）与一个美国主办机构的合作。它们是否能够作为儒学宣传或实践的场所而发挥作用？我总体上的回答是否定的。这些学院的官方目的（及其实际活动）集中在语言教学上；虽然促进对当代中国和中国文化的了解也是一个附带目的，但没有提及儒学。② 将之命名为"孔子学院"的主要原因是孔子与中国及中国文化的一般联系。尽管如此，孔子学院（Confucius Institutes）偶尔主持关于儒学的演讲或会议，这倒是真的，所以，它们的作用或许不应被完全否定。尽管如此，除非学院在北京的赞助人决定要大力宣传儒学，否则学院似乎就不可能成为出口儒学的主要力量。第二种类型的可能性诸如香港孔教学院（Confucian Academy）等中国国内社会办学的各类组织，香港的孔教学院设在香港，是一家相对较小但仍令人关注的学院。③ 该学院努力在中国内地宣传儒学的新颖形式，而且其现任院长于 2010 年在马里兰大学孔子学院（Confucius Institute）发表过一篇关于美国需要儒学的演讲。该演讲的主题是尽管美国在诸如法治等方面取得了成功，但是"美国社会最大的缺陷之一就是对伦理统治的忽视"④。这种说法或许很有意思，但是与佛教"出口"组织不同的是，宣传儒家价值观、实践或者制度的具体活动极其有限。

---

① 比如金圣文（Kim，2014）论证说，当代韩国的社会与政治在一种重要意义上（尽管大体上是隐含的）是"儒家"的。

② 孔子学院的宗旨有五个：开展汉语教学，培训汉语教师；提供汉语教学资源；开展汉语考试和汉语教师资格证；提供中国教育、文化等信息咨询；开展中外语言文化交流活动。参见网上孔子学院，http://about.chinese.cn/en/node_4221.htm。

③ 参见 http://www.confucianacademy.com/，关于学院的分析及其活动，参见 Billioud（2010）。该学院有着一段很有意思的历史，一直可追溯至 1930 年，在陈焕章的努力下在中国创办的一个正式的儒家宗教。当然，它不是华语世界中唯一的致力于儒教的机构，但其他大多数都是严格的学术意义上的机构。

④ 汤恩佳的这一演讲参见 http://www.chinarujiao.net/w_info.asp?PID=6480。

　　美国佛教增长的第三来源是"进口"：感兴趣的美国人在一定程度上寻找、学习并选择佛教。在美国，过去几十年里，关于儒学的学术研究肯定有所增长。但是，我们一旦超越学术研究，那么儒学进口的迹象就极其罕见了。哲学家和神学家南乐山（Robert Nerille）于 2000 年出版《波士顿儒学：晚近现代世界中可以触及的传统》。该著基本上是一部关于跨文化哲学的学术著作，不过也确实有一些简短的章节是从隐含的儒学角度对波士顿以及波士顿人对儒学所做的修改提出的批评。这些批评很鼓舞人，但是就我所知，它们并产生任何实质性的理解，其儒学意味要淡出很多。①

　　这不是说儒学的实践在美国是不可能的，也不是说美国儒学的传统永远不会出现。佛教在中美两国的经历告诉我们，美国儒学依然存在着真实的可能性，尽管它很可能会和现有的美国传统以及东亚过去与未来的儒学有所不同。如果中国（或者也有可能是韩国）能够再现一种或者多种有活力的儒学传统，那么也许能够促成更多的移民式或者输出式儒学。这里我说"也许"，是因为它当然取决于所出现之传统的本质；如果这种再现的传统是高度的民族主义的，或者如果它坚持中国文化和儒学之间必需的关联，那么就不可能在美国儒学的成长中起到建设性的作用。"输入"型儒学的逻辑似乎也依赖于一个外来的源头，但是或许，这种来源不需要是同时代的。儒学整个前现代史时期的文本在美国越来越多，不但大学课堂上阅读它们，而且，至少从诸如亚马逊见面评论等坊间证据来判断，日常生活中的人们也阅读它。儒学教义与各种现有的美国传统产生共鸣，同时也为我们提供了不同的侧重点和洞察力。美国社会目前很少关注诸如家庭关系、仪式、平衡的以人为中心的环境主义、协调看似冲突的价值观、无神论的宗教虔诚等儒学主题。从儒学教义中吸取资源可能使得我们美国人更好地认识到上述的价值观，这需要相当大的想象力，但是回报也可能相当丰厚，正如许多美国佛教徒无疑地体验到社会和精神上的满足一样。事实上，实现美国儒学的一个障碍可能在于它和佛教与主流美国传统之间的

---

　　① Sam Crane 富于儒家和道家意味的精彩博客《无用之树：现代美国生活中的古代中国思想》（http://www.uselesstree.typepad.com/）是除其 Crane（2013），之外另一个有关"进口"活动的事例。还有其他一些散见的事例。比如，以前做过工程师、目前做自由撰稿人的 Robert Canright 已经撰写了一本倡导儒家式自我改造的书。参见 http：//www.timelesswayinstitute.com/，以及（Canright, 2005）。

差异。一位同事曾对我说,佛教可以和美国人的关怀与世界观并讲,因为它最终是一种个人主义的伦理:通向涅槃的道路就是将自己从作为痛苦之源的排他主义依附中解脱出来。此外,佛教还向寻求佛陀之路的人们许以幸福的来生,这与基督教关于天堂的观念相呼应。但是儒学在其核心之处却是此世的、"大同"的伦理——好的生活在于社会关系,舍此之外别无他善,而且很少提及关于来世的任何东西——在这种意义上,儒学无法与主流的美国式关怀和世界观进行交谈。① 作为回应,我会表示说,只要有美国人不把兴趣集中在个人救赎上,却担心唯物主义和极个人主义,为我们拥有何种家庭关系而担忧,尤其是为我们的"老年关怀"而担忧,试图寻找一种较好的方式去思考人类和环境的关系,那么儒学的主题就有可能引起共鸣,并且成长。的确,另一位同行在最近的一篇会议论文中表示,随着美国人对宋明理学的了解变得更多,他们将会发现儒学比佛教更加吸引人,因为它保留了美国人往往在佛教身上所喜欢的东西(它独特的哲学和修行实践),却免掉了佛教身上对现代美国人没有吸引力的那些方面(多世宇宙论和寺院生活)。② 一方面,我们难以满怀信心地预见未来;另一方面,我们至少可以得出这样的结论,如果富于创造力的美国儒者能够提供一条成为儒家的道路,使其由以前的不明显变成现在的可以获取,那么他们的贡献将会是双重的——为追求在美国被普遍认同的价值开辟新的可能性,同时也为东亚的儒学传统提供新的、激励人心的可能性。③

参考文献

Angle, Stephen C. , *Contemporary Confucian Political Philosophy*: *Toward Progressive Confucianism*, Cambridge, UK: Polity Press, 2012.

Cady, Lyman V. , "Thoreau's Quotations from the Confucian Books in Walden", *American Literature*, 1961, 33: 20 – 32.

Canright, Robert E. , Jr. , *Achieve Lasting Happiness*: *Timeless Secrets to Transform Your Life*, Bloomington, IN: AuthorHouse, 2005.

Crane, Sam. , *Life*, *Liberty*, *and the Pursuit of Dao*: *Ancient Chinese Thought in Mod-*

① 这种反对意见是贝淡宁向我提出的。
② 关于这些观念,我要感谢 Jason Clower。
③ 我在此感谢 Michael Ing 和贝淡宁对该文较早的草稿所做的有益评论。

ern American Life, New York: Wiley-Blackwell, 2013.

Defoort, Carine, & Ge, Zhaoguang. , "The Legitimacy of Chinese Philosophy", *Contemporary Chinese Thought*, Editors' Introduction, 2005, 37: 1.

Hsiao, Kung-chuan. , *A Modern China and a New World*, Seattle: University of Washington Press, 1975.

Jensen, Lionel M. , *Manufacturing Confucianism: Chinese Traditions and Universal Civilization*, Durham: Duke University Press, 1997.

Jiang Qing, Ryden, Edmund, Tr. , *A Confucian Constitutional Order: How China's Ancient Past Can Shape Its Political Future*, Princeton: Princeton University Press, 2013.

Kang, Xiaoguang, *Humane Government: A Third Road for the Development of Chinese Politics*, Singapore: Global Publishing Co. , 2005.

Kim, Sungmoon, *Confucian Democracy in East Asia: Theory and Practice*, Cambridge and New York: Cambridge University Press, 2014.

Koh, Byong-ik, "Confucianism in Contemporary Korea", In Tu, Wei-ming (Ed.), *Confucian Traditions in East Asian Modernity*, Cambridge, MA: Harvard University Press, 1996, 191 – 201.

MacIntyre, Alasdair C. , *Whose Justice? Which Rationality?* Notre Dame: University of Notre Dame Press, 1988.

MacIntyre, Alasdair C. , *Three Rival Versions of Moral Enquiry: Encyclopedia, Genealogy, and Tradition: Being Gifford Lectures Delivered in the University of Edinburgh in 1988*, Notre Dame, Ind: University of Notre Dame Press, 1990.

Makeham, John, *Lost Soul: "Confucianism" in Contemporary Chinese Academic Discourse*, Cambridge: Harvard University Asia Center, 2008.

McMahan, David L. , *The Making of Buddhist Modernism*, Oxford: Oxford University Press, 2008.

Neville, Robert Cummings. , *Boston Confucianism: Portable Tradition in the Late-Modern World*, Albany: SUNY Press, 2000.

Prebish, Charles. , *Buddhism—The American Experience*, Journal of Buddhist Ethics Online Books, Inc, 2003.

Schneewind, Sarah. , "Thomas Jefferson's Declaration of Independence and King Wu's First Great Pronouncement", *Journal of American-East Asian Relations*, 2012, 19: 75 – 91.

Shils, Edward, *Tradition*, Chicago: University of Chicago Press, 1981.

Smith, Robert J. , "The Japanese (Confucian) Family: The Tradition from the Bottom Up", In Tu, Wei-ming (Ed.), *Confucian Traditions in East Asian Modernity*, Cambridge, MA: Harvard University Press, 1996, 155 – 174.

Standaert, Nicholas, "The Jesuits Did NOT Manufacture 'Confucianism'", *East Asian Science, Technology, and Medicine*, *16*, 1999, 115 – 132.

Sun, Anna Xiao Dong, "Counting Confucians: Who Are the Confucians in Contemporary East Asia?" *Newsletter of the Institute for Advanced Studies in Humanities and Social Sciences of National Taiwan University*, 2009, 1 – 9.

Tan, Hongbo, "Confucius at Walden Pond: Thoreau's Unpublished Confucian Translations", *Studies in the American Renaissance*, Ed. Myerson, Joel. Charlottesville: Virginia, 1993, 275 – 303.

Wilson, Thomas A., "The Ritual Formation of Confucian Orthodoxy and the Descendants of the Sage", *Journal of Asian Studies*, 55 (3), 1996, 559 – 584.

Zheng Jiadong, Mou Zongsan, Taibei: Dongda Tushugongsi, 2000.

【本文中文版由作者授权出版。安靖如（Stephen C. Angle），美国维思里安大学哲学教授】

（褚国飞　译）

美国形象化的政治表达（纲要）

史蒂芬·赫斯

一 引言

在美国，除了书面和口头表达，也有着漫画形式政治表达的深厚传统。自 18 世纪始，美国人就一直勾画当权者或谋权者的肖像，先有肖像漫画，后是卡通漫画，或为取乐，或为泄愤。这甚至偶尔造成过直接影响。据说 1884 年《纽约世界报》遍布头版的卡通漫画影响了该州足够数量的选民，使得格罗弗·克利夫兰成功当选总统。然而更多的时候，漫画家旨在揭示政客的自负。即便是备受尊敬的乔治·华盛顿也曾被画成骑在毛驴上，任由助手大卫·汉弗莱斯牵着走，上书："前进方向尽在大卫之手，光辉岁月一去永不回头。"

二 欧洲渊源

艺术社评途经勃鲁盖尔的佛兰德斯、贺加斯的伦敦、杜米埃的巴黎，跨越了大西洋（据称莱昂纳多也喜欢肖像漫画，但真相可能只是他的主题较为黑暗）。最重要的是罗兰森（Rowlandson，1757—1827）和吉尔雷（Gillray，1756—1815），他们在殖民地变得骚动不安之际，将版画的主题转向了政治。虽然这些英国人有着学院训练的背景，但肖像漫画的历史却总有业余爱好作其基础。当身在庞贝的罗马士兵在营房上绘画一名百夫长时，他就是在发表一份政治宣言。

三 业余爱好

殖民地时期的美国没有伟大的艺术家，却有一位伟大的业余爱好者，这种说法是恰当的。1747年，本杰明·富兰克林画了一张简笔画，内容是一位车夫祈祷上帝帮他拉出陷入泥里的四轮马车，标题为"上帝只救自救的人"。这是在美国发表的第一张卡通政治漫画。富兰克林后来写道，这张漫画帮助建立了一个有着10000名志愿者的民兵组织。1754年，富兰克林画了美国报纸上的第一份卡通，题为"联合还是消亡"。在漫画里，一条蛇被砍成了八段，每一段代表着一个殖民地。这幅漫画基于一个广泛流传的迷信，说是一条断成碎段的蛇只要在日落之前把各段合在一起就能复活。不出一个月，这片土地上几乎所有的报纸都转载了"联合还是消亡"这幅漫画。

四 平版印刷术

据统计，在1828年之前，美国仅发表过78张肖像政治漫画。在铜或是木材上雕刻卡通漫画费时费力，除非发生罕见的重大事件，其成本对杂志或报纸而言过于高昂。大众市场急需一个更简便、更快捷的方法。平版印刷术首次出现于1829年安德鲁·杰克逊总统执政时期的一幅卡通漫画中，通过这种技术，画家直接在石灰岩厚板上作画。美国由此进入了一个直至南北战争时期的插图杂志时代，一针见血的插图、强烈的双关、美国方言、服饰设计、时尚怪癖，极大地丰富了杂志内容。

五 托马斯·纳斯特

纳斯特（Nast，1840—1902）出生于德国，他于1862年开始为《哈波尔周刊》工作，后来使之成为南北战争后出版业最具政治影响力的期刊。纳斯特的声名主要基于他于 1871 年绘制的大约 50 张漫画，它们与《纽约时报》携手把纽约市颇有势力的"老板"特威德（Tweed）及其坦慕尼集团拉下了马。在一期杂志上，有多达 6 张反特威德的漫画。这场运动的高潮是纳斯特所作的一幅 14×20 寸大小、占据两个版面的漫画。后来特维德逃往西班牙，因为一幅纳斯特漫画而被认了出来，并在 1878 年死于监狱。

六　内容

由于消费者在一张漫画上只会花费几秒的时间，漫画家所传达的信息必须简洁明了。漫画的内容反映了一国的知识教育水平，19 世纪漫画主题多为莎士比亚和圣经。1864 年民主党的总统候选人麦克莱伦（McClellan）被画成哈姆雷特在墓地的场景。"霍拉蒂奥，我认识他；他是一个最会开玩笑、非常富于想象力的家伙……"在漫画里，麦克莱伦对着他的共和党对手林肯的头骨说话，而不是约里克（Yorick）的。《奥赛罗》和《麦克白》在如今的漫画中不常见了，体育运动总是会收到很好的效果。林肯和他 1860 年的竞争对手们被画成在打棒球——"民族运动"（由于全国棒球运动员联合会刚于 1858 年成立，所以这幅漫画很可能是一次幸运的巧合）。如今，漫画家们描绘人们看电视的情景。

七　市场

由于消费者的标准随着时间而改变，卡通漫画反映了新近合宜的内容。比如说，19 世纪早期，单面印刷的大幅报纸就比针对较大读者群而设计的报纸多些淫秽的成分（1812 年战争时期的一幅漫画将国王乔治画成坐在马桶上）。19 时期后期的报刊则反映出版者鲜明的政治立场：*Puck* 倾向于民主党，*Judge* 倾向于共和党；普利策旗下报刊支持民主党，赫斯特旗下报刊支持共和党。20 世纪出版业的收入很大一部分来源于广告，因此不想因漫画家而引起争论。只有当漫画家与出版商的政治信仰相契合,例外才会发生,就像赫布洛克·布洛克(Herblock Block,1909—2001)和自由主义的《华盛顿邮报》。20 世纪后期,纸质报刊日趋衰落,这意味着传统的漫画家逐渐被廉价的辛迪加所取代。辛迪加可以提供不错的漫画,但他们对当地事件没有很好的洞察力。未来漫画的发展很可能会受网络的影响。2011 年,普利策奖第一次授予给一位从事动画制作的网络漫画家,漫画传统再一次向科技变革靠拢。

八　政府

在政府与漫画家的斗争中,漫画家总是胜利的一方。《美国宪法第一修正案》(有关新闻、出版自由)延续至今。*The Masses* 是第一次世界大战时期一家极端反战的小发行量左翼刊物,1917 年,政府曾经试图运用《反间谍法案》打击 *The Masses* 的编辑和漫画家,然而两次审理都未能取得一致意见。在地方上,有关反对漫画的立法也从未得到通过。这里有个有趣的例子:1902 年,宾夕法尼亚州州长彭尼帕克(Pennypacker)反对将自己画成鹦鹉的模样,并且试图立法禁止“将人物描绘成鸟或其它动物的样子”。漫画家们于是把他画成了一棵蔬菜,从而平息了这场争论。随着美国形象化的政治表达步入互联网时代,漫画家们将迎来下一波挑战。

【本文部分内容刊发于《中国社会科学报》2011 年 11 月 22 日特别策划,中文版由作者授权出版。史蒂芬·赫斯(Stephen Hess),美国布鲁金斯学会资深研究员、乔治·华盛顿大学研究教授】

(笪钰婕　译)

传统惯例与国家政策：美国南部的种族隔离、白人至上和"位置"观念[*]

詹姆斯·格罗斯曼

威廉·格雷厄姆·萨姆纳（William Graham Sumner）在其 1907 年出版的《风俗习惯》（*Folkways*）一书中承认了传统惯例的力量。他意识到法律不是"习俗"的对手；"国家政策法律"不能改变"风俗习惯"。这一看法在 20 世纪中期卷土重来，成为反对联邦对种族隔离发起攻击的一个论据。其时，包括艾森豪威尔总统在内的知名人士，都援引萨姆纳的箴言，将其作为自己规避行动的遁词——这是一种为了南部的民权而抵制联邦行动的方法：既不接受州权的原则，也不反对最高法院的裁决。传统惯例成了新的法宝，现状维护者乞灵于传统惯例，以将"风俗习惯"置于现行国家政策的效力范围之外。种族隔离就是人们办事的方式。它是南方人在社会上为自己定位的方式，是他们家乡的习俗。①

萨姆纳箴言为联邦政府在实际操作层面上无所作为提供了一个借口。求助于传统惯例的力量并不是要赞赏它，或者证明该传统惯例是正当合法的；在承认一套价值观念和习俗为"传统"时，或者在主张这

＊ 本文在很大程度上改编自詹姆斯·R. 格罗斯曼（James R. Grossman）所写 " 'Social Bur-den' or 'Amiable Peasantry'：Constructing a Place for Black Southerners"，*American Exceptionalism？ U. S. Working Class Formation in an International Context*，MacMillan UK，1997。在此我特别要感谢萨拉·芬顿（Sarah Fenton）协助我完成了这一改编。
① 关于改写为一个被经常复述的引语见 James Cobb，*The Brown Decision*，Jim Crow，and Southern Identity，Athens，Georgia，2005，p. 8。

些价值观念和习俗将会比国家更加久远时,不必从中得出任何规范性的寓意。并不是说联邦政府不应当执行最高法院的指令,而是此类执行应当无效。

北方的自由主义者（黑人和白人）却不买这个账。他们承认种族隔离深深地根植于南部的生活和文化之中——这确实是一种传统惯例。事实上,他们现在瞄准的是种族隔离,而不是某一套超然或先天的压制结构。北方的自由主义者认为,一个非法和不道德的传统惯例,要由联邦当局的力量来粉碎。

南方黑人也确认了南方种族隔离的力量与习俗,但是他们进行了更深层的论证。他们指出,因为所有美国人都把种族隔离理解为南部的一个习俗,所以整个国家还应该理解美国黑人几个世代以来面对的是一个需要将这个传统惯例连根拔起的社会。舍此去做其他任何事,或者什么都不做,将不仅背离美国法律,而且也背离美国法律之上的人权原则。鉴于在南部传统中种族隔离所占据的重要地位,不能指望由南部白人来达成宪法规定的种族融合:南部黑人需要有能力进行投票,以及在权力部门中任职。

但是,如果求助于传统惯例的亘古不变是不切实际的办法——是对州权的后门防御和缴械投降——那么南部自由主义白人也有自己的边门可走,他们提出了一个能够适应新秩序,同时兼顾地区忠诚的论点。答案是简单的:他们争辩说,种族隔离并非南部的传统惯例。从历史上看,它是一套专门的行为规范,它是建立在政治必要性基础之上的,并且是为了使特殊的人在特定时期明智有礼而实施的。历史学家 C. 范·伍德沃德（C. Vann Woodward）是土生土长的阿肯色人,他甚至在耶鲁教书时也一直坚持着南部传统。他带头宣称,种族隔离是一种虚构的传统惯例,它在南部法律体制中和社会行为规范中是近期的一项发明,它可以被摒弃,而不会威胁持久的南部传统,也不会对南部文化真正的精华构成威胁。[①] 一代人为了特定的目的而创制的东西,会被另一代人丢弃的。

---

① C. Vann Woodward, *The Strange Career of Jim Crow*, New York, 1955. 注意,像其他许多人一样,伍德沃德引用萨姆纳时将"国家政策法律不能改变风俗习惯"置于括号内,但这种引证是不精确的。

由此，历史学家们着手进行研究。伍德沃德的论证提供了一个经典的例子，它说明国家政策是如何取决于历史阐释的。在南部文化中，种族隔离的作用是什么呢？谁创造了它，为什么创造它？伍德沃德认为，要结束隔离，我们必须要知道它是如何开始的。要弄清楚种族隔离究竟是一种根深蒂固的南部结构，还是一种意识形态的虚假表象？

在最高法院否决法律上认可的种族隔离的三年前，伍德沃德对种植园精英一直支配着南部文化和政治的传统解释产生了怀疑。伍德沃德指出，推翻了重新建立的政府的男性白人可能一直以传统之名——"注定要失败的事业"的著名符咒——行事，但实际上，却构成了一个新的精英，这是集中在城市和工业行业的精英。他认为，以前的南部并未生存下来收回它与生俱来的权利。受到内战和奴隶解放的重创，种植园主阶级艰难地适应了一种新的体制，这是一种受到资本主义自由劳动原则支撑的新体制。到 19 世纪末，一个地方性的资产阶级开始在南部兴起，他们屈从于北部资本并支配着南部的政治经济。在这里，随着资产阶级替换了后来被尤金·吉诺维斯（Eugene Genovese）称作"前资产阶级"的蓄奴精英，中断成了南部的中心主题。[①]

伍德沃德对新的统治阶级（和一种用于阶级统治的新意识形态基础）的认识为随后的许多历史分析设置了讨论的议程。社会从以非工资劳动为基础的农业社会转变为由商人和其他资本家掌控的工资经济，在关于这种变革的研究中，种族起到"障眼法"的作用，模糊了更为根本的阶级分裂。在这些研究分析中，私刑、歧视和种族主义词藻不仅仅是庄严的南部传统，而且是在社会不同阶层上被动员起来，旨在为新的统治阶级服务的工具——具有工具性目的的政治工具。伍德沃德的实质性成果之后的研究表明，种族这个范畴本身，以及种族主义及其表现，被恰如其分地理解为阶级关系史中的一章；奴隶制的源头不在于英国人对种族或民族的态度，而在于他们对下层社会在没有强制的情况下工作能力的主观臆断。"种族"是为了让蓄奴者厘清所有权、平等、自由和生产之间的关系。一个新颖而复杂的种族主义词汇表也随之出现，以帮助新一代资产阶级革命者

[①] C. Vann Woodward, *Origins of the New South, 1877 – 1913*, Baton Rouge, 1951; Eugene Genovese, *Roll, Jordan, Roll: The World the Slaves Made*, New York, 1974.

解决阶级剥削和激进的有关普遍自由的新观念之间的矛盾。[1] 在这个分析脉络中,奴隶解放和南部重建并不是通过强调种族关系来构建的,而是通过描述阶级经历及包括和黑人一起遭受压迫的白人农民和工人的各种遭遇来加以塑造的。[2] 通过对资本主义发展的强调,致力于研究黑人工人的劳工史家开始通过无产阶级化的视角,而不是完全聚焦于工作场所和工会集会中的种族歧视,来考察 20 世纪初的南部。[3]

然而,阶级分析没有必要只描绘决裂和新奇的景象,它也可以很容易地接受对传统惯例与连续性的强调。按照另一派历史学家的说法,19 世纪后期的“新南部”本身就是一个具有意识形态色彩的概念,它只是一连串“新南部”当中的一个,这些不断涌现的“新南部”概念旨在把这个地区,或者说这个地区的形象,从过去解放出来,其权力的传统关系却

---

① Edmund S. Morgan, *American Slavery, American Freedom: The Ordeal of Colonial Virginia*, New York, 1975; Fields, "Slavery, Race and Ideology in the United States"; Thomas C. Holt, "An Empire Over the Mind: Emancipation, Race, and Ideology in the British West Indies and the American South", in Kousser and McPherson, eds, *Region, Race and Reconstruction*, pp. 283 – 313. 这个引言出自 Fields, "Slavery, Race and Ideology", 114。对资产阶级自由主义和种族思想意识之间的关系最为全面的论述仍然是 David Brion Davis, *The Problem of Slavery in the Age of Revolution, 1770 – 1883*, Ithaca, 1975. 阐述英国人有关种族、民族和身体素质态度看法所产生影响的经典作品是 Winthrop D. Jordan, *White over Black: American Attitudes toward the Negro, 1550 – 1812*, Chapel Hill, 1968。

② Armstead Robinson, "Beyond the Realm of Social Consensus: New Meanings of Reconstruction for American History", *Journal of American History*, 68: 1, June 1981, 297; W. E. B. Du Bois, *Black Reconstruction*, New York, 1935. See also Fields, "Ideology and Race", 162 – 169; David Montgomery, *Beyond Equality: Labor and the Radical Republicans, 1862 – 1872*, New York, 1967. 尽管当时种族似乎是中心论题,但正如在纽约市出现的情况,征兵暴乱、阶级冲突和强制行动暗潮涌动,对于这一时期的一些历史学家来说,他们发现了用种族语言进行描述。参见 Iver Bernstein, *The New York City Draft Riots: Their Significance for American Society and Politics in the Age of the Civil War*, New York, 1990。

③ 参见 Dwight B. Billings, *Planters and the Making of a "New South": Class, Politics, and Development in North Carolina, 1865 – 1900*, Chapel Hill, 1979, 92; Steven Hahn, *The Roots of Southern Populism: Yeoman Farmers and the Transformation of the Georgia Upcountry, 1850 – 1890*, New York, 1983. See also George M. Fredrickson, *The Arrogance of Race: Historical Perspectives on Slavery, Racism, arid Social Inequality*, Middletown, CT, 1988, 157 – 158. 在这篇论文中,我的目的并不是要讨论无权者(如哈恩的自耕农)中种族态度的根源和含义,而是要探究在权势者(特别是种植园主阶级)中各州态度的根源与含义。特别值得注意的著作有 Joe W. Trotter, *Coal, Class, and Color: Blacks in Southern West Virginia. 1915 – 32*, Urbana, 1990; Peter Gottlieb, *Making Their Own Way: Southern Blacks' Migration to Pittsburgh, 1916 – 30*, Urbana, 1987; Daniel Letwin, *The Challenge of Interracial Unionism: Alabama Coal Miners, 1878 – 1921*, University of North Carolina Press, 1998。

没有很大的改变。按照这种论述观点，种植园主阶级"坚持"，如同以种植园为基础的政治文化和社会结构所做的一样，创造出一个更像内战前的"新南部"，而不是同时代北部的一个副本。[1]

这一传统的核心在于南部与众不同的政治经济，历史学家乔恩·威纳（Jon Wiener）称其为"劳工强制资本主义"（labor repressive capitalism）。从流浪法、诱惑法和外出移民法，到合同实施法令和犯人劳动，南部高压强制的程度和控制的手段有别于北部资本家随意使用的那些方法。阶级关系的前现代形式——以人身依附、孤立的劳动力市场、相互作用的传统协议和臭名昭著的各种程度的强制威逼为基础。在一个处于现代化进程的资本主义社会中，这些东西依然存在。在一个关于种族是阶级权力的一种工具的臆断里，种族对劳动力市场和劳动管理模式两者的中心地位是与内战前的南部一脉相承的。[2]

新古典主义经济史家从一个完全不同的理论视角研究，他们将种族主义认定为一个独立变量——对南部经济发展而言最大的障碍。这些学者拒绝接受伍德沃德对新南部资本家的偏见，他们强调经济发展以及获得自由的奴隶及其子女获得的显著收益。种族歧视的非理性——南部历史的悲剧性缺陷和"社会习俗"——扭曲了市场，并抑制了理性的、具有经济合宜性的行为，因而阻碍了南部更快速的发展。[3]

---

[1]　Jonathan M. Wiener, *Social Origins of the New South*: *Alabama*, *1860 - 1885*, Baton Rouge, 1978.

[2]　Jon Wiener, "Reconsidering the Wiener Thesis", comments presented at the annual meeting of the Organization of American Historians, 1991, 13, 15; Alex Lichtenstein, *Twice the Work of Free Labor*: *The Political Economy of Convict Labor in the New South*, London, 1995. 全面考察南部旨在于限制黑人劳工流动的立法，参见 William Cohen, *At Freedom's Edge*: *Black Mobility and the Southern White Quest for Racial Control*, *1861 - 1915*, Baton Rouge, 1991; Fields, quoted in Lichtenstein, *Twice the Work of Free Labor*, 11。

[3]　参见 Robert Higgs, *Competition and Coercion*: *Blacks in the American Economy*, *1865 - 1914*, Chicago, 1977; Higgs, "Race and Economy in the South, 1890 - 1915", in Robert Haws, ed., *The Age of Segregation*: *Race Relations in the South*, *1890 - 1945*, Oxford, MS, 1987, 111 - 15; Stephen J. DeCanio, *Agriculture in the Postbellum South*: *The Economics of Production and Supply*, Cambridge, MA, 1974。希格斯（"Race and Economy", 90）认为南部经济发展"解决"了"种族问题"，因为种族关系体制需要一直孤立于市场之外。对种族和依赖于并未神话市场的新古典主义模式的缺陷经济制度间关系更为复杂的分析参见 Roger Ransom and Richard Sutch, *One Kind of Freedom*: *The Economic Consequences of Emancipation*, Cambridge, 1977。

　　研究黑人劳工的史学家已经发现他们同样难以抗拒种族主义的解释功效。黑人工人遭受歧视，受到雇主和工会的双重损害；黑人工人和白人工人很少在一起生活、工作或被组织在一起；而且工会的历史既可以作为排斥和歧视的目录来阅读，也是对公司内部由于种族猜忌和怀疑而导致种族团结消失的一种痛惜。①

　　这一切造成了对种族和阶级两个概念的两种思维方式。粗略而言，其中一个是，南部对白人至上的热忱，构建了其生产方式，抑止了所有的变化，主导了大多数人口的世界观，并界定了富有特色的地域特点和传统生活方式。另一个则是，资本主义生产模式需要不平等，而种族只不过是一种界定这种不平等并证明其正当性的意识形态。第一种方法过于轻率地假设种族近于原始的本性是彼此认同与憎恶的基础。另一种方法则否认世纪之交时的现实与后现代主义观点无关：大多数南部人——黑人和白人都在种族框架内思考、行动、生活和工作；而且白人尤其根据种族制定的行为规定，来解读所在地区的传统惯例。②

　　20 世纪初时，对于许多南部白人来说，白人至上是一种本质性的目标。他们可能并不知道自己或社会对白人至上的热忱源于何处，但他们将社会秩序如此紧密地与白人至上联系在一起，以至于如果没有了其中的一个，那么另外一个似乎就无法存在下去。相反，许多南部黑人将白人至上视为对其改善自身状况之能力的主要限制。在这个世界里，种族是否是一个"被构造"的范畴并不重要。它已经被具体化，并成为人们生活在其中并创造历史的环境的一部分。③ 它已经成为南部传统惯例的重中之

---

　　① 　William H. Harris, *The Harder We Run: Black Workers since the Civil War*, New York, 1982; Robert J. Norrell, "Caste in Steel: Jim Crow Careers in Birmingham Alabama", *Journal of American History*, 73: 3, December 1986, 669 – 694; Charles H. Wesley, *Negro Labor in the United States*, New York, 1927; Sterling Spero and Abram Harris, *The Black Worker: The Negro and the Labor Movement*, New York, 1931; Philip S. Foner, *Organized Labor and the Black Worker*, *1619 – 1973*, New York, 1974.

　　② 　许多其他美国人也是如此。但是由于人口分布差异，当南部之外的大多数美国白人思考"种族"（'race'）时，更经常思考的是我们现在称为族裔（ethnicity）的概念。同时，因为在南部之外，种族（不论是定义的还是分类的）对社会秩序较为不重要，所以南部人比其他美国人更经常、更显著地从种族框架进行思考是值得商榷的。他们肯定更多从两个方向进行思考。

　　③ 　关于在 20 世纪初南部黑人中这种思想的重要性参见 James R. Grossman, *Land of Hope: Chicago, Black Southerners, and the Great Migration*, Chicago, 1989, pp. 34 – 37。

重——不只是"隔离"，而是在所有相关问题上体现和蕴含的白人至上。

南部黑人从历史学家埃尔莎·巴克利·布朗（Elsa Barkley Brown）称为"斗争共同体"（community of struggle）的角度理解自己共同的经历和文化。对布朗而言，共同体并不需要联合一致，差异性可以被纳入到各种不同的共性中，其中包括集体目的或共同话语。就南部白人而言，他们的共同话语是一种将黑人归之于黑人特质的种族意识形态，他们认为这些特质"自然地"符合黑人在经济、政治组织和社会中的特定角色。① 南部白人一直担心其黑人雇员、邻居、同事具有危险性，这些黑人确实拒绝接受自己的位置，因此会对白人理解的"共同体"构成威胁。对白人而言，使得黑人安分守己的努力构成了白人通过共同话语而联合起来的"斗争共同体"。维持这个体制及其诸多与之相关的传统——特别是要面对黑人的抵制——是一项艰难的工作。

到了20世纪早期，种族意识形态和一种生产方式纠缠在一起，呈现出社会关系的一种特定形式，这种特定形式难以厘清，不能一方面用阶级分析方法，另一方面用种族分析方法加以独立评价。② 白人至上既不是一种仅用于阶级统治的工具，也不是模糊真正冲突情形的话语。我们或许可以更有效地理解物质与精神间特有的纠缠关系，即种族和位置的传统，而不是去建构历史影响的层级结构。种族既不是生产关系的基础，也不是这些生产关系的产品。它是一个这样的社会，在这个社会里，"黑鬼"和"位置"不仅构成了权力话语的中心成分，而且对这一体制自身的运作也是必不可少的。南部人，无论是白人还是黑人，使用"位置"一词在公共和个人关系的框架内定位自身和其他人。南部黑人意识到了这个框架，

① Elsa Barkley Brown, "Uncle Ned's Children：Negotiating Community and Freedom in Postemancipation Richmond", *PhD Dissertation*, Kent State University, 1994, viii.

② 这并不是说种族和阶级意识不能被厘清。虽然这些对社会认同的观点不能彼此孤立地考察，而且大多数个人在不同时期不同环境下以不同的方式认知自我，但在需要种种形式行为或表现力的情况下，必须具备对各种来源认同相对突出的陈述。而且，将阶级作为南部支配结构加以突出强调的历史学家指出，种族意识既是阻碍非洲裔美国人有效抵制的力量，也是形成各种形式反对白人精英阶级组织的力量。参见 Genovese, *Roll, Jordan, Roll*；Robinson, "Beyond the Realm of Social Consensus"；Goodwyn, *Democratic Promise*。关于探讨种族间阶级意识的不确定性参见 Leon F. Litwack, "Trouble in Mind：The Bicentennial and the Afro-American Experience", *Journal of American History*, 74：2, September 1987, pp. 317；and Fredrickson, *Arrogance of Race*, pp. 156 – 158。

却拒绝接受"位置"为规范，这种断然拒绝使那些无法想象没有位置（或没有"黑鬼"）的社会秩序的南部白人极为不安。如果说传统惯例有助于解释一个人在社区和社会中的位置，那么到 20 世纪中期，白人至上（和由此而来的种族隔离）就成为南部传统惯例的中心内容。

要发现白人至上是如何取得成功的，首先要探讨南部劳动力市场。这个市场到世纪之交时，对低工资经济的热忱已经严重限制了其自身发展——从限制该地区内外人口流动的需要到基于家庭单位的剩余人口的需求。对一些历史学家而言，这个信息非常明晰：这是一个事例，它说明了一种经济制度如何形成社会制度，并为黑人贫困打下基础。但是南部为什么深陷其中不可自拔呢？而这个市场又是如何保持孤立封闭的呢？通过其他分析可以得出这样的结论：南部热衷于低工资经济源于必须要维护白人至上。为了让黑人一直处于从属地位，他们必须一直处于贫困状态。① 这也回避了本应回答的问题，并将同样容易引起辩论的范畴，即性别与性带进讨论：为什么南部黑人要被置于从属地位？

根据 19 世纪成年男子的标准，处于从属地位的男性黑人缺乏独立这一最基本的权利。通过处以私刑的威胁——一种传统惯例——强迫黑人更加温顺，他们那种危险的性欲也从依赖与温顺的形象中消失了。依赖性也证明了黑人成为二等公民的正当性。而且，维持黑人家庭处于从属状态符合劳动力市场的需要：种植园主可以根据棉花生长周期的季节性需求任意调遣剩余劳动力。总体而言，对雇主的从属依赖，而不是依赖市场是种植园体制的一个特色。生产体制（种植园）、特殊作物的需求和南部文化传统必需的种族与性别隔离深刻地交织在一起。

只有 20 世纪上半期与北部形成对照时，南部如此错综复杂的情况才凸显出来。北部工业家基于种族的假定，来界定哪些欧洲移民可能精通哪类工作。例如，立陶宛人"精于装运滚桶或箱包，但在铲挖方面表现平平"。乌克兰人"在灰尘飞扬和烟雾弥漫的环境下表现出色"。意大利人虽不整洁，"但并不具有破坏性"。斯拉夫人驯服温顺，带来了"默默承受"严格监督和长时间工作的"习惯"。南欧人和东欧人被安排在最低的职位上，就像桶底的渣滓，但至少他们还在桶里。非洲裔美国人被假定为不仅缺乏"机械理念"，而且缺乏胜任哪怕是最差的岗位的个人素质。非

---

① McMillen, *Dark Journey*.

洲裔美国人是"无效率的、不适合的，且不安定的"，仅适合推一把扫帚或一把拖把。正如南部白人一直重申的：在北部，黑人没有"位置"。①

在南部，种族观念有着相反的作用：这个作用就是为劳动力市场中非洲裔美国人规定了实质的角色。种族与从属依附和退化堕落的关联是如此根深蒂固，以至于针对南部黑人的法定的和法定之外的控制和限制体制合法化了，从而使黑人在许多工作场所中成为理想人选。这些关于种族的思想形成了极端手段，而通过这些手段，黑人被有效地加以控制，这样，许多南部地主和雇主认为他们是"南部能得到的最好劳工"。威廉·亚历山大·珀西（William Alexander Percy）回忆说，"对黑人加以重新调整只是理论上的"，他父亲在阿肯色试用意大利裔佃农招致了各种不满，这些意见认为外来移民劳工明显具有抗拒性，且过于"有进取心"。正如一个密西西比雇主这样表达的："当你只有黑人时，凭借咒骂和殴打就能让他们工作……但对于白人你不能这样做。"②

北部雇主对黑人劳工没有南部白人这种看法，不是因为种族意识形态的差异，而是因为这些思想在制度化上的差异。北部监工经常咒骂工人，但他们很少动手打人。除了南部，没有任何地方将种族处罚制裁作为一种镇压机制，而这在南部雇主中却是通用的做法。在南部，劳工惩罚的传统

---

① David Montgomery, *The Fall of the House of Labor*: *The Workplace*, *the State*, *and American Labor Activism*, *1865 – 1925*, Cambridge, 1987, pp. 243; John Bodnar, Roger Simon, and Michael P. Weber, *Lives of Their Own*: *Blacks*, *Italians*, *and Poles in Pittsburgh*, *1900 – 1960*, Urbana, 1982, pp. 59; Gerd Korman, *Industrialization*, *Immigrants*, *and Americanizers*: *The View from Milwaukee*, Madison, 1967, pp. 44 – 46, 65; John R. Commons, *Races and Immigrants in America*, New York, 1907, pp. 46 – 49. See also Daniel Nelson, *Managers and Workers*: *The Origins of the Factory System in the United States*, *1880 – 1920*, Madison, 1975, pp. 81.

② Columbia, SC *State*, 1917, quoted in Emmett J. Scott, *Negro Migration During the War*, New York, 1920, pp. 156; Percy quoted in Lawrence J. Nelson, "Welfare Capitalism on a Mississippi Plantation in the Great Depression", *Journal of Social History*, 50: 2, May 1984, pp. 227. Leroy Percy quoted in Bertram Wyatt-Brown, "Leroy Percy and Sunnyside: Planter Mentality and Italian Peonage in the Mississippi Delta", in *Shadows over Sunnyside*: *An Arkansas Plantation in Transition*, *1830 – 1045*, Fayetteville, 1993, pp. 88; Mississippi employer quoted in McMillen, *Dark Journey*, pp. 159. *See also* Jones, *The Dispossessed*, 120. 这种观点比吉姆·克劳的法律体制持续得要更久。迟至 1971 年，密西西比的一个研究注意到："甚至在今天，许多种植园主还承认他们更喜欢用黑人而不是用白人做拖拉机手和农场工人，因为他们好应付，而且可以随时解雇，不会产生多大影响。"参见 James Loewen, *The Mississippi Chinese*: *Between Black and White*, Cambridge, MA, 1971, pp. 201。

诞生于奴隶种植园中,它被认为是一种合法的惩罚,但对北部雇主却不适用。①

的确,尽管北部雇主随心所欲地使用任何劳动力,从而击垮使工人联合起来的工会,而且他们具有得到了文件支持的严厉的劳动管理方法,但是,北部雇主会像南部雇主那样管理工人却是值得怀疑的。中西部农业雇主抵制全职劳动力,因为雇佣这样的劳动力过于昂贵,他们更喜欢在用工高峰期雇用按天结算的劳工来从事田间农作物的打谷脱粒和收获工作。但是,即使是季节工人也可以组织起来,而且他们也确实组织起来。这些人也难以对付,因为工作的短暂性使得他们不用怕这怕那地去接受约束、在非正式的团体中好好表现。因此在这里,对社会成本的关心与年轻未婚男子的突然涌入密切相关,而南部类似的劳工却通过传统的种族条款被控制起来。②

中西部农场主也对在整个收获季节能否将工人掌控在手中感到担忧,因此常常到所有作物收割完毕才支付酬劳。然而,人们没有认识到强制性假定(甚至是强制性话语),这些假定或话语类似于 19、20 世纪之交时劳工招聘人员在《亚特兰大宪政报》(Atlanta Constitution)上的评论:"有这样一些农场主,他们毫不迟疑地向自己的同胞开枪,假如这位同胞来自密西西比,并得到'他的黑鬼'的称呼,即便并没有签署合约。"③几乎没有北部农场主能想象出这种对受雇劳工的所有权要求是多么严苛。

即使在西部和西南部,那里的种族主义和公民权排斥使特定的被种族化的群体遭受类似程度的威压,社会和经济关系体制也没有将种族、秩序和劳动管理如此紧密地捆绑在一起。在西部(在美国其他地方,程度要轻微一些),19 世纪 70 年代的雇主把中国人看作劳工的潜在资源库,作为永久性的非公民,这些华人几乎可以被随意剥削。但是这个国家经济的任何部分都不依赖这些华人,对这个大陆而言,华人属于后来者,由于来

---

① Harold Woodman, "Post-Civil War Southern Agriculture and the Law", *Agricultural History*, 53: 1, January 1979, pp. 319 – 337.

② Tobias Higbie, "Indispensable Outcasts: Harvest Laborers in the Wheat Belt, 1895 – 1925," paper presented at *Newberry Seminar in Rural History*, 1993, 20, pp. 26.

③ Letter from Peg Leg Williams to Atlanta Constitution, quoted in Ray Stannard Baker, *Following the Color Line: American Negro Citizenship in the Progressive Era*, New York, 1964, orig. pub. 1906, p. 80. Landlords' sense of tenants as "their niggers" is discussed in McMillen, *Dark Journey*, pp. 125.

得太晚，只会引起排斥而非大规模的控制。在西南部，据历史学家约瑟夫·巴顿说，19 世纪墨西哥裔的美国农场主"发现自己被土地所有者和贷记商人捆绑在一个由各种约束形成的结扣中"。由于种族主义和公民身份的问题，墨西哥裔美国人几乎没有任何合法的依靠。然而，法律限度之外的抵制似乎没有整齐划一地引起暴力、情绪失控和恐吓，而这些在南部是普遍存在的。巴顿指向了一种传统的"权利和义务的交织，一整套协约和效忠义务，社会秩序就建立在它们的基础之上"。这个基本原则为维护法定权利奠定了基础。几乎没有证据说明，墨西哥裔美国人中产阶级的存在本身对这个社会和经济关系体制造成威胁。[①]

　　管理文化在南部就像该地区的劳动市场一样是孤立的。在南部，以种植园为基础的各种劳动管理理论一直居于支配地位，这种支配地位既深植于特定的生产制度中，也扎根于一系列根据种族确定（并由此而易于合法边缘化）的劳动力相关的惯例中。在劳动关系领域，种植园构成了文化的传承，它延续了关于如何管理特殊工人的理论。相比之下，世纪之交北部的管理者通过一套不同的传统惯例进行运作，对他们的劳动力加以分门别类。在公司城镇，为了抵制有组织的工会的蔓延，钢铁工业大力鼓励临时性工人。[②] 然而在南部，"黑人越是抗争，越要面对白人更大的愤怒"。北部雇主向工人提供了最不现实的向上流动的希望，以此作为激励忠诚和遵守规律的手段。在南部，对组织的防御是通过强调位置的静态平衡来进行的。例如，南卡罗来纳的作坊主认定，他们所雇白人工人的种族认同和这种认同带来的传统的特权感，将会激励这些白人工人认为自己在南部社会的地位是高高在上的，而不是底层的。而且，他们的白皮肤表明他们有可能出人头地。那些在作坊干活、牢骚满腹的白人工人被提醒，要清醒认识到以阶级为基础的工会组织的危险：与低级的黑人交往联合。这

---

① Ronald Takaki, *Iron Cages*: *Race and Culture in 19th-Century America*, New York, 1979, pp. 236; Josef Barton, "Capitalism and Community: Mexican Peasants and Southwestern Migrants, 1880 – 1930", paper presented at *Newberry Seminar in American Social History*, 1992, pp. 27 – 29.

② David Brody, *Steelworkers in America*: *The Nonunion Era*, Cambridge, MA, 1960; David Carlton, *Mill and Town in South Carolina*, *1880 – 1920*, Baton Rouge, 1982, p. 112. The quotation is from Ayers, *Promise*, pp. 430.

样，性别化家族性象征的运用将他们与由白色而定义的共同体联系在一起。①

另一方面，对非洲裔美国人的传统看法进一步将他们固定为危险的个体，而不是将他们视为一个有组织社会运动的潜在成员。有关人种特征的思想产生了这样的推断（经常是错误的），即黑人的工会化只能是外部煽动造成的。而且在南部一旦出现麻烦，南部的地主和雇主可以利用北部雇主所缺少的镇压机制。与北部工厂的管理者不同，也与雇用临时工的中西部农场主不同，南部的地主通过专横的驱逐，能让一个佃农几个月的投入化为乌有。传统的简略表达是恰当的：南部黑人不具备男性白人受尊敬的权利。在地方社区中，名声不佳对一个男人的信誉具有极其严重的影响。正如社会学家亚瑟·雷珀（Arthur Raper）1920 年代在佐治亚的黑色地带听说的，一个"可接受的"黑人是一个"被当地白人认为安全的人——他知道自己的位置，并老老实实地待在这个位置上"。确实，只有愿意接受这个"心照不宣的地位"的黑人才被允许在那里购买土地。② 虽然没有几个南部黑人接受这个身份地位，并将其视为他们公平应得的，或是不可避免的，但显然，许多人却必须在可能被描述为传统的由位置话语和成规所明确规定的互动的传统习俗中活动，而界定这种互动的则是关于位置的话语和成规。

在这里，向上流动的可能性被应用于一个不同的目的。在南部的工厂城镇，雇主假定，他们作为家长式统治者的正当合法性要求他们提供学校；实际上，南部白人工厂的工人可能希望教育成为下一代的向上阶梯。在黑人劳动力占优势的地方却并非如此。在这里，学校对他们而言是危险的：学校鼓励不切实际的期望，并且会导致黑人劳工误入歧途。不断增加的南部受教育机会只会损害南部的经济、社会和政治基础。在北部，雇主信奉教育——他们相信教育将使劳动大军美国化，并能向他们的劳动力灌输合适、正确的工业习惯，使其接受公民权教育；而南部雇主们认为，这些具体的目标不仅与黑人生活无关紧要，而且与黑人在南部占据的位置相

① Jacqueline Dowd Hall, James Leloudis, Robert Korstad, Mary Murphy, Lu Ann Jones, and Christopher B. Daly, *Like A Family: The Making of a Southern Cotton Mill World*, Chapel Hill, 1987.

② Arthur Raper, *Preface to Peasantry: A Tale of Two Black Belt Counties*, Chapel Hill, 1936, pp. 122.

矛盾。1910 年和 1912 年对整个南部进行的调查说明，自从内战以来，关于黑人“品质特性”的情绪没有什么变化：黑人不会对市场激励机制作出反应，他们只会在强制之下工作。假如给他们一个赚取太多金钱的机会，那么他们就会休息上一阵子。在密西西比，一个农业推广人员把这样的假定描述为“流行的看法”——“为了安全地管理黑人，必须让黑人保持无知和贫困状态”①。

这些是南部极为常见的看法，在关于各种各样环境下早期工业劳动力的文献中多有记载。但是在这里，种族观念影响了保持纪律达到的效果，而且种族关系体制影响了强制执行的界限。胡萝卜、大棒，抑或教化？到20 世纪初，北部资本家增加了各种各样的奖励措施。福利资本主义（一套完全不同于工厂—村落家长式统治的行为规范）既作为一套激励措施，又作为教化模式而出现。但在南部几乎看不到这种福利资本主义，在那里，与黑人工人打交道的管理文化是由种植园文化传统和策略发展形成的。北部工业家已经开始从事一场运动，用具有节俭美德、规则有序和首创精神的职工去取代临时工人；而南部的雇主则仍保持着对功能失调的临时工人的依赖。这一习惯做法在农业生产管理上是极为普通的，但问题是，南部之所以仍沿用这一想当然的做法，是因为他们认为勤俭和首创精神会对南部社会形成一种威胁。一方面，广泛的宣传说南部黑人做不到这两点；另一方面，却普遍认为，勤俭的人对体制产生威胁，而积极主动的人则是危险的。②

在既包括南方人又包括北方人，甚至是非洲裔美国人占优势的公司中，这个相对孤立封闭的管理文化是最有渗透性的。在这里，公司的正常运转有赖于使用南部内外的劳动力，而且在南部雇员中更多地使用非洲裔

---

① Carlton, Mill and Town, pp. 92 – 103; James P. Anderson, "The Education of Blacks in the South, 1880 – 1935", Chapel Hill, 1988, pp. 96; McMillen, Dark Journey, pp. 93. Charles Flynn Jr., White Land, "Black Labor: Caste and Class in Late Nineteenth-Century Georgia", Baton Rouge, 1983; Mississippi State Extension Director R. S. Wilson quoted in McMillen, Dark Journey, 122.

② 根据 Birmingham's Sloss Furnace 的历史学家的说法，大约19、20 世纪之交时，关于管理，重要的是它来“自于种植园环境”，因此“只能被灌输了当时被描述为种族主义态度的东西”。路易斯正确地确定了在 Sloss 中影响管理的劳工关系文化，但他也过于轻率地将它仅仅归于种族主义，而不是对种族思想和管理劳工思想加以综合考察。W. David Lewis, "Sloss Furnaces: The Heritage and the Future", paper presented at Sloss Furnaces National Historic Landmark, Birmingham, Alabama, 5 March 1992.

美国人。对伊利诺斯中央铁路公司雇佣惯例的调查说明了一个北部公司是如何改变惯例的,尽管它承诺恪守始终如一、一视同仁的工场守则和人事政策。伊利诺斯中央铁路公司的总部设在芝加哥,当 1883 年正式接纳已经控制了几年的南部线路后,它接受了一千多名黑人工人。在南部各部门中,由于"地方习惯"和管理者关于黑人工人能力先入为主的看法,问题频发。于是,有人提出对策,建议变通性地"解释"规则;换句话说,就是使公司适应地域性的模式和传统惯例。这些铁路的总经理针对黑人劳工使用了一种类似于南部话语的表述,但这种表述却与当时除了服务职位外根本不愿意雇用黑人工人的北部雇主毫不相关。这位总经理在 1883 年宣称:"我们发现他们特别和蔼可爱、温顺驯服且服从命令……在世界的任何种族中没有比他们更好的劳工。"①

非洲裔美国人之所以拥有那样的位置,不仅是由他们在生产体制中的作用和作为二等公民的身份确定的,而且是由白人关于黑人接受这种位置的传统信念确定的。在种植园和铁路车场中,黑人工人被假定为是可供使用的和可以胜任工作的——他们比其他任何潜在劳动力更适应这里的工作。1918 年一份密西西比报纸宣称:"黑人是我们的受监护者。如果有需要的话,他将追随白人进入地狱之颚。"② 在 1903 年谴责劳役偿债一年之后,一位南部温和人士声称,黑人"将在男性白人的国度接受由男性白人指派给他的位置"③。考虑到历史学家记录下的黑人反抗的真实情况,这个说法似乎很奇怪。但在许多情况下,近来由学者们描述的分析这种反抗真相的"隐藏的文本",确实在白人面前被掩饰了,我们把某种东西理解为黑人已经进行了抵抗,他们却将此解读为黑人的冥顽不灵,或其他形式的种族共同缺陷。尽管这样的观点听上去可能更像是在努力让自己放心,而绝不是深信如此,但重要的是这些想法被他们视为可信有理,恢复了他们的信心。而且白人随时随地提及"忠心耿耿的黑人",其作用不容

---

①　James Clarke to T. Morris Chester, *Illinois Central Archives*, 29 April 1886, IC 5.2, V.9, Newberry Library, Chicago IL. 在 20 世纪 30 年代一个适应了南部劳工传统惯例的来自于北部的管理者提出了类似的观点主张,参见 Jones, *The Dispossessed*, pp. 185 – 186。我对伊利诺伊中央铁路公司政策的理解因与保罗·泰伦 (Paul Taillon) 的通信而得到加强。

②　Gulfport and Biloxi, *Daily Herald*, 11 April 1918.

③　Edgar Gardner Murphy, quoted in Fredrickson, *The Black Image in the White Mind: The Debate on Afro-American Character and Destiny, 1817 – 1914*, New York, 1971, p. 287.

小觑。

对秩序构成威胁的是对位置的僭越，这里的秩序既有被采纳的种族意识形态，也有劳动市场的运转。路易斯安那的一份报纸这样理解当时的危险状态："年轻一代的黑人小伙和姑娘已经失去了对男性白人的全面尊敬，缺少这种尊敬，两个种族，包括一个低人一等的种族，将不能和睦相处。"① 显示出这样一种威胁的行为包括仆人间彼此以"女士"或"先生"相称。另一些危险的年轻人抵制被称为"婶婶"或"叔叔"。这一行为的内容并不重要，但它的意义却很重要——它意味着拒绝接受关于位置的规范这一独特的南部传统。

这就是种族隔离所要表达的：隔离不仅是一套法律，而且是位置的日常表现，它提醒黑人和白人各自的恰当角色。位置不仅明确了什么地方适合你，而且也明确了你能追求什么。风俗习惯就是如此，它们无法被国家政策所改变。社会秩序有赖于每个人知道自己的位置，几乎没有白人需要被提醒重建时期的"悲剧年代"，当时，在一个短时期内，一度天翻地覆、履冠倒置。伍德沃德在声言隔离并非南部的社会习俗时，弄错了考察对象。隔离是一种"社会习俗"，是一种提醒南部人——白人和黑人——位置的传统惯例；但它也只是某种更为重要和根深蒂固的体制的一个方面，我将这个体制称为位置——一个通过法律和剧本来维持的传统惯例，这个剧本将关于种族和阶级、性别和依附的各种假想编织在一起。如果没有来自内部的激进的社会运动或来自外部的法律，甚至军事干预，这种传统惯例是不能被消除或根除的。

后记

很多人读过这篇论文的各种版本，在此请允许我向同事们表达谢意。本文的早期版本曾受益于在纽伯利图书馆研究员讨论会（Newberry Library Fellows' Seminar）、艾莫利大学比较工业社会讨论会（Emory University Seminar on Comparative Industrial Societies）和芝加哥大学的社会史研讨会（Social History Workshop at the University of Chicago）上的讨论。我特别感谢埃尔莎·巴克利·布朗（Elsa Barkley Brown）和劳拉·爱德华滋（Laura Edwards）耐心和直率的批评。我也很感激詹姆斯·巴雷特（James Bar-

① Lafayette（LA）*Gazette*, quoted in St. Landry, *Clarion*, 5 October 1895, quoted in Ayers, *Promise*, pp. 133–134.

ret)、凯瑟琳·康曾（Kathleen Conzen）、里克·哈尔彭（Rick Halpern）、汉娜·罗斯（Hannah Rosen）和尼克·萨尔瓦托雷（Nick Salvatore）。

【本文中文版由作者授权出版。詹姆斯·格罗斯曼（James Grossman），美国历史学会执行主任，芝加哥大学高级研究员】

（胡景山　译）

反传统的传统：美国自由教育的理念

迈克尔·罗斯

在美国哲学界最重要的人物当中，有一些人，包括从托马斯·杰斐逊（Thomas Jefferson）到爱默生（Ralph Waldo Emerson），从威廉·詹姆斯（William James）、约翰·杜威（John Dewey）到理查德·罗蒂（Richard Rorty）和斯坦利·卡维尔（Stanley Cavell），都把对哲学的关注点转向了如何学习和如何生活的关系上来。就这样，他们创建了自由教育的传统，而这一传统帮助定义了美国的教育。然而这个美国传统却自相矛盾，不断通过摒弃历史来获得活力。换句话说，我们传统上对学习最深刻、最有效的投入是通过否定过去获得生命力。本文是专著的一节，这本专著探讨的是自由学习在摒弃传统的背景中意味着什么，并认为今日对于通向自由教育的务实和自省的途径而言，这种反传统的传统可能会是其核心所在。在这里，我想探讨杰斐逊如何开创，以及爱默生如何影响了一种美国教育传统，而这种传统就是强调学习就是从传统中——"那些不言而喻的东西中"①——摆脱出来。

从根本上讲，教育有赖于使我们产生乐观并找到保持乐观之合理（defensible）途径的能力。当我们对未来的信心有所动摇的时候，无论造成这种动摇的是我们无法理解的技术原因，破坏工作安全的经济竞争，还是挑战我们认同感觉的文化形式，我们常会归咎于教育未让我们对目前的困境做好准备。这就是自由学习的"反传统的传统"再次受到批判的原

---

① 参见 Eric Weil 对传统的定义，即传统是"不言而喻的"。"Tradition and Traditionalism"，*Confluence*，No. 4，1953，pp. 106 – 116.

因之一。

在杰斐逊的观念里,受过教育的公民是自由的守护者,"使每个人有能力自行判断什么会维护或危害其自由"(1810)。教育的政治和道德核心是培养独立判断能力,以摆脱外部胁迫。所有公民都应该发展这种能力,其中一部分还可能会超越这种能力,成为有追求的人。杰斐逊关于教育的理念主要有两个层面:对公民的普遍指导和更高层次的教育。他通过在弗吉尼亚立法,即《知识大幅普及散播法案》(1779),来解决第一个层面的问题。此外,他还建立了弗吉尼亚大学来解决第二个层面的问题。位于夏洛特镇的弗吉尼亚大学,秉承了杰斐逊的遗志,至今仍在发展壮大。

杰斐逊的《知识大幅普及散播法案》有三个核心目标:公民应学会维护个人自由、解决自身问题和不断学习的技能。认字和识数是关键。政府有责任承担这种教育,因为人民只有得到指导才能被认为可以管理自己。杰斐逊计划的关键是使公民不论贫富(记住,这只针对自由白人)都可以得到这种指导——每一个公民都有资格得到体面的教育。女孩会被包括到初级指导中,尽管他并没有指出具体要接受哪些指导。不过,进入这种教育体系只是第一步。杰斐逊计划在每个阶段找出 10% 最有天分的男孩,进入更高的层次学习。同样,国家会为那些无法负担教育费用的人埋单。杰斐逊认为,合众国的健康发展有赖于它通过找到一流人才而保持自新的能力。他试图建立一种体制,挖掘出那些因"出身"问题遭到埋没的天才青年。"每年一次把最优秀的天才从垃圾堆里耙出来",国家将因此而受益,"如果得不到挖掘和培养,这些天才将会自生自灭"。

把天才从垃圾堆里耙出来,并公费培养,可以避免财富型永久性精英阶层的产生,这类精英会为私利之故把持国家权力。在这位革命型民主人士眼里,传统往往意味着特权,他决意通过教育打破这种特权。杰斐逊坚信,由于个人能力和精力的千差万别,精英总是存在的。他所说的平等是机会的平等,而不是个人成就的平等,不是人人都能成为赢家。不过,他也坚信,不努力发现并培养新的天才,这个国家的精英将会变成他所说的"后天贵族"——特权不断膨胀,变得愈加腐败无能。"知识普及散播"计划旨在培养基础水平的知识公民,同时培养其中最有天分的人,使之成为明日之精英,即杰斐逊所说的"天生贵族"。

进入晚年后,杰斐逊集中精力打造新型大学,以贯彻其自由学习的理

念："每一门当今有用的科学的分支，都能教到最高水平。"他极力使新
的大学摆脱宗教团体和各种死记硬背的传统学习方式，认为这两者已对旧
世界和新英格兰的各个大学产生不良影响。他在 1818 年一篇报告中，列
举了大学教育的主要目标：

> 培养政治家、立法委员和法官；详尽解释政府的原则；协调农业
> 和商业；培养青年的推理能力；广泛培养他们思考和正确行为的习
> 惯，使其成为道德楷模，成为自得其乐的榜样。

很明显，杰斐逊希望他的大学培养出这个新生民族的领袖，即天生贵
族。然而，他认为的学校要教授的"今日有用"的科学有哪些分支？"最
高水平"又怎么界定呢？

对杰斐逊而言，追求幸福需要活跃的头脑，当广泛的研究为这个世界
带来积极的成果时，这种研究在实质上就是善。[1] 他把通过学习取得的进
步比做农民在果园引入嫁接方法后取得的进步："类似地，教育把一个新
人移植到基础上，改造他本性中那些不好、不合理的东西，使之成为好
的、具有社会价值的东西。"[2]

杰斐逊的大学里会教授什么呢？古代语言和现代语言、纯数学和应用
数学、物理学、植物学、动物学、解剖学、医药学、政府管理及我们所说
的政治学和法学、意识形态、语法、伦理学、修辞学、文学和美术。尽管
宗教被排除在课程表之外，但其他内容却似乎应有尽有。杰斐逊还不断提
到"有用的知识"或"有用科学的范围"，他是如何看待有用知识的这些
领域的呢？杰斐逊是位拥有启蒙思想的人物，对他而言，这意味着这样的
信念，即知识的积累将会改善公众和私人的生活。杰斐逊深信，尽管大学
里讲授历史、文学和哲学，但这些学科的研究并不囿于教室的范围。他更
强调在大学里教授科学，这类课程和数学占了课程表的一半。[3] 他之所以

---

① "充实的头脑是幸福的，这是一个真实的秘密、幸福的配方"，杰斐逊 1787 年 5 月 21 日
对其女玛莎说。引自 Wagoner, *That Knowledge Most Useful*, p. 125。魏格纳指出，尽管杰斐逊并没
有对妇女教育做进一步规划，但他认为合众国的妇女应该得到一些指导，以便"追求最广义的
幸福"。

② Ibid. .

③ Pangle and Pangle, p. 166.

这样做,不是因为他相信毕业生会成为研究型的科学家,而是因为思维习惯和具有现代科学特征的探究方法使他们养成终生学习的态度,使其受益匪浅——无论是经营农场还是从事专业事业。① 从以上可以看出,杰斐逊对教育有用性的理解带有动态和开放的特征。正如历史学家詹宁斯·魏格纳 (Jennings Waggoner, Jr.) 所说的那样,杰斐逊通过 “对世人的福祉和繁荣所做的贡献来衡量日常学习和活动的价值”。这种价值无法提前确定,但是,在真正的启蒙形式下,这种价值可以通过个人脱离校园之后依靠这种价值的实践 (它的应用习惯、秩序习惯和对美德的热爱) 如何看待学习而予以确定。大学培养的独立和自由的探索精神会使独立、自由的思想者,即公民,有能力独立思考,并在社区和新的共和国中为自身行为负责。至于这种探索是对语法、解剖学的探索,还是对动物学和意识形态的探索,对杰斐逊而言并不重要。探索意味着你不受未经调查的传统的束缚。由于有助于产生自由公民,因而对知识的自由追求是非常有用的。

对杰斐逊而言,如果学生已经 “注定” 要从事特定的职业,或者被迫遵循各种传统关于如何生活的指导原则,那么为学生提供自由、开放的教育将是无稽之谈。当一个人开始发现自身能力时,当一个人开始发现自己通过教育的撩拨而运用这些能力时,教育就带来了对自由的体验。杰斐逊希望学生自己进行这些发现,而不是由于未来已经由家庭、老师、教堂和政府所决定,而被告知学习什么。如果大学准备成为一个发现并培养独立精神的地方,那么将其固化为巩固先辈们铺就的道路的机构就失去了意义。杰斐逊的大学是实践自由之所,他希望这会赋予其教职人员和学生更大的能力,在行动上契合合众国公民和个人享有的自由。

当然,要记住的重要一点是,杰斐逊设想的这种致力于成为自由之所的大学同时也将大部分人拒之门外。弗吉尼亚大学是为最有天分的公民准备的,只有在之前学业上获得成功的学生才有机会选择专业。大部分人 (妇女、奴隶和土著人) 得不到这个机会,并且从一开始就被排除在外。杰斐逊在种族和性别问题上的伪善赫赫有名,他在结构而压迫问题上的远见卓识丝毫没有影响他本人的这种专制想法。如果说这位反传统的第三任总统明白教育与自由密不可分,那么他那种传统的种族歧视和性别歧视使

① Pangle and Pangle, p. 167.

他认为，妇女、非洲人或土著人根本不应享受这种自由。他们不会成为公民，所以不会受到教育。①

杰斐逊在开展美国实验时继承并改造了启蒙运动的遗产。他在教育、自由和负责的市民之间建立的关联至今仍是我们文化词汇表的一部分。这些关联使他尽量让公共机构对所有公民的教育负责，以便公民们可以通过这种方式明智地对自己的政府负责。这些关联的重要性也激发杰斐逊重新构想现代大学，将其视为学生可以体验自由学习的场所，这种学习的目的在于自身，而学生们则充满信心，相信自己所受的教育在更广泛和深入的意义上是有用的。在杰斐逊看来，这种机构里的教职人员应该是活跃的学者，而非培训手艺的师傅。这意味着他们要创造新知识，而不是简单重复过去的东西。他们应该身体力行教育乃自由的信条，而这意味着抛开传统。自由探索在本质上不会让教员落入预定的窠臼，因为它会在回答老问题的时候产生新问题。杰斐逊离世后不久，他对教育乃自由的奉献精神就成为他的启蒙观念的继承者的一种激励，尽管这些人并不喜欢他的种族主义倾向。这种激励让几代人投身于自由教育的反传统的传统中来。

爱默生出生于杰斐逊担任总统时期。他起初是一名牧师，后来发现自己越来越被排斥在宗教生活的正常维度之外。他追求更直接的——既更个人化又更有普遍性的——东西。爱默生甘愿一生从事写作和演讲，找到方法把体验的感觉传达给读者，启发读者和听众更深刻地理解生活。对这种体验的开放态度将成为对教育、个人和社会进步的开放态度。

爱默生改造了关于体验的启蒙概念，这一概念对杰斐逊而言至关重要。尽管爱默生也强调与外部世界接触的重要性，但这种接触的舞台已转移到意识层面。也就是说，爱默生关注我们如何认识世界，以及我们的直觉如何同外部世界发生联系以产生思维和感觉的新方法。他认为心智不是任由世界留下印象的石板，而是与世界互动的积极伙伴。于是，教育也不只是对从探索和体验中获得的知识加以散播。教育应该包括对自我的意识不断加强，甚至包括对自我的培养。对爱默生而言，教育的重点不仅仅是知识的积累甚或性格的培养，而是自我和个人文化的转型。

---

① 在另一篇文章中我论述了，尽管自由黑人大卫·沃克尔（David Walker）和前奴隶弗雷德里克·道格拉斯（Frederick Douglass）拒绝接受杰斐逊关于非洲人是劣等民族的种族歧视理论，但非常欣赏杰斐逊在教育问题上的看法。

今天，我只有时间讲讲爱默生最重要的文本，以此作为自由学习反传统的传统例证。"美国学者"的演讲是一个号召人们摒弃过去的激进号角，然而它却是在哈佛学院的一个非常传统的场合进行的。大学优等生联谊会标志着文学和研究的重要性。爱默生在演讲一开始就指出："仅仅是一个美好的象征，它象征着我们由于忙碌而无心于文字的人民中对文字之爱的延续。就此而言，这个象征弥足珍贵，有如不能被损毁的人类本能。"爱默生指出了（以商业为旨归的）现在所存在的贫穷，即太忙碌"而无心文字"，他寄望于可以受到培养以便恢复我们的"文字能力"的本能。他知道美国文化被视为"忙碌"，是由他称为"奇技淫巧"的东西所构成的。但是改变的时机已经成熟，因为年轻的充满进取精神的共和国再也不应该只是简单地向旧大陆索取文化养分。因此爱默生宣称新型的美国学者已经出现。

> 我们仰仗他人的日子，俯首于其他大陆学术之下的漫长学徒期，就要结束了。我们周遭成百上万积极向前的同胞，不能永远满足于食用异国智慧收获的陈粮。重要的事件和行动正在发生，这一切需要被歌唱，它们自己也要歌唱。有谁会怀疑，诗歌将获得新生，并将引领一个新时代？

然而，形势是严峻的，因为我们长期的依赖已把我们变成残疾，它已使我们变得不再是真正的人。"在这种社会状态中，其成员被截去了躯干，成为趾高气扬、四处逡巡的怪物——他们变成一根完整的手指，一段脖子，一个胃，一个臂肘逡巡，但绝对不是一个完整的人。""就这样"，他写道，"人被变形为物，变形为众多的物"。形势是严峻的，而这也正是时机成熟的原因。

学者主要受到三个因素影响：自然、往昔和行动。随着思维的发展，自然的困惑逐渐消退，心智开始理解世界的形式和面貌。随着"思维的人"日渐成熟，他开始认识到"自然是灵魂的反面，每一部分都与之对应"。"古希腊箴言'认识你自己'和现代格言'研究自然'，终于合而为一，成为一个完整的准则。"

第二个对学者有重大影响的因素是往昔的思想。这些思想通过书籍、物件和机构流传至今。但是对爱默生而言，关键在于这种影响不应该是学者的被动接受。真正的读者是具有"主动的心灵"并善于用往昔的思想凝聚自身力量的人。这与他眼中由学校和大学培养出来的"书呆子"完全相反。这些过于被动的学术机构满足于向学者展示伟大的作品，好像在说："这很好……我们就相信它吧。"

> 他们束缚我，他们只向后看而不会向前看。但是，天才是向前看的：人的双眼长在前额而不是后脑。人会期盼，天才会创造。

爱默生坚称，一个人要从阅读中有所收获，就必须成为发明家。他欣然承认，引导别人读最好的书籍是一项了不起的服务，但是如果教导别人服从书本，如果教导别人依赖，那么这种服务就会变成腐败行为。

> 同样，大学有其不可或缺的功能——教授基本知识。但是，只有当它的目的是创造而不是训练时，只有当它将各种天才的每一束光芒从天涯海角汇聚到它好客的厅堂，集众焰之势，点燃了青年学子的雄心之火时，大学才能很好地为我们提供服务。

在这里，爱默生对杰斐逊在创建弗吉尼亚大学时的教育理念做了更激进的阐释。对杰斐逊而言，死记硬背是学习的大忌，为选择好的命运之路接受训练则是灾难。爱默生在杰斐逊的基础上，认为大学应激发进一步的学习，通过创造加以改变。传统是大敌，但是，事实上爱默生为反传统的传统赋予了新的活力。

第三个对学者有重大影响的因素是行动。爱默生认为善于思考的人应该身体强健。他认为个人应该到田野中去；不光理解这个世界，而且应该做出反应，改变这个世界。新型学者欢迎体力劳动，因为这样可以增强活力，并反哺思维。他必须像其他方面一样，不要仅仅因为别人认为某项工作重要而潜心研究。他的工作、行为，必须来自于独立和活力。爱默生推崇的学者不应对行动的世界感到陌生，而应该"使生活成为他的字典"。

主动的学者，对来自自然、往昔、有创造力的劳动者和读者的启发持开放的态度，因而对我们的文化起着关键的作用。他一定不要盲从众人，而是要发现自己的路径；他必须对周遭的一切明察秋毫，但又不能进行任何模仿。这会引起邻居的侮谩和嫉妒，甚至最强有力的人本能也会感受到自我怀疑的恐慌。"对于所有这些侮谩"，爱默生问道，"怎样才能得到平衡？"

> 在发挥人类本性最高等级的功用中，他得到慰藉。他是一个这样的人：超越种种私虑，呼吸并生活于磊落且卓越的思想里。他是世界的眼睛，他是世界的心灵。通过保有和传播英雄的情感、高贵灵魂的传记、韵律优美的诗歌和人类历史的结论，他抗拒庸俗卑下的富有——那可能使社会堕落为野蛮。

通过抵制在年轻的合众国看到的庸俗意义上的繁荣，学者找到自身的独立和自由。"这世界属于能够看穿其假面的人。"

爱默生倡导的独立精神并不是指游离于世事之外。这篇精彩的演说最出彩的地方就是在演说最后，恳请学者关注日常生活和普罗大众。他眼中的学者并不是把目光从普罗大众移到虚无缥缈的艺术和安逸的世界上。绝对不是，在成为世界之眼目的过程中，年轻合众国的学者要关注身边发生的一切。

> 穷人的文学、孩子的情感、街市生活的哲学、居家生活的意义，这些是我们时代的话题……我不期望那些伟大的、遥远的、浪漫的……我拥抱普通的生活；我探索他们的生活并坐在这些熟悉的同胞——那些卑微者——脚边。给我对今日的领悟，你可以拥有过去和未来。

爱默生从其视为欧洲大学对可敬传统的关注的东西转向了对现代内容的关注——转向了对正在创造知识而非重复知识的那些探究领域。在此，爱默生超越了那种转换，强调了它的民主潜力。不要关心传统，他恳求说，看一看你周围的普通世界！他是在宣称关于学者的一个新观点，一个人怎样才能终生继续其教育的新观点。

学者就是这样的人，他必须拥有时代赋予的一切能力、过去的所有贡献和未来的全部希望。他必须是"知识的大学"。

爱默生在大学优等生联谊会上的演说意在打动听众，把他们从教条式的昏睡状态和对欧洲教育模式的盲从中唤醒。爱默生宣称，"我们倾听欧洲温文尔雅的灵感之源已经太久了"，但完全可以不这么做，他以慷慨激昂的乐观精神结束了演说：

> 我们要用自己的脚走路；要用自己的手工作；要表达自己的思想。文字研究，不应再是可怜、怀疑和肉欲放纵的代名词。人之恐惧和人之热爱应当成为一道防御之墙，一只环绕一切的欢乐之环。人的国家将第一次真正存在，因为每一个人都相信自己受到了那个也会激励所有他人的圣灵的启示。

就像爱默生在演讲开始时所说的那样，教育可以产生并不只是附属品的"人的国家"。教育可以培养知道如何靠自己双脚走路、如何体验到劳动的尊严和表达思想的自由的人。新的国家需要这种新型学者。

相信我们都能看得出来，尼采写的《不合时宜的沉思》（对海德格尔和后现代思想产生过重要影响）吸收了爱默生关于主动型学者应吸取（或抛开）过往思想而非沉溺其中的看法。爱默生发展了杰斐逊关于教育即从反民主特权中解放出来的观念，使其成为通过体验式学习完成个人和社会转型的观念。爱默生再次为自由学习反传统的传统注入活力。

在我们的时代，对有用教育结果的需求更为强烈，对自由教育的威胁的确深远（来自于政府监管者、企业和大学内部）。在技术急剧变化和信息瞬息散播的时代，我们绝不能放弃教育的人文基础，不能为达到快速、功利的效果而追求狭隘的、技术性的教育，这一点比以往来得更为重要。这些效果根本无法取代对探究、批评和体验的实践，这种实践将提高学生欣赏和理解周围世界并对其作出全新的反应的能力。自反、务实的自由教育是希望之所在，它让学生适应变化，而不是成为变化的牺牲品。

按照理查德·罗蒂（Richard Rorty）的说法，大学以自由教育为焦点的任务应该是这样的，"鼓励质疑，激发想象力，以此向流行观念提出挑战"。通过质疑、想象和艰苦的工作，学生"认识到他们可以重塑自己"和社会。自由教育之所以重要，是因为通过挑战流行观念，维护了反传统的传统，这势必会与我们的职业、个人和政治生活发生关系。在自反、务实的自由教育中，自由的探索和实验会帮助我们自主思考，为我们的信仰和行动负责,更了解我们自身的欲望和期望。正如杰斐逊和爱默生所知道的那样,自由教育之所以重要,是因为它可以提高我们了解世界、为之奉献,以及重塑自身的能力。

【本文英文版刊发于 *Social Sciences in China*,No. 2,2013,中文版由作者授权出版。作者迈克尔·罗斯(Michael Roth),美国维思里安大学校长、教授】

(于世华　译)

俄罗斯国家权力传统的进化

菲利普·彭博

一　概述

　　为了澄清我本人的理论立场，我会对两种尝试加以讨论，这些尝试旨在解释构成俄罗斯国家权力传统的某些实践和态度所具有的持久性。我把权力简单地定义为控制人民及其他资产的能力。在此，"国家"指的是权力精英们的控制工具，无论伊凡三世在 1480 年宣布自己为君主以及他的国家不再是金帐汗国的附庸之后，这个工具究竟采用了何种特定的历史形式。[①] 我在此关注的是历史上的权力精英、其诸代人的工程以及他们所控制的人力和资源。

　　俄罗斯国家权力的传统有以下突出特点：（1）在法律条文、制度和宪法背后，习俗性及个人性的权力行使形成一种组合，起着实际的作用；（2）相对长期的权力工程得到王朝及/或受意识形态所驱使之事业的认可，这些工程同时也是贵族和寡头的个人工程；（3）周期性的"上层革命"和对这些革命的反应；（4）宗教的或世俗的意识形态赋予俄罗斯（或苏维埃）国家和人民一种独特的认同及神圣的或历史性的使命；

---

① Oleg Kharkhordin, "What Is the State? The Russian Concept of Gosudarstvo in the European Context", *History and Theory*, 40, May 2001, pp. 208 – 240. 关于伊凡三世的文献见第 215 页。同时请参考 Richard S. Wortman, *Scenarios of Power, Myth and Ceremony in Russian Monarchy*, 2 Vols., Princeton, NJ: Princeton University Press, 1995 – 2000, I: 25. 有关莫斯科公国发展的经典著作参见 A. E. Presniakov, *Obrazovanie velikorusskogo gosudarstva*, Petrograd: I. A. Bashmakov, 1918.

（5）对任何给定的历史时刻最有价值的资产实施精英垄断，尤其是对权力工程至关重要的熟练的军事和行政人员实施的精英垄断，以及对各种贡品和税收的精英垄断；（6）关于服务的理念，无论这种服务是对沙皇、国家、人民还是政党及其权力工程的。①

　　一种贵族/寡头的权力模式出现、进化，并作为一种显而易见的"物种"，在俄罗斯五百多年的历史中几乎从未间断地生存了下来。② 从1480年到1991年，这种如此长时段中生存下来的国家权力物种一直相对保持完好。在这段时间里，在如此广袤的领土面积上，权力精英控制人口及资源的能力不得不让人刮目相看。当下的俄罗斯联邦政府正在重申俄罗斯国家权力的传统，尽管技术革新使大规模机械化部队——俄罗斯和苏维埃军事力量传统上的主要来源——变得过时了。一战和二战将上千万的战士化为"炮灰"，本该让政治和军事战略家们认识到大规模部队的存在已经不合时宜。③ 核武器及洲际弹道导弹更加强了这一论点。

　　两次世界大战实为一场，只是分为两幕，中间间歇了二十年。这两次大战加速了几个世纪以来欧洲帝国工程的消亡，并导致了帝国领土的肢解。斯大林相信，残余的资本主义/帝国主义大国会经历第三轮全球帝国主义战争，因此认为为这第三轮帝国主义战争做好准备是战略上的明智之举。诚然，斯大林声称是在保护并扩展社会主义阵营，但他的作为越来越像一名俄罗斯帝国主义者。在适应1917—1921年恶劣国际国内环境的过程中，苏维埃解放工程开始从马克思主义乌托邦变异为传统的俄罗斯强国

---

　　① 对俄罗斯权力诸多观点和最新的理论文献综述，参见 A. N. Oleinik, "Russkaia Vlast: 'Konstruirovanie ideal' Nogo Tipa", *Politicheсckaia Kontseptologiia*, 1, 2010, pp. 69–91。

　　② 从1480年到现在，发生了三次重大的断层。第一次发生在17世纪初的"动乱时代"，波兰和瑞典短期内事实上控制了俄罗斯，直到1613年俄罗斯王朝的复兴；第二次从1917年的二月革命到1921年苏维埃政权的巩固；第三次从1991年到2000年，前权贵阶层、犯罪组织和被称为"寡头"从最精明的商人在去集权化的过程中攫取权力，产生了一种盗贼统治现象，洗劫了苏联时代所创造的资产。普京可以被看成一个保守主义者，他为旧体制的崩溃而感到遗憾，并试图恢复有用的集权化的"垂直"统治模式，以及恢复与俄罗斯过去——无论是沙俄时代抑或苏联时代——的联系。因此，现在的俄罗斯政权正在找回俄罗斯国家权力的传统。

　　③ 有着后见之明的历史学家知道，他们不应该对逝者说教。我们现在知道，战争技术的发展速度要快于受过上一次机械化战争大众创伤的军事战略家和政治家的意识。让公民军队屈从于这种恐怖无异于玩火，如一战后所表现的那样。尽管普通政治家对高死亡率愈加厌恶，更多的激进领导人和他们的军事人员主宰着战争的动力和伤亡。到了21世纪，在大国和小国之间"小型战争"中低死亡率甚至也遭到人们的厌恶，让大国之间爆发大规模战争变得更不可能。

工程的一种变体。俄罗斯式的防御性帝国主义成为共产主义意识形态未被公开承认的伴生物。

俄罗斯/苏联式的权力工程只是其他诸多长时段欧亚大国工程中的一个。历史学家们注意到了西班牙复地运动（Reconquista）与莫斯科沙皇"收复"蒙古征服期间丧失的基辅罗斯领土的相似性。[1] 中世纪晚期及现代早期的工程用宗教意识形态和王朝的权力要求正统来为其权力工程正名；更为近期的权力工程则利用自由主义、社会主义乌托邦以及对流行规则的主张。在超过四百多年的时间里，俄罗斯权力工程最终不仅横扫古基辅罗斯的领土，而且扩张得更远，这似乎依赖于王朝遗传体系的基因变异。然而，幕后个人权力和权力的游戏规则奏响了正式的继承规则。

权力精英设计出一些办法，来为自己清除危险的王朝候选者，后者或者个性软弱，或对他们的战略有着破坏性作用。这些方式引发了这样的讽刺：俄罗斯有着"由暗杀所缓和的独裁统治"。尽管这些方式暗藏危险，权力精英仍然使一切保持正轨。俄罗斯权力工程存活、演变，并最终获得了明显的现代欧洲帝国形式，并拥有了机械化军队和远洋海军。俄罗斯权力精英在感到必要的时候，还立即丢弃不合时宜的机制和构造，并临时增补新的机制和构造。

俄罗斯帝国权力工程开始于莫斯科大公为争取对国家主权的承认所进行的斗争，并随着伊凡四世晋身沙皇及其向东方的大规模扩张大大跃进一步，最终在彼得大帝时期获得了现代欧洲帝国形式。在两百多年的时间里，俄罗斯权力精英与俄罗斯边界上以及边界之外的诸帝国进行竞争并获得不同程度的胜利。[2] 在其苏维埃变种里，当斯大林创造出一个将其党的路线强加给一个新式的共产主义政权的霸权主义政权时，俄罗斯权力传统和权力工程在 20 世纪 50 年代达到顶峰。然而，二战后创建的苏联结构建立在斯大林关于大规模的入侵性军队和缓冲性卫星国仍有战略重要性的信

---

[1]　James H. Billington，*The Icon and the Axe：An Interpretive History of Russian Culture*，New York：Vintage Books，1970，pp. 69 – 72. Billington 同时也发现其他和西班牙的相似之处。同时参见 Paul Bushkovitch，"Russia"，in *The Imperial Moment*，ed. Kimberly Kagan，Cambridge，MA：Harvard University Press，pp. 112 – 118. 和 Billington 一样，Bushkovitch 同样注意到，支持收复古基辅罗斯领土的宗教意识形态同样鼓舞了建立新以色列的观念。

[2]　以俄罗斯为中心、关于帝国的比较研究的优秀作品，参见 Dominic Lieven，*Empire：The Russian Empire and Its Rivals*，New Haven，CT：Yale University Press，2001。

念上。斯大林去世三十年后，苏联精英最终承认他们的防御性多民族帝国已经过时，而且成本高昂得难以维持。斯大林的战略性错误以及占领卫星国、对卫星国中的异议进行压制、将卫星国领土并入苏联等行动，导致一种有利于欧盟和北约的后帝国主义的瓜分形式的形式。

在意识形态更新的层面上，马克思主义观念丧失了继续启发精英的能力。甚至坚持马列主义的党的领导人也承认，马列主义无法取代草根阶层的宗教信仰和民族主义。斯大林在二战中的胜利更多被当做爱国主义而非社会主义的成果。随着帝国的瓦解，民族国家纷纷建立。缓解苏联体制内民族问题的方式无法阻止民族解放运动胜利的多米诺骨牌效应。戈尔巴乔夫的公开化（glasnost）、改革（perestroika）和民主化（demokratizatsiia）产生了灾难性的后果。但在 1991 年后，大体上保持了苏联模式的俄罗斯权力精英们，尽力阻止俄罗斯帝国—苏联领土和传统势力范围的进一步丧失，并继续角逐大国地位。

在 21 世纪，经济力量和其他"发展"措施而非军事力量，日益决定一个国家的大国地位。然而，俄罗斯权力精英听上去似乎仍在致力于延续传统的俄罗斯独裁/寡头权力，而非接受发达民族国家精英俱乐部的政治规范。他们明显试图用俄罗斯民族主义和俄罗斯东正教替换马列主义，将其作为主导意识形态来重塑一种传统俄罗斯权力的变体。

问题由此产生，我们如何解释俄罗斯现代史中发生的诸多其他变化当中这种不寻常的持续性呢？我在这里提供爱德华·基南（Edward Keenan）和已故的理查德·海利（Richard Hellie）的理论，并会偶尔引用其他人的理论。在结尾，我会阐明一种关于俄罗斯权力工程持久特征的新达尔文主义进化论的核心特点。

二　爱德华·基南的本土政治文化理论

在其 1986 年的长篇论文《莫斯科政治风俗》（*Muscovite Political Folkways*）中，爱德华·基南认为俄罗斯文化的连贯性是由文化基因的复制所控制的。"我们的方法是建立在……尝试识别……表现为俄罗斯政治文化遗传细胞（generative nuclei）的根本结构和特征函数（characteristic functions）上：宫廷、官僚制度和乡村。"① 但这并非是新达尔文主义的解释，而是利用人类学中的深层结构理念而进行的解释②，与对"本土政治文化"及其体制性自我保存的特别强调相结合。③ 尽管学者们对基南的极端连贯性命题及其对俄罗斯政治文化内源的过度依赖提出质疑，但关于俄罗斯权力体系是寡头而非独裁的看法在苏联后期及之后影响深远。

基南同时强调由于长期适应某一特殊环境而所产生的群体心理。我们在这里不用精确阐述基南所描述的俄罗斯群体心理的特点，只说受俄罗斯本土文化影响的斯拉夫农民对北方森林"边缘而险恶的环境"④ 的适应就足够了。农民本土文化的影响超越了村社机构，并孕育了极度持久的以权力精英为代表的寡头政治文化——宫廷的与官僚的。沙皇为假定的独裁者，在寡头政治中成为各个贵族家族斗争的调解人，并以表面具有神圣权威的王朝政治面目出现。

基南关于深层结构和体制性自我保存的理论忽视了据他认为掩盖了内部体制运作的意识形态面具。因此，他并不在乎统治者（或为他们捉刀的人）对他们的信仰写了或说了什么。不仅如此，基南否认意识形态统治是精英的动机，这导致他总体上否认形成群体认同的信仰体系。因此在他的理论中，只剩下心理上的调整适应和与险恶环境相适宜的悲观世界观——还有因此而来的一种环境决定论。问题在于，由群体心理和本土文化所产生的体制起了作用。基南执着于自我保存体制的观念，以至于把从19 世纪到20 世纪末文化、社会、经济和政治的动荡视为非正常现象。⑤当农民和其他"旧政治文化的承载者"将他们仍旧完整的态度引入苏维埃体制中时，本土政治文化在共产主义的掩饰下强势回归。旧传统胜利了。⑥

---

① Edward L. Keenan, "Muscovite Political Folkways", *Russian Review*, 45, Apr. 1986, p. 119.

② Ibid., p. 117.

③ Ibid., p. 116. 基南没有提供阐释此种理论之来源的佐证，因此我们必须靠自己的猜测。在人类学家中，人们首先会想到克洛德·列维—施特劳斯（Claude Lévi-Strauss），以及受他启发的历史学家，至少包括埃马钮埃尔·勒华拉杜里（Emmanuel Le Roy Ladurie）的著作。关于文化持续力的理论性方法，参见符号学塔尔图学派的著作，尤其是尤里·M. 劳特曼（Iurii M. Lotman）关于俄罗斯文化的诸多研究。

④ Ibid., p. 122.

⑤ Ibid., p. 166.

⑥ Ibid., pp. 172 – 187.

实际上,早期俄罗斯文化和莫斯科大公国政治体制的演进就归功于很多非欧亚因素的贡献,正如后来俄罗斯帝国文化的演变一样。[①] 贯穿俄罗斯历史,强大的外部因素推动着重大的变革。传说中内生的本土文化可能影响但无论如何无法控制和平的文化传播所获得的一切,或者现代化进程中的改革者和革命精英所引进并实施的一切。俄罗斯周期性地受到新思维方式和新行为方式的淹没。新技术和精英人员从欧亚大陆的各个地方涌入,产生了独特的文化分野。到俄罗斯革命的时代,最新的现代化精英阶层和绝大多数农民之间已经出现了巨大的鸿沟,正如进城的农民和留守农村的农民之间的鸿沟一样。尽管农民也把乡村的重要特点带入城市,他们同样也表现了新晋市民对留在农村中的人们的典型蔑视。在基南看来,导致俄罗斯"自上而下"的革命的所有这些变化对政治体制而言不如本土政治文化的保留那样重要。

基南关于自我再生的政治文化的观念可能表达了斯拉夫主义者已经司空见惯的一种职业偏见,后者信仰一种"俄罗斯灵魂"或其他一些永恒的斯拉夫品质。该理论当然对那些认为文化由抵御变革的深层代码所支配的人们有着人类学—语言学上的偏见。基南的理论同时也是冷战的产物,是为需要对俄罗斯和苏联对西方的矛盾情绪作出解释的受众而精心制作的。[②] 基南强调一种顽固存活着的抵制西方民主体制和市场经济的本土政治文化,这毫无疑问吸引了强烈坚持苏联威胁论的美国官员。

三 海利的理论:堡垒国家和军人阶级革命

基南理论最严厉的批评者之一理查德·海利 (Richard Hellie) 在近十

---

① 关于强调亚洲对俄罗斯国家贡献的重要研究,参见 Donald Ostrowski, *Muscovy and the Mongols: Cross-Cultural Influences on the Steppe Frontier, 1304 – 1589*, Cambridge: Cambridge University Press, 1998。关于对欧亚主义历史编纂学最新的研究,参见 Marlène Laruelle, *Russian Eurasianism, an Ideology of Empire*, Baltimore: The Johns Hopkins University Press, 2008。

② 基南在此文一开始提到,《莫斯科政治风俗》的原始版本被美国国务院签下合同并被内部分发。理查德·海利紧接着在一篇关于俄罗斯帝国历史的文章中严厉批判了基南的文章。Richard Hellie, "Edward Keenan's Scholarly Ways", *The Russian Review*, 46, Apr. 1987, pp. 177 – 190.

年前提出了一个关于现代俄罗斯历史之结构的"沉淀—预备条件—后果—反馈"模型。① 和基南一样，海利承认俄罗斯农民对艰苦自然环境之适应的重要性。然而，与基南不同的是，海利假设了为"堡垒国家"和独裁统治再造预备条件的系统关系，以及其他后果。在这种类型的国家里，独裁者对外部和内部的威胁作出偏执的反应，其中内部的威胁来自于政权对其人民的野蛮剥削。堡垒国家不顾失衡，调拨可用资源，将其用于军事和内部安全。海利因此强调"自上而下"的革命在本质上提升了俄罗斯相对于有威胁的邻国的军事力量，并允许俄罗斯成功应付国际危机。海利赋予"自上而下的革命"以精确的含义，即将其限定在对国家军事人员的主要改组上。

尽管海利重塑了自己的理论，他仍然发现俄罗斯通向现代化的道路呈间歇性而且代价高昂，而循环往复和独裁权力则是其基本特征。在其更新后的理论中，他确定了路径依赖。② 但是，他将俄罗斯历史500年的结构解释为对相对贫乏的经济资源和严峻的内外威胁大体上采取防御性反应的结果。路径依赖假设，较早的战略决策对稍后的独裁者战略思维作出了限制；因此，他们反过来依靠过去曾经奏效的军人阶级革命战略，将具作为应对现时威胁的暂时措施。这并没有解决跟上先是欧洲，后是北美及日本不断加速的发展步伐的长期问题。

在路径依赖理论中，最初解决问题时的成功大体上决定了未来相似问题产生时对这种解决方案的依赖性，同时决定了以某种方式再造产生这个问题的条件的倾向。③ 在莫斯科和圣彼得堡时代，继开始旨在驱逐外部威胁的服务阶级革命的动员之后，又有过这样的努力，即削减独裁者向精英

---

① Richard Hellie, "The Structure of Modern Russian History: Toward a Dynamic Model", *Russian History*, 4, No. 2, 1977, pp. 1 - 22.

② 海利修正了他的理论，Richard Hellie, "The Structure of Russian Imperial History", *History and Theory*, *Theme Issue*, 44, Dec. 2005, pp. 88 - 112。这里他依据的是 I. S. J. Liebowitz 和 Stefan Hedlund 的著作。

③ 在其早期的理论尝试中，海利关于预备条件导致服务阶级革命和军事独裁国家的结论是落后性。当然，"落后性"是相对的。俄罗斯并没有像那些领跑全球现代化的国家那样发展自己的人力和其他资产。权力精英追求一种用来保护国家抵抗内部和外部威胁的综合战略。这个建立在工业发展成本上的政策有利于社会稳定。被延误的工业化到19世纪末由农民和无产阶级来埋单。在1905—1907年，权力精英镇压大规模骚乱，但没有能够消灭革命派知识分子，也没有能够阻止1917年的剧变。

提出的习得新技能和无限制服务的繁重要求。这不可避免地带来精英的停滞和腐败。

在海利的理论中，第一次军人阶级革命发生在 15 世纪末伊凡三世时期，它开创了军人阶级动员的循环模式——对技巧与人员进行更新，要求更多的军事力量，在此之后陷入"退化"期。然而，直到 1649 年，权力精英才制定了一套事实上的种姓体制，这种体制的目的是服务于"堡垒国家"及其权力工程。统治精英和正在成长中的军人阶级结成联盟，瓜分农民劳动所产生的财富，这种联盟一直是该体制核心的社会经济特征。

第二次军人阶级革命发生在彼得一世时期，它改变了关于贵族和农民提供军事服务的条款。彼得改进了军事人员的教育；创造了独特的农民士兵社会群体；将其他农民转入现代军工业生产；组织欧式政府部门和官僚体制；并把俄罗斯总体上变成一个欧式帝国，在北海上能与瑞典相抗衡，在陆地上也同样具有竞争力。尽管彼得之后的工业化修正了资源来源和生产财富的方式，国家的成功仍然主要来自其出于经济发展和军事目的而对大规模农民人口进行剥削的能力。[1]

俄罗斯国家在 17、18 世纪的大多数时期面对着由哥萨克所领导的农民起义的可能威胁。到 18 世纪末，军人阶级的西化产生了一种新的内部威胁。此时，国家面临着这样的可能性，即受过教育的革命者会以某种方式替代哥萨克的角色。事实就是如此：一个革命的知识阶层产生、领导并最终控制了自下而上的革命。这个国家的帝国工程产生了解放工程，先是哥萨克领导的在传统口号旗帜下的农民叛乱，后来则是主要受到社会主义思想家影响的由知识阶层领导的革命。

当斯大林开展其远比列宁更为彻底的自上而下的革命时，他摒弃了新经济政策的妥协。他创造出一个技术型的知识分子阶层来组织生产和贯彻党的路线，从而使其革命达到顶峰。[2] 军人阶级的这种扩张以及 20 世纪 30 年代末的大清洗，与斯大林关于下一轮帝国主义战争正在迫近的判断

---

① 关于俄罗斯军费开支估算的研究，参见 Walter M. Pintner，"The Burden of Defense in Imperial Russia，1725－1914"，*Russian Review*，43，July 1984，pp. 231－259。关于苏联国防开支，参见 James E. Steiner and Franklyn D. Holzman，"CIA Estimates of Soviet Military Spending"，*International Security*，14，Spring 1990，pp. 185－198。

② 最出色的研究参见 Sheila Fitzpatrick，*Cultural Revolution in Russia，1928－1931*，Bloomington，IN：Indiana University Press，1978。

相符。他清除了对其权力的所有内部威胁,成为了一种独裁者。斯大林还重拾沙皇时代的策略,把农民束缚在土地上,而这一次是为了支持工业工人阶级(其本身主要由以前的农民组成)及党和国家壮大中的官僚体制。

在海利的叙述中,所有试图保持斯大林的军人阶级革命的企图都失败了。当权人物退化为特权统治阶层。这种循环第三次发生了:革命丧失了动力;军人阶级失去了纪律和热情。甚至在斯大林统治时期,特权腐败就已经显现出来。斯大林死后,一名有着改革头脑的总书记从党的寡头统治中脱颖而出。尼基塔·赫鲁晓夫冲动地做了“秘密报告”,开始去斯大林化,但自身行为却体现为专制的方式。海利认为自从党解除了赫鲁晓夫的职务,勃列日涅夫又“将新生命力”带入斯大林的革命中。[①] 在这里他明显错了。勃列日涅夫主义成为斯大林革命衰退的缩影。勃列日涅夫尽管部分恢复了斯大林的名誉,却废除了赫鲁晓夫去集权化的改革。斯大林的遗产因此激发了改革与反动的痉挛,却依旧桎梏于军人阶级革命的基本模式。尽管戈尔巴乔夫本着列宁和布哈林新经济政策的精神努力开展他自己的自上而下的改革,但是在经济机能不良、社会各阶层广泛地玩世不恭、军队丧失士气,尤其是无法制止的民族主义势头等的联合压力下,苏联体制在 1991 年崩溃。但是,海利没有预料到不可避免的第四次军人阶级革命,因为这一次并不存在重大的外部威胁。

四　关于俄罗斯国家权力传统的进化论阐释

进化论的历史研究需要对作为选择力量施加对象的单位进行仔细定义。社会科学家可能会对在适合度空间(fitness space)中互动和经历选择的跨代群体工程有比较好的研究。我初次遇到“适合度空间”这个短语是在康拉德·H. 沃丁顿(Conrad H. Waddington)的《基因战略》(*The Strategy of the Genes*)[②] 中。他使用这个短语来表达表现型在其中被用于适合度测试的空间;我在这里用这个短语来划分诸多群体项目互动的舞台。

---

① Richard Hellie, "The Structure of Russian Imperial History: Toward a Dynamic Model", *Russian History*, 4, No. 2, 1977, p. 107.

② Conrad H. Waddington, *The Strategy of the Genes*, London: Allen & Unwin, 1957.

他们包括"所有竞争性与合作性、寄生与共生的互动，所有影响群体项目地位的接触与交流"①。进化论的阐释同样也要求"群体思维"（population thinking）。② 群体遗传学对新达尔文主义的现代综合论作出贡献后，进化论生物学家开始重视基因种群——DNA 中包含的信息单位——所发生的变化。社会科学家有时模拟生物学家，并将"文化基因"（memes）理论化，后者是社会文化信息可比拟于基因的单位。③ 他们正在开创一门全新的学科"模因学"（memetics）。模因学的归谬法（reduction ad absurdum）的论点认为人类是复制基因和文化基因的机器。然而，与此论点相反，人类不仅仅是基因和文化基因信息的复制机器，作为复杂的生物社会文化物种，我们有把从生物到意识形态的一切予以搞乱的欲望、目的和计划。也许最重要的是，我们有着总在进步着的群体认同。

人类所生产的信息在被人类机制利用之前处于隐藏状态。在社会科学中，我们在实践进化论时需要明白人类群体决定使用由祖先传下来的技巧、习惯、信仰和其他信息做些什么。持进化论的历史学家可能想要知道为什么某些技巧、习俗、信仰和物件在某些人群中销声匿迹，而另外一些内容则取代了它们。进化论的路径可能还会考虑情感所起的作用，不仅在人类决策中，而且在人类行为的大多数方面。

人类的历史进化通常是"不均衡"和不完美的，原因有很多；过去、现在和映入眼帘的未来艰难地共处。作为基础的进化论假说认为，人类群体由复杂而多样的个体和集团所组成，不能被简化为学习并复制信息单位的机器。更准确地说，人类集体对变革压力——进化的力量——有不同的

---

① Philip Pomper and David Gary Shaw, eds. , *The Return of Science：Evolution，History and Theory*, Lanham, MD：Rowman & Littlefield Publishers, Inc. , 2002, p. 150. 我在自己的著作《历史学达尔文化》第八章中引用过。

② 本术语由厄内斯特·迈耶（Ernst Mayr）引入达尔文主义的理论词汇表中。它是区分达尔文进化论与历史发展阶段理论——如马克思主义理论或现代化理论——的进化观念的关键。达尔文主义者对群体随时间流逝发生的变化和与此相伴的层展现象（emergent phenomena）感兴趣。

③ 理查德·道金斯（Richard Dawkins）是这种方式的创造者。他最引人注目的追随者之一威廉·G. 伦士曼（William G. Runciman）最近完成了一份研究：*The Theory of Social and Cultural Selection*, Cambridge：Cambridge University Press, 2009。关于社会文化进化的两种不同路径请参见 Martin Stuart-Fox, "Constructing a Selectionist Paradigm", *History and Theory*, 50, May 2011, pp. 229 – 242；我对机械模因理论的批评参见 Philip Ponper, "Once Again, With More Feeling", *History and Theory*, 50, May 2011, pp. 243 – 253。

反应，而且如果生存下来的话，其工程的进化速度也不一样——当然，他们确实生存下来了。作为一种与俄罗斯国家权力相关的科学工作假说，我认为，习俗、信仰和群体认同等形式的传统，比技术技能形式的传统更有可能抵制权力精英所强加的变革。

　　为追求现代帝国权力工程的传统，俄罗斯精英引进或鼓励了最新科技和附属技术的发展，但他们也培养了一种关于传统俄罗斯身份的认同感。俄罗斯国家权力传统完整地延续到 20 世纪，部分原因是它适应了欧洲式的战争，并拥有大量总体上忠诚且被动员得很好的农民士兵人口。然而，少数群体开始发展出独特的民族认同，而且与其他现代认同一起，往往对帝国起侵蚀作用。多样的认同——有些是旧的，有些是新的——对传统精英的教化产生了抵制。而传统精英则试图把铁板一块的忠诚施加在单一的意识形态和认同上。

　　群体认同的重要变革发生于分裂为几个群体的俄罗斯军人阶级中。革命的知识阶层起先主要来源于士绅军人阶层，前者保留了其军人伦理，但不再对王朝和国家效忠或作出承诺。革命的知识阶层有了一个新的自我认同，即拥有历史进程科学理论的理论先锋，它演化，分化为政党，并产生了独特的革命工程。后来，当布尔什维克把城市无产阶级和贫农确定为大众革命的先锋队时，危机出现了。群体的剩余部分成为劳工阶级的敌人。这种马克思主义社会学的变体违反了农民的自我认同，而且他们试图永久保存自己的农村公社。共产党的权力精英尽管成功地使农民集体化，却没能用好战的无神论取代大众宗教——主要指俄罗斯东正教。[①] 最重要的是，民族主义的诱惑在俄罗斯和苏联时期一直阴魂不散。沙皇和苏联权力精英动摇于安抚与惩罚少数民族之间，但历史进化却有利于推动民族认同的帝国的解体，这为后苏联时代民族国家的成型埋下了伏笔。强加以布尔什维/共产主义阶级社会学为基础的身份认同的努力总的来说失败了。

　　俄罗斯/苏联的案例非常有启示意义，但它只是关于我们称做"现代

---

　　① 最近的一项研究详细地分析了赫鲁晓夫掌权及其后数年中的失败。Victoria Smolkin-Ro-throck, *A Sacred Space is Never Empty*, Ph. D. diss., University of California, Berkeley, 2010. 关于苏联公民根据斯大林主义理想塑造自身的努力，参见 *Jochen Hellbeck, Revolution on my Mind: Writing a Diary under Stalin*, Cambridge, MA: Harvard University Press, 2006。

化”的进化论进程的诸多演示中的一种。没有哪个集团最先设计它，没有人可以掌握它，而且它始终是不平衡的。它是一种开放式的现象，由包括群体工程在内的许多进化力量所驱动，这些力量各以不同的方式，在多种适合度空间里，对有着不同技能、习俗、信仰和认同的人类群体运作着。在最近的历史中，多亏不同类型的“军备竞赛”在全球的扩展，服务于群体工却也让人类付出代价的技术进化以极快的步伐演化着。新式武器快速发展。最终，这些武器携带着巨大的破坏性力量，并可以在极远的距离进行精确打击。新技术将战争的适合度空间——战场——转变成单纯的屠杀场。我们日益成为自己技术的受害者，这在现代战争的适合度空间上极为明显。

第一次世界大战很清楚地表明，技术落后的大国没有能力在大国舞台上进行成功的竞争。为了加速工业化和为下一次帝国主义战争做好准备，斯大林决定摧毁传统技术以及一亿多农民人口的传统技能和生活方式。他强迫用“自上而下的革命”来加速经济和社会文化的进化，但长期来看，斯大林旨在创建“堡垒国家”的传统帝国方式既未服务于国际社会主义事业，也未服务于苏维埃的权力工程。以前那些放弃帝国工程的帝国政权（尽管有时只是在经历战争之后）由于放弃得早一些，因而了比苏联做得好一些。

尽管向死者说教于事无补，但是从一种进化论的角度来说，斯大林在1945年后制定了错误的战略。和其沙皇前任们一样，他采用一种强加变革的战略，这种战略取得了短期的“革命”收益，但却付出了长期的进化代价。在俄罗斯知识阶层的革命解放工程变异为布尔什维克/共产主义权力工程之前，它创造了新的理想化的认同和媒介——知识界科学先锋、英雄的无产阶级革命者、作为社会主义未来的男女——所有这些形象都是用来动员人民为那个未来而战斗和牺牲的。斯大林可以利用这种革命性激励中的一些为其权力工程服务。但是，当斯大林工程丧失了鼓舞和动员的能力时，用海利的话来说，“退化”的通常形式便显现出来。去斯大林化只是加速了退化的过程。后苏联时代的俄罗斯权力精英不仅面对着经济崩溃，也面临着集体性精神萎靡。新精英们——大部分是苏联时代的权贵成员——认识到，为了让经历过认同丧失以及意识形态、政治、社会和经济崩溃的民众恢复士气，他们必须进行大规模的群体疗伤。

五　过去的复仇

历史的进化总是不完美且不均衡的。革命者们直接以无数方式经历来自过去的抵制。他们被意味着受憎恨的过去和传统人类认同包围着，却无法将它们全部摧毁或转变。新精英们占有并且必然地使用被其击败的敌人腾出来的各种建筑。旧统治者们留下来的办公室里有着官员们工作时必须使用的物品。革命者们在用着相同的墨水、纸张、橡皮图章，相同的桌子、台灯和椅子。他们开始走旧官僚的常规老路。①

对新精英们来说更令人愤怒的是，传统价值观、习俗和信仰仍在顽固地坚守阵地。精英们可以引进最新的技术，教授最新的技能，他们可以以强力创建新的工业和社会阶层，他们可以教导新意识形态并禁止旧意识形态的存在，但他们无法完全掌握新认同的进化。在大规模群体中，众多习俗、信仰、意识形态和传统认同仍然顽固地保持完整。革命的权力精英自身也无意识地保存了在习惯、信仰和认同因素方面的许多习惯，尽管他们在清醒的意识形态层次上摒弃这些习惯。斯大林的一名早期传记作家展现了其过人的洞察力：

> 过去对正英勇地摆脱它的一代人进行了冷酷的复仇；复仇的高潮恰恰发生在第二次［斯大林主义］革命的进程中。俄罗斯历史的矛盾之处集中体现在斯大林身上。他比其他所有人都更能代表"负责任的共产主义行政人员"，这些人的"文化"甚至低于俄罗斯旧统治者们，因而其压倒一切的倾向是不自知地模仿旧统治者的习俗。这种进程具有历史上的不可避免性，它表现在斯大林本人政治外貌的变化上：不止一人，而是诸多伟大沙皇好像都在这名统治着克里姆林宫的格鲁吉亚布尔什维克人身上复活了……②

---

① T. H. Rigby, *Lenin's Government：Sovnarkom, 1917 – 1922*, Cambridge：Cambridge University Press, 1979.

② Isaac Deutscher, *Stalin, a Political Biography*, New York：Oxford University Press, 1967, pp. 359 – 360.

那些将历史进化理解为一种开放、不均衡且不完美的进程的权力精英们更有可能塑造富有弹性的战略,后者为适应历史不可预测的适合度空间创造条件。

【本文英文版刊发于维思里安大学 *History and Theory* 杂志 2012 年第 51 卷第 4 期,中文版由该刊出版公司 Wiley 授权出版。作者菲利普·彭博 (Philip Pomper),维思里安大学历史系荣誉教授、《历史与理论》杂志顾问编辑】

（颜震　译）

比较视阈中的启蒙

在继承与超越中推动人类文明的升华

——在第二届中美学术高层论坛上的演讲

王伟光

2013 年 5 月 10 日

各位专家、学者：

两年前，中美两国学者以"传统"为主题，在中国北京成功举办了"首届中美学术高层论坛"。两年后的今天，我们相聚在美丽的维思里安大学，以"启蒙"为主题举办"第二届中美学术高层论坛"。这是两国学者为推动中美人文社会科学领域交流共同搭建的一个重要平台。自从2010 年 5 月中美人文交流高层磋商机制在北京成立以来，人文交流与政治互信、经贸合作一道已经成为新时期中美关系的三大支柱。作为人文交流的重要组成部分，我相信，由中美两国学者共同推动的中美人文社会科学对话、交流与合作，必将为进一步增进中美两国和两国人民的相互理解做出积极的贡献。在此，我代表中国社会科学院向论坛的胜利召开表示热烈的祝贺。

下面，我就这次论坛的主题发表三点意见，与各位专家做个交流。

一 启蒙运动的历史价值

发端于 17 世纪的启蒙运动，是由欧洲新兴资产阶级发起的一场波澜壮阔的思想、文化和社会解放运动。它高扬文艺复兴时期反封建、反神学、反迷信、反教会的旗帜,为资产阶级政治革命提供了思想理论武器;它倡导民主、平等、自由的观念,为欧洲发展、北美独立,以及西方社会进步提供了重要的理论支持和思想引领;它所倡导的一系列具有启迪意义的社会政治原则、价值观念,至今仍发挥着广泛的影响,仍是人们向封建专制、独裁统治、愚昧势力宣战的思想武器。三百余年的实践证明,启蒙运动将以伟大的思想解放、社会进步而名载史册。

毋庸讳言,任何一次伟大的思想变革都有其历史的局限性。资产阶级启蒙思想的本质决定了它不可能转化为全人类的共同价值,不可能适用于世界上所有的民族和国家。启蒙运动以来充斥着血腥历史的资本扩张、世界日益严重的两极分化和意识形态领域的严重对立表明,"这个永恒的理性实际上不过是恰好那时正在发展成为资产者的中等市民的理想化的知性而已","真正的理性和正义至今还没有统治世界"。这是一百多年前恩格斯在《社会主义从空想到科学的发展》中的科学判断。单纯依靠启蒙思想不可能带来世界的进步与和谐,而一些自以为在道德、文化和意识形态上高人一等的启蒙教师们只会加剧不同民族、国家之间的物质和精神上的鸿沟。在启蒙运动爆发三百年后的今天,世界格局发生了翻天覆地的变化,以信息化为主导的新一轮工业革命,正在西方世界和非西方世界同步进行,人类的交往联系日益紧密。在这同一个"地球村"里,人类既要共同应对生态破坏、能源危机、恐怖主义等一系列挑战,也要共同致力于构建更加公平、更加合理的国际新秩序。而每一个民族、每一个国家,又具有不同的历史传统,面临着不同的发展条件,肩负着不同的发展使命。正是这种错综复杂的客观现实,决定了任何一种特定的时代和地域经验都无法转化为普世经验,任何一种特定的文明都无法遮蔽丰富多彩的人类世界,任何一种特定的社会发展模式都无法规制不同民族和国家的历史途径。没有放诸四海而皆准的终极真理,也没有唯我独尊的现代化范式。多极化的世界格局、多元现代性的世界体系,已是大势所趋、历史所向。和人类历史上其他任何一种伟大思想一样,启蒙思想、启蒙运动,能给人们提供的只是历史的启迪,而不是解决问题的现成方案。

今天我们讨论启蒙,并不是要否定启蒙运动的思想成果,而是要在当今世界,站在历史和时代的制高点,站在人类文明和世界发展的制高点,对启蒙本身进行历史性的、批判性的反思,对启蒙运动的思想遗产进行重新审视和清理，并在此基础上积极总结和归纳启蒙运动以来的思想成果，在对话中求同存异，在互惠中取长补短，最终建构起更加开放、更加包容、更加合乎人类发展趋势的现代思想体系。

二　启蒙的中国经验和历史选择

每一次对历史的深入反思，都会给人们提供新的教益。

当欧洲和西方的启蒙运动如火如荼进行的时候，中国并没有置身事外。在 17、18 世纪的欧洲，中华文明得到前所未有的传播，在一些国家形成了长达百年的"中国文化热"。中国传统思想与文艺复兴以来欧洲文明的汇流，为启蒙思想的形成与发展提供了独特的思想资源和历史借鉴。尽管以孟德斯鸠为代表的一些启蒙思想家对旧中国的专制政体抱着批判态度，但伏尔泰、莱布尼茨、霍尔巴赫、魁奈、歌德等一大批欧洲思想家，都曾热情地宣传中国传统文化。伏尔泰说："我全神贯注地读孔子的这些著作，我从中吸取了精华，除了最纯洁的道德之外，我没有在其中发现任何别的东西"，"在这个地球上曾有过的最幸福的并且最值得人们尊敬的时期，那就是人们尊从孔子法则的时期，在道德上欧洲人应当成为中国人的徒弟"。被伏尔泰等启蒙思想家理想化了的中国文化，成为批判专制、独裁，呼唤社会进步的重要理论武器。

而与此同时，18 世纪的中国，也出现一系列社会转型的重要迹象。在中国东南和华南地区，商品经济繁荣发达，城市化进程加快，市场经济萌芽获得发展，对于旧的社会制度出现变革倾向，个人自由有了扩大，国家对社会的控制逐渐放松并走向法制化；社会观念发生巨大变迁，程朱理学在知识界的独尊地位结束，以追求个性自由为特征的新文化出现并得到传播。可以说，18 世纪的中国，在某种程度上已然开启了中国本土的近代化历程，正如中国已故领导人毛泽东所指出的那样，"中国封建社会内的商品经济的发展，已经孕育着资本主义的萌芽，如果没有外国资本主义的影响，中国也将缓慢地发展到资本主义社会。"① 鸦片战争前的中国思想变革，为鸦片战争后中国社会的进步，提供了原始的但却是不可或缺的

---

① 《毛泽东选集》第 2 卷，人民出版社 1991 年版，第 626 页。

文化基础。

19 世纪中叶以后的中国，曾长期在启蒙与救亡的道路上艰难行进。一部中国近代史，既是中国人民前仆后继反对西方列强侵略、争取国家独立的历史，也是中国人民争取民主、独立、富强和社会进步的奋斗史。面对深重的民族危机，从"师夷长技以制夷"的洋务运动，到改良政治制度的戊戌维新，再到以西方典章制度为范例的孙中山领导的资产阶级民主革命，无不体现了近代先进的中国人学习西方启蒙思想并力图运用于中国实际的探索历程。然而，这些努力无一不以失败告终，中国人民仍在黑暗中苦苦探索。

从 1840 年鸦片战争到 1919 年五四运动爆发的中国历史证明，要抵抗西方列强的侵略，扫除封建主义的残余，真正改变中国积贫积弱、被动挨打的局面，不能一味照搬西方那样的资本主义"启蒙"模式。如果缺乏立足中国历史与国情的科学理论的指导，中华民族的伟大复兴，将永远是无法实现的"自我臆想"。中国人正是从鸦片战争以后半个多世纪的反复探索中明白：中国的发展，不但要继承启蒙思想的精华，而且要努力探索自己的解放道路。正是在这一特殊的背景下，马克思主义和中国共产党登上了中国历史的舞台，选择了中国特色的前进方向和正确道路，中国的面貌立即为之一新。

三　中国梦和面向未来的启蒙研究

实现中华民族的伟大复兴是鸦片战争以来中国人民孜孜以求的伟大梦想。五四运动，特别是 1921 年中国共产党成立以来中国文化和社会的巨大变革，为当今世界一个国家、一个民族如何继承和超越启蒙，如何走向现代化提供了极其丰富的思想和实践资源。

中国共产党是中华民族优秀文化传统的忠实继承者和发展者，也是启蒙思想的坚定发扬者和超越者。中国共产党从成立之日起，就坚持站在国家独立和民族解放的立场，用唯物辩证的眼光，以开阔的胸怀，看待古代文明和现代文明，在历史与现实、理论和实践的双重结合中，努力探索中国的社会主义现代化道路。在这个过程中，中国共产党提出的新民主主义理论，旗帜鲜明地反对封建专制，努力建立由无产阶级领导的人民民主共和的现代政体，就充分汲取了西方国家，包括启蒙运动的思想资源。1949
年新中国成立后的社会主义建设，特别是改革开放以来的中国特色社会主
义建设，使中国的社会面貌发生了天翻地覆的变化，自由、民主、公平、
正义、人权、法制观念逐渐深入人心，古老的中国正焕发出前所未有的活
力，中华民族的复兴正在成为现实。

最近一段时间，中国国家主席习近平反复强调"中国梦"，并指出：
"我们要实现的中国梦，不仅造福中国人民，而且造福世界人民"。在我
看来，习近平主席所阐述的"中国梦"，不但反映了中国人民实现民族复
兴的期望和追求，也反映了中华民族要为世界的和平与发展、人类文明的
进步与升华，做出自己独到贡献的强烈愿望。因此，"中国梦"具有重要
的世界意义。

现代科技、现代市场，特别是信息技术，正将世界紧密联系在一起。
每一个国家、每一个民族的生存与发展，都影响着人类共同的命运。从这
个意义上讲，"全球史"在我们这个时代不但成为可能，而且正在得到真
正实现。人类的未来，取决于今天不同文明的交流与对话。在这个过程
中，启蒙思想的精华毫无疑问需要继承与发展，而其他民族的文化资源也
需要我们充分重视。国际学术界应该以更加开阔的视野，更加博大的胸
怀，更加理性的态度，更加科学的方法，努力建构一个真正具有全球意义
的文明对话与交流平台。

围绕启蒙思想研究，我有几点建议。

第一，以发展的眼光对待启蒙。启蒙思想在很大程度上为当代社会思
潮提供了直接的重要的思想资源。正如恩格斯所说：现代社会主义"就
其理论形式来说，它起初表现为18世纪法国伟大启蒙学者所提出的各种
原则的进一步的、似乎更彻底的发展。"然而，启蒙思想毕竟是17、18世
纪的历史产物。三百年来，人类社会已经发生了巨大的变化，学术界应该
认真总结这三百年的历史经验与教训，认真进行抽象和概括，用经得起检
验的思想成果将启蒙思想和精神推向前进。例如，启蒙思想产生于欧洲，
不可避免具有自身的局限性。如果要成为一种具有更加广泛影响力的世界
思潮，就应该充分吸收其他国家、其他民族的优秀思想资源。

第二，以辩证的眼光对待启蒙。和任何伟大的社会思潮一样，启蒙思
想也不可能是完美无缺的。以现代的眼光来看，启蒙思想也存在种种局限
性，对这些局限性，我们不但要重视，而且要高度重视其在社会实践中可

能出现的弊端。例如，在强调个人权益的同时，我们同样要关注集体的利益；在重视理性的同时，我们也要重视道德的价值与尊严；在一些国家、一些利益集团在世界各地到处推销启蒙思想的时候，我们要重视隐含在其背后的文化霸权心态和狭隘的利益诉求。

第三，以平等的眼光对待启蒙。不要把启蒙看成高于其他民族思想和文化的一种特殊社会思潮，不要人为地强加给启蒙以独特的道德优越地位，不要赋予启蒙思想以它不能完成的使命。启蒙确实具有世界影响，但它只是人类古往今来具有世界影响的众多思潮的一种，它承担不起解决所有民族发展问题的重任。理性、自由、平等、人权这些自启蒙运动以来被人们津津乐道的现代文明要素诚然需要得到重视，但也要看到，不同文化背景的人们，对这些要素的理解不尽相同，而这些要素在不同国家、不同文化中的表现方式也各具特色。那种简单地用欧美文明标准来苛求其他民族的做法，是不可取的。在全球文化研究和文明对话中，坚持尊重差异、包容多样是唯一理性和正确的选择。

各位学者，我们正面临着人类有史以来最深刻而复杂的社会变革。人类的未来要求我们认真总结前人留给我们的思想资源，在总结中获得智慧和启迪，在对话中达成共识。我相信，此次围绕启蒙问题进行的学术讨论，一定会激发中美两国学者展开更加深入的沟通和互动。具有不同文化背景的学者，围绕同一主题展开对话交流、切磋砥砺，对于促进认识的深化，建构更加合理、更加和谐的国际秩序，具有独特而重要的意义。作为一位哲学工作者，我期待这次论坛取得圆满成功，并衷心期盼，东西方文明的对话犹如一盏灯点亮另一盏灯，一个梦想照亮另一个梦想，最终照亮我们整个人类世界。

谢谢大家！

（本文刊发于《中国社会科学报》2013 年 5 月 13 日 A3 版。作者王伟光，中国社会科学院院长、党组书记、学部主席团主席、教授）

超越启蒙的限度　塑造新的启蒙精神

——在第二届中美学术高层论坛上的演讲

高　翔

2013 年 5 月 10 日

尊敬的各位嘉宾：

今天，第二届中美论坛在美国举行，我谨代表中国社会科学杂志社向各位学者的到来表示热烈的欢迎，对美方主办单位表示衷心的感谢！

2011 年，在中国北京举行的首届中美论坛上，中美两国学者探讨了"传统"这一议题，今天大家又相聚在美国来分享彼此对"启蒙"的理解与反思。自 18 世纪欧洲启蒙运动开启人类社会的现代化历史征程以来，传统与启蒙、传统与现代的关系始终是探索现代性不可回避的重大理论关切。启蒙运动对封建专制传统的理性批判，法国大革命对旧制度的彻底否定，将传统置于启蒙及其现代性的对立面，从此，传统成为人类追寻现代性、实现历史进步不得不挣脱的历史牢笼。然而，法国大革命的血雨腥风，埃德蒙·伯克（Edmund Burke）对法国大革命的批判及其对传统价值的重申，却让人们真切感受到传统之于人类文明进步的积极意义。对于身处现代性困境下的当代社会来说，启蒙运动已经过去了三百多年，三百多年的历史积淀足够让我们摆脱当时对启蒙的浪漫想象，辩证地看待传统与启蒙的关系，理性地反思启蒙及其现代性方案。今天，没有对传统的价值重估，就无法对启蒙理性进行理性的评判，更无法继续推进现代性这一"未竟的事业"。因此，本次论坛在上次论坛探讨"传统"的基础上重新审视启蒙的价值，可谓切中要害、意义非凡。

18世纪欧洲的启蒙运动是人类文明从传统向现代转型的历史界标。它高扬人类理性，鞭挞封建专制与政治神学，推崇自由、平等、人权、博爱，伸张自然法赋予人类的天赋权利，笃信历史进步的必然性。经历漫长的中世纪洗礼的欧洲人民，在启蒙精神的感召与鼓舞下，逐渐克服基督教神学束缚下的文化自卑心理，对人类诉诸理性设计社会蓝图有了更大的自信、更高的期许。在启蒙运动的重镇法国，不仅产生了伏尔泰、孟德斯鸠、狄德罗、卢梭这些星光灿烂的思想巨匠，而且上演了法国大革命这一影响深远的历史运动。法国大革命是启蒙运动的思想遗产，但它对历史与传统的激进反叛，对雅各宾式恐怖统治的践行，引发了人们对启蒙运动的反思，开启了意识形态的伟大时代，保守主义、自由主义、社会主义、民族主义从此成为近代思想史发展的基本脉络并绵延至今。

启蒙运动将人类从愚昧与迷信中解放出来，使人类摆脱了康德所谓的不经别人引导就无法运用自身理智的"未成年状态"，从而开启了人类探索广泛未知世界的理性时代，近代以来人类在自然科学、社会科学、物质生产上所取得的巨大成就，无不受益于启蒙运动的精神恩泽。启蒙运动为人类打开了现代文明的大门，它对科学的崇尚，对理性的讴歌，对人权的礼赞，成为人类反抗专制、压迫、剥削的思想武器；它所倡导的以自由、民主、平等为核心的启蒙精神，具有普遍的世界意义，它始终是引领人类文明不断进步的灯塔。

正当启蒙运动在18世纪的欧洲如火如荼地展开之际，在欧亚大陆的另一端，中国清朝前期也在发生着情况不同的"共时性波动"。当启蒙思想家们清除对宗教神学的迷信的时候，18世纪的中国知识界也在清除对程朱理学的迷信。自宋明以来，程朱理学一直是居于正统地位的主导意识形态，经理学家们片面宣传"去人欲，存天理"的纲常伦理和道德说教，给人们戴上了垄断真理、限制思想自由的精神枷锁，以致"捆缚聪明才智之人，一遵其说，不读他书"。早在17世纪的明末清初，以王夫之、黄宗羲、顾炎武为代表的激进思想家就展开了对理学禁欲主义的批判，而18世纪的戴震、袁枚等反传统思想家则对理学进行了具有社会启蒙意义的彻底否定。戴震谴责理学"以理杀人"，将满足人的欲望作为基本的行为准则，提出"天下之事，使欲之得遂，情之得达，斯已矣"的伦理主张。而袁枚则是清朝前期最杰出的反传统思想家，其核心思想即是反对礼教束缚，主张人性自由。身处君权恶性膨胀的乾嘉时代的思想家，虽然处境险恶，但仍然以极大的理论勇气，抨击君主独裁，倡导"天下者，天下之天下"的"公天下"的政治理念。这场肇始于 17 世纪，完成于 18 世纪的中国式启蒙运动，与欧洲启蒙运动在反对君主专制、破除封建迷信、主张人性解放方面保持着精神上的一致性，它为 19 世纪中叶中国近代化的全面启动和中国学习西方的启蒙奠定了原始的但却是必不可少的文化基础。

没有 18 世纪中国的思想启蒙，中国的近代化及其启蒙是不可想象的。近代以来中国的启蒙，与西方的启蒙保持着千丝万缕的联系。自 1840 年鸦片战争以来，中国的启蒙就开始走上了学习西方的道路，并与救亡图存的民族独立梦想须臾未曾分离。启蒙是为了救亡，救亡必然要求启蒙。不是救亡压倒了启蒙，而是启蒙与救亡的双重变奏主导着中国的近代化历程。无论是魏源的"师夷长技以制夷"、洋务运动的"中体西用"，还是梁启超的"新民说"、孙中山的"共和革命"，抑或新文化运动的"德先生、赛先生"，都是对欧洲启蒙精神的引入。然而，这些启蒙都因不加批判地照搬西方而归于失败。十月革命后马克思主义在中国的传播，彻底扭转了近代中国的历史命运。中国共产党人将马克思主义基本原理与中国国情相结合，开辟出一条有中国特色的民族独立和国家富强的道路，实现了革命和建设的历史性飞跃，一个民主、富强、文明的崭新中国屹立于世界民族之林。相对于印度、非洲国家这些曾经沦为西方殖民地的国家，中国现代化所取得的无与伦比的伟大成就，其原因正在于中国有其自身的启蒙，并能将马克思主义运用于中国的实际，从而创造性地开拓出一条独特的现代化道路。

社会的发展没有止境，启蒙的探索也没有止境。启蒙运动所孕育的以个人主义、民主政治和自由市场经济为核心的现代性，随着历史车轮的滚滚向前，逐渐暴露出现代性的危机。经济上的唯利是图，政治上的犬儒主义，道德上的麻木不仁，精神上的空虚焦虑，正撕裂着人类社会的有机体，直接危及人类文明的生死存亡。面对现代性的后果，我们不能矫枉过正、因噎废食，而应该在继承启蒙遗产的基础上超越启蒙的限度，塑造新的启蒙精神，开创新的启蒙时代。

启蒙运动对人类社会发展持一种普遍主义的历史目的论立场，它否认不同时空背景下的历史特殊性，坚信社会世界与物理世界一样存在着人类理性可以认识的能够放之四海的唯一真理，不同国家、不同民族只要遵循同样的社会发展模式，必然会建成整齐划一的理想社会。启蒙思想家对人类理性的自信，源于17世纪欧洲的科学革命。哥白尼的"日心说"革命、伽利略的天文学想象、牛顿的力学体系综合，对浩瀚的宇宙作出了令世人瞠目结舌的科学发现。科学上的伟大突破彻底改变了人们的世界观：人类不再需要上帝的启示，只需依靠自身的理性即可认识世界；整个人类社会恰如一部自我运转的机器，遵循着统一的运动规律，基于这种规律设计的社会蓝图，可以适用并造福于每一个社会。然而，科学史的研究表明，一切知识，无论是自然科学还是社会科学，都是可错的。波普尔的批判理性主义、库恩的范式革命、拉卡托斯的科学研究纲领，向我们展现了科学是如何在不断证伪和修正中进步的，但我们永远无法证明我们获得了终极真理。试图用一种精心设计的社会蓝图改造社会，违背了科学发现的逻辑，忽视了每个国家和每个民族历史、习俗和传统的特殊性。启蒙运动提倡的自由、民主、人权等抽象原则，必须结合每个国家的特殊国情，才能生发出适合每个国家的现代化道路。

西方的现代化模式，不能穷尽现代性的所有方案，不能代替非西方世界对自身现代化道路的探索；而非西方世界结合本土文化资源所进行的现代转型，又在不断丰富着现代性的内涵。面对现代化的历史使命，不同文明之间没有优劣高下之分，每一种文明都潜藏着孕育现代性的文化因子。试图用一种文明、一种现代性来规制人类文明的演进，是一种我们必须加以反对的文化霸权，是一种我们必须加以警醒的制度迷思。在文明间交往日益密切的全球化时代，倡导文明间的平等对话与相互学习，有助于不同文明在彼此学习中获得新的创造力，更好地应对现代性的挑战，将文明社会继续推向历史进步的轨道上。

启蒙运动对人类理性的讴歌，对个人权利的坚守，将人的主体性置于哲学的中心地位，无论是笛卡尔的"我思故我在"，还是康德的"人为自然立法"，都将人类理性凸显到无以复加的程度。个人只要凭借自身的理性做出独立的判断，自主地追逐利益，整个社会将自动进入和谐状态。个人主义成为衡量经济绩效、指导政治实践、规范生活伦理的基本准则，启蒙话语中的自由、平等、民主、人权就是要防范国家和其他集体组织对个人权利的侵犯。然而，这种个人主义珍视的是个人所应享有的权利，却忽视了个人对他人、对国家应担负的责任，所谓的"自由"也沦落为仅仅是免于他人干涉的"消极自由"。当今社会普遍弥漫着的物质上的自私自利、政治上的消极冷漠、道德上的无动于衷，无不源于这种个人主义。人天生是一种政治动物，个人不能脱离社会和国家而独立存在，离开国家的保护，人类将陷入所有人反对所有人的自然状态，人的权利将失去最后的屏障。极端的个人主义造就的是一个缺乏凝聚力的原子主义社会，这样的社会在面临民族国家体系的激烈竞争时将不堪一击。因此，在我们细心呵护个人权利的同时，要自觉担当起每个人对民族、对国家、对时代的道德义务，充分发扬集体主义、爱国主义和民族主义精神，建设一个充满爱心、具有强大民族凝聚力的现代民族国家。

各位嘉宾，中华人民共和国成立以来，特别是改革开放三十多年来，中国社会主义现代化建设事业取得了举世瞩目的伟大成就，成功开辟出一条具有丰富中国经验的现代化道路。这条道路给世人留下了宝贵的思想遗产，但这条道路的前方并不平坦，中国还面临着实现社会公平正义的巨大挑战。为了迎接这些挑战，中国知识界、思想界仍然在继续探索启蒙及其现代性的可能形态。我相信，此次会议中美两国学者围绕"启蒙"的研讨，必将有利于东西方文明的交流与融通，也必将推动启蒙精神在当代世界的延续和创造性转换。预祝会议取得圆满成功！

（作者高翔，中国社会科学院秘书长、中国社会科学杂志社总编辑、研究员）

什么是启蒙?

弗朗西斯·福贾森

　　我饶有兴趣地阅读了舒衡哲有关中国启蒙运动的阐释,她的解释引人入胜,但最令我震动的是,尽管我试图扩大自己的知识边界,但从某种程度上说,我准备讨论的启蒙问题,仍是我不得不放弃的知识领域,我必须为诸多我曾以为公正可靠的观点提供证明。事实上,我的困境是我曾考虑将欧洲启蒙运动与现在我们要讨论的启蒙运动进行比较。我非常感谢受邀参与这个有关中国与欧洲启蒙运动的学术讨论,因为它使我有机会检验我所接受的有关欧洲启蒙运动的标准叙述,而我认为这值得重新检验。

　　请允许我从一个至少看起来知识储备尚显充足的部分开始。我所了解的启蒙,即 17 世纪晚期和 18 世纪的欧洲启蒙运动,是康德的律令"Sa-pereaude!",直译为"要有勇气运用你自己的理智"。[1] 这项律令坚持理性至上,并将理性平等地看作所有个人具有的禀赋,一种令人因在运用中实际感受到其崇高威严而心生敬畏的能力。凭借理性的运用,欧洲启蒙运动得出结论,宗教不再与世俗行为紧密相关,而且它合理地推论出,不宽容别人的宗教观点是不公平的。启蒙的画卷中既包括伏尔泰、萨德以及那些对一切被他们视为宗教迷信的东西均抱以嘲笑的人,也包括洛克、康德以

---

　　① 参见卡罗·金兹伯格(Carlo Ginzburg)有关这一格言出处及翻译的解释。金兹伯格指出,斯宾诺莎对阿姆斯特丹商业的赞扬如何出现在伏尔泰在伦敦的建议中:商业繁荣使得宗教差异与潮流完全不相干。伏尔泰写道,"……难道仅仅是在英格兰?/凡人敢于去想?","他们扭曲了贺拉斯文中的意思"(Ep. I, 2, 40, *ad Lollium*),把"明智"变成了"思考"。参见 Carlo Ginzburg, "Tolerance and Commerce: Auerbach Reads Voltaire", *Threads and Traces: True, False, Fictive*, Berkeley: University of California Press, 2012, pp. 96 – 97。

及那些一面主张宽容和永久和平，一面继续承认宗教组织与政府可以相互支持的人。洛克所说的宽容可能是让政府停止将宗教分歧当作发动战争的理由。比起以往国家将自己界定为某种特定的宗教派别，宽容降低了宗教的重要性，然而即使如此，宗教与政府的分离也不一定是绝对的。

当我们想到像伏尔泰、萨德这样的代表人物时，我们描绘的欧洲启蒙运动在对理性的信念及牢牢掌握理性方面似乎如此一致，以至于在攻击教条主义时就好像是已被教条化了。但有时又仿佛陷入某种不一致。如在洛克的批评中，他赞同宽容扩展到除天主教以外的所有宗教；康德的批评也显出类似的端倪，例如，他一面让人们敢于了解，一面让人们接受政府发布的律令。

如这些思想家呈现的，欧洲启蒙运动持续用自主个体对理性的自由使用来界定启蒙，但同时又不断费力地为包括这些个体的政府如何容纳他们的思想和观点提供解释。甚至当宗教与其所坚守的特定教义的要求不一致时，启蒙思想家似乎仍不确定他们在多大程度上信任普遍理性。问题出现在约翰·斯图亚特·密尔所担忧的纯粹形式上，功利最大化促使人们选择最大多数的最大利益，而这将牺牲大多数人中最优秀的那部分人群的某些利益。密尔的担忧表明，民主政府依据代表性获得形式及合理性，同时承诺大众其有能力成为代表最大多数人的政府。密尔的担忧是，普选有可能歪曲人们的整体意愿，并且通过将权力集中在多数人选出的代表手中，形成多数人的意见专政。在密尔看来，康德的早期想法是诉诸开明统治者，并假定这是基于知识分子和官僚精英的现代形式。

换句话说，（代表）理性一方的主张，不断引发对理性付诸实践之限度的批判性反思。欧洲启蒙运动给予个人及自治理性的特殊地位看起来好像仅是一个纯粹的理想及抽象理性，当遇到实践经验的限制时，理性的版本处于矛盾和被伪造的危险之中。因此，运用个人理性的理想似乎因遭遇政府理性而妥协。从这个角度来看，与一个实际的计划相比，启蒙更像是自我标榜的一个夸大其词的自画像和诡计，当人们最大限度地交出自治权时，更可能被看作是自以为获得了最大自由。当人们采取占优势的正统观点时，最喜欢被认为是自由的（尽管这是一个明显的挑衅）。

不仅如此，批评者认为，公开承认理性可能会产生可怕的影响。像塞缪尔·约翰逊，他被描述和认定为英国传统文学作家及第一本英语字典的编纂人。当他持续扮演一个具有人类常识的角色时，可能会对自己的健全心智感到极度恐惧。政府可能试图操纵理性与疯狂的界限，将精神病患者驱逐到船舶或收容所中，只要把他们排斥在社会之外，社会将能够合理运行。普遍理性的概念在理论上扩展至每一个人，但是在实践中却是排他的。一个人需要不断证明自己的理性及合理性以成为社会及政治世界的合格成员。

我所指的上述批评有着深远影响。这些批评涉及对启蒙理性在多大程度上避免了以及正在避免重蹈其反对力量的覆辙，并试图取而代之的质疑。因此，当美国和法国革命废除了君主制，对启蒙理性的批评就将之视为他们所构想工作的完成。对启蒙思想家来说，君主制度是一个尤其明显的目标——因此批评继续——因为他们显然已卷入对一人专政以及权力由他或她掌控的关注中。但是——接下来的批评——为什么启蒙思想家没有看到这不足以欺骗人们——设想一个由自治个体组成的整体去反对皇权——一个被假定拥有执行权力的人？即使一个君主足够容忍以努力适应他的人民，上述问题的阴影依然笼罩在政府头顶。这或许就是政府基于其属性不可避免地将政权巩固在少数人手中而反对启蒙的情况？君主或许能放弃权力给贵族；君主和贵族或许能让渡他们的权力给商人阶级；当地主和男性不再是为了特权而设定的限制条件，有关投票的限制将消失。然而，即使我们能够遵循扩大投票权、宗教宽容及新闻自由的路径，对启蒙的批评还是聚焦在其不完整的计划上，在这条道路上，许多立场以启蒙的名义开始但最终陷入自相矛盾之中。

这种可能显现为不可调和观点的自相矛盾受到一个人的支持——如托马斯·杰弗逊，他一面拥护个人自由，一面自愿参与到奴隶体系中。不过，这种自相矛盾已扩大到更大的社会运动和社会结构。因此，米歇尔·福柯在《规范与惩罚》中对我们可能认为的洛克—卢梭—康德的启蒙路线进行了批评，这不是对特定个人想法的分析，而是对被用以提升自由和人道主义的社会机制的描述，而这是欧洲启蒙运动自我构想的结果。[1]

福柯没有停止对一个统治者是否能够被启蒙的质疑。他从本质上看待启蒙的社会结构，犹如它们是建立在权威基础上的早期体制的延续；这种体制根植于教会与国家已经在加强和强化宗教性政治团体影响力方面形成

---

① Michel Foucault, *Discipline and Punish: The Birth of the Prison*, tr. Alan Sheridan, New York: Pantheon Books, 1978.

合作的社会。福柯把案例置于世俗体制中这一特定方法的推动力就在于揭示了霸权及霸权力量，且不将它们视为教权国家凝聚力的可替代品——天主教、新教、英国国教都是天主教与新教的混合，而是视为隐秘等级分配的改头换面。政权与宗教联合的终结可能削弱国王与教士的权力，但是无条件地服从仍须遵守，权力依然集中在大量匿名管理者手中，即众所周知的官僚政治管理者。通过严密的社会技术，课堂和监狱尤其有效地保证了他们对个人的统治，而无须人们对教条做出承诺或有意的选择。启蒙可能杀死国王和王权、神父和神职人员，但它赋予权力和权威新的形式——英国人称之为"政府大厦功利主义"——并且建立了一个世俗的精英官僚机构，它或许尽可能地减少对肉体的刑罚、死刑、审查和压制，但却未减少对人的控制，人们没有被当作个体，而是被作为人口的一部分。

但是，近些年来，欧洲启蒙运动出现了一种不同的画面。例如，历史学家乔纳森·伊斯瑞尔（Jonathan Israel）认为，如果不赞同将其关键人物分为两个阵营，我们将无法理解欧洲启蒙运动的关键性特征。他建议，我们必须用欧洲启蒙运动的一个版本与同一时期的另一个版本进行比较。当我们想到我之前所定义的关键启蒙思想家——洛克、卢梭、康德——时，可以将他们看作代表人物（或者是像波考克认为的，区分多种不同的启蒙运动非常重要），我们没有听取各种启蒙思想家的不同观点，也没有拓展至他们不断将一个群体与其他群体进行比较的观点。乔纳森·伊斯瑞尔将两个阵营称为"温和的启蒙运动"与"激进的启蒙运动"。另外，在他所有的论述中，最令人吃惊的是，他承认，在我们的政治思想实践中，我们倾向于强调温和的启蒙运动，但是，与其说是温和的启蒙运动，不如说是激进的启蒙运动已经获胜。他看到，激进的启蒙运动尽管秘密地开始于 17 世纪晚期，但它"在建构平等主义与民主的核心价值以及现代世界的理念方面起到了主要作用"，包括"民主的基本原则；种族和性别平等；个人自由的生活方式；充分的思想、表达及出版自由；取消立法过程及教育中的宗教权威；彻底地政教分离"①。

这里我想指出的是，伊斯瑞尔的论述中有一个非常明显的特点，即基

---

① Jonathan Israel, *A Revolution of the Mind*: *Radical Enlightenment and the Intellectual Origins of Modern Democracy*, Princeton: Princeton University Press, 2010, vii‒viii. 还可参见 Israel's three-volume *Radical Enlightenment*。

于对激进启蒙运动的假设——尽管它秘密发起,尽管它不断受到痛苦的冲击,尽管它的理想不能完全实现——但激进启蒙运动已经在我们所理解的现代性中获得实际的、最终的胜利。他没有加入那些历史学家的行列,他们通过否定或替代我们对在那些时代看到的证据的思考,来描述一个特殊的时代并得出研究结论。相反,沿着那些代表人物如巴鲁克或本尼迪克特·德·斯宾诺莎、约瑟夫·普利斯特列、托马斯·潘恩,或威廉·戈德温的思想,伊斯瑞尔在某种程度上冷静而又自信地认为,他们在自己的著作中已经展现出来,即使他们被打上异教徒和无神论者的烙印,即使普利斯特列在伯明翰的房子被政府军煽动的暴徒烧毁,不得不从英国移居美国。

继而,伊斯瑞尔努力捕捉的是被界定为激进启蒙运动思想家的必要性力量的思想。哲学的必要性,就像他们中的某些人(尤其是斯宾诺莎、普利斯特列、戈德温、珀西·雪莱)所描述的,始于对文字文本的解释——斯宾诺莎和普利斯特列对《希伯来圣经》和《基督教新约》的福音书进行了诠释。斯宾诺莎于 1670 年创作的《神学政治论》开创了一个非凡的先例。[①] 在此,斯宾诺莎通过分析再现了那种犹太教与基督教圣经共同提供的人类实践经验。比如,如何将这些文本中的元素相互联系起来,如何将已被圣经接受的文本与遭其排斥的文本联系起来,如何将这些文本与现代人类的道德理解联系起来。斯宾诺莎主要指出的是《希伯来圣经》和《基督教圣经》共同缔造了一个文本,其主要内容的组成和选定由一个相当于委员会的机制完成,这个委员会经常发展并强制解释文本,坚持认为文本中互不相容的基本原理实际是相互融合的。在这种情况下,宗教教规不仅仅是宗教信仰的工具,它也是政治工具。

试图解释宗教文本意义的圣经诠释学传统可能将实践道德引入困境,斯宾诺莎认为,试图通过圣经来强迫个人信教就像将圣经作为一个事先写好的契约,一个上帝与特定个人(犹太人)之间的契约。这个所谓的神圣权力和权威的特殊性就在于它好像是一个几乎不履行的契约(在契约意义上使用"履行"一词)。在《希伯来圣经》所讲述的历史中,契约中的相关元素是显而易见的。然而,斯宾诺莎证明,圣经文本中重现的历史

---

① Benedict de Spinoza, *Theological-Political Treatise*, ed. Jonathan Israel, Cambridge: Cambridge University Press, 2007.

存在大量自相矛盾的地方。上帝可能已经赋予犹太人权威和权利，但他们的命运并非像这一遗言所暗示的那样。

斯宾诺莎的圣经分析因此避开了圣经诠释学的传统，这个传统试图调和相互矛盾的元素，并使之成为历史进步的相互协调的方面。相反，他视圣经中的信息为不同历史时期的不同作者的报告。这个方法使他能够将《希伯来圣经》作为政治案例进行研究。例如，他追溯了圣职从长子到利末人的转移（申命记10.8），继而讨论了人们在利末人统治之下的蠢蠢欲动，利末人的特权是"提醒（其他犹太人）他们的不洁和被拒"（226）。一节接着一节，他揭示了政治紊乱伴随着特权制度化的努力（其结果是产生了嫉妒）以及努力阻止人们说出所想（其结果是激怒了政权的反对者，试图限制人们常说的"人言可畏"的自然倾向）。他认为，被用作神不赞成的证据的那些事件什么也不能证明，它们仅仅是政治错误不可避免的政治结果。

斯宾诺莎没有用过激的词语表达他的看法，但他对圣经文本的分析果决地驳斥了基督教诠释学传统的权威，并指出它从何种程度上牺牲了具体后果，而其中就蕴含着后来写入教义中的相关解释。《希伯来圣经》中被基督教称为旧约的内容以及基督教新约内容的所有解释均已确定。这不仅仅是指旧约已与新约保持一致，以便《希伯来圣经》在各个方面看上去都好像是它预言了《新约全书》中救世主的出现。相反，所有的人类历史都如基督教圣经诠释学的思想家们所认为的，是按照新约的安排发展的。但丁所描述的各种各样的异教徒，在基督出现之前均被看作是基督徒——由罗马诗人在基督诞生前四十多年创作的《维吉尔的第四牧歌》就被认为是维吉尔写的一个有关世界基督教信仰的预言。① 基督教圣经与基督诞生的故事持续地提供了一个固定的标杆，所有时间和地点都以之为中心循环出现。诠释学的中心化功能，使它能够以自己的方式（术语）把近似的宗教传统如犹太教，以及完全不同的罗马时代的前基督教思想吸纳进来。

圣经在西方基督教时代的特殊作用不仅是在地理意义上产生了具有普遍意义的基督教思想，而且是它视基督教为贯穿历史的永恒真理。令人吃

---

① 参见 *Virgil's Prophecy on the Saviour's Birth*, *The Fourth Eclogue*, edited and translated by Paul Cams, Chicago: The Open Court Publishing Co, 1918. Accessed at Project Gutenberg。

惊的结果是，基督教诠释学传统改变了前基督教人物的事实。旧约预言基
督徒在基督之前，如维吉尔所描述的。基督教诠释学传统在时间上是一个
如此彻底的帝国，它从根本上认为，每一个地方的每一个人都是基督徒。
依据教义，本应对这些尚不知道自己已经奉献给基督的基督徒进行布道和
洗礼，但硬币的另一面是，宗教冲突看起来并不总是像宗教之间的冲突。
相反，某些按照基督教的必要性知识所采取的传教活动似乎反而使人顽固
地拒绝信教，而这种知识是每个人至少被暗示接受或者不得不接受的。在
基督教诠释学的统一解释计划中，不同宗教间的差异并没有同一宗教内不
同立场的差异大——一边是忠诚守法的基督徒，另一边是反叛者，后者看
起来并没有信守那些守法者以为他们曾经无意许下的承诺。

　　欧洲宗教战争之痛恰恰根植于我所描述的神学帝国主义。神学对
《希伯来圣经》和《新约全书》的研究只是对特定历史及地理的肤浅描
述，因为它假定出生在世界上特定国家并接受特定宗教的人们是平等的。
从基督教诠释学的立场来看，正如卢梭和康德所描述的，世界对应着每个
具体国家。无论一个人是否意识到自己被包含其中，法律都对其适用。
（有关这一解释的相对温和版本是但丁在《神曲》中给予各种异教徒的比
较好的定位。他视不信仰基督教为异教徒的人生污点，但将他们无法预见
基督降临视为比通奸和自大更温和的罪行）上帝可以通过基督降临人间
的形式，重新确立他与犹太人之间的联系；但是当基督徒谈到他们的宗教
与犹太人宗教间的联系时，他们常常表现得好像竞争对手和敌人。

　　我之前提到的那些学者早就注意到了启蒙运动之前的欧洲神学的核
心，欧洲启蒙运动最卓越的特点之一就是对宗教的质疑，这一点早就清楚
了。但是伊斯瑞尔有关欧洲温和启蒙运动与激进启蒙运动的解释帮助我们
看到，为什么他与另外一些人认为温和派只是部分摆脱了旧的束缚，但没
有看到重新理解圣经内容定位的重要性。

　　激进启蒙运动最激进的方面不是拒绝宗教或简单地将宗教作为对立面
加以驳斥。相反，激进的启蒙运动从分析圣经内容的能力中获得特殊的灵
感，从对非教规资源的分析中获得强烈的理性要求。我认为，伊斯瑞尔认
为斯宾诺莎是激进启蒙运动最具影响力代表的看法是完全正确的，我认为
他的判断是对的，因为斯宾诺莎在他的《神学政治论》中对圣经的解释
已经表现出这种关注。斯宾诺莎最终攻击的不是宗教本身，而是作为与特
定人民（以色列人）、统治者个人（他可能宣称其统治权力来自神授）或

统治阶级之间特定契约的宗教。他认为，如果神无所不在——显现于一切自然事物中，那么神的恩典并不会比自然法更加难以寻觅。

　　尽管斯宾诺莎用拉丁语写作——这是学术精英的语言，但他从圣经的内容分析中得到的是理性而不是宗教（特别是获得祭司式的诠释学传统诠释授权的宗教）。尽管他坚持卢克莱修所称的"恐惧产生第一位神祇"，但他仍试图找到一个安全和稳定的概念，既能避免使这种恐惧制度化，又能尽量减少统治者以自己的名义发布号令。因此，他认为圣经有关上帝特殊属性的想象毫无根据，更不用说对这些属性的强化了。（而且如果上帝没有双手，人们就不能坐在他的左侧或右侧。要求人们将上帝想象成三个人——圣父、圣子和圣灵——是同样的误导）斯宾诺莎断言：如果永恒的神意味着任何事情，那么，它就意味着自然和自然法的存在和永恒。通过基本的文本分析——考察圣经文本中不同元素之间如何彼此联系，以发现非圣经的历史解释——斯宾诺莎不断让圣经文本的部分内容接受自然考验。结果，他在《创世记》第38章中找到了例子，并做起了简单的数学计算。

　　　　自约瑟被卖到埃及去，到族长雅各及其家人出发到埃及，算起来不超过22年。（因为约瑟被同党出卖的时候是17岁，被法老从监里传唤的时候是30岁。加上丰年7年、荒年2年，总数就是22年）然而，没人能想象，在这么短的时间内会发生如此多的事情。犹大与早年娶的妻子一连生了3个孩子。三个孩子中最大的长大后，娶了他玛。死后，他下边的弟弟又娶了他玛。后来，这个弟弟也死了。之后，犹大因不了解情况，与儿媳妇发生关系，并生下一对双胞胎兄弟。其中一个儿子又做了父亲——这一切均发生在上面所说的22年内！既然上述事件不可能全部归到《创世记》所指的那个时期，那么它们一定与另外一本书里的另外一个时期相联系。之所以会这样写，是因为以斯拉简单转录这一故事，未加检验就将其插入其他内容之中。（131—132）

　　在此，斯宾诺莎没有攻击以斯拉的动机。他仅暗示这是因疏忽导致的誊写错误，并期望他的读者思考：他们是否因为以斯拉是先知而愿意相信他是永远正确的，或者是否愿意相信自然永远是自洽地、随时间朝同一个方向推移,不同后代拥有可见的相同寿命。而且,他对非基督教和非教规内容给予高度关注,并将它们从基督教诠释学传统强加的那种审查制度中释放出来。一些事情有时被当成预示着神恩的奇迹(例如,当摩西带领伊斯瑞尔人出埃及时红海曾分开),然而,当他指出它们也曾在亚历山大和波斯人身上发生过时,这些事情看起来就不过是自然现象。

斯宾诺莎的方法对阅读圣经文本非常重要,就好像它们不仅构建了链接一系列表述和人的类型学,而且使它们相互印证。不仅如此,他对圣经文本进行延伸阅读,并且重点突出各种相互重复的段落(这使一个作者看似依据的是另一个作者的报告),或者指出明显的自相矛盾(这使一个作者有时看起来是自动添加了内容,但没有注意到其与其他内容的尴尬联系)。煞费苦心的内容诠释,解释了那些有关事件不可能在一个短时期内发生的问题;但看似没有给这些有疑问的重复和自相矛盾提供解决办法,因为解释否定了问题隐含两种不同结论的可能性。一方面,圣经文本作者本身是无理性的,而且有关圣经文本内容向人们传递了犹太教和基督教信息的假定也是神秘、不确定的。另一方面,圣经文本的作者和传教士因宣称对圣经文本内容有排他性权力而成为既得利益者,他们支持承认某些内容,并禁止其他可疑的、不适当的著作被纳入教规。从这个角度看,他们的目的旨在使圣经文本内容神秘化,以提高其解释的价值和权威性。

斯宾诺莎的一个重要贡献就是一方面让人们看到了文本秘密及文本保密的难度,另一方面让人们了解了其追随者常提到的祭祀权术的困难。为此,他常被看作是一个煽动者和无神论者,或许《神学政治论》最出色的方面就是他试图呈现的个人观点及结论,它们仿佛是最有趣的趣味推理。为使对《希伯来圣经》和《新约》的理解服从于对圣经内容的一般理解和对圣经启示的一般性推理,斯宾诺莎声称,他实际上只是揭示了某些方法,借此,民主是最有效的政治形式——不仅适用于特定大小的国家,而且适用于所有国家。

他说,原则上至高无上的统治者可以如其所愿创立很多法律。但是斯宾诺莎认为"试图通过法律控制每一件事将怂恿犯罪而不是矫正犯罪"(Ch. 20[10],p. 254)。换句话说,对读者能在圣经文本中理解到什么内容的关注——一种对无数读者的关注,在有关政府组织的主张中获得表达。为使圣经文本和现代政府发布的法令服从于自然法,并关注属于一个或另一个政府的人民的反应,斯宾诺莎认为与其坚持政府让渡他们的权力给人民，不如敦促政府认识到他们的行动如何违背了自己的利益。在制造统治者的阶级特权、"［僭取］无限特权为己有"（258）、"颁布教规戒律"（258）、试图"剥夺人类说出自己所想的自由"（258）方面，统治者未能记载，在多大程度上，他们已经成为本想避免的叛乱的分裂者和教唆者。

斯宾诺莎对欧洲启蒙政治思想的伟大贡献就在于他看到了宗教并没有成为政府的特殊问题，只要统治者宽容并不再耗费精力和资源以加强共同信仰，这个问题就可以解决。而且，他看到宗教仅是因权力和权威集中于某个特定集团而产生的诸多问题中最突出、最难解的例子。他对启蒙思想的贡献是坚持认为，最持久和稳定的社会并不是那些从古老权威中获得授权的社会，而是最为自由的社会。

【本文中文版由作者授权出版。弗朗西斯·福贾森（Frances Ferguson），芝加哥大学英语语言与文学系教授】

（张平　译）

启蒙与本质主义的诘难：平等、交互、透明性[*]

苏源熙

一 启蒙

"启蒙"的概念近期成为关于国家与国际记忆（national and international memory）之文化政治的争议焦点。我们应该如何记住十八世纪？它是自由史上的转折点，抑或是当代支配结构初见雏形的时期？对那些关注中欧文化关系的人而言，正是在十八世纪，欧洲的中国观从敬仰转为敌视（以人名简言之，即从伏尔泰转入了黑格尔）。[①] 十八世纪欧洲知识分子那种对中国文化之欣赏在中国知识分子的期望中，本应呈现为一种相互欣赏，然而一场有关术语之所有权的争吵使其黯然失色——这场争吵是关于谁能宣称拥有"启蒙"的继承者身份以及与之相应的正统性。[②]

---

[*] 本文最初于 2013 年 5 月提交至在维思里安大学召开的"第二届中美学术高层论坛——比较视阈中的启蒙"研讨会，后刊发于《中国学术》2014 年第 36 期。作者感谢该刊主编刘东教授的友善合作。2014 年 12 月作者对文章做了修订。

[①] 对这些观念变迁之历史的出色表述，见 René Étiemble, *L' Europe chinoise*, *De la sinophilie à la sinophobie*, Paris: Gallimard, 1989。

[②] 由中国国家博物馆与德国外交部联合主办的"启蒙的艺术"展览（2011—2012）引发关于"启蒙"之延续性与现代中国史上专制之历史必要性的激烈分歧，见诸一系列举行于北京的公共讨论。例如沃尔夫·乐佩尼斯（Wolf Lepenies）、甘阳与其他学者的谈话纪要，见 http://www.aufklaerung-im-dialog.de/assets/Uploads/PDFs/Dokumentation-de/IV-Forum-Zusammenfassung-DE.pdf；高毅与徐前进：《中国语境中的欧洲启蒙运动》（http://www.aufklaerung-im-dialog.de/assets/Uploads/PDFs/Katalogtexte/englisch/KatalogtextBuschGaoYiXuQianjinEN.pdf）；Mark Siemons, *Ehrgeiz am falschen Ort*, *Frankfurter Allgemeine Zeitung*, 3 Mar. 2012, http://www.faz.net/aktuell/feuilleton/die-kunst-der-aufklaerung-schliesst-ehrgeiz-am-falschen-ort - 11698208.html。

好在启蒙本就是一种富有争议的价值。争议实有助于划定界限、辨析概念，并将手段与目的联系起来。况且一旦某种价值变得无可争议，它就最易遭到滥用，因为它声称代表了所有人的利益，所以对其不加限制、不受挑战的利用就可大行其道。例如，一旦没人可以反对"安全"（security），就会导致在一个备受恐怖主义困扰的国家中，"安全"成为一个遭到最肆意滥用的托词。在关于既有观念的辩论之中，任何看来无可争议的价值都必须面对某种质疑，展现出其另一面的情形。反面论证限制了对此种价值无穷无尽的声索，并促使我们询问，这一价值代表的究竟是什么，倘若我们不得不在它与其他价值之间做出选择？对启蒙而言亦是如此。过去那些敢于坚守所谓反启蒙之立场的人让启蒙本身在此点上获益良多。无论他们更希望确立何种价值（直觉、信念、团结、自然、种族、和谐、相对主义……），他们至少带给我们某种竞争的意识。有时候，这些对立的价值的确在根本上与启蒙相悖；而有时候，他们到头来只是隐含于启蒙的前提之中。自十八世纪以来，哲学与历史活动一并成为澄清这一术语之意义的手段。

倘若启蒙具有批判性与自我批判性，它就必须批判其自身的手段（将启蒙之目的视作前提并询问，它们实现了吗？）以及目的（询问启蒙是良善的吗？）。自 1970 年以来，有一种批判成为传统，它将"启蒙"与"普世主义"（universalism）这两个词联系起来。在一个多元文化主义与小即是美（small-is-beautiful）的时代，普世主义被视作一种不好的东西：不仅仅是一种认识论的傲慢，而且是一种统治民众的伎俩。让—弗朗索瓦·利奥塔（Jean-François Lyotard）在其"关于知识的报告"（report on knowledge）中说："宏大叙事已然丧失其可信性，不论作为思考的故事，抑或作为解放的故事。"[1] 吉安·普拉卡什（Gyan Prakash）从早期学术团体的会议记录中发现印度学者和英国学者认为：

> 对深层矛盾的承认，即现代科学一方面具有自由探索的形象，另一方面又是殖民地占领的操作手段……一方面，科学是作为现代性和进步性的普世标志而发展的，不受其历史和文化场域的影响；另一方

---

① Jean-François Lyotard, *La Condition postmoderne*, Paris：Minuit, 1979, p. 63, 60 – 61.

面，科学只能在其作为宗主国知识的特殊历史时期，确立其普世性。①

　　这两方面之间存在着不对称。科学是被构想（projected）出来的，换言之，其具有想象（image）的特定含义；但作为"宗主国知识"的科学（实则）有其运作方式、场域条件与特定历史。对普拉卡什而言，科学的普世性是一种幻想或错觉，但其对于殖民地的控制功能则在具体的时空中得到了实现，因此变得不容置疑。这种幻想与现实的错配乃是早期马克思颇为喜爱的修辞手法，它也适当地获得了其马克思式的名称："只要进步的叙事不得不为了控制殖民地而确认知识与权力，那么异化就是其表述的基本处境。"② 普世性的要求由此成为一种伪善，或如拉罗什福科（La Rochefoucauld）所说的邪恶向美德的一种致敬。异化乃是启蒙所标榜的光明之阴影。

　　由此，启蒙在 20 世纪下半叶开始成为一个恶名。马克斯·霍克海默与西奥多·阿多诺在流亡美国时，即已将启蒙的后果确认为工具理性，并谴责在其名下所犯的罪行：

　　　　人们权力膨胀的代价，在于其行使权力过程中的不断异化。启蒙之于万物，一如独裁者之于人。独裁者了解这些人，因此他才能操纵他们……被操控的集体统一性乃在于对每一个体之否定，并对那种容许人们以个体化存在的社会抱以鄙视……青年希特勒组织，这帮招摇过市的乌合之众，并未退至野蛮状态，而是一种压制性平等（égalité）的胜利……抽象（abstraction），这种启蒙的工具，使其对象好似命运一般，成为了必须予以拒斥的观念，需要彻底清算。③

---

　　① Gyan Prakash, *Another Reason：Science and the Imagination of Modern India*, Princeton：Princeton University Press, 1999, p. 71.

　　② Ibid., p. 69。马克思的先驱性文字，可参见 "Early Writings", *Economic and Philosophical Manuscripts*, Rodney Livingstone, Harmondsworth：Penguin, 1972, pp. 279 - 399；"The Fetishism of Commodities and the Secret Thereof", *Capital*, New York：Modern Library, n. d., pp. 81 - 96。

　　③ M. Max Horkheimer and Theodor W. Adorno, *Dialectic of Enlightenment：Philosophical Fragments*, Edmund Jephcott, Stanford：Stanford University Press, 2002, pp. 6, p. 9, pp. 166 - 167.

霍克海默与阿多诺之《启蒙辩证法》在中国以及其他地方的风行反映出一种相似的知识氛围，对其中的多数人而言，最要紧的问题乃是抵抗普世主义与支持地域例外主义。在这些条件下，霍克海默—阿多诺版的历史观获得了一种新的魅力，其中，千百万平民被杀害并非是对于启蒙逻辑的逆反，而恰恰是其必然的后果。① 所以，五四运动的各主角所支持的那种"启蒙"理想在修正派历史纂述之中，就变成了一种愚蠢与轻信的标志，他们未能探知"德先生与赛先生"招牌后面的毒素。在这类情形之中，对启蒙之批判指向的是其目的，而非仅仅是其手段。

另一种类似的批判所指责的是"启蒙主体"（the Enlightenment subject）这一概念，因为它不正当地宣称特定个人具有普世身份。一群政治思想家组成了一个奇妙的序列，他们中有右派亦有左派，一致声称拒绝这种对于现实、鲜活人性的漫画般描述，不论其采取何种形式。埃德蒙·伯克使用了"理论"（theory）与"理论上"（theoretic）这样的词语来表述之，并且以"几何"与"教条"这类术语来嘲弄般地形容法国与英国的革命家，而他坚定支持的则是依据惯例的非理论行为，由此，方能阻止启蒙的"光明"引发一场火灾。

> 我认为我们的幸福境遇得归功于我们（英国的）宪法，但要归功于其整体而非任何单独部分，很大程度上得归功于我们在数次修正与改革中所保留的东西及改变或增益的东西……在我们祖辈最关键的行动中，政治的审慎、缜密周全以及道德而非表面的谨慎乃是其主导原则。他们并未一种光明所照亮，法国的绅士们告诉我们其所享有的这种光明已如此充溢，相反，他们是在一种关于人类无知与易犯错的强烈印象下行事。那位使得他们如此易犯错误的上帝，会因为他们按其本性行事而报赏他们。②

---

① 早前的一个讨论，参见 Saussy, *Great Walls of Discourse*, Cambridge, Mass.：Harvard University Asia Center, 2001, pp. 127 – 128。

② Edmund Burke, *Reflections on the Revolution in France*, 1790, F. G. Selby, London：Macmillan, 1906, pp. 278 – 279. 20 世纪中叶的一个类似观点，参见 Michael Oakeshott, "Rationalism in Politics", 1947, *Rationalism in Politics and Other Essays*, Indianapolis：Liberty Fund, 1991, pp. 5 – 42。

此类对于普世理论的不信任亦见于高翔纪念启蒙的文字中，认为其不过带上了一种实际的政治意图，他将其视为一种仅具有限适用性的历史先例:

> 启蒙运动提倡的自由，民主，人权等抽象原则，必须结合每个国家的特殊国情……非西方世界结合本土文化资源所进行的现代转型，又在不断丰富着现代性的内涵……试图用一种文化，一种现代性来规制人类文明的演进，是一种我们必须加以反对的文化霸权。①

约瑟夫·斯劳特（Joseph Slaughter）考虑到不同的事例，也同样强调理论化的人类主体与现实的人类多元之间的差异，理论化的个体无可避免地是对于某种非常特殊的现实个体之不合理的普泛化:

> 观念论者的教育小说（Bildungsroman）与国际人权法……始于想象标准性的、拥有权利的公民主体——这是一种抽象的"普世"人格，"预设了特定类型的个体化身，并排除或者忽视其他的"，而它在历史之中形成的定义则"一直为（白种、有产与）男性"。②

按照如此的定义，启蒙主体宣称代表我们其余的人，事实上给我们其余的人规定了什么才是好的，这样，它受到的不少批评确实合情合理。但解药在哪儿呢？也许应当在启蒙主体这一术语的自我建构中去找寻。当斯图亚特·霍尔（Stuart Hall）给一本大学教材提供此术语的定义时，几乎不用再去透露什么，我们就可以知晓随后针对这一概念的批判:

> 启蒙主体基于一种观念，即人是一种具有绝对中心（centre）与自我统一的个体，生来拥有理性、意识与行为的能力，其"中心"

---

① 高翔:《超越启蒙的限度，塑造新的启蒙精神》（"第二届中美学术高层论坛——比较视域中的启蒙"学术研讨会会议论文，2013年5月，维思里安大学），第10—11页。

② Joseph R. Slaughter, *Human Rights*, Inc., New York: Fordham University Press, 2007, pp. 42–43, 引自 Saidiya V. Hartman, *Scenes of Subjection: Terror, Slavery, and Self-Making in Nineteenth-Century America*, New York: Oxford University Press, 1997。括号内的插入语是斯劳特的。斯劳特可能将自己归于"左派"（虽然其标准有其内在的争议性）。

乃是一种主体与生俱来的内核，随着生命逐渐展开，并在本质上保持整——与其自身保持连贯或"同一"——自始至终贯穿于此一个体的存在阶段。自我的本质中心乃是个人的同一性。[①]

相应地，后现代的自我则会"被定义为没有固定、本质或永恒的同一性……根据我们被描述与对待的方式不断地塑造与变化着……绝对统一、完整、稳定与连贯的同一性乃是一种幻想"[②]。这样一种出现于后现代的不确定与暂时性的自我就不能为启蒙主体的任何过失而负责——事实上，它几乎不能对任何事情负责。也许用最方便的话来说，即是没人能够对这种伪善的多元人格提出指控。

正如普拉卡什之论殖民地的科学，霍尔告诉我们启蒙本身煞有介事地提出了一种关于其自身的"幻想"，但这实际上远没有那么冠冕堂皇。"幻想"一词的要旨在于说它是一种欺骗——一开始是欺骗自我，接下来则是欺骗他人。然而倘若"幻想"一词被其他不那么可疑的词语所取代，如"范例"、"理想"、"目标"或"欲求"，又会如何呢？在此种情况下，启蒙主体就不会说"我是这个样子，我将以同样的标准要求你"，而会说"我希望在启蒙进程的终点会成为这个样子，希望你也如此"。虽然这两种声明都可被称作是普世性的；但前者是教条式的，缺乏批判性，后者则是批判性与乌托邦式的。正如我曾指出的，非批判性的启蒙终究徒劳无益。

如此认真地看待一场争论中被"反对"的部分可能显得过于纠缠，不过在我看来，那些对于启蒙主体的批判若只是指责其自称为一种已经完全实现的理想，就遗漏了这种具有潜能的要素，遗漏了一些有待充实的空白概念，当那些批判在表述被后现代人群所拒斥的主体理论时，也犯了一种本质主义的错误。"启蒙主体'是'中心性的、有产的男性白人"：你究竟要说"是且必须是"，抑或"曾是如此，但亦有变数"？在第一种解读中，"启蒙主体"因其过分的特殊性而瓦解，因为今天没有人还可以是

---

① Stuart Hall, "The Question of Cultural Identity", David Held, Don Hubert, Kenneth Thompson, *Modernity: An Introduction to Modern Societies*, Oxford: Blackwell, 1996, pp. 596 – 632, p. 597.

② Ibid. , p. 598.

那种自给自足的有产绅士;在第二种解读中,问题仍然保持开放。2011—2012 年度在北京举行的关于启蒙的对话围绕着一个主张(多数德国与会者对此否认,而不少中国与会者则表示接受),即过分的特殊性是启蒙价值的问题所在,在今天若仍对此加以提倡,则等于要求压制其他的价值,这关涉到中国的文化认同。

　　错误的普世主义,伪善,或者以最善意的说法言之,未曾预料的诸多后果,这些实际是由启蒙时代关于人性、共同体或公民权利的自信宣言一手造成的。不过,如果我们认为自己把这种观念领域的裂缝看得如此明白,而启蒙时代的观察者则对此懵然不知,那我们也太过自信了。可以说,就这一点而言,启蒙时代"天真的发言人"展现给我们很多东西。奥兰普·德古日(Olympe de Gouges)响应国民议会的《人权和公民权宣言》(*Declaration of the Rights of Man and of the Citizen*,1789),写下了《女性和女性公民权宣言》(*Declaration of the Rights of Woman and of the Female Citizen*,1791)。虽然她强调男性与女性具有不同的性质,由此也发挥不同的功能,甚至提议创设一个女性国民议会;但她毫不怀疑女性是一种拥有权利的主体。正如当今反伪善的战士,她指责其革命同仁如果愿意承认此前的下等人,如农夫、新教徒、演员、黑人与犹太人拥有权利,却不承认女性的权利,那就是自相矛盾的。[1] 她的启蒙主体当然因其性别而在自然秩序与将来的社会秩序中体现和秉有一些与众不同的特别功能,例如母性与养育,但这并不必然要求对于女性自决的权利施以任何的限制。

　　十年之后,在大西洋的彼岸,杜桑·卢维杜尔(Toussaint Louverture)战胜了他的对手,为圣多明戈(海地)撰写了一部宪法,名义上此地仍作为法兰西帝国的一部分,实际上已然独立。1801 年的宪法借用了很多1789 年《人权和公民权宣言》的语言。尤其是它宣告:"这片土地上永不再有奴隶,奴役被永久废除。所有人的出生、生活与死亡皆有自由。每一

---

① 德古日的文本,http://gallica.bnf.fr/ark:/12148/bpt6k426138/f5。关于大革命如何对待我们所谓的少数人群,参见 Shanti Marie Singham, "Betwixt Cattle and Men: Jews, Blacks, and Women and the Declaration of the Rights of Man", Dale van Kley, *The French Idea of Freedom: The Old Regime and the Declaration of Rights of 1789*, Stanford: Stanford University Press, 1994, pp. 114 - 153。关于 1789 年宣言痛苦的制作过程,参见 Keith Michael Baker, "The Idea of a Declaration of Rights", *The French Idea of Freedom, The Old Kegime and the Dedaration of Rights of 1989*, Starford: Stanford University Press, 1994, pp. 154 - 196。

个人，不论其肤色为何，都有资格享受每一种快乐。不存在任何差别，除了美德与才能，不存在任何优越，除了因为履行公共责任而被法律所赐予。"①

在此处，逻辑上的普遍性（"所有人……每一个人"）是通过否定性（"永不再有奴隶制……奴役被永久废除……不存在任何差别，除了……不存在任何优越，除了……"）来导入与建构的。其结果就是承认普遍性乃是某些否定性事件的结果：言语行为（speech act）对奴隶制废除所起的作用以及赫赫军功使言语行为获得了它的力量，正如言语行为与争论在其母国法兰西废除了贵族阶层，并被铭刻在了1789年宣言上。杜桑的宪法比《人权宣言》更具有历史意识，后者仅仅"提出了……自然、不可剥夺的神圣人权"。法国国民议会可能认为将人权置于历史之外可以使其最为无懈可击；而对杜桑及其海地同胞而言，遗忘是不可能的。因此，首部海地宪法的启蒙主体赢得了自己的权利，它拥有它们乃是一个近期历史事件的后果，但它占有权利的完全性并不亚于数年之前法国人或美国人对权利的宣告。拿破仑，这位在当时引导法国偏离平等原则的人，对此不会赞同，并且又发动了四年的血战，试图继续奴役这些人；杜桑的宪法虽然明确地肯定海地属于法兰西帝国，但在拿破仑眼中，这只不过是叛国的证据。② 将启蒙主体的地位视作开放与召唤性的并不意味着没有危险，但这种危险不是杜桑个人面对的，而是无数海地解放战争的牺牲者们面对的。

无论启蒙关于人类主体的理论为何，这一理论所触发的实践牵涉到了其未可必然预知的某些范畴与活动。无性别、非历史的1789年宣言催生了1791年一个女性版本的回应与1801年一个后奴隶时代的历史化回应。《人权宣言》与这两个回应之间的关系是什么呢？有人可以辩称奥兰普·德古日与杜桑·卢维杜尔拒绝了原初宣言的普世语言，给其增添了一些主张抽象人权的理论家未能预想的东西。无论如何，这样的辩称意味着其认为《人权宣言》中的权利所有者根本并且必然是自由而有产的布尔乔亚男性主体。但杜桑与德古日的行事，他们以自身方式诉诸的权利与自由话

① Toussaint Louverture, "La Constitution de 1801", *Mémoires du général Toussaint Louverture*, Daniel Desormeaux, Paris: Garnier, 2011, p. 216.

② Toussaint Louverture, *Mémoires*, pp. 144 – 146, p. 207, p. 211. 杜桑并未亲见自己的宪法付诸实施。拿破仑派遣了一支舰队再次征服了这座岛屿，而杜桑被法军以和谈为幌子诱捕。他于1803年死于一座法国监狱。

语,其出发点并不建立在对那种《人权宣言》之主体的认同上。我猜想如果你询问他们,他们反而会说自己的行为正意味着那份早期文献之主张的实现,换言之,后来引入的维度(女性主义与解放)实际上已隐含于早期宣言之中,虽然隐晦不彰。早期的宣言之所以可以忽略如此之多与其相关的要素,是因为它要引领一项建造乌托邦的工作,后来的文献则已然从事于这项工作。或者换句话说,1789 年文献所宣告的主体内在特质("人是自由的")转换为主体、其他主体与物质之间的关系("如果男人和女人想要使自己自由,他们自己必须利用 x、y 与 z,并且去做 p、q、r,诸如此类")。

这样说的时候,我看起来似乎进入了塞缪尔·默恩(Samuel Moyn)近期对其所谓的"普世性横截(universal truncation)与支庶性实现(subaltern fulfillment)……之模式"的批判之中。[①] 按照这一模式,德古日、杜桑及其他同类人的所作所为,实际上拓展了一个普世性概念的应用性。这个概念的普世性只是潜在的,它有待那些边缘或支庶的主体真正实现之。默恩发现这一模式虽虚假,但由于这些因素而变得颇具吸引力。

> 在全球思想史之中,普世性横截与特殊性实现之模式一个有趣且潜在迷人的特征在于它提供了一个框架,在其中,明显敌对的精英分子与庶民互相需要彼此。(都市)精英宣告了普世原则,即使他们只将其运用于自身,(殖民地)之庶民仍会成为原则的实现者……不止于此,支庶性实现不仅是模仿,而且会提升这一原则,使其高于最初的有限宣告,为了第一次真正地实现它们。[②]

但在默恩看来,这一对于普世价值之传播的诱人表述是"严重观念论的",因为它假定"那些行为主体的角色就是实现这一概念在支庶性事件来临之前已然确定的固有潜能……因此,(普世概念的)全球化有可能实现,并完全有赖于支庶性的行为者,但在此过程中,它所实现的只是它

---

① Samuel Moyn, "On the Nonglobalization of Ideas", Andrew Sartori, *Global Intellectual History*, Columbia University Press, 2013, pp. 187 – 204, p. 188.

② Ibid. , pp. 189 – 190.

本有的内涵"①。为了抑制这一潜在的柏拉图主义，更全面地描述政治观念在现实的传播，默恩主张我们应注意"支庶性利用行为之中的选择与再发明"，"庶民的选择与再发明有赖于一系列非概念的因素，历史学家对此不可忽视"②。

默恩的看法并不陌生，他要纠正的是历史学家一种错误的普世主义的幻想，在其中只有概念才被赋予了自我实现的力量。我们必须要注意到时代精神。但这一告诫在德古日与杜桑那里是失效的，他们非常清楚自己处理的是体态迥异的人群与从未有过的公民历史。不像林恩·亨特（Lynn Hunt）、洛朗·杜布瓦（Laurent Dubois）或罗宾·布莱克本（Robin Blackburn）这类更接近默恩批评靶心的人，德古日与杜桑是启蒙的行动者，而不是企图描述启蒙的历史学家。

因此，让我们停止这样的谈论：仿佛启蒙的主体永远是（即使错误地）普世的，由一种本质构成；后启蒙的主体则是特殊的，由诸种关系构成。启蒙本身即毋庸置疑地显现为上述两种形象，而这能让我们以一种经过修正的表述路径认识启蒙主体，即它本质上由特殊的关系构成，而走向普世性的结果。普世是一种规范性的维度，限制了特殊的关系，而启蒙主体正是在此中活动。在大部分时间，它也是新锐的：它塑造了这一时期法律与社会革新的主要内容。

二　透明性

对于这种规范性维度的责任通过十八世纪的宪法以及哲学与虚构文本所阐明的一种法律规范得到了实现：透明性。

1789年的《人权和公民权宣言》在这方面得到了杜桑1801年宪法的回应，而它本身回应的则是卢梭，它说"所有主权的根源本质上属于国民。任何团体、个人都不得行使其未明确经此授予的权力"（Nul corps,

① Samuel Moyn, "On the Nonglobalization of Ideas", Andrew Sartori, *Global Intellectual History*, Columbia University Press, 2013, p. 190.
② Ibid. , p. 194.

nul individu ne peut exercer d'autorité qui n'en émane expressément)①。这份宣言,跟任何由某个委员会起草出的文件一样,显示出许多不那么一致的观点,如人的自然权利究竟如何与源自国民的主权构成一致,至今仍是法国史专家与政治理论家聚讼不已的问题。不过通过"明确"(expressément)这个词,权利与权力的神秘根源似乎被推至幕后,而权力的行使则必须服从一种要求,任何质疑者都可就此发声:如果你宣称有权做某事,那你就必须展现出背后支持你的国民意志(在《宣言》中,个人对其个人权利之声明则无需类似的要求)。"非基于公共福祉不得建立社会差异。"(l'utilité commune,第一条)对于任何人行使自然权利的限制,"只能以法律决定之"(第四条)——这是另一个公共行为之正当化的要求。赋税应当公平地征收与拟定,必须得到公众同意(第十三、十四条)。杜桑的宪法在对透明的要求上甚至更为细致:

> 没有人可以被捕,除非有正式而明确的命令,它由被法律赋予逮捕以及拘禁(犯人)于指定地点之权力的官员发出。(第五条)
> 每个人的房屋都是不可侵犯的庇护所。在夜间,没人可以进入……在白天,进入房屋需要有法律或公共机关认可的特别目的……任何人,在法定的逮捕权之外命令、指示、实施或命人实施逮捕,将会犯任意拘留之罪。(第十三条)②
> 逮捕某人之前,当事官员必须告知被扣押者他自己的权力来自哪儿,实施扣押的理由是什么,并且将那些理由写在一张纸上。(第十三条)

在这些事例中,正是透明性,要求任何限制个体之自由的行为都必须展示、公开其法律依据。这并非一个形而上问题,而是一个实践问题。当某个人被错误逮捕,或被横征暴敛,这种对于公权之非法运用就显示出罪恶性,因为作恶者不能为其所宣称的施政之本提供令人满意的公共理由

---

① Article III, "Declaration of the Rights of Man and of the Citizen", tr. Keith Michael Baker, in van Kley, ed., *The French Idea of Freedom*, pp. 1 - 3; For the French original, see http://www.assemblee-nationale.fr/histoire/dudh/1789.asp.

② Toussaint Louverture, *Mémoires du général Toussaint Louverture*, ed. Daniel Desormeaux Paris: Garnier, 2011, p. 217, p. 226.

（相反，当一个公民被合法逮捕时，政府官员提供的法律依据使那位公民不得不意识到他违反了公共意志，而他最初曾贡献于此，以建立国家主权——换言之，他自身的意志）。在公共事务上，透明性的约束意味着对全体公民之平等地位的尊重（任何政治举措都要求其展现出建立于"公共事业"之上的特定法律根据）。这同时显示出全体公民间的一种交互性，在其中，任何个体都能要求任何宣称与法律有某种关联的人必须使那种关联清晰显明。透明性是一种标准，它在法国《人权宣言》与《海地宪法》所勾勒的新秩序之中，赋予法律以法律的效力；在公共职能之中，透明性被设想为摆脱专制的唯一而充分的保障。另一方面，普通公民不必为一切合意的行为辩解，盖因"凡未经法律禁止的行为即不得受到妨碍"（第五条）。透明性的要求源自为了公共事业而行事的需要以及与主权之关系。

在这里，有实现之效果的就是透明性的要求。当然，透明性的概念早已存在了好几个世纪。例如，一个人只要想想归于圣保罗名下的"哥林多前书"："我们现在所知的有限，先知所讲的也有限……我们如今仿佛对着模糊的镜子观看，所见黯淡不清，到那时就要面对面了；我们如今所知的有限，到那时就全知道了，如同主知道我们一样。"（13：9，11）不过，政治行为的合法性取决于其内容与动机的透明性，这种制度化的要求乃是一种社会的新事物，它试图取代旧制度，在那里，正当行事乃是基于出身、特权与关系。

如果说存在一类文献，其读者所要求的理当是透明性，那么这类文献应当是指导手册（how-to book）。一本漏掉重要配料的食谱绝非一本合格的食谱。《百科全书》（Encyclopédie）尤其长于解释生产工序，亚当·斯密向我们展示如何制造别针；这类事情对于十八世纪的知识分子显得很重要。[①] 指导性书籍的成功与否取决于它们的明晰性与准确性。十八世纪的两种典型的写作体式——书信体小说与政治宪章，皆源自指导手册，但又各自殊途。实际上，书信体小说可以被视为宪章的充满疑义的阴影（problematic shadow）。后者迷恋透明性，而前者对此质疑。

印刷商塞缪尔·理查森（Samuel Richardson）最初写作长篇的散文乃

---

① See Jean-Luc Martine, "L' article ART de Diderot: Machine et Pensée Pratique", *Recherches sur Diderot et sur l' Encylopédie*, 39, 2005, pp. 41 – 79.

是为了赚取金钱,通过满足人们对于书信范文类书籍的需求——实即社会表现(social performance)的指导手册。一本典型的这类书籍会通过范例向读者展示,如何写作推荐信、求职信、慰问信等。理查森从一个提供实用信息的作者转变为一个小说家的时刻,是当他开始撰写那些意在言外的书信之时,换言之,当他的书信范文不再具有透明性的时候。① 他的小说女主角之所以能够赢得人们的同情,首先在于她们通过写给一个亲密朋友的书信这种看来真实的形式而成为自己故事的叙述者,其次,她们都是更有权势的男性角色之阴谋的受害者,而这些人的动机从来都不是表面所呈现的那样。理查森的女主角——被邪恶的上层男性所追求的下层或中层女性——在叙事传奇之中戏剧性地展现了指导手册中那种攀高结贵的努力。通过呈现给较为平民化的读者公众,自我表白的写信者在进入小说之时,就自动地获得了一种美德的确认〔菲尔丁的《邪梅拉》(Shamela)颠倒了这一模式,把女性写信者转变为一个公然玩世不恭的拜金女:这里并没有假装的透明性,而猎艳的男性则最终成为了受骗者〕。透明性与半透明性的竞争创造出修辞的悬念,这是一种被后世书信体作家发扬光大的技巧。在这种文体中,特权的不平等被重新题写为信息路径的不平等。《危险的关系》(Les Liaisons Dangereuses)中的瓦尔蒙与梅尔特伊发明出一系列把戏,在其中,他们显然通过毁掉其受害者的名誉获得了比单纯肉体关系更多的快感,而拉克洛斯(Laclos)对书信体之选择,则允许我们窥知这对阴谋家的计划,而他们的受害者对此全然不知,这让我们对他们的邪恶体会得更深。在这些小说之中,当透明性被象征与掩饰所淆乱之时,意味着一种对于操纵伎俩的批判;当阴谋家成功地实施了他们的计划,其结果即是通过伪装与保密的手段来违反交互性。如果能力的运用完全以透明性为前提,这些阴谋一个都不会得逞。因此,透明性被视为交互与平等的先决条件,理查森的小说正是朝向此一情状展开。其他的书信体小说放弃了这一乐观的情节(在此亦展现出它们对于其存在之认可)。《新爱洛伊斯》(La Nouvelle Héloïse)的开创性即在于,在其舞台之上,至少有一个

---

① Tom Keymer, *Richardson's Clarissa and the Eighteenth-Century Reader*, Cambridge, Eng.: Cambridge University Press, 2004, pp. 32 – 45. 关于书信体小说,参见 April Alliston, *Virtue's Faults: Correspondences in Eighteenth-Century British and French Women's Fiction*, Stanford: Stanford University Press, 1996。

角色，圣普乐，一方面试图操纵他人，而另一方面至少在某些时候又袒露其内心状态，这使得我们不确定他是否对于自己不诚实。情人之间海誓山盟，不顾他们社会地位的差异，这种交互与透明很快即转变为谎言与虚伪，而朱莉与圣普乐的罗曼史最终以一场骗局而结束。平等精神支撑了这部小说四百多页的篇幅，然而在结尾，朱莉摇身一变，成了一位女神或偶像（"整个国家的一件可爱而神圣的珍宝"，"pour tout le pays un dép？ tcher et sacré"），没人可以自称望其项背——而这似乎让所有人比先前更为满意，虽然这动摇了交互的协定。简言之，从自我表白的角色到阴谋家再到伪善者，十八世纪的小说在一种倡导公开而透明之交流的普遍情境之中，将不透明这种缺陷作为一个问题呈现了出来，从而探究了认识论与道德的问题，同时也发展了自身的表达技巧。

　　杜桑·卢维杜尔所设计的海地宪法在此处展现出其另一面，因为它除了包含一套关于在法律名义下行事之合法性的规定性陈述（对于任何时候国家侵犯公民自由的举措提供了具有权威性的质疑），这种陈述具有一种普遍与预示的力量，它同时描述了其真实叙述者之角色，以及一部写给未来海地居民的书信体小说。虽然奴隶制被废除，并且除了根据美德与才能之外，不允许有任何身份的差异，但是这部宪法特别规定其治理者拥有一种无可匹敌的、近乎国王般的权威地位，"公民杜桑·卢维杜尔，管理圣多明戈的军队……终其荣耀的一生"。这位治理者签署与公布法律，他任命所有的民事与军事官员，他将法律以及未来的宪法修正案提交给议会批准，他负责法律的施行，诸如此类（第八条）。权力分割完全没有在规划之中。假如在未来，公民号召抵制杜桑之特权的侵害，因为宪法赋予他们在任何被压迫之时，都有权提出质疑，然而在那个时候，除了一遍又一遍地回荡着几乎一手遮天的治理者的语录之外，他们得不到任何其他回应，只有奴隶制才被"永久废除"。

　　　为了确保由杜桑·卢维杜尔将军之决断力、行动、不倦热情以及罕有的美德所带来的殖民地安宁局面，以及一种圣多明戈居民之无限信心的标志，宪法完全授权这位将军选择某位公民，在他不幸逝世后，永远地代替他行事。他的选择是保密的：被置于密封的册函中，只有中央议会才可以在所有现役将领与民兵总司令的见证下开启之。

　　　杜桑·卢维杜尔将军会采取一切必要的预备措施，告知中央议会

这一重要的册函置于何处。(第八条)

由此,尽管其展现出一系列由透明性与责任性的术语所表述的合法性姿态,这一宪法的核心实系于一个藏在神秘地方的密封册函,将向国民宣告,并包含了国民的未来。中央议会犹如一个好邮差,有权传信而无权开启。信的作者则不被任何其所创设的制度所约束。这是一个启蒙主体吗?杜桑写下了一份启蒙的权利清单(为其公民同胞提供了成为权利主体所需满足的最低要求),并且以第一部后启蒙宪法来确认之,而这部宪法在法律名义之下,赋予他几乎没有任何约束的行事权力。这甚至越过了道德的界限:一个人不仅有权统治,而且有权任命其继任者,其合法性则来自其个体特质,即作为一个建国者的历史功业。公众对于法律之诉求在此终结于"密封的册函"。正如法国公民这样谈论拿破仑一世皇帝:从君主制到君主制的最短路径就是通过民主。

启蒙的宪法与小说对于透明性怀有极大信念。透明性被期望可以预防其内部及其周边的不公正。但在我们时代,透明性的内涵则判然有别。绝大多数时候,它与贿赂相关(想想透明国际,这个组织监控着国家的腐败指数),与发现利益冲突相关,与一整套介入政治生活的机制相关,这种机制基于对任何事物之表象的怀疑而展开调查。我们最近意识到,我们的"私生活"并非如我们设想的那样私密,毫无疑问,我们的电子以及其他方式的通信至少可能被国家机构在"安全"的名义下监视。[①] 圆形监狱(Panopticon)曾是哲学家的一种想象,后来成为历史学家的一桩控诉,如今则变得和电子邮件一样司空见惯。[②] 然而,你若试图从这种视线下抽身,你只有说服某人你有某些东西要隐藏。透明性的要求从虚伪的阴谋中获得了能量,从一种信念中获得了能量,即外交、立法与商业中明晰而公

---

① Glenn Greenwald, *No Place to Hide*: *Edward Snowden*, *the NSA*, *and the US Surveillance State*, New York: Metropolitan Books, 2014.

② 杰里米·边沁(Jeremy Bentham)设计了圆形监狱,但从未寻求支持来建立之。Jeremy Bentham, *The Panopticon Writings*, Miran Božovič, London: Verso, 1995; Charles F. Bahmueller, *The National Charity Company*: *Jeremy Bentham's Silent Revolution*, Berkeley: University of California Press, 1981, pp. 58 - 75. 无论如何,对于这一不存在之建筑的关注使得很多这一时代的建筑结构黯然失色。Michel Foucault, *Punir et surveiller*: *Naissance de la prison*, Paris: Gallimard, 1975, pp. 201 - 210. 关于当今数据搜集的单向透明性,参见 Glenn Greenwald, *No Place to Hide*: *Edward Snowden*, *the NSA*, *and the US Surveillance State*, New York: Metropolitan Books, 2014。

开的那一面并非如其所当为的那样自明。因此，它并非完全存在于特定而正式的政治机制之中（法律文本与观念、唱名表决、演讲、仪式），而一定总是游荡在公共行为与私人隐秘兴趣的阴影地带之间。职此之故，这种要求往往采取了法律之外的形式——"晒出"公民的私生活，那些人因为某些原因惹恼了某个权势者或无数暴民，或者因为恶意毁谤，阴谋论，以及媒体人物的其他伎俩（在中国，对这种行为有一个形象的表述：人肉搜索）。

三　透明性与交互:公共

伊曼纽尔·康德有一个著名论点，人绝不可以任何借口说谎，即便在被一个意图谋害其密友的凶手质问时，亦当如此。① 其读者不无沮丧地注意到，他在这个例子中，将透明性置于保存性命之上。他同样指责给条约添加秘密条款或默会地保留未来开战理由的做法，部分基于对后果的考量，部分基于原则。② "因此一个国家应当被禁止利用其自己的国民充当间谍，以及利用他们或外国人充当投毒者或刺客……甚至不应散布虚假的信息。"③ 在下面的段落之中，无论国家还是个人似乎都应恪守透明性：

> 如果我也像法学教师们所构想的那样，从公共权利的全部质料之中进行抽象……那么我就只剩下公共性这一形式。因为每一项权利要求中都包含着这一属性，而没有它，就不会有正义（正义是只能被想象为可以公开宣告的），因此也就不会有权利，权利仅仅是由正义所授予的。

---

① Kant, *Groundwork of the Metaphysic of Morals*, tr. H. J. Paton, New York: Harper & Row, 1985, pp. 89 – 90. *On a Supposed Right to Lie Out of Altruistic Motives*, *Critique of Practical Reason and Other Writings in Moral Philosophy*, Lewis White Beck, Chicago: University of Chicago Press, 1949, pp. 346 – 350.

② Kant, "On Perpetual Peace", Hans Reiss, *Kant's Political Writings*, Cambridge, Eng.: Cambridge University Press, 1970, pp. 93 – 130.

③ Kant, "The Metaphysics of Morals", par. 57, Hans Reiss, kant's Polifical Writings, Cambridge, Eng: Cambridge University Press, 1970, pp. 168.

这种公共性是每一种权利要求所必须具备的……①

公共性（öffentlichkeit），在此几乎等同于正义，这实际上使它居于一个极高的地位。但无论如何，这种对于透明性的坚持在不少人看来很天真。当代坚定的康德信徒们尝试解决禁止说谎这一问题。克里斯汀·科尔斯戈德（Christine Korsgaard）建议将我们在思考说谎时置于"某种类似于康德战争法的框架之下：视之为对付邪恶时所使用的特殊原则"，而这样一来，它就不再是一种普遍的要求；她同时还建议从罗尔斯那儿吸取灵感，将道德义务重新表述为一种"双层理论"，一层是在理想条件下可以适用，一层则是在非理想条件下。② 然而以一种原则处理善，以另一种原则处理恶，这只会引出如何区分善恶，以及这种区分的理由是否能得到公众的审视的问题。恐怕康德对此会这样回应，在爱情与战争之中，一切对于透明性的要求皆是平等的——即便是说谎。正如他所说，"所有关系到他人权利的行为"——包括他人期望我说真话的权利，一如在那个关于谋杀者之质询的麻烦例子中——"其准则与公共性不能相一致的，都是不正义的"。③ 换言之，我只有在这种情况下才能对谋杀者说谎，即告知公众何以此人不应从我这儿听到真话。这自然未能让事情简单化。事实上，透明性之双重束缚致使反抗变得不可能。"因此反抗之不正义就可由如下这点清晰展现，即这条准则本身正由于人们公开加以拥护，而使得它自己的目标成为不可能"，康德如是说。他显然对于将那一危险置于远处而感到欣慰④。

无论如何，动机的透明并不足以保证行为的公平性，因为存在着明目张胆的欺负之举。"我们不能反过来简单地得出结论，即所有呈现出公共性的行为准则都是正义的，因为那些具有绝对权威的人没有必要隐藏其行为准则。"⑤

---

① Kant, "On Perpetual Peace", Hans Reiss, *Kant's Political Writings*, Cambridge, Eng.: Cambridge University Press, 1970, p. 125.

② Christine Korsgaard, *Creating the Kingdom of Ends*, Cambridge, Eng.: Cambridge University Press, 1996, p. 154, 147.

③ Hans Reiss, Kant's Political Political Writings, Cambridge, Eng.: Cambridge University Press, 1970, p. 126.

④ Ibid. , p. 127.

⑤ Ibid. , p. 129.

不过，似乎没人能拥有这样的"绝对权威"，以至于毫不掩饰自己不正义的动机。回到杜桑的宪法，创建国家的治理者拒绝在当下任命继任者，只是通过死后的信息来传达遗命，这一事实表明"安宁"并非一件必然之事物，因为接受任命的继任者有可能起而反对建国者，或者他本人被竞争权位者所攻击。保密的需要实则是对于法律公共性之权威的一种隐秘承认。

康德最后的"公共权利的先验而肯定的原则"即是指"一切为了不致落空其目的而需要公开性的准则都能与政治相一致"①，这可能意味着它们能与一种旨在实现公民之幸福的道德政治学相一致。指导手册明确地表达出如何一步步地从无的状态达至有的状态；各种权利清单要求权威具有公共性，而那些关于隐秘阴谋的小说在戏剧性反讽的双重视角下，将动机公开传达给读者：凡此，皆旨在满足透明性的要求。"因为如果他们只能通过公共性而达致其目的，他们就必须符合公众的普遍目的（此即幸福），而政治本来的任务就是要使之一致，使公众满意自己的状态"②。但是"对于这一普遍合法性"之"进一步的引申与发挥"，康德说，必须留待另外的时机。

很久后出版的康德《遗著》中的文稿提供了他如何处理此问题的某些思路。我们在此只有片段——言辞重复，且经常文法不全，因此它们指向的任何体系化的观念都必定是推测性的。康德关注的是合理地安置道德权威——不是运用强力，而是在于主体的同意，在他看来，其源自理性，同时伪装为上帝的话语。

> 绝对命令将一切的人类义务表现为神圣诫命：不是就历史而言，似乎（上帝）曾经向人发布了特定的命令，而是就理性而言，理性乃通过绝对命令的无上权力（表述）它们，正如一位神能以同样的方式严格地号令众生服从自己。③

理性命令"以类似于"神的命令那样发布，这并非是说神曾经真正

---

①　Hans Reiss, *Kant's Political Political Writings*, Cambridge, Eng. : Cambridge University Press, 1970, p. 130.

②　Ibid. .

③　Kant, *Opus Postumum*, Eckart Förster, Cambridge, Eng. : Cambridge University Press, 1994, p. 211.

地、本质上地或历史性地显身表述它们。

　　发出命令的存在物并非作为一种不同于人的实体而外在于人。（它毋宁是）表现为一切有意识的存在物（它们的总体）之复合体的世界的对应物……一切都集合于一个系统之中，并且通过一个原则相互关联，它们并非我思维之外的实体，而是我们自身借以创造这些对象的思想（通过来自概念的先天综合知识），而从主观上说，则是对象思想的自创者……上帝、这个世界（二者皆外在于我）以及理性主体皆通过自由（而非实体）相关联。①

　　不应设想有某个人公布了这些法律；它们实则居于道德实践理性之上。在人的内部存在着这样一种理性：道德实践理性好似一个人，通过义务的命令而绝对地发令。②

　　一如崇高的分析或自然的目的论观念之所为，这种命令是作为一种在主体中发现自由的工具，以超越"每一种自然或理论概念"的界限。③ 在康德这里，对于上帝之观念的阐释采用了一种准宪法的形式。上帝具有"规定一切义务而不承担任何义务"的法律地位④。这一推理的出发点似乎是人类在社会中的地位，其享有某些权利，也承担某些义务。通过类比与对比的推理：

　　上帝是这样一种存在，他在其概念之中只包含权利而没有义务。世界则正好相反。

　　人是这样一种存在，其享有权利并对此具有意识。如果他只有权利而没有义务，那么他就是上帝。只有义务而没有权利则是罪犯的特点。绝对命令乃是最高的存在。⑤

---

　　① Kant, *Opus Postumum*, Eckart Förster, Cambridge, Eng.：Cambridge University Press, 1994, p. 228.

　　② Ibid., p. 239.

　　③ Kant, "Critique of Teleological Judgment", *Critique of Judgment*, James Creed Meredith, Oxford：Oxford University Press, 1952, p. 149.

　　④ Ibid., p. 212.

　　⑤ Ibid., p. 210.

罪犯是这样一种人，其最初既有权利也有义务，但后来丧失了他的权利，于是只剩下了义务，其处境有如"世界"（即缺乏自由观念的机械化的自然）。上帝与罪犯之对比有如其他一切对比，包含了一种相反相成（parallel），这一认知先于洛特雷阿蒙（Lautréamont）。无论上帝还是罪犯，皆非启蒙主体，但又无不与之相关。

与普遍的责难相反，启蒙主体是一个建构性的主体。其主体身份源自与他者的关系。我们在此处拥有一个最醒目的例子。为了将道德、宇宙论与先天理性的范畴综合为独一的样态，康德采用了宪法的模式，这种启蒙时代的典型文本表述的是透明性，是维系公民的权利与义务之关系，尽管其并非总是交互与平等的。看起来康德试图拟定出宇宙的宪法，而这一规划只有在一个相信此类创始宣言的时代才有意义。

《遗著》的文稿包括许多以"先验哲学是……"为开头的段落——这是一种试图解决终极问题的标志。其中的一处论述是：

> 上帝与世界是先验哲学的两个对象；思考的人是主体，这既是在谓词也是在系词的意义上说。主体在一个命题之中将二者结合。①

宪法与句子皆需要公共性——它们需要被表达、被执行——以实现它们的目标。如果撰写宇宙宪法这一行为有过于僭越之嫌，也许其道理在于，这是一种将交流本身展现为"普遍合法性之必要形式"② 的努力，一种为了康德称之为"主体"的中介者，而对于透明性之义务的根本履行。

三　启蒙还剩下什么？

根据对于一系列文本的评论，那些往往被呈现为普世的价值，实际上

---

① Kant, "Critique of Teleological Judgment", *Critique of Judgment*, James Creed Meredith, Oxford: Oxford University Press, 1952, p. 239.

② 上文述及之对于启蒙规范性的反对也以类似的方式针对 Jürgen Habermas，基于交往的伦理学，指责其在"理想言语情境"中漏掉了物质的限制与权力。参见 Jürger Habermas, *The Theory of Communicative Action*, Thomas McCarthy, Boston: Beacon Press, 1984; Alex Honneth, *Cultural-Political Interventions in the Unfinished Project of Enlightenment*, Cambridge, Mass.: MIT Press, 1992.

和启蒙普世主义那种最肆意的表述一样，其内涵不仅在于提出普世性的准则。它们详述了诸种关系；它们敏锐地意识到，对于一种关系（例如透明性），当我们从一端理解它（例如公民要求知晓其政府所为何事）和另一端理解它（例如政府要求知晓公民所为何事）时，便会分别具有不同的价值。虑及此点，我们的启蒙观就必然会变得更具有探索性与怀疑性，也更为开阔，不那么教条。将普遍视为关系的一个方面，这种更为精微与独特的意识不会在启蒙时代政治理论中那些具有典型性的著名宣言与声明中被发现。我们必须在不那么知名与醒目的地方寻找它们，例如在书信体小说之中，或者在那些明确意识到其弱势地位之人群的政治哲学之中，或者在如康德这样在宇宙终极构成中安置权利与义务的科幻作品之中。这样做的回报将是，启蒙不再如我们现代人与后现代人所惯于认定的那样盲目，这乃是一个可敬的辩论对手对于我们屈尊态度的一种挑战。

【本文刊发于《中国学术》2014 年第 36 期。作者苏源熙 （Haun Saussy），芝加哥大学讲席教授】

（杨朗　译）

启蒙运动的限度：作为隐喻和概念的启蒙运动

海登·怀特

> 上帝是太阳，是灵魂之光。①
> 精神之光以及随之而来的世界历史阶段产生于亚洲。②

在本文中，我把 18 世纪的"启蒙运动时代"作为启蒙运动的一个具有鲜明现代主义色彩的提喻。启蒙运动被视为"光"投向（本体论、自然、社会、文化）等诸领域之黑暗处的实践事业，意在提升、教导、唤醒或是教育人类负责任地行使自由或自主权，这种自主权曾经受制于各种让大多数人臣服于无知、迷信与专制的力量。显然，位于启蒙运动事业中心的"光"，与传统意义上的太阳、火、君主以及建立在光明—黑暗二元论之上的基督教以及多种宗教中的神性之光并无二致。它是与恶相对的善之光，与物质相对的精神之光，与死亡相对的生命之光，但是现在却被世俗化并物质化了，转瞬间落到地面，并升华为象征着人类生活中一切良善、纯洁之实质的符号。

有意思的是，18 世纪的光和启蒙的概念与早期概念并不相同，尤其是在模糊性方面，它与光的对立面，即黑暗、非纯洁、混杂和物质密切相关。

启蒙运动的现代事业不同于早期，是因为它模糊了现代科学中物质概念对光明和黑暗的区分。较早的启蒙运动概念预设了光明和黑暗之间的简

---

① Leibniz, *Discourse on Metaphysics*, p. 28. 引自 Nicholas Jolley, *Theories of Ideas in Leibniz, Malebranche, and Descartes*, Oxford：Oxford University Press, p. 199。

② G. W. F. Hegel, *Vorlesungen über der Philosophie der Geschichte*, p. 130.

单对立,类似于精神和物质、天堂与人间,圣·奥古斯丁的"双城"之间的对立。但牛顿在《光学》(1704)中提出的关于现代科学的物质概念更加灵活:黑暗不再被视为光的对立,而仅仅是光的基底、基点和一种重要形式。换言之,在现代的科学唯物主义中,光转变为一种物质的形式或种类。按照古老的新柏拉图主义的观点精神和物质之间的关系是通过流溢而联结的:物质是精神从其流溢之源头的进一步传移。物质并不是非精神的,出现在精神与物质之间的空间中的一切要么是半物质、半精神的,要么是两者的混合。牛顿的物质概念让一切屈居于物质之下,包括光。

　　知识界或知识界中的相当一部分人将启蒙运动这一西方文化史中的阶段称为光的胜利,而他们的规划则不失为启蒙的胜利,在某种意义上,启蒙运动不妨被认为是与黑暗,而非光明纠缠。在启蒙运动家眼里,光即使过度仍是好的,黑暗则是他们试图借助光来解决的问题。康德的宏大的哲学体系始于解答这一问题:"在一个心灵被认为完全满足其兴趣对象的世界中,错误何以产生?"——这一体系仅仅是那个激发启蒙思想家为启蒙运动服务的问题的另一形式,这个问题就是:假若事实是光明无论如何总是高于黑暗,那么,黑暗如何可能?在关于色彩的理论中,歌德是这样解决这个问题的:通过将黑白二色置入色谱的两极,其他色彩则存在于黑与白的不同混合形式,即"灰"的暗影中。①康德视黑暗为首要、光为派生,从而解决了这个问题。讲到悟性与现实的问题,康德是这么说的:

　　　　现实……在逻辑上是首要的,而从中我得出结论,其在形而上学上、客观上也同样是首要的。但是由于感知的对象不是通过对否定的知解而给予的(根本不是先天地给予),光的经验借此生发其形象的黑暗才是首要之物。②

　　随着现代科学的到来,没有人像需要上帝—假设那样需要精神—假设。对科学而言,现存的一切物质拥有广延、重量、质量和尺寸。某些东

---

　　① 歌德:"黄色是被黑色打湿的光;蓝色是被削弱的黑色。"

　　② 引自 Beatrice Longuenesse: *Kant and the Capacity to Judge: Sensibility and Discursivity in the Transcendental Analytic of Critique of Pure Reason*, Princeton: Princeton University Press, 1998, p. 309。

西比另外一些东西轻，某些东西比另外一些东西亮，但是不管多轻多亮，它们只能被视为物质。按照这一观点，光只能被视为物质的各类显现模式，而并非超越和"照亮"物质。事实上，牛顿唯物主义在 18 世纪的胜利使得光在存在等级顶层的地位岌岌可危，结果，启蒙运动力量声称启蒙运动就是为人类脱离自己所加之于自己的不成熟状态的可能创造条件。①

因此，在"启蒙"中被视为过程的手段和目的或结果的"光"，在启蒙运动开始发生的时期无疑具有固定的含义。事实上，正是在这一时期，万物共谋消除了这种对立结构——光明在本体论上被赋予超过黑暗的优越性。

启蒙运动家所津津乐道的光明的缺陷，早已被它的批评家所察觉，在这些批评家中，维柯是最重要的一位。维柯从历史研究中获知，知识，尤其是关于事物的知识，从来不是纯粹真理高于谬误、心灵高于肉体、理性高于激情或光明高于黑暗的事情。事实上，维柯解决了这个（霍布斯式的）问题，即在没有神灵介入的情况下，文明是如何通过设置谬误和真理、欲望和需求、情感和思想、黑暗与光明的辩证关系，自野蛮中诞生的。这一洞见成为后来黑格尔、尼采、海德格尔、阿多诺和霍克海默对启蒙运动毁灭性批判的基点；而他们本身也是建立在对启蒙运动家的自我批评之失败的谴责上的。于是，阿多诺称："启蒙运动根本不顾及自身，无情地抹除了其自我意识的一切痕迹。"（阿多诺、霍克海默：《否定的辩证法》，第 4 页）启蒙运动家想要为这个世界"祛魅"，但只是成功地拔除了"泛灵论"而已（阿多诺、霍克海默：《否定的辩证法》，第 12 页）。事实上，启蒙运动家努力将光提升至科学理性的至高符号的地位，人类文化成就的终点类似于康德努力超越二元论之终点：在此，光的现象堵住了通往本体之大地的通道。这样，启蒙运动家根本看不到希望，只能半途而废。

在标题中，我把启蒙当作隐喻和概念。隐喻和概念之间的区别，对于理解"启蒙"这一符号在将这一过程的特征、实质与这一符号的指称相联系的话语中起作用的不同方式，是颇为重要的。心灵、灵魂或"启蒙"这

---

① "启蒙运动就是人类脱离自己所加之于自己的不成熟状态"，参见康德《何为启蒙运动？》，Lewis White Beck 译。据说，在康德看来，启蒙运动更是意志和意愿之事，而非知识和理性。康德坚称，人类中的绝大部分是懒惰、懦弱的，与"成长"背道而驰，在生活的各个方面上倾向于依赖权威。但是，从权威中解放出来之后，大众就可以意识到其自身的个性价值，并往往对自己的行动负责任。对康德而言，启蒙运动更是自由的结果而非其先决条件。不过，它是一种知识，一种自我认识。

一术语是在"光"的比喻中给出的,"光"在此作为"启蒙"过程或"启蒙"所希冀的"变得觉醒"的条件的中介、行动和效果起作用。如果光被视为一个隐喻,那么,它的分析将会采取一系列现象等级的诸成员的形式,其中,光自身是一种范式,而其他领域的成员通过相似性、连续性或实质性的认同与它建立联系。如果光被视为一个概念,对它的分析将会采取一整套对立、矛盾和否定之否定的形式。在此,光被认作是任何东西,它可以是它的对立面(黑暗),它的对立物(任何不是光的东西),以及对它的对立面的否定(非—黑暗,或者,任何相等同的东西,非—非光)。

这种方式让我们看到,建立在光明与黑暗之对立的基础上的世界观滋生了部分的照亮的、"变暗的"或模糊的领域的居间物,这也是诗人莱奥帕尔迪(Leopardi)称作"il vago"并视为诗性或审美洞见的原则的东西。"il vago"(可译为"不清晰"、"流浪的、漫游的或近似的")指涉的是一系列经验,在其中,事物或被不完全地照亮,或部分地隐匿,凸显或隐退,非—黑暗或非—非光明和非—非黑暗,无论如何,是未完全的光明或完全的黑暗,像所有的感受一样,过或不及。① 光的概念指向光明和黑暗的纯粹形态,远离混杂状态、杂交、杂种、不纯等;由于光明在其作为范式的等级中的各成员仅仅彼此相类,或相互毗邻,或作为差异的单元在同一符号的庇护之下寻找共同的占有物,光的隐喻恰恰指向了种种混杂。

在实体这一语汇的科学意义(电—磁光)上,光是或拥有实体,因此可以在概念意义上做明确的探讨。但是被感受到的光——火、蜡烛、太阳和月亮、闪电的光——是可以作为某种隐喻的。事实上,光在许多文化中(也包括我们的文化)已经包含了范式化隐喻,一种被认为是关于隐喻性自身效果(照亮)的一个隐喻。(参见德里达《白色神话学》)我是被诸如"耶稣,世界之光"或"先知,仁慈之光"或"要有光"等表达方式启发的。这一隐喻带有某种高于别的实体(神性)的种属(光)的特性,反之亦然。"理性之光"告诉我们关于思想的某些东西,这些东西

---

① "……语言越模糊越不精确,它就越诗意……意大利人是唯一一种在其中'模糊'(vago)一词同时也意味着'可爱,富有吸引力'。从'漫游'的原始语义而来,vago 一词依然携带了运动和易变之意,这在意大利语中是与不确定性和不可界定性相联系、与优雅和愉悦相联系的。"〔意〕卡尔维诺:《精确》,引自《千禧年备忘录》(http://www.istituti.vivoscuola.it/marconi/Chiasera/zibald.htm)。Margare Brose, "Il Potere del suono: Leopardi, Valéry, Wordsworth", in *Leopardi sublime*, Bologna: Re Enzo Editore, 1998, pp. 119 – 175.

既不能来自于对思想过程的观察，也不能来自于大脑中展开的实验。它并未告诉我们，理性如同光或具有光的特性，但理性是拥有或使用光来发挥作用的。如果某人是或者曾经是启蒙哲学家，那么，理性的作用就是穿透黑暗（无知和迷信），照亮此世，令观察变得可能，辨认任何内在地被照亮和需要照亮的东西，从而有助于人类的成熟，"憬悟"于人类状况的真理。但"启蒙"也拥有或被认为拥有一种实质，至少在黑格尔看来，它存在于"洞见"之中，也就是说，自在和自为的洞见，对于洞见自身的洞见——这赋予它某种与各类形式的纯信仰相对立的本体意识的清晰性；纯信仰是一种伪洞见，一种"想法，而非观念，因此是某种完全对立于自我意识的东西，而纯粹洞见中的真实即自我——正因如此，它们本质上是对于他者的绝对否定"（黑格尔：《精神现象学》，第560页）。

在黑格尔看来，启蒙和信仰之间的绝对对立——为信徒和启蒙运动家所共有——构成了18世纪启蒙运动事业的核心错误。黑格尔——"启蒙"之子及其固执的批评者——对光的形象的模糊性耿耿于怀。黑格尔在《精神现象学》中说："如同光，存在……是仅与自身相关的精神的形状——根本没有具体形状的形式。"（黑格尔：《精神现象学》，第700页）黑格尔最后谴责启蒙过于自我沉溺，未能把握纯信仰，并将其比作意识的"缺陷"，破坏团体也破坏权威。

黑格尔是在发现光由电磁波组成之前思想与写作的，这一点是否重要呢？尽管这一发现削弱了启蒙运动的光的概念，它是否因此消除了用光的隐喻象征一切高级的、在场的、此处的、初起的、整体的东西与一切低级的、缺席的、彼处的、晚后的、破碎的东西对比的需要？它是否使我们可以言之凿凿地谈论理性的"电磁光"、"世界上的电磁光"，抑或是启蒙只是将电磁波施加于黑暗之上呢？

但是这些都不重要。重要的是启蒙运动以及从中衍生出来的"启蒙"项目——要么是一种新的规划，要么是大百科全书之精华的拓展，不去借助任何一种光学或电子科学，而是借助欲望，具体来说，就是认识的欲望，即去观看，去照亮迄今仍封闭的、阴暗的或隐匿的地方，去展现之前隐藏的视野，使得不可见之物可见；看到"太阳尚未照亮之地"，毁坏那里的"邪恶"之物。（伏尔泰）

光的概念化要求光与黑暗相对立，假如黑暗被视作物质的主要属性，光则将被视作与物质对立之物。这一最终的类比——在其中光与黑暗对立，如同光与物质对立——引发了对令物质脱离黑暗并将之转变为某种光（"可见的黑暗"）的方式的求索。

因此，18 世纪启蒙运动必定视光—精神既为黑暗—物质的绝对对立，又是物质的隐匿实质。正是在此，18 世纪启蒙运动的历史具体性可以被规定为：它包含在受 17 世纪科学革命影响的将物质认作是存在之实质的界定之中。而在启蒙运动之前的所有实例中，光被认作是与黑暗相对峙（从而也是与基础物质相对峙），或光被置于一个从各种程度的模糊性到物质最低层的等级序列中的最高位置，到牛顿时代，物质已经在"被启蒙的"圈子中风靡一时，而之前被视做非物质的一切不得不被重新概念化为物质。在整个 18 世纪，重新概念化的过程是一场光的义不容辞的要去赢得的竞赛。随着光的退场，启蒙运动也随之拉下帷幕。这个时代的物理学倾向于将机械的物质化解为能量——牛顿知道光既是粒子也是波，但这是到 19 世纪才出现的。与之同时，光依然是一种异常现象，时而是粒子时而是波——这不过是在重复物质—精神的二分，即当物质被分解的时候，光再次被概念化了。

启蒙与视觉感知之间的关联，视觉与观察作为知识生产的首要模式的优先性，使得启蒙运动的注意力偏离了其他感官及其可以提供的各种有关真理的知识。大百科全书中论"感知"的文章认为，我们可以确信我们所见；但仅凭耳朵所得必定可疑，如同权威（专制与教士）的声音，其兴趣在于让大众保持无知和迷信状态。[①] 但是认为黑暗可以先行并且仿佛

---

① "观察和实验是我们必须知道的仅有道路，假若一个人意识到这一原理的真相的话：我们心灵中无一物始自感觉。至少，这是我们在感知范围内获得关于对象的知识的唯一途径。只有通过它们，我们可以发展物理学，而且，无疑，甚至对无机身体的物理学的观察无疑超过了关于确定性和有用性的实验，即使无生命无行动的毫无生气的身体只为观察者提供了一些现象，而这些现象相对统一，并且似乎易于识别和组织。虽然一个人无法忽视这一事实，即实验尤其是化学实验，极好地阐明了那门学科，但我们还是看到，完全处于观察范围之内的物理学的组成部分，是最为著名和完全的。正是通过观察，运动的规律被确定下来，身体的一般性质为人所知。正是因为观察，我们发现了重力、吸力、重物加速、牛顿体系；另一方面，笛卡尔的体系是建立在实验基础上的。最后，正是观察创造了天文学，并将之引向我们现在看到的完美程度，甚至确定地超过了其他科学。"（http：//hdl. handle. net/2027/spo. did2222. 0001. 314）《观察》（简缩），狄德罗和达兰贝尔的百科全书合作翻译项目，Stephen J. Gendzier, Ann Arbor 译，MPublishing, University of Michigan Library，2009.

能够产生作为影响之一的光的观点，很难被全盘接受。它与基督教有生于无的观念如出一辙。

似乎只有在本体论意义上的一元论的某些版本中，光明与黑暗的二元论才可能被克服。在那些版本中，光是作为黑暗的某种形式或是相反的形式出现的。同样，在斯宾诺莎的《自然神》中，自然是以上帝是否存在于世的形式表现出来的。事实上，牛顿的《光学》可以被认为是通过将光视做某种可变换成"身体"的物质，而将光提升至物质状态的努力。牛顿是这么写的：

> 疑问30：粗大的物质与光是否可以彼此转化？物质是否可以从进入它们组成中的光粒子那里得到大量活性？正如在前面已经证明的，一切恒定物质在加热的时候，只要它们保持足够的热，就会放光；反过来，只要光线一射到物质的各个部分上，光就会停滞。据我所知，没有一个物体比水更不易发光了；可是正如波义耳（Boyle）先生做过的试验，水经过反复蒸馏可以变成恒定的土；然后这种土则能经受足够的热，像其他物体一样因热放光。①

物体变成光，光变成物体，是适合于自然界的过程的，自然界看来是喜欢转化的。水是一种流动性很好而无味的盐，它由于加热而变成蒸汽，水蒸气是一种空气；又由于冷却而变成冰，它是一种坚硬、透明、脆性而可熔化的石块；这种石块由于加热又变回成水，而水蒸气则由于冷却变回成水。土由于加热会变成火，而火由于冷却又复归于土。致密的物体由于扰动而疏散成为几种不同的空气，而这些空气再经过扰动（有时则不需要经过这种扰动），又重新变成致密的物体。汞有时表现为流体金属的形式，有时又表现为硬而脆的金属，有时表面为腐蚀性的透明的被称为升汞的盐，有时表现为无味、透明、易于挥发的白色的称为甘汞的土；或表现为红色、不透明的易于挥发的称为朱砂的土；或是红色或白色的沉淀物，或是一种流动的盐；它在蒸馏中变为蒸汽，在真空中被激荡时它放光如

---

① Isaac Newton, *Opticks*: *or*, *A Treatise of the Reflections*, *Refractions*, *Inflections and Colors or Light*, 4th edition, London: William Innys, MDCCXXX, pp. 374 – 375.

火。而在经历所有这些变化之后，它又复归于汞的最新形式。卵从觉察不到的大小长大而变为动物；蝌蚪变成蛙；蛆变成苍蝇。一切的鸟、兽、鱼、昆虫、树木以及其他植物，连同它们的不同部分，都是从水和似水的酊液和盐类中生长起来的，在它们通过腐烂又重新成为一些似水的物质。水在空气中放置几天，就得到一种酊剂（像麦芽的酊剂一样），旋转更长时间后，就产生一种沉淀物和一种精，但在腐烂以后是动物和植物的适宜的滋养料。在这样不同的奇异的变化中，为什么自然界就不能把物体变为光，或把光变为物体呢？

正如黑与白最终被证明是光线的折射的形式，黑暗与光明或物质与心灵之间的关系也可以作出如是的解释。但问题是，无知是否可视做知识的形式，迷信是否可视做理性的形式，巫术是否可视做科学的形式，以及在此之外，康德提出的启蒙运动的障碍，如，顺从是否可视做自主性的形式，奴隶是否可视做自由的形式？

以塞亚·伯林使反启蒙运动的观念广为人知，这一意识形态虽然对启蒙运动感兴趣，却并未接受主流启蒙运动家对唯物主义和观察主义者（observationalist）的偏见。自成一体的"北方宗师"J. G. 哈曼，被普遍认为是对抗（但不是反）启蒙运动的心灵结构的理论家。首先，哈曼指出，启蒙运动家灌输给大众的这种知识，是一种认知性知识，一种属于、来自并服务于知识人士的知识，因此是一种对大众来说不具备拯救性力量的知识。其次，哈曼拒绝康德和启蒙思想家的"辩证"方法，这种方法热衷于以逻辑来推理、以散文为媒介。这种方法未能理解情感或激情的认识性力量，对语言自身浓缩的诗性和智慧也毫无兴趣，而且对可能存在但却不可见之物保持无视。较之视觉形象，知识更多来自于圣言，其诗性的流露更是人性的彰显。哈曼企图重新认识这些感觉——听、嗅、闻、触，由于对视觉、光明和光亮的颂扬，这些感觉被忽略了。在此过程中，哈曼发现启蒙运动并不在于唯美主义。因此，为了反对他所说的康德的"辩证"方法，哈曼提出一种他称为"美学的"方法。哈曼断言，追求清晰性是一种错觉；我们生活在"微明"地带，阴影之地，在其中，现实被遮住，真相是"通过一块暗黑的玻璃"被看到的。① 正午太阳的光亮本身

---

① John R. Betz, *After Enlightenment: The Post-Secular Vision of J. G. Hamann*, New York: John Wiley, 2012, pp. 304.

就是一种幻觉；直视之，则什么都看不见。我们有理由认为，《旧约》中的上帝是在让人丧失视力而非照亮事物的光中显示自身的：上帝是被听见、注意、留意到的，而不是被看到或观察到的。哈曼想要让圣言代替概念、形象代替文字、诗歌代替散文，这意味着，如同维柯，他也全心投入物质和精神两者的黑暗面了。

正是这种接受生活为"婢女"的意愿，使得反启蒙运动者将历史观点概念化得更微妙、更可信，超越了伏尔泰呈现的路易十四及其"时代"（这个词被译为季节或世纪更准确）的历史。正是这种反启蒙运动传统催生了19世纪的"历史主义"。正是这种历史主义摧毁了作为衡量人类历史成就和进步标准的启蒙观念。历史主义所做的既不是将适宜人类生活的区域置于由那些超越身体能力而获得英雄称号的光的少数孩子们所成就的天堂，也不是将其置于大众无知无怨地跋涉其间的泥沼和黑暗中。历史主义将历史置于灰色地带，在那里，事件呈现于明暗对比，而非轮廓之中。

伏尔泰在《路易十四时代》一开始就声称历史一般由不同的时期（时代，世纪）组成，但是只有"幸福时代"才真正算作"世界历史"的组成部分。"在这些幸福时代，艺术臻于完美，这些幸福时代作为人类精神崇高伟大的时代而成为后世的典范。"他将雅典时期、罗马时期和文艺复兴的佛罗伦萨时期，进一步将"路易十四时代"描述为"最接近于尽善尽美"的时期。无疑，伏尔泰承认，在美第奇的佛罗伦萨，艺术达到了顶峰，"人类的理性此时已臻成熟。健全的哲学在这个时代才为人所知……"所有这一切最终形成这样的判断，"路易十四时代是最接近于尽善尽美的时代"①。

很明显，在这段话中，伏尔泰不仅把启蒙观念，即"人类理性臻于完美"的状态，作为评价不同历史时期相对价值的一个标准，而且把它作为衡量历史的内容——历史性——的一个标准。原则上，人们不会反对这种做法，因为往昔的"历史的"和非"历史"的部分之间的区分要求这些衡量标准。但是，从后来的"历史主义者"将过去的任何特定现象的价值作为其表象在时空中的功能的观点来看，伏尔泰把其自身时代的"启蒙"观点作为衡量其他所有时代的"历史性"的标准，就大错特错了。这种做法违反了贯穿于"历史性"的历史研究中的经验原则和同情

---

① Voltaire, *Le siècle de Louis XIV*, Paris：Gallimard, 1876, pp. 1 - 6.

性的"移情"原则。

从现代历史理论的观点来看，伏尔泰的做法是"完全"历史的；其特征在于，提取那些统治历史过程的意义、目标、目的或规则的"历史哲学"，以便预测未来或现在应该遵循之道。[①] 从历史主义的观点来看，所有这些，都是与关于过去的令人尊重的研究背道而驰的：这种研究一般应该考虑过去人类生活中的事件、人物、制度、过程和阶段的个体性。从这一视角看，我们就会理解伏尔泰把"启蒙"作为衡量历史内容及其不同时代、阶段或时代的相对价值的做法，是如何暴露出 18 世纪启蒙运动普遍概念的盲点的。

但是，这种似乎只存在于伏尔泰的历史哲学和固有历史之间——启蒙历史哲学和兰克及其 19 世纪的追随者所提出来的某种"固有"史学——的对立，难道没有掩盖（而不是揭示）现代观点与历史哲学和"启蒙运动"的对立吗？这在黑格尔的认为"哲学的历史"乃是"反省的历史"之补足的著名辩护中尤为可见；在"反省的历史"中，"每一个时代卷入到如此特殊的情境之中，展示如此完全特殊的状况，以至于其行为必须通过与其自身并仅仅与其自身相关联的考虑而被规定"（黑格尔：《历史哲学》，第 49 页）。黑格尔认为，反省的史学不可能置于某种普遍原则的考虑之下，这种普遍原则允许对当下的自由生命所要求的过去做出某种判断。这就是为何黑格尔提倡某种不同于伏尔泰的历史哲学，这种历史哲学建立在把不同的"启蒙"概念作为是历史发展及其含义的普遍形式的模式上。对黑格尔而言，历史上演了精神浸入物质、与物质打成一片、与物质冲突的宏大场景，这正是历史的时间性存在的一个方面（《历史哲学》，第 125 页："普遍历史因此是精神在时间中的发展，正如自然是观念在空间中的发展。"）。这一可被隐喻为启蒙过程的过程在黑格尔的"历史资料的分类"的开篇就明确提出了：

> 在地理学研究中，世界历史的进程已被标示出一般的特点。太阳——光——升起于东方。虽然其在本质上拥有了普遍性，它与此同时也是作为个体性存在于太阳中……世界历史从东方走向

① Jerome Rosenthal, "Voltaire's Philosophy of History", *Journal of the History of Ideas*, Vol. 16, No. 2, Apr., pp. 157–195.

西方，欧洲全然是历史的终结，亚洲是其发端……虽然东方形成
了一个领域，历史却没有在它周围产生圈域，而是相反，一个限
定性的东方，即亚洲。这里产生了外在的实体的太阳，而它却在
西方沉没；这里一样地产生了自我意识的太阳；这发出了一种更
加高贵的光芒。世界历史是无法控制的自然意志的原则，将其带
入到服从于普遍原则和赋予性的主体自由。（黑格尔：《历史哲
学》，第 163—164 页）

这个启蒙及其历史与伏尔泰及其"时代"的其他先觉者毫无共同之
处。虽然关于启蒙运动观念的黑格尔式的阐述在整个 19 世纪对西方历史
的概念产生了深刻影响，但在历史学家中风靡一时的并不是这个观念，而
是另外的美学观念或是审美主义观念。因为对这些历史学家而言，伏尔泰
的历史哲学过于形而上学，而黑格尔的则过于抽象了。无论如何，历史学
家认为历史研究的固有对象并不是具体的也不是普遍的，而是个体——在
其中，两者融合成审美而非认识的形象。这种关于个体性的审美观念清晰
地反映在温克尔曼的作品中，在书中，温克尔曼将这一观念视为艺术史的
新概念的基础。

在本文中，我无暇评论温克尔曼关于艺术作品、艺术在认识领域中的
位置以及艺术史作为关于自然和艺术中光之功能的开明观念史等"开明
的"观念。在温克尔曼之前，艺术被认为是普遍史的领域——伏尔泰的
之道观之。艺术史自身的主要模式始自瓦萨里的"艺术家生活"的传统，
其讨论的与其说是艺术品，不如说是关于艺术和艺术作品的书写。但是，
温克尔曼考虑的是艺术作品本身的历史，以及建立在单个艺术作品上的个
人审视。他将艺术品视做一般文化作品的一个范式。这种将文化与艺术，
而不是与宗教、哲学或科学相等同的做法为这一观念提供了基础，即启蒙
运动事业与将光和理性或思想本身相等同的事业是完全不同的。

温克尔曼将个人对众多艺术作品的审视作为其古代希腊艺术史之主题
的观念，让历史学家享受到了直接审视过去，而非仅仅阅读材料中的过去
的狂喜。因为过去的艺术品被解读为与其创造者的动因、行动相联系，这
有别于历史文献中对其与某些历史事件的动因、能动作用、行动和影响相
联系的解读。艺术作品单从其形式看可以是凝聚在物质媒介中的某种意图
的产品；物质媒介使得艺术作品可以为感官所体验，而不仅仅是理性观

察。历史文献所讲述或证实的事件,从未被经验性地感知,而艺术作品无论多么破败或破碎,都能显示出某种形式上的连贯性,这不同于大自然或人类在日常生活中为实际应用所产生的任何东西。[①] 这种连贯性不仅可以被描述,而且可以在实践中被衡量、权衡、复制、重造和模仿。作为人类能动作用的产品,艺术作品可以成为维柯所称的"创作者的知识",如果需要,这种知识可以在艺术家不断重复制作的过程中表现出来。这种知识不仅不是抽象的,而且就其允许洞察人类自我完成(可被认为是人类历史的主题)的进程而言,显然是实践性的。换言之,对温克尔曼而言,艺术品的历史可以被视做一般人类历史的提喻。其他的历史对象只能被间接地认作是理性知觉的对象,而艺术品活在当下,跟其创造的事件是以索引的方式,而不仅仅以图标或象征方式相联系的。

如果艺术作品允许以不同于其他历史物件的方式被感观所审视,那么,到底要审查何物呢?正是在这里,温克尔曼为启蒙观念做出了最具创新性的贡献,即所谓艺术的或审美的启蒙。因为它不得不认识到,光在本质上既揭示又掩盖,而且正是在与黑暗或物质的关系中,在不同种类的灰色的产生及不同层次的灰色中,光才会对启蒙的效果有所助益。

因此,温克尔曼着手揭示凝视某件希腊雕塑所带来的快乐的秘密时,他并不是以其时代的寻常方式来对待形式—内容的区分的。他并没有将雕塑视为内容为形式所赋有的物质,仿佛形式"内化于"雕塑所自的物质,光内化于物质媒介中,就像火焰掉入水中而"闪烁"一样。相反,他坚信整体的形式只能通过对行为的模仿才能将其从作品的可辨识的部分的分解中分离出来。借此,古希腊那些伟大雕塑家通过用衣物遮住原型的各部分而揭示其整体形式,以发现不同部分之间的过渡地带。[②] 如同放大物一样,光必须通过变弱,才能把一些或全部可辨识的部分确定为整体对象。

---

①　的确,日常生活中使用的某种用具拥有艺术作品的诸多属性,但这是工具,尤其是为了制造其他工具而发明的工具,它经常被引作是唯一的人类产品。但是温克尔曼感兴趣的是,艺术作品作为欲望的产品,产生了令人愉悦的形式而不是有用之物。

②　根据温克尔曼的作品而产生的简短讨论,我在此致谢 Donovan Miyasaki 的论文,参见 "Art as Self-Origination in Winckelmann and Hegel", *Graduate Faculty Philosophy Journal*, Vol. 27, No. 1, 2006, pp. 1 – 22。

　　这意味着，艺术作品就其弱化①原型（其身体是一种再现）的形式和形状而言，可以被看作产生其原型的形式的实质。这种形式的实质被认为是原型的形状的形式；它不是拷贝，也不是原型的符号。与黑格尔后来认为光即纯关联、关联性自身的形式的观点相一致，温克尔曼视光明和黑暗为一个整体，在其中，原型的诸部分联结为过渡性的瞬间和刻度，从而产生了对原型整体的模糊感知。温克尔曼将这种关系置于艺术品和原初环境之间，在其中，艺术品既被视作环境的产品又被视作环境的生产者，既是原初的又与环境完全协调。这种有机的关系被认为同时适用于时间和空间。古希腊雕塑的光的形式的实质，在后来的产生于不同环境、不同年代的艺术作品的形式的实质中依然闪亮。

　　因此，温克尔曼为让许多 19 世纪的历史哲学家感到迷惑的问题至少提供了一个答案：艺术作品是如何既可以与其自身时空完全相契合，又可以存续、闪亮于后世的时空的？温克尔曼对该问题的答案也对另一个类似的关于历史的问题作出了回答，即曾经存在但如今已经消逝的事件、人物或制度，如何在消逝了许久之后，依然出现并有助于解决当下的问题？我们回答这一问题的方式或许会为这次会议意欲解决的具体问题提供了某种途径：我们如何在不陷入抽象或误置具体性谬误的情况下比较启蒙运动及其传统的不同概念？这无法通过寻找抽象和具体之间的中间地带寻求综合而获得，而是远离、超越或在某种程度上先于已然设定的抽象和具体。就像为了更好地观察事物与环境的关系必须设定适当的距离一样②，温克尔曼的光的观念要求，根据我们关注的是事物的部分还是各部分组成的整体的不同，光也将随之变得明亮或者暗淡。

　　【作者海登·怀特（Hayden White），加利福尼亚大学圣克鲁兹分校讲席教授】

（高艳萍　译）

---

　　①　"在物理学中，减弱（attentuation）（在某种程度上也被叫做 extinction）是流（flux）在媒介中的强度的逐渐消失，光和音通过水被减弱。"（维基）
　　②　这里我指的是历史理论中最新的作品，该作品指出，历史研究的"微观历史"方法高于"宏大叙事"方法。这一新铸的"微观历史"似乎是对所谓"宏大叙事"或历史哲学的回应，后者自称提供了理解历史书写的钥匙。

启蒙的第三要义:《判断力批判》中的启蒙思想

韩水法

　　欧洲启蒙运动所达成的共识可以概括为一句话:在自然知识和人类事务等一切领域,理性乃是最高的原则。这个断言直接包含如下的内容:理性是一个能够进行认识并且被认识的统一体系,自然是按照理性的原则构成的并且是可以被认识的,也是可以被操作的。在本文的境域里,它构成了启蒙的第一要义。但是,这种观念从启蒙时代的 18 世纪起就已遭到人们的抗议。在批评者看来,它所导致的最坏结果就是对人的强制,在所谓的法则及其衍生物之下,人的自由意志成了多余的甚至有害的东西,而人本身在这样的法则面前成了被动的、附属的存在。此类批评是有道理的。因为对启蒙的这个理解所指向的是教条式的理性。这也表明,启蒙至今依然是未竟的事业,而人们对理性的理解也需要廓开新境界。相应地,启蒙的第二要义就是要持续认识理性本身,包括探索、发现和营造。这第二层意义蕴含在康德的启蒙经典定义之中。康德的第一批判和第二批判是理性自我发现、认识乃至构造的典范作品,它们展现了同一理性在经验世界的不同层面所营造的两种不同秩序。

　　不过,理论哲学与实践哲学虽然在经验的地盘上各自占据不同的领域,却具有一个共性:客观必然性,亦即普遍必然性。但是,它们并未囊括理性所营造的秩序的全部。对自然事物之间、人类存在之间以及这两者之间的关系,人们常以不同于自然法则和道德法则的眼光和方式予以考察,作为对象的事物由此呈现出不同的性质,呈现为不同的现象,尤其仿佛蕴含了不同于自然法则的因果性。倘若采用康德所偏爱的建筑术比喻,那么《判断力批判》所展现出来的经验自然,除了那两类最基本的法则外,原来也是被其他无限多的经验原理所规定,① 因此是一个具有多重结构的存在。换言之,康德所揭示的是一种与启蒙时代主流观念颇有异趣的观念:人们所面对的世界——并非康德的意义——同时受不同法则的支配,而不同法则造成不同领域,后者也就决定了人们要依循相应的规则来行事。不仅如此,先天综合判断,或换言之,科学知识并不覆载经验自然的一切,它并不能够说明既有现象的一切关系,亦不能够把所有现象都统一在内在一致的单一理性法则的体系之内。

《判断力批判》的主题就是诠证反思判断力的先天原理的可能性条件及其特征,以及它与理性其他法则之间关联的途径和条件。但是,它同时展示了理性原理的多样性、不同性质原理的局限性。上述两点揭示了:理性的自我认识是有局限的,不同能力和原理之间的协调和转换存在特定的障碍。诚然,《判断力批判》的本意是要建立起理性不同领域之间协调和转换的可能性及其条件,但同时却表明各种不同的原理有相当充分的理由在不同的领域各行其是,不过,《判断力批判》也诠证了理性诸多领域与不同原理之间关联的可能性和途径。这就形成了对启蒙第一要义的修正,对第二要义的深化和展开,至关重要的是,揭明了启蒙的第三要义:理性不仅展现为不同的能力、原理和层面,而且这些领域及其现象可以分别予以探讨;不同的理性原理之间和不同领域之间的关联在理论上或是不清楚的,但它们在现象之中却确实地建立起来了,所留下的只是理论难题。

一 《判断力批判》中启蒙定义的语境

《判断力批判》第 40 节(下文简称第 40 节)的标题为"作为一种共通感的鉴赏",其所讨论的内容接前一节而来,即感觉的东西的可传达性。审美判断的关键就在于证明某种主观合目的性的东西,亦即当感受到对象的惬意时,可以要求他人感到同样的惬意,因此这种情感可以普遍传达。② 在康德看来,这与理论哲学有一个至关重要的差异:此种可传达性

---

① Kant, *Kants Werke*, Akademie Textausgabe, Berlin: Walter de Gruyter, 1968, V293. (拉丁数字 V 代表第 5 卷, 293 代表该卷页码。以下凡引此康德全集学术版,只注明卷数和页码)

② 参见 Kant, *KantsWerke*, V182。

是无概念的。无概念的可传达性既是反思判断力之所以能够在批判体系之中占据一席之地的缘由，也是理解反思判断力及其原理的关键点和难点。

康德为理解这种吊诡的现象提供了框架和思路：反思判断的表达方式虽来自理性，却并非理论理性和实践理性的概念手段。在《判断力批判》"导言"的最后一节中，康德对人的心灵能力和认识能力重新做了定位，将快乐与不快的情感置于心灵的高级能力之列，与知性的认识能力和理性的欲求能力并举。每一种心灵能力都具备相应的认识能力、先天原理和运用领域。在狭义的认识能力一类里，判断力与知性和理性并列，是快乐与不快情感特有的认识能力。但康德没有完全确定：反思判断力究竟在心灵能力之中有何种渊源；即便在制订了心灵高级能力表①后，在一般人类理性之中究竟哪一个部分是反思判断力的直接根据。在这个批判里，康德将共通感引入，而将反思判断力诠证为它的一部分，这说明，快乐与不快情感这个能力的来源或曰界定依然不是充分合理的。

虽然第 40 节的标题旨在强调鉴赏判断与共通感的关系，但在具体的行文之中，康德所谈的乃是一般的反思判断。在《判断力批判》之前，康德基本上没提过共通感，因为它是经验论者的重要概念，与康德的理性规定格格不入。所以，共通感与启蒙在同一语境中的出现，就值得格外关注。在第 40 节中，康德在诠证反思判断属于一种共通感时，对普通人类知性②作出了总的概括和分类，规定了普通人类知性的不同准则，并指出这有助于诠释鉴赏判断的原理。就是在这个语境里，康德就"启蒙"提出了一个与《答复这个问题：什么是启蒙?》（以下简称《什么是启蒙?》）一文不同的重要定义。对本文而言，它表明启蒙首先是一件形而上学的事情，是理性自身的性质以及理性自主的要求和体现；它透露或揭示了启蒙的第三种要义。

---

① 这个表包含一个逻辑上的瑕疵。与所有心灵能力并列的项目有认识能力、先天原理和运用的领域，而认识能力项目之下包括知性、判断力和理性三种；但在所有心灵能力这个项目中又包括认识能力、快乐和不快乐的情感和欲求能力三种，而次一级的认识能力只包括知性，其他两种即快乐与不快乐的情感和欲求的能力都不在其内。人们自然会质疑，这两种等级不同的认识能力之间是一种什么样的关系？对这个瑕疵及其质疑，本文能在一定程度予以引申的解答，但看来无法从根本上予以消除。

② "gemein Menschenverstand" 亦可译为共同的人类知性，gemein 这个词本身具有共同的、普通的、一般的和公共的等义项。"知性"在第 40 节里的用法是广义的，因此在某种意义上也等同于理性。它们以及其他相关概念之间的关系将在本文的第二部分阐述。

康德认为普通人类知性的准则有三种,即(1)自己思想;(2)在每一个或任何一个他人的位置上思想;(3)任何时候都与自己相一致地思想。① 与这三种准则相应的有三种思维方式:无偏见的方式、扩展的方式和一致的思维方式。② 人们虽然并不能够理解它们的确切意义和所指,但是可以借此发挥出形形色色的意义来。这一点也就突出了这一分类的规定和意义,以及与《判断力批判》"导言"第9节高级心灵能力表之间的区别。

第一种思维方式的特点和要点在于知性的自主性,就是依照知性自身本质的法则所奠定的那些规则来认识自然。与此相反的方式,乃是把自然理解为并不遵守知性自身的本质法则,这就是迷信。在这种情况下,知性或理性是被动的和他律的,即受制于知性法则之外的某种观念。在这样一种对立的情况下,康德提出了启蒙的定义:启蒙即祛除迷信。就其前后的语境来看,该定义与《什么是启蒙?》一文中的经典定义存在一致:启蒙的本质就是知性的自主,其反面就是知性的他律。不过,两者之间依然存在如下差异。

第一,就启蒙本身的内涵而论,在《什么是启蒙?》中,康德所强调的是每个人独立自主地运用自己的知性的勇气,而其定义的核心在于自然服从于知性本身的法则,这就凸显出该定义的形而上学意义。因此,虽然此处的准则也被命名为自己思想,但重点在于自然的知识是怎么样的,而在《什么是启蒙?》中重点是人对于自身知性的一种态度或心态——虽然自康德之后,这一点也透露出其形而上学的性质,但自然是如何的问题则直接就是形而上学的。在康德那里以及启蒙时代,并直至今天,启蒙从根本上说是一个形而上学和认识论的问题,而非单纯的个人心理和社会政治的问题。所以,《纯粹理性批判》和《实践理性批判》乃是启蒙的基本工作。

第二,在《什么是启蒙?》里,康德诠证和倡导启蒙的重点在于消除轭束启蒙的内在心态障碍和外在社会束缚,而此处是在考察和规定人类知

---

① 参见 Kant, *Kants Werke*, V294。

② 在《逻辑学讲义》"导言"第7节中,康德有段大体一致的文字,这可以印证该想法是康德在那个时期长期思考的内容。(参见 [德] 康德《逻辑学讲义》,许景行译,商务印书馆1991年版,第49页)

性的不同思维方式及其准则，其要点在于分辨不同思维方式的各自领域，从而对人类知性做一个周延的划分与界定。这里始终值得重视的一点就是，在所有三种思维方式和准则里，真正的和首要的基础并从而保证知性自主的就是知性为自然立法，亦即科学认识的方式，它也奠定了心灵其他活动的理性基础。在形而上学的和认识论的意义上，它优先于其他两种思维准则和方式，因为唯有它才能确保知性的自主，或者更为准确地说，唯有它能够确保理性自主贯彻在知性的其他思维方式之中。这也正是纯粹理性本身就是实践的这一命题所承载的意义。①

第三，一般人类知性在这个基础之上都有其运用的范围，虽然自然和自由穷尽了哲学的所有领域，但是心灵能力与经验自然一样并非二维的，而是三维的，这也正是康德可以将自由的原则用于自然的本体论根据，或者《判断力批判》之所以可能的本体论根据。既然心灵能力原本就有多种方式和原则，那么当康德将启蒙与迷信的分野限定在是否坚持第一条准则之上时，也就表明了心灵能力其他部分运用的正当性。不唯如此，康德在这里以及在整部《判断力批判》中其实也诠证了此种运用的必然性和必要性。因此，启蒙的意义就并非在于一般地要求人类主动地运用理性，以及相应地限制知性在感觉经验之外的运用，而在于强调在这个基础和前提下，知性的一切其他运用都是可能的、有效的和合理的。在这样一个前提之下，人类知性的一切其他运用正是理性的使命和存在本身。在自然法则和道德法则以外的经验现象之中，无数经验规律杂乱而无系统地存在，并非理性所能够置之恝然的现象，它一定要将之纳入某种统一性之下，或者依笔者的观点，理性必定要在种种不同的原则和领域之间建立起彼此通达的关联。

第三种思维方式，包括第三条准则，康德说是最难达到的。这个准则可以作两种解释。其一，始终与自己一致的思维，这个要求与实践理性法则相一致。它是逻辑的和实在的要求：对任何人的行为，包括自己的行为，在任何情况下，都采取同一的准则，即思维的一致性以及相应的行为的一致性。其二，既可视为引申义，也可视为原本就包含的第二层意思：所有理性思维都必须达成一致，不过，思维方式的准则却可以不同。康德在这个语境中并没有专门提及道德问题，只是强调，第三条准则也仅在将

---

① 参见［德］康德《实践理性批判》，韩水法译，商务印书馆2009年版，第115页。

前两条准则结合起来并能够熟练地遵循它们之后才能达到。① 这不仅体现了康德在《纯粹理性批判》中所运用的一种思维方式，它把每组三个范畴之间的关系解释为递进的综合关系：第三个范畴乃是前两个范畴的综合——但此处的综合却有不同，它综合了理性的不同能力、形式乃至领域。这就开出了一个新的境界，亦即启蒙的新境界。

理性是自主的，即康德所说的永不被动的：它遵守自己颁布的必然法则而不受外在的东西支配。在这个基础之上，它的其他原理却也有其有效性范围的限制。所以，在这个语境中，理性的一致性思维也就包含如下思想：在自然法则之外的其他先天原理，甚至非先天原理，都有其适用的和自在运用的范围，但是它们在最终的意义上都必须与自然法则相一致，而不是与之相抵牾。理性在其实际活动中始终包含多种样式，从而使人们能就现象形成不同知识，理性最终能够从这些差别中找到一种自我一致思维的途径、它的可能性条件，达到这样一种思维的现实性。

上述文字是在第40节文本基础上对康德思想的一致性解说，其实这一节还包含许多不一致的方面。在论述了关于知性的三种准则和思维方式的思想之后，康德再度回到共通感与鉴赏判断的讨论。值得注意的是康德如下的一段话："只有当想象力在其自由中激起知性时，而后者无概念地把想象力置于合法则的游戏之中时，表象才不是作为思想，而是作为一种合目的的心灵状态的内在情感传达了出来。"② 知性在这里依然起着重要作用。首先就是含糊的"置于"所表示的作用，其次是传达所需要的条件，即彼此交通的可能性。前者承带综合，鉴赏要通过对象体现出来；后者承带普遍性，传达的可能性依赖于理解。康德的含糊其辞表明，他不确定，是知性的什么法则或概念在这里发挥作用；但他确定的是：知性确实在这里发挥作用了。这当然蕴含了矛盾，不过，只是在康德哲学的整个体系之内，矛盾才存在。

虽然快乐与不快的情感与其他两种心灵能力一样，具备认识功能和先天原理，却不能像它们一样具有自己的概念，但这个原理在康德那里却又确实存在，套用康德的话来说，这是一个理性的事实。令人困惑之点并不仅在于康德所作出的这种分别，而是如此行事的理由。根据理论哲学和实

---

① 参见 Kant, *Kants Werke*, V295。
② 同上。

践哲学的原理,我们可得出一个初步的结论:情感的东西原本无法客观地规定,因人而异,所以就不是普遍必然的,而普遍必然的知识原本就没有可传达与否的问题:因为除非如此行事,否则认识就是不可能的。但是情感的东西,情况就极为不同:对同一个对象,每个人会有非常不同的情感体验。所幸的是,康德在这里所考察的不是情感本身——人们常常忽略的一点是,康德所强调的是快乐与不快的情感,而非其他什么一般的情感。① 这种情感受到两项限制:第一,对自然的自由的判断——所谓想象力自由游戏而契合于知性,是指想象力总要找到并且以某种方式与某种知性法则相契合;第二,它并不是科学知识,但要以科学知识为基础和背景。它要表达人们对自然的一种不同于普遍必然的知识的感受或领会。概念作为表达工具已为科学知识所占用,倘若还能为鉴赏判断所共用,那么就会与科学知识相混淆。问题就由对自然的自由想象并作出判断转变为可传达的问题:那种合目的的心灵状态的内在情感与可传达性在某种意义上是等同的,鉴赏由此而获得普遍性:"鉴赏也就是先天判断情感的可传达性的能力,而那种可传达性是与所与的表象(无概念中介地)被联结起来的。"②

至此,我们可以理解,理性之所以是前两种思维原则和方式的综合,是因为它包含了多种形式,在一个可传达的表象里,科学知识相对简单,道德知识却已比较复杂了,因为涉及两个法则,道德法则与自然法则的契合,而鉴赏判断就要关涉多种形式——这也是启蒙第三要义的一个部分。当然,人们可以追问:当表象是以概念因而单一的形式构成时,怎么就可以确定地通过概念表达出来,而当它是以多种形式构成时,就无法以如此的方式表达出来?

在《判断力批判》"导言"第 8 节的开头,康德通过分析表象经验对象的根据来区别审美判断力和目的论判断力,在这里他强调,审美判断的根据是主观的,即在先于概念的领会或把握中,那些对象形式与认识能力契合一致,从而将直观与概念联结为一般知识。目的论判断的根据是客观

---

① 人们自然会质疑,审美判断力在康德那里是由鉴赏判断和崇高判断两个部分组成的,因此康德的论述并不限于快乐与不快两种。回答这个质疑其实也是很简单的:唯有快乐与不快的情感而非任何其他情感才是心灵的一种高级能力。

② Kant, *Kants Werke*, V296.

的，即那些对象形式与物本身的可能性契合一致，所依照的是一个先行的并包含对象形式的根据的对象概念。[①] 这里有一个不清楚但甚为重要的观念，对象形式是在概念之前就被领会的，倘若这些形式和概念都属于知性的层面，知性的多样性就特别地突出出来了。无论如何多样，知性依然是所有这些能力和形式的一般名称，它们具有同样的基本性质和作用。这就关涉康德有关一般知性和理性以及共通感的问题。

二　一般理性（知性）、共通感与启蒙

《判断力批判》"导言"第 9 节高级心灵能力表，第 40 节一般知性的三项准则，都使一个原本就蕴含在康德哲学体系中的问题凸显出来，即关于一般理性的理解和追问，这关涉康德前两个批判与第三批判之间的思想差异和演变。

我们可从两个层面上考察该问题。第一，可能的经验层面，亦即经验的自然——它虽然蕴含着经验的总体，但却是不定的总体，因为整体和世界一类的概念在康德哲学那里是逾矩的——这是一般理性或人类心灵能力作用的范围。批判哲学所要分析和构造的所有法则、原理和知识的现实性都依赖于这个经验的自然，因此，只有由此入手，对纯粹理性、实践理性和判断力的批判才可能，从而自然法则、道德法则以及鉴赏和目的论判断力的先天原理才能够被揭示出来。批判工作之所以艰难，原因就在于要将康德所认为的先天东西从经验之中亦即从人们的一般思想之中分离和解析出来，还原其为本来的意识结构——事实上，也就是构造出抽象的意识的理论结构。此种解析的工作是多层次的，比如将形式从质料中抽象出来的思辨，就不同于将先天形式从经验形式中分离出来的思辨；它也是以多种维度展开的，比如综合的与分析的维度。

第二，一般理性，亦即各种心灵能力的层面。在康德体系里，无论批判进展到哪一层次的抽象，它始终面对那个包含一切能力及其形式的一般心灵能力。一般理性正是那个时代哲学探索的唯一对象。虽然批判哲学所关注的乃是认识能力及其法则、欲求能力及其法则和愉快与不快的情感及

---

① 参见 Kant, *Kants Werke*, V192。

其原理,康德基本上没有对一般理性作过明确的界定,但一般理性始终是一个基本境域或前提。因为作为经验整体的世界概念是逾矩的,所以,这个更为一般的东西反而处于康德批判视野的边缘。但是,在诠证和确立了经验的自然中两类必然的法则之后,措置像反思判断力这样一类不具有普遍必然性即客观必然性而只具有某种主观必然性的知识时,一般理性的问题就从视野的边缘挪到了中心地带,因为康德不仅要考虑这几种先天的知识之间的关系——判断力批判的任务之一就用来关联自然和自由两个领域,而且必须考虑它们共同的根源,同时也要在理论上为发现新的心灵能力及其原理保留可能性——而这又是经验的境域所承载的要求。

在《判断力批判》起首,康德规定了判断力批判与理性批判之间的关系。判断力批判属于纯粹理性批判的范围,而且判断力也属于纯粹理性的范围,因为它具有先天的原理,而纯粹理性就是具有先天原理的认识能力。① 康德将反思判断力从知性之中抽取出来,使之成为一种与知性和理性并列的单独的能力,这一做法表明,理性,即便纯粹理性,它所包含的内容比康德当时所构想的要广泛,尽管哲学的基本领域只有两个,即理论的和实践的。按照康德的说法,反思判断力居于两者之间,但他的实际论述却表明,它其实是在这两个领域之上运行的——这一点对于理解《判断力批判》和本文的主旨至关重要。

人们自然会追问,康德应当意识到这一点:在以先天综合判断为内核的自然知识和道德知识,加上反思判断力的先天原理之外,是否还有其他的心灵能力及其先天原理,它们在与上述三个领域或范围有别的某个范围发挥作用?该问题也可表述为:是否还存在一些其先天原理尚未发现的心灵能力,它们构成其他种类的表象甚至其他性质的对象?倘若如此,那么这就意谓着,经验的范围有多广,理性的范围也就有多广,尽管有些范围的原理是不清楚的。因此,一般人类经验知识,而不限于自然科学知识、道德知识以及反思判断的知识,就总是要以一般理性为前提。

康德一直用几个略有差异的概念来指称人的一般的心灵能力——它们事实上构成了康德理性批判的背景,尽管是先前所不易注意到的深远背景。在第一批判和第二批判里,最常用来指称一般心灵能力的概念是理性。在第一批判中,康德也用过几次一般理性(Vernunft Oberhaupt)的

---

① 参见 Kant, *Kants Werke*, V167 – 168。

说法，不过，它是用来指称与感性和知性并列的狭义理性，即导致先验幻象的那种能力。① 一般理性的说法在第二批判里也出现过。② 康德也使用普通理性（gemeine Vernunft）和普通人类理性，或普通知性（gemein Verstand）和普通人类知性这样的说法。③ 它们与纯粹理性对举，仅仅措置和关涉经验性的东西，用来指那些与普遍必然的知识无关的一般经验知识之中的知性或理性的运用，诚然，它也可能包含某些先天的认识，但本身却缺乏严格的普遍必然性。④ 在那里，康德不提共通感。⑤

　　自《判断力批判》开始，包括在《实用人类学》和《逻辑学讲义》里，情况发生了变化，这种指称所有心灵能力，包括有其先天原理的纯粹理性，以及尚未发现或没有先天原理的理性的概念愈显出其重要性。在《判断力批判》中出现了一个重要的变化，即康德用普通人类知性来指所有三种心灵能力，⑥ 这与前两个批判中这个概念的用法有了质上的差别：以前是指一种具体的甚至不重要的经验性的理性——它事实上暂时无法予以确定的界说，而在这里它就具有了周延地指称所有理性的真正一般意义。在《判断力批判》里，康德还用一般心灵能力来指称各类理性能力。⑦ 普通或一般知性或理性的用法在《实用人类学》和《逻辑学讲义》中都保留了下来，而且普通知性或理性与一般知性或理性也开始混用。在《判断力批判》中，康德常用普通知性或普通理性等说法，在《逻辑学讲义》中则用一般知性和理性的说法，⑧ 有时它们还与一般思想等同起来。尽管这样的用法在康德的那些著作中并非完全一致，把握这些概念的确实意义也要依赖于具体的文本，它们并不是一目了然的。此外，第一、第二批判的用法在这几本著作中有时还会出现，即一般理性用来指与感性和知

①　参见 Kant, *Kants Werke*, Akademie Textausgabe Ⅲ, IV, B355, B788, B824。（以下只标出《纯粹理性批判》书名及通行边码）

②　参见 Kant, *Kants Werke*, V135。

③　参见《纯粹理性批判》, B78, B489, B528, B556, B753 等处；《实践理性批判》, V91, V128, V155 等处。

④　参见《纯粹理性批判》, B3。

⑤　在个别译本里，共通感也被译为常识，但常识的译法没有突出能力这一层，突出的是知识，即能力活动的结果这一层意思。

⑥　参见 Kant, *Kants Werke*, V294。

⑦　参见 Kant, *Kants Werke*, V196。

⑧　参见 Kant, *Kants Werke*, IX13。

性并列的狭义理性,普通知性或理性用来指经验性的理性应用。

在《逻辑学讲义》"导言"讨论逻辑的分类时,康德认为,普通理性(自然的知性或理性)的逻辑不是真正的逻辑,它们仅有经验的法则,也只能具体地被认识。科学的逻辑乃是真正的逻辑,独立于普通理性的逻辑而运用,能够先天地被认识,但是只能首先通过对普通的知性或理性的考察才能被发现。① 康德的这个表述从表面上来看是有歧义的,它可理解为两种逻辑的对立,抑或真正的逻辑是作为一个部分而包含在普通理性(自然知性或理性)的逻辑之中的。根据我们前面对康德思想发展及文本的分析,后一种解释的理由似乎更为充足。另一个明显的和标志性的变化就是共通感概念的使用,并且是多次的使用。它不仅与普通知性和理性及一般知性和理性并用,而且还彼此替用。

这种转变有一个明显的原因。在前两个批判时期,康德虽讨论了不同于普遍必然性知识之外的经验知识,而理性也包含一般的用法,但他除了自然和道德两种必然知识之外,还没意识到审美知识必然性的问题,尽管已考虑了合目的性判断的问题。一旦这个领域的知识必然性得到承认,那么,其他领域的知识必然性也就有了予以承认的可能性。可能经验的范围原本就不确定。在前两个批判里,康德并不重视这种经验知识是以何种理性形式联结或构成起来的这个问题。而在后来讨论一般理性时,康德就必须考虑这些问题。这些问题的核心在于:构成其他经验知识的先天原理的可能性,亦即先天地考虑某些并非普遍必然的经验原理的可能性。②

我们这里所关注和着力探讨的是,康德在措置上述问题以及经验原理时,依然坚持如下立场:经验原理归根结底来自于心灵的先天能力及其形式,或是几种形式的共同作用,例如自由游戏。这就解决了《纯粹理性批判》中一个遗留的问题:经验的知识原理的来源。虽然人们在那个语境中也不能认为,经验原理是直接来自经验而反映在人的心灵里面的。然而,因为并没有给出经验原理形成的说法,所以无数的经验原理,包括康德在"导言"里举出的知觉判断的典型例子,③ 就成了弥漫于康德理论哲学各处的晦暗不明的死角。这并不等于说,这个问题当时没有进入批判哲

---

① 参见 Kant, *Kants Werke*, IX17。

② 参见 Kant, *Kants Werke*, V184。

③ 参见 Kant, *Kants Werke*, IV299。

学的日程，而只是强调康德当时尚未提出系统的措置方案。①

《判断力批判》的问世表明康德对经验性知识之所以可能的问题已有了基本的理论构想，而这主要就是康德已形成关于自然的形式合目的性判断力原理的成熟的整体设计。康德需要来考虑人类所有心灵能力的问题，亦即一般理性的问题。在这种情形之下，一般理性②概念在意义上就发生了重大变化，而几乎成为一个新概念。

共通感是第40节的主题，而这正是本项研究的引子、契机和切入点。鉴赏判断力，或者更为一般地，反思判断力都属于这类共通感。需要强调的是，共通感在康德哲学里并非仅仅涉及反思判断力，而且也关涉理性的其他能力。在这一节的一个脚注里，康德把共通感分为审美共通感和逻辑共通感，前者用来表示鉴赏，后者表示一般人类知性。③ 一般人类理性就在这里与共通感关联了起来。④ 既然有了审美的共通感和逻辑的共通感，那么是否存在相应的道德共通感呢？在《实用人类学》里，康德提到了一种特别的感觉：人们要克服由其自私所造成的祸害，唯一的办法就是令自己的私人感（Privatsinn）服从于纪律的共通感。人之所以能够做到这一点，乃是因为人是既富有创造力又有道德禀赋的理性存在者。⑤ 我们据此可以确定，在康德看来，某种道德共通感其实也是存在的。

康德把从逻辑、道德到审美的共通感都归于一般人类理性。在《逻辑学讲义》中康德多次在普通人类理性或知性后面用括号注上共通感。⑥在《实用人类学》里，康德指出，健全的人类知性也被称为共通感。⑦

一般而言，共通感为康德哲学所采用及其作用的意义是复杂的。共通感虽是一个古老的概念，但在17、18世纪的欧洲，经验主义者以及其他

---

① 参见《康德书信百封》，李秋零编译，上海人民出版社1992年版，第109—110页。

② 为了方便起见，本文用"一般理性"来统称康德的"一般理性"、"一般人类理性"、"一般知性"和"一般人类知性"等术语。

③ 参见 Kant, *Kants Werke*, V295。

④ 当然，也有一些特别的观点，比如 B. Longuenesse 认为康德所谓的共通感不是指外在的感觉，而无非就是在鉴赏判断中我们认知能力自然游戏的结果，即可以普遍传达的情感（参见 B. Longuenesse, "Kant's Leading Thread in the Analytic of the Beautiful", in R. Kukla, ed., *Aesthetics and Cognition in Kant's Critical Philosophy*, New York: Cambridge University Press, 2006, p. 214）。

⑤ 参见 Kant, *Kants Werke*, V329。

⑥ 参见 Kant, *Kants Werke*, IX18, IX57。

⑦ 参见 Kant, *Kants Werke*, VII170。

学者用它来解释经验世界之中人们之所以能够彼此交流并达到某些共同认识和规范的根据。在理论哲学和实践哲学的领域，康德能够仅以纯粹理性为根据，不必求助于其他条件。但在这两个领域之外，人们也具有关于其他对象和事物的多种经验性知识，而依照康德哲学的基本原则，这些知识不仅是由知性连接起来，而不论它们的性质为何，并且它们也能在人与人之间传达。它们要有某种共同的主体形式为条件——每个人皆有的心灵能力。共通感作为一般理性，它是负载纯粹理性、实践理性和心灵的其他先天能力，以及其他心灵能力的一个统称，亦是人类所有知识，或者用更为一般的说法，人际可传达性的主观条件。诚然，康德仍然坚持他的基本观点，即其他经验的知识虽然可以有先天原理，但因为是主观的，所以它们的有效性只能是在自然法则和自由法则的基础之上才是可以理解的和有效的。

康德关于一般理性和共通感的观点的重要性就在于，它为其他性质的具有先天原理的知识，亦即为发现和诠证其他样式的构造性的心灵能力，提供了理论条件。而这些思想一起构成了启蒙第三要义的基础。①

三　理性的多样性和一致性

康德自《判断力批判》起清楚地表达了如下的思想：人类理性是由各种不同的心灵能力及其原理组成的，它们之间的关系是可以不清楚的，它们作用或有效的范围也是可以重叠的；并且心灵能力是分为不同层次的，而以这些心灵能力及其原理为条件的知识也是分为不同的层次的，譬如，客观必然性与主观必然性，规定的判断力与反思的判断力，如此等等。现在的问题是：它们是一种全新的思想，还是前两个批判里面就已经蕴含，只是自第三批判起才将它们清楚和系统地表述出来？

---

① Rudolf A. Makkreel 认为，《判断力批判》中所说的共通感只是可开发的可能性，而不是被假定的某种东西，也不是奠基性的原理。它不是人所内在具有的能力，而只是指向某种理想的共性。笔者认为，Makkreel 没有从理性本身，没有从形而上学的角度，当然更没有从启蒙的角度来考虑该问题，所以体会不到康德思想的深度（参见 Rudolf A. Makkreel, "Reflection, Reflective Judgment and Aesthetic Exemplarity", in R. Kukla, ed., *Aesthetics and Cognition in Kant's Critical Philosophy*, p. 234）。

康德在 1787 年 12 月 28 日致莱因霍尔德的信中说，他最近在从事鉴赏力批判。这封信至少有两点对于本文来说是相当重要的。第一，《判断力批判》中的思想是新发现的；第二，理性的能力及其原理是有新的发现的可能性的；即便它们与先前的法则相比，尚未取得足够充分的先天根据——即便如此，它也依然是自身有效的。除了上文已经指出的内容之外，在鉴赏判断的演绎中康德也指出，判断力批判所要解决的问题同样也属于先天综合判断如何可能的体系。① 这就对理解共通感提出了一个重要的启示：共通感等于鉴赏判断力以及目的论判断力，而共通感由此也纳入了先天综合判断如何可能的体系范围。这样的推论是顺理成章的。

于是，共通感也就可以从更为一般的角度来予以讨论。康德在《判断力批判》第 60 节说："人道一方面意谓普遍的参与感，另一方面意谓能够最由衷地和普遍地传达自己意思的能力，这些特性联结在一起就构成了那适合于人性的交往性，借此人性就使自身与动物的限制性区别开来。"② 这是对一般人性的理解，其实也是对共通感的最为宽广的经典解释——它之所以经典，乃是因为共通感的两项最基本的因素在这里得到了准确的概括。一般理性当然也可以从这两点上来理解：参与和传达都承带某种形式的条件。

将上面两节的意思与第 40 节有关三种思维样式的说法联系起来，人们就可作出如下推论：所谓一般知性或理性，其实也就像纯粹理性或知性一样，都属于先天综合判断如何可能的范围。问题的关键不在于理性的统一性，而在于心灵能力及其原理，后者是有不同的性质和运用范围的，亦即它们无论在普遍性上还是在运用范围上，都存在着层次或层面的差别。心灵能力的运用的广度和深度与经验一致，而不可能停止在某一界限内。但根据康德哲学的原则，经验的东西无法自立，除非以某种理性的形式联结起来。所以，经验的畛域就是一般理性的畛域，即共通感的畛域。

当我们讨论《判断力批判》中的启蒙观念的新发展时，要注意到《纯粹理性批判》已包含了这些新观念得以展开和变化的某些核心元素。

---

① 参见 Kant, Kants Werke, V289。

② 参见 Kant, Kants Werke, V355。Paul Guyer 和 Eric Matthews 的英译本和邓晓芒的汉译本有一个同样的误译，即把与"普遍地"并列的"由衷地"（innigst）作副词解释并翻译成一个名词，从而偏离了康德的本意。

康德在"先验演绎"中指出，自然的现象法则都必须依赖于知性的和感性的先天形式；需要经验地规定的具体法则虽然都位于先天范畴之下，但却无法从其中完备地推演出来。① 康德清楚地认识到，先天综合判断至多为自然提供了基本的和主要的法则，而这并不能囊括大于经验和所有现象。换个角度来看，科学在康德的时代面临许多不确定的领域，也就是依照康德理论缺乏必然性法则的领域，它们是某些经验法则起作用的领域。② 康德的上述观点可以综合起来理解：知性的作用可以而且需要区分出两个不同层面，即一般的连接和必然的连接。一般的连接就蕴含一般的合法则性，规定的判断力与反思的判断力之间的区分就需要这样来理解。无疑，这种解释在康德哲学中会引出许多的深刻而复杂的理论难题。

同样的观念在《判断力批判》中得到了进一步的展开。经验现象的领域到哪里，心灵能力也就在那里，并且能够伴有性质不同并有差等的先天原理。第一，至少到当下为止，没有一条统一的法则能够解释世界上的一切现象，这是启蒙时代之后人们逐渐达到的认识。但这也并不意味着人们放弃了对这种法则的追求。第二，不同法则、原理之间的联系，或许正是人们最需要关注的。关切之点甚或不在于统一，而在于它们彼此之间关联和交通的可能性。这些法则和原理或许是居于康德的普遍必然的法则与最微弱的可传达性之间的东西。第三，自然的多样性并不与关联、可传达性以及普遍法则相矛盾。从不同的角度和层面来考察，自然受到不同法则的支配。如此解释的可能性以及不同规律之间的关联才是人们的研究重点。它正是康德思想所蕴含的启蒙新视野。

从第三点出发，即使康德的先天法则能够保证自然知识的普遍必然性，也不能保证所有知识的内在统一性。于是，这就生发出若干牵涉颇广的问题。其一，理性不断地展开，发现新的先天原理的可能性始终存在。其二，普遍必然性的知识是现象的一个层面，而并非康德比喻所指示的是一块有限的并且不可改变的地盘。③ 康德在自述纯粹理性批判的任务时所规定的先天知识的可能性、原理和范围之中的所谓确定范围，也必须理解为一个层面，而它应是没有界限的。

---

① 《纯粹理性批判》，B164—165。

② 参见 Kant, *Kants Werke*, IV468。

③ 《纯粹理性批判》，B294—295。

人们或因上述文字而产生疑问：理性是否因其多样性就成为一盘散沙而四分五裂？为此，我们回到《判断力批判》第 40 节的第三个原则。它关涉自我一致地思考与多样性原理及其两者之间的关系。心灵能力虽然有多种样式，不同原理适用于不同领域。这些领域固然呈现为自然或知识的不同层面，但就与认识相关而言，无非就是现象。它们必须通过心灵的认识能力才能呈现出来。这就使得第三原则成为可能，即始终与自己相一致去思考。它正好意味着，在各种不同的心灵能力和原理之间，关联始终存在，而这种关联的最低要求就是不在思维中自相矛盾，而最基本功用就是从一个领域到另一个领域、从一种原理到另一种原理的交通。

康德总结这三条准则说："人们可以说，这些准则的第一条是知性的准则，第二条是判断力的准则，第三条是理性的准则。"[1] 相比于《判断力批判》"导言"第 9 节里关于同样三种高级能力的解释，此处的说法有其独特之处。它们的差别不仅在于这里将判断力定义为从他人的立场上来思想，而且还在于下面一点。在"导言"第 9 节，康德解释心灵能力的三分法时说，这是出于综合的方式：第一为条件，第二为有条件者，第三为两者的综合。这个解释在这里并不贴切，因为说知性就是条件，判断力就是有条件者，而理性就是前两者的综合，无疑过于简单和机械。但是，如果用它来解释第 40 节思维的三个原则及其准则时，则就显得比较中肯，而含义也大大扩展了，超越了上述那种三分法的意义。同时，倘若没有第二个原则，即从他人的立场来思考，从关联的角度来理解第三个原则，则就有所牵强。第二个原则于是就成为一个契机，使关联自然而然地成为枢纽。如果还要套用三分法，那么就需要从这个角度来理解。

关于理性统一性的根据，康德著作中有两处重要文本。一是《纯粹理性批判》规定了感性与知性这两种基本能力及其特征，[2] 二是《判断力批判》"导言"第 9 节中心灵高级能力的分类表。在康德哲学体系之内分析和规定理性的统一性，既关涉感性、知性、判断力及理性之间的区别和联系，也关涉感性和超感性两界的区别和关联，同样也关涉共通感。不仅如此，它还需要从形式、功能、活动及结果等多方面来进行考察。然而，在诸如此类的许多努力之下，就理性的统一性所能获得的当是一系列的描

---

① Kant, *Kants Werke*, V295.

② 参见《纯粹理性批判》，B74。

述，而不可能是某种实质的定义。所谓一般理性包含了如此丰富的层面，以至于该名称本身就意味着困难和矛盾——尽管这个词语依然是无可避免的。于是，这种多重的描述无疑难以准确和唯一地表达理性的统一性。但是，这并不等于说，关于理性统一性的考察是无意义的，相反，这种考察不仅使人理解理性在康德哲学里的复杂性和多样性，而且也令人把握启蒙的持续性意义。

启蒙第一、第二与第三要义之间的关系，即自然及自由法则的普遍必然性与理性的持续发现及其多样性之间的关系。康德的启蒙理论持有一个前后一致的基本立场：自然法则之外的其他原理能够用来解释自然，譬如自然的形式合目的性原理等，但它们的有效性依赖于自然法则这个基础。就如道德法则的有效性或自由的实在性，也是在自然法则的基础之上才可能和可理解。没有自然法则也就无所谓自由意志，这是康德哲学不可动摇的基础，也是启蒙理论的基础，以及理解判断力批判的前提和基础。在《判断力批判》中，各种判断力原理都在这个基础之上才有效，并发挥积极的作用，否则它们就会沦为迷信。这也就是康德在第 40 节解释三种能力之间的关系，并且提及启蒙与迷信之定义和关系的本义。

就此而言，关于启蒙的第三要义有两种可能的解释。第一，这个要义即便在《判断力批判》之内也只是在既已规定了的范围内的拓展。第二，康德在发挥了启蒙第三要义所包含的那些思想之后又回到了他学说的基本立场。在"目的论判断力批判"的最后部分即"对目的论的一般评注"中，他强调，事实只有两种，即要么出于自然概念，要么出于自由概念。[①] 哲学的关切所及只有两个领域、两种事实，它们才具有普遍必然性的知识。所有其他种类的心灵能力和原理，都无非是在这两个基本领域之上展开和发生作用的。

倘若在自然法则与道德法则之外，康德哲学不承认其他的规律或原理——甚至是先天的——的可能性，尽管存在着许多尚未得到清楚解释的经验现象，那么它也就会成为一种独断论的哲学。但总体而言，康德哲学并非独断的体系，而启蒙第三要义表明，这个体系不仅是开放的，而且还预示其出路的方向。据理性批判原则，始终存在着发现新的领域、新的心灵能力和原理的可能性。或者从时间次序上来说，首先是新的现象被发

---

① 参见 Kant, *Kants Werke*, V475。

现，然后人们就找到了新的原理和心灵能力。但是，不同心灵能力之间的关系，不同原理之间的关联，以及不同领域之间的过渡，并不一定同时就能够得到清楚的解释和说明。诚然，在某个限定的领域，心灵能力及其原理或可以得到自主的诠证。康德认为《判断力批判》架设了从自然领域到自由领域之间的桥梁，① 但这种过渡包含了若干并非完全清楚的部分，就如反思判断力对自然的断定一样。诚然，这并不影响这三种知识的分别的可传达性。这与今天理性的状况一样，虽然不同的法则、原理、理论和话语系统之间的联系和一致性是不清楚的，但这并不妨碍它们分别的主体际的可传达性。

笔者对康德启蒙新观念发挥乃至一定程度上重构，但并没有完善和扩展康德既有的理论体系的目的。本文着力阐发康德哲学所蕴含的启蒙的深层意义，从而理解和拓展理性的新的视野和使命，这并不等于要突破理性本身，而只是试图突破人们对理性理解的局限，而这种局限是人们自身所设定的限制，即把现实的理性当作理性的全部及其最后的完成。

据此推理，康德的限定依然有效，自然法则依然有其限定意义，然而，并非今天所认识到的自然法则就是自然的最终形式。因此，本文的诠证就不会局限于康德的话语。康德说，自然和自由的知识通过概念的方式来表达，而目的论判断力通过规则来传达。这种方式在今天看来缺乏实用性，理由也是不充足的。但是，概念——或词语——在受到不同原理支配的知识体系里，会有不同的意义。当一种知识体系与另一种体系发生关联时，表达的转换是必然的。但人们至今所获得的认识是，并非所有的知识体系都能转换为另一种知识体系——诚然，理性或科学的统一性所要追求的正包含这样的内容。这样，康德所谓的事实就可理解为，认识能力、形式和知识体系无论如何不同，最终都要通过某些共同规则和方法关联起来，而使被观察到的自然现象得到内在一致的系统解释。事实和体系是两个关键的因素。康德在《判断力批判》序言中说，建立一个纯粹哲学的形而上学体系不仅是能够做到的，而且直接关切理性在一切关系中的运用，而这个批判就是寻找那些作为确定基础的先天原理。② 该说法可以支持我们的诠释。

---

① 参见 Kant, *Kants Werke*, V179。
② 参见 Kant, Kants Werke, V168。

　　本文的研究在两个基本理论背景上展开：一是康德的哲学体系；二是对启蒙运动及其思想的某些现代批判。这类现代批判的要点建立在某些误解或者曲解之上，它们把具有理性主义性质的某种主张当作理性的全部，其中包含了相当多的非理性因素。笔者认为，对现代启蒙批判思潮的反批判，康德哲学固然能够在基本原则和方法方面提供富有成效的支持和奥援，但这应是现代人所面临的任务和解决的问题。诚然，理性在今天依然占据首要的地位，但相比于启蒙时代人们对它的展望和憧憬，情形则远没有那么理想和完美。理性非但没有形成内在一致的统一体系，反而更趋多样化，呈现更多的内在矛盾。关于康德启蒙第三要义的研究正是旨在提供思考和研究此类现象的另样方法和思路。

　　（本文刊发于《中国社会科学》2014 年第 2 期。作者韩水法，北京大学哲学系教授）

反思启蒙：超越激进人类中心主义 谈"觉悟"的意义

舒衡哲

> 我前来沉船探险。
> 言语是目的。
> 言语是地图。
> 我前来一窥它的累累伤痕
> 和当年风靡的珍宝。
> ——艾德琳·瑞奇《潜入沉船》

回望 40 年前开始的启蒙研究，我脑海中充满了从 18 世纪的法国到 20 世纪的中国的那段思想史，其中有空白，有阴影，也有困惑。在今天看来，不仅对理性和科学的过度追求所造成的恶果需要我们重新评估"启蒙"这个概念，同时我们也需要这样的机会，在全球范围内展开对话，以期让弥漫着思想的专制、独裁和陈习陋俗的世界重焕生机。像艾德琳·瑞奇（Adrienne Rich）笔下的潜水员，我们别无选择，唯有纵身入水，在那里，我们的困惑等待着答案。那里，漩涡深处，也许有宝藏，值得我们赠予后代，它们会赋予当初启蒙运动早期那些谜团新的解释、新的思路和新的目的。

当我在 20 世纪 70 年代前期刚开始研究中国的启蒙时，我对于中国知识分子在攻克传统壁垒中扮演的角色还持乐观态度。作为一个历史学家，我跟随周策纵和彼得·盖伊（Peter Gay）研究的脚步，但是我关于激进思想的赎回权则是受安东尼奥·葛兰西（Antonio Gramsci）和让—保罗·萨特（Jean Paul Sartre）的启发。那时，在国民党统治时期的台湾，阅读新文化运动（1916—1921）的思想先锋例如鲁迅和陈独秀的著作是闯入"禁区"的冒险行为。后来，当我开始对中国大陆年长的知识分子进行口头采访时，我听到他们在探索启蒙之路上的黑暗面。我开始意识到，那些想把新文化的遗产延续至 20 世纪四五十年代的人所承受的思想上的扭曲和幻灭。很多曾在 20 世纪初还是学生的知识分子，开始后悔他们自己曾对传统儒家文化的无心的攻击。很多人也继续冒着政治迫害的危险，只为追求在被覆盖或丑化的启蒙思想中的破碎真理。

当我终于领悟中国当代知识分子的复杂命运之后，我才开始真正欣赏杜维明号召对"启蒙精神中的人类中心主义特征"重新评估的行为。① 这位睿智的儒家学者让我们注意到，器物理性是通过支持浮士德精神用知识征服世界，从而开始了他对于"沉船"的探险之旅的。"新式异教徒"的说法，曾经被彼得·盖伊用于对欧洲启蒙的研究，被广泛承认为是科学和技术伟大进程中灵感的源泉，为西方工业资本主义、民族国家建立、民主政治和司法体系的法律所用。② 这些都是激烈的世俗人文主义的产物。它们不能也无法被颠覆。

但是，杜维明强调，我们有机会去调和这种启蒙留下的激进的遗产，用新的资源，加深其道德敏感性，"创造性地改变它天生的束缚从而充分地认识到它的潜力，即用一种国际视野把人类群体看成一个整体"③。杜维明提到的改变天生的束缚，很大程度上就是把儒家思想精华（和它的天人合一的观点）融入世界启蒙的遗产。我自己在本文中更加谨慎的观点，是希望扩展关于思想上光明和黑暗、真理和自欺等词汇的意义。这是一种对中国启蒙时期提出的某些关键概念的重新审视，也许会带领我们不那么人类中心式地理解启蒙，以及为一种更加真切的、比较性的视角做准备。

---

① 〔美〕杜维明:《家庭、国家和世界》，1996 年 4 月。

② Peter Gay, *The Enlightenment an Interpretation*, *The Rise of Modern Paganism*, New York, 1967.

③ 〔美〕杜维明:《超越启蒙心态:对伦理、移民和全球性工作的儒家解读》，《国际移民评论》1996 年第 1 期。

超越光芒耀眼的“启蒙”

在欧洲背景下，知识就是力量的说法在 18 世纪的法国启蒙运动之前就出现了。早在伏尔泰和雅克·杜尔哥（Turgot）开始在人类智慧的路上朝拜时，弗兰西斯·培根和勒内·笛卡尔早已手握“理性”大旗好几十年了。到 1694 年，《科学院词典》（Dictionaire de l'Academie）把“光”定义为个人批判精神的敏锐力量：“‘光’喻义为智慧，亦指一切启示灵魂的事物。”① 在此，思想和精神还没有彻底分离，信仰和不确定性仍在科学智慧的伟大发现的边缘徘徊着。

到 1750 年杜尔哥写出《对于人类思想的持续进步的哲学评论》时，气氛已经明显改变了。短短的五十年证实了两件事：一是理性的发展步调，另一个是人类不再质疑理性能够划分其与宗教信仰的关系。当杜尔哥开始说“最后，乌云终将散去！艳阳普照！人类理性完美之极！”② 时，这种对人类智慧毫无置疑的赞美已表露无遗，逐渐走向灼人的傲慢，并开始破坏传统、信仰和怀疑精神，最终导致了法国大革命和恐怖统治时期。

今天，当我们回望 18 世纪法国知识分子的盲目自信时，就会看到，当他们陶醉于人类的智慧而蔑视阳光背后的阴影时，会失去很多东西。同时，如果我们试图为后代拯救启蒙的遗产，支持批判精神在目前存在的必要，唯有超越理性的傲慢。在此，中国启蒙运动时期的一些词汇或许可以开启一条思考之路，从而对人类智慧力量至上的盲目信仰中有所“觉悟”。

在 1916 年的中国，随着《新青年》杂志在陈独秀手下诞生，“新文化运动”开始挑战传统的思维模式。由于深谙法国启蒙运动的历史和困境，陈独秀希望使全中国的同胞从专制主义的枷锁和对儒家父权文化的绝对服从中解脱出来。对新世界观的渴望引导着陈独秀及其同道们探索包括

---

① 笛卡尔原作的这段引文在张芝联最重要的文章“中国启蒙运动”中被非常精彩地讨论，该篇文章也收录于他的文集《张芝联讲演精选（1979—1999）》（商务印书馆 2000 年版，第 101 页）中。

② Murray, Rothbard, *L'éclat de Turgot*, Paris, 1986, p. 4.

伏尔泰、易卜生、弗洛伊德、尼采、杜威、罗素和马克思在内的许多西方思想家的思想。尽管最后是马克思对中国革命产生了最大的影响，但是其他人的智慧遗产在今天依然影响着中国的批判精神。

在新文化运动时期，"enlightenment"一词对应的中文翻译是"启蒙"。这是一个复合词，而当时的中国知识分子借鉴了日语的译法。日本在 20 世纪初就接触到一些西方思想，但只是囫囵吞枣般不假思索地全盘接受，而不是像陈独秀和一起创办《新青年》杂志的知识分子那样谨慎地对待这一问题。在日语中，"启蒙"（keimo）既包含着从西方有所取舍地借鉴，同时也包含着对于物质世界正在消逝的美的一种禅意的觉醒。在汉语中则恰恰相反，启蒙意味着从盲目信仰的麻木中幡然醒悟。①

不像那些欢欣鼓舞的法国哲学家，中国启蒙运动的支持者在对人类理性进步的赞扬中，仍深刻地铭记着阳光背后的阴影和黑暗。"启"，在古汉语中意味着打开封闭的圈并照亮灵魂，很像 17 世纪欧洲思想家所说的"清晰的头脑"（clarte d'esprit），彼时他们还没有完全沉浸在对人类智慧的崇拜中。"蒙"也是在古汉语中代表引起动物原始本能的觉醒，作为"梦"的同音词，"蒙"允许慢慢地苏醒，而不是像柏拉图那样对陷入欺骗牢笼的人毫无耐心。

在中文的话语语境中，"enlightenment"与另一个复合词"觉悟"的联系更为紧密，这个词也来自于中国的佛教和儒家的词汇。这个词在新文化运动中的许多作品里大量出现，意味着"觉醒的意识"，即发现和达到一个人自身最深的潜力。这个词完全没有指向沉醉于人类理性的威力，而是指向当一个人开始追求真理时，不断提醒他留意人类灵魂中存在的阴影。在此征途中，激进的知识分子除了陈独秀外，还有同时代的熊十力（他围绕着儒家的"精神"和"真理"概念建立了新哲学）。他们二人于 1907—1909 年在日本求学期间，都参加了佛教学习小组，用一些欧洲思想家感到陌生的概念进一步丰富了思想的词汇。

---

① 更多关于日语"启蒙"意义的讨论，参见 Thomas R. H. Havens, *Nishi Amamne and Modern Japanese Thought*, Princeton, NJ, 1970, pp. 76–85；关于日语"启蒙"和汉语"启蒙"的历史渊源对比，参见 Vera Schwarcz, *The Chinese Enlightenment: Intellectuals and the Legacy of the May Fourth Movement of 1919*, Berkeley, 1986, pp. 95–144。

到 1916 年陈独秀写出《吾人最后之觉悟》之时，他在对汉语和西方启蒙思想的把握上已经有所收获。这篇文章同样发表在《新青年》杂志上，对其自身及同时代的人都是一种召唤。这并不代表他征服了所有的阴影，或者到达了一种理性光辉战无不胜的境界，而是表明他清楚地意识到在启蒙道路上仍然存在的外部和内部的困难。陈独秀所宣称的"伦理的觉悟"是"为吾人最后觉悟之最后觉悟"①。

如同 20 世纪最著名的作家鲁迅一样，陈独秀注意到"黑暗之门"始终压在想要成为"哲士们"的同侪的心上。多虑的内心意味着这位思想家本身也存在着偏见、误解和傲慢，这些东西妨碍了他找到光明。简而言之，外部的专制和内心的自负都会成为问题。

把人从一种舒服的偏见中唤醒过来是两个非法语表达"启蒙"词汇的核心意思。希伯来语"haskalah"和德语"aufklarung"，它们更想表达通往光明之路充满艰险的意味，而不仅表达光明的终点。18 世纪的犹太作家，并没有对继承其古老传统报以冷眼，而是全盘接受了"haskalah"这个词语，其中包括德国犹太哲学家门德尔松。② 他们试图反思如何在保持批判精神的同时不陷入对唯物论极端的崇拜中。门德尔松一生最大的抱负是写出一篇深刻的关于灵魂不朽的犹太人文章，同时也为诚实和真诚的道德准则创立了一种哲学基础。

在外部呼唤启蒙，内在意识必须先一步存在，这种想法体现在康德1784 年的《何谓启蒙？》一文中。该文本意并未想成为一把切断信仰咽喉的理性的匕首。虽然康德对宗教的某些方面有过一些抱怨，但他主要的目的是要人们关注启蒙过程本身。就像中国知识分子在从古汉语中找出"觉悟"一词一样，康德回忆起罗马诗人贺拉士（Horace）的呼吁"要有勇气运用你的理智"③。目标则是战胜一种自我强加的"幼稚"。在康德看来，阻挠人们实现启蒙的正是对自我反思的恐惧。因此，真正实现"启蒙"取决于意识到，"新的偏见如同它们所取代的旧的偏见一样，会成为

---

① 陈独秀：《吾人最后之觉悟》，《独秀文存》，上海亚东图书馆 1922 年版，第 49 页。

② 更多关于门德尔松质疑和欣赏传统的精彩讨论，请参见 Valery Raspus, "Les judaismes a l'epreuve des Lumieres-La Strategie critique de la Haskalah, *Lumieres, actualite d' un esprit*, No. 26, September, 2006, pp. 57 – 86。

③ 更多关于康德引用贺拉士的文章讨论"恢复勇气"，参见 James A. Leith, "Peter Gay's Enlightenment", in *Eighteenth Century Studies 5：1*（Autumn, 1971）, pp. 157 – 171。

限制大多数无暇思索的普罗大众的桎梏"①。

有先见之明的康德意在警告世人,他反对把启蒙作为一个目标,而是强调了在没有"觉悟"的"启蒙"下,统治政权无法逃脱循环的悲剧命运。只是一味地追求光明的终点,没有考虑随之而来的偏见,这种思想反映在许多革命运动中,例如法国大革命后的恐怖时代和中国的"文化大革命"。康德试图在文中提醒腓特烈大帝,"一个本身是经过启蒙了的、不畏惧幽灵的君主"②。

只可惜历史上只有极少的君主留心过这样的警告。当大权在握时,独裁者将自己奉为理性的主宰者,不惜发动战争来消灭思想上的异己。清除光明背后的阴影的要求似乎都会和所谓的"解放运动"联系在一起。谨慎、谦虚地确认光明背后所谓"非法的黑暗"范围有多大,也许是迈向捍卫人类精神尊严的有意义的第一步。这样,我们也许最终会找回"精神"最广泛的意义,这正是曾经的启蒙运动试图拯救而不是揭穿的东西。

超越一种残酷的世俗的"启蒙"

日本作家谷崎润一郎(Junichiro Tanizaki)在《阴翳礼赞》(In Praise of Shadows)中提出的一种谦逊的观点可以帮助我们理解启蒙。表面上,这篇文章仅是对日本美学特别是建筑美学的单纯的鉴赏。但在其简单的文字背后,我们似乎可以发现一种对人类中心主义中的光明的一种质疑。例如他提到,西式风格的建筑(例如京都的 Miyako 酒店)把天花板压得很低,灯火通明,让顾客有一种炫耀自己的财富和掌控一切的自信。

谷崎润一郎指出,日本对抗阴翳的战争始于 1867 年的"明治维新"。日本自身迷恋于启蒙:"日本人民对启蒙的追求永无止境。但最近这些年,日本前进的速度如此急躁,以至于我们国家偏离了正常的

---

① Hans Reiss, editor, *Kant's Political Writings*, London, 1970, p. 56.

② Ibid., p. 61.

道路……"①作为"重事轻说"风格的大师，他在说到启蒙思想令人惋惜时用悲伤的语气说：缺乏内在的空间和精神上的约束力，剩下的只有外部自然世界的越来越多的粗暴要求。

幸运的是，日本对于古老的房屋建筑那种传统美学的鉴赏力依然存在，所以就像谷崎润一郎和很多现代人士渴望的那样，现代日本仍然保留了一部分谦逊的态度。他在文学作品中写出他的希望"有些是可以保留下来的：在文学的宅邸中，我喜欢深深的屋檐和暗色的墙面，我会将太明显的东西推回阴翳之中，我会去掉无用的装饰。我不求所有的地方都可以实现我理想中的建筑，只希望至少有一座这样的宅邸，我们关掉所有的灯光，看看黑暗中它原本的样子"②。

谷崎润一郎的诉求看上去似乎是纯文学的。那个他渴望的隐居的宅邸已经被其他思想家描绘出来，他们不想否认启蒙，仅仅想重建部分被激进的人类中心主义摧毁的内在特性。这些希望重拾启蒙遗产的人中，首当其冲的是当代儒家人文主义思想家杜维明和知识渊博的犹太思想家英国大拉比·乔纳森·萨克斯（Lord Rabbi Jonathan Sacks）。在不同背景下，当我们继续手持理性和科学大旗向前奔跑时，这些思想家要求的是人性的回归。

大拉比·乔纳森·萨克斯，也像杜维明一样，试图捍卫启蒙的成果。同时他希望给予这个由 18 世纪的哲士们创造的成果更多喘息、思考和反思的空间。启蒙，如果想要继续，必须包含很多自我启发式的批判。他使用希伯来语圣经（the Hebrew bible）中的语言，说：

> 当合同取代誓约，财富成为一切，我们不求甚解，只要自由，这样当然更快乐，但不见得就是充实……世界主要宗教的力量不仅仅在于它们是一种哲学体系，把真理的精华用严格的逻辑布局串在一起；而在于在遵守誓约的群体中，权力被规范，它们不会受经济因素的影响，它们将真理生动地展示于世人。③

---

①　Junichiro Tanizaki, *In Praise of Shadows*, translated by T. Harper and E. Seidensticker, Stony Creek, CT., 1977, p. 37.

②　Ibid., p. 42.

③　Jonathan Sacks, *The Dignity of Difference: How to Avoid the Clash of Civilizations*, New York, 2002, p. 158.

　　大拉比的思想在杜维明那里也产生了共鸣。2011 年，在主题为"一个多极世界需要的新精神"的联合国特别会议上，杜维明谈的是"儒家人文主义和西方启蒙运动"，后成为《黑暗中的烛光》 (*Candles in the Dark*) 一书中的一章。他主张用更适度的态度看待科技改变世界。他认为，用中国儒家文化所提的"天人合一"的宇宙观看待启蒙更加合适，即人文和自然以一种神圣的、互相依靠的方式形成一个统一。①

　　其他一些与会学者接受了这个观点，例如著名的瓦茨拉夫·哈维尔 (Vaclav Havel)。哈维尔自身的学识和精神积淀使他对世俗人文主义控制的世界未来持怀疑态度。他不满足于把人文主义想象成为一个"偶然的反常"或者一个"细微的幻想"，他希望与会者接受这样一种宇宙哲学的原则，即对我们现实的不确定性和神性都给予思考空间。结论是，他希望通过这样的过程，当我们继续点亮"黑暗中的烛光"以及"为21 世纪塑造一种道德和精神上的启蒙盛宴"时，能够让自己沉淀下来。②

　　谷崎润一郎所提到的阴翳和哈维尔闪烁的烛光放在一起有特别的寓意，他们都希望现代人不要用激烈的世俗主义观点看待人类和自然。三个世纪之前，浮士德式的启蒙仅满足于用完全的光明之说来掩盖挥之不去的偏见。杜尔哥对于没有阴影的世界的狂喜，则为对于例如"东方人"和"犹太人"的歧视留下了空间。就像狄德罗和伏尔泰在 18 世纪贵族沙龙中指出的，思想的自由并不是所有人都能享用的。③ 尽管有"哈斯卡拉运动"（也称为犹太启蒙运动）呼吁哲士们给予更多的宽容，但"反犹太主义"的顽固势力仍然存在。在他们眼中，无论如何，犹太的伦理和宗教价值总是带有种族色彩的缺点，不能够纳入启蒙思想的宝库之中。

　　这种狭隘的理性和人文主义观点所失去的，是神学的思想和人类成为宇宙共同创造者的可能性。对于自我意识的缺失，我们沦落为种族主义的伪君子。就像哈维尔在 1994 年于费城独立大厅接受"自由勋章"（Liberty

---

① Tu Weiming, "Confucian Humanism and Western Enlightenment", *Candles in the Dark*, Seattle, WA, 2002, p. 127.

② Vaclav Havel, *op. cit.*, p. xxii.

③ Leith, *op. cit.*, pp. 165 – 166.

Medal）时发表的演讲一样：

> 现代的人类中心主义不可避免地让人类以为自己有从世界消失的
> 特权。人类中心主义逃离了现代科学的掌控，渐渐地被推入私有的范
> 畴中——公共责任不再适用的场域。一种比人类更高的权威轻易地阻
> 碍了人类的渴望。①

“私有”一词，让我们回想起大拉比曾对世界完全被市场关系所主宰
的批判。在那样的环境中，想象力只是提升了人类对于自然宇宙的控制和
消费的渴望。

在哈维尔看来，正如杜维明的儒家人文思想和大拉比的契约关系，
“自我超越”必须重新回到启蒙的话语体系中。在哈维尔 1994 年的演讲
中，“超越”只是相对于“灭绝”的另一种选择。他同时大方地把“创造
者”（Creator）作为定义人类自由的来源：“只有当人类记住谁赐予他自
由的时候，才能够真正实现自由。”②

21 世纪，这种质疑世俗主义缺陷的努力显得尤为紧迫。如果我们深
挖其意，不能仅仅靠寻找启蒙更广泛的定义。相较于一遍又一遍地发掘过
去那些哲士们有限的见识，从中国古代那些名言警句中寻找答案会更有
效。根据历史学家张芝联的看法，17、18 世纪基督教欧洲缺失的是一种
以过程主导看待启蒙的视角。虽然作为研究法国历史的专家，张芝联认为
我们应该用汉语看待启蒙这个词——这是一个复合词，可以追溯到比伏尔
泰早 1600 年的汉代学者应劭（汉代应劭《风俗通义》曾提到“祛蔽启
蒙”，译者注）。张芝联认为，应劭对启蒙的提法，为自身性格和内在心
理的慢步调、自我反省的发展提供了广阔的空间。③

在汉语的解释中，摆脱偏见和专制是不能一蹴而就的。相反，它需要
对新知识长期的探索，也需要对自身存在的盲点进行批判式探索。张芝联
指出，对这种多层次的启蒙的探索，中国并不比 18 世纪的欧洲差。中国

---

① Vaclav Havel, "Acceptance Speech of the Liberty Medal", http://constitutioncenter. org/libertymedal/recipient_ 1994_ speech. html.

② Ibid. .

③ Zhang Zhilian, *op. cit*, p. 104.

思想家们在 20 世纪探索新文化时，并不是简单地全盘接受了 18 世纪欧洲的思想火花。事实上，他们对"启蒙"和"觉悟"的定义，借鉴了本土思想家如黄宗羲、戴震、顾炎武等人的思想。因此，中国启蒙思想家在质疑政治专制时，既能够坚持个人的权利，也能够尊重经典的权威。

张芝联认为，中国对于思想解放的渴望早在 19 世纪遭受西方侵略之前很久就开始了。在 20 世纪 20 年代，一些文化激进分子试图用新的政治局面定义新的思想，却忽视了启蒙需要结合本国特色、以过程为主导的特性。从 1919 年五四运动到 20 世纪 40—60 年代，"启蒙"与"觉悟"渐行渐远，传统文化被社会改革滚滚向前的车轮碾压得面目全非。1999 年，在德国萨尔吕布肯的一次会议上，张芝联谈到中国迫切需要自我批判式的启蒙，比过去任何一次提倡的都更加需要：

> 作为结语，我想大胆地说，今天，我们，我指的是中国人，对我们自身、其他文化和世间万物的了解还远远不够。我们对很多事情仍然懵懵懂懂。同时，我们所生活的世界和社会充满了不确定性。我们仍然受制于人类和自然的严峻的奴役关系。在我看来，在康德思想中出现的少数（或不成熟）的问题，不能够立刻全部解决。我们永远需要启蒙，我为那些认为"只需要启蒙他人，而不需要启蒙自己"的人感到悲哀。①

在张芝联发出这些警告后的 15 年，我们才对他的话有所留意。在中国和其他一些地方，人类中心主义和世俗人文主义的傲慢甚嚣尘上。许多意在把人性从"不成熟"的状态解放出来的哲学和意识形态，却只是加重了傲慢和偏见。我们绝对需要更多的启蒙——只要它具有内省精神，是真正全球性的以及具有解放意义的。

超越一种表面化的世界主义的"启蒙"

不过，后现代的全球主义，经常讽刺广泛意义上的人文主义的启蒙

---

① Zhang Zhilian, *op. cit*, pp. 114 – 115.

观。世界越来越小，我们可以自由地借鉴其他国家和地区的文化，穿其他国家进口的衣服，不分场所地翩翩起舞。这些行为都是否会影响我们的想法？我们如何定义值得追求的价值观？遗憾的是，几乎永远不会。就像哈维尔 10 年前说过的那样："我们全都是骑在骆驼背上的贝都因人的亲戚，传统的长袍下是牛仔裤，手执半导体收音机，骆驼背上背着可口可乐。"①

即使我们今天拿的不是半导体，而是苹果手机或黑莓手机，那幅画面仍然差别不大。如果这是我们通过破坏所谓"不成熟"和"浅薄"所获得的所有，那么不得不承认，欧洲哲士们是我们这个时代最后的"现代人"。如果我们希望将全球的启蒙视野拓展到中国（甚至更远），也许会对曾被全球化消费习惯破坏的人文主义有新的理解。为了帮助理解，我想用在新文化运动中的一个不太出名的短文来结束本篇，即 1919 年 12 月罗曼·罗兰的《精神独立宣言》中译版。

让我们想象一下当时世界的样子：第一次世界大战刚结束，满目疮痍。中国学生于 5 月 4 日走上街头，抗议《凡尔赛条约》的签订。该条约把中国刚刚从德国手里收回的胶东半岛交给了日本。而诺贝尔和平奖则准备颁发给伍德罗·威尔逊，这位让许多对他寄予厚望的人感到失望的美国总统。

为打破这种压抑的氛围，北京大学《新青年》杂志上刊登了整篇的《精神独立宣言》的译文。这篇由罗素和爱因斯坦共同签名的文章，在短短几个月内引起了广大中国知识分子的极大注意。宣言的译者张申府，一位年轻的数学教师，明确强调其内容同样适用于中国。罗曼·罗兰在文中呼吁摒弃民族仇恨，成立"神圣联盟"，可以和中国自身对启蒙运动的追求联系在一起。正如张申府在序言中指出的，从对自身文化和其他文化不假思索地信以为真中觉醒过来的过程，将是缓慢而疼痛的。它需要不断地对各种偏见质疑。

对中国提倡启蒙和觉悟的知识分子而言，最吸引他们的就是实现精神上彻底的解放，即罗曼·罗兰所说的"多元的和不分国界的"②。可惜这

①　Havel, *op. cit.* p. xxiii.

②　张申府：《精神独立的宣言》，《新青年》7：1（1919 年 12 月），第 7 页。法文文本请参见 Regis Antoine，*La Litterature pacifiste et internationalist francaise 1915 – 1935*，Paris，2006，pp. 192 – 201。

个愿望是短暂的。欧洲随之而出现的反犹太主义并没有给知识分子留下足够的时间或智慧的空间来发展这种微妙而具有普遍意义的启蒙。无论如何，中欧跨文化交融的一刻仍然意义非凡。中国知识分子在欧洲知识分子那里找到思想上的共鸣的事实，进一步表明启蒙的遗产不仅仅局限于某一个人或某一段历史时期。

诗人黄翔用以下诗句进行描述：

> 地球小小的蓝蓝的
> 我是它的一道裂痕
> ……
> 我在全人类的心灵中倒塌
> 我走了
> 我已经死了①

35 年后，我们可以看到，这种认为偏见和迷信能够彻底消亡的想法无疑是幼稚的乐观态度。小小的蓝色星球并没有发生变化。巨石堆砌的长城象征着现代化进程中的中国的传统价值观。怀有启蒙思想的知识分子仍在致力于反对摒弃所有中国历史上的价值观和思想。取精华、去糟粕的努力取代了之前解放全人类灵魂的希望。

2009 年，在北京五四运动 90 周年的纪念中，我再一次被问到如何看待中国的启蒙问题。再一次潜入这艘"沉船"是一个令人生畏的挑战。我怎么能够表达清楚，在一个中国大学生对中国和欧洲的启蒙知之甚少的时代，像张申府那样富有远见卓识的人有哪些思想仍可以为今天所用呢？"科学"和"民主"的口号并没有失去力量，只是随着时间变弱了。所以，我选择聚焦于西方和中国，二者都需要重新审视"精神觉醒"，在我们正朝着更光明的理性和解放的前景大踏步迈进的时候，偏见依然存在。

对于我所说的这些话，最有意义的回应来自于《生活》杂志的副主编张泉，他在《生活》杂志上为五四运动 90 周年做了一期特别策划。那

---

① 对于这首诗的充分讨论和《启蒙》相关内容请见我的著作《中国启蒙运动》，第 347—348 页。

期杂志再现了 1919 年的《新青年》杂志的版式。杂志看上去很老旧，但是文章对于启蒙必要性的认识却开辟了新视野。这种在过去和现在之间进行艺术的穿梭手法也在张泉本人 2009 年的诗里体现出来。他没有使用类似于"启蒙"或"觉悟"的字眼，但他的诗却也表现出启蒙经久不衰的吸引力。①

书写之魂

为了告别　一个被不断复述的故事

……

他们说

你这失明的旅人　你的笔

你的　被煤油灯熏黑的鹅毛笔

怎能揣测一万片枯叶的旨意

他们说

你可知道

你正手握一座休眠的火山

你须为它供奉忠贞

而它毕生　与你为敌

这里，对那些消逝已久的哲士们的精神火种有两种态度，既要放手又要紧握。张泉这一辈人知道他们将成为"失明的旅人"。不同于张申府那些新文化运动期间的知识分子，张泉们没有几十年的时间去探索中国和欧洲启蒙的思想。他们能做的，是对政治和思想的标语口号保持清醒的距离。如今，科学和民主的观点似乎已经是赘语了，也许要等到新一代人发现这座休眠火山的力量时才能改变这种状况。中国年轻的知识分子也在渴求康德的"启蒙"，他们必须一再地"用勇气运用理智"。因此，我们这些有幸在这里探讨和比较中西方启蒙这个话题的人，需要从张泉"书写之魂"那里学习的，不仅仅是写作，更是一种思考的过程。在这个令人忧虑的、亟待启蒙的时代，这种精神也许会成为中国最

---

① 张泉：《灵魂的书写》，《生活》（2009 年 5 月），第 37、52 页。

宝贵的思想财富。

　　【本文中文版由作者授权出版。舒衡哲（Vera Schwarcz），美国维思里安大学历史和东亚系弗里曼教授】

（张小溪　译）

一种可替代的启蒙?

——甘地与马克思[*]

艾格儿·比尔格拉米

在一个学术会议上将两位思想家的观念按主题放在一起，要达到的一个目标可能是设法将他们的观念综合起来。我想，我尝试并且提供这样一种对甘地和马克思的综合，将会是很莽撞的。这不是说我怀疑这是一种有价值的雄心壮志。不过我的确怀疑我有达成这一目标的知识能力——而且的确我肯定自己没有。一个更易处理的目标是开始提供一个框架，在这一框架中，能看到甘地和马克思之间的某些真正的、深层的契合。这正是我将尝试且要做的，即用大部分篇幅谈论甘地（因为 Patnaik 教授预期会重点关注马克思），但我会在以之开始和结尾的框架性评述中，着眼于寻求甘地和马克思思想中方法与内容的交叉重叠。

我们都意识到甘地是一个伟大的反对帝国主义的运动家（也许是至今最伟大的）。然而把他当作一个伟大的反帝国主义的思想家却不那么理所当然。就这点而论，读过他有关兰开夏郡的棉花业对印度之影响的评论的人，不会不注意到他是怎样批评使在英国统治下的印度饱受磨难的帝国主义中的资本主义核心元素的。于是，有人可能会推测，因为缺乏勇气，更有可能是缺乏冲动——阻止了甘地对这些敏锐而富洞察力的评论作进一

———————————

　＊　我十分感谢 James Tully 对本文手稿一系列中肯的评论，并且十分感谢 Carol Rovane, Stephen White, Calvin Normore, Noam Chomsky, Prabhat Patnaik, Sashi Kumar 对本文主题的极有帮助的讨论，这些讨论有助于我形成和完善自己的观点和结论。

步的发挥，使之成为一种在马克思那里可找到的对阶级和阶级斗争观的详尽分析和评价。不过我不会这么做，我只会有这样的想法——他有关帝国主义的写作中的这样或那样的评论中含有此种分析的雏形，只不过它们从未成熟为他的系统性思想。

那么，我们有可能转向其他地方去寻求有趣的契合吗？我不认为仅仅通过怀着寻找共同元素的目的而盯着他们的写作就可以做到这一点。深入深层的契合不是可一望而知的。在它们变得如此清晰可见之前，还有思想挖掘的基础工作要做。这也就是说，必须建构一个框架，在这一框架中，他们写作中的某些核心元素才能成为具有共同意义的观点。我在讲演的开头和结尾部分将尝试这么做，而在演讲的主体部分，我将聚焦甘地，在这样一个共同框架之内发掘他思想的一些细节。

一

开宗明义，是两个初步的阐释要点，一个有关马克思，一个有关甘地。

第一，最显而易见的和我正从事的这样一种建构相关联的马克思的写作，是所谓"早期"马克思的写作，特别是《1844 年经济学哲学手稿》。我说"所谓"，是经过深思熟虑的。有大量证据表明，这部早期著作中的观点并不限于那一著作或他的早期写作；但是，某些有影响的诠释者有一种区分科学的马克思和温和的、感伤的或（最糟糕的是）"哲学的"马克思的冲动，由于与这一冲动相关的诸种原因，便有了一种相应的努力：使这种区分在对马克思的早期写作与成熟的马克思的更为深思熟虑的写作的区分中得到回响，这一做法的意图十分明显：将前者表述为与马克思卓越的、里程碑式的资本分析毫不相关、绝无瓜葛的东西。这样一种区分已经对马克思的思想遗产构成了一种持续的伤害，当我强调《1844 年经济学哲学手稿》这一早期著作时，我的意图不是要为这种区分添砖加瓦，而只是因为在该著作中马克思最详尽、最明确地说了我想在我开始建构的框架中想要探讨的东西。事实上，且让我只带一点点夸张地声明：我将马克思主要当作浪漫主义传统中的一个哲学家，这样一种对马克思的理解，应该说与其思想本质的严谨的分析性和系统性（被误导性地称为"科学的"）高度吻合一致。

第二，甘地最重要的著作（主要是《印度自治》）必须放到写作它的特殊历史和政治语境中来看。我们知道它写于 1909 年，并且知道它表达了对见于现代西方文明中的种种伤害的焦虑。在了解这些焦虑之前，需要对这些焦虑加以恰当的语境化。我自己对它们的语境化大体如下。甘地相信，1909 年的印度处于欧洲在现代早期发现自己所处的十字路口。甘地针对西方现代性而发的刺耳言词表达了这样一种担忧：印度可能会走向政治和政治经济的某些最坏层面的可悲道路——这些最坏层面已经构成了欧洲从早期现代性到晚期现代性道路的特征。整本书试图对欧洲过去和现在的政治和政治经济的这些层面的认知和文化资源与后果提供一种谱系学的和诊断性的说明，这些层面在印度社会从来都是没有地盘的，无论印度社会另外也许会多么地有瑕疵，而如果印度对这些层面持全盘拥抱态度，对印度将不会有一丝好处。可是，鉴于这样一个事实：印度不只是正屈服于帝国的镇压，而且还屈服于使之在认知和文化方面遭到奴役的决然努力，在甘地看来，这种拥抱极有可能即将到来。先于这种拥抱而行动在他看来因此是刻不容缓的急务，尤其是因为他担心印度的精英分子正开始对欧洲特别是英国规划印度的政治、经济和文化未来的方式呈现出了一种奴颜媚骨。自始至终地贯穿于该书之中的尖锐刺耳的批评语调，折射出的正是这种绝望之情。

随着两个初步的阐释要点准备就绪，且让我退后一点，介绍一点粗浅的思想史。这里的是有关欧洲启蒙思想史的引人注目的（从表面来判断几乎是离奇的）事实。每个学童都耳熟能详的是，在欧洲特别是法兰西历史上的那段时期里，伟大的革命性政治事件的策动都与某些口号化的理想的颇为睿智的清晰表述并驾齐驱，这些理想中最著名的是——而且一直是——"自由"和"平等"。但是——而且这是一个离奇的转折——就在这两个理想刚刚被清楚地表述出来后，马上就在理论和方法论的发展中得到详细阐述，将它们置于一种看似不可解决的相互间的紧张关系之中。这种独特的结果在启蒙运动以来的哲学与政治论争和修辞中处处显而易见。冷战辩论的政治与修辞，只不过是这两种理想间在过去 250 多年来的西方思想传统的理论化过程中一直存在的紧张冲突的最晚近、最粗糙的证明。

结果，如果不把自由和平等放在相互之间的零和关系中去考虑，便极其不可能再去理解这两个概念，也就是说，只有承认一方相应的减少，另一方的增加的看法才能被视为是成立的。

为什么一种政治思想传统会以这样的使双方互相争斗的方式在理论上构架其两个主要理想?抛开在欧洲发展起来的那种政治经济的更大语境以及它对启蒙运动中和启蒙运动以来的政治理论化过程的影响,这一问题压根儿不可能得到回答。我不可能在一篇简单的演讲中追踪这种语境及其后果,我的主旨在别的地方。事实上,我所能做的只不过是提一下政治理论化过程的一两个特征,它们导致了其两种理想之间的紧张关系,并且透露出——鉴于这些特征已经深深地在我们的感受和我们的实践中扎下根来——我们一直以来如何逐渐认为,如果似乎不赞同相当非直观的或落伍的思路,实际上便不可能质疑这些特征。

一种特征过于众所周知、挖掘充分,所以只需一笔带过,这一特征即财产观和个人自由观之间的联系,个人自由的所有权归个人所有,自由要体现在"权利"中,因而自由在国家法律中也被捧上神坛。如果从这个角度来看,私有财产的占有破坏经济领域(因而也在其他领域)中的平等的方式,就成为广为议论的主题,而马克思当然只是其中最著名也最有力的批评家。未那么明显地被理论化的是另一特征,我称之为"对才能的激励"。认为每个人的才能应当被宣布为他自己的才能,因而为此而得到赞扬和回报的也应当是他自己,在我们看来,这是世界上最自然不过的事情了。我们认为没有做到这一点就是不尊重某个人的个性。我们可举任何一首诗歌、一项科学发现或一次精确测试的板球百分得分为例……我们因个人才能的这样东西或那样产品而赞扬个人,而且希望他们得到回报,无论这个人是一位诗人、一位科学家还是一位击球手……我们不是简单地颂扬此类产物的时代精神,我们赞扬的是具体的个人,并且认为他们由此得到的回报是理所当然的。像"甜点"一类的概念也因此与个人所拥有的权利之一联系了起来。这在我们的思维中如此根深蒂固,以至于否定它便有可能被认为是一种歇斯底里的平等主义理论家的诡计。否定它仿佛就是公然违背了我们对作为个人(而非仅仅是以具象化的人类形式出现的时代精神之征候)是怎么回事的直觉理解,亵渎了我们对于对自由的构想,即个人可从其才能的实施和努力中获得奖赏和回报,更不用说他人有尽其最大才能分享这些努力的产物的自由,因为他们受到激励——尽其可能做到最好。但是,像依附于财产占有的自由一样,认为自由依附于才能的思维方式,同样促成了社会和经济的不平等。比起和财产捆绑在一起的自由来，这一特征在结构上对我们的文化不那么关键，但它在心理上甚至更深入骨髓，它以平等的名义所造成的两分法因此更加微妙地令人不安，而且似乎同样地不可战胜。

我们所继承的政治哲学还有其他几个特征，人们可以将它们聚集起来以呈现自由和平等之间的紧张，不过我现在不会这么做。我提及其中的两个特征，只是为了昭示一种耳熟能详的感觉——这样的思维是多么深入地渗透到了我们的感受之中，我们使用这些术语的方式是多么根深蒂固，并且，因此，假如我们认为这种紧张可以排除或解决，就似乎差不多是要改变这些术语的语义。这也就是说，假如我们在可能的情况下设法将它们看成是不处于紧张状态之中，那也只是因为，正像托马斯·库恩（Thomas Kuhn）可能已经提出的那样，我们已经改变了"自由"和"平等"的含义，而不是因为我们在启蒙运动的框架之内创造出了一种经过改良的理论或政治学。在那一框架之内，事物在这一方面是不可能改善的。换言之，我这里的框架所指的，也许是库恩用他的"范式"一词所指的（形形色色）事物之一，而假如是这样的话，如果我们竟然要排除这两个观念之间的紧张关系，显然就需要转移到另一个框架。假如库恩是对的，那么，在这样一个新框架中，无论"自由"还是"平等"，都不意味着它们在启蒙运动思想框架中所意味的东西，不过像爱因斯坦的物理学中所指的"质量"在牛顿的力学中的意义那样。

如何才可以寻求这样一种框架上的转变呢？为了直接做到这一点，通过粗暴地重新定义术语或发布一个新术语［例如，巴里巴尔的新词"均自由"（equaliberty）］将会是一种纯粹的语义约定行为。而它将会是一种徒劳无益的行为。这种对专有名词的一厢情愿的发号施令很少会起作用，除非也许在纯粹的分类学练习中，它不会假称理论。比如说，"从现在开始，我将把'某某'词用作如下用法……"用一种观点去呈现一种可替代的理论，就如同将马车置于马之前。有关人类关注之事的话语应当后于一种自然的后果、一种先验的概念性认知，它不能通过自己宣称新的认知形式进入存在。使语言对我们人类关注之事如此至关重要的，不是它本质上能命令我们如何思考，而是它是我们如何思考、我们如何拥有思想的贮藏室。所以，必须首先建构起建立在现存概念之上的新的思想框架，随后，这才可能通过将现存概念置于一个新的概念框架中，从而获得修订这些术语的意义的效果。

为了与这种显而易见的建议保持一致,我提出以下看法。

我们对自由和平等的认知丝毫没有改善——仿佛它们停滞不前,就是为了解决它们之间的紧张状态。所以作为一种开始,且让我们将它们彻底地带离中央舞台。假如这是要剥夺启蒙运动自由思想的整个传统的继承权,那也就这样吧。一旦这两者退场,我们需要在中央舞台用第三个更为原始的概念取代它们;那也就是说,一个对我们的社会和政治生活而言甚至比自由和平等更基本的概念。要做到这一切,必须要清楚:"自由"和"平等"随后可以再次被引入——可以说是从后门——不过现在它们只是实现这一占据中心位置的更基本理想的必要条件。经过这样的重新引入,有理由认为:这些术语的意义也许已经经历了实质性的修订,因此可能不再表达为相互抵牾的概念。

那么,我们必须抓住一个恰当的、更基本的概念。作为比诸如自由和平等等概念(对我们对政治学的理论认知来说,这两个概念是如此至关重要)更基本的概念,它所追踪的不必是我们的政治认知中较古老、较传统的东西,而几乎可说是直接地诉诸我们的经验和我们的日常生活的东西。正是在这里,我相信,如果我们坚定地将我开始提出的两个初步的阐释要点牢记在心,我们就可以发现,甘地和马克思在他们的批判思想中直觉地诉诸同一种观念——"非异化生活"(unalienated life)的概念。当然,我的意思并不是说,他们明确地建立起了我的辩证法:先是注意到了两种现存理想中的紧张状态,然后通过将它们从中心性中排除出去,并且代之以随后可以被视为必要条件的非异化生活的理想。采纳了谈论这种紧张的方法学上的策略。我欣然承认,这一辩证法是我自己建构起来的框架,并不见诸他们著作中的这些术语中。不过我的想法一旦建构起来,我们就获得了一条途径,将两位思想家都予以了著名的批判的,将表面上看来风马牛不相及的事情——启蒙运动的自由主义和现代时期的大众社会——诠释为在本质上相互联系的两件事情。重复来说,关联之处在于,前者的批判呈现了自由启蒙运动两种主要理想内部的紧张状态,后者的批评有助于解决这种紧张状态,解决的途径是将克服现代大众社会中的异化当作政治学的基本目标,这一目标的实现,只有在两种理想也一起实现时才是可能的;既然这两个理想现在只是实现一个甚至更为基础的目标的必要条件,那么它们将在概念上得到重构,而不会产生造成严重后果的紧张状态——这种紧张状态曾使它们在启蒙运动的政治哲学的最初框架中深受困扰。对困扰现代资本主义文明的异化予以了哀悼的所谓的早期马克思，以及认为印度不应当拥抱现代西方异化了的文化的甘地，因此成了一种共同的理论事业中的思想伙伴。

的确，他们对异化的根源的分析极为不同，但这种不同实际上只存在于他们分析异化根源所基于的独特性层次之上。甘地寻找更为普遍的——最大可见度的——异化根源。相比之下，专门向着作为一种经济形态的资本主义步步进逼的马克思则指出了更为具体的根源。考虑到甘地不像马克思那样对相对发达的资本主义社会及其内部的劳动条件知根知底，形成这种差异也在意料之中。尽管如此，还是有一个人们可以就他们分别认识到的异化根源给出的描述层面，这使他们表现得仿佛在诊断同一事物：人类主体向客体的转变，或者，说得更精确一点，在包括一个人与他者的关系在内的与世界的关系之中，人对错误的类型越来越超然；并因此越来越丧失了真正的主体性和主体对世界和他者的介入。为了恢复我们的主体性，摆脱雾化了的无名状态——在现代大众社会形式中，我们已经逐渐感觉到这种无名状态，对这种无名状态，必须加以克服（在马克思那里）或避免（在甘地的印度那里——此时的印度，正立足于几百年前欧洲所处的风口浪尖）——抵抗资本主义（在马克思那里），避免印度走上资本主义是其中公认的核心元素的欧洲现代性文明趋势之路（在甘地那里），是必不可少的。

二

随着这些契合纷纷就位，我现在要尤其聚焦于甘地（正如我认为的，这是我在这种场合的使命），简要地提供他对异化根源的解释说明，因为它在《印度自治》及许多散见于诸多文类（书信、演讲、给《青年印度》和其他杂志的急件等）的其他著作中都有所呈现。

科学，特别是现代科学，是甘地始于《印度自治》的写作中的众多批评的靶子。但这样说就意味着有某种东西被极大地误解了，而这种误解通常是甘地自己的某些修辞性言论的结果，这些言论经常只是简单化地用公式加以说明，没有能传达出他自己的更为错综复杂和引人入胜的批评立场。甘地所反对的不是科学本身。没有任何迹象表明，他认为现代科学定律是错误的，或研究和解释领域里的科学方法（它们在其中得到了恰当的运用）是有过失的。准确地说，他所反对的是现代科学试图在权力和利润取向的财富的监视下蓬勃发展的文化中取得的某种主导地位，以及由此在这类文化中派生出来的观点。正是这种观点，产生了前面提及的那种超然，它们即异化的根源，而异化来自于对我们赖以栖居于世的主体性和道德承诺的逐渐损害。当科学开始统治一种文化时，科学的方法就被用于它们并不适合的领域，而这又成了造就心理状态以及最终的制度的基础，而心理状态和制度反过来又派生出了种种形式的超然，它们威胁到了构成一种非异化的生活之基础的人类生活的主体承担和能动元素。

甘地如此经常地将西方文明的断层线（fault-line）置于现代科学的门阶上（例如，他完全不反对亚里士多德式的科学），他这么做的一个引人注目的层面，是他基本是在提供或暗示一种有关概念和物质变化的谱系学的或历史的解释说明，正是由于这些变化，使得西方到达了它已经到达的地方，而他觉得（正像我所说的，带着绝望的迫切感）印度不应当朝那一地方走去。正是在欧洲的现代早期，科学开始取得了它在社会中的那种统治地位。而印度，在几百年后当甘地写作之时，正站在那一极为相同的关键时刻，不得不做出选择——是否允许这同样的事情在它中间发生。

因此我自己理解甘地有关这一主题的诸多著作的方法，是通过以他的名义提出以下的谱系学问题，以系统阐述他的解说。这一问题最初是一个处于很高层次的普遍性问题：我们是如何并且从何时开始将世界看成不只是一个生活在其中的地方、而是一个要征服和控制的地方的？提出这样一个问题背后的目的应当是显而易见的。这一问题给人以这样的感觉：在我们与世界的关系中，经历了从积极介入和主观能动性（"生活在"）到超然和对象化（要"征服和控制"的东西）的过程。不过对它的扼要说明是如此的概括，以至于很难知道一个人如何可能开始对它做出回答。它需要分解为更具体的问题，我有关甘地的写作就采取了阐明这些具体问题并做出回答的方式，意在将他对异化的现代根源的批判的各个不同层面汇聚到一起。有四个问题在一个更特殊的层次上专门回应了提出最初问题的目的：(1) 我们是如何并且在什么时候将自然的概念转化为自然资源的概念的？(2) 我们是如何并且在什么时候将人的概念转化为公民的概念的？(3) 我们是如何并且在什么时候将人民的概念转变为人口的概念的？(4) 我们是如何并且在什么时候将求生知识的概念转化为统治技能的概念的？

这些问题的每一个——它们在一个更特殊的和易处理的语域对高度概括和综合的问题形成了回应——之所以都暗示了异化的一种潜在的根源，其原因在于每一问题都尝试在谱系学的意义上揭示人们在理解其主要对象——无论这对象是自然、人性抑或是知识——方面的与日俱增的超然和置身事外。在这点上，甘地对政治学及其与形而上学观念的关系的理解接近海德格尔的理解，而且是以远为生动活泼和更能打动人心的散文来表现的。

让我对其中的每一个问题都说上几句，尽管不是以一种线性的陈述方式，因为它们在甘地的思想中是彼此深刻地结合在一起的。

普遍深入的宗教虔诚（Bhakti）对甘地的影响，使他在本质上根据神圣化的和心灵的意义来思考自然。对于将自然在概念上转变为自然资源这一理念而言，认为自然渗透了神性是一种内在的障碍。而且——为了建立起历史的和谱系学的联系——这种对自然的神圣化的理解正好与欧洲现代早期大众基督教对自然的想象不相上下（有时这一组成部分被思想史家描绘为大众基督教中的新柏拉图主义的一个修正因素）。因此，例如，英国激进的清教派别"挖掘者"（the Diggers）便抵抗圈地系统，因为它将某种神圣的东西，某种赖以为生的、使生活受尊敬和让人去尊敬的东西，转化成了早期形式的工商业（agri-business）的一种资源和场所。那一时期的新科学正在塑造的观点，正好迫切地想要破坏这些神圣化的构想，目的是为对自然的掠夺成性的商业性的敲骨吸髓排除所有概念上的障碍，而科学家则使自身与商业利益结盟，并与高雅基督教结盟（在英国，高雅基督教是根深蒂固的清教正统，它反对属于激进教派的大众基督教的"新柏拉图主义"，认为它是一种危险的"宗教狂热"），以便使商业利益成为可能。甘地的发展是认为现代科学必将被带到印度，他的许多论著都让人联想到欧洲17世纪末18世纪初那些反对自然的脱神圣化（desacral-ization）的异议人士。这些异议人士求助于更早的激进教派的新柏拉图主义，将其当作对新科学所制造的正在兴起的观点的一种抵抗形式，这种新科学（随着它与商业利益结成同盟）正在改变地方的、平等主义者的、集体性的农村生活——这是一种从仅仅生活在自然之中向为了大规模的利润和收益而征服自然、控制自然的转变，正如我们所知，其农业的剩余物资，将哺育大的主要城市的创建，而这将进一步破坏农村社区的生活。

在政治思想中，这其中的许多观点得到了关于一个假设的推测性的过去的耳熟能详、广受赞扬的观点的强化——在这样一个推测性的过去中，社会契约据称是谋生准则和原则的发生器。因此,例如,在这一思想传统的一个耳熟能详的部分中(从约翰·洛克到罗伯特·诺齐克——还有其他与我这里所论的东西无关的部分),我们被告知:设想我们是从自然状态起步的。并且设想那时还没有谋生的政策或法则。也没有任何种类的财产制度。接下来再设想我们中的一些人结合到了一起,并提出了一种协议——我们决定用这一协议来保持信任,这一协议关乎超出共同之外的财产的私人占有规则。我们同意,如果某人无意中发现了一块土地,将其围了起来,并与我们设立的办事机构的原始形式进行了登记,那么这块土地就成了他/她的。并且(这是点睛之笔),我们随后会对自己说,假如通过这么做,没有任何人比迄今为止更糟糕,那么便只能这么做,而且我们会详细说明其关键性的附加条款,特别强调说:如果某人将以能使他人过得更好的工资雇佣他人,他们事实上就将会比处于自然状态时变得更好。有关契约(按其所有版本和所有部分来说)的这些理论假设的言外之意,是要表明一件事情:作为契约的结果,我们如何变得比我们处在一种自然状态时更好。在我现在特别关注的这部分中,通过在既改善土地拥有者也改善土地上耕作者的条件下实现一种互惠的联合而对政治原则做出的评估,成为那时以来直至工业化晚期自由主义经济观的试金石(在工业化晚期,岌岌可危的是工业资本而非土地)。在其历史语境中,洛克式的理想予以巩固和论证的是圈地系统,尽管它正好始于一个世纪之前,但只是在洛克的时代才深深地、系统地置于社会之中,并且导向了对待自然及其慷慨的完全掠夺成性的商业态度,并导向了支持这种态度的一种十分特殊的统治概念。洛克的社会契约,作为一种政治理论建构,既解释了这些发展,同时用一种小心建构起来的标准化外表,将它们呈现为道德的和政治的成就,甚至经常将其描绘为一种社会的"科学理性"形式(我在其他地方称那一术语具有"密集的"意义)。这样一种诉诸一个推测性的过去的理论化的全部理论效果,因此被表现为既有一种历史的不可避免性,也有一种理性的合理性——因而诉诸两个相当不同的语域:描述的和标准的语域。

假如我们看一看我前面已提到的许多异议人士和"宗教狂热分子"潜在的批评中的某些观点和设想,就会更全面地揭示社会契约理论的历史性的嵌入。

让我们回到熟悉的契约论者的剧本中的妙语。这就是我在说明中已经说过的："我们同意，如果某人无意中发现了一块土地，将其围了起来，并与我们设立的办事机构的原始形式进行了登记，那么这块土地就成了他/她的。并且（这是点睛之笔），我们随后会对自己说，假如通过这么做，没有任何人比迄今为止更糟糕，那么便只能这么做，而且我们会详细说明其关键性的附加条款，特别强调说：如果某人将以能使他人过得更好的工资雇佣他人，他们事实上将会比处于自然状态时变得更好。"

对这一想象性的剧本的激烈批评随后会像这样进行。这里所详细讲解的这样一种契约的后果，也许可被称为经济学家所说的"机会成本"。"机会成本"是什么？在你作选择时，一种放弃掉的利益被计算为你做出那一选择的机会成本。这一观念可以直接用于我们的案例。激进的批评所说的是：由于土地因此被私有化，我们不能为在共有的和作为公共用地的土地上耕作建立一种制度。因此，即使我们赞同说，我们比在自然状态中都要更好，但我们也仍然极有可能说，假如没有确立私有经济，我们就会比有可能的状态更坏。

这是一种简单而足够明显的违背事实的主张，不过它具有一种十分有意义但绝不明显的理论结果——在哲学上，它改变了这样一种观念——同意甚至连从契约论者的传统之内也不可能得到确认的东西。一旦这种有悖事实的主张落座就位，同意就会被视为一种比起在契约论者的传统内看起来要更为复杂的行为。它将会被视为：某人事实上是否已同意，有可能成为他/她在未获得的情况下将作何选择的问题——无论怎样，从洛克到诺齐克的整个思想传统可能正在假设的是：我们已含蓄而理性地同意了某种我们事实上没有的东西。

对同意概念的这样一种经过修正的理解，可以理解为提供了一种反事实的演习，以便改进这一契约论传统所提供的标准理想，或者，假如你发现它是一种具有倾向性的处理事情的方式，那么，这至少可提供一种可供选择的标准理想。但事实上，我这里所坚持的观点是，这整个批评思路，在任何情况下，都不只是一种旨在改进标准理想的无根据的理论的反事实的操演，因为历史通过记载现代早期大量反对这种有关经济和政体的初期自由观念的此起彼伏、直言不讳的异议传统，为这种反事实提供了重大支持。某些异议人士——那些早期的异议人士——未将矛头指向洛克，因为他们其实在时间上要早于洛克。即使如此，我还是将他们包括了进来，这是因为，我所提出的反事实不应当被认为是出自不合潮流者的观点。它像反事实那样，是事实的对立面，但关键是它不是所有的事实的对立面，它反对的只是渐成事实的东西，后者之所以成了事实，是因为其他许多烟消云散的东西出于种种原因而没有幸存下来，你无论如何也不必将此描述为这是其自身拥有理性力量的必然结果。它们没有幸存下来，远不是由理性的力量所决定的，而是我所提到的特殊的世俗同盟获胜的结果，这些同盟或有意或无意地形成于一个特殊的时间段，它们借助于各不相同的异议性主张，千方百计地想使对它们予以抵制的一种活跃的、系统性的力量噤声，这种噤声完全无关于理性的优越性，而是关系到站在胜利一方的精英利益所结成的世俗组织的更大力量。作为这些结盟的结果，某一特定的正统观念在这一冲突中获胜，并最终在标准的启蒙运动观念中开花结果，我们已逐渐将其认作"自由"原则。

异议人士——如温斯坦利和沃尔温，这里只举两个为例——对于包含在我所提出的反事实中的种种观点给出了认真详尽的阐述，这些观点明确与人们在公共土地上劳作时的经济和政府制度的可能性有关。他们的阐述其实不仅是理论的阐述，而且在如"挖掘者"这一派别的例子中，甚至在因此而出现的地方实验中得到贯彻实施，这样的地方实验出现在英格兰，于17世纪中期的一个12年左右的时间段里昙花一现，其探讨的是取代洛克的社会契约的理论建构所意欲创造的正统的自由原则之全部轨迹的可能性。

如果我是对的，那么这些在时代的异议传统中可找到的、拥有自身的历史事例的反事实就表明，在"社会契约"观中可找到的标准化理想不仅只是与最终胜出的正统的自由原则合并到了一起，而且显示出，首先，那些原则通过社会契约而呈现为拥有一种历史必要性和必然性，而如果异议的批评是对的，这些必要性和必然性都是它们所没有的；其次，那些原则通过社会契约对于一种标准化理想的渴望而呈现为拥有一种来自理性力量和信念的权力，而这些力量和信念未必是它们所理所当然地拥有的。

我迫切地想要记录一种完整的历史性异议传统，它从17世纪中期的激进教派人士开始，一直发展至我在别处已述及的、调用了半个世纪前的激进主义者的新柏拉图主义和赫耳墨斯主义观点的17世纪末和18世纪初的科学异议人士。我之所以迫切地想要这么做，是因为他们不可思议地详细预见到了甘地对于印度会沿着欧洲的政治经济和管理途径前行所表达出的全部直觉和焦虑。甘地只是悠久的"自由思想"传统的晚到者，这种自由思想将一系列范围广大的主题聚拢在了一起，其中不仅涉及政治经济，而且涉及政府管理、科学、形而上学、宗教以及理性的其他概念，因而使之极大地有别于为洛克的其他批评者所强调的"占有性个人主义"（possessive individualism）。换句话说，这一悠久的异议传统的主张不仅呈现为我们现在已将之逐渐描述为对市场社会的批评的早期版本，而且更多地呈现为对正统启蒙运动之自由主义的一种全盘的伦理的另类选择，从而形成了也许可被正确地称为可替代的和"激进的"启蒙思想的一种可以辨认、有谱系可查的先驱，这种启蒙思想最终在甘地对启蒙运动的批判中可找到的某些论点中逐一展开。甘地的批判借助了激进思想的传统，它不仅包括甘地自己承认的来自托尔斯泰、拉斯金和梭罗的影响，而且也包括英国和德国的文学和哲学的浪漫传统，这些传统认真地吸取了有关祛魅和异化的观点，当然，它们也见于马克思的思想中的一种极具影响力的、反复出现的、为人所熟知的思路之中。

到目前为止，在记录异化的早期来源的过程中，我已重点论述了自然这一概念的转变及其对生成一种经过萃取的政治经济学的整体形式的影响，同时还强调了同时期的一种异议传统，它强调一种全然不同的自然概念，希冀建立在源自公共土地的耕作的集体理想的基础上的平均主义的本土形式。但是，正如我前面已经说过的，在甘地及其西方的持异见的先辈看来，这些有关自然和政治经济学的问题与有关知识和政治管理的问题是密不可分的。

甘地的基于宗教虔诚、古吉拉特毗湿奴教及耆那教之影响的宗教观又一次使他反对这样的思想：知识是我们赖以为生的东西之外的某种东西。它不是某种注定成为精英化控制的东西，不是有特权的神职人员借以实施其统治的专门技能的一种形式。但是（这里又一次地）为了建立谱系学上的关联，我们要说，欧洲那一时期的现代科学所塑造的观点带来的自然的去神圣化，确保了作为专门技能的知识的这一精英化概念也会出现在那里。去除自然及物品的神圣色彩，是要将上帝从世界中驱逐出去，这是英格兰皇家学会正式承认的牛顿主义（Newtonianism）的根本所在，根据这一理论，上帝是运动之因，但不是通过存在于自然中因而会提供一种使宇宙运动的内在的动力源，而是像钟表发条那样，是另一种天生就是非理性的和惰性的宇宙的外在的运动之源。反过来，这带来了这样一种结果：现在，已不再存在于物品和自然之中的上帝，不是栖居在上帝世界中的所有人都可以接触到的。他是个遥不可及的、天佑的形象,只有在大学里学习了《圣经》的人才有权靠近他。① 这些有关神职人员的观点将其世俗的伙伴扩大至那现有的宗教、科学和商业之间的同一种联盟那里,形成了为君主及其朝臣们所持有的有关医学、法律、政治管理的精英化概念,据说他们与非理性的平民之间的关系,同上帝与非理性的、纯物质的和去神圣化的宇宙的关系如出一辙。欧洲的异议人士大声反对这样的发展,从而详细地预见到了甘地对将不可避免地要依靠专业技能而非地方常规和需求的精英医学、律师专家及集权性的管理形式的抵制。

专业技能不再对作为人民的人予以回应,将他们转变成了人口,使之成为某种要以超然的方式加以研究的东西,而非致力于他们的需求。甘地担心,如果以这种方式加以合计,则他们的需求便不会被视为易于察觉的,而只不过是一些统计数字而已。对他们的回应将不会即刻进行,而是在抽象的意义上予以构想,永远也不会落到实处,实实在在地满足其需求。所以,举一个显而易见且简单易懂的例子来说,财富对于那部分贫穷人口来说理应是“滴入式的”,这是对于人民的需求的典型的抽象而超然的“专家”式的现代回应,其结果从未在资本主义政治经济的历史上实质性地出现过,只不过,从专家的这种超然视角看去,它理应依照它所设想的模式和理论而出现。于是,人民向人口的具体化转移了对于特殊后果的关注,麻木了对于理论与实践间的关联的感知。这种超然所造成的后果的例子在各个领域都得到了增生扩散,甚至在甘地所憎恶的暴力领域也是如此。在先于现代科学的时代,如果你不得不在战场上杀掉一个人,你就必须与之面对面,用长矛刺穿他的身体。现代科学使之成为可能的超然的观点和实践使你可以在数分钟之内长驱数英里,轰炸一座城市的大部分地区,而不会留下任何痕迹,只会在第二天的报纸上有一些统计数据出现,以及有关某一数字或百分比的“人口”遭到毁灭的历史记录。事实上,如果我能够把我就此所想到的都说出来,与之相伴的也只不过是一点小小

① 不应该将这一观点与有关个人和上帝之关系的清教理想的老生常谈混淆起来——这种清教理想绕开了天主教会对于个人与上帝之关系的调解。事实上,正是清教正统使这种个人主义转向了其“占有性”的变种,它为了获取利润,通过一种正当的手段,与财产及财产的榨取建立了根本性的联系;也正是这同一种清教制度,将“激情”视为危险之物,主张不是将上帝驱逐到一个不可及之处,而是认为只有那些在专业化的圣经知识方面得到过正规学习培训的人才可以接近上帝。

的紧张，事情要远比那超然得多——甚至到了荒谬的地步，假如不是针对它的意图是多么严肃认真的话。你甚至用不着去轰炸人口。如果有部分人口借用甘地的思想对我们对自然和人民的态度中的这些超然的异化形式提出反对意见，那么你只会被告知，我们不是现代世界的组成部分，我们是在缅怀另外一个时代，因而与我们的时代无关。所以，让我们思考一下《电讯报》（2012 年 1 月 7 日）有关吉登伯勒姆（Chidambaram）从其印度内阁的位置上所发表的言论的报导。

联邦内政部长 P. 吉登伯勒姆呼吁抵制"反文化思想"，这种思想反对使用自然财富，将发展的论争定位为在博物馆与现代社会之间的选择，而与此同时，几项矿业和电力项目因抗议而被搁置。

"我认为我们不应当允许反文化思想得到壮大，这种反文化思想认为，这一区域的人应当像三四百年以前的人们一样生活。我们不是在这里盖博物馆，我们是在这里建设一个现代社会，一个现代国家。"吉登伯勒姆在于此举行的东北商业峰会的开幕式上说。

其目的昭然若揭。那些抗议者，认为自然环境（以及"栖居在"自然之中并由自然以也可允许它得到供养的适度方式予以供养的人）不仅仅是供开发的资源——这些抗议者在未来的印度中没有未来。一种完整的观点及宣传这种观点的人因此被说成是不可理喻的，这些人在由"商业峰会"上的"专家"绘制的未来蓝图中无立锥之地，这些人对于业已变成的世界和将会到来的世界是无关宏旨的。这是暴力中的超然的终极形式，通过借助于一种意识形态的宣言的打击，便除去了一群人在公司和政府权力中的位置，这是一种假借历史的阔步向前——或者也许是走向"终结"——而进行的精选式的、认知上的（而非肉体上的）种族灭绝形式。

你也许会想：这只不过是引用了一位肩负着"发展"使命的部长的话罢了，可为何要像我正在做的那样，将这种观点归咎于一种日积月累的精英感，而不是仅仅归咎于国家，而正是国家促成了它所服务的最大法人团体的此类"发展"。但是，有大量的证据表明，存在一种普遍的精英订购的观点。就连最仁慈的当代经济学家中的一位，阿玛蒂亚·森（Amartya Sen），也已撰文反对那些抗议因当前的发展蓝图而将农业用地从在其上面劳作的人手中剥夺掉的人："英格兰为创造自己的曼彻斯特而经历了痛苦，印度也不得不这么做。"这一评论似乎诉诸的是一种历史类比法，却令人震惊地缺乏一种历史感。那些因英格兰早期阶段的"原始积累"

而被与自己的土地和生活方式剥离的人大批量地渡过大西洋，到了美洲。可是，举例来说，孟加拉的被剥夺者却无处可去，除非到已经拥挤不堪的城市及其贫民窟，同时造成都市经济贫困的强化形式。如果劳动力的流动性与资本的流动性存在某种对等性，则森的此类言论也许倒也说得通。可如果它们之间毫无相似之处，而且一方还有限制劳动力流动的移民法，而另一方有的是赋予资本以更大的流动性的布雷顿森林（Bretton Woods）机构的拆分与重构，那么森的评论似乎并不比吉登伯勒姆（或者他向之提出建议的孟加拉内阁部长们）的评论少些无情。

在将人转变成公民的问题上，鉴于我们对启蒙运动理想的深切的、在很大程度上是充满荣光的承诺，误解这些问题的时机已经成熟。但是，请让我像我所希望的那样，以一种完全体面的方式，在我的陈辞中对之加以表述，因为在我看来，它们也对甘地有所促进。

假定甘地对地球上的人类生活有种本能的宗教理解，那么他对现代这一时段的政治解决更深层的人类忧虑的能力则少有信仰。隐藏于我们所熟知的西方政治形态之详尽法典和宪法之下的假设，也许是启蒙运动最基本的假设——好的政治可抑制并克服我们心中的恶念。也许是出于一个骨子里笃信宗教的人的悲观主义，甘地就是对此根本不信。他发现，认为可以通过将人改造成某种被称为"公民"的存在的新的抽象形式而把人变得更好的想法，既浅薄，又傲慢。

这种怀疑论是基于对新兴的现代欧洲政治的精明的谱系学的理解，相比于欧洲世界中的任何其他事物，欧洲政治是甘地最不想让印度模仿的对象。正如他所看到的，作为上面已提及的某些变化的结果，17 世纪后期的欧洲，渐渐发现其诉诸把持着国家大权的君主的神圣权力的早期的国家合法形式已经过时。因此，它必须为国家及其所实施的权力寻找新的正当形式。于是（自从《威斯特伐利亚和约》起），它凭借一种完全不同的策略来寻求这种正当性，即仰赖于现代社会心理学，而不是高贵的办公室之租客的神授权力。这一策略错综复杂。国家现在被视为是与新的实体形式不可分离的关联体的一半。这个渐渐被称为"民族"的实体仅从疆域和边界的角度是无法充分加以定义的。如果仅从疆域的角度考虑，就只能从该国需要权力来保护其不受其他实体欺凌的角度来肯定国家的正当合理性，却无法肯定国家对自己的"人口"的权力和权威的正当性。于是，还需要一个元素，一个从平民中取得的承诺。契约主义者的解说大概也与这种承诺有关，因为它们的基础是有关人们之间的一种有某种意志的、常规性的合约的原始性过去的推测性虚构，正是凭借缔结合约这一行动，人变成了公民。但这是一种高深的理论。而一个更具决定性的元素必须不那么具有虚构性和假设性，要更多地扎根于必须是在此全体公民之中产生的实际的政治心理学之中。必须使平民对这种新的实体种类——民族——生出感情；而因为后者被理解为国家的不可分离的组成部分（一个"民族国家"），所以对于这个带有连字符号的联合体的前半部分的感情就将授予后半部分以合理性，这后半部分不再有任何独立的意义，除非与前半部分一起构成这一联合体的组成部分，而且，因为它与这个抽象的（"想象的"）实体的关联性，它还不同于相对涣散的早期权力形式，而具有越来越集权化的形式。在适当的时候，这种感情将变成所谓的"民族主义"，甘地对此现象深恶痛绝，他固执地在印度的语境下努力奋争，想使这一术语具有完全不同的意味，彻底成为"反帝国主义"的同义词，清空这些具有欧洲历史的内涵。

他在欧洲的民族主义观念中发现了什么令人讨厌且具危险性的东西？为了回答这一问题，我们必须问一句：后威斯特伐利亚时期的欧洲是如何生成这种将被灌输的感情的？在欧洲大陆的各个角落，这一切的所作所为都因一种方法而生，直至20世纪的中叶，随着它在20世纪30年代至40年代的德国的发展，这种方法的臭名昭著才渐渐为欧洲人所充分了解，但写作时间要早于此的甘地认识到了它早得多的根源。这种方法是，在疆域内部和"人口"中寻找一个外部的敌人，将他们蔑视为"他者"，并压服"他们"（犹太人，爱尔兰人，天主教居统治地位的国家中的清教徒，清教居统治地位的国家中的天主教徒……），从而在其余人口中煽动起一种感情，觉得自己是这个新兴实体即民族的特权拥有者，是"我们"。在此之后，当话语的数字形式出现、统计学方法在社会科学中得到应用之时，诸如"多数人"和"少数人"这样的分类将会被用来描述这一点，于是，这样一种制造对民族因而也是对合法的国家权力的感情的方法，将会逐渐被称为"多数论"（majoritarianism）。甘地希望，这种欧洲一路走过的、最终成为现代"民族—国家"之集合体的轨迹，在印度找不到扎根之处。正是出于这一原因，他对萨瓦尔迦尔（Savarkar）的反对超过了对于现代印度的任何其他人物的反对,① 因为支持欧洲现代政治方法的正是"印度教",它激发一种宗教的多数主义,以建构一个民族,并使一种集权化的国家合法化。

这就是"公民权"在现代西方的开始方式,为了修复它所造成的破坏,西方社会不得不采用形形色色的市政措施和意识形态,如"世俗主义"[secularism,一种政治学说,与"世俗化"(secularization)这一更广大的社会、文化历程有所区别],以及后来的"多元文化论"(multiculturalism)。我猜想,甘地认为这种破坏已太远太深,凭借一种肤浅的政治根本无法修复。他觉得,无论世俗主义的公民权有可能多么有必要去修复它,那都是不充分的。甘地在表达对于人类必须被改造为公民这一观念的轻视时,他所排斥的正是民族这一新兴观念的全部历史。有人声称,在印度,可通过在印度独立伊始采用世俗公民权(secular citizenship)这一理念的方式来避免民族建构之欧洲途径,这时,甘地的反应是,他说,世俗主义是修复发生在欧洲的破坏形式的理想工具,但最为重要的是,没有理由让那种破坏发生在印度自己的人民中。

甘地进而将某些对于希望通过公民权和权利一类的概念来进行改良的渴望所进行的批评,与自己对特权的和专家的知识效应之作用的彻头彻尾的怀疑精明地整合在一起。就我对他的著作的阅读而言,他对于一种新出现的情况予以了批判,认为特权地位在其中被赋予了专门化的知识,这与特权地位被赋予围绕规则本身而生的某种生活方式和行为的做法如出一辙。这一整合可追溯到在同一时期出现的有关礼仪的概念,以及甘地将断层线置于其间的 17 世纪的同一套观念和观点。在如诺伯特·埃利亚斯(Norbert Elias)和时间更近的基思·托马斯(Keith Thomas)和彼得·伯克(Peter Burke)这些思想史学家的论著中,对有关礼仪的概念的兴起有着细致入微的研究。在他们的一些描述中,你可以掌握一种特定的语义,这种语义对如何描绘这一概念的特征必不可少。礼仪由从举止到服饰再到言辞等一系列东西构成,据说它是君主及其臣子们的生活方式的属性,正如我已经指出的,人们常把君主及其臣子们对于粗鲁的平民的统治,与被

---

① 若想更多地了解这最后一点,请参见我的题为"世俗主义:其内容和语境"("Secularism: Its Content and Context")的论文的第九个长篇注释,目前该论文发表在 SSRC 网站的"Immanent Frame"上。

放逐的、遥不可及的上帝对于一个野蛮的、物质的和充满惰性的（牛顿在其《光学》一书中将自然称为"愚蠢的"）宇宙的统治相提并论。① 于是，作为结果，根据这一语义学的规定，礼仪成了"残酷"的对立面，后者是粗鲁无礼的平民的生活方式和行为的属性。我将此称为一种语义，是想表达这样的一种想法：这些与有关证据和观察的经验性命题毫无关系。这些是对于这些词汇如何被使用和内在化的规定。这种用法所具有的效果是引人注目的，它带有强烈的自欺性，我所提及的思想史家们对这一事实未予记录，虽然它们是甘地理解自由主义民主文化的核心所在，甘地摒弃了自由主义民主，用自己提出的民主化意识的概念与之形成对比，他声称，这些民主化意识源于《新约圣经》对于可见于最普通和最卑微的人身上的评判智慧的深切信奉。语义的自欺效果将会制造一道屏障，它掩盖了欧洲君主及其臣子们对他们自己对于粗鲁的平民所犯罪行的残酷性，根据语义学的定义，只有平民才有残酷的能力。在甘地看来，仿佛是在现代西方社会，这种由礼仪这一概念变化出的自欺的屏障进入了由权利、宪法和法典构成的更为抽象的领域，借此，残酷渐渐被拥有这些权利和宪法的民族理解为只会发生在未拥有此类权利和宪法的民族中。于是，前者在后者的偏远土地上所犯罪行的残酷性被罪犯掩盖了起来，因为残酷只能真实地发生在没有权利和宪法的土地上——这种态度在今日依旧大行其道，此时，依旧盛行这样一种假设：残酷性只会真实地发生在像穆加贝统治下的津巴布韦或萨达姆统治下的伊拉克这样的地方，而不会发生在西方的大都会。我相信，没有这种权利所渐渐拥有的自欺功能，就没有对关塔那摩现象的理解，不管权利因其在被采纳之地做出的伟大善举而如何正当地得到颂扬。那种折磨不可能定位在美国的土地上，因为既然残酷性只发生在其他种类的地方，所以"我们不干折磨人的事"。如果甘地对权利和宪法以及公民权这一概念表现出了故作的冷漠，那至少部分是因为，他认为，它们源于这些与由成文规章构成的专家知识的联系，这些规章的自欺性在精英生活方式和对礼仪的渴望的早期阶段就可找到其宗谱。

---

　　① 众所周知，牛顿的思想轮廓也有其另一面。我已经强调过，官方化的牛顿是由皇家学会呈现给世界的，该学会宣传一种"牛顿主义"，其部分动因是为了反击因其"激情"而被那个时代的科学官话所摒弃的异议人士，包括波义耳（Boyle）以及本特利（Bentley）和克拉克（Clarke）等在内。然而，众所周知，在其私人研究中，牛顿对炼金术颇为痴迷，孕育出了与新柏拉图主义甚为相似的主张，其中的一些主张与我也有所强调的异议人士的想法暗通款曲。

　　为了防止我被误解，我应当再多说一句，对于想在今日理解我正归之于甘地的所有这些观点的人而言，倒不是一定会发现世俗主义或对权利的承诺以及宪法章程遭到了误导。你可以想多珍惜这一切，就多珍惜这一切——我确实珍惜它们——同时却能够在甘地的观点中看到优点。你必须理解的是我在本演讲开始部分作了初步阐释的第二点。①

　　我一直在力图简短地——其实是过于简短地——给我提出的四个问题提供答案要点，并通过一种宗谱传承来说明它们是多么密不可分。这些得到了十分肤浅的勾勒的要点应当用一本书来加以详细解说，所以我已尝试在我的其他有关甘地的文章中做某些说明。让我仅用这样的话来为有关这四个问题的讨论作结：甘地将这四种转变实质上视为同一种转变，这正体现了甘地思想的深奥之处。在他看来，它们都体现了一种异化过程，造就这一过程的是经过深思熟虑的去神圣化，以及相应的对于一种对自然以及它的栖居者两者的对象化的超然态度的采纳，这要归功于围绕现代科学的出现而生的观点，而现代科学——通过与科学意识形态、商业利益和固有的或"高雅的"（而非大众的）宗教制度间形成的世俗联盟——导致了一种政治经济形式和一种政治管理形式的出现，对于所有与之相伴的自由主义的虔诚行为和高调理想而言，这些都是对自然及其栖居者的破坏性剥夺，在它们所确立的统治机器中，是精英主义的和不民主的。

三

　　现在，我要转回到甘地与马克思的契合主题以及他们对一种与此类超然形式在定义上判然有别的非异化生活理想的强调。

　　当然，马克思并未将去神圣化视为自然、人类生活以及劳动力因之而逐渐被贬低和对象化的超然的终极根源。他确定的根源大不相同。但是，尽管对断层线的诊断有所不同，马克思与甘地对于"断层"这一概念的界定却是相同的：因人类主体性以及人所栖居的世界的对象化而产生的异

---

　　① 若想更多地了解这最后一点，请参见我的题为"世俗主义：其内容和语境"（"Secularism: Its Content and Context"）的论文的第九个长篇注释，该论文发表在 SSRC 网站的"Immanent Frame"上。

化。马克思的分析像我一直试图通过我的谱系学解说来加以传达的甘地的四重分析一样详尽，但它未达到如此高的概括性，而只是专门聚焦于劳动力。即使如此，两者间的重叠部分仍十分突出。像甘地一样，马克思强调：（1）自然与人的关系的对象化使得自然不再被视为人类实践及道德约束（"栖居在"）的促动者，而是被视为人类超然和挑剔的凝视（"征服和控制"）的对象，而且他也强调：（2）人与人自身关系的对象化因此不再被视为相互介入的主体，而是——因为超然的态度——被视为一种既抽象又物质的价值形式的生产资源。马克思在论及这些异化中的关系时所使用的修辞（"商品化"，"拜物教"）也在本质上与甘地的（"去神圣化"，"变目的为手段"）大不相同，但那种差异是表面上的。他们两人对社会有种共同的看法，即异化的这些根源中的每一个都可以被征服，方法是：（1）要考虑"人的自然化和自然的人化都——得到满足"（借用马克思的话来说）；（2）要考虑如果采用一种超然的方式，没有任何事物可被视为手段或客体，而只能被视为主体，视为自身的目的，这个人与人的介入要通过其自身的能动的主观性。顺着这些思路，主体会采取何种可替代的观点来对抗这两个最基本的异化形式？我想在本次演讲的结束部分就我认为是最一般的和最根本的哲学讨论做出高度压缩的评论，借此，我们至少可以开始使其可能采取的可替代的观点具体化。鉴于它是如此一般和根本，我非说不可的话将不是直接去谈论马克思认为该如何面对这些异化根源的细节。但我相信，那些细节会服务于这些构想一种非异化生活形式的最一般和最基本的方式。面对甘地也是如此，我非说不可的话将力图超越他对一种非异化生活之神圣化理解的特定的宗教基础，而触及潜藏于其下的更普遍的概念。

让我来依次说说异化的每一种形式。

正如我说过的，（1）必须关系到人与自然的关系；（2）必须关系到人与人之间的关系。

作为我在前面简单描述的那些过程的结果，自然的去神圣化所做的，用韦伯的话来说，是"对这个世界祛魅"。遵循甘地的说法，我将此描述为从自然观到"自然资源"观的转变。但把它描述为资源，就是要把它描述为转变的一种物质后果，即它为了实现系统开采的目的而具有的可获性。那么，一个先行的问题一定是：去神圣化要达到何种程度，才能释放这些将其视为一种系统开采的资（来）源的可能性。也就是说，我们需要一种中等程度的描述，来说明作为去神圣化的结果，自然要变成什么样（假定它有所变化），现在才可被免受责罚地被视为一种资源。① 于是，就得增加几个额外的推理步骤。

要将某种东西仅仅视为一种资源而非神圣化的东西，我们首先得将它视为无理性的，是某种对我们不会提出实践和道德介入之常规要求的东西，我们需要否认马克思所说的"自然的人化"，取而代之的是，将之视为我们只会从完全超然的角度去与之建立联系的东西。起自于17世纪中叶的以完全超然的方式来看待自然的范式就是要像自然科学看待自然那样，将自然视为研究和探索的客体，而不是将其视为某种要从实践和道德角度加以介入的东西，不认为它首先要遵循其自身管理自己的事件的严格规律（自然规律）。所以，我认为，要想得到有关自然在能够被描述为一种"资源"之前因其去神圣化而发生的转变的正确的、中间级的描述，第一步是要认识到，自然将被彻底地赋予"自然科学研究对象"的特征。将它视为一种继它的首次转变之后的物质开采的资源，就是认为，要进行这种客观的研究，我们只需以超然的目光去看待它。

这对于我们的自然概念有何影响？

我认为答案一定是，假如你认为自然的全部特征就是自然科学研究所赋予它的特征，那么它就不会包含任何价值属性。它只包含自然科学研究和自然科学不研究的价值。于是，举例来说，马拉巴尔森林和纳尔默达河包含有自然科学研究的特性（叶绿素，正如它有可能的那样，或者H_2O），但不包含任何价值属性，因为那些不是自然科学的研究对象。根据这种观点，假如在我们周围的世界里找不到价值，那么价值的来源何在？甘地描述的科学观点对此做出了回答，即诸如休谟和亚当·斯密这样的哲学家清晰明确地给出的回答，功利主义者最终将它带向了一个极其特殊的方向：价值完全来源于我们的精神状态，即我们的欲望、偏好和主观实用性，当它们在社会关系中得到适应或培养时，就会变成多少有些崇高的精神状态，如同情以及诸如"道德情感"之类的东西。此处的重点是，除了我们的精神状态，价值没有基础。包括自然在内的世界上，没有什么

---

① 当然，人们总是在从自然中获取资源。但将其视为一种自然资源则完全是另外一回事。这是要形成一种全新的态度，在法律和各种各样的政治经济以及国家制度的支持下来考虑人与自然的关系。这是将开采视为一种可以不受惩罚地实施的系统项目，是在实施人对自然之馈赠的权利。

可以包含价值属性。根据甘地和马克思的观点，这已经等同于与自然的疏离。马克思没有像甘地以及许多大众基督教学说曾经做过的那样，认为自然中的价值资源来源于自然的神圣化地位。但我引用过的有关自然的人化的段落以及他的著作中的几个类似段落都完全旨在批判这种排除自然的价值属性的做法，因为在他看来，自然是某种人类正以被它从基准上予以了促动的方式去加以回应的东西，约翰·麦克道尔（John McDowell）也在自己的亚里士多德读本中将这种观点归于亚里士多德。正如马克思所说，这才是"为了人类"的自然。这就是他所说的"自然的人化"的含义。从本质上说，自然是这样一种东西：我们的人类能力（只有我们这一物种对自然的能力才是他称之为我们的"类存在物"的一部分）唯有从规范的意义上才可被促动，正是这一点触动了我们在面对自然时对于一种惯例或实践的能动性的独一无二的主体性，以了解这种自然的"人化"或"为了人类"的自然的观念——某种被根据洛克和波义耳所谓的"第二性"所作的类推从当代哲学术语的角度捕捉到的东西——如何被彻底误解，并被荒谬地解释为是在否认自然包含价值属性。

　　然而，在这个中间层面中还必须再多添一步，因为出现了这样一个问题：这样一个东西是什么，它只能是超然的自然研究的客体（而不是某种包含有可促进我们的实践和道德能动性的价值的东西），它将自己出借出去，然后被视为一种可被开发的资源？

　　如果它是某种只能以超然的方式加以研究的东西，那么我们怎么才能完成向开发它的现实任务的过渡？开发一种资源就得超越像自然科学所做的那样仅仅对其自然属性加以研究的做法。它是对自然的实践性的介入。所以自然必定包含某种可促进这种实践的能动性的东西。如果我们仅仅按照自然科学的方式与自然建立联系，那么我们只能将地下的黄金视为 Au，把 79 这个数字分派给它，把它当作一种化学属性；但如果我们以那种超然的方式去看待它，我们就不会把它看成某种可能是可开采的资源。我们还需要看到，自然包含着诸如机会这类东西，这是那种也许会促进我们进行此类开采性实践介入的东西。因此，那种与 Au（自然科学的研究对象）完全相同的东西，又是某种自然科学所不研究的东西，即一种机会。这样看来，我们就有了由概念性成分的有趣混合。一方面，包括自然在内的世界包含着自然科学以一种超然的方式予以研究的属性。另一方面，它又不包含任何价值属性（价值完全源于我们内在的心理状态，它们不存在于我们的心理之外）。但如果自然只包含前一类属性，那么我们就无法解释我们如何将自然视为一种资源，并从实践的角度去作用于它，以便开采那一资源，超越了仅仅以一种超然的方式对其加以研究的做法。于是，位于"自然"属性和"价值"属性之间的中间类型的现象就成了必不可少的，而假如自然观要被改变为自然资源观的话，它便需要处于自然之中。这些现象可被描述为"机会"。一方面，它们不是价值，因为严格说来，价值只有出现在我们的精神状态之中时才会被发现，而不包含在我们身外的自然世界内。另一方面，尽管它们是在我们身外的自然世界的属性，它们又超越了自然科学研究的范畴。

正是在这一点上，我认为我们为自然科学找到了一个角色，正如它们在现代西方范式中渐渐被理解的那样，是一种操纵世界所提供的资源的认知事业，是满足我们的精神状态的（"机会"）（如果我们幸运的话，从欲望和功利性角度所说的价值会受到具有社会感知的道德情感的约束）。于是，在这个描述的中间层面上，这最后一步揭示了社会科学如何极大地偏离了它们的智者所追求的细节，渐渐拥有了一个广泛而根本的任务：研究我们的欲望和功利性（一切价值的基础）是如何与我们对世界中的欲望和功利性满足属性（机会）的概然论的理解和计算结合在一起，进而对所有的人类个体和集体行为做出解释。正是这一相同的推理步骤完成了自然向自然资源的过渡，到后来，它们只是机会，即世界中的欲望和功利性满足属性。总而言之，由此来看，自然不包含任何其自身即天生具有价值的东西。它包含机会但不包含价值。价值完全源于我们的精神状态，而自然，除了包含自然科学予以研究的自然属性之外，也包含用以满足我们的精神状态的机会（资源）。如果我们用价值语汇来谈论自然，那完全是我们加于自然之上的欲望和功利性的投射。既然自然之中没有什么是天生有价值的，那么自然之中也就没有什么东西能够包含我们的欲望、功利性和道德情感。自然被设想为只能提供满足我们的欲望的机会，但不包含我们的欲望……欲望和道德情感只能包含在其他的欲望和道德情感之中。

所有这些步骤和描述层面，都进入到了我们是如何理解我们与自然的关系的异化的根源的。正如我所说的，甘地相信，将我们放在这条路上的断层线是自然的去神圣化（用韦伯的话来说，是"祛魅"），它源于现代科学的观点。这也许暗示了，除非对我们的自然概念再神圣化，否则就无法克服甘地认为为现代欧洲文明所特有的异化。但我呈现这些各不相同的步骤和描述层面的目的，一直都是想提出这样的建议：即使历史上对我们的自然概念的曾经的去神圣化是条断层线，即使我们无法为了战胜这种异化之源而在自己的历史陈述中轻易地构想一种对神圣化的自然的回归，我们仍然有一份更为世俗的概念目录表，我们可借它来思考，如果对世界返魅，那它会是一种什么样子。更为普遍和根本的断层线不是去神圣化，而是排除世界的价值属性，将世界贬低为只是一种自然科学研究的属性以及机会，它的作为我们的欲望和功利性（我们的价值基础）的潜在满足者的地位使它变成了社会科学研究的业务——此处，"社会科学"中的"科学"这个词理应暗示了一种"专业知识"领域，它与对社会的纯研究形成了对照。

　　尽管这整幅画面具有普遍性，让人感觉到它具有其大力宣扬的强烈的不可避免性，但它并不是势在必行的。甘地先知先觉地看穿了的正是这个西方现代性的认知世界，并将之视为对印度与世界的联系方式的侵犯，这种侵犯不只是通过物质剥削，而且是通过对印度人的思想的奴役。他正确地将它视为一种信条，其实我要说得更有力量些，他正确地将它视为现代性迷信（superstition of modernity），这种迷信观点认为，自然必须只能被构想为这些科学的研究对象（对于迷信，我指的只是这样一种信仰：它在更大的信仰共同体中被如此广泛地接受，以致我们对它完全信任，而忘记了它是何时以及如何被证明的，以及它为什么和以何种方式来为我们的生活提供帮助）。在这个案例中，尽管在知识阶层之中它是种信条，被纯粹的智慧的恫吓所维系，不理会对它所有否定，将其作为一种非科学的心态的表达。但是，否认它决不是非科学的。一个人只有在否认或抵触某些科学中的某些命题时，才可能是非科学的。但没有一门科学包含有这样的命题：自然仅仅且完全只会落在这些科学的视界之内。那是一种哲学家宣称的命题，假如而且当科学家做出了这样的宣称，他们便不是以科学家的身份在这么做，而是以他们自己那个时代的哲学家的身份在这么做。他们都是全盘接受了 17 世纪末期因新科学而出现的观点的理论家。当他们表达这样一种自然观时，他们不是在说出一个科学的命题，而是在表达一种科学家的观点，是对科学的荒谬拔高，方法是声称所有有关自然的问题都是科学问题，并因此暗示，在自然中不存在任何落在科学及其规律的生意经之外的东西。

　　否认这一信条既不是在表达对科学本身的恐惧（是在反对我一直在用各种不同的说明加以详细描述的科学家的超然态度所带来的观点的日益

增加的影响，甘地将这种超然态度的出现一并归咎于现代科学），也不是在表达对再神圣化的迫切要求。无神论者（我承认自己是个无神论者）可以否定那一信条。仅仅说价值（不是上帝）遍布于世界和自然，也许不会构成入魅或甘地可能希望予以赞助的返魅形式，但我相信，这正是奠定他对于我们与自然的关系的理解的东西。神圣自然观是这种更加基本的理想的极具宗教性的表达。神圣之物一度被许多人当作自然中的价值之源，但自然中的价值可以没有根源，它可以是自成一格的。没有理由认为，我们不能拥抱自然中的圣事，因而我们也不能拥抱认为自然包含价值的观念，正是这种观念促使我们与它的实践的道德介入超越了我们对它的超然的科学研究以及我们对它的实践的、机会主义的掠夺性开发，并凌驾于这一切之上。①

---

① 此处，人们有可能落入一个非常自然但根本的谬误之中。显而易见，正如我对存在于自然中的价值属性之观念的详细说明一样，它们是只有当一个人具有我们的（人的）能动性形式时才可感知到的属性。狗，或青蛙，无法感知到它们。马克思在说自然是"为了人类"而存在，即他所谓的自然的"人化"时，就是这个意思。这使人们认为，那么，价值其实不一定存在于自然之中，而是存在于我们的头脑中，只不过通过我们投射到了世界上。但那是无前提的推论。它只不过不是出自于这样一个事实：要感知某种事物（那个被感知的事物不是世界中的一种属性，而仅仅是感知者在世界中的投射），需要一种特定的感觉。若要感知世界的色彩，就需要我们的某一种感觉，这一点已由从伽利略、洛克和牛顿到我们自己时代的麦克道尔、布莱克本、克利斯平·赖特以及其他人的有关次要属性的哲学书写的悠久传统所指出。各种各样的生物也不能感知到色彩。那么，我们是否会受到诱惑，说那么我脚下的地毯其实不是蓝色的，我只是将蓝色投射给了它？毫无疑问，我刚才提到的哲学家中的一些人愿意这么说，尽管那当然不是麦克道尔本人。但这么说完全是错误的。事实上，正如维特根斯坦也许会指出的，说只有一个主体像哲学那样崇高而任性时，才有可能受到诱惑而说出这样的话来，这是一种极其荒谬的事情。在这里，即使说出某种我认为是真理的话来，即颜色是某种可以被归纳的东西，或者，按照某些其他的系统方式来说，是依赖于（依附于，正如哲学家们喜欢说的）在科学上可详细说明的自然的微观属性的东西，这也于事无补。然而，我相信，说（或者为此而否认）价值同样依赖于基础科学研究，如基础物理学，完全是没道理的（在这一点上，我完全不赞成约翰·麦克道尔的看法，他认为颜色与价值在这一点上并无不同之处）。设想一下在这一点上我是对的，麦克道尔是错的。我此刻所持的观点是，那肯定不会是在说明，颜色确实存在于世界中，而价值属性不是，除非你相信，自然界中没有什么是自然科学所不能研究的。但相信那一点就是在乞求那个问题来反对我的言论，因为那个观点恰恰正是我称之为教条的和现代的迷信的观点（我应当强调我在上文顺便说过的话：我其实不是在否认价值对于非常规的属性的这样一种依赖性——按照哲学家们的说法，是"依附性"。如果能弄明白那一观点，我就不会否定它，因为如果你承认那一观点有意义，那么否定它就是一种非常极端的做法。我不承认那一观点有意义的原因——或者，换句话说，我说我既不肯定也不否定这样一种依赖性的原因——必定与这样一个事实有关：价值属性只有从实践能动者的第一人称的视角而非从与自然科学所研究的那种属性相脱离的视角才可感知得到）。

　　我本人到目前只能说，除非我们把实践能动性视为某种对世界上的价值属性非常敏感的东西，我们甚至不清楚这一观点——我们是可以有实践能动性的。认为我们的实践能动性仅仅是满足我们的欲望和道德情感的东西，而看不到我们的欲望和道德情感本身受到了此类对世界中的价值属性的敏感反应的促动，这样的观点是一种肤浅的能动性概念，它将经不起更深层的哲学的详细审查。思考一下下面这个简单的要点（好吧，"简单"是种有点儿浮夸的言辞，让我换种说法，关键的要点）。如果我们对某样东西的渴望（或对某样东西的推崇），总是由我们非间接地通过我们对所渴望的东西的令人渴望的（或有价值的）属性的感知和体验来给予我们或让我们体验，而不是由我们直接地在我们自己包含着那些欲望（和价值属性）的头脑中的观察来给予我们或让我们体验，那么它们就总是以有关我们的第三方视角被给予我们的。它们总是在我们回溯过去、作为我们自身的超然的观察者从外部观察我们自己时被给予我们。但当我们拥有了这样一种有关我们的第三方视角时，确切地说，我们并不是当事人。换句话说，想想由某人说出的两个东西的不同之处：（1）"X是令人渴望的/X是有价值的"；（2）"X是我所渴望的/X是我所推崇的"。假如我每次渴望或推崇一件事，它就会赋予我（2）的感觉，我就不会有任何实践能动性，因为，如此赋予我的欲望完全不会促使我有所行动。它们将像铅一样躺在我的经验中，惰性十足，不能促使我行动，因为只有当我想到自己并从外部以一种超然的方式观察我的头脑时，我才会看到它们——结果，我的大脑是个客体而非主体。但是，假如我对某样东西的渴望是通过我对存在于我的周围的感知环境中的某样东西的可求取性（价值属性）的经验而间接获得的，那么事情就会完全不同。那样我就将处于第一人称的模式。此处有种深切而互惠的关系要予以评论。世界中的可求取性或价值会激发我们的欲望，但我们的欲望是我们的导管，是我们通向世界中的可求取性和价值的途径。正是这种互相关系构成了——在概括性的最高层面——我们在世界家园中的存在，而且它正是——当然，还是在抽象和概括的这一非常高的层面上——为一种非异化的生活所准备的东西。我的能动性的第一人称模式而非我本人的超然观察只有在我的欲望将世界中的可求取性和价值当作自己的客体时才会被触动。能动性的第一人称模式正是当我的欲望之客体作为想得到的而非可得到的东西赋予我时被变得无效的东西。如果只是当作想得到的被赋予我，它们就是以我自己心中已有的超然模式或视角被赋予我的。

那么，毫不奇怪，在我对甘地的解读中，我提出了四个问题，甘地在这四个问题中所发现的不断增长的超然所反对建立的东西，正是对具有价值属性的世界的入魅。甘地本应借助于具有神圣化资源的价值去发现世界之入魅，这不需是我们再也不必视为必不可少的东西。但这并不会消除他对这四个问题所标明的因去神圣化而造成的超然的惶恐不安。

所以，非异化生活的最普遍和最根本的根源（它处于马克思和甘地有关现代社会中的异化之分析的深入详细的细节背后）基于这样一种看法：自然包含种种对我们提出常规要求的事物（价值），而当我们实践自己的主体性和能动性以应和这些要求时，我们便处于与自然的非异化关系中。如果有人想要一种有关这一理想的概括形式，下面有句口号：不与自然疏离，就是要让我们的主体性与对它提出的、来自自然的价值属性的常规要求保持一致。要尝试并获得这样一种与自然的关系，就得开始直面一系列变化的某些影响——我试图通过对甘地的某些观点的说明来对这些影响进行追根溯源的陈述。压缩在那句口号中的思想需要比我在此处给出的解释更进一步的说明，但它是可以有利于我们与环境和我们所栖居的世界的健全关系的最基本思想。这样一种观点不只是浅薄的：只需乞灵于完全出自我们自身的利益和功利性以及道德情感、独立于来自世界本身的常规约束的种种元素，就可以使我们达成一种令人满意的关系。这种观点是一种虚假的乐观主义，这种乐观主义在使我们背上异化的包袱（通过我试图追踪的谱系）的框架中，没有引起任何注意——而在这一框架中，对于"征服和控制"的迫切欲望已破坏了仅仅"栖居在"世界中并道德地介入世界的理想。

声称世界对我们提出要求，严格说来是种隐喻。自然也许包含价值，但那些价值并不会蓄意地去获取声音。显而易见的是，它们的要求不是名副其实地被说出或有意识地被阐明的，除非我们重新定义我们的言语观和思想观。自然中的物体有意义，但这意义不是表达意向性的语言学的意义。其原因极其简单。它是我所说的意向性（拥有意向性的主体是那种适合充当某种批评形式之目标的主体）的一种标记或暗示。我可以因为你做了某件错事、提出了不合理的常规要求、拥有破坏性的想法而批评你，正如你也可以对我这么做。但从同样的角度对自然中的元素加以批评就毫无道理。我们可以说飓风是破坏性的，但这只是出于礼貌的"批评"，不是你我就彼此的行为、要求和想法而进行的那种批评。因而，我所赞同的观点——出于对亚里士多德的阅读，亦见于麦克道尔著作中——根本不想将自己当成任何形式的活力论，它不过是对再神圣化的呼吁。不过，并不是所有的入魅都需要被视为活力论者的或神圣的。

　　仅仅因为自然中的价值属性对我们提出的要求不是以我们对彼此提出常规要求的方式被说出或有意识地加以阐明的，就认为我们不应当认真地对待它们，这种想法将会在我们与自然存在之关系的伦理的和政治的可能性方面采取一种非常狭隘的立场。这些是伦理要求：我们应当能够开始从有政治意义的角度加以构想，而且这是我们开始这样做时的最紧迫的事情。很显然，我们尚无一种概念性框架，在其中，我们可以凭借任何表述清晰的哲学性和制度性结构来这么做。迄今为止，我们的框架已清晰表达了我们对于自然和环境的担忧，其角度与我们为了自身的安康或防护而提出的要求有关，无论这是为了下一代还是为了现在那些对气候变化的灾难性影响最无招架之功的人。但是，假如我们想要超越认为所有价值都只来自我们自身而不会作为自然中的属性而被发现的偏见，我们必须要做的，是赋予来自自然本身的要求以政治声音。我们缺的就是能够这样来做的表述清晰的框架。但是，这并不是我们可由此怀疑这些被由衷地提出的要求的理由。我们务必不要忘记，在我们痛苦不堪地、极其浮躁且极其反感地建构民主制度时，我们花了数个世纪来清晰地表述一个框架——在其中，我们赋予了我们自己的要求以代表性的声音。因此，若要想象一个赋予某种类似于来自自然属性的要求之类的东西以实实在在的代表性声音的知识和制度框架会是个什么样子，则注定得付出相当认真的和艰苦的、很可能是痛苦的概念性尝试。在这样一种思想和制度框架有可能像什么样子方面，头脑有可能还要犹豫不决——在我们目前的知识和制度史的发展状态下。但是，从我们的——也许是可理解的——迄今为止对这一主题的贫乏思考中得出这样的结论：在如此日益扩大的代议制的思想和制度的想法中，必定有什么东西是错误的或出于幻想的，这样的总结将是缺乏勇气的。这是在故意忽略我通过对甘地哲学的阅读而试图加以陈述的异化根源，并使之永世长存，拒绝建构作为自然居民的非异化生活的可能性。

　　那么，什么是更具社会性的异化形式，即马克思称之为"来自人之中的人"而非来自自然之中的人的异化？

　　这里，我要说的东西将再次更多地聚焦于甘地而非马克思（因为这是此次研讨会在分工时对我的要求），而且它将处于概括性层面，这种概括性仅隐含在马克思的思想中，在他对资本主义社会中的劳动力如何将人类从彼此身上以及他们的"类存在物"、他们作为人的身份中根除掉的敏锐讨论中，对此未加详述。[①] 不过，对哲学来说，这并非是件坏事——往回追溯并从一种更普遍的层面记录事物，为的是突出特殊结构之细察所详加说明和举例说明的东西。

甘地和马克思所担忧的那种异化，作为一种核心压力，持有这样一种观点：在现代西方十分典型的资本主义经济格局中的大众社会里，当人类被弄得默默无闻时，我们成为这样一种意义上的个体：个人如此地原子化和物化了，以致社会的观念或集体的观念仅仅成了一种单纯的抽象。它在个体生活之中没有可感知的或现象学的地位，也不具有任何可以成为它们之间的真正的非异化关系之基础的现实性。但我们必须提出这样的问题：有利于一种非异化生活的社会集体的观念或理想是什么？甘地和马克思已进行了如此丰富详细的分析的西方的发展一直在大力破坏的是什么？换言之，除了那些细节之外，我们可以就这样的问题说点什么最普遍的东西？当我们在论及（1）或人与自然的疏离时，也就是在我们说非异化生活是由一个人的能动性所构成的，而这种能动性与自然中的价值属性所提出的常规要求保持一致的时候，所说的就是普遍的事物。

那么，此处是一种概括，是对于（2）即人与人的疏离相对应的口号式回答，我将在快结束时对此作简要的阐述。这个理想就是这样简单，而且它是甘地已接近于详细阐明的东西。当我们彼此追求一种社会的非异化的生活时，我们所渴望的是意识到这样一种理想：如果社会上有人穷困潦倒，那就没有人会发财走运。

有人也许会想，这不过是平等的观念，那么我为什么要在开始时如此热切地说，我将构筑一个框架，在其中，平等将不会占据中央舞台，而是其他某些占据中央舞台的理想（如非异化生活之理想）的必要条件。也许得说，我所做的一切不过是将未异化的社会层面与平等的观念等同起来。我并未做比我打算要做的更复杂的事。

这种反应错失了那一口号试图要传达的东西。它所错失的是，口号的

全部要点在于仅在二次移除的层面上肯定平等的重要性。在一种有人富裕有人贫穷的情况下，那句口号的理念不是仅仅在说，这是一件坏事情，而是在说，事实上并非甚至那些处于不平等状况中的人也会好起来。尽管这种理想与事实的区别十分微妙，但它关系重大，它确立了平等观念与社会的非异化生活之观念之间的鲜明对照，前者现在仅仅是后者的条件（即使是一个必不可少的条件）。

我们将作更深入的分析澄清。这种社会的非异化的理想要表达的是，那些富裕的人不应当不关心那些不富裕的人。那么，这种社会意义上的不彼此疏离，就是要灌注这样一种社会感觉——对不富裕的他人的关心。这是一种心理，是一种精神的投射，在其中，对不大富裕的他人的关心是核心，而集体理想要依赖于个体的这种心理的存在。18世纪和19世纪的许多人对于"同情"的强调就与这种心理形式有关。它也是卢梭所要强调的东西，他曾说，"可怜"（我认为不那么纡尊降贵的称呼是"怜悯"）一直是人类心理之基础，直到在他所追踪的轨迹中，不平等经由自爱或自尊的出现而在社会中被制造出来，"可怜"才遭到削弱。

但这也是对那句口号想要表达的意思的误读。如果它的意思仅在于此，那么我这篇文章的开场白就会说，应当取代自由和平等在中央舞台的位置的更为基础的理想，应当是在那个可喜可贺的三重唱中的第三个理想——友爱。这种对他人的关心仅仅是友爱关系的主观基础，正如启蒙运动对它的理解那样。尽管友爱是众所渴望的，但它在马克思和甘地那里，并没有像非异化生活之理想所注定的那样得到深入挖掘。

我的口号所要表述的是一种更具雄心的理想。它不是仅仅在声称，我们应当去感觉这种关心他人的形式，尽管，正如我所说的，它肯定不会否认这么做是件好事。现在，这不是在说，心理或主体性与口号所提出的这种理想无关。它确实与之有关，而且是口号的中心意思。那么，这种心理是什么？

你可以通过首先鉴别违规经验或心理来鉴别它，在此背景下，它可以被定义为：人只有当那种违规经验或心理状态不在场时，才是非异化的。

我已经说过，在讨论这种理想时要强调的重要之事不是那种有钱人也许会对没钱人所产生的那种关心的感觉。相反，你首要应当强调的是这样一个事实：当其他人不富裕时，富裕的人实际上也受苦，或是在经验上共有一种莫名的不适感。那种莫名的不适感就是异化。它是那种普遍的精神或形而上学者喜欢说的存在的不安感,这种不安会影响到所有的社会关系。在一个有人不富裕的社会中,所有人都会感受并分担这种异化,甚至于那些富裕的人。通常人们不知道这种莫名的不适感的起因或基础就扎根于一个以贫富差别为特征的社会中。不过,这种莫名的不适感体现在富裕者的各种各样不同的行为中。因此它是一种对感受到的经验的主观状态,我们可以说,只要人们生活在具有这种差别的社会中,它就会在人们的头脑中拥有一种客观的存在。尽管在此我不会尝试去呈现它,但在此类差别与折射出这种莫名的不适感的行为之间的经验性关联,已经极其完善地确立起来。当然,折射出这种莫名的不适感的行为在那些富裕的人中的表现必定不同于在那些不富裕的人中的表现,我们要对理论和证据进行仔细的心理整合,才可以说明,这些行为都是同一种莫名的不适感的征候,不过,这应当不是一个不可逾越的难题。①

这一切使我们如何去思索口号中的非异化生活的理想?用一句话来说,这个理想表达的只是心理的一种类型或形式,在其中,这种莫名的不适感是完全不存在的。

此处,也还是有更多要借助非异化生活的这个方面的详细解说来大说

---

① 只需举一个最显而易见的例子:在穷困的人一边,憎恨和嫉妒的熟悉情感,以及顺从和谦和的态度,都是那种莫名的不适感的征候。在富裕的人一边,将自己与较贫困的人隔绝开来的倾向(想想对"有门禁的社区"的呼吁),尽管与贫穷者的被异化的病理大不相同,却也是同一种莫名的不适感的可加辨认的征候的一个例子。Katherine Boo 在其《永远美丽的背后》(Behind the Beautiful Forevers)中,试图在当代孟买捕捉这同一种莫名的不适感的一些征候:"阿莎到现在已看穿了那个明显的真相——孟买是日益恶化的抱怨和无所不在的嫉妒的所在地。在这个越来越富裕的不平等的城市中,有没有一个灵魂不曾抱怨其对他人的不满?有钱的市民指责贫民窟居民将城市弄得污秽肮脏,不堪居住,甚至将他们当成供求过度的人力资本而将他们的侍女和司机的薪水压得很低。贫民窟居民抱怨有权有势的人树起的障碍使他们无法分享新利润。人人,处处,都在抱怨自己的邻居。但在 21 世纪的城市,很少有人联合起来将自己的质疑带至街头。作为一种基于社会等级的群体同一性,种族划分和宗教渐渐式微,愤怒和希望被归为私有,如同孟买的如此众多的其他东西一样。这种发展增加了对精明的仲裁人的需求——世界上最大的城市之一的吸收冲突性的、被狭隘地予以解释的利益的人类减震器。"

但是,尽管她的著作富于雄辩、扣人心弦,可正像我本人在此注解的前面部分所提到的那样,就连这些也是最显而易见且老生常谈的征候。这是一个社会心理学需要对其时刻保持警觉的话题,因为不断变化的(而且更为多样和细致的)形式(在其中,异化以不平等社会的当代形态的形式显露于群体和个体的行为之中,正如 Boo 在上文中所说,在这种社会中,传统的"群体同一性"(也许曾经为避免这种莫名的不适感而提供过一种特定的生活框架),已经变得"式微"和"私人化"了。

特说的东西，我在这样一个已经太过冗长而且我必须立即收尾的演讲中无法做到这一点。

甘地和马克思都对以在（1）和（2）中得到描述的两个基本形式出现的异化表示了担忧，我试图在一个比他们更概括和更基本的哲学层面上，传达构成他们对于没有这两个异化形式的生活设想之基础的东西。我相信，这些设想——对于我们的主体性与自然的价值属性保持应答的一致性的设想，以及只要有人不富裕则人人都不会富裕的设想——中的一个大功告成将会是不可想象的，除非同时将某种我们已渐渐视为根本的基本自由和平等形式也想象成已经大功告成的。不过，假如它们之间不产生任何内在张力，是可以做到的。因为现在的自由是不能以导致基本的不平等的方式（以自由被系于受到激励的才干和私有财产的方式）来加以详尽阐述的自由，既然它们已在完全不同于启蒙运动为它们设置的框架中被重构了。在这个新框架中，以以往的框架中的种种阐释方式加以理解的特定的自由的社会影响，将会是我在上文认定为异化的莫名的不适感的主要源头，因为它们将与我在我的两个概括性的口号中提出的两个理想都会产生冲突。

最后提醒一句。认为非异化生活的这两个方面是完全分离的，一个同我们与自然的关系有关，另一个同我们彼此间的更具社会性的关系有关，这种想法将会是错误的。那样将完全看不到甘地在将四种似乎性质混杂的转变说成实际上是一种转变时所追寻的那种整体性。在我们之中，有一种巨大的趋势，即将自然问题圈划为纯粹的生态问题，独立于我们所面对的最深刻的社会和经济问题之外（这部分地解释了那些数十年来对全球性的不公正和全球性的贫困表现得漠不关心的人为什么现在突然对全球变暖变得那么兴致勃勃）。有一种相反的趋势认为，人类及其社会关系充满了价值思考，而自然本身是某种不包含任何价值属性、只能被科学进行研究的东西。这是一种我以前就猛烈抨击过的现代形式的迷信。两种各执一端的趋势，都是甘地和马克思在其对现代性的不同层面所做的激烈批判中力图超越的教条的启蒙运动之浅薄性的征候。

【本文中文版由作者授权出版。艾格儿·比尔格拉米（Akeel Bilgrami），哥伦比亚大学哲学系教授】

（王爱松、邵文实　译）

马克思主义在中国的传播和发展：
中国历史上最伟大的启蒙运动

张顺洪

世界历史上的"启蒙运动"，一般是指发生在 18 世纪欧洲历史上的一场反对封建专制、反对教会的资产阶级思想解放运动。这场运动具有启蒙的特性，提倡人类理性，反对愚昧、迷信和专制，旨在建立一个新的社会。在 20 世纪初的中国，发生了五四新文化运动，这是一场伟大的思想解放运动。马克思主义在中国的传播则是这场新文化运动后期的主要内容，是这场思想解放运动的高潮。马克思主义在中国的传播具有反对帝国主义压迫和反对封建愚昧、迷信、专制的伟大历史作用。从这个意义上讲，马克思主义在中国的传播是一场真真切切的思想解放运动，也是一场真真切切的启蒙运动。马克思主义在中国的传播提高了人们认识世界、改造世界的能力。而马克思主义在中国的发展同样真真切切地发挥了解放思想的作用，提高了人们认识世界、改造世界的能力。

一　马克思主义在中国的传播

1. 五四运动时期的传播

19 世纪末 20 世纪初，有关马克思和社会主义的消息已从不同渠道零星传入中国，但没有什么影响。马克思主义在中国大范围传播是在俄国十月革命胜利后的五四运动时期。五四运动广义上"可分为前后一脉相承而性质并不相同的两个阶段：第一阶段的初期新文化运动，指导思想仍是西方资产阶级民主主义文化；第二阶段，原先的进步思想界发生分化，马克思主义逐步在先进知识分子中成为主流。一九一九年的五四爱国运动便是这两个阶段的分水岭"①。

这个时期马克思主义在中国得到迅速传播主要有三个原因。

第一，俄国十月革命胜利的影响。十月革命促进了马克思主义在世界范围内的传播。1919年，李大钊指出："自俄国革命以来，'马克思主义'几有风靡世界的势子。"② 而正是十月革命的胜利使马克思主义在中国迅速传播。毛泽东指出："十月革命一声炮响，给我们送来了马克思列宁主义。十月革命帮助了全世界的也帮助了中国的先进分子，用无产阶级的宇宙观作为观察国家命运的工具，重新考虑自己的问题。"③

第二，第一次世界大战和巴黎和会的影响。第一次世界大战充分暴露了帝国主义国家之间的矛盾，暴露了资本主义的罪恶，使中国先进分子深刻认识到俄国革命的道路才是中国应该选择的道路。在巴黎和会上，中国作为战胜国，落得任人宰割的境地，人们期盼已久的和会竟成了帝国主义列强的分赃会议；德国在山东的侵华权益作为战胜国的中国没能收回，却被日本劫取。这激起了中国人民极大的愤怒。1919年5月4日，陈独秀在《每周评论》发表《随感录》，愤慨地写道："巴黎的和会，各国都重在本国的权利，什么公理，什么永久和平，什么威尔逊总统十四条宣言，都成了一文不值的空话。"④ 巴黎分赃会议直接导致五四爱国运动的爆发。而五四爱国运动则极大地促进了马克思主义在中国的传播。

第三，中华民族救亡图存的迫切需要。鸦片战争后，中国逐渐陷入殖民地半殖民地的深渊，被列强宰割。从太平天国起义到义和团运动，再到辛亥革命，无数志士仁人苦苦寻求救亡图存的真理，但一直没有成功。"五四新文化运动的兴起，可以说是中国先进分子到了'最后觉悟之最后觉悟'的时候，开始寻找新的思想武器。"⑤ 从鸦片战争到五四新文化运动初期，中国历史的发展为马克思主义的传播作了铺垫。五四新文化运动

① 金冲及：《二十世纪中国史纲》第1卷，社会科学文献出版社2009年版，第145页。
② 《李大钊全集》第3卷，人民出版社2006年版，第15页。
③ 《毛泽东选集》第4卷，人民出版社1991年版，第1471页。
④ 《陈独秀著作选》第2卷，上海人民出版社1993年版，第2页。
⑤ 梁柱：《唯物史观在中国传播的历史启示》，《马克思主义研究》2012年第9期。

提出"科学"和"民主"的口号，反对封建专制，反对愚昧和迷信。"这种从根本上重新评价千百年来定于一尊的儒家思想，在社会上引起巨大震动，这是新文化运动初期的一个重要功绩，有着解放思想的重大意义。"①随着新文化运动的深入发展，改造旧社会、建立新社会的任务也就提出来了；报刊积极参与关于社会改造和中国出路问题的讨论。马克思主义正是在这一背景下，大量传入中国并为中国先进分子所接受。

李大钊和陈独秀是传播马克思主义的主要代表人物。李大钊是中国"第一个传播马克思主义并主张向俄国十月革命学习的先进分子"②。1918年7月，李大钊在《法俄革命之比较观》中指出："俄罗斯之革命，非独俄罗斯人心变动之显兆，实二十世纪全世界人类普遍心理变动之显兆。"③1918年12月，他在《Bolshevism 的胜利》中指出："Bolshevism 这个字，虽为俄人所创造，但是他的精神，可是二十世纪全世界人类人人心中共同觉悟的精神。所以 Bolshevism 的胜利，就是二十世纪世界人类人人心中共同觉悟的新精神的胜利！"④ 1919年，李大钊在《新青年》第6卷第5、6号上发表长文《我的马克思主义观》，系统介绍了唯物史观、剩余价值理论和阶级斗争学说，并阐述了他对马克思主义的理解和认识。陈独秀是另一位传播马克思主义的主将。1922年，陈独秀发表《马克思学说》一文，介绍了马克思关于剩余价值、唯物史观、阶级斗争和无产阶级专政的理论。⑤ 1922年，陈独秀发表了《马克思的两大精神》，指出马克思的两大精神是实际研究和实际活动的精神。⑥ 1923年，陈独秀在广东高师作了关于社会主义问题的系列演讲，阐述了"我们为什么相信社会主义"、"我们相信何种社会主义"、"社会主义如何在中国开始进行"等问题。

在马克思主义的传播过程中，形成了北京和上海两个马克思主义宣传中心。1920年3月，李大钊主持成立了北京大学马克思主义研究会；

① 金冲及：《二十世纪中国史纲》第1卷，社会科学文献出版社2009年版，第149页。
② 中共中央党史研究室：《中国共产党历史（1921—1949）》第1卷，上册，中共党史出版社2011年版，第45页。
③ 《李大钊全集》第2卷，人民出版社2006年版，第228页。
④ 同上书，第263页。
⑤ 《陈独秀著作选》第2卷，上海人民出版社1993年版，第349—360页。
⑥ 同上书，第364—365页。

1920 年 5 月，陈独秀等在上海成立了马克思主义研究会。马克思主义的传播由这两个中心向全国各地辐射。①

　　五四运动时期，大量的报刊介绍和宣传马克思主义。《新青年》表现得尤为突出，发表了许多相关文章。《新青年》还在 1919 年第 6 卷第 5 号上推出"马克思主义研究专号"，发表了顾兆熊的《马克思学说》、凌霜的《马克思学说批评》、起明（周作人）译的《俄国革命之哲学的基础》（下）、陈启修等的《马克思研究》、刘秉麟的《马克思传略》、李大钊的《我的马克思主义观》（上）等文章。据统计，五四时期在报刊上介绍马克思主义的文章多达 200 余篇。②

　　2. 五四运动时期马克思主义的传播对中国先进分子的启蒙

　　五四运动时期马克思主义的传播，对中国先进分子产生了巨大的启蒙作用。特别是唯物史观，极好地为中国先进分子提供了认识世界和改造世界的思想武器。正如梁柱指出的，"李大钊作为在中国传播马克思主义的第一人，一开始他就努力运用唯物史观来观察中国社会和中国革命的实际问题"③。唯物史观广为中国先进分子所接受。1920 年，李大钊指出，"晚近以来，高等教育机关里的史学教授，几无人不被唯物史观的影响，而热心创造一种社会的新生"④。随着马克思主义的传播，中国一些先进分子产生了关于中国革命的一些重大认识。

　　第一，深刻认识到必须改造经济基础，才能改造社会。例如，李大钊在《再论问题和主义》一文中写道："依马克思的唯物史观，社会上法律、政治、伦理等精神的构造，都是表面的构造。他的下面，有经济的构造作他们的一切的基础。经济组织一有变动，他们都跟着变动。换一句话说，就是经济问题的解决，是根本解决。"⑤

　　第二，深刻认识到历史是由人民群众创造的。李大钊指出："我们要晓得一切过去的历史，都是靠我们本身具有的人力创造出来的，不是那个伟人、圣人给我们造的，亦不是上帝赐予我们。将来的历史，亦还是如

---

　　①　中共中央党史研究室：《中国共产党历史（1921—1949）》第 1 卷，上册，中共党史出版社 2011 年版，第 47—48 页。

　　②　同上书，第 47 页。

　　③　梁柱：《唯物史观在中国传播的历史启示》，《马克思主义研究》2012 年第 9 期。

　　④　《李大钊全集》第 3 卷，人民出版社 2006 年版，第 221 页。

　　⑤　同上书，第 6 页。

此。现在已是我们世界的平民的时代了,我们应该自觉我们的势力,赶快联合起来,应我们生活上的需要,创造一种世界的平民的新历史。"① 中国的先进分子不仅看到了人民群众的力量,而且认识到只有动员和组织人民群众,才能取得中国革命的胜利,实现对旧社会的改造。

第三,深刻认识到必须通过阶级斗争,才能推翻旧社会,建立新社会。随着马克思主义的传播,中国先进分子接受了马克思主义阶级斗争学说。在《〈共产党〉月刊短言》中,陈独秀指出:"我们要逃出奴隶的境遇,我们不可听议会派底欺骗,我们只有用阶级战争的手段,打倒一切资本阶级,从他们手中抢夺来政权;并且用劳动专政的制度,拥护劳动者底政权,建设劳动者的国家以至于无国家,使资本阶级永远不至发生。"② 在《列宁与中国》一文中,陈独秀疾呼:"被压迫的中国民众呵! 我们若真要纪念列宁,永远纪念列宁,只有接受列宁遗训——联合全世界被压迫者,向全世界压迫者作战,为脱离被压迫的地位而战!"③

第四,深刻认识到社会主义是世界发展的前途,并且已形成只有社会主义才能救中国的思想。在《庶民的胜利》中,李大钊写道:"一九一七年的俄国革命,是二十世纪中世界革命的先声。"④ 陈独秀认为:"我们相信世界上的军国主义和金力主义,已经造了无数罪恶,现在是应该抛弃的了。"⑤ 在"关于社会主义问题"的系列讲演中,他反复强调要选择社会主义。"我们相信社会主义,并不是凭空的盲目的去相信他,乃是社会之历史的进化程序令我们不能不相信。"⑥

中国先进知识分子不仅认识到中国应该选择社会主义道路,而且已形成了"只有社会主义才能救中国"的思想。李大钊在《中国的社会主义与世界的资本主义》中写道:"再看中国在国际上地位,人家已经由自由竞争,发达到必须社会主义共营地位,我们今天才起首由人家的出发点,按人家的步数走。正如人家已达壮年,我们尚在幼稚;人家已走远了几千万里,我们尚在初步。在这种势力之下,要想存立,适应这共同生活,恐

① 《李大钊全集》第 3 卷,人民出版社 2006 年版,第 221—222 页。
② 《陈独秀著作选》第 2 卷,上海人民出版社 1993 年版,第 201 页。
③ 同上书,第 833 页。
④ 《李大钊全集》第 2 卷,人民出版社 2006 年版,第 256 页。
⑤ 《陈独秀著作选》第 2 卷,上海人民出版社 1993 年版,第 40 页。
⑥ 同上书,第 460 页。

非取兼程并力社会共营的组织，不能有成。所以今日在中国想发展实业，非由纯粹生产者组织政府，以铲除国内的掠夺阶级，抵抗此世界的资本主义，依社会主义的组织经营实业不可。"① 这里，李大钊认识到中国只有走社会主义道路，才能抵抗"世界的资本主义"，才能在国际上"存立"。1921 年 1 月毛泽东在新民学会长沙会员大会上指出，解决中国的社会问题，"激烈方法的共产主义，即所谓劳农主义，用阶级专政的方法，是可以预计效果的，故最宜采用"②。

马克思主义的传播使中国先进分子寻找到了救亡图存的正确道路，下一步就是如何解决救亡图存的战略策略和方式方法问题。在解决这个问题的过程中，马克思主义与中国实际相结合的理论和实践得到了发展。马克思主义的传播为中国共产党的成立奠定了思想基础。在学习和传播马克思主义的过程中，一大批先进分子走上了无产阶级革命道路，成为马克思主义者。③ 随着马克思主义的传播，1921 年中国共产党诞生，中国革命从此步入了新的历史阶段。

3. 其他阶段的传播

五四运动时期，马克思主义的传播是初期传播的高潮，奠定了它在中国传播和发展的基础。在后来的不同时期，马克思主义在中国的传播不断深化，更加广泛，并伴随着马克思主义在中国的发展而不断发展。

从中国共产党诞生到新中国成立，马克思主义经典著作大量出版和广泛传播。中国共产党诞生不久就成立了专门机构，出版发行马列著作。据统计，从中国共产党成立到第一次国内革命战争结束，出版和发表马克思主义经典著作 60 多种。同时，多次组织纪念活动，宣传和传播马克思主义。例如，1926 年，一些地区举行了纪念巴黎公社的活动，出版了《巴黎公社纪念册》。在第二次国内革命战争时期，中央苏区和国统区出版和发表的马克思主义经典著作达到 100 多种。在抗日战争时期，全国各地出版和发表的马克思主义经典著作超过 120 种，包括《马克思恩格斯丛书》、《列宁选集》和单行本《共产党宣言》、《法兰西内

---

① 《李大钊全集》第 3 卷，人民出版社 2006 年版，第 277—278 页。
② 《毛泽东文集》第 1 卷，人民出版社 1993 年版，第 2 页。
③ 中共中央党史研究室：《中国共产党历史（1921—1949）》第 1 卷，上册，中共党史出版社 2011 年版，第 50—51 页。

战》、《哥达纲领批判》等。解放战争时期，解放社出版了一大批马克思主义经典著作，如《论民族土地问题》和《卡尔·马克思》。1949 年2 月，为了更有效地提高全党的政治理论水平，中共中央重新编审了一套"干部必读书目"，由毛泽东审批。这套必读书目共计 12 种，包括《共产党宣言》、《帝国主义论》、《国家与革命》等重要著作。同时，苏联出版的马克思主义著作中文本数量也显著增多了，中国的出版机构进行了重印。[①]

新中国成立后，马克思主义在中国的传播和发展有了优越条件。除人民出版社外，中央编译局于 1953 年成立了，从事马克思主义著作的翻译和出版工作。几十年来，先后推出各类著作。第一类：全集和补卷。例如，出版了《马克思恩格斯全集》、《列宁全集》、《斯大林全集》和"三大全集"的"补卷"。第二类：选集。例如，出版了《马克思恩格斯选集》、《列宁选集》和《斯大林选集》。第三类：选读本。例如，出版了《〈资本论〉导读》和《马克思主义经典著作选编与导读》。第四类：单行本。主要的马列著作基本上都有了单行本，如《共产党宣言》、《自然辩证法》、《资本论》、《卡尔·马克思历史学笔记》。据不完全统计，马列著作单行本共翻译出版 300 多种。第五类：专题文集、言论集。例如，出版了《马克思恩格斯列宁论资本市场》、《列宁论马克思主义》和《马恩列斯毛邓江论工人阶级政党先进性》。[②] 2009 年，人民出版社出版了《马克思恩格斯文集》和《列宁专题文集》。这些经典著作的不断出版，有力地推动了马克思主义的传播和发展。

新中国成立后，在全国范围内，马克思主义走进了课堂，从中等教育到高等教育包括研究生教育，马克思主义理论都是教学的重要内容。从一定意义上讲，马克思主义理论成为中国亿万学生的必修课。同时，马克思主义理论教学和研究也成为中国哲学社会科学的重要学科。全国各地成立了各类院、校、系、所等机构，承担马克思主义理论研究和教学工作。今天，马克思主义是中国人民广泛掌握的认识世界和改造世界的强大思想武器。

---

① 陈有进：《马克思主义经典著作在中国》，《湖北行政学院学报》2006 年第 4 期。
② 同上。

二　马克思主义在中国的发展

马克思主义传入中国后，中国先进分子掌握了马克思主义理论武器。中国共产党人把马克思主义与中国具体实际相结合，不断发展马克思主义，形成了马克思主义的新成果：毛泽东思想、邓小平理论、"三个代表"重要思想和科学发展观。

1. 毛泽东思想

毛泽东思想是马克思主义基本原理与中国具体实际相结合的产物。中国共产党成立后，党和人民面临的时代任务是推翻帝国主义、封建主义和官僚资本主义三座大山，建立新中国。这就是新民主主义革命的任务。毛泽东思想首先是关于新民主主义革命的理论。

新民主主义革命理论主要是关于党的建设、武装斗争、统一战线的思想。第一，中国要取得新民主主义革命的胜利，就必须坚持无产阶级政党——中国共产党的领导，必须不断加强党的建设。共产党人要全心全意为人民服务。第二，必须通过武装斗争夺取新民主主义革命的胜利。必须建立由共产党领导的人民军队。根据中国实际，毛泽东指明了农村包围城市武装夺取政权的革命道路。党必须广泛发动和组织工农群众，调动人民力量。第三，必须建立以工农联盟为基础的广泛的统一战线，团结一切可以团结的力量。毛泽东把辩证唯物主义和历史唯物主义运用到实际工作中，形成了以实事求是、群众路线和独立自主为主要内容的马克思主义立场、观点和方法；坚持实事求是的思想路线，一切从实际出发，反对教条主义、经验主义和形而上学；坚持群众路线。

新民主主义革命的目标是建立社会主义新中国。新中国诞生后，毛泽东提出了一系列关于社会主义革命和建设的重要理论，如论十大关系、关于正确处理人民内部矛盾的理论、关于三个世界划分的理论，对如何建设社会主义进行了艰辛的探索。关于社会主义建设的思想，是毛泽东思想的重要组成部分，为形成中国特色社会主义理论打下了坚实基础。

2. 邓小平理论

在新中国成立后的近30年时间里，中国社会主义建设取得了伟大成就，奠定了强大的社会主义经济基础，建立了社会主义制度。但在社会主义建设实践中，也走了一些弯路，犯了一些错误，特别是"文化大革命"中的"左"倾错误。在新的形势下，邓小平把马克思主义基本原理同中国社会主义建设实际相结合，发展了马克思列宁主义和毛泽东思想，形成了中国特色社会主义理论。这一理论科学地定位了现阶段中国社会所处的发展阶段——社会主义初级阶段。中国作为社会主义国家，建立了先进的社会制度，但经济发展水平与发达资本主义国家相比还有很大差距，建成发达的社会主义国家还需要相当长的时间。这一理论有力地纠正了脱离实际、超越阶段的错误倾向和错误做法。

邓小平理论的核心思想是：以经济建设为中心，坚持四项基本原则，坚持改革开放。四项基本原则是：坚持社会主义道路，坚持人民民主专政，坚持中国共产党的领导，坚持马克思列宁主义、毛泽东思想。坚持四项基本原则决定了邓小平理论的性质，确保中国改革开放沿着正确方向前进。坚持四项基本原则是中国的基本国策。

邓小平理论也是关于发展的理论。邓小平指出："发展是硬道理。"他十分重视发展生产力，进一步指出："社会主义的本质，是解放生产力，发展生产力，消灭剥削，消除两极分化，最终达到共同富裕。"① 邓小平提出了关于社会主义市场经济的理论，坚持公有制的主体地位和多种所有制经济共同发展。同时，针对国内外复杂形势，他十分重视保持社会稳定，强调"稳定大于一切"。这一思想是中国特色社会主义理论的一个必要的组成部分。

3. "三个代表"重要思想和科学发展观

"三个代表"重要思想和科学发展观是邓小平理论的丰富和发展，它们一起构成中国特色社会主义理论体系，是马克思主义在中国发展的新成果。在改革开放的历史新时期，面对世纪之交复杂的国际形势，针对中国特色社会主义建设实践和党的建设实践中出现的新情况、新问题、新挑战，江泽民提出了"三个代表"重要思想：中国共产党要始终代表中国先进生产力的发展要求，代表中国先进文化的前进方向，代表中国最广大人民的根本利益。② "三个代表"重要思想坚持和重申了中国共产党的性质和宗旨，旨在加强新形势下党的建设工作，防止党蜕化变质，使党始终

① 《邓小平文选》第 3 卷，人民出版社 1993 年版，第 373 页。
② 《江泽民文选》第 3 卷，人民出版社 2006 年版，第 1—5 页。

保持先进性，发展先进生产力，建设中国特色社会主义先进文化，充分体现社会主义制度的优越性，维护好中国最广大人民群众的根本利益，不断改善人民群众的物质生活和精神生活。这一重要思想的提出，也是旨在解决好中国共产党与社会主义市场经济条件下出现的新生社会力量的关系，巩固党的阶级基础和执政基础。

在改革开放的伟大历史进程中，中国社会主义建设事业取得了举世瞩目的成就。但是，在新的历史条件下，也出现了不少问题，如城乡之间、地区之间发展不平衡问题，自主创新能力不足问题，环境污染问题，局部资源耗竭问题。针对发展中出现的这些问题，胡锦涛提出了科学发展观。"科学发展观，第一要义是发展，核心是以人为本，基本要求是全面协调可持续，根本方法是统筹兼顾。"科学发展观是马克思主义在中国的新发展，旨在解决发展中出现的问题。它对人们的最大启蒙是：要更新发展观念，转变发展方式，实现经济社会又好又快地、可持续地发展。

马克思主义在中国的发展，形成了毛泽东思想和中国特色社会主义理论，不仅成功地指导中国革命、建设和改革取得了伟大胜利，同时也具有深远的启蒙意义，提高了中国共产党和人民群众认识世界、改造世界的能力。

4. 马克思主义在中国发展的新要求

理论是以往实践的总结，也是以往实践的结果，又反过来指导新的实践。当前中国存在的问题和面临的挑战，对马克思主义的发展提出了新要求。这里仅就以下三大问题，提出一点思考。

第一，如何防止在新的历史条件下社会贫富两极分化？这些年来，中国经济实现了快速发展，但同时居民收入差距也呈拉大趋势。这是中国特色社会主义市场经济发展进程中出现的新问题、新挑战。随着经济全球化日益加深，在全球范围内穷国与富国经历着两极分化，这种全球性的两极分化现象有可能进一步加剧我国居民收入差距拉大的趋势。中国急需理论和实践创新，遏制两极分化趋势，防止阶级矛盾、民族矛盾和地区矛盾激化，防止出现社会动荡，以维持社会稳定和经济可持续发展。关键是要坚持和完善我国的社会主义基本经济制度：以公有制为主体，发展多种所有制经济。而最根本的是要巩固公有制的主体地位，巩固和发展公有制经济，千方百计地提高国有企业科技创新能力，不断增强国有经济的活力、控制力和影响力。在这一基本经济制度建设上，我们急需重大理论创新和实践创新。

第二，如何不断加强社会主义制度建设，保证我们党不变质、国不变色？中国共产党作为执政党面临着严峻的挑战。这些年来，各种非马克思主义思潮侵蚀着党的肌体。一些党员干部淡化了党的宗旨，不是全心全意为人民服务，而是极力追求个人私利，党内出现了比较严重的腐败现象。尽管近年来反腐倡廉建设取得了很大成绩，一批腐败分子被清除出党、绳之以法，但党政部门的腐败问题依然严峻，必须努力加以克服。反腐败要从中国国情出发，在制度建设上，不能照抄照搬西方民主模式，决不能以反腐败为名实行资本主义国家的那种多党制。多党轮流执政的资本主义国家也存在严重的腐败问题。资本主义发展到今天，其腐朽性暴露无遗，所谓的西方民主不过是资产阶级民主，本质上是少数富人对广大人民群众的专政。这样的民主模式不适合中国国情。我们必须把马克思主义基本原理与中国具体实际相结合，发展马克思主义，推进制度创新，加强党内民主建设和社会民主建设，遏制和克服腐败现象，更好地实现人民当家作主。打破中国历史上王朝兴衰更替"周期律"，是中国在 21 世纪乃至今后更长时期所面临的重大时代课题。这一时代课题呼唤马克思主义在中国的新发展。

第三，如何处理好与发达资本主义国家集团的关系？今天，中国是世界上唯一的社会主义大国，也是最大的发展中国家，处在快速兴起进程中，国力不断增强，将在国际格局中发挥更大的作用。但是，在当今国际格局中，发达资本主义国家仍然占主导地位，具有较大优势。发达资本主义国家集团，特别是当今世界最大的军事集团北约，对我国和平发展构成极大威胁。由于意识形态差异和利益问题，发达资本主义大国集团显露出"西化"、"分化"中国的强劲势头。中国如何坚持和平发展道路，在搞好与世界各国关系的同时，解决好与发达资本主义国家集团的关系问题，推进公平公正的世界秩序的建立，需要将马克思主义基本原理与当今世情相结合，发展马克思主义。

三 中国历史上最伟大的启蒙运动

在中国历史上没有发生像欧洲 18 世纪那样的资产阶级启蒙运动，但也出现过"思想解放运动"和"启蒙思潮"。从"民为神主"到"君舟民水"的民本思想，从百家争鸣、百花齐放到"独尊儒术"，从外来宗教思想的冲击到儒家思想的发展演变，再到封建社会内部出现的启蒙思潮，所要解决的问题只是从奴隶社会向封建社会过渡以及漫长封建社会面临的问题和挑战，没有解决中国封建社会向资本主义社会过渡的问题。近代西方资产阶级民主思想的传入也无法解决中国面临的救亡图存这一时代大课题。中国封建社会具有强大的封建社会经济基础和意识形态，但影响主要在东亚地区，对世界格局的发展演变总体上讲影响不大。马克思主义在中国的广泛传播和应用，真正形成了一场波澜壮阔的思想解放运动，其意义远远超过我国历史上任何一次思想解放运动，也是中国历史上前所未有的启蒙运动，具有持久的启蒙意义。

第一，马克思主义在中国的传播和发展是中国历史上一场前所未有的深刻的广泛的思想文化革命。马克思主义具有反封建迷信的强大的历史作用。马克思主义的传播和发展，破除了中国历史上根深蒂固的封建思想文化，构建起民族的、科学的、大众的社会主义先进文化。正如毛泽东指出的，共产党人"不但要把一个政治上受压迫、经济上受剥削的中国，变为一个被新文化统治因而文明先进的中国"①。这场思想文化革命比中国历史上的任何一场思想文化革命更为深刻、更为广泛。

第二，马克思主义在中国的传播和发展使中国先进分子和广大人民群众掌握了唯物史观这一认识世界和改造世界的科学武器。在马克思主义传入之前，唯心主义和各种封建迷信盛行，严重阻碍了人们科学地认识世界和改造世界。随着马克思主义在中国的传播和发展，唯物史观的基本原理被中国先进分子和广大人民群众所掌握，成为人们认识世界和改造世界的锐利思想武器。今天，马克思主义唯物史观已使中国人民对坚持走中国特色社会主义道路形成了强有力的共识。

第三，马克思主义在中国的传播和发展使中国先进分子和广大人民群众深刻认识到资本主义的本质。马克思主义理论揭示了资本的本质，揭露了资产阶级是如何剥削本国工人阶级又是如何掠夺弱小国家和民族的，使人们认识到资本主义历史的、阶级的局限性和腐朽性，使人们对殖民主义、帝国主义、霸权主义和强权政治有了深刻认识，并保持着高度警惕，

---

① 《毛泽东选集》第2卷，人民出版社1991年版，第663页。

对建立公平公正的世界新秩序具有强烈的期待和使命感。

第四，马克思主义在中国的传播和发展使中国先进分子和广大人民群众认识到中国必须走社会主义道路。对资本主义本质的深刻把握使中国人民认识到，在相对落后的中国，要实现国家富强和民族复兴，只能选择社会主义。只有社会主义才能救中国，只有中国特色社会主义才能发展中国，这一科学论断已成为中国人民的共识。坚持中国特色社会主义，就必须坚持公有制的主体地位。

第五，马克思主义的传播和发展促进了民族意识的觉醒和不断加强。中华民族生活在东亚大舞台上已有几千年。从先秦的华夷之辨，到清代的满汉矛盾，"中华民族"作为现代意义上的"民族国家"的自觉意识并不强烈。"中华民族"的意识在近代中国救亡图存过程中逐渐加强。但孙中山领导的辛亥革命，仍然具有很强的排满倾向。而马克思主义的传播则极大地促进了中国各族人民作为"中华民族"一部分的意识，促进了"中华民族"整体意识的觉醒。马克思主义阶级斗争学说为中国广大先进分子所接受。从一定意义上讲，阶级斗争取代了"民族斗争"。马克思主义在中国的传播促进了中国反对帝国主义侵略和压迫的民族解放运动，而这个"民族解放运动"不是狭隘的汉民族或其他某个少数民族的解放运动，而是整个"中华民族"的解放运动。中华民族意识的觉醒和不断加强，是中国共产党领导全国人民取得新民主主义革命胜利和社会主义建设胜利的重要保障，是新中国成立后中国能够维护各族人民大团结局面的重要保障，是实现中华民族伟大复兴的重要保障。而这一保障无疑极大地归功于马克思主义在中国的传播和发展。苏联正是放弃了马克思主义才出现难以遏制的民族分裂趋势，终致国家解体。

第六，马克思主义在中国的传播和发展促进了中外文明的交流和对接，培育了中国先进分子和广大人民群众的"世界胸怀"。马克思主义是人类文明发展的结晶。马克思主义的三大理论来源——德国古典哲学、英国古典政治经济学和英法空想社会主义——是西方优秀文明成果长期发展的产物。马克思主义的传播使中国人民更加关注外部世界，形成新的"世界观"。中国先进分子摆脱了传统的狭隘的封建时代的世界观和排外观念，也避免了资产阶级狭隘的民族利己主义。中国先进的知识分子和广大人民群众反殖、反帝、反霸，但不盲目排外。正是马克思主义在中国的传播和发展，培育了中国人民的世界胸怀。而这正是中华民族实现伟大复兴的宝贵精神财富。

马克思主义在中国的传播和发展，解决了中国从漫长的封建社会向新的社会形态——社会主义社会的过渡问题，使中国跨越了资本主义发展阶段，直接从半殖民地半封建社会过渡到社会主义社会。它解决了中国救亡图存的问题，具有极大的启蒙作用，促进了人民的觉醒，使人民认识到自身价值和当家做主的能力。在人民当家做主的国家里，以马克思主义理论武装亿万人民群众，使其摆脱了一切不适应社会发展的思想束缚，而积极投身到社会主义建设伟大实践活动中。这种思想建设无疑是一场空前的启蒙运动。而这一启蒙运动涉及最广大人民群众的思想改造和社会实践活动，就广度和深度而言，是中国历史上最伟大的启蒙运动。

经过 60 多年的社会主义建设实践，中国已建立了强大的社会主义经济基础，探索出崭新的中国特色社会主义道路，使中华民族伟大复兴正在变成现实。中国特色社会主义开辟了人类历史发展的新道路。社会主义中国的发展壮大更加具有世界意义，必将为建立公平公正的国际秩序，建设一个更加美好的世界作出伟大贡献。

（本文刊发于《马克思主义研究》2013 年第 11 期。作者张顺洪，中国社会科学院世界历史研究所所长、研究员）

中国共产党与启蒙

孙　麾　王海锋

在今日中国，思考启蒙的问题，恐怕没有什么比"中国共产党与启蒙"这一议题更为重要。对这个问题的分析与解答，不仅关系到怎么理解近代以来中国启蒙的问题，也关系到中国近现代历史的评价问题、中国共产党在启蒙中的历史作用问题，更关系到如何在超越启蒙的同时实现中华民族的伟大复兴问题。

一　问题的提出

围绕何为启蒙、近代知识分子与启蒙、启蒙与反启蒙、启蒙与现代性等问题的讨论，不应作为一种"纯理论"的"实验室"式的研究，而要把近代以来的中国的启蒙放入思想史和现实的双重维度，尤其是放到历史的境遇中去加以思考。我们需要清楚三个核心问题：何为中国意义上的启蒙？对于近代中国而言，启蒙与救亡究竟是何种关系？当代中国的启蒙将怎么走？

（一）何为中国意义的启蒙

德国哲学家康德曾指出，启蒙"就是人类脱离自己所加之于自己的不成熟状态"①。这表明，启蒙实则就是人类的理性的自觉，即人类从蒙

---

① ［德］康德：《历史理性批判文集》，何兆武译，商务印书馆 1990 年版，第 22 页。

昧走向文明，从对上帝的信仰走向对人类自身理性的信仰。在这个意义上，启蒙的核心和重点在于倡导个体的自由与解放。

这种源自于西方的启蒙，其最大的成就在于，在对宗教的批判和反思中，把人从宗教的奴役之中解放了出来，实现了个体理性的自我张扬，从而彰显了人的个性和主体性。也正因为如此，在近代中西文明的交锋与对话中，启蒙思想一经传入中国，就被人们所青睐并深刻影响了中国的现代化历史进程。

启蒙所倡导的那些激励人心的口号，之所以在短时间内赢得了近代中国民众尤其是知识分子的支持，其根本原因，在于处在从传统社会走向现代社会的历史进程中的近代中国需要这样的理论。我们看到，在启蒙思想的主导下，辛亥革命、新文化运动、五四运动等相继爆发，中国人上演了一幕救亡图存的历史剧。这其中最具代表性的是辛亥革命，它推翻了清王朝统治，结束了统治中国几千年的君主专制制度，传播了民主共和的理念，催生了中国三千年之大变局。因而，启蒙逐渐成为近代中国的思想主题。但遗憾的是，辛亥革命只完成了部分的历史使命，即只是瓦解了封建统治，部分地实现了对中国封建思想的清算，但却没有彻底清算封建残余，更没有将西方侵略者赶出中国，从而这也就只能是"阶段性的启蒙"。可以说，以辛亥革命为代表的近代早期启蒙之所以未彻底实现中华民族的独立与解放，其根本的原因在于，中国人在没有认清中西方历史境遇的前提下，试图"移植"西方的启蒙模式，却并未考虑中国的世情和国情。这就决定了我们应该在重点分析西方启蒙的基础上，对中国意义的启蒙的前提、具体的路径和未来的目标作出新的探索。

信仰与理性的冲突是文艺复兴以来西方启蒙的核心问题。在当时的西方，处于中世纪的黑暗统治的人们逐渐意识到，并不需要借助于一个横亘在人与上帝之间的力量——教会——人也可获救。因此，当马丁·路德将罗马教会称为"打着神圣教会与圣彼得的旗帜的、人间最大的巨贼和强盗"的时候，他所要做的是"破除对权威的信仰"，并由此"把肉体从锁链中解放出来"。当学者们倡导"要有勇气运用你自己的理智！"① 的时候，其背后的深层含义是，人应该回归人自身，即黑格尔所说的，"人应

---

① 〔德〕康德：《历史理性批判文集》，何兆武译，商务印书馆1990年版，第22页。

该尊敬他自己，并应自视能配得上最高尚的东西"①。因而，在近代西方启蒙哲学家的视域中，个人的权利和自由才是启蒙的最终目标。

对于近代的中国而言，其实也面临着类似于西方的问题，只不过要克服的对象不是基督教，而是统治中国数千年的传统儒家思想，是在破解思想统治的过程中实现个体的自由与解放。因此，启蒙思想一进入中国就受到了救民族以危亡的中国人的欢迎。由此，张扬人的个体理性，把人从"三从四德"的传统儒家思想的桎梏中解放出来必然构成近代中国启蒙的内在要求。

但是，中国并没有像西方那样被启蒙的灯塔所照亮，反而由于西方列强的侵入，使中国丧失了部分的主权，变成了半殖民地半封建的社会，因此，近代中国必然不是西方那样的启蒙，它只能是通过民族革命来实现主权的独立和国家的富强，进而实现人民的民主和自由。由此可见，中国意义的启蒙并不是单纯的从宗教信仰中挣脱出来的问题，而是通过民族的救亡来实现启蒙。换句话说，对于中国而言，救亡是面临的最大问题，也构成启蒙的前提，救亡即启蒙，这样就决定了，中西方启蒙的路径、任务、目标，其所倚重的力量等必然是不同的；这也就决定了，我们在审视中国启蒙的时候，不能抽象地谈论这一问题。只有认识到这一点，我们才能真实地把握到近代以来中国启蒙的真实内涵、主题和任务。

以上分析表明，对于近代的中国来说，启蒙的目标必然是民族的解放、国家的独立和人民的幸福生活。对于中国人而言，所欲开辟的启蒙的战场，应该首先是推翻封建主义、帝国主义和官僚资本主义三座大山，实现民族的解放和国家的独立。

（二）重新审视启蒙与救亡的关系问题

对于近代中国来说，救亡与启蒙经历着共时态的历史语境。换句话说，近代中国既要实现救亡，又要实现启蒙，启蒙与救亡共时态的存在。这显然是由当时中国的时代环境所造成的。

1840 年鸦片战争的爆发，标志着中国已丧失完整性的主权。自此以后，在世界历史的进程中，中国被逐步纳入西方帝国主义的版图。"瓜分中国"成为响亮的口号，中国逐渐沦为西方各国争夺原材料产地和销售

---

① ［德］黑格尔：《小逻辑》，贺麟译，商务印书馆 1980 年版，第 36 页。

市场的"殖民地"。在国家沦为西方殖民地的境遇下，谈论个人的自由与解放，对于此时的中国人来说，无疑是一件非常奢侈的事情。

更为重要的，把中国纳入殖民地盘的西方侵略者，并不想让中国发生类似于"启蒙"之类的任何事件。他们的目标只有一个：征服与掠夺。

历史的场景不堪回首：

1900年7月27日德意志威廉二世皇帝在不来梅港临时搭建的木质观礼台上向即将远赴中国与义和团作战的远征军发表送别演说，在历史的文本中他如此叫嚣："如果你们碰到敌人，就杀死他们，不要宽恕他们，不要留活口。如果有谁落在你们手里，就好好地收拾他们。一千多年前，匈奴人在他们的王阿提拉的率领下，在历史上留下了不可磨灭的名声。现在，你们要像他们那样，在中国树立德意志的威名，直到所有中国人不敢蔑视德国人！"在这之前，这个威廉二世皇帝在一封电报里就要求动员海军陆战队并要舰艇做好准备，因为德国应该"真正地攻击北京并将其夷为平地"①。

几乎与此同时，变法维新的倡导者梁启超在《十九世纪之欧洲与二十世纪之中国》（1901）中正做着一个梦想。他说："今世纪之中国，其波澜俶诡，五光十色，必更壮奇于前世纪之欧洲者。哲者请拭目以观壮剧，勇者请挺身以登舞台。"②但这位勇者和智者的豪言，在被列强掠夺和积贫积弱的中国历史场景下却显得非常软弱。这之后的半个世纪中国始终处在深重的灾难之中。

由此可见，处在西方殖民掠夺中的中国除非实现民族的独立和国家的自强，否则根本无法实现人民民主和自由的宏伟目标，所谓的个体权利和自由也只能是空中楼阁。

中国有句俗语：倾巢之下，焉有完卵。因此，对于近代的中国而言，在启蒙与救亡的价值序列发生冲突时，选择救亡，并通过救亡来实现启蒙就是明智之举。在这个意义上，救亡其实也就是启蒙。启蒙就是通过民族的解放、国家独立来实现人民的自由和权利，实现国家的富强和人民的幸福。正如有

---

① 路遥主编：《义和团运动文献资料汇编》（德译文卷），山东大学出版社2012年版，第214、219页。

② 梁启超：《十九世纪之欧洲与二十世纪之中国》，《理想与力气》，内蒙古人民出版社1999年版，第187页。

学者所指出的,"启蒙是为民族国家的复兴而启蒙,民族国家的复兴工作就是救亡,因此,启蒙是以救亡为指向的,具体的革命战斗也是以民族国家的救亡为指向的。所以,启蒙是救亡的途径,救亡是启蒙的方向"①。

因而,对于处在半殖民地半封建社会的中国而言,救亡就是启蒙,只有通过革命斗争来实现国家的独立和民族的解放,才能实现个体的自由和幸福,这才是中国意义上的启蒙。对于近代的中国而言,不能离开救亡谈启蒙。近百年的中华民族伟大复兴的历史也证明,要实现中华民族解放,不能单纯离开"救亡"谈"启蒙",更不能套用西方的启蒙模式来解释中国的启蒙,而应该科学地审视历史的现状,客观地把握中国国情,进而在此基础上找到实现民族伟大复兴的道路和核心力量。

(三) 走独立自主的启蒙之路

中国人自主探索的启蒙之路,其核心的主题是中国向何处去的问题。对于这个问题,最具代表性的是 20 世纪 20 年代中国人对于个体自由和国家富强的关系问题的思考。

严复曾认为:"夫所谓富强云者,质而言之,不外利民云尔。然政欲利民,必自民各能自利始;民各能自利,又必自皆得自由始;欲听其皆得自由,尤必自其各能自治始;反是且乱。顾彼民之能自治而自由者,皆其力、其智、其德诚优者也。是以今日要政,统于三端:一曰鼓民力,二曰开民智,三曰新民德。……唯使三者诚进,则其治标则标立;三者不进,则虽标虽治,终亦无功;此舍本言标者之所以无当也。"② 他又说:"处大通并立之时,吾未见其民之不自由者,其国可以自由;其民无权者,其国可以有权也。……民权者,不可毁者也。必欲毁之,其权将横用而为祸甚烈者也。毁民权者,天下之至愚也。"③ 因此,严复把中国富强的希望寄托于通过政治改良来促进民权,并由此实现个体的自由。

不同于严复等人强调通过政治改良的方式实现个体自由,并进而实现国家富强,孙中山先生非常重视以革命方式推翻满清政府,并坚决反对在

---

① 顾红亮:《启蒙与责任——康德和"五四"思想家的启蒙观》,《天津社会科学》2007年第 1 期,第 48 页。

② 王栻主编:《严复集》第 1 册 (上),中华书局 1986 年版,第 27 页。

③ 王栻主编:《严复集》第 4 册,中华书局 1986 年版,第 917 页。

中国的土地上追求纯粹的个人自由。他敏锐地指出："一种道理在外国是适当的，在中国未必是适当的。外国革命的方法是争自由，中国革命便不能说是争自由。如果说争自由，便更成一盘散沙。"[1]"从前法国革命的口号，是用自由、平等、博爱。我们革命的口号，是用民族、民权、民生。……在今天，自由这个名词……如果用到个人，就成一片散沙。万不可再用到个人身上去。个人不可太过自由，国家要得完全自由。到了国家能够行动自由，中国便是强盛的国家。要是这样做去，便要大家牺牲自由。……我们为什么要国家自由呢？因为中国受列强的压迫，失去了国家的地位，不只是半殖民地，实在已成了次殖民地。"[2] 孙中山洞察到了此时中国的真问题。其后所发生的一系列历史事件和革命运动也证明，孙中山的判断可谓高瞻远瞩。

由此我们不难看出，中华民族发展的一切前提是国家主权和民族独立，离开这个前提，任何发展都只能是空谈。对于近代的中国而言，启蒙与主权国家的建立紧密相关。只要我们没有跨越"独立国家的建立"这个鸿沟，所谓的启蒙只能是"镜中花、水中月"。更为重要的是，作为侵略者的西方国家，并不愿意中国实现民族的独立和富强，它们唯一要做的就是，让中国始终成为它们的殖民地，成为原料的供应地和产品的销售地。这也就决定了，如果按照西方所指定的启蒙路线图，中国的启蒙顶多只是西方启蒙的复制，而今日之中国，必将依然是西方的殖民地。在这个意义上，对近代中国而言，不是不要直接实现启蒙的目标，而是缺乏实现西方意义上的启蒙的历史机遇，因此，中国的启蒙必然和救亡紧密相关。理解了这一点，也就理解了中国。

虽然，在深层的意义上，知识精英们都注意到了中国需要启蒙的客观性和必然性，但是由于其自身的局限性，他们无法真正跳出"救亡与启蒙"二元对立的思维模式，因此，在真实面对当时中国的问题时，就只能按照西方启蒙的逻辑和框架来打量中国的社会现实。历史不能假设，但是如果假设"中国的启蒙按照西方制定的路子去走"，其结果只能是：中国今天依然是西方的附庸，而实现民族的解放、国家的独立和个人的自由、幸福只能是"梦想"。

---

① 《孙中山选集》，人民出版社 1981 年版，第 722 页。
② 同上书，第 722—723 页。

史学家汤因比曾指出，"当两个或更多的文明发生接触时，它们往往在一开始就表现出力量上的差异。恃强凌弱乃是人的个性，因此更强大的文明往往会利用自己的优势去侵略邻近的文明"①。这就意味着，对于闭关锁国的中国来说，如果没有自己的主见，就有可能成为他人的附庸，成为他国的殖民地，而所谓的启蒙也就只能付诸东流，所谓实现"人民民主和自由、幸福"只能是"黄粱一梦"。

综上所述，对于鸦片战争以来的中国而言，启蒙在本质上就是现代化，就是通过新旧民主革命来实现主权的独立和民族的解放，实现国家的富强和人民的自由、全面发展。

二　启蒙与近代中国

对于近代的中国而言，救亡就是启蒙，就是以革命的方式实现民族解放和国家的独立，实现人民的自由全面发展。那么，这一启蒙将以何种思想为指导思想？将由谁来主导？将选择走怎样的道路？这些构成我们思考的又一重大理论问题。其可以简单地概括为指导思想、领导力量和道路的问题。在这个意义上，近代中国启蒙的过程实则也就是指导思想、道路和领导力量的选择过程，就是各种思想交锋、诸多道路选择和领导力量博弈的过程。

（一）近代中国启蒙的指导思想问题

近代中国的启蒙，大致经历了这样一个历史的过程：从科学技术启蒙到政治文化制度启蒙，再到思想启蒙。倘若再具体的阐释思想启蒙，则主要可以划分为三个阶段：一是道咸年间的经世致用和开眼看世界思潮；二是中日甲午战争后的维新变法思潮；三是以新文化运动为标志的新启蒙思潮。② 表面上看，这只是学习西方过程中在不同历史阶段上选择不同的思

---

① ［英］阿诺德·汤因比：《历史研究》，刘北成、郭小凌译，上海人民出版社2005年版，第381页。

② 郝晏荣：《从启蒙到反启蒙——严复与"五四"新文化思想之异同》，《学术月刊》2009年第9期。

想理论的问题，但深层的，却是一个不断总结经验，不断在思想层面推进的问题。鉴于主题的关系，我们这里主要来思考思想启蒙的问题，即以何种思想作为指导思想来推动民族救亡和启蒙的问题。

如前面分析的，对于近代的中国而言，启蒙的任务并不是单纯的以西方之思想"启"中国之"蒙"，而是通过民族救亡运动，实现民族的解放和国家的独立，以此来促使人的独立自由和解放。在这一过程中，选择何种思想作为指导思想，即究竟是以中国传统思想还是以西方理论抑或是以马克思主义为指导思想的问题成为争议的焦点。马克思曾指出："理论在一个国家实现的程度，总是取决于理论满足这个国家的需要的程度。"①因此，对于近代中国而言，选择何种思想作为实现启蒙的指导思想，必然取决于当时"国家的需要"。

在当时的时代境遇下，基于对封建主义的痛恨和旧的制度文化的厌恶，尤其是清王朝的统治被推翻和西方的民主自由思想传入以后，中国传统思想成了人人喊打的"过街老鼠"，以中国传统文化来救亡图存的思路很快就被否决和扫地出门。虽然也经历了诸如"研究问题、输入学理、整理国故、再造文明"②这样的讨论，但很快，其声势就在新思潮的涌动中偃旗息鼓，"中国传统文化不能救国"几乎成为共识。在此之后，争论的焦点问题迅即转变为，在中西文明的对话中我们选择何种西方思想理论作为指导思想，来实现民族的富强和复兴的问题。

鸦片战争之后，中国人从大国的美梦之中警醒，"学习西方"一时成为时髦。正如毛泽东所回忆的，那时，求进步的中国人，只要是西方的新道理，什么书也看，向日本、英国、美国、法国、德国派遣留学生之多，达到了惊人的程度。国内废科举，兴学校，好像雨后春笋，努力学习西方。他自己在青年时期学的也是这些东西。③但究竟学习西方的什么？技术？政治法律制度？思想理论？在经过实践和历史的检验比较之后，国人选择了思想理论，即通过学习西方国家的文化、哲学、经济、政治等理论来救亡图存。

近代以来，传入中国的西方思想理论可谓纷繁杂呈，鱼目混珠，选择

---

① 《马克思恩格斯选集》第 1 卷，人民出版社 2012 年版，第 11 页。

② 胡适：《胡适文选》，亚东图书馆 1947 年版，第 55 页。

③ 《毛泽东选集》第 4 卷，人民出版社 1991 年版，第 1469—1470 页。

何种思想作为指导思想来推动中国的启蒙，真正考验着处于水深火热之中的中国人。在当时，中国各种思潮涌动，这既包括改良主义、立宪主义、国粹主义、复古主义、无政府主义、自由主义、实验主义、国家主义，也包括民主主义、民治主义、康德主义、柏格森主义、浪漫主义、写实主义、社会主义，等等，一时间各种思潮纷至沓来，登台亮相，并产生激烈的交锋，其盛况之庞大，令人叹为观止。其实，在当时除了上述思潮之外，就是在马克思主义理论内部，对于社会主义的理解也纷繁杂呈，"除了科学社会主义即马克思主义之外，还有空想社会主义、基尔特社会主义、无政府主义、修正主义、新村主义、泛劳动主义、工读主义以及合作主义、无政府工团主义、社会的无政府主义、团体的无政府主义，等等，都打着'社会主义'旗号，蜂拥而来"①。这从一个侧面反映出当时中国社会现状之复杂。在上述所有思潮中，最具代表性的有国粹主义的思潮、无政府主义思潮和社会主义思潮（又说保守主义、自由主义和马克思列宁主义思潮）。

在社会动荡不安、革命风起云涌的历史背景下，以"研究国学、保存国粹"、抵制"全盘欧化"为主旨的国粹主义，以"反对包括政府在内的一切统治和权威，提倡个体之间的自助和个体的平等、自由"为理想的无政府主义，以倡导"阶级斗争"、号召通过革命斗争来推翻资本主义，实现人类自由和解放，实现共产主义为目标的社会主义，竞相登上历史的舞台，并在"思想的战场上"展开厮杀。其盛况正如黑格尔在叙述西方哲学发展的历史时曾经描述的那样："全部哲学史这样就成了一个战场，堆满着死人的骨骼。它是一个死人的王国，这王国不仅充满着肉体死亡了的个人，而且充满着已经推翻了的和精神上死亡了的系统，在这里面，每一个杀死了另一个，并且埋葬了另一个。"②

客观来讲，上述三种思潮的蓬勃兴起，并不是国人的一时心血来潮，而是顺应时代和整个社会期待的结果。但是哪一种思潮能够最终拔得头筹，却需要历史和实践的检验。

历史和实践推动者中国人选择了马克思主义。为何马克思主义所倡导的社会主义思潮能在思想的交锋中胜出，并成为推动近代中国启蒙的指导

---

① 丁守和：《中国现代史论》，中国社会科学出版社1980年版，第179页。

② ［德］黑格尔：《哲学史演讲录》，贺麟译，商务印书馆1959年版，第21—22页。

思想，成为指导中国革命建设的主导思想和时代的最强音？答案显而易见。因为不论是保守主义还是自由主义都不能适应当时的世情和国情，无法满足中国人民通过革命斗争实现民族独立和国家富强、人民自由的需要，而马克思主义却能做到这点。毛泽东曾指出："帝国主义的侵略打破了中国人学西方的迷梦。很奇怪，为什么先生老是侵略学生呢？中国人向西方学得很少，但是行不通，理想总是不能实现。多次奋斗，包括辛亥革命那样全国规模的运动，都失败了。国家的情况一天一天坏，环境迫使人们活不下去。怀疑产生了，增长了，发展了。"① 就在此刻，"中国人找到了马克思列宁主义这个放之四海而皆准的普遍真理，中国的面目就起了变化了"②。"十月革命一声炮响，给我们送来了马克思列宁主义。十月革命帮助了全世界也帮助了中国的先进分子，用无产阶级的宇宙观作为观察国家命运的工具，重新思考自己的问题。"③ 这样，马克思列宁主义被中国人民所选择。后来的实践也证明，只有中国化了的马克思列宁主义才能救中国，才能真正引领近代中国的启蒙，才能引导中国人从一个胜利走向另一个胜利。

（二）近代中国启蒙的道路问题

道路关乎民族的命脉，关乎国家的前途，更关乎人民的幸福。因此，对于鸦片战争以来的中国来说，选择什么样的道路必然成为近代中国启蒙的又一核心话题。

选择什么样的道路，对于当时的中国来说，不是简单的事情，因为，它直接关系中国的命运和人民的未来。因此，所选择的道路能否解决中国所面临的历史性课题，即能否实现中华民族的独立和复兴至关重要。历史和现实告诉我们，只有适合中国实际和国情的道路才是最佳的道路。大致来看，在近代启蒙的过程中，对于道路的选择大致表现为这么几种：一是主张以改良的方式来建立英国式的"君主立宪"制的国家的道路；二是主张通过照搬西方的政治经济社会发展模式，来推行议会制的资本主义道路；三是主张通过革命的方式，建立人民当家做主的社会主义国家的道路。

---

① 《毛泽东选集》第 4 卷，人民出版社 1991 年版，第 1470 页。
② 同上。
③ 同上书，第 1471 页。

中国人民对上述三种道路并不是一开始就有了清醒的认识,而是在历史的发展进程中,通过比较、鉴别才逐渐有了初步判断和最终的选择。

鸦片战争之后,逐渐走向衰落的清王朝意识到,如果不进行变革,其自身的统治势必将受到威胁。为此,一批思想开放贤达人士开始了对中国道路的新探索,他们主张在经济上发展民族工商业;在文化上兴办学校,学习西方的先进思想,尤其是自然科学知识;在政治上,主张在保留清朝世袭统治的基础上,实行君主立宪的资本主义制度。首先是王韬、郑观应等人的早期维新思想,接着是康有为、梁启超、谭嗣同等人领导的戊戌维新活动。但事实却表明,这种"不伤筋骨"的对封建统治的"修修补补"并不能挽救民族危亡,更不能救人民于水火。更为重要的是,清政府并不愿意也不肯放弃已有的统治,而实践也证明无法真正地将这一道路推行下去,因此,走改良主义的路子不过是部分保守知识分子的一厢情愿而已,改良主义只得匆匆落下帷幕。

不同于保守派所倡导的"君主立宪"的道路,一批先进的知识分子倡导,必须照搬西方的政治经济社会发展模式,推行宪政和民主的资本主义道路。在他们看来,中国之所以落后挨打,一个根本的原因在于政治制度:固有的封建专制严重地压制了人们的理性,传统的"重农轻商"的思想制约了旧中国经济的发展,而封建的思想则使得每个人都成为封建伦理纲常的牺牲品,因此,破解中国的问题,救民族以危亡必须彻底地实现政治制度的变革,必须建立起一个以"三权分立"为核心理念和框架的政治制度。那么,这一道路能走下去么?事实证明,很难。原因在于,它没有考虑到中国依然处在半殖民地半封建社会的国情,没有最大限度地调动起人民群众的革命热情,尤其是占人口绝大多数的农民的积极性,没有认清西方侵略者的本质。因此,归于失败是历史之必然。

改良主义者和自由主义者没有做到的,马克思主义者做到了。"在一个半殖民地的、半封建的、分裂的中国里……求得国家的富强,多少年来多少人做过这种梦,但是一概幻灭了。"[①] 唯独中国共产党人认清了这点。中国的富强必须借助于马克思主义,必须实现马克思主义的中国化。它重新点燃了人们追求自由和解放的梦想和激情。邓小平曾一针见血地指出:"人们提出这样一个问题,如果中国不搞社会主义,而走资本主义道路,

____
① 《毛泽东选集》第3卷,人民出版社1991年版,第1080页。

中国人民是不是也能站起来，中国是不是也能翻身？让我们看看历史吧。国民党搞了二十几年，中国还是半殖民地半封建社会，证明资本主义道路在中国是不能成功的。中国共产党人坚持马克思主义，坚持把马克思主义同中国实际结合起来的毛泽东思想，走自己的道路，也就是农村包围城市的道路，把中国革命搞成功了。"① 由此，我们可以清楚地看到，在近代的启蒙过程中选择走社会主义的道路，是中国人民的选择和历史的必然。

（三）近代中国启蒙的领导力量问题

对于近代以来的中国而言，当时主要有这么几个主要的社会阶层：农民、知识分子、小资产阶级、工人阶级。究竟哪个阶级能够成为近代中国启蒙的领导力量，成为当时的热点问题。鉴于主题的关系，我们在这里重点分析近代中国知识分子与启蒙的问题。

从理论的层面看，在近代中国，对于"中国向何处去"这个问题思考得最多，并有所影响的当算知识分子。面对民族的危亡，近代知识分子最先觉醒，并以理论的方式实现了对中国国家命运的关注。那么，近代中国的知识分子能够担当起这一历史重任吗？

实践证明，近代中国的知识分子虽然能够推动思想的启蒙，但是一旦遇到实践的革命，其实力显然受到制约。其中的主要原因在于，在西方的启蒙话语主导下的中国知识分子无法真正有效地接近社会底层的广大群众，也无法发动这一最为主要的革命力量投身革命。正如历史学家黄仁宇所言："过去的中国近百年史，过于注重上层结构，很少涉及低层。"② 这点在中国寻求救亡的过程中表现得尤其突出。不论是辛亥革命还是五四运动，虽然都大大地推进了中国的现代化进程，但是其根本缺陷在于没有发动群众，更没有调动起群众参与社会历史变革的积极性和主动性。因此，凡是由知识分子所倡导的启蒙，只能演变为一曲悲壮的史诗，王安石的变法是这样，谭嗣同等所倡导的戊戌变法亦是如此。由是观之，这种由知识精英所倡导的启蒙显然只能做到"小部分人的觉醒"，而无法唤醒"广大的群众"，因而失败在所难免。

---

① 《邓小平文选》第 3 卷，人民出版社 1993 年版，第 62—63 页。
② ［美］黄仁宇：《资本主义与二十一世纪》，生活·读书·新知三联书店 1997 年版，第 510 页。

由此导致的结果必然是启蒙走上了精英主义的路线。"知识精英以民众的监护人自居，是一种反启蒙心态。之所以是一种反启蒙心态，是因为知识精英们自以为从西方接受了一整套的启蒙口号和价值观念，就掌握了绝对真理，就有资格成为民众的启发者和新时代的圣人。"① 但结果是，知识分子却为群众所不屑，最终只能成为革命的一分子，却不能成为革命的主导力量。

后来的历史实践也证明，任何一种企图简单地依靠知识分子，走一条由知识精英引导的而缺乏群众基础的启蒙之路的想法，都不是一种实事求是的态度，同样，若一味地只是简单指望群众自我的觉醒，并认为能够由此实现民族解放和国家独立的想法，亦不是一种科学客观的态度。那种企图通过"史学界革命"、"学界革命"、"文界革命"、"小说界革命"来发动启蒙并实现民族独立的想法只能是高在云端的幻想，却无法变成现实。

与此形成鲜明对照的，是中国共产党却具备了当时知识分子所缺乏的东西：有适合中国国情的理论作为指导思想，科学客观地认清了当时中国的国情，通过一系列的有针对性的措施（如推进土地改革、倡导集体主义、主张文艺服务群众等）最大限度地团结了广大人民群众。

在近代中国的启蒙过程中，各种理论粉墨登场，竞相争夺中国的话语体系，但实践证明，真正能救中国人民于水深火热之境地的，是马克思主义。作为世界观和方法论的马克思主义帮助中国人认清了自己所处的历史处境，并帮助中国人找到了实现民族独立和国家富强的道路。不仅如此，正是在马克思主义的指导下，中国共产党客观充分地认清了中国处在封建主义、帝国主义、官僚资本主义压迫下的国情，把启蒙不是简单理解为思想的启蒙，而是理解为通过国家和民族的救亡来实现人民当家做主，实现个体自由和解放的革命运动。同时，中国共产党最大限度地团结了广大人民群众，中国共产党把启蒙不是简单视为一部分人的事业，而是看作以其为核心的全体中国人的事业。因此，不论是在战略上倡导"农村包围城市"、"建立革命根据地"，还是在措施上主张"建设最为广泛的革命统一战线"、"推行土地革命"等，都使得其最大限度地团结了广大人民群众。从而使得推翻"三座大山"的任务不再成为一己之使命，而成为全体中国人追求民族独立，国家富强和人民自由、幸福的目标。

① 邓晓芒：《20 世纪中国启蒙的缺陷》，《史学月刊》2007 年第 9 期。

因而，对于中华民族来说，自鸦片战争以来启蒙的历史就是在马克思列宁主义的指导下，在中国共产党领导下，走社会主义道路的历史，就是通过救亡来启蒙，在救亡与启蒙的双重互动中实现民族的解放和国家的独立，由此实现个体的解放和自由。

三　启蒙与当代中国

对于近代中国而言，启蒙不是简单地按照西方的模式和思想路径所进行的现代化问题，而是首先要解决民族的解放和国家的独立，没有这点作为前提，抽象的谈论个人的解放和自由显然是不合时宜的。但这并不意味着，一旦实现民族的解放和国家的独立，我们就自然而然地完成了启蒙的任务。在我们看来，只要中国尚未进入完全意义上的社会主义，我们依然走在启蒙的路上。

对于今天的中国而言，启蒙肯定不再是以民族解放和国家的独立为前提，而是以民族复兴和国家富强为旨归的现代化建设为前提。较之于1840年的中国，当代中国已经实现了完全意义上的民族解放和国家独立，但是，我们并没有实现完全意义上的民族复兴和国家富强，因而，启蒙所追求的个体的解放、自由和幸福也尚值得期待。在这个意义上，对于当代中国来说，依然需要启蒙，需要在超越西方启蒙的基础上将启蒙继续推向前进。

当代中国的启蒙，较之于近代中国的启蒙，其所处的历史境遇、时代背景、历史条件均已发生了巨大的变迁，因而，分析和研究其依然具有重大的意义和价值。

第一，当代中国的启蒙的关键是坚持中国共产党的领导。

回首近代以来中国波澜壮阔的历史，我们就会发现，没有中国共产党的领导，就没有中国的今天，也就没有今天的中国。在历史的长河中，我们看到，民族资产阶级由于其自身的局限性而无法带领中国的革命，当时的知识分子虽然在思想上比较先进，但由于其没有找到真正适合中国国情的先进指导思想，无法最广泛地团结广大人民群众，无法客观地判断当时中国的国情，因此也就无法也不可能找到适合中国社会发展的道路，无法也不可能领导中国的革命。与此形成鲜明对照的是，不论是在新民主主义革命阶段还是在社会主义建设阶段，中国共产党人因为拥有了作为世界观和方法论的马克思主义，对中国的国情有了清醒的认识，因而也就能在革命和建设中准确地把握方向、客观地分析问题，选择社会主义的道路，由此把中国人民从水深火热之中拯救了出来。

由此，当摩西·门德尔松认为，"一个民族的启蒙乃是取决于知识的分量"① 的时候，实际上意味着，他依然是沿着精英主义的路子在思考问题。因为，对于中国而言，启蒙过程中拥有的知识固然重要，但是倘若这些知识只是"高悬"于人民头顶的东西，而不能普及并变成"变革的武器"的话，知识越多反倒越使人陷入概念体系、框架指正，也就无益于中国问题的解决。因此，真正引导近代中国启蒙的是这样一批人：他们能够代表先进的生产力、先进思想和文化，能够找到中国真正需要的"知识"，并将其转化为观察问题、分析问题和解决问题的方法论原则，用来透彻地洞察当时中国的国情。中国共产党正符合上述的所有要求。历史事实也证明，中国共产党做到了这一点。

在新民主主义革命和社会主义建设时期，中国共产党将马克思主义与中国实际相结合，相继创立了作为集体智慧结晶的毛泽东思想、邓小平理论、"三个代表"重要思想、科学发展观，并在这一思想的指导下，成功地实现了新中国的成立、改革开放的推行和市场经济体制的建立、和谐社会的建设，由此将近代以来的启蒙推进到新的层面。

对我们来说，当代中国启蒙已经不再是近代时期的民族危亡的问题，也不再是通过民族的救亡来实现启蒙的问题，而是中国特色社会主义现代化建设中推进经济建设、政治建设、文化建设、社会建设、生态建设，在解放思想、实事求是、与时俱进、求真务实的精神指引下，推进小康社会的建设，加快社会主义现代化，实现中华民族的伟大复兴，实现个体的自由与解放的问题。这一启蒙任务和目标的转变对于中国共产党而言，是个巨大的挑战。因为，处在社会转型期的中国正面临着一系列的考验，如城乡二元差距的问题、收入分配正义的问题、医疗卫生的问题、环境保护的问题、经济发展方式的转变问题、文化软实力的建设问题等，这些问题远

---

① ［德］摩西·门德尔松：《论这个问题：什么是启蒙?》，载［美］詹姆斯·施密特编《启蒙运动与现代性——18 世纪与 20 世纪的对话》，徐向东、卢华萍译，上海人民出版社 2005 年版，第 58 页。

比革命时期所遭遇到的问题更为复杂，任务更为艰巨。因此，当代中国的启蒙，依然需要中国共产党来领导。

历史将证明并将继续证明，只有中国共产党才能担负起带领人民全面建成小康社会、推进社会主义现代化、实现中国民族伟大复兴的重任。

第二，当代中国的启蒙的核心是坚持马克思主义为指导思想。

近代中国的启蒙过程，实则是中国人寻求民族独立和解放的历史过程，在此一过程中，先后经历了：从器物层面的启蒙到精神层面的启蒙。在精神层面，核心在于选择何种理论作为指导思想的问题。中国人最终选择了马克思列宁主义，并将其中国化、大众化、时代化，在今天，经过几代人的努力，已经形成了毛泽东思想、邓小平理论和"三个代表"重要思想以及科学发展观。

在我们看来，当代中国的启蒙依然需要坚持马克思主义的指导。但需要注意的是，不能固守马克思主义的教条，而是要在历史的变迁中实现马克思主义的中国化、大众化和时代化。毛泽东同志曾指出："马克思列宁主义的伟大力量，就在于它是和各个国家具体的革命实践相联系的。对于中国共产党来说，就是要学会把马克思列宁主义的理论应用于中国的具体的环境。"① 1840 年以来的中国历史也证明，只有把马克思主义和中国的实践相结合，才能最大限度地发挥马克思主义的力量。因此，在当代中国的启蒙中，应该也必须把马克思主义和中国的现代化实践结合起来，用发展着的马克思主义来推动当代中国的启蒙。

从学术的层面看，要实现上述的目标，最为关键的是要做到以下几点：

其一，在破解重大学术难题中发展马克思主义。

任何理论的创新和发展，都不能离开对重大理论难题的破解。表面上看，学术理论难题只是学术理论在发展中遇到的问题，但深层的，则是时代在思想中的表现，因而，所谓的破解学术理论难题，实则是破解现实社会发展的难题。马克思曾说："人们自己创造自己的历史，但是他们并不是随心所欲地创造，并不是在他们自己选定的条件下创造。而是在直接碰到的、既定的、从过去承继下来的条件下创造。一切已死的先辈们的传

---

① 《毛泽东选集》第 2 卷，人民出版社 1991 年版，第 534 页。

统，像梦魇一样纠缠着活人的头脑。"① 学术研究亦是如此。

马克思主义在中国的发展史表明，马克思主义理论要在当代中国学术生态或者学术结构当中保持主流地位，就必须在阐释基础理论、破解学术难题、深入实际问题、拓展学术视野、提升理论自觉等多重维度中展开和建构理论思维的空间。尤其是在与各种学术思潮的交锋当中，面对那些依靠外在的理论模型来规范当代中国现实的学术纲领，我们更要在破解学术难题中彰显马克思主义的魅力和生命力。

在我们看来，在破解重大学术理论难题中发展马克思主义，不仅是理论发展的需要，更是历史变迁和时代发展的需要。从根本上讲，通过破解学术难题来发展马克思主义，其目的就在于赋予马克思主义以时代性，使作为思想武器的马克思主义能够时刻保持其理论的先进性，能够不断推进全面建设小康社会和实现民族的伟大复兴！

其二，在思想史与现实的双重维度中发展马克思主义。

客观来看，学术研究的"问题"从现实中来，学术研究的"成果"也必将回到现实中去，因而，只有在思想与现实的互动中，才能实现思想的提升和现实的改进。只有这样，理论才不仅仅是"解释世界"的理论，更重要的还是"改变世界"的理论。

思想和现实的关系问题，从根本上讲并不是一个棘手的问题。但在社会现实中，人们将其对立了起来，甚至于过分夸大两者的内在对立和矛盾。由此导致的结果是，人们要么执着于现实，对现实只是做表象的剖析，要么执迷于思想，只是对理论做思辨分析，从而人为地在两者之间"挖掘了一条大峡谷"，可以说，这种学术研究的教条主义已经严重影响了我们的学术理论创新。在我们看来，任何一种思想的产生都有其丰富的时代背景，因此，要真正理解这一思想，就必须深入到思想产生的政治、经济、文化和社会生活的各个层面，就必须透彻地理解这一思想产生时期的各种理论思潮。同样，正是因为任何理论都是具有时代性的，所以，要挖掘和彰显思想的当代价值，丰富其内涵，赋予其以新的生命力，思想就必须面对现实，面对已经变化了的现实。对于中国的马克思主义研究而言，这个最大的现实就是中国特色的社会主义现代化建设，就是在这一建设中我们所遭遇到的各种矛盾和问题，如何回答好这些问题，正考验着我

---

① 《马克思恩格斯选集》第 1 卷，人民出版社 2012 年版，第 669 页。

们全体马克思主义研究者。

马克思曾告诫他的读者，社会生活从哪里开始，思想就从哪里开始。因此，在当代中国的启蒙征程上，作为指导思想的马克思主义必须在思想史和现实的双重维度中彰显自己的价值，挖掘自身的资源，从而能够在时代的变迁中发出自己的最强音，进而不断绽放出夺目的光彩。

其三，在国际学术对话中，尤其是在与各种理论思潮对话、竞争中发展马克思主义。

全球化不仅仅是经济、政治的全球化，还是学术思想的全球化。在全球化的竞争中，中国学术要赢得制高点和话语权，就必须树立理论自觉和理论自信，在与各种理论思潮的对话中拓展和发展马克思主义。

任何理论的产生都不能离开其所产生的时代背景。因此，越是在社会发生剧烈变动和重大转型时期，越是有重要的理论产生。当下的中国特色社会主义建设就面临这样的理论机遇。正如西方有些学者所认为的，未来的学术在中国。但遗憾的是，我们的学者并未意识到这一点，在重大的现实问题面前，中国学者往往是跟随在西方学者背后，亦步亦趋，以主观的偏好为旨趣，将从世界发展的一个片断中抽象出全面规范的尺度视为绝对真理，以其来分析和阐释中国社会转型中的问题，甚至以其为指导来解决中国的问题。但实际上，他们没有注意到，西方的种种关于社会发展和转型的理论，往往在学术的外表下隐含着其深刻的历史观、价值立场和学术动机，对此如果不加以分析，我们就有可能会迷失理论研究的方向。只要认真研究，我们就会发现，新自由主义并不能适用于一切领域；不改变资本主义前提下的平等自由主义根本无助于中国的发展；中国特色社会主义与民主社会主义有着本质的差异；历史虚无主义最终只能导致一切的虚无和人类的毁灭；以拒斥西方文明著称的新文化保守主义必将走进复古的死胡同；稍有不慎，民族主义将沦为狭隘的排外主义，等等，只有借助于马克思主义，我们才能认清各种思潮的真面目，只有在与各种思潮的斗争中，我们才能彰显马克思主义的"在场性"和"生命力"。

在与各种社会思潮的对话中发展马克思主义，要求我们必须有自己的立场和原则，必须以发展的马克思主义的立场、观点、方法来看问题，由此彻底地揭示出掩盖在每种社会思潮背后的"隐而不显"的东西，只有这样，才能以发展的马克思主义继续推动当代中国的启蒙。

第三，当代中国的启蒙的必然是坚持走中国特色社会主义的道路。

道路关乎国家的前途、民族的命运和人民的幸福。在近代中国的启蒙中,正因为中国共产党带领中国人民明智地选择了社会主义的道路,我们才最终实现了民族的解放和国家的独立,才有了人民的当家做主。因此,对于当代中国的启蒙而言,超越西方意义的启蒙,继续沿着中国特色社会主义的启蒙之路走下去无疑是至关重要的。

改革开放 30 多年来,在中国共产党的领导下,我们已经开辟出了一条属于自己的启蒙道路,这就是中国特色社会主义道路。

历史哲学家维柯在《新科学》中曾指出:"民政社会的世界确实是由人类创造出来的,所以它的原则必然要从我们自己的人类心灵各种变化中就可以找到。任何人只要就这一点进行思索,就不能不感到惊讶,过去哲学家们竟倾全力去研究自然世界,这个自然界既然是由上帝创造的,那就只有上帝才知道;过去哲学家们竟忽视对各民族世界或民政世界的研究,而这个民政世界既然是由人类创造的,人类就应该希望能认识它。"① 维柯的这一主张吹响了近代西方启蒙的号角,同时也唤醒了人类对于自身理性的认知,因为,它表明,历史是由人类自身创造的,而不是由神创造的,人类能够认识并创造自己的理想生活。近代中国的启蒙事实上也证明了这一点。但是,这并不意味着我们可以不加限制地张扬人的理性,使其狂妄到极致。杜维明就告诫人们:"现代生态环保的困境和战争的问题,乃至世界上发生的贫富不均,还有各种的国际化造成的反全球化运动,使大家觉得——不仅仅是我们,还有西方的杰出知识分子,都认为启蒙所代表的启蒙理性,没有办法带领人类走过 21 世纪。"② 应该说,他只说对了一半,另一半是,如果我们能够超越西方意义的启蒙,坚持公有制为主体,坚持中国共产党的领导,坚持马克思主义作为指导,坚持集体主义精神,我们就能完全超越西方的启蒙,就能带领人类"走过 21 世纪"。

要真正实现上述目标,在我们看来,关键在于坚持中国特色社会主义的道路不动摇,即不走僵化封闭的老路,不走改旗易帜的邪路,而要走改革开放的新路。我们需要在总结本国经验的基础上,在与世界文明对话的过程中,不断丰富中国特色社会主义道路的理论内涵,不断挑战中国特色社会主义道路的思想内容,由此才能在时代和历史的变迁中,走出一条属

---

① [意] 维柯:《新科学》上卷,朱光潜译,商务印书馆 1989 年版,第 154 页。
② [美] 杜维明:《新当代儒学的转化与创新》,《社会科学》2004 年第 8 期。

于中国人自己的启蒙之路。

狄更斯在《双城记》的开篇中指出："这是最好的日子，也是最坏的日子；这是智慧的世代，也是最愚蠢的世代；这是信仰的时期，也是怀疑的时期；这是光明的季节，也是黑暗的季节；这是希望的春天，也是绝望的冬天。我们面前好像样样都有，但又像一无所有；我们似乎立刻便要上天堂，但也可能很快下地狱。"这样的日子、世代、时期、季节的到来，既得益于启蒙，却也受损于启蒙，对于今天的中国，不是要不要启蒙的问题，而是如何进一步推进启蒙的问题，但这也并不意味着，我们要沿着西方启蒙的路子走，而是要走一条超越启蒙之路，即中国特色社会主义的启蒙之路。马克斯·霍克海默和特奥多·威·阿多尔诺在《启蒙辩证法》一书中曾指出："从进步思想最广泛的意义来看，历来启蒙的目的都是使人们摆脱恐惧，成为主人。但是完全受到启蒙的世界却充满着巨大的不幸。"① 应该说，他们已经意识到了问题的严重性，因此，西方式的启蒙已经不再值得我们留恋，超越西方意义的启蒙势在必行。

（本文部分内容刊发于《马克思主义与现实》2013 年第 5 期。作者孙麾，中国社会科学杂志社副总编辑、编审；王海锋，中国社会科学杂志社编辑）

---

① ［德］马克斯·霍克海默、特奥多·维·阿多诺：《启蒙辩证法》，洪佩郁等译，重庆出版社 1990 年版，第 1 页。

论启蒙及其在中国现代化中的命运

马德普

一　问题的提出

启蒙在中国现代化中的命运问题，是一个重要而又充满争议的话题。这个问题又可以分为应然和实然两个问题：从应然的角度来讲，就是启蒙在中国的现代化过程中应该发挥什么样的作用；从实然的角度来讲，就是启蒙在中国的现代化过程中实际上发挥了什么样的作用。由于从西方的经验来看，现代性在一定程度上是启蒙思想的产物，或者说启蒙理想反映着现代性的基本要求，而中华民族近代以来的伟大历史使命就是实现现代化，因此如何看待启蒙在中国现代化中的命运，是关系到中国的现代化事业如何继续推进的重大问题。

任何重大的社会政治问题都必然充满着思想争论，对上述两个问题的看法在中国思想界也历来存在着诸多的纷争。对于第一个问题，人们的看法大体有三种：一是认为西方近代以来发展出来的现代性具有普世性，中国的现代化就是要西方化，或者说就是要学习西方的价值观念和制度模式，因此，应该用以自由主义为主要代表的启蒙思想来启迪中国人民，指导中国的现代化建设。以胡适为代表的自由主义者持这种看法。二是认为现代性有资本主义和社会主义之分，启蒙思想反映的只是资本主义的现代性要求，社会主义虽然要继承资本主义的合理因素，但社会主义理想和启蒙理想仍有质的不同，因此中国要走社会主义的现代化道路，就不能由启蒙思想来指导，而只能由马克思主义来指导。以毛泽东为代表的中国共产党人主张这种看法。三是认为现代性是多元的，每个国家的现代性都必然带有自身传统的特性，只有和传统相结合而不是相断裂，才能真正发展出本国的现代性来，所以，中国的现代化不能简单由启蒙思想来指导，而必须由传统思想和启蒙思想相结合的某种新传统思想来指导，像新儒家、新法家、新道家等就属于这种看法。

与这三种看法相关联，关于启蒙在中国现代化过程中实际发挥的作用问题，也存在三种不同的看法。一种看法认为，近代以来由于帝国主义的侵略，中国的救亡任务压倒了启蒙的任务，所以启蒙思想没有得到很好的传播，封建思想依然根深蒂固，以至于在后来造成了诸如"文化大革命"之类的严重教训，并使得"宪政民主"制度长期不能建立。第二种看法认为，五四运动已经完成了反封建的启蒙任务，但是中国现代化进程的特殊条件和环境决定了，而且民国初期的政治实践也证明了，按照启蒙理想建构的现代政治体制在中国是失败的，启蒙的政治方案在中国是行不通的。第三种看法认为，五四时期的启蒙运动过于激进，过多地否定了中国的传统，造成了传统与现代的断裂，这不仅导致中国传统文化中的优秀成分没能很好地继承和发扬，而且使得后来的政治生活日益走向激进的歧途。

中国近代以来的历史是波澜壮阔的，中国近代以来的政治思想也是纷繁复杂的。上述关于启蒙在中国现代化中的命运的不同观点划分，只是一种简约化的分类，实际上每种看法中都存在许多具体的差异，体现着各种政治思想的不同取向和矛盾冲突。但是总的来看，这三种看法是具有典型意义的，它们之间的冲突贯穿了中国近代以来的整个历史，并一直延续到当下的中国社会。这一事实本身是具有深刻意味的，实际上说明：如何理解启蒙自身，如何理解现代性，如何理解传统和现代的关系以及如何对待启蒙，是整个中国现代化过程无法回避的基本问题。

二　启蒙与现代性

正确理解启蒙是正确对待启蒙的一个重要前提。但是，启蒙运动一开始就不是一个统一的思想运动。汉普生（Norman Hampson）曾经指出，为启蒙运动"下任何一般性的定义是没有什么意义的。我们如果为它下一个定义,则此一定义一定会包含许多限制与矛盾,以至于变得毫无意义"①。从 17、18 世纪英、法、德等国的思想状况来说,后来被人们称为启蒙思想家的人中,既有崇尚个人自由或个人权利的自由主义者,又有强调人与人之间平等的社会主义者,还有主张人民主权的民主主义者;既有崇拜理性的理性主义者,又有重视感觉的经验主义者,还有张扬情感的浪漫主义者,等等。由此可见,启蒙运动从一开始就是一个充满矛盾和张力的思想运动,这种矛盾和张力不仅存在于不同思想倾向的思想家之间,甚至存在于同一思想家的思想内部。例如,卢梭就不仅是法国启蒙运动中最伟大的思想家之一,而且是启蒙运动最有力的批评者。这种复杂的思想状况还影响了后来的研究者,导致不同的学者对启蒙运动会有不同的认识,乃至于像汉普生所说:"在某一个限度以内,你认为启蒙运动是什么,启蒙运动就是什么。"②

实际上,早在 18 世纪末德国启蒙运动中,神学家和教育改革家约翰·弗里德里希·策尔纳(Johann Friedrich Zöllner)就看到"在启蒙的名义下人们的心灵[都太经常地]陷入了混乱",并在于 1783 年 12 月发表的文章中提出了"什么是启蒙?"这个重大问题。他指出:"什么是启蒙?这个就像什么是真理一样重要的问题,在一个人开始启蒙之前就应该得到回答!但是我还没有发现它已经被回答!"③ 正是这个提问,导致了数月之后门德尔松(Moses Mendelssohn)和康德(Immanuel Kant)对这个问题的回答,并且在德国思想界引发了将近十年的热烈讨论。在这场讨论中,不同的学者对启蒙就有不同的理解。例如,门德尔松区分了"文化"和"启蒙"两个概念,"文化似乎更多地把兴趣引向实际问题:(客观上)引向善、文雅以及艺术和社会风俗中的美;(主观上)引向艺术中的灵巧、勤奋和机敏,以及社会风俗中的秉性、倾向和习惯。……相比较而论,启蒙似乎与理论问题的关系更加密切;按照它们对人的命运的重要性和影响,启蒙关系到(客观的)理性知识,关系到对人类生活进行理性

---

① [英]汉普生:《启蒙运动》,李丰斌译,台北联经出版事业公司 1984 年版,"序",第Ⅱ页。

② 同上。

③ 转引自[美]詹姆斯·施密特《什么是启蒙?问题、情景和后果》,载詹姆斯·施密特编《启蒙运动与现代性——18 世纪与 20 世纪的对话》,徐向东、卢华萍译,上海人民出版社 2005 年版,第 2 页。

反思的（主观的）能力"①。不仅如此，他还看到了启蒙自身存在的张力，即"人的启蒙可能与公民的启蒙发生冲突。某些对人之为人是有用的真理，对于作为公民的人来说有时候可能是有害的"②。赖因霍尔德（Karl Leonhard Reinhold）则认为，从狭义上讲，"启蒙就是运用处于自然之中的手段将含混的概念阐明为明晰的概念"③。因为在他看来，启蒙的目的就是从能够具有理性的人当中制造出理性的人，而人的理性能力就是运用明晰的概念进行正确推理的能力。

当然，在众多的讨论中，康德的回答是影响最大也最具有代表性的。他给启蒙下的最著名的定义就是："启蒙就是人类脱离自我招致的不成熟。不成熟就是不经别人的引导就不能运用自己的理智。如果不成熟的原因不在于缺乏理智，而在于不经别人引导就缺乏运用自己理智的决心和勇气，那么这种不成熟就是自我招致的。"④ 很明显，康德所期望的启蒙的目标就是培养出成熟的人。联系到康德在《判断力批判》中所讲的"从迷信中解放出来就叫做启蒙"⑤ 这段话，我们可以看到，这种成熟的人是不盲目迷信，能够自主地运用自己的理性作出判断和决定的人。当然，这种人并不是监护人或造物主培养出来的，也不是高高在上的所谓启蒙者教导出来的，而是人自身在勇敢地运用自己理性的过程中自我锻炼出来的。在这个过程中，唯一的条件就是自由："除了自由之外，这个启蒙并不需要任何其他的东西；实际上，一切事物当中最没有害处的那个东西就可以称为自由，亦即在所有问题上都公开利用一个人的理性的自由。"⑥ 为了

---

① ［德］摩西·门德尔松：《论这个问题：什么是启蒙?》，载 ［美］詹姆斯·施密特编《启蒙运动与现代性》，徐向东、卢华萍译，上海人民出版社 2005 年版，第 56—57 页。

② 同上书，第 58 页。

③ ［德］卡尔·莱昂哈德·赖因霍尔德：《对启蒙的思考》，载 ［美］詹姆斯·施密特编《启蒙运动与现代性》，徐向东、卢华萍译，上海人民出版社 2005 年版，第 69 页。

④ ［德］伊曼纽尔·康德：《对这个问题的一个回答：什么是启蒙?》，载 ［美］詹姆斯·施密特编《启蒙运动与现代性——18 世纪与 20 世纪的对话》，徐向东、卢华萍译，上海人民出版社 2005 年版，第 61 页。其中，"理智"（Verstand）一词又译为"知性"。康德讲的知性，指的是主体对感性对象进行综合处理以形成自然科学知识的一种认识能力，它相当于本文讲的科学主义理性观念。

⑤ ［德］康德：《判断力批判》，邓晓芒译，人民出版社 2002 年版，第 136 页。

⑥ ［德］伊曼纽尔·康德：《对这个问题的一个回答：什么是启蒙?》，载 ［美］詹姆斯·施密特编《启蒙运动与现代性——18 世纪与 20 世纪的对话》，徐向东、卢华萍译，上海人民出版社 2005 年版，第 62 页。

说明什么是"公开利用一个人的理性的自由"，康德区分了"理性的公共使用"和"理性的私人使用"这两个概念。其中，"理性的公共使用"指的是，任何人作为一个学者在整个阅读世界的公众面前对理性的运用；"理性的私人使用"指的则是一个人在委托给他的公民岗位或职务上对其理性的运用。他认为，理性公共使用的自由应该得到保障，因为这种使用能够给人类带来启蒙；而理性的私人使用则可以加以限制，因为这种限制不仅不会特别妨碍启蒙的进步，而且它还是涉及共同体利益的许多事情所需要的一种机制，通过这种机制，共同体的一些成员必须消极地保持一种人为的一致，以便政府可以把他们引向公共的目的，或者至少防止他们破坏这些目的。①

为了进一步说明理性使用的这两种方式的区别，康德举了一些例子。比如，一个牧师有义务按照他所服务的那个教会的教义，向教义问答班的学生们和他的教徒们作报告，因为他是按照这一条件而被接受的。但是作为学者，他却有完全的自由甚至是有一种使命，把对那个教义的缺点的深思熟虑的、充满善意的思想，以及关于更好地组织宗教事务和教会事务的建议传达给公众。所以，"作为一位牧师，他不是而且不可能是自由的，因为他是在服从另一个人的命令。相比较，作为一位学者，一位通过他的著作向自己的公众亦即这个世界讲话的人，这个牧师，在他的理性的公共运用中，便享有使用他的理性、以他自己的人格发表言论的无限自由"②。

从上述三位学者关于启蒙的论述中可以看到，每个人对启蒙内涵的理解都有差异。门德尔松强调的是理性知识（主要是科学）和理性能力（运用科学理论的能力）的重要性，③ 赖因霍尔德强调的是理性推理过程中概念明晰的重要性，而康德强调的则是，理性运用及其自由条件的重要性。康德之所以被视为德国最重要的自由主义思想家，原因之一大概就是

---

① 由于译本不同，这一段的中文表述不仅差异较大，而且不容易理解，为此笔者参考了康德文章的英文版重新作了编译。

② ［德］伊曼纽尔·康德：《对这个问题的一个回答：什么是启蒙？》，载［美］詹姆斯·施密特编《启蒙运动与现代性——18 世纪与 20 世纪的对话》，徐向东、卢华萍译，上海人民出版社 2005 年版，第 63 页。

③ ［德］摩西·门德尔松：《论这个问题：什么是启蒙？》，载詹姆斯·施密特编《启蒙运动与现代性——18 世纪与 20 世纪的对话》，徐向东、卢华萍译，上海人民出版社 2005 年版，第 57 页。

他对自由的强调。只不过，他讲的自由主要是学术意义上的思想言论自由，而不是法国启蒙思想家们讲的政治自由。实际上，与法国启蒙思想家大胆呼吁政治改革的激进态度相比，德国的启蒙思想家们在政治上一般都比较谨慎甚至保守。

虽然上述三人对启蒙的理解存在诸多的差异，但仍具有一个共同点，那就是他们都强调了理性在启蒙中的核心地位。18 世纪的人们把这个世纪称为"理性世纪"，后来的马克斯·韦伯把近代以来的时代称为"祛魅"的时代，把理性化看作现代社会的基本特征，都反映了启蒙的这一特质。因此，即使人们对理性的理解存在诸多的分歧，即使人们还给启蒙附加了许多其他的内容，[①] 我们还是可以舍弃差异，找到一个最大公约数，即把启蒙看作一个理性化的过程。

就欧洲启蒙运动的实际历程来看，它最初批判的对象主要是基督教神学和教会统治，目的是把人们从宗教蒙昧主义的思想禁锢中和教会统治中解放出来；至于它在构建西方现代性中的作用，或者它与现代性的关系，则是一个复杂的问题。

从逻辑上来说，当启蒙思想家们举起理性大旗的时候，他们就不能止步于对宗教的批判了，必然会把批判的矛头延伸到宗教之外的社会秩序、政治制度、风俗习惯等现存的一切权威身上。这是因为，理性这个新的权威一旦树起，它就成为现代社会中一个非常革命的因素；它必然要排斥任何其他权威，必然要求现存的"一切都必须在理性的法庭面前为自己的存在作辩护或者放弃存在的权利"[②]。事实上，大部分启蒙思想家确实这样做了。即使一小部分启蒙思想家出于软弱或政治的考量而回避对现存社会政治秩序的批判，那也不意味着没有自己的社会政治理想。理性人的目标一旦确立，与此相适应的就应该是一套新的社会政治关系。从这个意义上来说，启蒙一定会产生自己的现代性后果，启蒙思想也一定会蕴含自己的现代性理想。只不过，由于启蒙思想家自身的社会地位、知识结构和生活阅历有着较大的不同，再加上理性自身的复杂性，遂使得这种现代性理

①　比如福柯就说过："'启蒙'是一种事件或事件以及复杂的历史性进程的总体……这总体包含着社会转型的各种因素，政治体制的各种类型、知识的形式、对认知和实践的理性化设想——所有这些，难以用一句话加以概括。"（［法］福柯：《何为启蒙》，载杜小真编选《福柯集》，上海远东出版社 1998 年版，第 537 页）

②　《马克思恩格斯选集》第 3 卷，人民出版社 2012 年版，第 391 页。

想在不同的人那里存在较大的差异。这就是启蒙运动中不同的政治思潮得以形成的重要原因。在这些思潮中，除了试图维护或复辟传统社会的封建性的思潮之外，但凡包含新社会理想的思潮应该说都反映着对现代性的某种追求，只是每种思潮都可能只抓住了现代性中的某些要素而忽视了其他要素，而且它们之间的理想冲突在很大程度上反映了现代性内部的冲突。

不过，现实中现代性的形成，并不单纯取决于思想上的现代性追求，也不取决于启蒙思想家们理论上的逻辑推论，实际上他们的推论常常是很不严谨因而存在很多问题的。严格来说，现实中的现代性是由历史和现实中的各种因素和各种力量（包括各种思潮）共同作用的结果。因此，在西方社会中形成的现代性必定是西方社会历史环境的产物，就西方的经验来看，现代性体现为工业社会的一系列基本特征，如以机械化、高度分工、私有产权、自由市场等为特征的生产方式；以契约关系、人身自由、权利平等、高度的专业化和相互依赖等为特性的社会关系和社会结构；以民主、宪政、法治、民族国家等为内容的政治形态；以世俗化、理性主义、个人主义、自我意识、主体意识和权利意识等为要素的精神特质，等等。当然，对这些特征的概括，也是仁者见仁、智者见智的。另外，这些现代性特征虽然是各种因素共同作用的结果，但是应该看到，和其他思潮相比，自由主义在塑造这些特征中起了更为重要的作用。不过，其中哪些是合理的，哪些是不合理的，哪些是现代社会应该普遍具有的，哪些只是地方性的产物，从一开始就是一个充满争议的问题。

三　启蒙理性的悖论

启蒙运动对理性的高扬，无疑对宗教神学和宗教信仰是一个沉重的打击，对教会权威和封建秩序也是一个强烈的冲击。启蒙运动极大地解放了人们的思想，提高了科学的地位，促进了科学、文化和教育的发展，也促进了社会政治变革和现代性的形成。但是，启蒙所崇尚的一些基本观念从一开始就受到了一些人的质疑，启蒙所引发的现代性后果从一开始也招致了一些人的批判。这些质疑和批判不仅揭示了启蒙思想自身的矛盾和局限，展现了西方现代性自身的张力和弊端，而且促进了启蒙自身的发展以及思想和社会的进一步革新。

作为启蒙的核心概念，理性在启蒙运动中的意义与"自然"观念有着密切的联系，而"自然"观念的盛行在很大程度上又是自然科学兴起的结果。在此之前，理性常常与形式逻辑尤其是演绎逻辑的推理能力相联系，但是在自然科学取得巨大进步并因此声誉日盛之后，"理性从形式逻辑的方法变成自然科学的方法，理性的法则也变得与自然规律同一"①。在汉金斯（Thomas L. Hankins）看来，"启蒙运动在很大程度上是由作为完美智力的理性向作为自然规律的理性的转换造成的"②。这种转换的结果，就是自然科学与人文学科的混淆，以及科学主义的盛行。

按照约翰·韦莫斯（John Wellmuth）的说法，科学主义是一种信仰，"这种信仰认为只有现代意义上的科学和由现代科学家描述的方法，才是获得那种能够应用于任何现实的知识的唯一手段"③。这种科学主义把研究自然现象的科学方法移植到人文现象中，力图建立一门像自然科学一样精确的人的科学（science of man）或道德科学。孔多塞在《人类精神发展史概要》中就曾清楚地表达了这种精神："正如在自然科学当中一样，哲学家们很快采纳了这一方法（指洛克在《人类理解论》中阐述的认识方法——引者注），并将其应用于道德学、政治学以及公共经济学当中。正因如此，他们才能像在自然科学当中一样取得了确凿无疑的进步。也正因为如此，他们才只能接受已被证实的真理。""同样，对我们的感觉进行分析，会使我们在体验快乐与痛苦的过程中发现我们道德观念的根源，发现这些普遍真理的基础（这些普遍真理是由这些观念所产生观念的，它们决定着那些必然的、不可更改的有关正义或非正义的法则）。"④

自然科学所揭示的自然规律是具有普遍性质的，而采用自然科学方法的启蒙理性也被认为具有普遍的性质。所以，卡西勒认为，"18 世纪浸染着一种关于理性的统一性和不变性的信仰。理性在一切思维主体、一切民

① ［美］托马斯·L. 汉金斯：《科学与启蒙运动》，任定成、张爱珍译，复旦大学出版社 2000 年版，第 6 页。

② 同上书，第 7 页。

③ 转引自［美］郭颖颐《中国现代思想中的唯科学主义（1900—1950）》，雷颐译，江苏人民出版社 1998 年版，第 16 页。

④ ［法］孔多塞：《人类精神发展史概要》，载江怡主编《理性与启蒙——后现代经典文选》，东方出版社 2004 年版，第 19 页。

族、一切时代和一切文化中都是同样的"①。依照这种理性观念,其结果就像罗杰·豪舍尔所说:"法国启蒙运动的思想家之间虽然也有分歧,然而他们共同坚持某些几乎一直畅行无阻的基本前提:人性不分地域、时代,都是一样的;普遍适用的人类目标,真正的目的和有效手段,至少从原则上说是可以发现的;牛顿的科学方法在说明非生物的自然界方面已被证明极为成功,在道德、政治、经济以及一般人类关系的领域,也应当能够发现和采用类似的方法,从而铲除邪恶和痛苦以及爱尔维修所谓的'涉及利益的谬误'。这些理性主义思想家全都相信,在某个地方,以某种方式,从原则上说可以找到一个惟一的、对事实和价值问题同样正确的统一的知识体系。"②

然而,这种科学主义呈现出的理性观念在启蒙思想中造成了至少以下三种悖论:

第一个悖论可称为"是与应当的悖论"。自然科学是揭示自然规律的学问,而自然规律就像汉金斯所说"是纯描述性的……它们揭示的是'什么'而不是'应当是什么'"③。然而,启蒙运动的思想家们恰恰都试图建立一门从"是"推出"应当"的道德科学,也即从实然的基本人性事实,如人本性上都期望幸福或趋向快乐等,逻辑地推演出"应然"的道德规范乃至政治规范,这些规范就像自然规律(法则)一样是内在于自然的人性并通过人的理性所能够发现的。"他们暗示,如果善的是正确的,正确的是真实的,并且正确的也是自然的(因为自然明显是符合理性的),就像科学研究所证明的,那么,自然的必定是善的。如果这样,显而易见,恶的东西就是非自然的东西。他们认为,运用理性区别自然的和非自然的,你就可以立即区别出善恶来。"④ 很显然,从逻辑上讲,启蒙思想家们跨越"实然"与"应然"之鸿沟的努力是不成功的。按照休

① [德] E. 卡西勒:《启蒙哲学》,顾伟铭等译,山东人民出版社 1988 年版,第 4 页。

② [英] 以赛亚·伯林:《反潮流:观念史论文集》,冯克利译,译林出版社 2002 年版,"序言",第 15 页。

③ [美] 托马斯·L. 汉金斯:《科学与启蒙运动》,冯克利译,译林出版社 2002 年版,"序言",第 7 页。

④ Geoffrey Hawthorn, *Enlightenment and Despair: A History of Social Theory*, Cambridge University Press, 1987, p. 13.

谟的说法，人们是无法从逻辑上由"是"推出"应当"的。① 实然的人性是复杂的和多面相的，从追求幸福的自然需要并不能简单地推出诸如"帮助别人"、"服务社会"、"献身祖国"等道德规范来，而人的自私本性更与这些规范是格格不入的。

第二个悖论可称为"必然与自由的悖论"。自然科学的目的就是揭示自然世界中的种种必然性或客观规律，这种科学观念是与上帝支配万物和神性高于人性的宗教神学根本对立的。法国唯物主义启蒙思想家们为反对宗教神学，就从科学主义的视角出发，把人看成纯粹肉体的存在，② 是完全受自然必然性支配的机器，③ 从而肯定了人性和人的欲望的合理性，否定了神性对人性的压抑以及上帝支配人类的权力。但由此促使霍尔巴赫合乎逻辑地得出了"人在他的一生中没有一刻是自由的"的结论，④ 而这个结论与启蒙思想家们追求的自由理想显然是自相矛盾的。就是这同一个霍尔巴赫，在《自然政治论》中也明确地宣称，"真正的自由应当是任何一个有理性的社会生物的命根子，是人的本性的不可剥夺的权利"⑤。事实上，启蒙思想家用科学来反对宗教神学就是为了摆脱教会的压迫，实现人的自由；然而，对科学和自然法则的崇拜，却使人完全屈从于自然必然性而失去自由。这一悖论是启蒙思想的科学主义理性观的必然结果。

第三个悖论可称为"普遍性与历史性的悖论"，也即启蒙理性的普遍主义性质和它要解决的人类事务的历史主义性质之间的悖论。启蒙理性的普遍主义最典型地体现在启蒙运动中广泛流行的自然法学说上，"按照这种学说，自然万物有一种永恒不变的结构，世界的差别和变化，遵循着普遍而固定的规律。这些规律从原则上说，可以通过理性和受控制的观察来发现，而自然科学的方法是其最成功的运用"。"根据这种学说，一切真正的问题，从原则上说都是可以回答的：真理只有一个，谬误多种多样；真正的回答必须是普遍适用且固定不变的，也就是说，在所有地方和所有时代、对所有的人都是正确的，而且是利用适当的理性，利用相关的经

---

① ［英］大卫·休谟：《人性论》下册，关文运译，商务印书馆1983年版，第509—510页。

② ［法］霍尔巴赫：《自然的体系》上卷，管士滨译，商务印书馆1964年版，第11页。

③ 同上书，第69页。把人视为机器的思想，亦可参见［法］拉·梅特里《人是机器》，顾寿观译，商务印书馆1959年版，第13—74页。

④ ［法］霍尔巴赫：《自然的体系》上卷，第177页。

⑤ ［法］霍尔巴赫：《自然政治论》，陈太先、眭茂译，商务印书馆1994年版，第241页。

验、观察和试验、逻辑以及计算的方法就可以发现的。"① 然而，人类的事务常常是发生在特定的历史情境中并因而具有历史性的，正是这种历史性才导致了不同国家、不同文明和不同时代之间在价值观念、风俗习惯、行为方式和社会制度等方面的巨大差异，也造成了各种社会变革和文明进步的可能性。普遍主义的启蒙理性观念显然与此是矛盾冲突的，这是因为，如果承认人类社会受这种永恒不变的自然法支配，那么这些差异的存在就是不可思议的，人类文明不断进步的可能性也是无法存在的。

实际上，普遍性与历史性的悖论，在卢梭和孟德斯鸠的著作中都有体现。卢梭的《论人类不平等的起源与基础》和《社会契约论》两书之间就存在着这种历史主义和普遍主义的冲突；② 孟德斯鸠则"一方面相信每个社会都有属于它自己的特殊习俗、道德观点和生活方式，另一方面又相信正义是一个普遍而永恒的标准"③。不过，他们没有明确意识到这种悖论的存在，较早意识到这种悖论的是康德。在那篇著名的论启蒙的论文中，他一方面要求"在一切事情上都有公开运用自己理性的自由"，另一方面又看到了这样一个悖论性的事实："但是只有那位其本身是启蒙了的、不怕幽灵的而同时手中又掌握着训练精良的大量军队可以保障公共安宁的君主（指普鲁士国王腓特烈二世——引者注），才能够说出一个自由国家所不敢说的这种话：可以争辩，随便争多少，随便争什么；但是必须听话。"对此，他不无感慨道："这就标志着人间事务的一种可惊异的、不能意料的进程；正犹如当我们对它从整体上加以观察时，其中就几乎一切都是悖论那样。程度更大的公民自由仿佛是有利于人民精神的自由似的，然而它却设下了不可逾越的限度；反之，程度较小的公民自由却为每个人发挥自己的才能开辟了余地。"④

康德发现的这个悖论是颇为耐人寻味的：按照启蒙理性的逻辑，自由应该是在任何时空都必须坚守的自然权利；但是，把这种逻辑要求付诸现

① ［英］以赛亚·伯林：《反潮流：观念史论文集》，冯克利译，译林出版社2002年版，第194页。

② 卢梭的《论人类不平等的起源与基础》一书体现着鲜明的历史辩证法思想，而《社会契约论》一书则体现了自然法学派的非历史的、普遍主义的论证方式。

③ ［英］以赛亚·伯林：《反潮流：观念史论文集》，冯克利译，译林出版社2002年版，"序言"，第17页。

④ ［德］康德：《历史理性批判文集》，何兆武译，商务印书馆1990年版，第30页。

实时，较多的自由却恰恰可能成为自身实现的障碍，相反现实中较少的自由却可能成为自身稳步发展的一个条件。在这里，历史的逻辑无情地嘲弄了启蒙理性的普遍主义理论逻辑。实际上，这种悖论是一切普遍主义政治理论和道德理论的通病和痼疾。当把不变的、放之四海而皆准的原则、价值、模式付诸实践时，要么理想的结果成了泡影，要么得到的结果事与愿违。在条件不具备或差异较大的历史环境中情况尤其如此。恩格斯在《反杜林论》中的精彩论述，一针见血地揭示了启蒙思想的普遍主义在现实中的这种窘境：

> 我们在《引论》里已经看到，为革命作了准备的 18 世纪的法国哲学家们，如何求助于理性，把理性当作一切现存事物的唯一的裁判者。他们认为，应当建立理性的国家、理性的社会，应当无情地铲除一切同永恒理性相矛盾的东西。我们也已经看到，这个永恒的理性实际上不过是恰好那时正在发展成为资产者的中等市民的理想化的知性而已。因此，当法国革命把这个理性的社会和这个理性的国家实现了的时候，新制度就表明，不论它较之旧制度如何合理，却决不是绝对合乎理性的。理性的国家完全破产了。卢梭的社会契约在恐怖时代获得了实现，对自己的政治能力丧失信心的资产阶级，为了摆脱恐怖时代，起初求助于腐败的督政府，最后则托庇于拿破仑的专制统治。早先许诺的永久和平变成了一场无休止的掠夺战争。理性的社会的遭遇也并不更好一些。富有和贫穷的对立并没有化为普遍的幸福，反而由于调和这种对立的行会特权和其他特权的废除，由于缓和这种对立的教会慈善设施的取消而更加尖锐化了……商业日益变成欺诈。革命的箴言"博爱"化为竞争中的蓄意刁难和忌妒。贿赂代替了暴力压迫，金钱代替刀剑成了社会权力的第一杠杆。初夜权从封建领主手中转到了资产阶级工厂主的手中。卖淫增加到了前所未闻的程度……总之，同启蒙学者的华美诺言比起来，由"理性的胜利"建立起来的社会制度和政治制度竟是一幅令人极度失望的讽刺画。[①]

应该看到，恩格斯揭示的这一极具讽刺性的现实画面，有些是启蒙理

---

① 《马克思恩格斯选集》第 3 卷，第 643—644 页。

想的某些原则尚未具备实现的条件所造成的，有些则是启蒙所产生的现代性后果的产物。然而，这些事实无论如何都说明，启蒙思想试图建立永恒正义之理性王国的普遍主义理想，在历史逻辑面前显得如此地苍白无力和充满讽刺意味。事实上，启蒙思想把自然科学的方法和信念移植到政治、道德等应然领域的做法，以及它所包含的普遍主义的思维方式，不仅无助于构建合理的理想，而且造成了近代以来几乎所有教条主义的认识根源。

四　启蒙在中国现代化中的命运

欧洲的启蒙运动作为一个历史事件，即使像汉金斯说的"因孔多塞的死亡而结束"① 了，但作为一项事业它并没有终结。这样说主要有两个理由：第一个理由是，即使在当下的西方，不仅康德所理想的人的成熟状态并没有完全实现，门德尔松所说的对人类生活进行理性反思的任务也没有完成，赖因霍尔德所期望的造就理性人的目标还尚遥远，而且启蒙思想所提倡的许多观念也经历了并将继续经受着人们不断的反思和批判。第二个理由是，启蒙作为现代化事业的一个组成部分，向非西方国家传播的任务还远远没有完成。只要我们认定现代工业社会替代传统农业社会是世界各国发展的必由之路，那么破除阻碍现代化的一些传统观念和行为方式，培养适应现代化要求的新的观念和行为方式，就是非西方各国不得不完成的一项历史任务。从多数非西方国家目前还没有完成现代化建设这个意义上来说，启蒙在这个星球上仍然肩负着任重而道远的历史使命。

但是，非西方国家的启蒙，一开始就面临着比西方国家启蒙运动时期更加复杂的局面，它所要解决的任务和解决这些任务所依据的条件和西方国家相比常常有着较大的差异，因此启蒙在这些国家的复杂性和艰巨性，也常是西方国家所不可比拟的。一般来讲，非西方国家的启蒙和西方国家相比有以下几个特点：

第一，启蒙思想是西方文化传统的组成部分，非西方国家的文化传统一般都与其有较大的差异，因此，启蒙思想在非西方国家的传播一定会带

---

① ［美］托马斯·L. 汉金斯：《科学与启蒙运动》，任定成、张爱珍译，复旦大学出版社2000 年版，第 197 页。

来激烈的文化冲突，而这种冲突会使得这些国家的启蒙事业和现代化进程异常艰难。另外，启蒙思想倡导的科学理性虽然对非西方国家的科学发展会起巨大的推动作用，但是，它所蕴含的普遍主义信仰，很容易导致这些国家的启蒙思想家们过多地否定自己的文化传统，教条主义地照搬西方文化及其现代化经验，从而使现代化事业因水土不服而陷入困境。所以，如何把西方的现代文化和本土的传统文化恰当地结合，走出一条与本国国情相适应的现代化道路，将始终是非西方国家启蒙事业能否成功推进的关键。

第二，西方的启蒙思想及其引发的现代性后果，既包含了许多合理的成分，也包含了许多不合理的成分，既有反映现代社会普遍性要求的因素，也有反映西方社会地方性要求的因素。所以，如何鉴别和扬弃启蒙思想及西方现代性中的合理因素与非合理因素、普遍性因素与地方性因素，将是非西方国家启蒙过程中的一个重大难题和任务。

第三，非西方国家在现代化进程中常常面临西方国家的军事、经济、政治、文化等各方面的压力，使得学习西方的启蒙思想与反抗西方的强权压迫这一充满张力的双重任务长期纠缠在一起；再加上这些国家的国内矛盾也常比西方国家尖锐和复杂得多，致使现实政治的客观需要（比如对"强政府"的需要）就常与启蒙思想的政治理想相冲突。于是，如何处理好启蒙的现代性理想与现实政治客观需要的关系，也是非西方国家现代化过程中面临的重大问题。

中国近代的启蒙思想虽然发端于清末的维新运动，但真正意义的启蒙运动是五四新文化运动。应该说，五四运动所倡导的"民主"与"科学"两大价值体现了西方启蒙思想的基本精神，也反映了现代性的一些基本要求。当然，五四运动虽然在促进思想解放、传播科学知识和现代理念方面起了巨大作用，但是由此造成的科学崇拜及其导致的科学主义也带来了一系列弊端。胡适有一段话就体现了当时人们崇拜科学的情形。他说："这三十年来，有一个名词在国内几乎做到了无上尊严的地位；无论懂与不懂的人，无论守旧和维新的人，都不敢公然对他表示轻视或戏侮的态度。那个名词就是'科学'。"[①] 林毓生则把思想启蒙过程中不适当地夸大科学的

① 胡适：《〈科学与人生观〉序——科学与玄学之争》，载耿云志主编《胡适争论集》中卷，中国社会科学出版社 1998 年版，第 1460—1461 页。

作用，认为它是解决中国乃至世界一切问题的关键，称之为"现代中国的'科学主义'（Scientism）"，这种科学主义"强词夺理地认为，科学能够知道任何可以认知的事物（包括生命的意义），科学的本质不在于它研究的主题，而在于它的方法。所以，科学主义者认为：促进科学方法在每一个可能领域的应用，对中国和世界来说是非常必要的"①。在著名的科学与玄学论战中，科学主义的这种观点得到了充分的体现。科学派的代表人物丁文江就把涉及价值的人生观问题，归结为关乎真假的知识问题，并强调科学方法是万能的，从而重蹈了西方启蒙运动中混淆科学与人文的错误。因此，五四时期的科学主义在促进中国科学发展的同时，也带来了以下几个问题：

第一，科学主义所体现的致思方向和思维方式与中国传统文化的致思方向与思维方式大相径庭，结果导致五四时期"全盘性反传统主义"（林毓生语②）的盛行。关于中西方文化的差异，不同的学者有不同的表述。笔者认为，高旭东把这种差异表述为生命之树与知识之树的差异，比较准确地抓住了二者的基本特征。③ 实际上，这两种文化之树大体相当于现在人们常说的人文精神与科学精神两个范畴。在致思方向上，前者注重的是对意义和价值的追寻，后者注重的是对事实和真理的探究。在思维方式上，前者主要依赖的是人文逻辑，后者主要依赖的是形式逻辑。中华传统文化重人文轻科学的特点，对科学的发展确实是一种不利的因素，因此对于亟盼富国强兵的启蒙者来说，似乎只有破除这种传统，大力倡导西方的科学精神，才能实现他们的目标。在一些五四启蒙者眼里，中国落后的原因就是中国文化缺乏这种科学精神，致使"我们无论在文化哪一方面，都没有人家那样的进步。……我们所有的东西，人家通通有，可人家所有的很多东西，我们却没有。……我们所觉为最好的东西，还不如人家的好，可是我们所觉为坏的东西，还坏过人家所觉为最坏的千百倍"④。结

---

① ［美］林毓生：《中国意识的危机——"五四"时期激烈的反传统主义》，穆善培译，贵州人民出版社 1988 年版，第 301 页。

② 同上书，第 14—137 页。

③ 参见高旭东《生命之树与知识之树——中西文化专题比较》，河北人民出版社 1989 年版，第 1—8 页。

④ 陈序经：《关于全盘西化答吴景超先生》，载耿云志主编《胡适争论集》中卷，第 1497 页。

果，主张彻底否定中国传统文化的思潮，在五四时期的自由主义启蒙思想家那里颇为盛行。这使得五四时期的自由主义启蒙思想家们不能合理地继承中华传统文化的优秀遗产，实现西方现代文化与本土文化的合理结合。

第二，科学主义对客观性、必然性和普遍性的过度强调，使得一些中国的自由主义启蒙者不能辩证地对待西方文化，无法正确区分西方现代性中的合理因素与非合理因素、普遍性因素和地方性因素，从而走上了主张全盘西化的道路。在他们看来，建立在科学理性基础上的西方现代性文化，就像自然科学一样具有客观真理性和普遍有效性，西方现代性中所体现的所有价值都是普世价值。于是，主张全盘西化的陈序经断言，"西洋文化在今日，就是世界文化"①。在这种认知的支配下，他甚至对陈独秀批评西方军国主义和金力主义的言论也表示异议。他看到，科学是欧洲近代一切文化的"主脑"，军国主义和金力主义是科学制造出来的，或者至少是它所赞助的；即使我们觉得军国主义和金力主义是不好的东西，但由于世界各国的军国主义和金力主义猖獗，所以我们也要用军国主义和金力主义去防备它和抵抗它。他说："设使我们以为军国主义和金力主义产生出不少罪恶来，所以要反对，那么赛先生和德先生也造出不少罪恶来，那么吾们也不要德赛两先生了。……要享受赛先生的利益，应当要受受赛先生发脾气时所给我们的亏。"② 很明显，在主张全盘西化的自由主义启蒙者眼里，西方的现代性文化无论好坏都具有必然性和普遍性，我们不能仅仅选择好的、抛弃坏的，而只能全盘接受。这说明，他们不仅没有看到西方文化中的特殊性即地方性因素，而且也没有意识到自己陷入了科学主义的决定论樊笼，这种决定论否定了选择的可能性，混淆了"是"与"应该"的关系，并与他们的自由理想相冲突。

第三，科学主义对普遍主义精神的夸大，使得一些自由主义启蒙者不能历史地看待社会政治现象，而是脱离中国社会的具体条件和实际需要，教条地对待西方启蒙思想确立的政治原则和英、美国家的政治经验，把这些政治原则和经验视为像自然科学一样的普遍真理，要求在中国无条件地立即实施。以胡适为代表的自由主义启蒙者就经常把英美的民主宪政经验（胡适又称之为"幼稚园政治"）视为普遍规律或普世价值，认为在英、

---

① 陈序经：《中国文化的出路》，上海商务印书馆1934年版，第101页。

② 同上书，第89页。

美行得通的，在其他国家尤其是中国也一定能行得通，在英、美能获得某种效果的制度模式，在中国也一定能获得同样的效果。他们看不到任何具体的制度要想发挥理想的效果都要依赖一系列具体的条件，如果这些条件不具备或现实的条件与其要求的条件性质相反，不仅理想的结果无法达到，而且很可能适得其反。受启蒙理性及其普遍主义精神影响的中国自由主义者，常常缺乏这种条件意识、过程意识和发展变化的意识（也即历史主义的意识），因此他们讨厌从国情和实际需要出发，反而喜好从普遍原则或普遍真理出发，进而不能处理好启蒙的现代性理想与本国现实政治客观需要的关系，也不能处理好反帝国主义与反封建主义这一中国现代化过程中双重任务的复杂关系。这也是中国的自由主义启蒙者虽然在近代以来的历史进程中发挥了不少积极的作用，却不能主导中国革命（包括旧民主主义革命和新民主主义革命）和现代化建设，并总在政治上被边缘化的根本原因。

　　对于自由主义启蒙者在中国革命中的这一命运，有人用"救亡压倒了启蒙"来解释，但在笔者看来，这种解释是牵强附会的。因为它暗含着这样一个假定，即启蒙所做的都是正确的，只是由于偶然的原因（救亡）打断了它的工作，使得它所做的正确事情没能进行下去。应该承认，启蒙确实做了许多正确的事情，救亡（或反帝）也确实对启蒙产生了一定的影响，但是，我们也应该看到，西方启蒙理性的科学主义给中国带来了具有悖论性质的双重遗产：既促进了中国的思想解放（主要是从封建思想的束缚中解放出来），又在中国制造了一种新的迷信——对科学方法万能的迷信，以及对西方经验和政治原则的迷信。这双重遗产一直延续到今天：一方面反封建的思想解放任务仍未完成，另一方面这种新的迷信仍在流行。这二者都在妨碍着中国现代化建设的顺利推进。

五　启蒙精神的真髓与当下的使命

　　实际上，启蒙思想中科学主义的理性观念一开始就受到了同时代一些具有洞察力的思想家的批评。比如，针对启蒙思想家对物质世界和精神世界、自然科学和人文学科的混淆，启蒙运动时期的意大利思想家维柯就揭示了两种知识领域的差异。在维柯看来，"外部的"的自然领域，与"内部的"道德、艺术、语言、思想和感情等人类世界是不相通的，因而二者的研究方法和形成的知识性质也是有区别的。按照伯林的说法，正是维柯开启了自然科学与人文学科的分离，由此也"开启了一场至今不见结束迹象的争论"①。又比如，康德对理论理性和实践理性的区分，实际上就是看到了科学方法或科学理性（知性）对应然问题的无能为力，并且他在《判断力批判》中也揭示了理性的多样性。而与康德同时代的休谟、哈曼、赫尔德，都对启蒙理性观念提出了质疑。休谟是第一个发现"是"（实事、科学）与"应该"（价值、道德）之间存在逻辑鸿沟的思想家；哈曼明确指出了康德理性概念的缺陷，即没能认识到传统（及其习惯和信念）与语言在理性的生成和应用中的地位；②赫尔德则批评了启蒙的普遍理性观念。19 世纪，对启蒙理性观念影响最大的应该是马克思主义了，马克思主义创始人的实践观念、唯物辩证法和历史唯物主义思想，以及对启蒙理性的批判，有力地推动了人们对启蒙理性的反思。到了 20 世纪，有更多的思想家参与到对启蒙理性观念的批判性反思中来，如狄尔泰、李凯尔特、卡西勒、利科尔、福柯等人对人文科学的逻辑与方法的探讨，伽达默尔对认为理性不依赖于成见的启蒙思想的批评，西方马克思主义者对工具理性的批判和对价值理性的倡导，维特根斯坦的语言游戏说对传统理性观念的冲击，卡尔·波普对以归纳推理为核心的实证主义科学方法的批评，哈耶克对建构论唯理主义的批判，以及西蒙对有限理性的揭示，等等。这些反思和批判，不断纠正着启蒙运动中科学主义理性观的错误，使人们逐渐认识到科学理性的限度、理性形式的多样性和理性自身的历史性，从而大大推进了人们对理性及其众多相关问题的认识。对此，我们可以把它视为对启蒙的再启蒙。

其实，启蒙真正有价值的地方不仅在于它带有科学主义色彩的理性精神，而更在于它的反思批判精神，在于对迷信和教条的质疑态度。福柯指出："能将我们以这种方式同'启蒙'联系起来的纽带并不是对一些教义的忠诚，而是为了永久地激活某种态度，也就是激活哲学的'气质'，这

①　[英] 以赛亚·伯林：《反潮流：观念史论文集》，冯克利译，译林出版社 2002 年版，第 131 页。

②　[德] 约翰·格奥尔格·哈曼：《对理性纯粹主义的元批判》，载 [美] 詹姆斯·施密特编《启蒙运动与现代性——18 世纪与 20 世纪的对话》，徐向东、卢华萍译，上海人民出版社 2005 年版，第 157—174 页。

种'气质'具有对我们的历史存在作永久批判的特征。"① 福柯还对批判的性质和内容作了精辟的说明:"批判正是对极限的分析和对界限的反思。""批判不是以寻求具有普遍价值的形式来进行的,而是通过使我们建构我们自身并承认我们自己是我们所作、所想、所说的主体的各种事件而成为一种历史性的调查。"② 在福柯看来,启蒙这一历史事件并没有使康德的摆脱不成熟状态的理想成为现实,我们现在仍未成熟;但是,康德在反思"启蒙"时对现时、对我们自身所提出的批判性追问仍然具有意义。不过,从以上论述可以看出,福柯所强调的批判,实际上是一种历史主义式的批判,而不是启蒙理性的那种普遍主义式的批判。

实际上,马克思主义是启蒙精神的真正继承者,它所倡导的历史唯物主义和辩证法本身就是批判的。它的批判精神拒绝任何迷信,它的实践哲学反对任何教条,因此,它既是开放的、与时俱进的,又是能够自我批判的。马克思主义倡导的历史唯物主义的批判,在一定意义上说,就是历史、现实和未来的永恒对话,是对我们已经拥有的和希望进一步争取的东西的不断反思。从现有的认识总是有限的,以及人类的认识总是需要进步的这个角度来说,从现实的状况总是不完善的,以及人类总是要不断超越的这个角度来讲,反思和批判是一个永无止境的人类活动,启蒙也是一项不断破除迷信和教条的未竟事业。

(本文刊发于《中国社会科学》2014 年第 2 期。作者马德普,天津师范大学政治与行政学院院长、教授)

---

① [法]福柯:《何为启蒙》,载杜小真编选《福柯集》,上海远东出版社 1998 年版,第 536 页。

② 同上书,第 539 页。

关于启蒙的"中国化"实践
及其逻辑路径的思考

张光芒

一　探寻中国化的"启蒙辩证法"

20 世纪 90 年代以来，随着霍克海默与阿多诺反思启蒙运动的"启蒙辩证法"理论传入中国，不少学者似乎找到了一把反思 20 世纪中国文化史与思想史的金钥匙，"启蒙过时论"、"后启蒙时代到来了"等论调纷纷登场，仿佛不告别启蒙就不足以显示论者的高明，就无法跟上这个多元化时代的潮流，就不能适应全球化语境的挑战。"启蒙辩证法"固然是法兰克福学派极为精辟的理论创造，并从深刻的哲学层面对西方启蒙精神进行了有力的反思与清算。但它是否可以被完全"舶来"用于对中国启蒙思潮论断的理论前提乃至言说者自身的价值预设呢？如果过度地依赖这一理论，会不会使我们对本土启蒙历史的阐释陷入更大的混乱呢？进言之，在中国，启蒙作为一个"事件"、一个过程难道不必然地具备独特的历史规律与内在逻辑吗？这一系列问题即使在"重提启蒙"的论者那里也并未引起充分的警惕。

一个首要的事实是，"启蒙辩证法"脱胎于充分成熟了的"启蒙了的"（enlightened）文化母体之中，它严厉地揭示了"启蒙的自我摧毁"的根源在于：启蒙推翻了信仰的合法性，不仅将科学与理性视为最高的裁

判,而且将其"绝对化"为客观知识的唯一来源。主体导致了自然的被
征服、物化和脱魅,而主体自身又在自己眼里变得如此被压抑、物化和脱
魅,以至于他们争取解放的种种努力走向了反面——自己落入了自己设置
的圈套。由此,为告别神话而斗争的启蒙自身最终也"衰退为神话",乃
至"启蒙精神与事物的关系,就像独裁者与人们的关系一样"①。

　　显然,"衰退为神话"的启蒙精神是理性充分发达、主体性充分解放
的产物。而这一前提反而正是 20 世纪中国启蒙运动最为缺乏的。我们有
过政治至上的狂热,也有过金钱至上的狂欢,缺少的恰恰是理性至上的热
情。尽管"启蒙辩证法"告诉我们理性至上将使人们成为理性与理性体
制的奴隶,启蒙精神是一个可怕的独裁者,但对我们来说,我们何曾有资
格做这样的奴隶。正如鲁迅指出的,"即使所崇拜的仍然是新偶像,也总
比中国陈旧的好。与其崇拜孔丘、关羽,还不如崇拜达尔文、易卜生;与
其牺牲于瘟将军五道神,还不如牺牲于 APOLLO"②。同样,在一个"权
力拜物教"、"金钱拜物教"风行的时代,"理性拜物教"虽然算不上最高
的普世价值,但至少不比"权力拜物教"和"金钱拜物教"更远离人性
解放的终极目标。

　　就启蒙精神所孕育的社会结构,即阿多诺在《否定的辩证法》中所
命名的"被管理的世界"而言,我们更未曾达到。相反,我们受困于各
种各样无孔不入的"人治",而不是工具理性或者机械管理的发达。我们
能自欺欺人地说后者较之前者是一种进步吗?所以说,就像一个刚刚会爬
行的人还没学会走路,就站在跑步者的位置嘲笑步行者一样,将"启蒙
辩证法"作为一种凝固的思想范式来批判否定中国启蒙不但难以做出准
确的判断,甚至不无僭越的意味。

　　另一个易被忽视的事实是,"启蒙辩证法"即使对于西方启蒙思想也
并不具有绝对全面的概括性,它主要是取其启蒙思潮的一个重要趋向或者
以某一阶段启蒙运动为主体视野,并未覆盖整个启蒙思潮的复杂而深微的
逻辑规程。这一点,《启蒙辩证法》的作者做过解释。在他们看来,此理
论中的"启蒙"并不专指 18 世纪西方启蒙运动,而是泛指那个把人类从

---

　　① 〔德〕霍克海默、阿多诺:《启蒙辩证法》,洪佩郁等译,重庆出版社 1990 年版,第 7
页。
　　② 鲁迅:《随感录四十六》,《鲁迅全集》第 1 卷,人民文学出版社 1981 年版,第 333 页。

恐惧、迷信中解放出来和确立其主权的"最一般意义上的进步思想"。而且该著作写成于纳粹恐怖统治崩溃前夜，他们自己在后来也深感其中有些观点业已过时。

美国学者埃里克·布隆纳就如此反思过《启蒙辩证法》所存在的问题：集权主义的确将本能从一般被称为良知的东西中解放出来，霍克海默和阿多诺提出以下观点时，的确是正确的："反犹行为产生于这样背景中，在那里被剥夺了主体性的盲目的人被作为主体而放出，行为本身就成为自治目的，从而伪装起它自身的无目的性。"然而，想将这个哲学观点与启蒙联系起来，就只有将它拓展，使它容纳它最伟大、最自觉的批评家：萨德、叔本华、柏格森和尼采。对他们中任何一位，都可以说——尽管所有主要的启蒙哲学家都不可能是这样——行动成为它自身的目的，掩盖其目的性的缺乏。它再次是既非理性主义也非实证主义的，而毋宁说是唯意志论的，当然，它属于一种活力论的唯意志论，影响过右翼集权主义者的思想。总之，"不管《启蒙的辩证》推出的大量理论观点是什么，从历史和政治的出发点来看，它都建立在错误的具体性和误置的因果关系上"①。

实际上，西方整个启蒙运动中始终贯穿着一种理性与信仰的张力，"启蒙辩证法"不过是将考察对象集中于理性取代信仰这一条主线之中。在这一点上，卡西勒的《启蒙哲学》梳理得十分清楚。理性与信仰的矛盾在西方越到启蒙运动的后期越突出，从某种意义上说，许多启蒙思想家穷其一生为的就是最终解决这一矛盾。他们在把理性建立在信仰之上时，念念不忘重新梳理、重新阐释理性与信仰各自的内涵及二者的关系。当时人们争论的一大核心问题是：理性高于信仰还是信仰高于理性？或者还包括相似的命题：理性宗教与启示宗教的关系如何？启蒙思想家莱辛之所以执意对神学反思便是基于这样的动因："有什么比使自己相信自己的信仰更必要的，有什么比不曾事先检验的信仰更不可能让人接受的？"可以说，他"渴望"信仰就像笛卡尔的"怀疑一切"那样，对任何不假思索地接受下来的信仰（包括他自己的信仰）进行严格的、铁面无私的审判。正如邓晓芒在维塞尔的《莱辛思想再释——对启蒙运动内在问题的探讨》的"中译本导言"中指出的："莱辛对基督教信仰的重新反思绝不是摧毁

---

① ［美］斯蒂芬·埃里克·布隆纳：《重申启蒙——论一种积极参与的政治》，殷杲译，江苏人民出版社 2006 年版，第 119—121 页。

了这个信仰的根基，而是锻造了它，使它摆脱了伪善和自欺，哪怕因此陷入无休无止的动摇、自疑和反复验证，也比毫不怀疑的中止判断要更诚实。他是在宗教信仰本身的范围内掀起了一场启蒙，他使信仰成为一个过程。"① 鉴于此，笔者认为对中国启蒙的阐释需要立足于揭示其"中国化"的"启蒙辩证法"，同时这种阐释所取用的思想参照系也不应局限于法兰克福学派视野中的启蒙思想模式。具体说来，一方面我们当然应该看到中国启蒙的不足与缺失；同时也要注意到这种不足并不等同于西方"启蒙辩证法"所揭示的不足，甚至它或许正是克服后者弊病的有效措施。中国启蒙从一开始就未设置那种使理性与主体性极度扩大化后走向自身反面的"圈套"，"五四"新文化运动对理性与情感的两极崇拜，近现代启蒙家对宗教精神的追寻，对自由意志的求索，等等，其中所蕴含的启蒙张力使自身脱离了唯科学主义或"一只眼的"、"冷冰冰的"唯理性主义的轨道，自然也就不存在"物化"与"脱魅"扩大化的危险性。

西方启蒙思潮在个体自我展开的整个过程中，都不可避免地以科学/宗教、理性/信仰、启蒙/上帝为思想的基本框架，而中国的启蒙没有"上帝"这个大的文化语境和深层的哲学语境。宗教、信仰诸范畴应中国近代思想危机之需尽管进入了启蒙探讨的视野，但也未从根本上改变中国启蒙的"人学"方向。因此，与西方启蒙的人学/神学、理性/上帝的思想格局不同，中国启蒙在形而上意义上以小我/大我、个人主义/人类主义为文化场域；在形而下层面上则以个体/集体、个人/民族为基本价值域，总之是以"人"自身的范畴为思想重心。

在西方启蒙进一步展开的过程中，构成的是一种以启蒙—上帝—真理为主要结构模式的思想走向。与此不同，在中国的文化语境中，人无论怎样"超脱"、"逍遥"，仍然是基人与历史自身的力量资源，是不需要外在于人的某种异己力量的拯救的。因此人的解放在根本上依赖于人的内在秘密与潜在力量的开掘的程度。此种价值求索趋向与资源利用方式生成的是对中国式自由意志的追问。理性在中国启蒙思潮的深层结构中并不具备西方那种决定性的意义或本体性的价值，理性的走向——理性对人性的作用，理性对民族的作用，乃至理性对整个宇宙的作用——才是更重要的。

---

① [美] 维塞尔:《莱辛思想再释——对启蒙运动内在问题的探讨》，贺志刚译，华夏出版社 2002 年版，第 5 页。

在此,马克思那句名言——从来的哲学都是要解释世界,而哲学的真正的任务是要改造世界——深得中国启蒙家的偏爱。

显然,我们所要探寻的中国化的"启蒙辩证法"只是借用了霍克海默与阿多诺的概念形式,在内涵上已经明显不同。当然,这并不意味着中国启蒙就较之西方启蒙"高明",如同硬币的正、反两面不可分割一样,其特点与缺陷恰恰构成了中国启蒙运动的独特规律。挖掘中国化的"启蒙辩证法"不仅是为了阐释历史和反思历史,更是在思想迷乱的全球化语境下重新规划中华民族自身启蒙这一"未竟之事业"的时代需求。

二 理性/非理性的辩证法

关于启蒙与理性、非理性的关系问题,无论是在现代启蒙思想的讨论中,还是在后人的研究视野中,一直存在着一些不无偏见的思维习惯。诸如将理性主义与非理性主义机械对立,将理性主义等同于启蒙主义,简单地以欧陆理性主义为反思中国新文化运动的思想框架,等等。这种思维定势反映在对中国现代启蒙主义的考察中,一大表现就是常常从西方理性主义或非理性主义这些并不适用于研究对象的价值原则出发,结果不可避免地造成种种以偏概全或彼此相反的结论。

这些观点的两种极端就是分别从情感与理性两个方面立论。一方强调"五四"前后的启蒙主义是情感压倒理性,如有人说"五四是一个抒情的时代",有的认为"五四"文学创作的普遍特征在于"印象的、情绪的产物,而还没有达到成熟的任何'主义'的艺术自觉"[①],有的将"五四"文学精神的突出特征归纳为"悲剧意识、自由精神和感性生命特征"[②]。再如李泽厚批评"五四"有一个"激情有余,理性不足"的严重问题,它延续影响几十年直至今天。他所谓的"激情"就是指激进地、激烈地要求推翻、摧毁现存事物、体制和秩序的革命情绪和感情。王元化则从"激进主义作为采取激烈手段、见解偏激、思想狂热、趋于极端的一种表现"来批评"五四"是"一种历史的切断,带来不好的后果"。何新也说

---

① 赵学勇:《论五四文学创作的情绪特征》,《兰州大学学报》1989年第2期。
② 李俊国等:《五四文学精神——变异、复归与超越》,《河北大学学报》1989年第3期。

"我说激进反传统不利于现代化","一百年的历史经验表明,中国总是吃激进主义、急躁情绪的亏"。这些观点在理性与情感的关系上都或多或少地使用了二元对立的思维方式,仿佛情感强烈就必然会导致对理性的漠视,"激情有余"必然伴随着"理性不足"的失误。另一方则强调其理性精神,或科学与民主的精神,或现实主义精神等,但同样也存在着思维与价值判断上的机械化。如林贤治反对以上观点,认为他们的激进"并不就像李泽厚说的那样惟凭一时'激情'的冲动而失去理性的支持,或如王元化所说的那样全出于'意图伦理'而不讲'责任伦理'。相反,这是非常富于理性,富于历史责任感的一代"①。在笔者看来,他们的激情同他们的理性一样是值得肯定、值得后人认真研究的。早在提倡科学主义的《科学史教篇》中,鲁迅就十分警惕地告诫人们,科学与理性虽然是消除愚昧和盲从的奴性主义精神状态所必需的,但若"使举世借惟知识之崇,人生必大归于枯寂",同样不可能"致人性于全"。因为,它将会造成"美上之感情漓",非但如此,它还会反过来进一步导致"明敏之思想失,所谓科学亦同趣于无有矣"②,即唯科学主义、唯理性主义必会走向科学与理性的反面。这就意味着在中国现代启蒙主义的视野之中,感情与思想、审美与理性、物质与精神必须服从于人性解放与进步的全面要求,绝不可只取一隅,或者以偏概全;更重要的是,这种做法实际上也否定了中国启蒙的思想原创性。

在此还需要提及另外一种与上述二者不同的观点,其认为:"思想而言,五四实在是一个矛盾的时代:表面上它是一个强调科学、推崇理性的时代,而实际上它却是一个热血沸腾、情绪激荡的时代,表面上五四是以西方启蒙运动主知主义为楷模,而骨子里它却带有强烈的浪漫主义的色彩。一方面五四知识分子诅咒宗教,反对偶像;另一方面,他们却极需偶像和信念来满足他们内心的饥渴;一方面,他们主张面对现代,'研究问题',同时他们又急于找到一种主义,可以给他们一个简单而'一网打尽'的答案,逃避时代问题的复杂性。"③ 还有的论者说:"五四既是一场

---

① 王元化等人的观点及林贤治观点引自林贤治《五四之魂》,《书屋》1999 年第 5 期。

② 鲁迅:《科学史教篇》,《鲁迅全集》第 1 卷,人民文学出版社 1981 年版,第 35 页。

③ 鲁迅、王元化等人的观点及林贤治观点引自林贤治《五四之魂》,《书屋》1999 年第 5 期。

理性主义的启蒙运动，也是一场浪漫主义的狂飙运动。如果说德国的狂飙运动是对法国理性主义的反弹，带有某种文化民族主义意味的话，那么中国的狂飙运动从发生学上说，却与理性主义并驾齐驱。"这样的观点虽然同时承认"五四"时代的强烈理性主义追求与同样强烈的主情主义倾向，但仍将这两个方面机械地对立起来，仅仅指出这是一种"极其复杂和吊诡性"①，其论证明显地体现着如前所述的研究方法与思维定势，如将推崇理性、启蒙运动、"研究问题"分别与情绪激荡、浪漫主义、寻找主义视为"五四"的表面现象与内在实质，且处于对立的状态；或者认为二者是"并驾齐驱"、有着本质区别的两个范畴。

　　而根据我们的理解，这两种倾向的本质区别仅仅存在于理论之中，或者只是部分地存在于西方文化范畴之内。在中国的"五四"这里，前后诸对概念的内涵与范畴已发生了严重的畸变，由是，它们原来的"吊诡"也一并被转化为对立的统一。如"问题与主义"之争，表面看来，一方持"研究问题"的实证态度，另一方坚持寻求"主义"的思想力量，但实际上却远非如此。正如周策纵指出的，"多研究些问题"这个建议是切中要害的和适时的，但自由主义者在这方面并不比与其对立的其他主义的信奉者做得更好。实际上，很难分清他们所争论的问题到底是什么。"具有讽刺意味的是，就在自由主义者提出'多研究些问题'建议后不久的1920年，很多社会主义者及其追随者开始走向工人和农民中去研究他们的生活状况，而自由主义者很少参加社会调查和劳工运动。"②

　　从中读出"讽刺意味"当然不是我们的目的，问题的关键在于，作为研究者，我们不能在历史现象面前先在地赋予这些概念以"想当然"的内涵，对于历史现象本身来说，这些"想当然"的东西是"莫须有"的。这就需要我们将理性与情感问题的阐释置于梳理中国现代启蒙现象的过程中。也就是说，只要他们将自由意志视作人的价值建构的支点，那么无论是理性还是非理性、情感等对实现一个自律的创造的个体生命而言，就不具备完整的本体价值，它们只有在被纳入自由意志的塑造中时才是有意义的；同时从另一方面说，由于自由意志创造性与自律性的内涵特质，决定了它既要从人的欲望、情感、直觉等非理性入手以激发人的生命本

---

① 许纪霖：《另一种启蒙》，花城出版社1999年版，第139、140页。
② 周策纵：《五四运动：现代中国的思想革命》，江苏人民出版社1996年版，第311页。

能、生命强力和个体自我的独特价值,又要以理性净化、提升人的生命强力,使之向着创造的方向运动。

罗素在评价希腊人时曾这样说:他们"一方面被理智所驱遣,另一方面又被热情所驱遣,既有想象天堂的能力,又有创造地狱的那种顽强的自我肯定力。他们有'什么都不过分'的格言,但事实上,他们什么都是过分的——在纯粹思想上,在诗歌上,在宗教上,以及在犯罪上。当他们伟大的时候,正是热情与理智的结合使得他们伟大的"。单只是情感或单只是理智,"在任何未来的时代都不会使世界改变面貌"①。同样,大卫·贝斯特在研究艺术欣赏与情感、理性的复杂关系时也明确指出:"过分地强调理性,可能会敌视自然的和直接的情感,但这决不是说,理性必定敌视自然的情感,相反,至少在大多数情况下,如果不懂得把它们理解为理性的结果,就不可能在艺术反应中有这种自然的情感。"② 罗素对希腊人"什么都不过分"和"什么都过分"的推崇,大卫对情感与理性关系的理解,至少在思维方式上都是值得我们借鉴的。

20 世纪 40 年代,雷宗海在《本能、理智与民族生命》一文中,说他发现了中、英民族性的一种"最奇怪"的差异,即英国人生存本能较其他民族强,但其本能强而不害其理智之高,理智高而不掩其本能之强。与此相反,中国人却是"理智不发达而本能却如此衰弱",中国人的本能"衰弱到几乎消失的程度"。雷宗海之所以说此乃"最奇怪"者,笔者想正是因为他也知道在一般人那里,正像上述提到的那样认为情感、非理性与理性、理智之间天生就是一对难以调和的矛盾。雷文实际上可以给我们这样两个启示:其一,理智与本能并不是相互对立的关系。它改变了人们习以为常的看法——"理智强则本能弱,本能强则理智弱",也即人们常说的"四肢发达、头脑简单"之类。中、英民族性各自的特点作为一种事实否定了理智与本能之间那种强弱此消彼长的反比关系。其二,理智与本能不仅不对立,相反,恰恰会成为一种相互促进,一强俱强、一弱俱弱的关系。当然雷宗海本人的用意并不在此,而是要说明理智是本能的工具,而不是本能的主人;他认为推翻历史、支配社会、控制人生的是本

---

① [英]罗素:《西方哲学史》(上),何兆武等译,商务印书馆 1981 年版,第 46 页。
② [英]大卫·贝斯特:《艺术·情感·理性》,李惠斌等译,工人出版社 1988 年版,第 151 页。

能，绝不是理智。

显然，雷文偏于本能的直接决定性作用，而忽视了理智对本能的提升作用。尽管如此，他的独特发现无疑为切实理解中国现代的文化境遇与启蒙策略提供了颇有价值的视角。当然，雷文中尚未使用"理性"一词，这使他在分析中缺少了一个可以深入的逻辑层面。这一问题被梁漱溟指了出来，他在《中国文化要义》中引用了雷宗海的观点，认为"此其所论，于中英民族性之不同，可称透澈"。但惜于对人类生命犹了解不足。如雷文认为理智是本能的工具而不是本能的主人。推翻历史，支配社会，控制人生的是本能，绝不是理智。梁则认为，"说理智是工具是对的，但他没晓得本能亦同是工具"。同时，理智诚非历史动力所在，而本能亦不能推动历史，支配社会，控制人生。由此梁说雷文的缺乏即在"不认识理性"。在此，罗素的"本能、理智、灵性"三分法深得梁的赞同，其中"灵性"大致相当于梁的"理性"。梁指出，雷文认为英民族生存本能强，而其理智同时亦发达，没有错；指摘中国民族生存本能衰弱，而同时其理智不发达，亦没有错。"错就错在他的二分法。"①

那么梁漱溟又是怎样论证理性的呢？他认为人们通常混淆使用的理性与理智这两个概念实质上分属两种"理"：前者为"情理"，后者为"物理"。其区别在于前者"离却主观好恶即无从认识"，后者"则不离主观好恶即无从认识"。它们分别出自两种不同的认识："必须屏除感情而后其认识乃锐入者，是之谓理智；其不欺好恶而判别自然明切者，是之谓理性。"② 通过比较他认为中国文化传统的最大特点乃"理性早启，智慧早熟"，而西方恰恰相反，"长于理智而短于理性"。梁不但用这一理性理论剖析人的文化心理与行为实践领域，而且应用于对中国社会问题的分析，甚至作为解决中国问题的最佳途径。尽管梁在理论与价值标准上的偏颇，尤其与马克思主义唯物史观相抵触之处是显而易见的，而且他对理性概念内涵的规定及关于中国文化的特点在于"理性早启，智慧早熟"的说法，也是我们不能完全认同的，但他那种穷根究元的研究个性和体系意识，毕竟使他的分析极其独到，尤其是他将情感这一维度纳入理性的内涵结构之中，并以"情理"称之，确是非常透辟的。这不仅为我们深入理解理性

① 梁漱溟：《中国文化要义》，学林出版社 1987 年版，第 321 页。
② 同上，第 129—131 页。

的本质开阔了视野,而且对我们进一步探讨中国现代启蒙思潮的内在逻辑
也有方法论上的意义。

近年来关于"五四"新文化运动的性质一直存在着许多悬而未决的
争论,如有的认为它属于中国的"文艺复兴",有的认为它更接近西方的
"启蒙运动",而像余英时等则断言五四"既非文艺复兴,亦非启蒙运
动"。再就是像前面提到的五四启蒙是"情感的解放"还是"理性的觉
醒"的争论。其实这些观点作为对于思想史现象的描述概括,虽然看来
相互抵牾,但都有其充分合理的理论依据和历史证据,同时也并不能以自
己的合理性而否定对方的合理性。这正是因为这些观点是对现象的把握,
它们展现的恰恰是现象的复杂性,而这种似乎充满矛盾的复杂性的产生正
是缘于现代启蒙思潮背后存在着一种共同的理性与非理性相互运作的新的
关系范式,再次借用霍克海默的说法,可称其为"理性与非理性的辩证
法"。只有通过这一动态的中国化的"启蒙辩证法"方能考察中国现代启
蒙的真正本质。

三　启蒙哲学的中国化逻辑

上述可见,对于理性/非理性二元对立思维方式的超越是重建启蒙观
的理论前提。对于 20 世纪初叶的中国启蒙主义来说,试图对其作出唯物
主义与唯心主义的区分是没有多大意义和针对性的,因为它将物质与意识
统一于"人"的存在形式之中。如胡适就十分反感那种将西洋文明与东
方文明区分为唯物主义与唯心主义的做法。他认为西洋近代文明绝非唯物
的,乃是理想主义的,乃是精神的。作为论据,他先从理性着眼,指出西
洋近代文学的精神方面的第一特色是科学,科学的根本精神在于求真理,
而"求知是人类天生的一种精神上的最大要求"。所以东、西文化的一个
根本不同之点在于:一是自暴自弃的不思不虑,一是继续不断的寻求真
理。其次他又充分肯定了西洋文艺、美术在"人类的情感与想象力上的
要求"。综此理与情两个方面,他认为近世文明"自有他的新宗教与新道
德",这个新宗教的第一个特色是它的"理智化";第二个特色是它的
"人化",即"想象力的高远,同情心的沈挚";第三个特色是它的"社会

化的道德"。① 早在 20 世纪 30 年代，何干之就曾指出："五四的启蒙运动家，人人都想做到一个唯物论者，但不幸他们的哲学始终是二元论。"② 在谈到胡适的实验主义思想方法时，他又指出胡适"把一个抽象的'人'的概念，来抹煞了党派的意义"③。作为马克思主义理论家，何干之的本意是用辩证唯物主义对"五四"启蒙家在世界观与认识论上的"局限性"进行批判，不免带有贬低否定性的倾向，不过这种评价也正从另一个方面印证了笔者的观点。何干之曾讽刺胡适的历史观是"唯人史观"④ 也可谓"一语中的"。

　　人既非单纯的理性存在物，也非单纯的非理性存在物，单纯强调任何一个方面都会导致人性的偏执。换言之，一味突出人的理性解放，必会走向"枯燥的理性主义"，使人成为理性之神的奴隶，人在他所供奉的这一理性神像之下会使自身原本丰富的精神世界干瘪，产生异化的失望感和绝望感；而一味突出人的非理性，则又会使人陷入价值真空状态，在欲望、情绪的大海中迷失人生的方向，失去人性的意义和价值。所以理想的状态，应该是将理性与非理性综合统一起来，使二者达到相互为用、彼此促进的辩证统一状态，使其成为人性发展、人性解放的内在张力。它蕴含着西方哲人从数世纪思想发展的经验教训中所得出的一大真理——"感情不经过理性的过滤就变成了伤感，理性没有感情便失去了人性"⑤。"五四"运动爆发前一个月，陈独秀就从青年学生乃至未受教育的群众那不可遏制的爱国主义热情中发现了这一危机，在《我们究竟应不应该爱国》一文中他指出，"爱国大部分是感性的产物，理性不过占一小部分，有时竟然不合乎理性"，这种导源于"感性"的"爱国"只能是"害人的别名"，为此他呼吁学生们坚持理性的怀疑主义，而不要让盲目的爱国激情冲昏了头脑。甚至"五四"学生一代知识分子也对此深有感触："最纯粹，最精密，最能长久的感情，是在知识上建设的感情，比起宗族或戚属

① 胡适：《我们对于西洋近代文明的态度》，《东方杂志》第 23 卷第 17 号，1926 年 9 月 10 日。
② 《何干之文集》，中国人民大学出版社 1989 年版，第 346 页。
③ 同上书，第 349 页。
④ 同上书，第 365 页。
⑤ ［法］约瑟夫·祁雅理：《二十世纪法国思潮》，吴永泉等译，商务印书馆 1987 年版，第 10 页。

的感情纯粹得多。"① 胡适则为理想中的新文学规定了两个方面的必要条
件:一方面强调情感是文学的灵魂,"文学而无情感,如人之无魂,木偶
而已,行尸走肉而已";另一方面,又强调文学还必须具有高深的思想,
这种思想绝不是自古皆然的"道",不是依傍于"圣贤"之间,傍人篱
壁、拾人涕唾的陈腐观念,而是机杼独出的见地、识力、理想和个人独特
的发现等。② 显见,我们过去只是注意到了胡适文章在形式革命上的首倡
之功,而忽视了它所隐含的对情感与理性关系的重新厘定与双重性的
追求。

在"五四"那个东西文化大碰撞的时代,启蒙先驱者面对着许许多
多的文化命题与迫切需要解决的现实社会问题,这样未免会使得他们的思
想理路不时地从启蒙思想的轨道上发生偏离,但尽管如此,他们仍然有一
种反思调整的自觉意识。1920 年陈独秀对"新文化"的内容重新进行阐
释时,就没有主要用"科学"与"民主"这些显得较为笼统的概念,而
是有针对性地对"知识"和"本能"两个方面的重要性同时加以强调,
指出人类的行动方式,"知识固然可以居间指导,真正反应进行底司令,
最大部分还是本能上的感情冲动。利导本能上的情感冲动,叫他浓厚、挚
真、高尚,知识上的理性、德义都不及美术、音乐、宗教的力量大。知识
和本能倘不相并发达,不能算人间性完全发达"。由此,他进一步进行了自
我批评,认为"现在主张新文化运动的人,既不注意美术、音乐、又要反
对宗教,不知道要把人类生活弄成一种什么机械的状况,这是完全不曾了
解我们生活活动的本源,这是一桩大错,我就是首先认错的一个人"③。

由此可见,这种自觉意识的获得不仅仅是因为他们看到了理性与非理
性、知识与本能的同等重要性,而且更重要的在于二者的动态作用能够直
接"指导"人们的行动,即能够使人们获得有力的自由意志。这在鲁迅
那里表现得更为明显:生命的路是进步的,总是沿着无限的精神三角形的
斜面向上走,什么都阻止它不得。自然赋予人们的不调和还很多,人们自
己萎缩堕落退步的也还很多,然而生命绝不因此回头。无论什么黑暗来防
范思潮,什么悲惨来袭击社会,什么罪恶来亵渎人道,人类的渴仰完全的

---

①　傅斯年:《新潮之回顾与前瞻》,《新潮》第 2 卷第 1 号,1919 年 10 月。

②　胡适:《文学改良刍议》,《新青年》第 2 卷第 5 号,1917 年 1 月。

③　陈独秀:《新文化运动是什么》,《新青年》第 7 卷第 5 号,1920 年 4 月。

潜力，总是踏了这些铁蒺藜向前进。①　一旦这所谓"渴仰完全的潜力"发挥出来，自由意志就会焕发出冲决一切黑暗的无畏精神，"世界上如果还有真要活下去的人们"的话，就是这获得自由意志的人们，他们"敢说，敢骂，敢打，在这可诅咒的地方击退了可诅咒的时代"②。

　　这种潜在的和独特的启蒙人学观念，使中国的启蒙主义者将作为理性与非理性合而为一的"人"作为思想展开的逻辑重心，并进一步将自由意志作为人的价值建构的支点，因此理性与非理性、情感等人性与人生的对立因素被纳为一体。同时，由于自由意志创造性与自律性的内涵特质，又决定了它既要从人的欲望、情感、直觉等非理性入手以激发人的生命本能、生命强力和个体自我的独特价值，又要以理性净化、提升人的生命强力，使之向着创造的方向运动。换言之，理性与非理性在中国近现代的启蒙主义体系中是被吸纳和统一到自由意志中去的，因此它的激情色彩与理性色彩同样是非常强烈突出的。从这个意义上说，中国近现代启蒙主义，既非单纯对情感的推崇，亦非只是对理性的张扬，而是对二者之"合力"，即自由意志的高扬。

　　在一定程度上说，自由意志构成了中国现代启蒙主义建构的更为关键性的理论支点。由此，我们会进一步看到，情感、理性、意志的动态运作与交互作用构成了启蒙主义探讨的思想框架。

　　早在龚自珍那里，即表现出以情—理—意为启蒙思想框架的文化取向。他率先提出了这样两个影响深远的观念，即自我与创造。在他看来，自我的核心是独立人格、自由意志；创造作为一种实践活动，也须由意志来推动。而且他认为，人的主观精神是万能的创造力量，它并不需要按照外在法则行动；相反是它创造了对象与法则。那么，龚自珍所谓"自我"依靠什么才足以不受拘束地创造历史呢？——他提出的是"心力"这一概念，即用"心力"来表达意志和情感的力量，以及行为的驱动力与持久力。依靠"心力"，人就可以成就一切。正如有学者指出的，正是在对"心力"——自由意志的高度推崇下，龚自珍在中国近代率先恢复起道德

①　鲁迅：《随感录六十六》，《鲁迅全集》第 1 卷，人民文学出版社 1981 年版，第 368 页。
②　《华盖集·忽然想到（五）》，《鲁迅全集》第 3 卷，人民文学出版社 1981 年版，第 43 页。

自律的尊严。① 他还进一步提出了道德自律与个人利益的关系问题,即道德自律一方面指人出于意志自愿,做到不为利欲所动,贫贱不能移,富贵不能淫;另一方面毕竟要以一定的物质需求的满足为必要条件,即人的自然的、正当的欲望。因为,只有满足了这种私欲,真正的道德自律才可能出现。在这里,龚自珍的自由意志论与西方康德等思想家的自由意志表现出明显的区别。康德的道德自律强调非功利性,认为道德行为若服从于功利的目的,就变成意志的"他律";而龚自珍既主张道德自律、意志自由,又重视欲望等非理性的满足与功利的原则。而当梁启超提出"民族意力"这一命题时,就显得对前者更为重视。过去我们的研究过多地强调了近代启蒙思想家在理性与非理性、道德与自由诸对关系上表现出的矛盾与悖论,却忘记了正是在对这样一种矛盾的整合努力中才体现出"中国化"启蒙主义的思想特征与内在逻辑。

四 中国现代启蒙实践的独特路径

由于情感—理性—自由意志三个互相交织彼此渗透的层面组成了一个独特的逻辑框架,而启蒙价值与启蒙思想就是在这一中心框架之中展开的,因此,无论说它是感性的启蒙,或是政治的启蒙,或是理性的启蒙,或是审美的启蒙,等等,都是不够全面和恰当的。正如美国学者托马斯·奥斯本所说:"启蒙的精神实际上是力图将真理与自由联系起来的精神,是力图以真理的名义进行控制的精神,这种真理也是一种关于自由的真理。它是一种热情或一种精神,而不是某种现实。我们发现,关于启蒙的现实主义导致关于这种精神的现实主义。"② 中国现代启蒙思想方案本身就不像西方启蒙那样首先以纯粹逻辑与思辨性见长,而更倾向于直接的启蒙实践与人格建构,具有明显的和整体性的"精神的现实主义"特色。因此,无论与中国前现代的启蒙主义相比,还是与西方启蒙运动相比,它都能体现出自己独特的实践路径。

---

① 参见高瑞泉主编《中国近代社会思潮》,华东师范大学出版社 1997 年版,第 187 页。
② [英]托马斯·奥斯本:《启蒙面面观——社会理论与真理伦理学》,郑丹丹译,商务印书馆 2007 年版,第 277 页。

现代启蒙对于情感与理性统一的追求与古典主义在情理问题上以"和谐"为标志的审美境界就有着本质的区别，后者的和谐表现为以外在的道德理性来要求情感，同时又以被动的情感要求人的理性符合自身，追求的是二者之间低层次的平衡状态；而前者的本质特点在于对情感与理性相互激荡彼此促进之动态平衡关系的追求，二者之间不再是相互压抑的关系。像梁实秋等人借鉴白璧德的"新人文主义"，主张"文学的纪律"和理性主义，提倡"和谐美"。白璧德依据人性善恶二元论的观点，提出自己所谓"自然的"、"超自然的"和"人文的"三种生活方式的观点，并贬前二者，而推重后者。梁实秋说："人在超自然境界的时候，运用理智与毅力控制他的本能与情感，这才显露人性的光辉。"①基于此，他认为文学家应该"沉静地观察人生"，"不是观察人生的部分，而是观察人生的全体"，文学表现的是"普遍的"、"常态的"人性，其表现的态度应该是"冷静的"、"清晰的"、"有纪律的"等原则。但他所谓"普遍的永恒的人性"又是指：文学不是表现时代精神，也不应该去过度表现人的本能和情感，文学应该去描写和表现的对象——"普遍永恒的人性"——还需加一限定词，即"健康"二字。由于梁实秋既排斥"本能"又拒绝"情感"，因而其理论在本质上只能表现为"新古典主义"，与现代启蒙主义及现代理性主义是有着本质的区别的。

而同被划归京派的沈从文则与此不同，他在谈到经典性作品应有怎样的原则时说："更重要点是从生物学新陈代谢自然律上，肯定人生新陈代谢之不可免，由新的理性产生'意志'，且明白种族延续国家存亡全在乎'意志'，并非东方式传统信仰的'命运'。"②可见他强调的是从理性到意志的提升，而不是对情感的仲裁或者梁实秋所谓的"控制"。

如果说沈从文强调的是理性在意志产生中的关键性作用，那么蔡元培更为强调情感——审美在意志中的作用。他认为，从心理学的角度看，"人有意志、情感、知识三者，斯三者并重而后可"。"人之意志，分为二：一方面情感，一方面知识。有情感，有知识，于是可讲求因果。但人有因境遇之关系，不能求因果之实在者。"这就往往使失望者"抱厌世主

---

① 梁实秋：《补遗·〈论文学〉序》，《梁实秋文集》第 7 卷，鹭江出版社 2002 年版，第 737 页。

② 沈从文：《长庚》，《沈从文文集》第 11 卷，花城出版社 1984 年版，第 292 页。

义",甚至"演成自杀者"。其原因就在于这些人只看到可用因果关系来分析的现实社会,而不关心难用因果关系来分析的理想和抱负,"单重知识不及情感之故"。而美学正可以用来填补人在这方面的心理缺陷。"无论何时何地,或何种学科,苟吾人具情感,皆可生美感。如见动物之一鸟一兽,植物之一草一木,以情感的观察,无一不觉有美感也。"① 在他看来,人通过审美可领悟到"本体世界之现象",而在心理上"提醒其觉悟",从而树立起崇高的观念,即"为将来牺牲现在",不屈不挠,奋勇向前,那么人类社会的发展,"其所到达之点,盖可知矣"②。沈从文与蔡元培所论尽管分属意志中的不同侧面,但分明又并不只取一端,而强调三者之"并重",他们所担心的正是,如果只重情感或理性中的一方,将会造成意志的"偏狭"。换言之,他们极为重视理性与非理性两个方面的互动对于形成健全的意志的必要作用,而且尤其强调只有将二者合理、完美地联系起来才能实现这一"提升"的过程。

也许这样说尚且只是从其总体的精神意向上作出的论断,具体说来,在不同时期的不同启蒙家那里,围绕着自由意志这一中心问题,在理性与情感问题上又表现出不同的侧重点;但只要我们不远离启蒙主义的范畴仔细体会这诸多的不同侧重点,将会发现其相异相左之处并未从根本上抵消上述启蒙精神的逻辑同一性趋向,甚至可以说各种思想探讨实际上是作为一种矛盾的张力而运动着,作为"历史的合力"推动着中国启蒙主义实践的步步深入。

由于理性与非理性的交互作用,中国化启蒙思想中心框架中的每一个方面——情感、理性、自由意志都不像西方不同哲学流派那样作为一元论的"本体"而存在的,也不具备"绝对精神"的意义。郁达夫说"艺术的冲动",即"创造欲""就是我们人类进化的原动力"③;成仿吾把"内心的自然的要求"作为艺术活动的原动力,认为这是一个"根本的原理"。④ 这里的"原动力"其实都是经过情理激荡后而形成的"自由意志",它是被塑造的和被提升的。由此也就引出哲学意义上的另一个问

---

① 《蔡元培全集》第 2 卷,中华书局 1984 年版,第 484 页。

② 《蔡元培哲学论著》,河北人民出版社 1985 年版,第 118 页。

③ 郁达夫:《文学概说》,《郁达夫全集》第 5 卷,浙江文艺出版社 1992 年版,第 347 页。

④ 成仿吾:《新文学之使命》,《成仿吾文集》,山东大学出版社 1985 年版,第 90 页。

题：情、理、意构成了强有力的启蒙动力系统，而情、理、意都属人的意识层面，即精神世界的有机组成部分，那么它自身有没有来自物质世界的"原动力"呢？如果有的话，它自身的原动力又在哪里呢？

如上所述，试图对中国现代启蒙主义进行理性与非理性的裁决，在唯物与唯心的两大阵营中对号入座是没有意义的。在中国启蒙家这里，唯物论与科学是被作为一种精神来理解的，而唯心论、唯意志论则又是被作为一种物质的创造力量来使用的。换言之，人作为一种灵肉一体的存在既是物质的又是精神的，既有物质的欲望也有精神的欲望，但当这种种欲望尚未经过情感的主动化与理性的导引达到一种自由意志时，在其支配下的人还仅仅是"自在状态"的人，这时的欲望只是一种本能欲望，其方向是不定的，因而对于中国启蒙主义来说它仍不具备本体论的意义。然而正是这种本能欲望所深潜的"力"为启蒙的动力系统提供了物质的前提与可能性。

鲁迅曾指出个体生命既有适应生活的"生"的本能，又有承接已逝生活"死"的本能，这两种逆向生命本能的"形变之因，有大力之构成作用二：在内谓之求心力，在外谓之离心力，求心力所以归同，离心力所以趋异。归同犹今之遗传，趋异犹今之适应"[1]。郁达夫则强调在人的"种种的情欲中间，最强而有力、直接摇动我们的内部生命的，是爱欲之情。诸本能之中对我们的生命最危险而同时又最重要的，是性的本能"[2]。二人所论角度虽然有异，但都强调了这样两点：首先，人的本能欲望是一种"力"，而且是一种强力，"渴望完全的潜能"，从这一意义上说，人的生命虽是从动物进化来的，但不复是机械式的繁衍递增，而蕴含着一种向上的冲动力与竞争力。这亦如周作人所说身体生发出的力量是"惟一的生命"。其次，这种本能欲望之力又是会朝相反方向生发的，有时甚至是危险的，它并不必然地和自动地导向人生理想的崇高境界，所以鲁迅在分析了离心力与求心力之后还强调说，只有当离心力大于求心力，生命才会"浡然兴作，会为大潮"。而对于作家来说，只有"生命力弥漫"者方能生出"力"的艺术来。[3] 对于中国的启蒙主义来说，

---

① 《鲁迅全集》第1卷，人民文学出版社1981年版，第11页。
② 《郁达夫全集》第5卷，浙江文艺出版社1992年版，第266页。
③ 《鲁迅全集》第10卷，人民文学出版社1981年版，第244页。

这样两个方面的理解既标示了它在生命哲学上所达到的深度，同时也是其特色之所在。至此，中国的近现代启蒙主义思想探讨终于找到了原动力根源。马克思在批判"关于禁欲主义的科学"时曾精辟地指出，其根本原则即在于"自制，对生活和一切人的需要的摒弃"，在其所造成的异化状态之下，"人不仅失去了人的需要，甚至失去了动物的需要"①。从这个意义上说，中国启蒙主义的原动力思想正是通过恢复"动物的需要"而实现"人的需要"。

如果说中国的启蒙家从"立人"这一目的追溯到人的原动力经过了一番深刻而复杂的探讨历程，且有一种强烈的思辨力量与严密的逻辑理路包含于其中；那么在有些美学家那里，对这一过程的思考相对要"玄虚"、直观一些。如现代美学家向培良从艺术创造的角度来思考这一问题时作了这样的推论：艺术创造的动力是什么？——就在于"创造生活的欲望"。"人类最特殊的也是最高尚、最宝贵的生活就是创造的生活。"人类在创造中确定着自身的存在，同时"更创造一种范围极广大的存在，以为本身的精神之续"，而艺术就是其中之一。因为艺术"最能不受环境拘束，最能自由发挥"②。所以类的创造欲望能最充分、最方便地表现于其中。在向培良看来，艺术品具有双重的身份：它既是艺术家创作欲望的体现，又是外物的美的凝固。在向培良这里，"创造"的生活——这种人类生活的最高境界，直接就可以导源于创造生活的"欲望"。在另一位理论家项黎那里，"爱憎喜怒"等生命的原真状态具有同样的作用，不过，他使用的是"感性"一词。他说："很显然的，企图在人生中降低感性的意义，甚至根本抹煞感性的作用，其实是完全湮没了真实生活的光彩，使生活既失掉了强大的向上向前的推动力，也失掉了其所追求着的实际的目标。……假如没有了爱憎喜怒，而只剩下是是非非的判断，只剩下逻辑的推理与命题的演绎，生活还有什么光彩？"他还说，哲人斯宾诺莎的名言是"勿哭勿笑，而要理解"，但我们的格言是要能哭能笑，并能理解。③尽管向培良等人省略了启蒙理论建构中的一系列过渡性环节，但在根本点上却正与上述启蒙设计殊途同归。

---

① 《马克思恩格斯全集》第 42 卷，人民出版社 1979 年版，第 134 页。

② 胡经之编：《中国现代美学丛编》，北京大学出版社 1987 年版，第 477、480 页。

③ 项黎：《感性生活与理性生活》，《中原》创刊号，1943 年 6 月。

作为客观唯心主义者的黑格尔其实也认为"欲望是人类一般活动的推动力",将人的物质自然属性——本能、欲望、生命等,视作同自我意识同等重要的存在规定。同时他也指出"迫切的需要既然得到满足,人类便会转到普遍的和更高的方面去"①。前者是自然的规定性,后者是精神的规定性。不过他强调的是"精神生活在其朴素的本能阶段,表现为无限天真和淳朴的信赖。但精神的本质在于扬弃这种自然朴素的状态,因为精神生活之所以异于自然生活,特别是异于禽兽生活,即在其不停留在它的自在存在阶段,而力求达到自为存在"②。也就是说,他关注的是理性对本能或非理性的扬弃、超越,重心在理性的层次;而不是追求本能欲望向理性意志提升的必要性,以及二者的相互激荡。因此他对"禽兽生活"极为反感,这与中国启蒙主义者所刻求的"兽性精神"显然恰恰相反,这也从一个侧面凸显出西方之理性精神与中国之人学精神的区别。

正如卡西勒论述启蒙哲学时强调的:"启蒙思想的真正性质,从它的最纯粹、最鲜明的形式上是看不清楚的,因为在这种形式中,启蒙思想被归纳为种种特殊的学说、公理和定理。因此,只有着眼于它的发展过程,着眼于它的怀疑和追求、破坏和建设,才能搞清它的真正性质。"③ 本文考察中国启蒙实践中其理性与非理性、自由意志与本能欲望之间辩证的和动态的逻辑路径,探寻它们的先在来源与前趋方向,即力图由此思考中国化启蒙的"真正性质"及特征。而造成这些特征的根源无疑是多方面的。从普世价值上来说,西方从文艺复兴到启蒙运动先后解决了人性的发现、个体的建构、人权的追求三个层面的命题,而以"五四"为发端的中国现代启蒙没有经过文艺复兴的长期洗礼和思想积累,在短时期内把西方依次完成的三个层面共时性地压缩在一起。如果将其置于西方的理论视野之下,就难免表现出明显的食而不化或顾此失彼的特点。另一方面,中国现代启蒙运动缺乏来自本土的自然神论与理性主义这两个方面的宗教支撑与哲学推动,更多的是通过借鉴西方

① [德] 黑格尔:《历史哲学》,王造时译,生活·读书·新知三联书店 1956 年版,第 124、126 页。

② [德] 黑格尔:《小逻辑》,贺麟译,商务印书馆 1980 年版,第 89 页。

③ [德] 卡西勒:《启蒙哲学》,顾伟铭译,山东人民出版社 1996 年版,第 5 页。

理论并以"人学"为核心,如此也造成了其启蒙实践的内在逻辑与西方的不同取向。

　　(本文第二、第三小节的部分内容刊发于《文学评论》2002 年第 2 期《中国近现代启蒙文学思潮的哲学建构》一文。作者张光芒,南京大学文学院教授)

近代中国的商业启蒙[*]

马　敏

　　启蒙运动是 17、18 世纪欧洲的一场思想解放运动，它以民主、自由、平等、人权、理性为旗帜，为资产阶级革命的兴起作了思想准备和舆论宣传，标志着欧洲最终从中世纪走向近代。近代中国虽然并不存在西方意义的思想启蒙运动，但在明清启蒙思潮和近代西方思想双重影响下，又的的确确经历了自己的思想启蒙过程，拥有一批最早睁眼看世界、不乏真知灼见的启蒙学者与思想家。在近代启蒙思潮中，除救亡、科学、民主等喧腾一时的思想观念外，与工业化潮流和资本主义兴起密切相关的重商思潮①也是中国近代启蒙运动中一股不容忽视的思想潮流，以重商思潮为标志的近代商业启蒙运动，对近代中国冲破封建专制的束缚，走向工业社会和实现近代化起到了重要推动作用。本文拟对近代中国的商业启蒙过程及其内容和影响作一初步的探讨。

　　* 本文为教育部人文社会科学重点研究基地重大项目（13JJD770012）、华中师范大学中央高校科研基本业务费专项资金项目（CCNU13B007）的成果。

　　① 对近代重商思潮或重商思想，史学界通常有狭义和广义两种解释。狭义上，它主要指以"商战"为核心的重商主义思想，强调商业在对外贸易和国家经济发展中的重要地位，时间上主要指 19 世纪中后期的晚清时期。广义上，重商思潮或重商思想指的是既包括"商"也包括"工"在内的"振兴工商"的思想，实质上是指重视实业或经济发展的思想，不再仅仅指重视商业，时间上则跨越晚清和民国初期。本文正是在广义上使用"重商思潮"一词。

一　重商思潮与近代商业启蒙

关于近代重商思潮，史学界已有过许多详瞻的研究与讨论，① 但将重商思潮置于整个近代启蒙的大背景和长过程中来考察，凸显其在近代启蒙过程中的意义与作用，从思想史延伸到社会史，似还有可深入探讨的余地，也可借此加深我们对近代启蒙运动更为全面、深入的思考。

对于什么是启蒙，各家有不同的解释。福柯倾向于将启蒙视作一个历史的过程："不应忘记，'启蒙'是一种事件或事件以及复杂的历史性进程的总体，这总体处于欧洲社会发展的某个时期。"② 从近代西方历史发展过程看，启蒙运动（the Enlightenment）的兴起与重商主义（Mercantilism）思想不无内在的历史联系。正是 15 世纪末兴起的重商主义思想和政策，与新航路的开辟、文艺复兴和宗教改革一起，构成欧洲资本主义社会的历史起点，并为 17、18 世纪的思想启蒙运动奠定历史基础。如马克思所言："商人资本的存在和发展到一定的水平，本身就是资本主义生产方式发展的历史前提。"③

而在思想史意义上，如果将启蒙视作从中世纪不断迈向近代的思想解放过程，那么与文艺复兴运动具有早期思想启蒙意义一样，重商主义思想本身即为早期启蒙思想的组成部分之一，反映了西欧封建社会瓦解和向资本主义社会过渡时期商业资本的意识形态。一方面它破坏了中世纪基督教宣扬的"守贫节欲"的道德规范，为不惜以一切手段敛财开启了道德之门，使资本一来到世间便"打上了血淋淋的烙印"；另一方面，它又重新阐释了财富的意义和追求财富的合理性，将对财富的拥有作为评价人类行为的最重要的价值参照系，宣扬"金钱面前，人人平等"的观念。这样，

① 这方面的成果实在太多，无法一一列举。近期成果中对笔者有较大启发的论文包括：缐文《晚清重商思想研究》，博士学位论文，西北大学，2008 年；冯筱才《从"轻商"走向"重商"？——晚清重商主义再思考》，《社会科学研究》2003 年第 2 期；邱志红《近代中国商战思潮"新论"之商榷》，《浙江社会科学》2002 年第 6 期，等等。

② ［法］福柯：《何为启蒙》，载杜小真编选《福柯集》，上海远东出版社 2003 年版，第 537 页。

③ 《马克思恩格斯文集》第 7 卷，人民出版社 2009 年版，第 364 页。

就从根本上冲击了中世纪欧洲社会盛行的等级制度和等级观念，为财产私有、自由、平等等资本主义社会的主流观念扫平道路。因为自由是商人从事商业活动的必要前提，平等则是商业活动的基本原则。如同马克斯·韦伯所揭示的，重商主义精神与新教伦理相结合的结果，便是"一种特殊的资产阶级的经济伦理形成了"①。由此，可以清晰观察到重商主义与启蒙运动之间的内在历史逻辑：启蒙思想家后来所大力宣扬的一些基本观念，在早期重商主义者那里几乎都可以找到蛛丝马迹。重商主义思想乃是启蒙运动历史发展链条中一个不可或缺的关键环节。

欧洲近代历史发展对我们具有一定的启发意义。如果从启蒙的视角来观察近代中国的重商思潮，我们亦可将之视作中国近代早期的启蒙思想之一。换言之，中国近代最早经历的也是商业启蒙的过程，商业启蒙是研究中国近代启蒙运动无法绕过的一个重要话题。商业启蒙构成近代启蒙思想通往普通民众的一条思想通道，它与普通民众的日常生活最为接近、关联度最高，因此也相对容易被普通民众所接受，使平常百姓于不知不觉间受到近代工商社会价值观的洗礼，为适应正在发生的、空前的近代社会转型奠定一定的心理和思想基础。

有学者从哲学启蒙的角度，将明清以来中国启蒙思想家划分为五代。② 但实际上，就近代思想启蒙的内容而言，似还可在鸦片战争前夕主张经世致用的地主改革家一代和 19 世纪末 20 世纪初改良派与革命派一代之间，加上与之并存的以重商思潮（包括后期的实业救国论）所代表和体现的近代商业启蒙思想家一代（他们中许多人往往同时具有哲学、政治、经济、社会、教育等多方面的启蒙思想），这样中国近代启蒙思潮才能真正反映得较为完整和连贯。

产生于 19 世纪中晚期的中国近代重商思潮，与西欧近代的重商主义并不完全相同，它是社会转型时期一种更为复杂的思想体系，有着自身的历史发展脉络，虽然它与明清的早期重商思想和嘉道年间的经世致用思想有着历史渊源，但更多是受到外来西方资本主义思想的影响，基本上是西学东渐的产物。

---

① ［德］马克斯·韦伯：《新教伦理与资本主义精神》，于晓、陈维纲等译，生活·读书·新知三联书店 1987 年版，第 138—139 页。

② 参见萧萐父《中国哲学启蒙的坎坷道路》，《吹沙集》，巴蜀书社 2007 年版，第 17 页。

尽管在最初阶段,与西欧重商主义类似,晚清"重商"论者所强调的"商"或"商战",主要指在流通领域和对外贸易中与国外商品展开竞争,仿效列强,"以商立国","以商强国",改变既往重农抑商的政策,走重商之路,但随着时局的发展和人们认识的加深,"商"本身被赋予越来越多的内涵,实际上成了"经济"或"实业"的代名词,延伸到"农"、"工"、"矿"、"交通"诸方面,越到后期,"工"的作用越发突出,实际已演变为"重工"或"重实业"。正因为如此,就一个完整的历史过程来看,稍后兴起的"实业救国论"其实也可以包括在广义的重商思潮之中,是重商思潮的后期表现形式。诚如郑观应所言:"商之义大矣哉!"① 对重商思潮的探索,要更多关注"商"在中国语境下的丰富内涵以及许多言外之意,不能简单"在商言商"或就商说商。

尤其值得注意的是,重商思潮中有一种"连环套"式的思维,层层放大,而涉及社会改良与发展的方方面面,"有国者苟欲攘外,亟须自强;欲自强,必先致富;欲致富,必首在振工商;欲振工商,必先讲求学校、速立宪法、尊重道德、改良政治"②。正如有研究者指出,"由此,重商思想又成为中国社会整体转型的'酵母',其内涵包括了对中国早期现代化因'通商'而触发的一系列重要经济社会问题的连锁式回应"③。这里所谓"连锁式回应",实则为与"通商"和"商战"相关联的经济、政治、军事、教育、文化各领域的变革与反思,以及这些反思在社会各阶层包括普通民众中所激起的反响。这样,就将重商思潮与近代启蒙勾连起来,使之成为近代启蒙的重要环节,以及各种经济思想和社会思想承接转换的重要平台,其中,尤其为以"救亡"为中心的经济民族主义的大行其道和迅速普及开启了大幕。④

---

① 夏东元编:《郑观应集》上册,上海人民出版社 1982 年版,第 607 页。

② 夏东元编:《郑观应集》下册,上海人民出版社 1982 年版,第 11 页。

③ 缐文:《发展经济学的滥觞:晚清重商思想三题议》,《西北农林科技大学学报》(社会科学版) 2011 年第 3 期。

④ 就研究方法而言,重商思潮与近代商业启蒙运动的关联性研究,又可使重商思潮研究从单纯的思想辨析推向思想与社会的双向互动研究,从对知识分子群体的单向性研究推向对广大商人和一般普通民众的研究,从各种重商的思想主张推向对这些主张的实现途径和社会效应的研究,简言之,由虚而趋实,由一般思想议论而落实到社会行动探索。这种社会学取向的研究,在既往对重商思潮的研究中似仍注意不够。

二　近代商业启蒙的演进及其主要内容

以重商思潮为标志的近代商业启蒙是一个不断递进的发展过程，在不同发展阶段中，重商的内涵及其侧重点各不相同，由此商业启蒙的内容和受众面也各异。大体而言，近代商业启蒙经历了兴起（19 世纪 60—90 年代）、嬗变（19 世纪 90 年代至 20 世纪 20 年代）、深化（19 世纪末至 20 世纪 30 年代）这样三个主要的发展阶段。当然，三个阶段的商业启蒙思想内容在实际历史中有时是并存或交叉的，但仍能观察到其中层层递进的发展趋势，以及商业启蒙思想的不断深化和普及。

1. 第一阶段：近代商业启蒙的兴起（19 世纪 60—90 年代）

19 世纪 60—90 年代，尽管清政府发起了所谓"自强运动"，力图抵御外侮，挽回利权，意味着自上而下"重商"的开始，但 30 年过去了，鸦片战争以来所丧失的利权不仅没有挽回，反而还在不断地丧失。这在中国有识之士之中激起极大的愤慨，同时也引发了深度的思考。1894 年郑观应刊行《盛世危言》，首次系统阐释了"商战"思想，以"商战"为口号的重商思潮遂达于高峰，同时也标志着近代中国第一波商业启蒙大潮的汹涌而至。如郑观应的《盛世危言》正式出版后，很快便受到各方高度重视，"都中各处求者"，"络绎不绝"，发行量也极其可观，先后于 1895 年和 1900 年修订再版。"闻各省书坊辗转翻刻，已售至十余万部之多。早识先几，朝野称赏，何风气尚未大开乎？"[1]

这一时期的商业启蒙主要围绕"重商"与"商战"展开，首先强调的还是商业和商人在"今世"的极端重要性，对传统社会中"重农抑商"的政策和"轻商"、"贱商"的观念进行了严厉的批判。此又以维新派思想家陈炽的言论最为典型。在陈炽看来，要改变中国贫弱的现状，必须通过通商惠工，振兴商业，"商务盛衰之枢，即邦国兴亡之券也"[2]。与陈炽

---

① 夏东元编：《郑观应集》下册，上海人民出版社 1982 年版，第 337 页。
② 赵树贵、曾丽雅主编：《陈炽集》，中华书局 1997 年版，第 80、98 页。

类似的重商主张,有王韬提出的"恃商为国本"①,以及薛福成提出的著名的"商握四民之纲"②的观点。

在启蒙史意义上,最值得注意的是启蒙思想家们的重商思想业已在商人中引起一定的社会反响和回应,通过对抑商、轻商传统的批判,近代中国商人也逐渐开始摆脱长期形成的自卑感,变得越来越自尊与自重。商人们将自己的经商与国家的富强相联系,认为"商业无论巨细,皆与国家有密切之关系",并由此而生发出一种强烈的社会责任感与职业自豪感,不再视经商逐利为低人一等的旁门左道。③ 有人甚至认为经商的人具有"天下最有活泼的精神,最有发达的能力",甚至能够称得上"人类的总机关","除了商,别的再也没有这种价值"④。话虽说得有些极端或过于夸张,但却透露出因时代变迁而体现出的新兴社会力量的自信与抱负。

这些已然汇聚成流的尊商、重商意识,对刚刚迈入近代门槛的中国社会无疑具有振聋发聩的启蒙作用。它使中国几千年长期占据统治地位的抑商、贱商思想观念和社会风气受到前所未有的挑战,与近代工商社会发展趋势相符合的重商思想逐渐对当时的社会风气产生重要影响。检阅晚清商会档案文献,诸如"今商界风气渐开"、"商智日开"、"近今风气已开"等字眼触目皆是。⑤ 也有直呼当今为"重商时代",商人"皆当自认为国商"⑥。还有人称"今日之天下,故一变而为重商主义,商人之力足以操纵天下之权利"⑦。可见,重商思潮开社会风气之先的思想启蒙意义是不容低估的,并成为诸多近代经济思想意识的触发器,诸如与"商战"密切相关的近代商人"利权"和"权利"意识的形成,便是"重商"的思

---

① (清)王韬:《代上广州府冯太守书》,《弢园文录外编》卷10,中华书局1959年版,第299页。

② 丁凤麟、王欣之编:《薛福成选集》,上海人民出版社1987年版,第297页。

③ 《兴商为强国之本说》,《商务报》1904年第8期,又载《东方杂志》1904年第3期。

④ 《经商要言》,引自张枬、王忍之编《辛亥革命前十年间时论选》第1卷,下册,生活·读书·新知三联书店1960年版,第890页。

⑤ 章开沅等主编:《苏州商会档案丛编》第1辑(1905—1911),华中师范大学出版社1991年版,第34、135、730页。

⑥ 天津市档案馆等主编:《天津商会档案汇编》(1903—1911)上,天津人民出版社1989年版,第193页。

⑦ 林作屏:《商箴》,《绍兴商业杂志》第5期,1910年6月,转引自冯筱才《从"轻商"走向"重商"?——晚清重商主义再思考》,《社会科学研究》2003年第2期。

想成果之一。

"商战"论的产生，直接导源于近代中国在对外贸易中"利权"的大量外溢，而"利权"的争夺，又是"商战"的核心和关键。① 商人们意识到"能于外洋收回一分利权，即为国家增长一分势力；能于商界多占一分位置，即为国家多获一分光荣"②。在争利权的同时，商人也开始强调自身的经济、政治地位和经商权利，呼吁政府加以保护、扶持，即所谓"保商权"，"我国之贱商，数千年矣。……不保商而扰商，不利商而剥商不止"，"无怪乎商权常落外人之掌中"③。如何才能"保商权"呢？薛福成提出了设专官、兴公司、励新法、杜伪品、改税则五项"保商"措施。④ 这些措施实际上是借鉴西方的成功做法，提出了中国近代商业制度的基本框架，以适应"商战"时代的需要。

可见，以"商战"为核心的重商思潮不仅将"商"的重要性推到事关民族生存的战略高度来评价和认识，与后来勃兴的民族主义思潮有着渊源关系，而且围绕对"商权"、"利权"和"权利"的思考，更广泛涉及传统封建社会向近代工商社会转型过程中商人社会地位、商人自由经营权利、外贸保护主义、振兴工商政策、国家主权意识、商业法律观念等一系列的近代思想启蒙问题。尽管这只是思想启蒙长过程的开端，但许多近代思想史的题中应有之义都大致包含其中了。

2. 第二阶段：商业启蒙的嬗变（19 世纪 90 年代至 20 世纪 20 年代）

这一阶段商业启蒙的特征是由"重商"向"重工"转变，"工战"和"实业"逐渐浮出水面并成为重商思潮的核心。

如前所述，中国近代重商思潮的一个显著特点，是对"商"的概念的泛化和拓展，此时之"商"，既不完全等同中国古代之商，也不等同于西方重商主义时代之商，而从一开始就包含有"工"的因素，"工商"往往连带加以考虑。如薛福成提出"商握四民之纲"，但晚年又有"工体商用"的思想，"泰西风俗，以工商立国，大较恃工为体，恃商为用，则工

---

① 李璠：《光绪四年十九日湖广到监察御史李璠奏折》，《洋务运动》第 1 册，上海人民出版社 2000 年版，第 165—166 页。

② 《兴商为强国之本说》，《商务报》1904 年第 8 期，又载《东方杂志》1904 年第 3 号。

③ 《论中国商业不发达之原因》，引自张枬、王忍之编《辛亥革命前十年间时论选集》第 1 卷上册，第 468 页。

④ 丁凤麟、王欣之编：《薛福成选集》，上海人民出版社 1987 年版，第 616 页。

实尚居商之先"①。连主张"商战"最力的郑观应也认为应"以工翼商","若有商无工,纵令地不爱宝,十八省物产日丰,徒弃己利以资彼用而已"②。

不过,对启蒙思想家而言,真正认识到"工"比"商"更重要,使"工战"的呼声盖过"商战",还要到 19 世纪末 20 世纪初,其标志则是"实业"一词的大流行。

清末状元资本家张謇是较早认识到"工"的作用胜过于"商"的人士之一。早在 1895 年,针对当时还很流行的重商思想,张謇曾指出外洋富强之本在于工。③ 1905 年发表的文学作品《市声》第 34 回中,则直截了当地提出了"工战"的口号,"学界的口头禅,都说现时正当'商战',据兄弟看来,现时正当'工战'世界"④。1906 年,章京柏锐也提出:"广兴教育,以培人才,以为工战之基。""工战"口号的提出,表明商战思潮已出现一个重大的思想转折,即由重商向重工的思想转换。从现存商会档案中,也可看到"重工"和"工战"思想对商人的直接影响。如1905 年拟定的苏州商务总会《试办章程》中,便特别指出:"农、工、商三者实相表里,今商界风气渐开,农、工尚少讲求,顾工与商尤有直接之关系,工以商为尾闾,商以工为源头也。……工固不可不重。"⑤

这种"重工"的呼声在当时并不孤立,受 1894 年甲午战争后外国资本投资狂潮的刺激,人们逐渐挣脱"以商立国"的重商主义的束缚,经济思想益发逼近资本主义生产方式的本质——以机器生产为代表的近代工业及其经济社会组织形式。近代工业化思潮呼之欲出。最早意识到中国必须走工业化道路的近代启蒙思想家有梁启超、康有为等人。1897 年,梁启超就曾提到,"中国他日必以工立国"⑥。1898 年,康有为主张要"成

---

① 丁凤麟、王欣之编:《薛福成选集》,上海人民出版社 1987 年版,第 482 页。

② 夏东元编:《郑观应集》上册,上海人民出版社 1982 年版,第 588 页。

③ (清)张謇:《代鄂督条陈立国自强疏》,曹从坡等主编《张謇全集》第 1 卷,江苏古籍出版社 1994 年版,第 37 页。

④ 转引自杨国明《晚清小说与近代商业社会》,博士学位论文,上海师范大学,2003 年,第 12 页。

⑤ 章开沅等主编:《苏州商会档案丛编》第 1 辑 (1905—1911),华中师范大学出版社1991 年版,第 730、731 页。

⑥ 梁启超:《变法通议》,《饮冰室合集》第 1 册,中华书局 1989 年版。

大工厂以兴实业"，将"定为工国"作为"国是"。① 这种朦胧的工业化意识，随着 20 世纪初"实业"一词的广泛流行，已俨然成为近代商业启蒙思潮的主流。近代中国"实业"一词的内涵，既是"商"的扩充，也超越了一般意义上的"工"，是一个内容相对芜杂、兼容并包的经济新词，是对农工商等生产和流通事业的总称，但又首先指以资本主义生产方式来经营的近代工业。张謇曾说过："实业者，西人赅农工商之名，义兼本末。"② 时人则进一步阐释："夫实业者，国民资赖以生之物，而国家之血液营养也。实业之盛衰，原为国民生计之舒惨所系，亦为国政隆污之所系。"③

从鼓吹"实业竞争"到力倡"振兴实业"，再到"实业救国"论，当时的中国报纸杂志上充斥着有关"实业"的宣传和议论，实业似乎已成救世的灵丹妙药。"实业之兴衰，关于国势之存亡是也。"④ 张謇和孙中山皆为"实业救国"论的力倡者。张謇认为只有通过振兴实业才能救国救民，"救穷之法惟实业"⑤。为此，他提出著名的"棉铁主义"，试图通过重点发展棉纺织业和钢铁业来推进中国的工业化，发展实业。孙中山也认为，实业建设是救国的根本之道，"发展实业，乃振兴中华之本"⑥。为此，他专门拟定了宏大的《实业计划》，拟通过重点发展铁路、公路交通和港口，全面发展中国经济，实现中国的工业化。

张謇的"棉铁主义"与孙中山的"实业计划"互为补充，为中国的工业化和近代化指出了具体路径，是晚清以来重商思潮发展的高峰，也是"商战"、"工战"和实业思想的集大成者。⑦ 在商业启蒙意义上，张謇和孙中山的实业救国思想分别实现了商战思想、实业思想、救亡思想、改良

① 康有为：《请励工艺奖创新折》，载中国史学会主编《戊戌变法》（二），上海人民出版社 2000 年版，第 225—227 页。

② （清）张謇：《记论舜为实业政治家》，载曹从坡等主编《张謇全集》第 5 卷（上），第 151 页。

③ 《实业救国之悬谈》，《东方杂志》1910 年第 6 期。

④ 《论实业所以救亡》，《东方杂志》1904 年第 8 期。

⑤ （清）张謇：《代鄂督条陈立国自强疏》，载曹从坡等主编《张謇全集》第 1 卷，第 38 页。

⑥ 孙中山：《在上海中华实业联合会欢迎会的演说》（附：同题异文），《孙中山全集》第 2 卷，中华书局 1981 年版，第 341 页。

⑦ 关于张謇与孙中山的实业思想的比较，可参见拙文《孙中山与张謇实业思想比较研究》，《历史研究》2012 年第 5 期。

思想、革命思想的大汇聚、大整合,初步回答了中国工业化和近代化如何实现的时代课题,为后来中国经济思想的发展奠定了思想基础,十分值得进一步研究其在思想启蒙史上的意义。

3. 第三阶段:商业启蒙的深化(19 世纪末至 20 世纪 30 年代)

在这一阶段,随着重商思潮的进一步演化,商业启蒙由"重商"、"重工"向范围更广的"重学"即实业教育和实业观念的培育转变,更深层次的"学战"使近代商业启蒙得以不断深化。

一些商战论者开始意识到,中国工商业颓萎疲敝的症结,在于经商者缺乏市场意识和企业精神,经营管理不善,自身素质低下,这些均有赖于教育的普及与发展。晚清商人也认为"时至今日,所谓商战世界,实即学战世界"[1]。兴商与重学密不可分,只有通过"学战"以开启"商智",具有先进的商业观念和经商知识,才能在"商战"中立于不败之地。有关教育与实业的关系,又以张謇"父教育而母实业"一语最为中肯切要。张謇认为,教育是救国的根本,"非人民有知识,必不足以自强",但实业又是教育的基础,教育需要实业的资金来扶植,"然非先兴实业,则教育无所资以措手"[2]。

在"学战"思想的影响下,清末民初各地纷纷兴办商务学堂和实业学堂之风,极大地普及了商业和实业教育,也直接促成了对民众的商业启蒙。清末苏州商会成立伊始,即将兴商学、开商智作为义不容辞的职责,在其章程中即以"研究商学、发明新理"为其宗旨之一,规定:"有人发起欲设立商业学堂或别项实业学堂者,本会当实力为之提倡扶助。"[3] 天津商务总会于 1904 年成立时,也曾在其章程中明文规定:"本会拟妥筹经费,设立商务学堂,造就人才,以维商务。"1906 年又创办了中等商业学堂。[4] 各地商业和实业学堂的举办,反过来又极大促进了商业和实业知识的启蒙,"实业既有以提倡,风俗又从而改良,无用之财,皆归有用,一

---

① 章开沅等主编:《苏州商会档案丛编》第 1 辑 (1905—1911),华中师范大学出版社 1991 年版,第 30—31 页。

② (清)张謇:《垦牧公司第一次股东会演说公司成立之历史》,《张謇全集》第 3 卷,第 384 页。

③ 章开沅等主编:《苏州商会档案丛编》第 1 辑 (1905—1911),华中师范大学出版社 1991 年版,第 30 页。

④ 天津市档案馆等主编:《天津商会档案汇编》(1903—1911)上,天津人民出版社 1989 年版,第 48、86 页。

举而数善兼收"①。

在兴商学的同时,各地商会还办有《天津商报》和《华商联合会报》等十余种商报,《天津商报》于1905年12月创刊,主要报道各地商务和市场消息以及商会的活动,每月出刊约1000份,"论说精详,商情洞达,有裨于商界诚非浅鲜",以致"各商称颂","不胫而走,省城购阅者为数甚多"②。《华商联合报》于1909年3月创办于上海,系华商联合会办事处的机关报,1910年2月改称《华商联合会报》,每月出版两期,分寄海内外各商会。该报以"联合商队,振兴商业"为宗旨,起到沟通商情、唤醒商界、启迪商智的作用。③

值得注意的是,晚清兴起的博览会、商品陈列所、博物馆等,也成为"学战"的利器,对近代商业启蒙意义甚大。有人指出:"推究赛会(即博览会)之本意,实系商学上事,并非商业上事。在开设会场之国罗致各国物产制造以供研究,使其工商人等通知各该国之学识理想好尚及其历年程度之比较,以开发其进步思想。"④ 1910年在南京召开的中国第一次全国博览会——南洋劝业会所编之《观会指南》也曾指出赛会的最大功效是"实于精神上施以实物的教育,而养其兴业殖产之观念"⑤。1909年武汉举办劝业奖进会期间,为了普及博览会知识和商业知识,办会者还特别印制了白话文宣讲书达五万多册,在武汉三镇广为散发,极大普及了商品博览会知识。⑥

民国初年,孙中山等资产阶级革命派将其关注重点从革命转向实业建设,先后成立了20余个实业团体,通过办报刊,开演讲会和举办展览会等,专门开展有关实业尤其是铁道建设的宣传、教育活动,普及实业知识,收到很好的效果。如其中之一的中华民国工业建设会,每逢周日晚上便举行宣讲会,内容则"注重学理",介绍各种产品的生产方法,"听讲

① 章开沅等主编:《苏州商会档案丛编》第1辑(1905—1911),华中师范大学出版社1991年版,第730页。
② 天津市档案馆等主编:《天津商会档案汇编》(1903—1911)上,天津人民出版社1989年版,第162—163页。
③ 赵洪宝:《清末商会兴商学活动述论》,《历史档案》1997年第1期。
④ 《前出使英国大臣汪咨农工商部论办理赛会事宜文》,《东方杂志》1907年第9期。
⑤ 《观会指南》,南洋劝业会事务所,1910年,第96页。
⑥ 参见张廷海《奏办武汉劝业奖进会一览》,上海经武公司发行,1909年,第91页。

不限会员"，故"听讲者倍形踊跃"①。在各种以宣传实业为主题的报纸杂志中，李文权等1910年6月在日本创办的《中国实业杂志》颇负盛名。该刊原名《南洋群岛商业研究杂志》，1912年改名为《中国实业杂志》，由中国实业杂志社编辑，改季刊为月刊，在东京出版，商务印书馆在北京、上海发行，1917年移至天津出版。该刊以"实业救国"为宗旨，分设图画、论说、译著文牍、传记、调查报告、来稿、访问等栏目，内容涉及经济、政治、外交、侨民、风俗地理等方面，尤以主张华侨投资、兴办实业、开展经贸调查、促进国际贸易、开展国民外交为著名，人物传记多为介绍中外著名实业家，对各种商品陈列所、展览会、博览会的报道与论说亦极为详瞻，可谓一部实业的百科全书。②

可见，清末民初的商业和实业教育还是有相当规模和普及度的，其方式也是多种多样的，不失为近代思想启蒙的重要形式之一。

中国近代重商思潮的演变过程深刻说明，以"商战"思想为起点的近代商业启蒙经历了从商业到工业、从商品到制度、从物质到精神、从单一到系统、从实业到教育、从浅层到深层的复杂演变过程，"商战"—"工战"—"学战"的层层递进，恰好反映了人们思想观念的由浅入深、由物质到制度再到心智的认知逻辑发展过程。在此过程中，发生了两方面的启蒙：一是商业、商品等物的启蒙，一是思想、观念、认知、眼界等精神方面的启蒙。物的启蒙导致对商品背后的商业制度、工厂制度等"制度文化"的认知；精神启蒙则导致对竞争精神、契约精神、平等观念、权利观念等工商社会新精神的认知。这两方面的结合意味着资本主义现代社会的全面启蒙，意味着从封建等级社会向现代职业社会漫长转型的开始。

三　近代商业启蒙的意义与局限

以晚清重商思潮及其演变发展为标志的近代商业启蒙，是继明清商业启蒙之后中国又一次重要的经济思想启蒙运动，它上承明清思想启蒙之端

---

① 《工业建设会进行》，《民立报》1912年3月12日，第10页。

② 参见李文权《三十七年自述》，《中国实业杂志》第6年第9、10合期；果鸿孝《中国实业杂志》，丁守和主编《辛亥革命时期期刊介绍》第5集，人民出版社1987年版。

绪，下开近代思想启蒙之先河，在思想史乃至社会史意义上，具有不可替代的过渡、中继性作用，具有重要的学术研究价值。

与明清时期以"新义利观"和"新四民观"的兴起为主要内容的商业启蒙思想相比，近代商业启蒙不仅深刻反映了自鸦片战争以来中国社会"三千年未有之大变局"，以及"大变局"对人们思想观念的巨大冲击和影响，而且所涉及的思想内容也远为广泛和深刻，是中国思想、文化整体性近代转型的体现，也是"世运转移"、"新旧交替"的时代思潮变化使然。

首先，在启蒙意义上，同尊商、重商意识相适应的是更深层次的社会价值观念取向的重大变化，集中表现为对"义利之辨"的新诠释和近代功利型价值观的逐步形成。

在近代商业大潮的冲击下，人们对自古以来"重义轻利"的传统价值观进行了更深刻的反省和更尖锐的抨击，与近代工商社会相适应的功利型价值观逐渐占据上风。有人大胆为"言利"正名，认为义与利从根本上是不能够分开的，求利乃人生之本能。[①] 也有人从"优胜劣汰"的天下大势出发，强调求利求富的功利型价值观对民族自强、保国保种的重要性。[②] 而何启、胡礼垣等维新思想家还特地将求利观念与鼓吹财富至上、个体本位至上等属于新兴工商资产阶级的价值观念挂上钩，如对待财富和财产的态度，他们提出："凡事而能使人心悦诚服竭力而前者惟财。凡物而能令人取诸怀中割爱与我者亦惟财……除性善之外，则天下事事物物无不因财而动，因财而成者矣。"关于利与私，他们直言私在社会进步中有着不可或缺的作用："为今日言，则家不妨私其家，乡不妨私其乡，即国亦不妨私其国，人亦不妨私其人……如此则合人人之私以为私，于是各得其私，而天下亦治矣。"[③] 众所周知，鼓吹"财富面前，人人平等"，强调个人价值第一，人人有追逐私利的权利，国家不得干预，这些正是近代资本主义社会所奉行的基本价值准则，从西方启蒙思想家爱尔维修、边沁等人所倡导的功利主义思潮中，不难看到极其类似的思想主张。[④] 何启、胡

---

① 《争利失利说》，《申报》1890 年 4 月 12 日，第 1 页第 1 版。

② 《中国政务日兴喜而论之》，《申报》1896 年 5 月 7 日，第 1 页第 1 版。

③ 郑大华点校：《新政真诠——何启、胡礼垣集》，辽宁人民出版社 1994 年版，第 485、413 页。

④ 关于爱尔维修、边沁的近代功利主义思想，可参见［挪威］G. 希尔贝克·N. 伊耶《西方哲学史——从古希腊到二十世纪》，童世骏等译，上海译文出版社 2004 年版，第 324—325、348—349 页。

礼垣等将之借用到中国,正是试图以近代功利主义价值观取代传统的伦理型价值观,为以私有制为基础的近代工商社会的诞生而张目。

与根本价值观念变迁相一致的是商人竞争意识、合群意识、法律意识等方面的观念变迁。如竞争意识,人们业已认识到工商社会实则为一竞争社会:"今适届实业竞争最剧烈之时代也,商也工也,投身商战之场。使有生货而无熟货,将何所挟持而为战胜之利器?"① 只有在竞争中才能求生存、谋发展,"竞争者,进步之原因也。对外而言,则我国当与他国竞争;对内而言,则我省当与他省竞争"②。如合群意识,"中国商人素无合群思想,故数千年来,未占有历史之荣光者"③。"今宜亟为合小以致大,联散而成聚,舍个人商业而社会商业,舍家庭工业而营工场工业矣"④。"而提纲挈领,保卫维持,俾商务日有进步者,实惟商会是赖。盖商之情散,惟会足以联之;商之见私,惟会足以公之。"⑤ 正是这些认识促使商人联合起来兴办股份公司,创设工厂,筹建近代商会组织。如法律意识,"我中国商人,沉沉冥冥为无法之商也久矣!中国法律之疏阔,不独商事为然,商人与外国人贸易,外国商人有法律,中国商人无法律,尤直接受其影响,相形之下,情见势绌,因是以失败者,不知凡几,无法之害,视他社会尤烈,此可为我商界同声一哭者也"⑥。从这些认识中则可以捕捉到商人有组织开展商业习惯调查,发起拟订商法活动的思想认识根源。商人观念的种种变迁,体现出近代商业启蒙已通过价值取向的变化而影响到商人意识形态和社会活动的方方面面,其意义十分深远。

上述与重商思潮相伴随的价值观念及意识形态的变迁,虽然主要体现在工商实业领域,往往与商利、商权、商法等相挂钩,但随着启蒙思想的扩展,常常又由启蒙思想家们推及政治制度、法律制度、社会制度等更广泛的领域,引发更多的批判性思考。如 1880 年前后,重商论者钟天纬便

---

① (清)魏声禾编著:《最新中国实业界进化史》,光绪三十二年初版。

② 《成都商报》第 1 册,1900 年,"论说"。

③ 《论商会倚赖政府》,《东方杂志》1904 年第 5 期。

④ 《论组合》,《商务官报》第 15 期,1906 年。

⑤ 章开沅等主编:《苏州商会档案丛编》第 1 辑(1905—1911),华中师范大学出版社 1991 年版,第 3 页。

⑥ 《上海商务总会致各埠商会拟开大会讨论商法草案书》,《申报》1907 年 9 月 10 日第 2 版。

已意识到西方富强的根本不只在"重商"，而更在于其"政教修明"、"律法最尊"，能够建立起"通民情、参民政"的政治制度和相应的法律制度，这才是欧洲各国臻于富强的"大关键"处。① 1909 年，郑观应在《盛世危言后编》自序中，也有类似的表述，指出："盖宪法乃国家之基础，道德为学问之根柢，学校为人材之本源。政治关系实业之盛衰：政治不改良，实业万难兴盛。"② 到 20 世纪初，这种思想业已在商人中引起比较广泛的认同，如有人认为，商人"无政治之思想，乏国民之精神，终无以争存于商战之世，独立于列强之间也"③。也有人指出："我商界不欲为立宪文明之国民则已，苟其有立宪国民之思想，则当先尽立宪国民之义务，而国会请愿之举，自不得不继续各界以行之。"④ 这说明，在当时的商人眼中，商业发展与政治发展已有莫大关系，商人已不可能游离于国会请愿之类的政治运动之外。

显然，商业启蒙同整个近代启蒙思潮有着割不断的内在联系，系整体性近代启蒙中不可或缺的重要一环。而且，这种启蒙实际上已从思想家的书斋走向广大的社会，一变而成为不可阻遏的社会思潮和层出不穷的社会改革运动。

尽管意义重大、影响深远，但近代商业启蒙也有其自身的历史局限性。

与西方的重商主义思想和早期启蒙运动相比，中国近代商业启蒙主要不是内生的，而是外发的，是商潮东渐所引发的中国社会内部的反映，商战的目的主要在于御侮与救亡，手段则是对外贸易与阻塞漏卮。外发性特征，使中国近代商业启蒙一方面固然接续了明清以来的经世思想和实学传统，但另一方面又主要是从西方接受重商主义的思想启蒙。但可惜的是，这种启蒙毕竟不是系统的、唯我所用的，有一种理论上的不彻底性，许多来自于对西方或肤浅或深刻的观察。更何况西方重商主义经过近 300 余年的演变，早已面目全非，本身就有早期与后期重商主义之分，已发生了很大变化，无法全盘引进。如马建忠的重商思想历来被认为是最接近西欧重

① 钟天纬：《综论时务》，《刖足集内篇》，刻本，上海，1932 年，第 34—36 页。
② 夏东元编：《郑观应集》下册，上海人民出版社 1982 年版，第 11 页。
③ （清）太孟：《商业发达论》，《江苏》第 3 期，1903 年 6 月。
④ 《联合海内外华商请愿国会公告书》，《华商联合会报》第 3 期，1910 年 5 月。

商主义思想，但经过有关专家的深入分析，却认为他的重商主义与真正的古典重商主义仍有实质区别。① 晚清以商战为口号的重商主义，其实是一种古典重商主义与近代自由贸易思想相混杂、西方冲击与经世思想相交错的混合型思想，目的主要在于挽救因外贸巨额逆差和白银大量外流所引发的巨大社会危机，使中国不致被西方列强所"灭国"、"亡种"。

也不是说，中国近代商业启蒙始终受制于急剧变化的救亡形势。为了适应救亡的需要，近代重商主义的内涵始终处于急速的过渡、转化之中，带有某种不确定性，很难形成"思想定势"。在短短几十年间，中国近代重商主义便走过了西欧重商主义300余年的思想历程，呈现出极其短暂又极不稳定的思想特征。在民族救亡的时代主旋律之下，从19世纪六七十年代兴起的"重商"、"商战"，到20世纪初年的"重工"、"工战"、"实业救国"，再到辛亥革命后全面的"实业建设"、"社会革命"，不到60年的时间，中国近代的经济思想发展和商业启蒙已经历过了多次内容、主题变迁，但每一次变迁，都缺乏深度的思考和充分的实践，像一场场突如其来的春雨，刚刚打湿了地皮，就倏然停止了。这种思想启蒙的"跳跃式"发展和一波接一波的"思想快速接力"，其实也就是整个近代中国思想启蒙的真实写照。

不得不承认，近代商业启蒙的"未完成时"的特征，为现当代经济制度和商业道德文化的建设带来很大的困惑和阻挠。商业道德文化是国民整体道德文化的重要组成部分，也是一种重要的文化软实力，为了实现中华民族伟大复兴的"中国梦"，打造强大的"中国精神"，我们必须大声疾呼中国商业道德文化和商业精神的再启蒙、再建设，这也是中国经济建设实现可持续和健康发展的必不可少的前提和基础。

（本文刊发于《中国社会科学》2014年第2期。作者马敏，华中师范大学中国近代史研究所教授）

---

① 胡寄窗：《中国近代经济思想史大纲》，中国社会科学出版社1984年版，第100页。亦可参见薛玉琴《近代思想前驱者的悲剧角色：马建忠研究》，中国社会科学出版社2005年版，第87—88页。著者业已指出，"在中国近代史上，与其说马建忠是一位洋务专家，还不如说他是一位启蒙思想先驱更为贴切"（薛玉琴：《近代思想前驱者的悲剧角色：马建忠研究》，中国社会科学出版社2005年版，第206页）。

启蒙视阈下中西"理性"观之考察[*]

丁　耘

　　在中国思想史与文化史的讨论语境中，"中国式启蒙"与"五四新文化运动"的联系已如此紧密，以至于被当作同义语使用。①这一方面有助于理解"新文化运动"的某个面相，另一方面，也在一定程度上掩盖了五四运动与启蒙观念本身的复杂性。无论是舒衡哲（Vera Schwarcz）、李泽厚以及汪晖的启蒙论叙事，还是冯友兰、沟口雄三那样避免直接提及启蒙的叙事，都不言而喻地将启蒙置于和传统的对立之中。②然而，所有这些学者都没有追问，被当作中国启蒙思想史解释工具的"启蒙"观念，究竟是何含义？无疑，这两个问题——启蒙与传统的关系、对启蒙的界定——之间的联系非常紧密，解决其中任何一个都会对另一个产生决定性的影响。如果说前一个问题也向史学开放，那么后一个问题应完全属于哲学范畴。

---

　　* 本文是复旦大学"985工程"三期整体推进社会科学研究项目"中国道路、中华文明与中国化马克思主义"（项目批准号：2011SHKXZD018）的后期成果之一。

　　① 参见［美］舒衡哲《中国启蒙运动：知识分子与五四遗产》，刘京建译，丘为君校订，新星出版社2007年版，第3—11页。周策纵对此有犹疑，参见周策纵《五四运动》，江苏人民出版社2005年版，第345页。

　　② 参见李泽厚《启蒙与救亡的双重变奏》，载《中国现代思想史论》，安徽文艺出版社1994年版，第11—52页；汪晖《中国现代历史中的"五四"启蒙运动》，载许纪霖编《二十世纪中国思想史论》上卷，东方出版中心2000年版，第31—67页；冯友兰《中国现代哲学史》，广东人民出版社1999年版，第78—91页；［日］沟口雄三《另一个"五四"》，载《中国的思维世界》，江苏人民出版社2006年版，第618—639页。

一 中国思想史叙述中的启蒙难题与康德的启蒙观

启蒙态度包含着与传统的对立乃至断裂,这是从西方"启蒙"观念中可以抽演出来的意涵。与此一致,对中国式启蒙的主流叙述也隐设了这层意涵。但仍有不同背景的作者从积极方面叙述启蒙与中国传统之间的关系。

在史学方面,首先是思想史领域声名卓著的侯外庐及其追随者,早已引入启蒙观念来叙述 17 世纪到 19 世纪 40 年代的中国思想史。与舒衡哲范式的明显差异在于,对晚清之后,包括新文化运动的思想史,侯氏学派不再以启蒙论式加以概括。如果舒—李的历史叙述以康德哲学为背景,侯外庐学派的作品则是以历史唯物主义叙述中国历史的典范。侯氏对中国启蒙思想的界定与指认,完全化用了马克思、恩格斯及列宁对欧洲以及俄国启蒙的概括,并以思想观念的社会经济条件为原则。作为 20 世纪 30 年代社会史论战的参与者,侯外庐在中国思想史领域内运用了郭沫若对中国历史的整体看法,强调中国思想史与欧洲及俄国的共有阶段。

舒—李认为中国启蒙的原型与起源都是西方的,而侯外庐学派则用被他们确信为"普遍的"启蒙原型,去寻觅其在中国的起源。另一方面,在梁漱溟,特别是在其史学领域的追随者朱谦之身上,可以发现一个在起源和原型上均崭新的"启蒙"观念。可效法沟口式的命名,称之为"另一个启蒙",即扎根于中国传统的启蒙观念。

朱谦之在其名著《中国哲学对欧洲的影响》中,给出了一个几乎完全颠倒了舒—李进路的叙述。他罗列了丰富的史料,证明西欧启蒙运动受到儒家,特别是理学的影响,不少西欧启蒙哲人是地道的"慕华派"。[①]如果发挥朱谦之的叙述,以排斥儒家为主要标志之一的五四新文化运动的"启蒙"品格,即将陷入历史的悖论之中。值得注意的是,朱氏著作虽有比较强的主观意图,但绝非空谷足音。欧洲启蒙运动在某种意义上拥有中

---

① 参见朱谦之《中国哲学对欧洲的影响》,上海人民出版社 2006 年版,第 187—326 页。

国源头，这是一个不争的事实。①

　　朱谦之本人是极为典型的五四青年，是新文化运动中"无政府主义"的风云人物。促使他脱离五四时期的虚无主义、无政府主义思想阶段的，是梁漱溟的《东西文化及其哲学》。② 虽然朱谦之很快转到"唯情论哲学"的立场对他所谓"唯理主义"的梁漱溟文化哲学进行批判，这却并未妨碍他用"理性时代"去概括启蒙运动，并在其中寻找宋明理学的痕迹。③ 换言之，作为生命哲学家的朱谦之在文化哲学上否认的东西，作为历史学家的朱谦之却在文化史上加以承认。梁漱溟毕生坚持儒家精神的核心是"理性"。在梁氏看来，儒家或中国的"理性"，与西方启蒙运动重视的"理智"④ 有大区别，却与他早年重视的"直觉"，并不冲突。梁非常重视朱的这部史学著作，在其晚年著作《中国——理性之国》中，仍然加以援引。⑤ 朱在哲学上与梁的争辩，其实是用生命哲学丰富了儒家"理性观"的内容。

　　如果启蒙运动的某个无法排除的面相确实可被视为"理性主义"的，而儒家学说对启蒙运动确实有过诸如此类的影响，那么，对中国启蒙的另外一种看法就是可能的。如此将舒—李的中国启蒙叙述、冯—沟口对五四新文化运动的叙述，同侯外庐对中国早期启蒙思想的叙述，以及梁—朱对

----

　　① 这方面较具代表性的欧洲学者的研究有维吉尔·毕诺《中国对法国哲学思想形成的影响》，耿昇译，商务印书馆 2000 年版。另有［法］安田朴（另有译作艾田蒲）《中国文化西传欧洲史》，耿昇译，商务印书馆 2000 年版。该书修订全译本，安田朴《中国之欧洲》两卷本，许均等译，广西师范大学出版社 2008 年版。此著详细研究了从罗马帝国到莱布尼茨，特别是 17、18 世纪的欧洲对中国从仰慕到排斥的历史，其下卷"前言"中的一句话颇能概括当时的情况："中国思想付出了部分被曲解的代价，但有力地影响了欧洲。"（第 11 页）不过，此著在论及 18世纪法国思想家关于中国的争论时，主要集中在伏尔泰和孟德斯鸠，没有专论魁奈对中国的辩护。为弥补此缺憾可参见［法］魁奈《中华帝国的专制制度》，谈敏译，商务印书馆 1996 年版。近年中国学者的有关研究中，比较全面细致的可参见张国刚等《启蒙时代欧洲的中国观》，上海古籍出版社 2006 年版。
　　② 参见《朱谦之文集》第 1 卷，福建教育出版社 2002 年版，第 125—126 页。《东西文化及其哲学》的初版曾刊登梁与朱的合影。
　　③ 参见朱谦之《中国哲学对欧洲的影响》，上海人民出版社 2006 年版，第 188—195 页。
　　④ 梁漱溟的判断是，西方文化重视"理智"而非"理性"。这与欧洲启蒙运动的自我阐述虽有差异，但仍可贯通。说欧洲启蒙是"理性时代"，属泛泛之论，而理性与理智的区别需在追问此"理性时代"的"理性观"之后才可能得到展现。
　　⑤ 参见梁漱溟《中国——理性之国》，《梁漱溟全集》第 4 卷，山东人民出版社 2005 年版，第 335 页。

中国式启蒙或欧洲启蒙的中国起源的叙述综合起来看，"启蒙"便呈现出复杂的面目。与其说它是中国思想史叙述的一个基本范畴，不如说这个带来纷争的范畴本身就是一个难题。

启蒙概念的经典出处，是作为 18 世纪的精神象征同时被 20 世纪不断问及的康德的文章《答复这个问题，什么是启蒙？》（下文简称《什么是启蒙？》）。① 它既是当时著名辩论的基础文本之一，也是现在关于启蒙的对话必须回溯的核心文本。②

康德对启蒙的定义简单明了："启蒙就是人类摆脱自我招致的不成熟状态。""自我招致的不成熟"不在于没有理智，而在于不经他人引导就没有勇气去运用理智。因此启蒙的基本诉求就是："Sapere aude！要有勇气运用你自己的理智！"③ 正如康德在文章开头便强调的那样，这个诉求的关键词，不是"理智"，而是"勇气"。在康德那里，勇气这个概念具有实践哲学及人类学上的确切含义。勇气并非激情，而是"基于原理与德性。理性在这种情况下给予果敢的人以自然有时拒绝给予他的坚强"，且真正的勇气只能"通过理性唤起"④。这就是说，启蒙首先诉求的，是人的理性而非理智。不经他人引导运用理智的前提，是理性的自我唤起。作为进一步论证的结果，在《什么是启蒙？》的下文，康德便将启蒙所需要的东西清楚地表达为"在一切事情上都有公开运用自己理性的自由"。其确切的含义是"任何人作为学者在全部听众面前所能做的那种运用"。

---

① 本文援引的康德著作，除《纯粹理性批判》直接标出德文本（K. R. V）AB 两版标准码外，其他均标出中文译文页码（著作集本亦标卷数），有的地方后附德文本（BD）页码（著作集本亦标卷数）。中译文分别来自以下两个译本：［德］康德《历史理性批判文集》，何兆武译，商务印书馆 1990 年版；《康德著作全集》第 6、7 卷，李秋零译，中国人民大学出版社 2007、2008 年版。并据以下两种德文本做了校订：Immanuel Kant, *Was ist Aufklärung? Thesen und Definitionen*, herausgegeben von Ehrhard Bahr, Stuttgart: Reclam, 1996；Immanuel Kant, *Werke in sechs Bänden*, herausgegeben von Wilhelm Weischedel, Darmstadt: Wissenschaftliche Buchgesellschaft, 2005。中译文改动处不再标出。此处参见康德《答复这个问题：什么是启蒙？》，《历史理性批判文集》。

② 参见［美］詹姆斯·施密特编《启蒙运动与现代性——18 世纪与 20 世纪的对话》，徐向东等译，上海人民出版社 2005 年版。

③ ［德］康德：《历史理性批判文集》，何兆武译，商务印书馆 1990 年版，第 23 页。在康德主要著作的汉译中，此处的"理智"（Verstand）一般译为知性。理智（知性）与理性的区别是支撑康德批判哲学的基本区别之一。在其社会政治思想、法权哲学、历史哲学、教育学、人类学的作品中，这种区别均不可忽视。

④ 参见［德］康德《实用人类学》，《康德著作全集》第 7 卷，第 251—252 页。

同时，康德将启蒙的重点放在了宗教方面。①

不过，在康德关于启蒙的界定和主张中，存在着悖论。

康德启蒙论述的关键环节是理性及其公开使用；与之相对的则是自我招致的不成熟与理性之私人使用。要理解康德启蒙学说的深意，就必须参考他在其他地方对理性及公开性的界定。在《世界公民视角下的通史之理念》（下文简称《通史之理念》）一文中，康德对启蒙给出了一个简短的历史哲学的论证。作为全人类的能力，理性能力的发挥不能体现在个人身上，而必须体现为一个历史过程。理性的每一次进步，都需要尝试、练习与授课，每个世代都要把自己的启蒙流传给下一代，以便理性最终在历史长河中到达其目标。②

推演康德的论证，可以得到这样的结论：启蒙就是人类的理性发挥自己的力量。而理性绝非仅在某个时代发挥自身的力量，因此启蒙包含着世代之间的传承，而并不仅属于某个特定时代。特指意义上的 18 世纪启蒙运动，当属于某个绝对的时刻，即理性将要达到其全部目的的时代。其标志是理性开始认识自己的界限。换言之，康德批判哲学的出现本身，就是最终启蒙之标志。

在《什么是启蒙?》的论述中，勇气作为基于德性的坚强，是被理性激发和唤起的。那么，缺乏勇气——也就是不成熟——正属于发挥理性力量时的缺陷。在达到其全部目的甚至界限之前，理性既然必须通过世代之间的教化与训练得以传承，那么很显然的是，理性自身是必须被引导的。启蒙后的成熟状态中理智无须被引导的条件在于，理性必须被他人引导。康德启蒙论述的首要关键词，即"引导"。在《什么是启蒙?》之类的刊物评论中，被引导这个概念指示着不成熟。但在例如《道德形而上学》这样的实践哲学作品中，被引导恰恰是成熟的基本条件。"教师向他的学生的理性询问他要教给学生的东西，如果学生不会回答该问题，教师就提示他（引导他的理性）。"③ 这就是说，启蒙就是引导被启蒙者的理性，以

①　参见［德］康德《历史理性批判文集》，何兆武译，商务印书馆 1990 年版，第 24—25、29 页。

②　参见［德］康德《世界公民视角下的通史之理念》之第二命题，《历史理性批判文集》，何兆武译，商务印书馆 1990 年版，第 4 页。

③　［德］康德：《道德形而上学》，"附释：一部道德问答手册的片段"，《康德著作全集》第 6 卷，李秋零译，中国人民出版社 2007 年版，第 490 页。括号内是康德原文，着重号为引者所加。

便他的理性唤起其勇气,最终在对理智的运用上不再需要被引导。正如
《通史之理念》第二命题的说明所显示,理性的发挥需要练习。这个特点
与康德理论哲学中的判断力相仿。在《纯粹理性批判》关于先验判断力
的导言中,康德以"仅能练习"明确区分了理智与判断力。"虽然理智能
用规则来进行教导和配备,但判断力却是一种特殊的天赋才能,它根本不
能被教导,而只能被练习。因此判断力也是所谓天赋机智的特性,它的缺
乏不是任何学校可以弥补的……"①

在他关于启蒙任务的所有论说中,康德只是诉诸理性可以被运用、被
练习,但从未说过理性可被教导。在关于德性教育的讨论中,康德把对德
性的"教授"和对理智的"教导"做了精细的区别。即使可以谈论对德
性的"教授",其实质内容仍然是"练习"。因为这需要事先对理性力量
的尝试和练习,② 而启蒙据此才能在世代之间传承。

综合以上引述可以发现,康德对于理性、德性、勇气等的教育特征的
描述和判断力相同,而不同于理智。如此,理性属于特殊的天赋才能,既
非人人现成拥有,也非学校教育可以弥补。

如果我们综合康德在各处对理性的阐述,那么这个结论也许并不像看
上去那么惊人。对于康德哲学而言,纯粹理性与人人拥有的理性处于两个
完全不同的层面。严格地说,后者不属于先验哲学,而属于人类学以及关
于人这个物种的发展可能的历史哲学。由于后者进一步牵涉关于人的法
权、政治、道德与教育问题,必须得到适当的澄清。康德完全承认,人是
大地上唯一具有理性的受造物,理性会在人身上充分地发展出来,但他立
刻加以限制说,这种充分发挥,"只能是在全物种的身上而不是在每个人
的身上"③。康德的论证包含了一个关键的环节,即理性必定通过历史中
代际的传承、启蒙而发挥。换言之,只要人这个物种尚未在全部历史中经
历启蒙完成的时代(他本人的时代仍然如此),理性就不可能在每个人身
上全部发挥出来。理性对于人绝非现成的。对于实践理性或作为其产物的
德性而言,情况也是如此。

---

① K. R. V, A133/B172.

② 参见 [德] 康德《道德形而上学》,《康德著作全集》第 6 卷, 李秋零译, 中国人民出
版社 2007 年版, 第 487 页。

③ [德] 康德:《历史理性批判文集》, 何兆武译, 商务印书馆 1990 年版, 第 4 页。

把这个论点与康德的《通史之理念》相对照，可以发现，恰恰由于理性只是一种绝非已经具备，而是应该具备的能力，历史各阶段——包括《什么是启蒙？》的那个阶段——的启蒙才是必要的。这也就意味着，在启蒙尚未普遍完成的时代，总有尚未具备理性的人。然而，这个论点却为《什么是启蒙？》带来了麻烦。因为后者既然将那个时代的启蒙内容表述为"任何人"，在一切事情上，"都有公开运用自己理性的自由"，那么唯一的解释就是，康德已经认定，人人都已现成地具备了理性（因为，允许人们拥有运用自己尚未具备的能力的自由，是虚伪的）。存在这种差别与其说是由于康德对人类启蒙的一般看法包含着矛盾，不如说是，康德对当时所有人的理性能力的判断，以及对可接受启蒙的公众范围的估计，都达到了十分乐观的程度。如果说这种乐观足以支持某种教育或政治理想，那么对其实际情况的考察，也能反过来校正这种乐观。在经历了从教育出发的一系列争辩之后，康德的启蒙论述不得不迫于某种内在压力被调整为：部分人可以在理性上被他人引导，以便在理智上不被引导。同样，理性拥有者的范围将导致公开性之界限的收缩。

康德的矛盾，可以说是一位深刻的现代哲学家在其探索的极限处必定表现出来的古今之争。这是启蒙在理性这个古老概念与人民这个现代哲学为政治谋求的基石性概念之间的张力所造成的。单从哲学方面看，这也可以说是由理性观本身的复杂性所致。康德启蒙论述的复杂性的迫使我们必须从头认识启蒙本身的复杂性。

二 新儒家与启蒙运动各自的理性观

如依据上文所讨论的康德之启蒙论述，回头考察中国古典思想与启蒙之关系，可发现朱谦之同样沿用了康德对启蒙运动的叙述：既用理性去界定启蒙，也将启蒙的重点放在宗教方面。[①] 接着他做了一个史学的追问：这个理性时代是哪里来的？是从中国来的还是从希腊来的呢？朱对此的回答是，部分是从中国来的。作为对此观点的唯一的哲学史论证，他援引了

[①] 参见朱谦之《中国哲学对欧洲的影响》，上海人民出版社 2006 年版，第 88—192 页；康德《历史理性批判文集》，何兆武译，商务印书馆 1990 年版，第 29 页。

黑格尔《历史哲学》中的观点：中国人承认的基本原则其实就是理性，无非名字叫作"道"。①

朱谦之的这套论证部分正确。在启蒙哲人及其 17 世纪的先驱者中，的确有人表现出对理学的热情、兴趣和吸收，而这与后者对"理性"的主张与修习有关。

不过，朱的论证仍有本质性的偏差。其史学叙述一方面牺牲了西方"理性"概念的丰富、复杂与内在变化，另一方面和黑格尔一样，消除了中西理性概念之间的微妙而重大的差别。西方理性观内部的古今差异之会通整合，是黑格尔工作的重心所在，他会通西方古今理性观的方式，可以为我们区分并会通中西理性观提供方法论上的启迪。在黑格尔那里，启蒙无非就是认识到那些建立在理性之上的各种自然规律与法权的正当性。自阿那克萨哥拉发现理性统治着世界以来，其第一次照亮了精神的现实，即人类的历史领域。② 同时，启蒙运动的理性处于抽象普遍性的阶段。它一方面提出理念（无限者）的能力，另一方面又把合法的认识限于理智，即有限者的领域之内。启蒙与宗教传统的斗争在《精神现象学》中被黑格尔归结为见解与信仰的斗争，③ 即合法的理智与不合法地拥有无限对象的理性的斗争。

在黑格尔看来，康德及启蒙的理性观局限在有限与无限的抽象对立之中。其自身既与理智对立，亦在理论哲学上陷入物自身与自我意识的对立、直观与思维的对立，在道德哲学上陷入实践理性与情感、实然与应然、自然与自由的对立，在思辨哲学上陷入内在与超越的对立，在神学上陷入存在与概念的对立。所有这些二元论的根源在于对理性及其无限性的抽象理解。按照黑格尔的观点，无限不可与有限简单对立，否则它就是被有限所限制的又一个有限而已。和不少哲学家一样，黑格尔的所有努力都意在克服这种对立，而他独有的方式是辩证法，即在思维中对概念矛盾之真理性的承认和运用。这既有西方哲学古代传统的渊源，也有现代哲学的改造。

---

① 参见朱谦之《中国哲学对欧洲的影响》，上海人民出版社 2006 年版，第 194 页；［德］黑格尔《历史哲学》，王造时译，上海书店出版社 1999 年版，第 141 页。

② 参见［德］黑格尔《历史哲学》，王造时译，上海书店出版社 1999 年版，第 453、459 页。

③ 参见黑格尔《精神现象学》下卷，贺麟、王玖兴译，商务印书馆 1979 年版，第 96 页。

黑格尔的理性概念可以追溯到阿那克萨哥拉首先提出的 nous（努斯）。① 虽然黑格尔在《精神现象学》中把理性置于精神之前的环节，同时将启蒙安置在精神的部分之中。但在黑格尔对启蒙时代的历史哲学叙述中，仍然以 nous 为关键词且将之翻译为理性。② 现代理性概念在启蒙、康德与黑格尔之间的多重含义，在很大程度上起源于努斯概念本身在希腊哲学内部开辟的问题视野、不同进路以及其间的相互张力。黑格尔甚至用不同的译名来呈现这种张力。③

第一，努斯概念包含直觉与思维的张力。努斯的一个重要的动词形态 noein 一般被译解为"思维"。可以确认，柏拉图特别是亚里士多德把 noein/noesis 与努斯统一起来，作为其哲学的主干概念加以运用。但即使亚里士多德本人，虽然在《形而上学》之中用思想自身的努斯去解释作为第一本体的神，④ 却仍然在《尼各马科伦理学》中更多地偏向了直觉。⑤ 努斯的直觉含义，在后世所谓"智的直觉"这个术语中仍然保留着。

第二，既然努斯有可能陷入直接认识与间接认识的紧张之中，它也就与逻各斯概念发生了纠缠。虽然逻各斯也可以被翻译为理性，但它与努斯相比，更多地与间接认识相关。例如，主张绝对理念之直接同一性的谢林诉诸智的直觉，而同时也重视间接性的黑格尔则把对理念的认识称为逻辑学。

第三，努斯与其所朝向的理念——特别是善之理念——的不同关系是理解努斯——理性传统之内部张力的关键。柏拉图笔下的苏格拉底批评说，阿那克萨哥拉的努斯概念缺乏与善及形式（理念）产生关系的维度。⑥ 与这个批判相应，他构造了一个善统摄努斯以及其他理念的本

① 参见［德］黑格尔《小逻辑》，贺麟译，商务印书馆 1994 年版，第 80—81 页；黑格尔《历史哲学》，王造时译，上海书店出版社 1999 年版，第 11—12 页。

② 参见［德］黑格尔《历史哲学》，王造时译，上海书店出版社 1999 年版，第 11—12 页。

③ 除译为"理性"外，黑格尔还曾将之译解为"心灵"或"精神"，参见［德］黑格尔《小逻辑》，贺麟译，商务印书馆 1994 年版，第 48 页；或译解为"心灵"、"思想"，参见［德］黑格尔《逻辑学》上卷，杨一之译，商务印书馆 1982 年版，第 31 页。

④ 参见 Aristotle, *Metaphysics*, 1072b18 - 30, *Complete Works* (Aristotle), ed., Jonathan Barnes, Princeton, N. J.: Princeton University Press, 1991。

⑤ 参见 Aristotle, *Nicomachean Ethics*, 1140b35 - 1141a7, 1142a25 - 30, *Complete Works* (Aristotle)。

⑥ 参见 Plato's *Phaedo*, 99A - D, translated with introduction and commentary, by R. Hackforth, Cambridge: Cambridge University Press, 1955。

体——知识图景。① 很明显，在这个以眼睛与日光为隐喻的图景中，努斯对善本身的认识方式和对其他理念的认识是不同的。前者更偏于黑格尔所批评的智的直觉，而后者更偏于思维。

第四，更重要的是，无论努斯或者欲望——这对应着康德式实践理性及其对立面（作为质料的情感）——都以某种美善为目的，无非或为现象之美善或为真实之美善。亚里士多德认为伦理德性并不存在于同情感、欲望漠然无涉的纯粹努斯或逻各斯之内，而是存在于情感与欲望的适度之中，这个适度（中道）是由实践的逻各斯提供的，即除宇宙之努斯与善等同外，人类灵魂内的努斯必定指向善，而此善亦非脱离质料而在的"分离的理念"。

第五，在对美善的指向中，理性认识与意见拥有共同的前提。意见的总和就是古人的诗教传统。诗与哲学之争就是知识与意见或理性与传统之争的另一种表达。可以说，理性与传统之对立这个启蒙哲学难题在古希腊人那里就已被严肃地思考过了。在柏拉图的最佳政体中，哲人王也必须借助诗歌进行教育，好公民是有正确的意见、得到恰当教育的公民。② 亚里士多德则认为诗人与哲人探究的都是神，无非诗人因为律法的关系，将神表象成人格化的。③ 在这个问题上，启蒙哲学反而接近于瓦解一切城邦意见的智者，而启蒙之后的哲学，例如黑格尔，则接近于亚里士多德。

仅就上述数点而言，古希腊哲学理性观与启蒙理性观的明显差异主要在于：理性存在于和理念（善）的活生生的关系之内，而非处于彼此的抽象对立之中。努斯（理性）与情感的关系也以某种方式归属于这种关系。

第六，理性与自然以及历史的关系在古今差别的背景下更具有多重含义。在柏拉图与亚里士多德的宇宙图景中，努斯—理性是根本原因（动力因或者目的因）。黑格尔在继承这个学说的同时，将理性的统治范围扩大到了历史领域。无论自然还是历史，在他那里都是作为理性之自我意识的环节出现的。对于自我意识哲学来说，理性是动力因与目的因的统一。

---

① 参见 *The Repulic of Plato*, 507D – 509E, trans. Allan Bloom, New York: Basic Books, 1968。

② 参见 *The Repulic of Plato*, BookII-IV。

③ 参见 Aristotle, *Metaphysics*, 1074b1 – 14。

对于古代哲学，黑格尔在自然哲学上表现了他的继承（将目的论引入对宇宙的解释）；另一方面，在历史哲学中则更多地表现为对基督教传统的希腊哲学式转化。① 在康德那里，情况有很大不同，为自然界立法的是理智（更接近亚里士多德的形式因），而非有目的论色彩的理性。理性本身确实是历史的目的。但目的之于理性，正如自由之于实践理性一样，只是一个必要的设定。换言之，康德实际上把努斯从自然体系中彻底驱逐出去了，只允许它进入道德领域。就此康德更接近于苏格拉底的兴趣，只是切断了理性与善之间本质性的共存关系。

要之，理性在思维、直觉、情感、欲望、实践、技艺、自然运动之中必定全都指向善，这正是古代理性观的血脉所在。至于理性和善（神）自身是否可以在最高沉思中统一起来，就是柏拉图与亚里士多德的差别所在，不过相对而言反是次要的问题。但对现代哲学而言，这个次要问题，以及必然附属于它的理性与人的关系问题，就成为头等大事了。

理性与上帝的关系问题症结在于，理性是否可以取消或替代上帝。如否，那么理性是否可以认识上帝，或仅将上帝作为道德价值和历史意义的前提。柏拉图对神有多重理解，造物者意义上的神只相当于理性。② 而超越努斯与理念的"善"才是基督教神学的灵感来源。善也被亚里士多德当作神的同义语，对他而言，努斯（理性）和善与神最终是同一的。亚里士多德之第一哲学虽然隐含了理性对上帝的取代，但由于保持着宇宙的终极目的，所以这种取代并不必然通向启蒙所导致的无神论。

与之不同，启蒙哲学的理性在自然领域指向内在的、现象界的事物，在实践领域——经过卢梭与康德的发扬——则成为法与道德的基础。但关于上帝，启蒙哲学放弃了对其认知合法性的信任。理性与上帝的关系受到了极大的挑战。要么干脆像激进唯物论那样走向无神论与机械论，要么像卢梭那样将上帝委托给宗教情感，要么像康德那样，将上帝降为实践理性本身需要的设定之一。

理性被启蒙运动主流认定为人的本质能力，一方面，至少可能进入政

---

① 关于历史意识的《圣经》起源，参见［德］卡尔·洛维特《世界历史与救赎历史》，李秋零译，生活·读书·新知三联书店 2002 年版。

② 参见 *Plato's Cosmology: The Timaeus of Plato.* Translated with a running commentary by F. M. Conford, London: Kegan Paul, 1937, Reprint by Hackett Publishing Company, 1977, 27C - 31B, pp. 21 - 23, 33 - 34, 40 - 42。

治社会的每个人都已被设定为有能力平等地拥有理性——通过教化实现这种能力；另一方面，这种能力与人性的其他方面相比又是不平等的。古代灵魂学说将情感与欲望视为可以听从理性的部分，灵魂中非理性部分与理性部分的关系是年轻人对父亲和教师的关系。① 但对启蒙理性而言，德性的基础反而全然不受非理性部分的任何影响，其主张的基于理性的平等，是以理性与感性之间的彻底不平等为前提的。

以上西方哲学理性观古今之变的一些面相，将帮助我们检讨儒家的理性观及其中国式启蒙。对译西方"理性"概念的中文字眼，早就在儒家与佛家典籍中出现了。程伊川有一段著名的话："性即理也，所谓理性是也。天下之理，原其所自，未有不善。喜怒哀乐未发，何尝不善？发而中节，则无往而不善。"②

与此相应，伊川另有一段论"心"的话值得对照："问心有善恶否？曰，在天为命，在物为理，在人为性，主于身为心。其实一也。心本善，发于思虑则有善有不善。"③

综观这两条，可以发现理学的理性观在其源头上的几点重要意涵。其一，理性与心实通，必指向善。其二，心或理性指向善的方式首先是喜怒哀乐，也就是情感；其次才是思虑。心之本体或者理性（《中庸》所谓"中"），是用情感来界定的（诸情感之未发）。其三，善恶起于情感思虑之所发，中节即善，否则恶。其四，非独人性如此，天命、物理均是如此。宇宙之本体（天命）发生作用的方式，与人之心性以情感指向善的方式是同样的。最后，因为人之心性原本据情感发生作用，而情感的实质是感应与相通，故人因其理性与天地万物同其一体，"其情无所不到"④。

由于人性发生作用、与宇宙及他人相通的方式是情感，而仁之意涵有关乎痛痒、明觉相通之意，亦即爱人，故在理学传统中，此理性或心性亦

---

① 参见 Aristotle, *Nicomachean Ethics*, 1102b1 – 1103a10。

② （北宋）程颢、程颐：《河南程氏遗书·卷第二十二上》，《二程集》上册，中华书局2004年版，第292页。此标点本断句作"所谓理，性是也"。误。"理性"二字之不可断，参见陈荣捷《近思录详注集评》，华东师范大学出版社2007年版，第29页注1。该注并引市川安司，说明佛教外之中国典籍常有"理性"之语。又钱穆、唐君毅等人引文中均用"理性"一词而不中断。参见钱穆《中国学术思想史论丛》卷5，安徽教育出版社2004年版，第230页；唐君毅《中国哲学原论·原性篇》，中国社会科学出版社2005年版，第229页。

③ （北宋）程颢、程颐：《河南程氏遗书·卷第十八》，《二程集》上册，第204页。

④ 梁漱溟：《中国文化要义》，《梁漱溟全集》第3卷，山东人民出版社2005年版，第135页。

可训之为仁。但仁本是一个德目，既与智、礼、义等并列；又容易与情感（爱）混同，而丧失其本体地位。故以仁训理性，受到理学家的反复辨析。

第一，理性或仁作为本体虽籍情感确认与体会，但它本身仍是本体而非作用。伊川说："爱自是情，仁自是性，岂可专以爱为仁？""阳气发处，却是情也。心譬如谷种。生之性，便是仁也。"① 对性与情的差别，张横渠则统一在心之下，故曰"心统性情者也"②。他又说："合性与知觉，有心之名。"③ 两者相勘，可推出情（情感）与觉（知觉或直觉）有密切的关系。对此，朱子严格划界说："仁固有知觉，唤知觉做仁却不得。"又说："仁自是爱之体，觉自是智之用。本不相同，但仁包四德。苟仁矣，安有不觉者乎？"④ 显然，朱子是将直觉在严格意义上划给了智而非仁。他并未将像横渠暗示的那样直接将觉与情感打通，而是借助仁对智的统摄来吸收直觉。

第二，在统摄智、礼、义诸德目的意义上的仁，通乎理性，而兼有智觉、情感之用。依上引伊川语，理性同样有思虑中节达善之用。思虑和直觉是有差别的。思虑之中节，即止于天理之谓。宋儒论心，是合性理与直觉而言。但明儒则从自己的心学进路中，将心更多地与直觉挂起钩来，以至于黄宗羲检讨说要把觉理之别作为儒学的根本性问题提出。⑤ 这对在宋儒那里并未破裂的概念，也是标志出现代新儒学分野的地标性问题。⑥ 这一点变化和西方理性观的古今之变有类似之处。

第三，理性并不低于天命，而是和后者统一。心虽只是人身之主，但

① （北宋）程颢、程颐：《河南程氏遗书·卷第十八》，《二程集》上册，第 182、184 页。
② （北宋）张载：《性理拾遗》，《张载集》，中华书局 2006 年版，第 374 页。
③ （北宋）张载：《正蒙·太和篇第一》，《张载集》，第 9 页。
④ 黎靖德编：《朱子语类》第 1 册，中华书局 1999 年版，第 118 页。
⑤ 参见（明）黄宗羲《明儒学案·姚江学案》，《黄宗羲全集》第 7 册，浙江古籍出版社 1985 年版，第 202 页。
⑥ 冯友兰对现代新儒学中的两派——新心学与新理学之衡定，即依直觉与思维（分析概念）为标准。参见冯友兰《中国现代哲学史》，广东人民出版社 1999 年版，第 244—245 页。以直觉为心学之准衡，于现代哲学中来自梁漱溟。直觉说，是其早期文化哲学的基本框架（参见梁漱溟《东西文化及其哲学》，《梁漱溟全集》第 1 卷，山东人民出版社 2005 年版，第 399、453、485 页）。贺麟很早注意到梁漱溟直觉说对于宋明理学的意义，并曾以之与冯友兰对勘（参见贺麟《宋儒的思想方法》，《近代唯心论简释》，商务印书馆 2005 年版，第 78—82、94 页）只是梁漱溟晚年将直觉之意调整收入理性概念之内，则非冯、贺二人所知了。

心中包摄性（理性），故充分实现此与天共有之理性（尽性）即可认识天乃至与天同体。横渠据此提出其"大心"之说，云："大其心则能体天下之物，物有未体，则心为有外……圣人尽性……其视天下无一物非我……天大无外，故有外之心不足以合天心。"①尽性才能将人心实现为天心。这样的无外的心性，和黑格尔意义上主体—实体统一的绝对精神颇有暗合之处。心学的直觉正是通过情感之内的仁通原理达到的物我冥契、天人合一。②

综上所述，大体可以断定，宋明儒学的理性观是至大无外之绝对，其用兼具直觉、思虑和情感，且均指向善。在心学那里，直觉属于仁通，而仁通更多的从情感（例如恻隐之心）那里汲取唯一的原始动力。

在中国现代哲学家当中，对宋明理学之理性观贡献了最重要的现代诠释，并将其在与西方理性观的关系中重新进行把握的，首推梁漱溟。某些重要的中国现代哲学家，例如冯友兰和贺麟，他们关于理学的主要问题意识都是从梁漱溟发端的。③

梁漱溟首先自觉区分了理性与理智。这是西方哲学进入中国思想界之后的成果。传统的宋明儒学没有，也不需要这样的区分。梁漱溟对这对概念的区分，虽非直接来自康德，但确与当时中国思想界所受之西学影响密切相关。④但梁漱溟工作的卓越之处在于，同时调整了这对概念的西方含义与中国含义，并将之置于中西文化与思想的关键词的地位，在各自历史的纵深处和两造的交涉处加以多维度的把握，以便在中西文化与哲学交涉的世界历史性语境下最透彻地了解各自的优劣所在。其判断不偏任何一方，不堕任何一边，允称平正倪论。

梁漱溟吸取了西方哲学中理性与理智差别的思想，但以一种极富理学色彩的方式，将理智断定为人心之用，将理性断定为人心之体。"理智者人心之妙用，理性者人心之美德。后者为体，前者为用。"中国文化一贯主张体用不二，其关联性强于西方哲学中并列为两种能力的理智与理性。

---

① （北宋）张载：《正蒙·大心篇第七》，《张载集》，第24页。
② 这一点依据梁漱溟。参见贺麟对梁漱溟的评论（贺麟《宋儒的思想方法》，《近代唯心论简释》，第80页）。
③ 参见贺麟《宋儒的思想方法》，《近代唯心论简释》，第61页。
④ 梁漱溟采取和调整这对术语的理由，参见梁漱溟《人心与人生》，《梁漱溟全集》第3卷，第610—611页。

但梁漱溟却在理智与理性之间划出了一条在西方哲学看来也许更难以消除的界限："理智静以观物，其所得者可云'物理'，是夹杂一毫感情不得的。理性反之，要以无私的感情为中心，即从不自欺其好恶而为判断焉；其所得者可云'情理'。例如正义感……"① 从西方哲学传统看，这个界限在将理智与理性划分开来的同时，却把感性（内感）与理性划到一起去了。

从理学正统来看，梁漱溟的理性观大体只能代表心学道路。上文已示，程朱传统对将情感与情感的人性基础混为一谈的做法多有批评，梁漱溟却毫不介意仅依据情感来引入与界定其理性概念："用理性一词代表那从动物式本能解放出来的人心之情意方面。"② 无论其早期哲学偏爱的直觉概念，还是中晚期哲学所云之本能、情意，都是梁用以引出和界定理性概念的诠释性概念，彼此之间只有调整与呼应，基本含义则是一贯的。梁漱溟更自觉地将此追溯到心学传统："王阳明说'只好恶，便尽了是非'，[孟子与王阳明] 他们径直把人生行为的准则，交托给人们的感情要求。"③

梁漱溟的理性观是儒家理性观的现代形态。它呈现出以下几个特点，成为本文对照中西理性观并依之检讨中西启蒙思想的最佳范例。

首先，梁氏的理性概念上下文的思想史维度具有创造性的双重意蕴，它既是在西方哲学背景下对儒学传统分歧的简别，更体现为依据对心学传统的创造性诠释来克服启蒙运动以降的西方哲学内在危机的巨大努力。梁漱溟的理性概念直接针对理智概念提出。按照梁的解释，理智是对于外在事物之理的思维性态度。这个态度不仅直接地指涉科学以及认识形态的西方哲学，其实也包括了程朱理学经过现代诠释后的那种可能面相。然而，理性概念也作为儒家伦理的人性基础充当了以道德代宗教这个典型的中国启蒙理想的最重要前提。在这里，理智并非理性的对立物，而只是后者运用于外部宇宙的一种方式。中国理性观所蕴含的对人格神宗教的淡化乃至否定，其根源既在于理性之理智面相，更在于理性的情感内涵所提供的补救。因此，梁漱溟对理性概念直觉—情感意涵的强化与提炼，包含了同时

---

① 参见梁漱溟《人心与人生》，《梁漱溟全集》第 3 卷，第 614 页。
② 同上书，第 611 页。
③ 梁漱溟：《中国文化要义》，《梁漱溟全集》第 3 卷，第 109 页。

指涉程朱理学与西方传统、宗教与科学的丰富意图。

其次,梁漱溟不仅在新的历史情境下,以哲学方式重新界定了中国式理性概念的内涵,更将此理性概念作为中国文化的历史解释和现代危机诊断的关键概念。按照梁的叙述,以原始儒家为主要精神源头的中国文化的最重要特点就是"理性早启",中国文化的一切重要特点,包括新文化运动试图克服的那些缺点,① 均源于此。梁据此全面解释了中国文化和传统社会的重要特征和面临的挑战,他看到了中国理性概念在其结果上的一个限制,即由于对事物之理的淡漠,导致并不具备产生科学的条件。更重要的是,以情感——特别是仁爱——为共同体的基础,导致源于共同斗争的团体精神的缺乏,而后者往往体现在宗教—阶级社会中。

最后,正如梁漱溟依据理性早启学说全面解释了中国传统社会和文化一样,他也依此学说为新中国的建设给出了方案。在他个人的实践方案失败之后,梁漱溟同样依据调整了的理性学说对于那个成功的方案——中国革命——给出了自己的解释。在他晚年的这项有趣而奇妙的工作中,梁漱溟实际上试图以自己的中国式启蒙观解释与包容作为中国革命思想源头的五四启蒙观。这就是,早启了的、以自然情感为基础的理性,如何尽力开展出一种现代社会需要的团体精神而不致崩溃。

三　结语

由于中国的启蒙论述与启蒙史叙述较之欧洲启蒙运动具有更丰富的文化语境指涉和问题张力,因此,本文的结语着眼于中国启蒙的复杂性,来粗略对照一下中国与西方哲学的理性观及其对待启蒙的不同态度。

首先,正如康德在其论文中指出的,启蒙的第一要义即关乎对宗教的态度。在欧洲启蒙哲学那里,理智无法接受上帝,宗教必须接受理性的论证。儒家对宗教的态度则更为复杂。按照孔子的教诲,如果承认鬼神与灵魂生活的存在,属于"不知"(没有智慧);但如认为人死后无知觉,则

---

① 参见梁漱溟《乡村建设理论》,《梁漱溟全集》第 2 卷,山东人民出版社 2005 年版,第196 页。

属于"不仁"①。这说明儒家同样以理性去衡量宗教的功用，并很可能会将基督教神学的论证批评为"不知"，同时将启蒙运动最极端的那些反宗教倾向批评为"不仁"。虽然在以"道德代宗教"方面，儒家的某些学说和康德之道德形而上学有接近之处，但必须看到，康德的实践理性无法被概括为仁爱，同时儒家道德之基础也毋须必须假设作为人格神的上帝。

其次，儒家的理性观包含了强烈的直觉含义。毋庸置疑，希腊哲学以来的西方理性学说，同样也拥有这层意蕴，作为对认知前提的把握或道德判断力。② 然而，正如梁漱溟以及一些宋明儒者指出的那样，中国理性观包含的直觉含义是在人所具有的先天情感（如"四心"）中蕴藏着的。它既非对真理的单纯认知性的直接观照，亦非某种宗教性的神秘契合或形而上学沉思，而是发端于人伦情感的、超越人际界限与天人界限的"一体性"体验。它既是伦理的基础，也是所谓形而上学的基础。要之，儒家理性观的非宗教品格、道德化倾向和直觉化倾向，都可以在儒家的情感学说中找到根基。而情感的实质——或者其先天的意向性——在于对善恶的指向。这与西方古代哲学或有相通之处。然而，后者虽然将对善恶的认知视为实践乃至最高沉思的实质，却并未像儒家那样，将日常人伦情感，当作指向善恶的原初现象。

最后，儒家理性观内部的张力以及限制，为中国文化对西方哲学的创造性解释提供了背景。这同样也是理解中国现代启蒙的激进现象与中国文化早期启蒙之间关系的最恰当的哲学入口。大体说来，这是理性与理智之间的紧张，以及儒家式理性在构建现代共同体时所受之限制，可被概括为中国式理性面对现代性产生的认知危机与实践危机。

根据梁漱溟的研究，中国理性观偏向直觉性的情理，这一方面体现为对宇宙实在的最终体认，一方面表现为按照人伦情感建构各级共同体。同样，梁漱溟将中国激进启蒙运动所渴望的科学与民主，归结为指向事物之理的理智态度和起于政治斗争而非情感圈子的团体生活。中西的差异，只是理性的不同面相间的差异，而在理学的理性传统内，也在一定程度上保

---

① 参见《礼记正义》卷8《檀弓·上》，《十三经注疏》，北京大学出版社1999年版标点本，第227页。

② 参见 Aristotle, *Nicomachean Ethics*。对于前提的直接把握，见 1140b35 – 1141a7；道德中的直感，见 1142a25 – 30。

有类似的张力。例如，程朱一派的格物致知理想，就比梁漱溟所归属的陆王一派更容易同情理智的态度。梁漱溟乡村建设乃至全部中国近代保守主义努力之失败表明，中国理性观的实践危机，无法通过对以家族为中心的情感—礼仪共同体的肯定性重建得到克服。同时，现代中国国家的成功建立，也无法通过彻底摆脱情感共同体的理性—伦理因素得以实现。如何从传统理性观解释、证成与超越这个历史过程，才是对启蒙与儒家关系问题的最终考验。

（本文刊发于《中国社会科学》2014 年第 2 期。作者丁耘，复旦大学哲学学院/思想史研究中心教授）

西方"启蒙"观念在现代中国哲学史书写中的运用与发展

——以侯外庐、萧萐父的明清哲学研究为例

吴根友

近现代西方的"启蒙"观念在现代中国的社会生活与思想、学术诸层面，有广泛、深入而持久的影响力。在近三十五年的前二十年里，伴随中国社会改革开放和经济的发展，"新启蒙"的思想运动一度在思想界颇为活跃。20世纪90年代中后期，伴随着文化的自觉，本土文化，特别是儒家文化的蓬勃展开，有关"启蒙"的声音逐渐消沉。而与此同时，对"启蒙"的反思已经开始。① 但"启蒙"观念中所包含的现代性的价值谱系，如自由、民主、平等、科学、理性、博爱、正义、公平、人权、个性等政治、社会、道德的思想观念，仍然在暗流涌动，并通过现代发达的信息化系统越来越深入下层民众的心灵，进而对政府、社会提出各种各样的现代性诉求。而网络问政、网络监督，是民主政治理念在网络化技术时代的最新体现。就学术层面来看，有关"启蒙"的讨论虽然大大减少，但

---

① 参见《学海》2010年第五期《启蒙反思（笔谈）》的一组文章。另外，当代新儒家代表人物之一杜维明很早就在倡导"启蒙反思"的问题，而当代中国的环境伦理学者，如卢风最近十几年来也一直在从事启蒙反思的工作。他著有《启蒙之后》（湖南大学出版社2003年版）一书，对启蒙思想的得失进行了系统的反思。最近又有胡治洪教授编的《现代思想衡虑下的启蒙理念》一书（武汉大学出版社2011年版），收集一系列从学术史、思想史的角度反思启蒙理念的论文。

也不是完全销声匿迹，不时有一系列文章、会议讨论"启蒙"问题。① 本文并不想对"启蒙"观念在现代中国的传播史做一全景式的描述性研究，只想就"启蒙"观念在 20 世纪中国哲学史研究中的运用情况，做一微观的探索，以侯外庐、萧萐父二位先生的明清哲学书写为例，展现"启蒙"观念在现代中国被理解、接受与改造的某一个侧面，进而显示比较文化视野中"启蒙"观念理解的差异性与丰富性。

一　侯外庐的"中国早期启蒙说"

早在 1945 年，侯外庐在重庆三友书店出版的《中国近世思想学说史》一书，就已经蕴含"中国早期启蒙说"的思想萌芽。② 后来他又写了大量的研究论著，较早地以马克思主义的唯物史观，对王船山、李贽、方以智等思想家进行了拓荒性的研究，取得了丰硕成果，并对国际汉学界，特别是日本汉学界的明清思想研究产生深刻的影响。20 世纪 50 年代中期，他又将此书进行修改并把从明末到鸦片战争前的部分单独出版，改名为《中国早期启蒙思想史》，又作为他主编的《中国思想通史》的第五卷。从侯先生的思想变化历程来看，20 世纪 50 年代之后，"阶级斗争"的理论在其思想史研究中表现得特别明显，因而带有明显的时代印痕。这些文字的学术性并不强。此处我们以侯先生为第一主编的《中国思想通史》第四卷（下）和第五卷为主要文本，概述他的"中国早期启蒙说"和对戴震与乾嘉学术的学术观点。至于他在 20 世纪四五十年代有关"中国早期启蒙"思想论述的细微变化，暂时不予以讨论。

侯外庐的"中国早期启蒙说"，从表面上看与梁启超的观点有相似之处，然而，其理论的基础与研究方法皆与梁启超大相径庭。他运用马克思主义的唯物史观，从经济、政治、阶级分析等多重角度，对明清之际三百年的思想变化之过程及新思想之性质做出了更为系统、新颖的分析与判

---

① 2009 年 10 月 24—26 日，武汉大学哲学学院、柏林自由大学哲学系共同举办了"启蒙与全球化"学术研讨会。

② 参见萧萐父、许苏民《"早期启蒙说"与中国现代化——纪念侯外庐先生百年诞辰》，《吹沙三集》，巴蜀书社 2007 年版。

定，在现代性的宏大叙事背景下考察明清三百年哲学思想的特征及其与现代思想史的关系，而且重新掘发了许多新材料，对以往不受重视的"异端"思想家，如李贽以及在"明清之际"①思想史上有重要地位而未被予以重视的人物，如方以智、王夫之等人，给予了高度的评价。他认为："中国启蒙思想开始于十六、七世纪之间，这正是'天崩地解'的时代。思想家们在这个时代富有'别开生面'的批判思想。"②

具体来说，侯外庐对明清之际三百年新学术思想的研究有如下三个重要特点。

首先，他从整体社会性质的判定入手来评判新思想的性质，认定明清之际是中国近代"启蒙思想"开始的时代；其理论判定的理由是，"十七世纪的中国社会，已存在着资本主义的幼芽，这是在十六世纪中叶开始的"③。

其次，他通过对中国与欧洲社会历史的比较，并以马克思主义学者关于现代化的理论为指导思想，揭示了中国传统社会向现代蜕变的世界史的一般特征与自身特质。如他说："从十六世纪以来，中国的历史没有如欧洲那样走向资本主义社会，这并不等于说，中国封建社会没有解体过程，没有资本主义的形成过程。关键在于，既在封建社会的母胎内产生了资本主义的萌芽形态，又在发展过程中未能走进近代资本主义世界，这即是马克思说的既为旧的所苦，又为新的发展不足所苦，死的抓住活的。"因此，对于明代中后期以来中国社会内部的新旧矛盾的分析，"既不能割断历史，否定中国封建社会内部的顽强传统的历史"，"又不能忽视历史发展的客观条件，否定资本主义的形成过程"。④

他以列宁对俄国资本主义萌芽的理论分析为参考背景，将中国的早期启蒙思想总结为三大特色：（1）"中国的启蒙者如何心隐、李贽以至于王夫之、黄宗羲、顾炎武和颜元等人，都以各种表现方式，强烈地仇视农奴

---

① "明清之际"是一特殊的学术史概念，指晚明至清末三百年左右的历史时期，不只是一般语言中的明清之交，即晚明与清初的五十年左右的历史时期。不理解此概念，就不能很好地理解侯外庐、萧萐父的"中国早期启蒙说"的学术思想。

② 侯外庐：《中国思想通史》第五卷，人民出版社1956年第1版，1992年第五次印刷，第3页。后引文献皆为此版本，不再注明，仅注页码。

③ 同上。

④ 同上书，第16页。

制及依存于它的一切产物。……反对封建国有土地制和大地产的占有制,反对一切政治法律上的束缚,反对特权和等级制度,反对科举制度(时文)。"其中有些人提出了"自由私产"的主张,有的传播土地平均的思想。(2)他们都拥护教育、自治和自由。如东林党人的自由结社与讲学的主张和顾炎武的地方自治主张。(3)他们同情人民的利益,特别是农民的利益,尽管他们中的多数并不同情农民的暴动。①

最后,他从人类思维的一般规律高度来分析中国早期启蒙思想者的思维特点。他认为,中国早期启蒙学者往往采取抽象的理论还原形式,将自己的理想以托古改制的方式表达出来,从而造成了思想的表达形式与思想的实质内容之间的矛盾:一方面向往未来,另一方面又表现出对过去的深情眷恋。因此,对启蒙学者思想实质的把握就必须超越其语言的表面形式,"从他们的代数学似的绝对概念中来分析他们的抽象语句背后的实质,而不能直截了当地看出他们的语言与实质之间的统一"。"启蒙学者所使用的语言大都是古色古香的,他们爱好古代语言的形式,而想说的是近代的内容,表里又是极不一致的。"② 在中国,他们"几乎都善于用经学和子学的古代语言而推崇古代世界",把"过去的历史与将来的历史割裂开来"③。而另一方面,中国早期启蒙学者在自然哲学方面大多数具有唯物论倾向,而在社会哲学层面则倾向于将个人的道德实践看作评判善恶的绝对标准,因而人性论的问题往往成为他们讨论社会问题的出发点,从而走向了唯心主义。而且,他们的思想往往不一定是他们"政治的表白",正如列宁所说:"启蒙者没有挑出任何一个居民阶级作为自己特别注意的对象,不仅一般地讲到人民,而且甚至一般地讲到民族。"(《我们究竟拒绝什么遗产?》)其表达方式往往是通过文艺、哲学、宗教等形式表现出来,因而具有普遍的抽象意义,"间接地具有政治运动意义"④。

相比较而言,梁启超也是在中西比较哲学与文化的视野下审视明清之际三百年学术、思想的性质及其变迁过程的,然而,他并未引进一个系统的理论范式来剖析中国社会的结构及明清三百年思想变化的特质。侯先生

① 侯外庐:《中国思想通史》第五卷,人民出版社 1956 年第 1 版,1992 年第五次印刷,第 29 页。

② 同上书,第 31 页。

③ 同上书,第 32 页。

④ 同上书,第 35 页。

则首先引进马克思主义的理论范式,剖析中国社会及明清三百年思想的特质与变化过程,从而引起了明清三百年思想研究的划时代的革命,拓宽了明清思想史研究的视域,并在政治史、经济史、文艺美学以及历史学等多学科产生了广泛的学术与思想的辐射力,形成了广义上的明清学术研究的"新典范"(或曰新范式),从而在断代学术史的研究方面全面地将中国学术的问题意识与现代世界学术的问题意识联系起来,使中国历史"由国别史向世界史"的历史变迁过程由不自觉的形式走向了自觉的形式,并对亚当·斯密、马克斯·韦伯等人的现代化理论形成了第一次强有力的理论挑战。当然,侯先生的这一研究范式因其固有的局限性而受到了海外新儒家和部分研究明清史专家的批评,也受到了国内一些不同意中国有自己启蒙历史的明清史专家的批评。然而,不可否认的是,以侯外庐为代表的坚信"中国早期启蒙说"范式的广大学者,从不同的角度发掘了明清史(广义的历史,包括思想与文化史)中大量的具有近代性因素的史料。简而言之,侯先生初步运用马克思主义的社会学理论、历史理论与方法来解释中国近现代思想启蒙的民族精神之源的问题,对明清思想史的研究做出了度越前人的贡献。其具体理论贡献至少可以从如下三个方面加以认识:

首先,他在继承了梁启超比较哲学与比较文化的广阔视野的同时,更为深入地引进一套系统的马克思主义理论体系,对中国社会的发展历程及明清社会的性质作出了全新的解释,使明清之际的思想史研究与近、现代西方世界的学术、思想史研究有了一个可以比较的理论平台。

其次,由于他引进了一套新的理论解释体系,从而也引进了一套全新的解释观念系统和解释概念系统,使被包裹在传统学术概念系统下暗而不彰的新思想得以焕发出青春的光芒和学术的生命力。而且在唯物与唯心,辩证法与形而上学、人道主义、社会主义、平等与自由等一系列新哲学观念与社会理想的观照下,使得中国传统学术、思想与同时期欧洲近现代思想的差距和异同,有了一个可以比较的话语系统(尽管这套话语系统存在着很多问题),从而使明清之际思想的近代意义,中国社会由"国别史"向"世界史"转向的实际历史进程得以从学术与理论上彰显出来。

最后,在一套新观念的支持下,他重新发掘了一些不被重视甚至被批判的历史人物,如李贽、方以智、朱之瑜、傅山、王夫之、唐甄、汪中等人的学术与思想,从而更进一步地彰显了明清之际思想的近代意义以及与同时期欧洲近代思想的同质性,以思想史的真实性阐明了中国社会走向近代社会的自我表达形式，显示了中国社会自明清之际到近现代的内在逻辑的一贯性，有力地反驳了部分西方学者有关中国社会停滞论的观点。

从方法论的角度看，侯先生的明清思想研究主要从阶级关系的分析入手，运用马克思主义的历史学理论与方法来分析中国明清之际学术与思想的变化现象，揭示这一思想变化背后的深刻经济因素与社会动力之所在，虽也注意到思想史与学术史自身的独立性，但主要是一种以社会史说明思想史的方式来研究明清之际思想的变化、发展。这一学术范式的特点是：强调明清之际三百年思想对宋明理学既批判又继承，而又以批判为主的思想特质，并将这一时期出现的新思想界定为中国的"早期启蒙思想"，继承并发展了梁启超、胡适等人的明清学术研究成果，将他们的"类似西方文艺复兴说"，进一步发展成为"中国早期启蒙说"。

不可否认的是，由于侯先生使用的理论武器毕竟是产生于西方文化土壤中的马克思、列宁主义，在如何使得这一理论与中国社会的具体实际相结合的问题上仍然有很多工作要做。他虽处处注意中国传统社会及其自我转化的特点，却因为他使用的整个评价体系、概念、术语与中国社会的具体历史实际有一个相契合的过程，故而有时难免有生搬硬套的痕迹，如他运用"封建社会"来概述秦汉以后清代以前的中国社会历史，将中国社会的阶级制度与俄国的农奴制相比拟，都不甚妥帖；而且，其明清思想研究对于中国学思想史、哲学史内在特征的了解程度亦相当不够，如他对清代考据学的历史价值和戴震哲学的成就与高度的评价，从整体上就偏低。上述这些不足均有待后来者从新的理论角度，运用翔实的史料予以修正。

二　萧萐父对侯氏"中国早期启蒙说"的继承与发展

萧萐父先生坚持并深化了侯外庐的"中国早期启蒙说"[①]。在有关"启蒙哲学"的概念界定、阶段划分，中国早期"启蒙哲学"所要批判的对象及其历史进程的曲折性等多方面，都作出了超越前人的新论述，从而

---

① 在《明清启蒙学术流变》一书的"跋语"里，萧先生比较详细地介绍了自己如何契入明清学术、思想研究的心灵历程，既有自己童年时的心灵情结，又有20世纪前40年中国学术界有关此阶段学术研究的种种成果的启发，更有20世纪50—60年代的自我探索过程。

对明清之际"中国早期启蒙说"作出了中国化的马克思主义哲学的规定，与近现代西方资产阶级学者对"启蒙哲学"作出的抽象普遍的论述有明显的不同，与侯外庐依据列宁关于"启蒙哲学"的定义来规定"中国早期启蒙说"的做法也不一样，他更为灵活地运用了马克思哲学的基本精神，对中国社会内部发生的"哲学启蒙"作出了更为明确的中国化的马克思主义的哲学规定。其学术意义可以从两个方面去理解：一方面，更加明确、系统而又有说服力地证明，中国有自己的"哲学启蒙"运动，从而将明清之际的思想纳入了"世界历史"（马克思语）的思想、文化进程；另一方面又揭示了古老的中国在走向现代化的过程中所具有的独特性与复杂性，从而丰富并深化了世界范围内的具有近代意义的"启蒙哲学"的内涵，在当今世界哲学的视野里把作为具有"世界历史"意义的"启蒙哲学"的论述推向了新的境界。萧先生对明清之际"中国早期启蒙学说"的理论贡献主要体现在三个方面：一是对"启蒙"一词给出了马克思主义哲学的规定；二是对中国早期启蒙思想的三个阶段进行了细致的划分；三是对中国早期启蒙哲学的"难产"特征及其对反对"伦理异化"的民族特性做出了别开生面的阐发，并由此引发出关于中国传统文化与现代西方优秀文化相结合的历史"接合点"问题的思考。由于文章的篇幅限制，此处仅概述他对"启蒙"一词所给出的马克思主义哲学的规定。

"启蒙"与"哲学启蒙"的概念，在语言学与近现代中西哲学与思想史中，不同的学者与思想家有不同的表述。对于此一颇为纷争的哲学概念，萧先生首先对"启蒙"一词的哲学性质从马克思主义哲学的立场、方法角度给予了明确的规定，从而与一般泛泛意义上的"启蒙"语词有了本质的区别。他说："思想启蒙、文艺复兴之类的词，可以泛用；但纳入马克思主义的历史科学，应有其特定的涵义。狭义地说，十四世纪以来地中海沿岸某些城市最早滋生的资本主义萌芽的顺利发展，以及由于十字军东征，关于古希腊罗马文献手稿和艺术珍品的大批发现，促成了意大利等地出现空前的文艺繁荣。好像是古代的复活，实际是近代的思想先驱借助于古代亡灵来赞美新的斗争，为冲决神学网罗而掀起人文主义思潮。'在惊讶的西方面前展示了一个新世界'，使得'中世纪的幽灵消逝了'。正是在这个意义上，文艺复兴又被广义地理解为反映资本主义萌芽发展、反对中世纪蒙昧主义的思想启蒙运动。"①

上述引文中所说的"广义启蒙思想运动"，是指"反映资本主义萌芽发展、反对中世纪蒙昧主义的思想启蒙运动"，其范围可以说遍及整个欧洲，从意大利到法国、西班牙、荷兰、英国、德国；其历史跨度，可以说从13、14 世纪意大利诗人但丁（1265—1321）到16 世纪法国、西班牙、荷兰、英国、德国等一大批文化英雄与思想巨匠，如被黑格尔称之为"哲学烈士"的意大利的布鲁诺（1548—1600）和梵尼尼（1586—1619），以及16 世纪德国的宗教改革及德国的农民战争等一系列的反对中世纪神学的思想与社会运动。要而言之，按照恩格斯的说法，"教会的精神独裁被摧毁了……在罗曼语诸民族那里，一种从阿拉伯人那里吸收过来并重新发现的希腊哲学那里得到营养的明快的自由思想，愈来愈根深蒂固，为十八世纪的唯物主义作了准备"。这便是马克思主义哲学视野里的欧洲社会出现的"广义启蒙思想运动"②。这显然不同于一般意义上的法国"启蒙运动"与康德对"启蒙"的论述。

而从这一"广义启蒙思想运动"所产生的具有"确定意义的启蒙哲学"，也是有自己特定的思想内容的，那就是它"应当区别于中世纪的异端思想（那可推源于十二三世纪经院哲学中的唯名论，乃至更早的作为'中世纪革命反对派'的神秘主义异端），也与欧洲以后作为政治革命导言的资产阶级哲学革命的理论发展有所不同，应仅就其与资本主义萌芽发展相适应、作为封建旧制度崩解的预兆和新思想兴起的先驱这一特定涵义来确定它的使用范围"③。这一"确定意义的启蒙哲学"就其实质而言，"可否从马克思的这一提示给予说明：历史'很少而且只有在特定条件下才能进行自我批判'，而这种自我批判的历史阶段，'当然不是指作为崩

---

① 《吹沙集》，巴蜀书社1991 年版，第10 页。

② 恩格斯：《自然辩证法·导言》，人民出版社1971 年版，第7 页。

③ 《吹沙集》，巴蜀书社1991 年版，第12 页。吴案：萧先生此处所凭借的马克思哲学文献，见于《1857—1858 年经济学手稿》。马克思在手稿中这样写道："所说的历史发展总是建立在这样的基础上的：最后的形式总是把过去的形式看成是向着自己发展的各个阶段，并且因为它很少而且只是在特定条件下才能进行自我批判，——这里当然不是指作为崩溃时期出现的那样的历史时期，——所以总是对去的形式作片面的理解。基督教只有在它的自我批判在一定程度上，可说是在可能范围内准备好时，才有助于对早期神话作客观的理解。同样，资产阶级经济只有在资产阶级社会的自我批判已经开始时，才能理解封建的、古代的和东方的经济。"《马克思恩格斯全集》中文版第46 卷上册，人民出版社1979 年版，第43—44 页。

溃时期出现的那样的历史时期'（如果处于那样的历史时期，革命会代替批判，或者说批判已不再是解剖刀而是消灭敌人的武器）。这就是说，一个社会的自我批判总是在自身尚未达到崩溃但矛盾又已充分暴露的条件下进行的。十四至十六世纪西欧的文艺复兴、启蒙运动正是在封建社会远未崩溃的条件下所进行的自我批判"[①]。

很显然，萧先生根据马克思主义哲学精神所给出的"启蒙哲学"概念，既不同于一般泛泛意义上的思想"启蒙"，如中国古代指的儿童早年的教育——破蒙，也不同于18世纪德国著名的哲学家康德在《答复这个问题：什么是启蒙运动》（1784年）一文中所讲的"启蒙"。当然，也就更不同于卡西尔在《启蒙哲学》中所论述的"启蒙"思想，以及当代西方法兰克福学派霍克海默、阿多诺，以及后现代哲学家福柯所说的"启蒙"意义了。萧先生所说的"启蒙哲学"仅是指资本主义萌芽阶段的一种历史的自我批判的思想运动。这一"自我批判"的思想运动有不同的历史名称，如"宗教改革"、"文艺复兴"、"五百年代"等，但却是"世界各主要民族走出中世纪的历史必由之路"。就中国社会的具体情况而言，"中国有自己的文艺复兴或哲学启蒙，就是指中国封建社会在特定条件下展开过这种自我批判；这种自我批判，在十六世纪中叶伴随着资本主义萌芽的生长而出现的哲学新动向（以泰州学派的分化为标志，与当时新的文艺思想、科学思想相呼应）已启其端，到十七世纪在特定条件下掀起强大的反理学思潮这一特殊理论形态，典型地表现出来。至于这一典型形态的哲学启蒙的往后发展，却经历了极为坎坷的道路"[②]。

中国社会的"哲学启蒙"相对于欧洲社会而言，具有一些什么样的特色呢？萧先生通过具体的历史比较得出这样的结论：通过与欧洲相比，资本主义萌芽产生以后的中国不同于意大利及法英等国，而与德国、俄国有不少的历史相似点或者说共同点。具体说来，表现在如下四个方面：

第一，"在走向近代的过程中经济发展都缓慢而落后，宗法关系的历史沉淀使封建统治势力既腐朽而又强大，由于封建制母体内资本主义因素发展不足，使近代社会长期处于难产之中"。

第二，"反封建农民战争都曾大规模兴起，农民成为反封建革命的主

---

① 《吹沙集》，巴蜀书社1991年版，第12页。

② 《中国哲学启蒙的坎坷道路》，载《吹沙集》，巴蜀书社1991年版，第13页。

力但又无法取得反封建革命的胜利，却直接间接地为启蒙思潮的崛起提供了历史的动力"。

第三，"新兴市民以至资产阶级晚生而又早熟，都由于软弱而各具不同程度的妥协性与两面性，无力完成反封建的历史任务，结果竟然要由无产阶级联合农民来挑起这副担子"。

第四，"由于近代社会长期处于难产状态，改革运动几起几落，阶级关系和社会矛盾都呈现特别复杂的情况，一方面新的在突破旧的，另一方面死的拖住活的，形成历史运动的多次洄流"[①]。

虽然中、德、俄的近代文化都有这四个特点，使得"这些国家的哲学启蒙运动都遭到了挫折而未能很好完成历史的任务，但却唤醒了一代代后继者"[②]。仅以中国而言，"中国在历史难产的痛苦中觉醒的先进人物，为摸索真理而走过的道路更加艰难曲折，似乎可以分为五代。单就哲学启蒙说，明清之际的黄宗羲、顾炎武、方以智、王夫之到颜元、戴震、焦循等同具人文主义思想的早期启蒙者属于一代，阮元、龚自珍、魏源、林则徐等开始放眼世界的地主改革家为一代，严复、谭嗣同、康有为等努力接受西学以图自强的资产阶级维新派为一代，以孙中山、章太炎为代表的资产阶级革命民主派和后期梁启超及王国维、蔡元培等试图会通中西自立体系的资产阶级学者为一代；三百年来，一代代思想家呼唤风雷，一阵阵古今中外思潮的汇合激荡，终于在伟大的'五四'运动中，崛起了李大钊、陈独秀、毛泽东、蔡和森等由革命民主主义转到马克思主义的思想家。中国哲学革命才被推进到一个新阶段"[③]。

由上引文可知，萧先生所说的明清之际"启蒙哲学"仅是中国近现代哲学出现之前的一种准备阶段，它不同于中世纪的异端思想，但又未达到资产阶级登上历史舞台后用武器的批判和批判的武器反对封建势力的那种思想革命的程度，因而不同于 18 世纪法国"启蒙运动"时期的哲学，以及康德所说"启蒙运动"时期的哲学。以中国社会的具体情况来看，"十七、十八世纪中国的哲学启蒙，似应看作中国近代哲学的历史准备的

---

① 《中国哲学启蒙的坎坷道路》，载《吹沙集》，巴蜀书社 1991 年版，第 13—14 页。
② 同上书，第 14 页。
③ 同上书，第 15 页。

一个特殊阶段,它是明末清初特殊历史条件下的产物"①。从社会的整体情况看,"明末清初,封建社会末期经济、政治危机的总爆发,资本主义萌芽的新滋长,自然科学研究热潮的蓬勃兴起,反映市民要求的文学艺术的空前繁荣,表明中国封建社会及其统治思想已经走到""马克思所说的尚未达到'崩溃时期',但已'能够进行自我批判'的历史阶段"②。具体说来,有如下新的思想动向:

其一,"这一时期合乎规律出现的早期启蒙思潮,曲折反映当时市民反封建特权的要求,直接受到农民大革命的风雷激荡的影响,表现出这些越出封建藩篱的早期民主主义意识"。像王夫之、黄宗羲、唐甄、颜元、李塨等人提出的政治与经济改革思想,与"当时农民革命的理想有质的区别,却与资本主义萌芽的发展要求有着隐然的联系。至于他们反对'崇本抑末',主张'工商皆本';抨击科举制度,主张设立学校,以及要求发展科学技术和民间文艺等,更具有鲜明的启蒙性质"③。

其二,"早期启蒙学者以特有的敏感,注意并尊重新兴的'质测之学'吸取科学发展的新成果与'核物究理'的新方法,以丰富自己的哲学"。其代表人物有徐光启、方以智、梅文鼎、王夫之。像方以智在《物理小识》中关于物质和运动不可分的理论论证,王夫之在《张子正蒙注》、《俟解》中关于物质不灭和能量守恒原理的具体论证等,都由于吸取了科学成果而达到了新的水平,而方以智、王夫之对"质测"之学(相当于今日的"科学")与哲学关系的论证,"使得这一时期启蒙哲学的理论创造从内容到方法都具有新特色"④。

其三,"早期启蒙学者反映新时代要求,开辟了一代重实际、重实证、重实践的新学风"。"启蒙者治学方法,突破汉宋,别开新途,日益孕育着近代思维方法。"⑤

要而言之,"十七世纪中国崛起的早期启蒙思潮,就其一般的政治倾向和学术倾向看,已显然区别于封建传统思想,具有了对封建专制主义和

---

① 《中国哲学启蒙的坎坷道路》,载《吹沙集》,巴蜀书社1991年版,第16页。
② 同上书,第16—17页。
③ 同上书,第17页。
④ 同上书,第17—18页。
⑤ 同上书,第18—19页。

封建蒙昧主义实行自我批判的性质。这种批判之所以可能并必然出现的社会基础，是当时农民、市民反封建大起义的震荡下地主阶级内部的政治分化"①。而"中国早期启蒙思想"的社会基础与欧洲的意大利以及法国、英国不同，而与德国、俄国相似，也使得中国早期启蒙思想与意大利以及法、英早期启蒙哲学不同。比如说，按照近代哲学思想发展的正常轨迹，18世纪中国哲学界在出现了颜元、戴震这两种"分别显示了唯物主义经验论和唯物主义唯理论的哲学倾向"之后，"历史地预示着朴素形态的唯物辩证法必将代之以形而上学的方法为特征的新的哲学形态"②。"但是，由于清初历史洄流中新经济和新思想横遭窒压和摧折，这种新形态的哲学在戴震之后虽经焦循、阮元等的努力仍未能诞生。十九世纪初叶，中国以鸦片战争之后的民族苦难而转入近代。结果，明清之际早期启蒙哲学的思想成果几乎被掩埋了一百多年，而到十九世纪末才在资产阶级的变法维新运动和排满革命运动中重新复活，起着一种思想酵母的特殊作用。"③ 这种"历史洄流"所造成的中国近代社会的"难产"，使得中国在现代化的过程中处于一种被动挨打的地位，民族精神也承受了巨大的创伤，至今还没有完全恢复过来。而有关中国现代化道路的特殊性，以及追求具有普适性的、现代性的中国现代化之间的理论张力，至今仍然在不时地困扰着中国社会现代化的实践运动。

三　将"启蒙"观念引入中国哲学史写作中的意义与局限性的反思

将"启蒙"观念引入中国哲学史的写作之中，是20世纪中国人学习西方现代文化，同时又寻找自己民族精神的独特性、保持民族精神的自主性这一复杂的文化心态的一种表现。反对者将这种哲学史的写作方式斥之为简单的比附，显然不能从学理上说服人。合理的态度应当是从现代文化的发生、发展、传播、接受的宏大历史进程来思考这一中国哲学史写作的

---

① 《中国哲学启蒙的坎坷道路》，载《吹沙集》，巴蜀书社1991年版，第19页。

② 同上书，第21页。

③ 同上。

微观问题。从现代中国学术发展史的角度看,将明清之际的新思想比之为西方近代文艺复兴思想,从梁启超、胡适就已经开始了。只是他们没有说中国有"早期启蒙思想",也没有像后来的马克思主义学者侯外庐、萧蓬父等人系统地整理、论述中国的早期思想及其发展的脉络。换一句时髦的话来说,梁、胡二人未能对明清之际的新思想进行一个谱系学的研究,而侯、萧二人做了这样的思想谱系的整理工作。

将"启蒙"观念引入中国哲学史的写作之中,表面上看仅是一种学术事件,其实与现代中国追求中国特色的现代化的政治目标与民族的生存、发展使命是紧密地结合在一起的。就侯外庐而言,他在思想史上要证明中国有自己的早期启蒙思想,着力回应的是以亚当·斯密、黑格尔等人为代表的中国社会"停滞论"的观点。进而在学术上回答这样一个严肃而又沉重的历史问题:如果没有西方社会的入侵,中国能否自动地进入现代社会。按照侯先生"中国早期启蒙说"的思想逻辑来看,回答是肯定的。但是,中国进入现代社会的过程是曲折的,这就是侯先生提出的"难产说"。就萧蓬父先生而言,他继承侯外庐的说法,当然也继承了侯氏的问题意识,但又有他自己的时代问题意识,那就是要在中西"启蒙"的具体历史任务的问题上做进一步的分析。他认为,西方"启蒙"的具体历史任务是反对"宗教异化",而"中国早期启蒙思想"与中国现代社会启蒙的整个历史任务都是反对"伦理异化"。萧先生对儒家传统中"伦理异化"现象的形成有一段非常精辟的论述,今不惮其文字之长,引出以见其立论之辩证。他说:

> 儒家传统的礼教思想、伦理至上主义,有其重视道德自觉、强调教化作用、追求人际关系和谐等可取因素。但因其植根于我国奴隶制社会和封建制社会长期顽固保存的宗法关系之中,一开始对理想人格的设计,就以客观化的等级名分制度和人际依附关系为基准,而使个体的主体性消融于其中;个体的存在和价值完全隶属于超个体的整体,只有事父事君,尽伦尽责,才可能获得个人存在的意义和价值。因此,一个人的道德自觉性愈高,愈是最大限度地尽到伦理义务,也就愈是自觉地否定自我,乃至扼杀个人的道德意识。同时,把人之所以为人的本质归结为道德活动,蔑视人的其他一切价值,人不必去追求成为独立的认识主体、审美主体、政治、经济、科技、生产活动的

主体等等，而只需要成为纲常名教的工具。这种伦理至上主义，绝非人文精神，相反地，乃是一种维护伦理异化，抹杀人文意识的伦文主义。它不仅仅取消了人的主体性，尤其抹杀了人的个体性，把个体消解于异化了的群体人伦关系之中。只有冲破伦文主义的网罗，才可能唤起人文主义的觉醒。①

　　在萧先生看来，"伦理异化"是"中国封建社会特有的历史现象"。对于这一异化的伦理进行理论辩护的，历代社会大有其人，前期以董仲舒为代表，采用神学论证方式；后期以朱熹为代表，采用哲学论证方式。但反抗者亦代不乏人，前期以鲍敬言为代表，托古言志；后期有黄宗羲，托古而心向未来。至于李贽的"童心说"歌颂"真人"揭露并批判"假人"，戴震对后儒"以理杀人"的怒斥，龚自珍对"众人之宰，自名曰我"的个体主体性高扬等，"全是一派反抗伦理异化的叱咤声"②。透过"伦理异化"概念，萧先生把"异化"了的儒家伦文主义思想与近现代文化所要追求的人文主义思想，特别是马克思主义的人文主义思想之间的区别给予了明晰的规定，即异化了的儒家伦理思想所维护的是一种"伦文主义"，这一"伦文主义"忽视作为主体的个人所具有的广泛的文化要求而把人仅仅看作"伦理的主体"。这一反"伦理异化"的思想，与西方近现代过程中的反"宗教异化"，虽然具有不同的历史内容，但都体现了在普遍的"启蒙哲学"概念下追求人的个体主体性及其所具有的全面性文化要求的现代性内容。这一"中国早期启蒙说"使得中国早期"启蒙哲学"有着具体的民族历史内容，因而带有一种明显的反对现代西方哲学在理性主义的旗帜下所表现出的"普遍主义"与现代型的西方中心主义的思想内容在其中。③ 但在精神实质上又不外在于现代西方"启蒙哲学"所呼唤的人的个体主体性的普遍性内容。萧先生在中国哲学史的写作中所阐述的"中国早期启蒙思想"的新内容，也只有站在"世界哲学"的视野下，跳出西方中心主义的视角而才能发

---

　　① 《吹沙集》，巴蜀书社 1991 年版，第 141 页。
　　② 同上书，第 142 页。
　　③ 参见郭齐勇《萧萐父先生的精神遗产——兼论萧先生启蒙论说的双重含义》，《哲学评论》第七辑，武汉大学出版社 2009 年版，第 7—14 页。

现现代"世界哲学"的新内容。

　　毋庸讳言，侯、萧二先生将现代西方"启蒙哲学"的观念引入中国哲学史的写作之中，也带来了新的理论难题与现实难题。

　　理论难题之一：现代性的启蒙思想运动是不是一种普遍的人类精神运动？如果是，那么人们就会进一步追问，为什么这种普遍性的人类精神运动首先发源于西方而不是其他地方？如果说世界其他地方也有这种普遍的人类精神运动，为什么没有发展出类似于现代西方的物质文明成就与精神文明形式（包括制度文明形式）？如果不是，那么引入现代西方启蒙观念来叙述晚明以后的中国思想史的新趋势，是否恰当？

　　理论难题之二：晚明以前的宋元明的理学思想，是否完全是一种负面的思想传统？为什么现代新儒家反而要从宋明儒的思想传统中开出现代中国的文化出路？这种完全相反的理论进路说明了什么样的学术与理论问题？

　　理论难题之三：能否用封建社会与资本主义社会的五阶段论来叙述中国历史的发展过程？晚明社会出现的重商主义社会现象是否可以称之为"资本主义萌芽"？而晚明时期的新思想是否就直接与这种重商主义或曰资本主义萌芽有直接的内在联系？

　　现实难题：中国的现代性启蒙思想运动的直接导源是西方的现代性思想，中国的现代思想（或曰观念）谱系①基本上是由现代西方的思想谱系架构出来的，很少看到晚明以来思想观念的影响。而当代中国所走的现代化道路既不同于西方的现代化道路，也很少提及晚明思想对现当代中国的影响。

　　上述这些问题虽然不是直接关系"启蒙"观念的反思问题，但却与"启蒙"观念的理解与运用有直接的关系。比较哲学与比较文化视野里的"启蒙"观念的理解，不只是有关"启蒙"观念的哲学规定，也关系到"启蒙"观念在思想史、哲学史的写作中的运用问题。换句话说，对于"启蒙"理念理解的差异还会透过历史学的视野，在具体的思想史与经济史的写作中体现出"启蒙"理念理解的差异性。而此一层面上对"启蒙"

---

　　①　像进步、竞争、创造、平等、民主、科学、自由、平民等观念，基本上都是翻译西方思想的结果。参见高瑞泉《中国现代精神传统——中国的现代性观念谱系》（增补本），上海古籍出版社 2005 年版。

理念理解的差异性更深刻地展示了"启蒙"观念在人文教育中被理解与被接受的具体情况。

（本文刊发于《华东师范大学学报》2014 年第 4 期。作者吴根友，武汉大学哲学学院院长、教授）

"中美学术高层论坛"简介

　　"中美学术高层论坛"是由中国社会科学杂志社和美国维思里安大学（Wesleyan University）联合举办的小规模、高层次、多学科的学术研讨会。论坛宗旨是推动中国人文社会科学走向世界，促进中美两国知识界的学术交流，扩大和深化中国学术与国际主流学术的对话，展示当代中国学术的独特风采。论坛中方主席由中国社会科学院院长、学部主席团主席王伟光教授担任，美方主席由维思里安大学校长迈克尔·罗斯（Michael Roth）教授担任。每届论坛邀请中美两国杰出的学者各 10 名左右参加，主题由双方商定，一般具有跨学科性，以便多学科的学者共同参与讨论。论坛每两年召开一次，中美双方轮流承办。首届论坛于 2011 年 10 月在中国北京召开，主题是"传统"；第二届论坛于 2013 年 5 月在美国康州召开，主题是"启蒙"；第三届论坛将于 2015 年 5 月在中国桂林召开，主题为"现代化"。

传统依然活在世界的历史进程中

——首届中美学术高层论坛在京召开

钟　哲

我们都生活在传统中，同时，又自觉或不自觉地影响和改变着传统，并创造着新传统。因此，"传统"问题，是哲学社会科学不可回避的重大问题，也是哲学社会科学工作者不断探讨的课题。10月28—29日，由中国社会科学杂志社与美国维思里安大学联合举办的"首届中美学术高层论坛"在北京举行。来自中国、美国、德国、澳大利亚、新加坡等国家的专家学者围绕"传统"这一主题展开学术探讨与思想交流。全国人大常委会原副委员长许嘉璐，中国社会科学院常务副院长、学部主席团主席王伟光[1]出席会议并致辞。王伟光、美国维思里安大学校长迈克尔·罗斯分别担任论坛的中方与美方主席。

出席此次论坛的还有中共中央政策研究室原副主任卫建林，中共中央文献研究室原常务副主任金冲及，美国布鲁金斯学会资深研究员、乔治·华盛顿大学教授史蒂芬·赫斯，美国历史学会执行主席詹姆斯·格罗斯曼，中国社会科学杂志社总编辑高翔等近40位国内外专家学者。

---

[1]　王伟光时任中国社会科学院常务副院长。——编者注

"传统"在对话中得到升华

美国是世界上最大的发达国家，也是西方学术的重要中心。中国是世界最大的发展中国家，具有源远流长的学术历史和深厚的学术传统。中华人民共和国成立以来，中国的发展在一定程度上改变了全球发展观念，为世界学术提供了内容最丰富、最具有挑战性的研究课题，中国马克思主义学术的兴起和发展，为世界文明提供了独特而丰富的内容。因此，"中美学术对话"在某种程度上也代表着发达国家与发展中国家的学术对话，对于增进不同发展水平、不同历史文化、不同制度体系间的理解与合作具有重要意义。许嘉璐指出，人类需要不同文明的对话，在对话中一定离不开传统，因为现实就是过去的延续和发展。不同文明之间需要相互了解，每一种文明都有自己独有的杰出贡献。对于对方有而自己欠缺的，就要欣赏，只有达到一个欣赏的高度，才会向对方学习，最后达到双方共同发展的目的。

王伟光在会上发表了《传统依然活在世界的历史进程中》的演讲。他指出，中美两国之间的学术对话不但有助于两国人民的相互了解，而且具有重要的世界意义。在全球化已成定势的情形下，没有任何一个国家或民族的传统能够解决其发展过程中遇到的所有问题。因此，这就需要全人类的智慧，需要不同传统之间的对话交流、互补长短。

高翔认为，"中美学术高层论坛"围绕"传统"展开对话，可以看做中国文化与西方文化的重要对话。我们通过对话，在世界的横轴上，探讨不同民族、不同国家如何在全球化时代确立自身的坐标，如何求同存异，实现包容性发展；在历史的纵轴上，思考不同文化、不同文明如何在现代化进程中实现自我超越，共同推动人类文明的提升。

迈克尔·罗斯也认为，首届中美学术高层论坛将"传统"作为主题，非常有意义。中国与美国都致力于在变革中尊重传统。人类正在经历很多的经济技术变迁，我们必须思考如何在继承传统的同时又能适应这种变化。

讨论传统是为了开辟未来

　　传统是一个文明国家的文化积淀和历史遗产。传统看似无形,却是一种巨大的力量,在相当程度上左右着人们的行动。传统通常经过若干代人的积累,得到众多人的认可而形成,包括价值取向、思维方式、行为规范等。

　　王伟光指出,传统虽然不能从根本上决定一个国家社会转型和变革的走向,但变革中的国家与社会一定不会脱离传统的影响和制约。传统的断裂或延续这类话语,不能在纯粹主观的意识中表达,而必须置于历史和现实进程之中。传统的复活取决于现代性国家的构建在多大程度上具有历史的创造性。今天我们讨论传统,并不是要回到过去,而是要开辟未来。

　　金冲及认为,历史是一个生生不息的连续性发展过程。在这个过程中充满着急剧的或渐进的变革。当旧的传统已不能解决实际生活中提出的新问题,甚至阻碍历史前进时,变革是必然要发生的。但每一次变革只能从原地出发向前跨进一步,有时是一小步,有时是一大步。不管这一步跨的是大是小,旧传统中那些已经过时的不合理的因素迟早将被扬弃,这就叫弃其糟粕;而传统事物中那些合理的或没有完全过时的因素,仍应该细心地保存下来,或经过改造而被赋予新的内容,这就叫取其精华。这个过程将不断向前推进,永无止境。

　　德国高级人文研究学院资深研究员约昂·吕森则认为,在人类学的世界当中,传统展现出很多不同的形式。它的多样性经由诸如礼仪、节日以及对集体记忆的教育、纪念物、公众行为而得以展现和确认。事实上,人类生活的众多方面都是被传统的因素确定的。这些都发生在私人的和日常的生活中,同时也发生在与集体记忆有关的大多数公共领域和过程中。在政治中,作为一种合法性的资源,它扮演了一个非常重要的角色;在学术生活中,它活跃在讨论、研究策略的诸项标准以及对其结果的再现形式中。

　　关于传统与进步的关联,中国社会科学院欧洲研究所所长周弘认为二者密不可分,相辅相成。传统作为一种惰性力量,其消极面是进步的重负,因此,社会进步表现为对被视为神圣的传统的亵渎,表现为对传统中保守方面的突破与革新。但是另一方面，传统中优秀的成分又是一种积极因素，它凝聚了一个民族的世世代代创造者的劳作和智慧，是一个民族得以生存和延续的力量，为进一步发展提供了基础。因此，一个民族的进步和繁荣昌盛往往包括对优秀传统的继承。

世界需要倾听中国传统的声音

中华民族在漫长的历史长河中形成了丰富和深厚的文化传统，其优秀文化传统是当代中国前进的基础和出发点。卫建林指出，中国文化传统的精粹，它的永远的生命力可以积极贡献于今天人类发展。尚待深刻挖掘和大力发扬的，不是某些维护陈旧社会秩序的僵化政治教条和伦理教条，而是把事物看做整体、看做过程，在这种整体和过程中，在相互联系和向对立面转化与不停的运动变化中，认识和把握事物的辩证思维。

中国人民大学社会学系教授郑杭生认为，中华民族具有五千年以上不间断的文明史，是世界上拥有"传统"——现实的传统和潜在的传统——最多的载体。这些"传统"是当代中国可资开发的资源，是十分宝贵的财富，不能片面笼统地、不加分析地认为它们是"历史的包袱"。同时，我们也必须注意，这些传统已经经历了和正在经历着前所未有的现代性变迁。这种变迁是有轨迹可循的，在这个意义上是有某些规律性的。

美国维思里安大学哲学教授安靖如则探讨了美国实行儒教的可能性。他认为，美国的儒教也许不同于现有的美国传统，以及过去和今后的东亚儒教。儒教的整个前现代的文本在美国越来越多，并且在大学以及人们日常生活中被使用。儒家教义与很多美国现有的传统产生共鸣，为我们提供了重要的不一样的侧重点。

参加本次论坛的学者来自哲学、史学、文学、社会学等众多学科，这使论坛的讨论不但具有跨文化对话的性质，而且具有多学科对话特色。会上，学者们发言踊跃，气氛热烈。第二届中美学术高层论坛将于 2013 年在美国召开。

（本文刊发于《中国社会科学报》2011 年 11 月 1 日头版。作者钟哲，为《中国社会科学报》记者）

在继承与超越中推动人类文明的升华

——第二届中美学术高层论坛在
美国维思里安大学召开

褚国飞

自 18 世纪欧洲启蒙运动开启人类社会的现代化历史进程以来，传统与启蒙、传统与现代的关系始终是探索现代性不可回避的重大理论关切。2013 年 5 月 9—11 日，由中国社会科学杂志社与美国维思里安大学联合举办的"第二届中美学术高层论坛"在美国维思里安大学举行。中美两国学者围绕"比较视阈下的启蒙"这一主题展开了学术探讨与思想交流。中国社会科学院院长、学部主席团主席王伟光出席会议并发表演讲。

出席此次论坛的还有中国社会科学院副秘书长、中国社会科学杂志社总编辑高翔研究员①，美国维思里安大学校长迈克尔·罗斯教授（Michael Roth），华中师范大学党委书记马敏教授，中国社会科学院世界历史研究所所长张顺洪研究员，清华大学陈来教授，天津师范大学马德普教授，武汉大学吴根友教授，北京大学韩水法教授，南京大学张光芒教授，复旦大学丁耘教授，中国社会科学杂志社王利民编审、柯锦华编审、孙麾编审，美国斯坦福大学海登·怀特教授（Hayden White），美国芝加哥大学苏源熙教授（Haun Saussy）、弗朗西斯·弗格森教授（Frances Ferguson），美

---

① 高翔，时任中国社会院副秘书长，中国社会科学杂志社总编辑。

国哥伦比亚大学艾可·比尔格来米教授（Akeel Bilgrami），美国纽约大学兹维·本—杜尔教授（Zvi Ben-Dor Benite），美国维思里安大学舒衡哲教授（Vera Schwarcz）、伊桑·克莱恩伯格教授（Ethan Kleinberg）等近30位国内外专家学者。

启蒙与东西方文明对话

启蒙的历史价值是什么？王伟光指出，启蒙高扬文艺复兴时期反封建、反神学、反迷信、反教会的旗帜，为资产阶级政治革命提供了思想理论武器；它倡导民主、平等、自由的观念，为欧洲发展、北美独立，以及西方社会进步提供了重要的理论支持和思想引领；它所倡导的一系列具有启迪意义的社会政治原则、价值观念，至今仍发挥着广泛的影响，仍是人们向封建专制、独裁统治、愚昧势力宣战的思想武器。但是，资产阶级启蒙思想的本质决定了它不可能转化为全人类的共同价值，不可能适用于世界上所有的民族和国家。启蒙思想、启蒙运动，能给人们提供的只是历史的启迪，而不是解决问题的现成方案。

关于启蒙的中国经验，王伟光认为，中国人从鸦片战争以后半个多世纪的反复探索中明白：中国的发展，不但要继承启蒙思想的精华，而且要努力探索自己的解放道路，而不能一味照搬西方那样的资本主义"启蒙"模式。正是在这一特殊的背景下，马克思主义和中国共产党登上了中国历史的舞台，选择了中国特色的前进方向和正确道路。

关于启蒙研究的意义，王伟光表示，今天我们讨论启蒙，并不是要否定启蒙运动的思想成果，而是要在当今世界，站在历史和时代的制高点，站在人类文明和世界发展的制高点，对启蒙本身进行历史性的、批判性的反思，对启蒙运动的思想遗产进行重新审视和清理，并在此基础上积极总结和归纳启蒙运动以来的思想成果，在对话中求同存异，在互惠中取长补短，最终建构起更加开放、更加包容、更加合乎人类发展趋势的现代思想体系。我们要以发展的眼光看待启蒙、以辩证的眼光看待启蒙、以平等的眼光看待启蒙。

启蒙概念的理解

启蒙是某一时间周期还是一个概念？启蒙在时间和空间跨度上是具有同一的特质，还是仅为特定文化和特定时间的概念？启蒙的目标已经实现还是未完成？由于中西文化和历史背景的差异，学者们对"启蒙"一词有着多元的理解。

海登·怀特从隐喻的角度，对启蒙进行了解读。他提出，虽然关于启蒙运动观念的黑格尔式的阐述在整个 19 世纪产生了深刻的影响，在历史学家中风靡一时的却是另外的观念，即美学观念或审美主义观念。

舒衡哲认为，在欧洲背景下，"知识就是力量"先于 18 世纪的法国启蒙思想。这里，思想和精神还没有被彻底分开，信仰和不确定性仍在科学智慧的伟大发明中徘徊。中国思想家们在 20 世纪对新文化进行探索时，并不是简单地从 18 世纪的欧洲那里接受了雷鸣般的思想洗礼。事实上，他们在对"启蒙"和"觉悟"的定义上，借鉴了本土优秀学者例如黄宗羲、戴震、顾炎武等人的思想。

韩水法认为，欧洲启蒙运动所达成的共识可以概括为一句话：在自然知识和人类事务等一切领域，理性乃是最高原则。这是启蒙的第一要义。启蒙的第二要义是对理性本身的持续认识，包括探索、发现和营造。启蒙的第三要义包含如下几个要点：理性不仅展现为不同的能力、原理和层面，而且这些领域和现象是可以分别予以探讨的；再者，不同的理性原理之间的关联，进而不同领域之间的关联在理论上或在实践上通常是不清楚的；许多这样的界限人们在现实生活中自然而然地逾越了，而这在理论上依然是难题。

弗格森认为，欧洲启蒙运动最卓越的特点之一就是对宗教的质疑。激进启蒙运动最激进的方面不是拒绝宗教或简单地将宗教作为对立面加以驳斥。相反，激进启蒙运动从分析圣经内容的能力中获得特殊的灵感，从对非教规资源的分析中获得强烈的理性要求。

吴根友表示，现代中国思想史研究中对现代西方"启蒙"观念的理解、运用，从一个侧面反映了"启蒙"观念在现代世界历史中的多义性与差异性。

启蒙的反思与超越

马德普认为，西方启蒙运动的核心理念是科学理性，它虽然促进了现代性的发展，但自身包含了一系列的悖论，其中最重要的就是启蒙理性的普遍主义性质与它要解决的人类事务的历史主义性质之间的悖论。启蒙理性对中国的消极影响是造成了对科学方法的迷信，以及对西方经验和政治原则的迷信，从而使中国的自由主义者不能处理好西方现代文化和本土传统文化的关系，以及启蒙的现代性理想与现实政治客观需要的关系，同时也不能合理鉴别和扬弃西方现代性中的合理因素与不合理因素。

舒衡哲也在发言中表示，要超越一种表面化的世界主义的"启蒙"。当我们回首18世纪法国知识分子的自信时，看到的是他们陶醉在人类智慧中，对于阳光背后阴影的蔑视使他们迷失。同时，如果我们试图为后代拯救启蒙的遗产，如果我们认同批判精神在目前存在的必要，我们唯有超越理性的傲慢。这里，中国启蒙运动时期的一些概念也许能够开启一条思考之路，从对人类智慧力量至上的盲目信仰中有所觉悟。

启蒙与中国

马敏认为，近代中国虽然没有近代欧洲那样比较完整的启蒙运动，但也的确经历了自己的思想启蒙过程。其中，与工业化潮流和资本主义兴起密切相关的重商思潮，即为中国近代思想启蒙过程中一股不容忽视的思想潮流。近代商业启蒙尽管有其历史局限性，但对中国走向工商业社会和实现近代化起到了重要的推动作用，对当今商业道德重建具有历史借鉴意义。

陈来认为，20世纪中国的政治革命、思想革命、文化革命运动都与"启蒙运动"的遗产结下了不解之缘。今天的中国不仅要重新思考"什么是启蒙"，也需要对启蒙进行反思，以建立"继续启蒙"和"反思启蒙"的平衡。今天，迎接中华文化的伟大复兴，重建中国社会的伦理和道德体系，重新认识儒学的道德传统，需要对一元化的启蒙思维作出检讨。

孙瘉认为,近代中国的启蒙,大致经历了从科学技术启蒙到政治文化制度启蒙,再到思想启蒙的历史过程。表面上看,这只是在学习西方的过程中在不同历史阶段上选择不同思想理论的问题;深层次上,这却是一个不断总结经验、不断在思想层面推进的问题。

张光芒认为,中国启蒙作为一个"事件"虽然充满矛盾性和复杂性,但其背后存在着一种共同的理性与非理性相互作用的新的关系范式,可称其为"理性与非理性的辩证法"。只有通过这一动态的中国化的"启蒙辩证法",方可考察中国现代启蒙的真正本质。

张顺洪认为,仍在进行的启蒙运动涉及中国最广大人民群众的思想改造和社会实践活动,无疑是中国历史上最伟大的运动,其意义不仅属于中国,也属于世界。

参加此次论坛的学者来自哲学、史学、文学、社会学、政治学等众多学科,这使论坛的讨论不但具有跨文化对话的性质,而且具有多学科对话的特色。中美两国学者围绕启蒙问题进行的对话交流,对于促进认识的深化,建构更加合理、更加和谐的国际秩序,具有独特而重要的意义。

"中美学术高层论坛"为小规模、高层次的学术研讨会,与会者为中美两国具有重要影响的资深学者,论坛每两年召开一次,由中国社会科学杂志社和维思里安大学轮流承办。第三届中美学术高层论坛将于 2015 年在中国召开。

（本文刊发于《中国社会科学报》2013 年 5 月 13 日头版。作者褚国飞,为《中国社会科学报》北美报道中心记者）